LES QUATRE VOIES DU
YOGA

Discovery Publisher

Titre original: The Four Paths of Yoga
2014, Discovery Publisher

Pour l'édition française:
©2017, Discovery Publisher
Tous Droits Réservés.

Aucune partie de ce livre ne peut être reproduite ou utilisée sous aucune forme ou par quelque procédé que ce soit, électronique ou mécanique, y compris des photocopies et des rapports ou par aucun moyen de mise en mémoire d'information et de système de récupération sans la permission écrite de l'éditeur.

Auteur : Swami Vivekananda
Traduction : Maël Seigneur, Estelle Lasnet,
Minta Aissata, Quentin Pacinella, Aurélie Luis, Fanny Yvroud
Édition : Audrey Lapenne, Franca D'Alessandro
Responsable d'édition : Adriano Lucca

616 Corporate Way
Valley Cottage, New York, 10989
www.discoverypublisher.com
edition@discoverypublisher.com
facebook.com/discoverypublisher
twitter.com/discoverypb

New York • Paris • Dublin • Tokyo • Hong Kong

TABLE DES MATIÈRES

Les Quatre Voies du Yoga 1

    I.   La Voie de la Connaissance 4

    II.   La Voie de la Connaissance de Soi 4

    III. La Voie de l'Abnégation 5

    IV. La Voie de la Dévotion 6

La Voie de la Connaissance 9

  Chapitre I   La Nécessité de la Religion 11

  Chapitre II   La Véritable Nature de l'Homme 21

  Chapitre III   Le Mâyâ et l'Illusion 35

  Chapitre IV   Le Mâyâ et l'Évolution de la Conception de Dieu ... 48

  Chapitre V   Le Mâyâ et la Liberté 59

  Chapitre VI   L'Absolu et sa Manifestation 68

  Chapitre VII   Dieu dans Toutes Choses 79

  Chapitre VIII Prise de Conscience 88

  Chapitre IX   L'Unité dans la Diversité 104

  Chapitre X   La Liberté de l'Âme 115

  Chapitre XI   Le Cosmos : le Macrocosme 126

  Chapitre XII   Le Cosmos : le Microcosme 133

  Chapitre XIII L'Immortalité 144

  Chapitre XIV L'Âtman 153

  Chapitre XV   La Servitude et la Liberté de l'Âtman 165

| Chapitre XVI | L'Homme Réel et l'Homme Apparent | 172 |

La Voie de la Connaissance de Soi 193

Préface		195
Chapitre I	Introduction	198
Chapitre II	Les Premiers Pas	203
Chapitre III	Le Prâna	210
Chapitre IV	Le Prâna Psychique	220
Chapitre V	Le Contrôle du Prâna Psychique	225
Chapitre VI	Pratyâhâra et Dharana	229
Chapitre VII	Dhyâna et Samâdhi	235
Chapitre VIII	Le Raja Yoga en Bref	243

Les Aphorismes du Yoga de Patanjali 249

Introduction		251
Chapitre I	Les Usages Spirituels de la Concentration	255
Chapitre II	La Pratique de la Concentration	283
Chapitre III	Les Pouvoirs	310
Chapitre IV	L'Indépendance	325

La Voie de l'Abnégation 339

Chapitre I	Le Karma et ses Effets sur le Caractère	341
Chapitre II	Chacun Est Maître Chez Soi	347
Chapitre III	Le Secret du Travail	359
Chapitre IV	Qu'est-ce que le Devoir ?	367
Chapitre V	On s'Aide Soi-Même, pas le Monde	374
Chapitre VI	Le Non-Attachement est l'Abnégation Totale	381
Chapitre VII	La Liberté	391
Chapitre VIII	L'Idéal du Karma Yoga	402

La Voie de la Dévotion 411

Chapitre I	La Prière	413
Chapitre II	La Philosophie d'Ishvara	419
Chapitre III	La Réalisation Spirituelle, le But du Bhakti Yoga	424
Chapitre IV	La Nécessité d'un Gourou	426
Chapitre V	Les Qualifications du Disciple et du Maître	429
Chapitre VI	Les Maîtres Incarnés et l'Incarnation	434
Chapitre VII	Le Mantra : ÔM, Mot et Sagesse	437
Chapitre VIII	Adoration des Substituts et des Images	440
Chapitre IX	L'Idéal Choisi	443
Chapitre X	La Méthode et les Moyens	445

Le Para-Bhakti, ou la Dévotion Suprême 451

Chapitre I	La Renonciation Préparatoire	453
Chapitre II	La Renonciation du Bhakta est Issue de l'Amour	456
Chapitre III	Le Caractère Naturel du Bhakti Yoga et son Secret Central	459
Chapitre IV	Les Formes de L'amour : les Manifestations	461
Chapitre V	Comment l'Amour Universel Conduit au Renoncement de Soi	463
Chapitre VI	La Connaissance Supérieure et l'Amour Supérieur Ne Font Qu'Un pour le Réel Adorateur	467
Chapitre VII	Le Triangle de l'Amour	469
Chapitre VIII	Le Dieu de l'Amour Est Sa Propre Preuve	473
Chapitre IX	Les Représentations Humaines de l'Idéal Divin de l'Amour	475
Chapitre X	Conclusion	480

LES QUATRE VOIES DU
YOGA

Depuis les temps anciens, les habitants du sous-continent indien ont pratiqué des disciplines spirituelles visant à éclairer l'esprit et à atteindre un état de conscience serein et libéré. L'ensemble des pratiques visant à développer cet état voulu d'équilibre, de pureté, de sagesse et de paix de l'esprit, est généralement connu sous le nom de « yoga ». Ce mot signifie « joug » ou « union, » en référence à l'union avec le véritable Soi, l'objectif décrit dans les Upanishads.

Les sages distinguaient quatre principaux types de personnes et ont développé les disciplines yogiques correspondantes afin que chacun de nous puisse atteindre l'union désirée avec le véritable Soi.

- Pour les personnes rationnelles, il existe la voie de la connaissance.

- Pour les personnes méditatives, il existe la voie de la connaissance de Soi.

- Pour les personnes naturellement actives, il existe la voie de l'abnégation.

- Pour les personnes émotionnelles, il existe la voie de la dévotion.

—*Living Religions*, 79

I. La voie de la connaissance

—*Le Jnana Yoga*

Une tentative de trouver l'identité du Brahman-Âtman à travers l'étude des Védas (c'est-à-dire, les textes sacrés de la tradition hindou) et la directe contemplation du soi :

> *La négation [de son identité avec son corps, ses sens et son esprit] en répétant « pas ça, pas ça » est cette seule conscience qui reste : voilà ce que je suis...*
> *La pensée « Qui suis-je ? » détruira toutes les autres pensées, et tout comme le bâton utilisé pour remuer les braises, elle finira elle-même par se détruire. C'est alors qu'émergera l'accomplissement de Soi.*
>
> —*Living Religions, 81*

II. La voie de la connaissance de Soi

—*Le Raja Yoga*

Plusieurs pratiques (comme celles décrites dans les yoga-sûtra de Patanjali, ou la pratique plus récente connu sous le nom de *Kundalini*) qui se concentrent sur l'utilisation de techniques (comprenant l'adoption de postures physiques, le contrôle du souffle, les *mantras* et la visualisation) pour amener l'esprit à un état de concentration extrême, connu comme le *samadhi*, dans lequel l'union avec l'Absolu est atteinte.

> *Les mots et le langage ne suffisent pas à décrire cet état d'exaltation... L'esprit, l'intellect et les sens cessent de fonctionner... C'est un état de félicité et de sagesse éternelle. Toutes les dualités disparaissent complètement. Toutes les choses visibles se mêlent à l'invisible ou l'inconnu. L'âme individuelle devient ce que l'on contemple.*
>
> —*Living Religions, 80*

III. La voie de l'abnégation

—*Le Karma Yoga*

Le Karma yoga se concentrait à la base sur le varnâshrama-dharma : la performance des actions en accord avec les devoirs (dharma), associés à la caste d'une personne (varna) et à son étape de vie (âsrama). En agissant en accord avec les principes du varnâshrama-dharma, la personne pourra progressivement franchir les quatre étapes de vie (étudiant, chef de famille, retraite de la vie, et renoncer) vers la libération ultime du cycle de la renaissance (moksha), et ce, même si le processus peut prendre plusieurs vies avant de s'achever.

Dans la *Bhagavad Gita*, Krishna redéfinit toutefois le Karma yoga en le combinant avec l'idée fondamentale du Jnana yoga, à savoir l'identité finale du soi individuel (Âtman) et du Soi Universel (Brahman), menant à la conclusion que « c'est l'Absolu qui accomplit toutes les actions. » Grâce à cette prise de conscience, l'individu est capable d'accomplir une action « sans aucun intéressement dans ses fruits et sans aucun sens personnel du don ». Par le renoncement de l'attachement aux fruits de ses actions, l'individu atteint « la libération du soi au sein même du travail » :

> *Je me répands dans l'univers entier sous ma forme non-manifestée. Toutes les créatures trouvent en moi leur existence, mais je ne suis pas limité par elles. Contemplez mon divin mystère !*
>
> *... Le sot ne regarde pas au-delà des apparences physiques pour voir ma vraie nature en tant que Seigneur de toute création. Ces êtres bercés d'illusions sont vides de connaissance ; leurs vies sont remplies de désastres et de perversion et leur travail et leurs espoirs sont tous vains...*
>
> *Seules les grandes âmes cherchent ma nature divine. Ayant réalisé que je suis la source éternelle de tout, elles me vénèrent de tout leur être. En luttant constamment, elles affirment leurs résolutions et me vénèrent sans jamais vaciller. Pleines de dévotion, elles chantent ma gloire divine...*
>
> *Quel que soit ce qu'on m'offre par dévotion avec un cœur pur, une feuille, une fleur, un fruit ou de l'eau, j'accepte ce gage d'amour. Quoi que tu fasses, fais-en une offrande m'étant destinée, la nourriture que tu manges, les sacrifices que tu fais, l'aide que tu prodigues, même tes souffrances. De cette manière, tu seras libéré de la servitude du karma et de ses résultats à la fois plaisants et douloureux. Ensuite, ferme dans la renonciation et le yoga, avec le cœur libre, tu viendras à moi.*

Je considère toutes les créatures de la même manière, aucune ne m'est moins ou plus chère. Mais ceux qui me vénèrent avec amour vivent en moi et je viens au monde en eux... Tous ceux qui trouvent refuge en moi, peu importe leur naissance, race, sexe ou caste, atteindront le but ultime; cette réalisation peut être atteinte même par ceux que la société méprise... Par conséquent, étant né dans ce monde vain et transitoire, donne-moi tout ton amour. Remplis ton esprit de moi, aime moi, sers moi, vénère moi toujours. En me cherchant dans ton cœur, tu seras enfin uni à moi.

—Anthology of Living Religions, 66-68 (Bhagavad Gita, C.9); cf. BG/9

IV. La voie de la dévotion

—*Le Bhakti Yoga*

Le Bhakti yoga est étroitement lié à la notion du Karma yoga présentée dans la Bhagavad Gita, puisque c'est précisément en effectuant une action dans un esprit de « dévotion » envers Krishna (plutôt que comme un moyen de générer un « bon » karma qui profitera à l'individu que ce soit dans cette vie ou dans une vie future) que l'individu atteint la libération du cycle de la renaissance. Cette « dévotion » est manifestée comme un sentiment d'amour intense envers Dieu qui est fréquemment exprimé dans la poésie ou la musique, comme l'offrande suivante de Mirabai :

> *Sans Krishna je ne peux dormir.*
> *Torturée par l'envie, je ne peux dormir,*
> *Et le feu de l'amour*
> *M'amène à errer çà et là.*
> *Sans la lumière du Bien-aimé*
> *Ma maison est sombre,*
> *Et les lampes ne me satisfont pas.*
> *Sans le Bien-aimé mon lit est inattrayant,*
> *Et je passe mes nuits éveillée*
> *Quand reviendra mon Bien-aimé ?*
> *...Que devrais-je faire ? Où devrais-je aller ?*
> *Qui peut apaiser ma peine ?*
> *Mon corps a été mordu*

> *Par le serpent de « l'absence »*
> *Et ma vie s'évapore*
> *Avec chaque battement de cœur.*
> *… Mon Seigneur quand viendras-tu*
> *Pour rencontrer ta Mira ?*
> *… Quand mon Seigneur,*
> *Viendras-tu pour rire et parler avec moi ?*
>
> —*Anthology of Living Religions*, 79

Puisque le Bhakti yoga est plus facilement poursuivi que le Raja yoga ou le Jnana yoga, c'est de loin la forme de pratique Hindou la plus commune. Son attrait est joliment décrit dans cette citation de Sri Ramakrishna :

> *Tant que le sens du « Je » perdure, la vraie connaissance et la Libération sont impossibles… [Mais] comment si peu de personnes peuvent-elles obtenir cette Union [Samadhi] et se libérer elles-mêmes de ce « Je » ? C'est très rarement possible. Parle autant que tu le souhaites, isole-toi sans interruption, ce « Je » continuera toujours de revenir vers toi. Abats le peuplier aujourd'hui, et tu verras que demain de nouvelles pousses se seront formées. Quand tu finiras par comprendre que ce « Je » ne peut pas être détruit, laisse le subsister en tant que ton serviteur.*
>
> —*Living Religions*, 83

JNANA YOGA
LA VOIE DE LA CONNAISSANCE

Chapitre I
La Nécessité de la Religion

Délivré à Londres

De toutes les forces qui ont œuvrées et qui œuvrent encore aujourd'hui à façonner les destins de la race humaine, aucune n'est certainement plus puissante que la manifestation de ce que nous appelons *religion*. Toutes les organisations sociales trouvent leurs fondements, d'une manière ou d'une autre, dans les rouages de cette force séculière, et la plus grande impulsion cohésive à avoir jamais été mise en œuvre au sein des unités humaines trouve sa source dans cette force. Il paraît évident aux yeux de tous que dans la plupart des cas, les liens de la religion se sont montrés plus forts que ceux des peuples, du climat, ou même de descendance. C'est un fait connu que les personnes qui vénèrent le même Dieu, qui croient en la même religion, se sont soutenues avec une constance et force bien plus fortes que les personnes de même descendance, ou bien de même fratrie. Plusieurs tentatives ont été menées pour remonter aux origines de la religion. De toutes les anciennes religions qui nous ont été transmises jusqu'à aujourd'hui, nous pouvons tirer une conclusion : qu'elles sont toutes surnaturelles, que leur genèse ne provient pas du cerveau humain, mais bien de quelque chose d'autre.

Deux théories ont gagné en popularité auprès des chercheurs modernes. L'une est la théorie de la spiritualité de la religion, l'autre l'évolution de l'idée de l'Infini. La première maintient que la vénération des ancêtres marque le début des idées religieuses, tandis que la deuxième soutient que la religion tient son origine de la personnification des forces de la nature. L'Homme veut entretenir le souvenir de ses proches décédés, et pense qu'ils vivent encore même une fois que le corps est dissous, et il veut pouvoir leur apporter de la nourriture, et, dans certains cas, les vénérer. De cela est apparue la manifestation que l'on appelle religion.

Lorsque nous étudions les religions anciennes des Egyptiens, des Babyloniens, des Chinois, et beaucoup d'autres peuples en Amérique et ailleurs, nous trouvons de des preuves évidentes de cette vénération des ancêtres comme étant le commencement de la religion. En Egypte ancienne, la première conception de l'âme était celle d'un double. Tous les êtres humains possédaient en eux un double très similaire à eux-mêmes qui, une fois que l'homme mourrait, sortait du corps et continuait de vivre. Mais la vie du double ne durait que tant que le corps du mort restait intact, et c'est pour cela que nous trouvons une si grande attention à maintenir le corps indemne chez les Egyptiens. C'est aussi pour cela qu'ils construisirent ces énormes pyramides dans lesquelles ils préservaient les corps. Pour chaque partie du corps externe blessée, le double serait blessé en conséquences. Voilà ce que l'on peut clairement qualifier de vénération des ancêtres. Dans l'ancienne Babylone, nous retrouvons la même idée du double, mais avec une autre subtilité. Le double perdait tout sens d'amour, il terrorisait les vivants afin qu'ils le nourrissent et l'abreuvent, et pour l'aider de diverses manières. Il perdait même toute affection pour ses propres enfants et sa propre femme.

Nous trouvons également des traces de vénération des ancêtres chez les anciens Hindous. Chez les Chinois, on peut également dire que la base de leur religion repose sur la vénération des ancêtres, qui, encore aujourd'hui, maintient son emprise sur l'ensemble de ce vaste pays. En effet, la seule religion que l'on peut réellement considérer comme s'étant développée en Chine est bien celle de la vénération des ancêtres. Il semble donc, d'un côté, que ceux qui soutiennent la théorie de la vénération des ancêtres comme l'origine de la religion ont de forts arguments en leur faveur.

D'un autre côté, certains chercheurs démontrent, à partir de l'ancienne littérature aryenne, que la religion trouve son origine dans la vénération de la nature. Même si l'on retrouve des signes de vénération des ancêtres partout en Inde, il n'y en a aucune trace dans les plus vieilles archives. Dans la Rig-Veda Samhita, l'archive la plus ancienne du peuple aryen, nous n'en retrouvons aucune trace. Les chercheurs modernes pensent davantage qu'ils y ont trouvé la vénération de la nature. L'esprit humain semble avoir des difficultés à comprendre les mécanismes de la nature. L'aube, le soir, la tempête, les forces extraordinaires et gigantesques de la nature, ses beautés, tous ces éléments se posent en énigme pour l'esprit humain qui aspire à aller toujours plus loin pour les comprendre. Dans cette lutte, ils dotent ces phénomènes d'attributs personnels, leur donnant corps et âmes, parfois beaux, parfois transcendants. Toutes ces tentatives finissent par transformer ces phénomènes en abstractions, qu'elles soient personnalisées ou non. Nous trouvons la même chose chez les Grecs anciens, toute leur mythologie repose simplement sur cette vénération abstraite de la nature. C'est aussi le cas chez les anciens Allemands, les Scandinaves, et toutes les autres peuples aryens. Ainsi, de ce point de vue également, une argumentation solide fut établie, soutenant le fait que la religion trouve ses origines dans la personnification des forces de la nature.

Ces deux opinions, même s'ils paraissent contradictoires, peuvent être réunis sur un troisième fondement, qui, selon moi, est la véritable origine de la religion, et ce que je propose de nommer : la lutte pour surpasser les limitations des sens. Soit l'Homme part à la recherche des esprits de ses ancêtres, les esprits des morts, afin d'entrevoir ce qu'il y a une fois que le corps est dissous, soit il désire comprendre la force en action derrière les phénomènes extraordinaires de la nature. Que ce soit l'un ou l'autre, une chose est sûre, c'est qu'il essaye de surpasser les limitations de ses sens. Il ne peut se satisfaire de ses sens, il veut aller au-delà. L'explication n'a pas besoin d'être mystérieuse. D'après moi, il semblerait des plus naturel qu'en action avec la religion doive se faire en rêves. Après tout, l'Homme peut vraisemblablement se faire une première idée de l'immortalité dans un rêve. N'est-ce pas un état des plus formidables ? Et nous savons que les enfants ou les esprits non-éduqués font très peu la différence entre leur état d'éveil et les moments où ils rêvent. N'est-ce pas alors naturel qu'ils se rendent compte, en toute logique, que même lorsqu'ils dorment, lorsque le corps paraît comme mort, leur esprit continue de travailler ? Qui a t-il de surprenant à ce que ces hommes en viennent à la conclusion que lorsque ce corps est dissous pour toujours, le même mécanisme continuera à fonctionner ? Cela, d'après moi, serait une explication bien plus naturelle du surnaturel, et grâce à cette idée onirique l'esprit humain s'élève vers des conceptions toujours plus grandes. Bien entendu, au fil du temps, la vaste majorité de l'humanité a découvert que ces rêves ne sont pas vérifiés une fois éveillé, et que durant l'état de rêve l'homme ne jouit pas d'une nouvelle existence, mais simplement qu'il se remémore les expériences qu'il a vécues durant son état d'éveil.

Mais alors que la quête avait déjà commencé, cette quête intérieure, l'homme avide continua de s'enquérir sur les différents états de l'esprit, et découvrit des états supérieurs à ceux de l'éveil ou du rêve. Nous trouvons cet état des choses dans toutes les religions organisées du monde, que ce soit sous l'appellation d'extase ou d'inspiration. Dans toutes les religions organisées, les fondateurs, les prophètes et les messagers sont déclarés comme étant entrés dans des états d'esprits qui n'étaient pas ceux de l'éveil ou du rêve, dans lesquels ils s'étaient retrouvés face à une nouvelle série de faits relatifs à ce qu'on appelle le royaume spirituel. Ils prirent conscience des choses d'une façon bien plus intense que celle dont nous faisons preuve dans notre état d'éveil. Prenez par exemple les religions des brahmanes. Il est dit que les Védas ont été écrites par les rishis. Ces rishis étaient des sages qui prirent conscience de certains faits. La définition exacte du mot sanskrit rishi est « voyant des Mantras », des pensées transmises dans les hymnes védiques. Ces hommes déclarèrent qu'ils avaient pris conscience ou bien senti si on peut utiliser ce terme pour exprimer le supra-sensoriel, certains faits qu'ils partagèrent ensuite. Nous retrouvons cette même vérité chez les juifs et les chrétiens.

Certaines exceptions existent au sein des bouddhistes issus de la secte du Sud. Si les bouddhistes ne croient en aucun Dieu ou âme, on est en droit de se demander pourquoi leur religion est-elle dérivée du caractère supra-sensoriel de l'existence ? La réponse à cela est que nous retrouvons même chez les bouddhistes une éternelle loi morale, et que cette loi morale ne fut pas raisonnée au sens où nous l'entendons mais fut apportée, découverte, par le Bouddha, dans un état qui dépassa les sens. Ceux d'entre vous qui ont étudiés la vie du Bouddha, même si que très superficiellement avec le beau poème The Light of Asia (La Lumière de l'Asie), se souviendront peut-être que le Bouddha est représenté assis sous l'arbre Bo, jusqu'à ce qu'il atteigne cet état d'esprit supra-sensoriel. Tous ses enseignements lui vinrent de cet état, et non de cogitations intellectuelles.

Ainsi, une formidable affirmation est soutenue par toutes les religions : que l'esprit humain, à certains moments, transcende non seulement les limitations des sens, mais également le pouvoir du raisonnement. Il se retrouve face à des faits qu'il n'aurait jamais pu ressentir, qu'il n'aurait jamais pu raisonner. Ces faits constituent la base de toutes les religions du monde. Bien entendu, nous avons le droit de remettre en question ces faits, de les soumettre aux lois de la raison. Néanmoins, toutes les religions de ce monde attribuent à l'esprit humain ce pouvoir de transcendance des limites des sens et des limites de la raison, et c'est ce pouvoir qu'ils avancent comme un état de fait.

En dehors de la remise en question de la véracité des faits avancés par les religions, nous leur trouvons à toutes une caractéristique commune. Elles sont toutes des abstractions en contraste avec, par exemple, les découvertes concrètes de la physique, et dans toutes les religions bien organisées, ces abstractions prennent la forme la plus pure d'Unité d'Abstraite, soit sous la forme d'une Présence Dissociée, en tant qu'un Être Omniprésent, en tant qu'une Personnalité Abstraite nommée Dieu, ou en tant que Loi Morale ; soit sous la forme d'une Essence Abstraite, sous-jacente à chaque existence. Même dans les temps modernes, les tentatives faites pour prêcher les religions sans faire appel à l'état supra-sensoriel de l'esprit ont dû emprunter les anciennes abstractions des Ancêtres et leur ont donné des noms tels que « Loi Morale », « Unité Idéale », etc., prouvant ainsi que ces abstractions ne proviennent pas des sens. Personne n'a encore rencontré un

« Être Humain Idéal », et il nous est pourtant demandé d'y croire. Personne n'a rencontré un homme idéalement parfait, pourtant nous ne pouvons progresser sans cet idéal. Ainsi, ce seul fait ressort dans toutes ces différentes religions, qu'il y a une Unité Idéale Abstraite soumise sous la forme d'une Personne ou d'un Être Impersonnel, ou d'une Loi, ou d'une Présence, ou d'une Essence. Nous nous débattons sans cesse pour nous élever au rang de cet idéal. Tout être humain, qui qu'il soit et où qu'il soit, a un idéal de pouvoir infini. Tout être humain a un idéal de plaisir infini. La plupart des œuvres que nous voyons autour de nous, les activités exposées partout, résultent de la lutte pour ce pouvoir infini ou ce plaisir infini. Certains découvrent très vite que, bien que se débattant pour le pouvoir infini, ce n'est pas grâce aux sens qu'ils l'atteindront. Ils découvrent très vite qu'ils n'atteindront pas non plus le plaisir infini à travers les sens, autrement dit, les sens sont trop restreints et le corps est trop limité pour exprimer l'infini. Atteindre l'infini à travers le fini est impossible, et, tôt ou tard, l'homme apprend à abandonner sa quête d'exprimer l'Infini à travers le fini. Cet abandon, cette renonciation, est à l'origine de l'éthique. La renonciation est le fondement même de l'éthique. Jamais il ne fut prêché un code éthique qui n'avait pas pour base la renonciation.

L'éthique dit toujours : « Pas moi, mais toi. » Sa devise est : « Pas le soi, mais le non-soi. » D'après les lois de l'éthique, l'homme doit abandonner toutes les vaines idées d'individualisme, auxquelles il se raccroche lorsqu'il part à la quête du Pouvoir Infini ou du Plaisir Infini au travers des sens. Vous devez vous positionner en dernier, et faire passer les autres avant vous. Les sens disent : « Moi d'abord ». L'éthique dit : « Je dois me placer en dernier ». Ainsi, tous les codes de l'éthique sont basés sur cette renonciation, la destruction, et non la construction, de l'individu sur le plan matériel. Cet Infini ne s'exprimera jamais sur le plan matériel, c'est tout autant impossible qu'impensable.

Ainsi, l'homme doit abandonner ce plan de la matière et s'élever vers d'autres sphères, à la quête d'une expression plus profonde de cet Infini. C'est dans ce sens que sont façonnées les différentes lois éthiques, mais toutes contiennent cette unique idée centrale : l'éternel renoncement de soi. L'annihilation parfaite de soi est l'idéal de l'éthique. Les gens sont étonnés lorsqu'on leur demande de ne pas penser à leur individualité. Ils semblent avoir si peur de perdre ce qu'ils appellent leur individualité. Dans un même temps, ces mêmes personnes soutiendraient que les plus hauts idéaux de l'éthique sont vrais, sans jamais penser à un seul instant que la portée, l'objectif, l'idée derrière toute éthique est la destruction, et non la construction, de l'individu.

Il a été dit qu'une attention trop poussée pour les choses spirituelles perturbe nos relations pratiques dans ce monde. Déjà à l'époque du sage chinois Confucius, il était dit : « Occupons-nous de ce monde, et, quand nous aurons fini avec ce monde, nous nous occuperons alors d'autres mondes. » Bien sûr que nous devrions nous occuper de ce monde. Mais si trop d'attention portée au spirituel peut affecter nos relations pratiques, trop d'attention pour ce soit disant côté pratique nous fait du mal, et ce continuellement. Cela nous rend matérialistes. Car l'homme ne doit pas concevoir la nature comme son objectif, mais comme quelque chose de supérieur.

L'homme est véritablement homme tant qu'il lutte pour s'élever au-dessus de la nature, et cette nature est à la fois interne et externe. Elle constitue non seulement les lois qui gouvernent les particules de matière hors de nous et dans nos corps, mais aussi la nature interne plus subtile qui est, d'ailleurs, la force motrice qui gouverne l'extérieur. Il est bien et formidable de conquérir la nature extérieure, mais bien plus formidable de conquérir notre nature intérieure. Il est formidable et bien de connaître les lois qui gouvernent les étoiles et les planètes, mais il est infiniment plus formidable et mieux de connaître les lois qui gouvernent les passions, les sentiments, la volonté de l'espèce humaine. Cette conquête du soi intérieur, comprendre les secrets des mécanismes subtils qui font partie de l'esprit humain, et connaître ses merveilleux secrets, tout cela appartient entièrement à la religion.

La nature humaine (je parle de la nature humaine ordinaire) veut voir de grands faits pertinents. L'homme ordinaire ne peut comprendre ce qui est subtile. Il a souvent été dit que les masses admirent le lion qui tue un millier d'agneaux, sans jamais penser que cela signifie la mort de ces agneaux. Simplement un triomphe momentané pour le lion, car elles ne prennent de plaisir que dans les manifestations de la force physique. Ainsi est la jouissance ordinaire de l'humanité. Ils comprennent et éprouvent du plaisir dans tout ce qui est extérieur. Mais dans toutes les sociétés il existe une portion d'individus dont les plaisirs ne se trouvent pas dans les sens, mais au-delà, et qui de temps en temps entrevoient quelque chose de supérieur à la matière, et luttent pour l'atteindre. Si nous lisons entre les grandes lignes de l'histoire des nations, nous pouvons toujours voir que l'ascension d'une nation se fait grâce à l'augmentation du nombre de ce genre d'individu, tandis que la chute s'enclenche lorsque cette poursuite de l'Infini, bien que considérée comme vaine par les utilitaristes, a cessé. Cela signifie que la pièce maîtresse de la force de chaque peuple réside dans sa spiritualité, et le déclin de ce peuple commence le jour où cette spiritualité décline au profit du matérialisme.

Ainsi, à part pour les vérités et faits concrets que nous pouvons apprendre de la religion, à part pour le réconfort qu'elle peut apporter, la religion, en tant que science, en tant qu'étude, est le meilleur et le plus sains des exercices que l'esprit humain peut avoir. La poursuite de l'Infini, cette lutte pour atteindre l'Infini, cet effort pour aller au-delà des sens, au-delà de la matière, et de développer l'homme spirituel, cet acharnement jour et nuit pour ne faire qu'un avec l'Infini ; cette lutte est en elle-même la plus grande et la plus formidable qu'un homme puisse mener. Certaines personnes trouvent leur plus grand plaisir dans la nourriture. Nous n'avons pas le droit de leur nier cela. D'autres éprouvent leur plus grand plaisir dans la possession de certaines choses. Nous n'avons pas le droit de leur nier cela. Mais, de ce fait, ils n'ont pas le droit de dire « non » à un homme qui trouve son plus grand plaisir dans la pensée spirituelle. Plus l'organisation est infime, plus le plaisir des sens est important. Très peu d'hommes peuvent manger un repas avec autant d'enthousiasme qu'un chien ou un loup. Mais tout les plaisirs du chien ou du loup proviennent, pour ainsi dire, des sens.

Dans toutes les nations, les pans de l'humanité les plus simplistes éprouvent du plaisir au travers des sens, tandis que les plus cultivés et les plus éduqués l'éprouvent au travers de la pensée, de la philosophie, des arts et des sciences. La spiritualité est un stade encore plus élevé. Le sujet étant infini, ce stade est le plus haut qui existe, et le plaisir éprouvé à ce stade est le plus grand pour ceux qui peuvent l'apprécier. Ainsi, si l'on part de l'idée utilitariste que l'homme doit chercher le plaisir, il devrait alors entretenir la pensée religieuse, car c'est le plaisir le plus grand qu'il soit. De ce fait, la religion, en tant qu'étude, me semble être indispensable.

Nous pouvons le voir dans les effets qu'elle produit. C'est la plus grande force motrice qui meut l'esprit humain. Aucun autre idéal ne peut nous prodiguer autant d'énergie que le spirituel. Aussi loin que remonte l'histoire humaine, il nous paraît évident que cela a été le cas et que ses pouvoirs n'ont pas disparu. Je ne nie pas que les hommes, simplement sur une base utilitariste, puissent être bons et moraux. Il y a eu beaucoup de grands hommes dans ce monde qui étaient parfaitement sains, moraux et bons, simplement sur une base utilitariste. Mais les hommes qui changent le monde, ceux qui apportent une masse de magnétisme au monde, dont l'esprit inspirent des centaines et des milliers, ceux dont la vie embrase les autres de son feu spirituel, ces hommes-là, nous découvrons toujours, cette éducation spirituelle. Leur force de motrice trouve sa source dans la religion. La religion est la meilleure force de motrice qu'il soit pour se prendre conscience de cette énergie infinie qui est le droit imprescriptible et la nature de chaque homme. Dans la construction de notre caractère, dans la construction de tout ce qui est bon et grand, dans la réalisation de la paix avec les autres et avec soi-même, la religion est la plus grande force de motrice et, de ce fait, mérite d'être étudiée sous cet angle. La religion doit être étudiée sous un angle bien plus large que précédemment. Toutes les idées restreintes, limitées et hostiles sur la religion doivent disparaître. Toutes les idées sectaires, tribales ou nationales sur la religion doivent être abandonnées. Que chaque tribu ou nation possèderait son propre Dieu en pensant que tous les autres sont faux est une superstition qui devrait appartenir au passé. Toutes idées semblables doivent être abandonnées.

Alors que l'esprit humain s'élargit vers de nouveaux horizons, ses pas spirituels s'élargissent eux aussi. Nous avons déjà atteint le point où un homme ne peut enregistrer une pensée sans qu'elle n'atteigne le monde entier par de simple moyens physiques, nous sommes parvenus à nous connecter au monde entier, ainsi les futures religions du monde doivent devenir aussi larges, aussi universelles.

Les idéaux religieux de l'avenir doivent accepter de tout ce qui est bon et grand dans ce monde, et, en même temps, doivent avoir une portée infinie pour continuer à se développer dans le futur. Tout ce qui était bon dans le passé doit être préservé, et les portes doivent rester ouvertes pour tout futur complément. Les religions doivent êtres inclusives et ne doivent pas se mépriser pour la seule raison que leurs conceptions de Dieu sont différentes. J'ai rencontré beaucoup de grands hommes spirituels, beaucoup de personnes sensées, qui ne croyaient pas du tout en Dieu, je veux dire par là, pas tel que nous le concevons. Sans doute comprenaient-ils Dieu beaucoup mieux que nous ne le comprendrons jamais. L'idée Personnelle de Dieu ou l'Impersonnelle, l'Infini, la Loi Morale, ou l'Homme Idéal, tous ces éléments rentrent dans la définition de la religion. Et quand les religions se seront autant élargies, leur pouvoir à œuvrer pour le bien aura augmenté au centuple. Les religions, ayant cet énorme pouvoir en elles, ont souvent fait plus de mal que de bien au monde, simplement du fait de leur étroitesse et de leurs limitations.

Encore aujourd'hui nous retrouvons beaucoup de sectes et de sociétés avec pratiquement les mêmes idées, qui se battent l'une contre l'autre car l'une ne veut pas exposer ces idées de la même manière que l'autre. Ainsi, les religions devront s'élargir. Les idées religieuses devront devenir universelles, vastes, et infinies, et ce n'est qu'à partir de ce moment-là que nous profiterons de toute la grandeur de la religion, car son pouvoir a à peine commencer à se manifester. Il est parfois dit que les religions sont en train de disparaître, que les idées religieuses sont en en train de disparaître de ce monde. D'après moi, elles commencent tout juste à grandir. La force de la religion, élargie et purifiée, va s'insérer tous les pans de la vie humaine. Tant que la religion était aux mains d'une minorité ou d'un groupe de prêtres, elle était dans les temples, les églises, les livres, les dogmes, les cérémonies, les formes et les rituels. Mais quand nous arriverons au véritable concept spirituel et universel alors, et seulement alors, la religion deviendra réelle et vivante ; elle fera partie de notre nature même, vivra dans chacun de nos mouvements, pénétrera chaque pore de notre société, et sera infiniment plus une force pour le bien qu'elle ne l'a jamais été.

Ce dont nous avons besoin est un sentiment de solidarité entre les différents types de religions, étant donné qu'elles se soutiennent toutes ensembles, un sentiment de communauté qui émane d'une estime mutuelle et d'un respect mutuel, et non de l'expression condescendante, dédaigneuse, et mesquine de la bonne volonté qui est aujourd'hui malheureusement en vogue pour beaucoup. Et par-dessus tout, cela est requis entre les différents types d'expressions religieuses qui proviennent de l'étude des phénomènes mentaux, qui malheureusement, encore aujourd'hui, ont la prétention exclusive de la religion, et ces expressions religieuses dont les têtes pénètrent davantage les secrets du paradis alors que leurs pieds restent ancrés sur terre, je veux parler par-là des soit-disants sciences matérialistes.

Pour arriver à cette harmonie, les deux devront faire des concessions, des fois très grandes, des fois douloureuses, mais chacune se portera mieux du sacrifice et sera plus avancée dans la vérité. Et finalement, le savoir qui est confiné entre les royaumes du temps et de l'espace se rencontrera et ne fera plus qu'un avec ce qui est supérieur à ces deux, où l'esprit et les sens ne peuvent se rendre : l'Absolu, l'Infini, l'Unique.

Les standards utilitaristes ne peuvent expliquer les relations éthiques des hommes, car, dans un premier temps, nous ne pouvons déduire de lois éthiques des considérations utilitaires. Sans la sanction surnaturelle, comme nous l'appelons, ou la perception du supra-conscient, comme je préfère l'appeler, il ne peut y avoir d'éthique. Sans la lutte pour l'Infini, il ne peut y avoir d'idéal. N'importe quel système qui veut contraindre les hommes aux limites de leurs propres sociétés ne peut trouver d'explications aux lois éthiques de l'espèce humaine. L'utilitariste nous demande d'abandonner la quête de l'Infini, l'appel au Supra-sensoriel, car absurde et irréaliste, mais, en même temps, nous demande d'adopter l'éthique et de faire le bien dans la société. Pourquoi devrions-nous faire le bien ? Faire le bien est une considération secondaire. Nous devons avoir un idéal. L'éthique n'est pas une fin en soi, mais le moyen d'y parvenir. Si la fin n'est pas là, pourquoi devrions-nous être éthiques ? Pourquoi devrais-je être bon envers les autres hommes, et non pas les blesser ? Si le bonheur est l'objectif de l'humanité, pourquoi ne me rendrais-je pas heureux et les autres malheureux ? Qu'est-ce qui m'en empêche ? En revanche, un code moral et éthique, émanant de la religion et de la spiritualité, a tout l'infini de l'homme comme base. Il considère l'individu, mais ses rapports sont pour l'Infini, et considère également la société, car la société n'est autre que la somme de tous ces individus regroupés, et comme il s'applique à l'individu et ses relations éternelles, il doit nécessairement s'appliquer à l'ensemble de la société, sous n'importe quelle condition, à n'importe quel moment. Ainsi, nous voyons bien que la religion spirituelle est une nécessité constante pour l'espèce humaine. Les hommes ne peuvent pas toujours penser à la matière, quel que soit le plaisir qui en découle.

Chapitre II
La Véritable Nature de l'Homme

Délivré à Londres

Remarquable est la ténacité avec laquelle l'homme s'accroche à ses sens. Toutefois, quand bien même il pourrait considérer le monde extérieur dans lequel il vit et évolue comme fondamental, il vient un temps dans la vie des individus et des peuples où ils se demandent, involontairement : « Est-ce réel ? » La personne qui ne trouve jamais le temps pour questionner la crédibilité de ses sens, qui demeure en permanence dans un quelconque plaisir des sens, elle aussi fera face à la mort, et se demandera alors : « Est-ce réel ? » La religion commence par cette question, et s'achève par sa réponse. Même dans le passé lointain, où les archives historiques ne peuvent nous aider, sous la lumière mystérieuse de la mythologie, au sombre crépuscule de la civilisation, nous retrouvons cette même question : « Qu'advient-il de cela ? Qu'est-ce qui est réel ? ».

L'un des versets les plus poétiques des Upanishads, le Katha Upanishad, débute sur cette interrogation : « Lorsqu'un homme meurt, il y a un débat. Certains jugent qu'il est parti pour toujours, d'autres insistent qu'il est toujours vivant. Qui a raison ? » Plusieurs réponses ont été avancées. Toute la sphère métaphysique, philosophique et religieuse est véritablement pleine de réponses différentes à cette question. Dans un même temps, des tentatives ont été faites pour mettre un terme à cette question, pour arrêter cette agitation de l'esprit qui se demande : « Qu'y a-t-il au-delà ? Qu'est-ce qui est réel ? » Mais tant que la mort subsiste, toutes ces tentatives seront infructueuses. Nous pouvons parler du fait que nous ne voyons rien au-delà et nous pouvons limiter nos espoirs et aspirations au moment présent, et lutter fort pour ne pas penser à quoi que ce soit en dehors du monde des sens, et, probablement, tout ce qui est à l'extérieur nous sert à nous garder dans ces limites restreintes. Le monde entier peut s'allier pour nous empêcher d'élargir nos horizons au-delà du présent. Cependant, tant qu'il y a la mort, la question reviendra encore et encore : « La mort est-elle la fin de toutes ces choses auxquelles nous nous agrippons, comme si elles étaient les réalités les plus réelles, les choses les plus fondamentales ? » Le monde disparaît en un instant et n'existe plus. Se tenant au bord du précipice au-delà duquel s'étend un gouffre béant infini, chaque esprit, aussi endurci soit-il, est certain de reculer et de se demander : « Est-ce réel ? » Les espoirs de toute une vie, construits petit à petit avec toutes les énergies d'un grand esprit, disparaissent en une seconde. Sont-ils réels ? Cette question doit avoir une réponse. Le temps 'atténue jamais sa force, au contraire, il la renforce.

Puis vient le désir d'être heureux. Nous courons après les choses pour nous rendre heureux, nous poursuivons notre folle entreprise dans le monde extérieur des sens. Si vous questionnez un jeune homme qui connaît la réussite, il vous dira que c'est réel, et il le pensera vraiment. Sans doute que lorsque ce même homme aura vieilli et que sa fortune lui échappera, il dira alors que c'est le destin. Il réalisera enfin que ses désirs ne pourront pas se réaliser. Où qu'il aille, il y a un mur infranchissable qu'il ne peut traverser. Toute activité liée aux sens produit une réaction. Tout est fugace. La joie, la misère, le luxe, la richesse, le pouvoir et la pauvreté, même la vie elle-même, tous sont fugaces.

Deux positions possibles se présentent à l'espèce humaine. La première est de croire avec les nihilistes que tout est rien, que nous ne savons rien, que nous ne pouvons jamais savoir quoi que ce soit du futur, du passé, ou même du présent. Mais nous devons nous rappeler que toute personne qui nie le passé et le futur, et qui veut demeurer dans le présent est tout simplement folle. En allant dans ce sens, certains pourraient même nier le père et la mère et revendiquer l'enfant. Ce serait tout aussi logique. Pour nier le passé et le futur, il faut automatiquement nier le présent aussi. Voilà la première position, celle des nihilistes. Je n'ai jamais vu un homme qui pouvait réellement devenir nihiliste ne serait-ce qu'une minute. C'est très facile de parler.

Puis vient la deuxième position : la recherche d'explications, la recherche du réel, pour découvrir ce qui est réel dans ce monde éternellement changeant et fugace. Dans ce corps qui n'est qu'agrégation de molécules de matière, y a-t-il quelque chose de réel ? Voilà la quête qui a traversé l'histoire de l'esprit humain. Dans les temps les plus anciens, nous trouvons souvent des éclairs de lucidité qui traversa l'esprit humain. Nous trouvons que l'homme, même à cette époque, allait au-delà de ce corps, pour trouver quelque chose qui n'est pas ce corps extérieur, bien que très similaire, beaucoup plus complet, plus parfait, et qui demeure même après que ce corps disparaît. Nous pouvons lire dans les hymnes du Rig-Veda, adressés au Dieu du Feu qui est en train d'incinérer un corps sans vie : « Emporte-le, Ô Feu, délicatement dans tes bras, donne-lui un corps parfait, un corps lumineux, emporte-le là où les ancêtres vivent, où il n'y a plus de tristesse, où il n'y a plus de mort ». Vous retrouverez la même idée dans toutes les religions. Et, avec celle-ci, nous obtenons une autre idée. Il est important de constater que toutes les religions, sans exception, postulent que l'homme est une dégénérescence de ce qu'il était, qu'elles expriment cela en termes mythologiques, ou dans le langage plus clair de la philosophie, ou encore dans dans de belles tournures poétiques. Voilà le fait unique que l'on peut déduire de tous les textes sacrés et de toutes les mythologies : l'homme qui est, est une dégénérescence de ce qu'il était. C'est la part de vérité contenue dans l'histoire de la chute d'Adam des écritures juives. Cela est répété encore et encore dans les textes sacrés hindous, dans le rêve d'une période qu'ils appellent l'Ère de la Vérité, où aucun homme ne mourrait à moins de le vouloir, où il pouvait garder son corps autant qu'il le souhaitait, et où son esprit était fort et pur. Il n'y avait pas de mal ni de misère, et l'ère actuelle est une corruption de cet état de perfection. A côté de cela, nous retrouvons partout l'histoire du déluge. Cette histoire à elle seule est une preuve que le temps présent est perçu par toutes les religions comme la corruption d'un temps ancien. Il fut de plus en plus corrompu jusqu'à ce que le déluge décime une grande portion de l'humanité, et que commence alors à nouveau les séries ascendantes. Cela évolue encore lentement pour retrouver les prémices de cet état de pureté. Vous connaissez tous l'histoire du déluge de l'Ancien Testament. La même histoire était courante chez les anciens Babyloniens, les Egyptiens, les Chinois et chez les Hindous : Manu, un grand et ancien sage, était en train de prier sur les rives du Gange lorsqu'un petit vairon vint lui demander sa protection, il le mit dans un pot d'eau qu'il avait devant lui. « Que veux-tu ? » lui demanda Manu. Le petit vairon lui expliqua qu'il était poursuivi par un plus gros poisson et qu'il voulait être protégé. Manu emporta le petit poisson chez lui, et au matin il était devenu aussi gros que le pot et dit : « Je ne peux pas vivre plus longtemps dans ce pot ». Manu le mit dans un aquarium, mais le jour d'après il était devenu aussi grand que l'aquarium et déclara qu'il ne pouvait plus y vivre. Alors Manu l'emmena à une rivière, et au matin le poisson remplissait la rivière. Ensuite, Manu le mit donc dans l'océan, et il déclara : « Manu, je suis le Créateur de l'univers. J'ai pris cette apparence afin de te prévenir que je vais inonder le monde. Construit une arche et met à l'intérieur un couple de chaque type d'animal, et laisse ta famille pénétrer l'arche, ma corne sortira alors de l'eau. Accroche l'arche à celle-ci, et quand le déluge sera terminé, sort de l'arche et repeuple le monde ». Ainsi le monde fut inondé, et Manu sauva sa famille et deux animaux de chaque espèce animale et des graines de chaque plante. Lorsque le déluge fut en effet terminé, il vint et peupla le monde, et nous sommes tous appelés « hommes », car nous sommes les descendants de Manu.

En partant de là, le langage humain est la tentative d'exprimer la vérité intrinsèque. Je suis entièrement convaincu qu'un bébé, dont le langage est composé de sons inintelligibles, essaye d'exprimer la plus haute philosophie, mais il lui manque uniquement les organes et les moyens pour parler. La différence entre le langage des plus grands philosophes et les énonciations des bébés est dans le degré et non dans le contenu. Ce que l'on qualifie aujourd'hui comme la langue mathématique, correcte et systématique ne diffère des anciennes langues mystiques, mythologiques et hasardeuses, que sur le degré. Toutes ont une grande idée derrière elles, qui lutte pour s'exprimer. Et souvent derrière ces anciennes mythologies se trouvent des fragments de la vérité, et souvent, je suis navré de le dire, derrière ces belles phrases modernes et raffinées, il n'y a que pure bêtise. Ainsi, nous ne devons pas nous débarrasser une chose sous prétexte qu'elle est exprimée par la mythologie, sous prétexte qu'elle ne correspond pas à la définition de Mr. Untel ou Mme. Untel des temps modernes. Si les gens devaient rire de la religion car la plupart d'entre elles affirment que les hommes doivent croire aux mythologies enseignées par tel ou tel prophète, ils devraient alors rire davantage de ces hommes modernes. A l'heure actuelle, si un homme cite quelqu'un comme Moïse, ou le Bouddha, ou le Christ, nous lui rions au nez, mais s'il cite Huxley, Tyndall, ou Darwin, et on gobera ses paroles. « Huxley l'a dit », voilà qui est suffisant pour beaucoup. Nous voilà en effet sauvés de la superstition ! C'était une superstition religieuse, et c'est maintenant une superstition scientifique, seulement, à travers cette superstition apparurent des idées spirituelles vivifiantes, tandis que cette autre superstition moderne n'a apporté que luxure et avidité. Cette superstition était la vénération de Dieu, celle-ci est la vénération du lucre, de la célébrité ou du pouvoir. Voilà la différence.

Pour retourner à la mythologie, derrière toutes ces histoires nous retrouvons une idée prévalente : l'homme est une dégénérescence de ce qu'il était. En venant au temps présent, les recherches actuelles semblent complètement rejeter cette théorie. Et les évolutionnistes semblent contredire totalement cette revendication. D'après eux, l'homme est l'évolution du mollusque, et, de ce fait, ce que dit la mythologie ne peut être vrai. Il y a cependant en Inde une mythologie qui peut réconcilier ces deux positions. La mythologie indienne repose sur une théorie des cycles, que toutes les progressions sont en forme de vagues. Chaque vague s'achève sur une chute qui est ensuite succédée par une montée, puis d'une chute, et encore une autre montée. Le mouvement se fait par cycles. Il est certainement vrai, même par rapport aux fondements des recherches actuelles, que l'homme ne peut simplement pas être une évolution. Toute évolution présuppose une involution. Le scientifique moderne vous dira que vous ne pouvez seulement obtenir d'une machine la masse d'énergie que vous y avez précédemment introduite. Une chose ne peut être produite à partir de rien. Si l'homme est une évolution du mollusque, alors l'homme parfait, l'homme-Bouddha, l'homme-Christ, a été involué en mollusque. Si tel n'est pas le cas, d'où viennent alors ces gigantesques personnalités ? Elles ne peuvent pas provenir de rien. C'est pourquoi nous sommes dans l'optique de concilier les textes sacrés à la lumière moderne. Cette énergie qui se manifeste petit à petit en différentes étapes jusqu'à devenir l'homme parfait, ne peut provenir de rien. Elle a existé quelque part, et si le mollusque ou le protoplasme est le premier endroit où l'on peut la tracer, alors ce protoplasme, d'une manière ou d'une autre, doit avoir contenu cette énergie.

Il existe actuellement un grand débat quant à savoir si l'agrégation de matière qu'est le corps est l'élément déclencheur de la force que nous appelons l'âme, la pensée, etc., ou si c'est la pensée qui manifeste ce corps. Bien entendu, les religions de ce monde soutiennent que la force que l'on nomme la pensée manifeste le corps, et non l'inverse. Il y a des écoles de la pensée moderne qui, elles, soutiennent que la pensée n'est que le résultat des ajustements des parties de la machine que nous appelons le corps. En prenant la deuxième position, celle que l'âme ou la pensée, ou quelle que soit la manière dont vous l'appelez, est le résultat de cette machine, le résultat des combinaisons physique et chimique de la matière qui constituent le corps et le cerveau, laisse la question sans réponse. Qu'est-ce qui fait le corps ? Quelle force associe les molécules sous la forme du corps ? Quelle est cette force qui prélève des matériaux de la masse de la matière qui nous entoure pour former mon corps de telle façon, un autre corps d'une autre façon, et ainsi de suite ? Qu'est-ce qui produit ces distinctions infinies ? Dire que la force appelée âme est le résultat des combinaisons des molécules du corps, revient à mettre la charrue avant les bœufs. Comment les combinaisons sont-elles apparues, où était la force pour les produire ? Si vous dites que d'autres forces avaient causé ces combinaisons, et que l'âme était le résultat de cette matière, et que cette âme, qui est associée à une certaine masse de matière, est elle-même le résultat de ces combinaisons, ce n'est pas une réponse.

Il faut se fier à la théorie qui explique la majorité des faits, voire tous les faits, et ce sans contredire d'autres théories existantes. Il est plus logique de dire que la force qui se sert de la matière pour former le corps est la même qui se manifeste au travers du corps. Ainsi, dire que les forces de la pensée manifestées par le corps sont le résultat d'un mélange entre molécules et ne possèdent pas d'existence indépendante n'a pas de sens, d'autant plus que de dire que la force provient de la matière. En revanche, il est possible de prouver que ce que l'on appelle la matière n'existe pas du tout. Ce n'est qu'un état de la force. Nous pouvons prouver que la solidité, la dureté, ou tout autre état que prend la matière résulte du mouvement. L'augmentation du mouvement de rotation conféré à des liquides leur donne la force des solides. Une masse d'air en tourbillon, comme c'est le cas d'une tornade, devient comme un solide qui, a son impact, brise ou de tranche des solides. Si l'on pouvait mouvoir un fil d'une toile d'araignée à une vitesse quasiment infinie, il deviendrait alors aussi solide qu'une chaîne de fer et pourrait couper un chêne. En le regardant sous cet angle, il serait plus facile de prouver que ce que nous qualifions de matière n'existe pas. Mais l'autre théorie ne peut être prouvé.

Quelle est la force qui se manifeste dans le corps ? Il est évident que, quelle que soit cette force, elle se sert des particules déjà présentes pour en faire des formes : le corps humain. Rien d'autre n'intervient dans l'élaboration de mon corps et du vôtre. Je n'ai jamais vu personne manger de la nourriture à ma place. Je dois l'assimiler, fabriquer le sang et les os et tout le reste à partir de cette nourriture. Quelle est cette force mystérieuse ? Les idées du futur et du passé semblent en terrifier plus d'un. Pour beaucoup elles ne sont que pures spéculations.

Nous nous en tiendrons au thème présent. Quelle est cette force qui travaille en nous à cet instant ? Nous savons comment, dans les temps passés et dans tous les anciens textes sacrés, cette force, cette manifestation de la force, était conçue comme une substance lumineuse qui prenait la forme de ce corps, et qui demeurait toujours même après que le corps ne serait plus. En revanche, plus tard, une plus grande idée a fait son apparition : ce corps lumineux ne représentait pas la force. Quoi qui ait une forme doit résulter de combinaisons de particules et nécessite quelque chose d'autre dans le fond pour l'activer. Si ce corps a besoin de quelque chose qui n'est pas le corps pour l'activer, alors, le corps lumineux aussi a besoin de quelque chose d'autre que lui-même pour s'activer. Ainsi, ce quelque chose fut nommer l'âme, l'Âtman en sanskrit. C'était l'Âtman qui, à travers le corps lumineux, agissait sur le corps brut externe. Le corps lumineux est considéré comme le réceptacle de l'esprit, et l'Âtman est au-delà de cela. Ce n'est même pas l'esprit, l'Âtman actionne l'esprit, et par-là le corps. Vous avez un Âtman, j'en ai un autre, chacun d'entre nous possède un Âtman distinct et un corps subtil distinct, et grâce à cela nous agissons sur le corps brut externe. Des questions furent alors posées sur la nature de cet Âtman. Qu'est-ce que cet Âtman, cette âme humaine qui n'est ni le corps ni l'esprit ? De grandes discussions s'en suivirent. On avança des hypothèses, plusieurs degrés de questionnement philosophique naquirent, et je ferai de mon mieux pour vous présenter quelques-unes des conclusions qui furent tirées concernant cet Âtman.

Les différentes philosophies semblent s'accorder sur le fait que cet Âtman, quel qu'il soit, n'a pas de forme, et ce qui n'a pas de forme doit alors être omniprésent. Le temps commence avec l'esprit, l'espace aussi est dans l'esprit. La causalité ne peut exister sans le temps. Sans l'idée de succession il ne peut y avoir d'idée de causalité. Le temps, l'espace et la causalité sont ainsi dans l'esprit, et, comme cet Âtman est au-delà de l'esprit et n'a aucune forme, il doit être au-delà du temps, au-delà de l'espace et au-delà de la causalité. En ce sens, s'il est au-delà du temps, de l'espace et de la causalité, il doit alors être infini. C'est là que vient alors la plus grande spéculation de notre philosophie. Il ne peut y avoir deux infinis. Si l'âme est infinie, il ne peut y avoir qu'une seule Âme, et toutes les idées sur des âmes diverses, la vôtre, la mienne, celle des autres, ne sont pas réelles. Ainsi, le Vrai Homme est unique et infini, l'Esprit omniprésent. L'homme manifeste n'est alors qu'une limitation de ce Vrai Homme. Dans ce sens, les mythologies disent vrai sur le fait que l'homme manifeste, aussi grand soit-il, n'est qu'une pâle copie du Vrai Homme qui est au-delà. Le Vrai Homme, l'Esprit, étant au-delà de la cause et de l'effet, non limité par le temps et l'espace, doit alors être libre. Il n'a jamais été limité, et n'a jamais pu l'être. L'homme manifeste, la copie, est limité par le temps, l'espace et la causalité, et est ainsi prisonnier. Ou bien, dans le langage de certains de nos philosophes, il paraît limité, mais ne l'est pas réellement. Voilà la réalité dans nos âmes, cette omniprésence, cette nature spirituelle, cette infinité. Chaque âme est infinie, il n'est donc pas question de naissance ou de mort.

Quelques enfants étaient interrogés. L'examinateur leur posait des questions plutôt difficiles, dont une était la suivante : « Pourquoi la Terre ne tombe-t-elle pas ? » Il voulait susciter des réponses sur la gravitation. La plupart des enfants ne savaient pas du tout quoi répondre, certains répondirent que c'était dû à la gravitation ou quelque chose comme ça. Une petite fille très intelligente répondit en posant une autre question : « Où tomberait-elle ? » La question est absurde. Où la terre tomberait-elle ? Il n'y a pas de montée ou de chute pour la terre. Dans l'espace infini, il n'y a ni haut ni bas, cela existe uniquement dans le relatif. Où est le début et la fin de l'infini ? D'où viendrait-il et où irait-il ?

Ainsi, lorsque les gens arrêtent de penser au passé ou au futur, quand ils abandonnent l'idée du corps, car celui-ci va et vient et est limité, ils se sont alors hissés vers un plus grand idéal. Le corps n'est pas le Vrai Homme, pas plus que l'esprit, qui croît et décroît. C'est l'Esprit au-delà de cela, qui est le seul à pouvoir vivre pour toujours. Le corps et l'esprit changent continuellement et ne sont, finalement, rien que des noms donnés à des séries de phénomènes changeants, comme les rivières dont les eaux ont un écoulement continu, mais qui semblent pourtant être des flots ininterrompus. Toutes les particules de ce corps changent continuellement, personne ne conserve le même corps plus de quelques minutes, et pourtant nous le considérons comme étant le même corps. Il en va de même pour l'esprit ; à un moment il est heureux, à un autre malheureux ; à un moment il est fort, à un autre faible, il est un tourbillon en perpétuel changement. Cela ne peut être l'Esprit qui est infini. Le changement ne peut qu'appartenir au limité. Dire que l'infini change d'une manière ou d'une autre est une absurdité, ce n'est pas possible. Vous pouvez vous déplacer et je peux me déplacer, en tant que corps limités, toutes les particules de cet univers sont constamment en mouvement, mais si l'on prend l'univers comme une unité, comme un ensemble, il ne peut se déplacer, il ne peut changer. Le mouvement est toujours une chose relative. Je me déplace par rapport à quelque chose d'autre. Toute particule peut changer par rapport à une autre particule, mais prenez l'univers en tant qu'ensemble, par rapport à quoi peut-il bouger ? Il n'y a rien à ses côtés. Ainsi, cette Unité Infinie est inchangeable, immuable, absolue, voilà le Vrai Homme. Par conséquent, notre réalité repose sur l'Universel et non sur ce qui est limité. Le fait que nous pensions n'être que de petits êtres limités, constamment en changements, n'est qu'une vieille illusion aussi confortable soit-elle. Les gens ont peur lorsqu'on leur dit qu'ils sont des Êtres Universels, présents partout. Par tout ce que vous accomplissez, par chaque pas que vous effectuez, par chaque parole que vous prononcez, par chaque battement de cœur que vous ressentez.

    Les gens sont effrayés lorsqu'on leur dit cela. Ils vous demanderont encore et encore s'ils vont perdre leur individualité. Qu'est-ce que l'individualité ? J'aimerais la voir. Un bébé n'a pas de moustache, mais lorsqu'il devient un homme, il aura probablement de la moustache et une barbe. Si l'individualité appartient au corps, elle serait alors perdue. Si je perdais un œil, ou si je perdais une de mes mains, mon individualité serait alors perdue si elle appartenait au corps. Un ivrogne ne devrait donc pas s'arrêter de boire au risque de perdre son individualité. Un voleur ne devrait pas être un homme bon car il perdrait ainsi son individualité. En ayant peur de cela, aucun homme n'aurait intérêt à changer ses habitudes. Il n'y a pas d'individualité excepté dans l'Infini. C'est la seule condition qui ne change pas. Tout le reste n'est qu'un flux constant. L'individualité ne peut non plus se trouver dans la mémoire. Supposons que suite à un coup sur la tête, j'oublie tout de mon passé, alors j'aurais perdu toute mon individualité, je suis fini. Je ne me souviens pas de deux ou trois années de mon enfance, et, si la mémoire et l'existence ne font qu'un, n'importe quelle chose que j'oublie est perdu. Cette partie de ma vie dont je ne me souviens pas, je ne l'ai pas vécue pas. Voilà une conception bien limitée de l'individualité.

Nous ne sommes pas encore des individus. Nous avons du mal à atteindre cette individualité, qui est cet Infini, la véritable nature de l'homme. Seul vit celui dont la vie est dans tout l'univers, et plus nous concentrons nos vies sur les choses limitées, plus vite nous allons vers la mort. Nous ne vivons uniquement ces moments que lorsque nos vies sont dans l'univers, dans les autres, alors que vivre cette vie restrictive est la mort, simplement la mort, et c'est bien pour cela que la peur de la mort survient. La peur de la mort ne peut être surpassée uniquement lorsque l'homme réalise que tant qu'il y aura une vie dans cet univers, il vivra lui aussi. Quand il pourra dire : « Je suis dans tout, dans tout le monde, je suis dans toutes les vies, je suis l'univers » alors seulement il n'aura plus peur. Associer l'immortalité à des choses constamment changeantes est absurde. Un ancien philosophe Sanskrit disait : Ce n'est que l'Esprit qui est l'individu, car il est infini. Aucune infinité ne peut être divisée, l'infinité ne peut pas être divisée en morceaux. C'est une même unité, indivisible pour toujours, et c'est l'homme individuel, le Vrai Homme. L'homme manifeste n'est qu'une lutte pour exprimer, pour manifester cette individualité qui se trouve au-delà, et l'évolution ne se trouve pas dans l'Esprit. Ces changements qui se produisent (le mal qui devient le bien, l'animal qui se transforme en homme, quels qu'ils soient) ne sont pas dans l'Esprit. Ils sont des évolutions de la nature et la manifestation de l'Esprit. Supposons qu'il y ait un écran qui m'empêcherait de vous voir, dans lequel il y aurait un petit trou à travers lequel je peux voir certains visages devant moi, uniquement certains. Supposons maintenant que le trou devienne de plus en plus grand, et, tandis qu'il s'agrandit, je peux voir de plus en plus de choses devant moi, et, quand l'écran a enfin disparu, je me tiens face à vous tous. Dans ce cas, vous n'avez pas changé du tout, c'était le trou qui évoluait, et vous vous manifestiez graduellement. De même en est-il avec l'Esprit. Aucune perfection ne va être atteinte. Vous êtes déjà libres et parfaits. Quelles sont ces idées de la religion et de Dieu et la recherche de l'au-delà ? Pourquoi l'homme recherche-t-il un Dieu ? Pourquoi est-ce que l'homme, dans chaque nation, dans tous les rangs de la société, désire un idéal parfait quelque part, que ce soit dans l'homme, dans Dieu, ou ailleurs ? Car cette idée est en vous. C'était votre propre cœur qui battait et vous ne le saviez pas, vous le mépreniez pour quelque chose d'externe. C'est le Dieu à l'intérieur de vous-mêmes qui vous incite à Le chercher, à Le réaliser. Après de longues recherches çà et là, dans des temples et des églises, sur la terre et au paradis, vous retournez enfin, bouclant le cercle où vous l'aviez commencé, à votre propre âme, pour découvrir que Celui que vous avez cherché partout, Celui pour qui vous avez prié et pleuré dans les églises et les temples, Celui vers qui vous vous tourniez alors que le plus grand de tous les mystères du monde vous échappait, était au plus proche de vous, était votre propre Soi, la réalité de votre vie, de votre corps et de votre âme. Voilà votre propre nature. Revendiquez-là, manifestez-là. Pas pour devenir purs, vous l'êtes déjà. Vous ne devez pas être parfaits, vous l'êtes déjà. La nature est comme l'écran qui occulte la réalité derrière. Chaque pensée positive qui vous vient à l'esprit, ou sur laquelle vous agissez, déchire tout simplement le voile, et la pureté, l'Infini, le Dieu derrière tout cela, Se manifeste de plus en plus.

Voilà toute l'histoire de l'homme. Plus le voile s'affine, plus la lumière derrière brille, car telle est sa nature. Nous ne pouvons la connaître, nous essayons en vain de la connaître. Si elle était connaissable, elle ne serait pas ce qu'elle est, et c'est bien pour ça qu'elle demeure le sujet éternel. La connaissance est une limitation, la connaissance dépersonnalise. Il est le sujet éternel de tout ce qui existe, le témoin éternel de cet univers, votre propre Soi. La connaissance est, en quelque sorte, une niveau inférieur, une dégénération. Nous sommes déjà cet éternel sujet, comment pouvons-nous nous en rendre compte ? C'est la vraie nature de tout homme, et il a du mal à l'exprimer de différentes façons, autrement, pourquoi y-aurait-il autant de codes éthiques ? Où est l'explication de toute éthique ? Une idée est centrale à tous les systèmes éthiques, bien qu'exprimée de différentes façons, celle de faire le bien envers les autres. La force motrice de l'humanité devrait être la charité envers les hommes, la charité envers tous les animaux. Mais toutes ces choses sont les différentes façons d'exprimer la vérité éternelle qui est « Je suis l'univers, l'univers ne fait qu'un ». Sinon, quelle en est la raison ? Pourquoi devrais-je être bon envers mes compatriotes ? Pourquoi devrais-je faire le bien autour de moi ? Qu'est-ce qui m'y oblige ? La sympathie, le sentiment de ressemblance. Les cœurs les plus ardus ressentent parfois de la sympathie pour les autres. Même l'homme qui s'effraye quand on lui dit que cette individualité présumée n'est qu'une illusion, que c'est ignoble de s'accrocher à cette individualité manifeste, ce même homme vous dira que l'abnégation extrême est le centre de toute moralité. Et qu'est-ce que la parfaite abnégation ? L'abnégation de ce soi apparent, l'abnégation de tout égoïsme. Cette idée du « moi et mien », Ahamkara et Mamata, est le résultat de superstitions passées, et plus ce soi actuel disparaît, plus le véritable Soi se manifeste. Voilà la véritable abnégation, le centre, la base, l'essentiel de tout enseignement moral, et, que l'homme le sache ou non, le monde entier évolue lentement dans sa direction, la pratiquant plus ou moins. Seulement, la majorité de l'espèce humaine le fait inconsciemment. Laissez-les s'en rendre conscients. Laissez-les se sacrifier, sachant que ce « moi et mien » n'est pas le véritable Soi, mais uniquement une limitation. En revanche, un simple aperçu de cette réalité infinie qui est derrière, une simple étincelle de ce feu infini qui est Tout, représente l'homme actuel ; l'Infini est sa vraie nature.

Quelle est l'utilité, l'impact, le résultat de cette connaissance ? De nos jours, nous devons tout mesurer en termes d'utilité, combien de d'euros et de centimes cela représente. De quel droit une personne peut-elle demander que la vérité soit mesurée d'après un standard d'utilité ou d'argent ? Supposons qu'il n'y ait aucune utilité, sera-t-elle moins vraie ? L'utilité ne détermine pas la vérité. Néanmoins, il y a une grande utilité à tout cela. Le bonheur, nous l'avons vu, est ce que tout le monde recherche, mais la majorité le cherche dans des choses fugaces et non réelles. Aucun bonheur n'a jamais été atteint au travers des sens. Il n'y a jamais eu qui que ce soit qui ait atteint le bonheur dans les sens ou le plaisir des sens. Le bonheur ne peut qu'être atteint dans l'Esprit. Ainsi la plus grande utilité pour l'espèce humaine est d'atteindre le bonheur dans l'Esprit. Le point suivant est le fait que l'ignorance est la source de toute misère, et l'ignorance fondamentale est de penser que l'Infini pleure et gémit, qu'Il est fini. Voilà la base de toute ignorance, le fait que nous, l'immortel, la pureté éternelle, l'Esprit parfait, pensons que nous sommes de petits esprits, de petits corps, voilà la source de tout égoïsme. A partir du moment où je me considère comme un petit corps, je veux le préserver, le protéger, le garder beau, au dépend des autres corps, vous et moi devenons alors distincts. Dès que cette idée de séparation s'insinue, elle ouvre la porte à la bêtise et mène à toute la misère. Voilà l'utilité, si une petite portion des êtres humains vivants aujourd'hui pouvait mettre de côté l'idée d'égoïsme, d'étroitesse et de petitesse, cette terre deviendrait alors demain un paradis, mais avec uniquement des machines et l'amélioration des connaissances matérielles, il n'existera jamais. Ces derniers ne font qu'augmenter la misère, comme de l'huile versé sur du feu ne fait qu'intensifier encore plus la flamme. Sans la connaissance de l'Esprit, tout savoir matériel ne fait que jeter de l'huile sur le feu ne donnant à l'homme égoïste qu'une arme supplémentaire pour s'approprier ce qui appartient aux autres, pour vivre sur la vie des autres, au lieu de sacrifier sa vie pour eux.

Est-ce faisable ? En voilà une autre question. Est-ce faisable dans la société moderne ? La vérité ne rend hommage à aucune société, qu'elle soit ancienne ou moderne. La société doit rendre hommage à la Vérité ou mourir. Les sociétés doivent être modelées sur la vérité, et non la vérité qui doit s'ajuster à la société.

Si une vérité aussi noble que l'altruisme ne peut être réalisable en société, alors il vaut mieux pour l'homme d'abandonner la société et de se réfugier dans la forêt. Voilà l'homme courageux. Il y a deux types de courage : Le premier est le courage de faire face au canon. Le deuxième est le courage de la conviction spirituelle. Un Empereur qui envahit l'Inde fut conseillé par son professeur d'aller y rencontrer certains sages. Après une longue quête pour en trouver un, il trouva un très vieil homme qui était assis sur une pierre. L'Empereur lui parla pendant un temps et fut très impressionné par sa sagesse. Il demanda au sage de revenir avec lui dans son pays. « Non, lui répondit le sage, je suis plutôt satisfait de ma forêt ici ». L'Empereur lui dit : « Je te donnerais de l'argent, du pouvoir, de la richesse. Je suis l'Empereur du monde ». « Non, répondit l'homme, peu m'importe ces choses-là ». L'Empereur répliqua : « Si tu ne viens pas, je vais te tuer ». L'homme sourit sereinement et dit : « Voilà la chose la plus bête que tu aies jamais dite, Empereur. Tu ne peux pas me tuer. Moi, le soleil ne peut me sécher, le feu ne peut me brûler, l'épée ne peut me tuer, car je suis celui qui n'a ni naissance ni mort, le tout-puissant immortel, l'Esprit omniprésent ». Voilà le courage spirituel, tandis que l'autre est le courage du lion ou du tigre. Dans la mutinerie de 1857, il y avait un swami, un très grand esprit, qui fut gravement poignardé par un mutin musulman. Les mutins hindous attrapèrent et ramenèrent l'homme au swami, lui proposant de le tuer. Mais le swami les regardèrent calmement et dit : « Mon frère, tu est Lui, tu es Lui ! » et expira. Voilà un autre exemple. A quoi bon parler de la force de vos muscles, de la supériorité de vos institutions occidentales, si vous ne pouvez pas aligner la Vérité à votre société, si vous ne pouvez pas construire une société dans laquelle la plus haute Vérité règnera ? A quoi bon fanfaronner sur votre grandeur et votre génialité si vous vous levez et dites : « Ce courage n'est pas concevable ». N'y a-t-il rien de concevable à part les euros et les centimes ? Si c'est le cas, pourquoi alors se vanter de votre société ? La plus grande société est celle où les plus grandes vérités deviennent concevables. Voilà mon opinion, et si la société n'est pas digne des vérités les plus grandes, rendez-la digne, et le plus tôt sera le mieux. Levez-vous, hommes et femmes, dans cet esprit, osez croire en la Vérité, osez pratiquer la Vérité !

Le monde a besoin de quelques centaines d'hommes et de femmes courageux. Entretenez ce courage qui ose connaître la Vérité, qui ose montrer la Vérité dans la vie, qui ne tremble pas devant la mort, et plutôt l'accueille les bras ouverts, qui montre à l'homme qu'il est l'Esprit, que rien dans tout l'univers ne peut le tuer. Ainsi vous serez libres. Ainsi vous connaîtrez votre véritable Âme. « Cet Âtman doit d'abord être entendu, et ensuite être réfléchi et médité. »

Trop parler du travail et contester la pensée est une grande tendance des temps modernes. Faire est très bien, mais cela vient de la pensée. Les petites manifestations d'énergie au travers des muscles sont appelées le travail. Mais là où il n'y a pas de pensée, il n'y aura pas de travail. Ainsi, remplissez le cerveau de grandes pensées, de grands idéaux, entretenez-les jours et nuits, et de cela ressortira du bon travail. Ne parlez pas d'impureté, mais dites que nous sommes purs. Nous nous sommes hypnotisés dans cette idée que nous sommes petits, que nous sommes nés et que nous allons mourir, et dans un éternel état de peur.

Il y a l'histoire d'une lionne qui, enceinte, cherchait une proie, et, voyant un troupeau de moutons, se jeta dessus. Elle mourut dans sa tentative, et un petit lionceau naquit, orphelin. Les moutons s'en occupèrent, l'élevèrent, et il grandit au sein du troupeau, il mangeait de l'herbe et bêlait comme les moutons. Et, bien qu'avec le temps il soit devenu un grand lion adulte, il se croyait être un mouton. Un jour, un autre lion approcha en quête de proies et fut surpris de trouver, au milieu de ce troupeau de moutons, un lion qui fuyait comme eux à l'approche du danger. Il essaya de s'approcher du lion-mouton pour lui dire qu'il n'était pas un mouton mais bien un lion, mais le pauvre animal fuyait à son approche. Toutefois, il attendu une autre opportunité et un jour, il trouva le lion-mouton qui dormait. Il l'approcha et lui dit : « Tu es un lion ». « Je suis un mouton » cria l'autre lion qui ne pouvait croire au contraire et bêla. Le lion le traîna jusqu'à un lac et lui dit : « Regarde donc, voilà mon reflet et voilà le tien ». Puis vint la comparaison. Il regarda l'autre lion et ensuite son propre reflet, et en une seconde il lui vint l'idée qu'il était un lion. Le lion rugit, le bêlement n'était plus. Vous êtes des lions, vous êtes des âmes, pures, infinies et parfaites. La force de l'univers est en vous. « Pourquoi pleures-tu mon ami ? Il n'y a ni naissance ni mort pour toi. Pourquoi pleures-tu ? Il n'y a ni maladies, ni misère pour toi, mais tu es comme le ciel infini, plusieurs nuages de différentes couleurs le couvrent, jouent un temps, puis disparaissent. Mais le ciel est toujours le même bleu éternel ». Pourquoi voyons-nous la cruauté ? Il y avait une souche d'arbre et, dans l'obscurité, un voleur prit ce chemin et dit : « C'est un policier ». Un jeune homme qui attendait sa dulcinée vit la même souche et pensa que c'était sa chérie. Un enfant qui avait entendu des histoires de fantômes crut que c'était un fantôme et se mit à crier. Mais tout ce temps, ce n'était que la souche d'un arbre. Nous voyons le monde tel que nous sommes. Supposons qu'il y ait un bébé dans une pièce avec un sac d'or sur la table, et qu'un voleur vienne et vole l'or. Le bébé pourrait-il savoir que l'or a été volé ? Ce que nous avons à l'intérieur, nous le voyons à l'extérieur. Le bébé n'a pas de voleur à l'intérieur, et ne voit pas de voleur à l'extérieur. De même avec toute connaissance. Ne parlez pas de la cruauté du monde et de tous ses péchés. Pleurez le fait que vous verrez encore de la cruauté. Pleurez le fait que vous verrez le péché partout, et si vous voulez aider le monde, ne le condamnez pas. Ne l'affaiblissez pas davantage. Car qu'est-ce que le péché et qu'est-ce que la misère, et toutes ces choses-là, autre que la faiblesse ? Le monde est affaibli chaque jour par de tels enseignements. Les hommes apprennent dès l'enfance qu'ils sont faibles et qu'ils sont pécheurs. Enseignez-leur qu'ils sont tous de glorieux enfants de l'immortalité, même ceux qui se manifestent le plus faiblement. Laissez-les s'imprégner de pensées positives, fortes et utiles dès l'enfance. Ouvrez-vous à de telles pensées, et non à celles affaiblissantes et paralysantes. Dites-vous : « Je suis Lui, je suis Lui ». Laissez-le retentir dans vos esprits jours et nuits, comme une chanson, et quand viendra l'heure de mourir, déclarez : « Je suis Lui ». Voilà la Vérité, la force infinie du monde est vôtre. Débarrassez-vous de la superstition qui a voilé vos esprits. Soyons courageux. Sachez la Vérité et pratiquez la Vérité. L'objectif peut être distant, mais éveillez-vous, hissez-vous, et ne vous arrêtez pas tant que l'objectif n'est pas atteint.

Chapitre III
Le Mâyâ et l'Illusion

Délivré à Londres

La majorité d'entre vous a entendu parler du mot Mâyâ. Il est généralement utilisé, bien que de manière incorrecte, pour désigner l'illusion ou l'hallucination, ou ce qui s'y rapporte. Pourtant, la théorie du Mâyâ est l'un des piliers sur lequel repose le Védanta, d'où l'intérêt de bien le comprendre. Je vous demande un peu de patience, car ne pas le comprendre pourrait entraîner de graves conséquences. La conception la plus ancienne du Mâyâ, que l'on peut trouver dans la littérature védique, est bien celle de l'illusion, mais à ce moment-là la véritable théorie n'avait pas encore abouti. Nous rencontrons des passages tels que : « Indra, à travers -son Mâyâ, prenait différentes formes ». Il est vrai qu'ici le mot Mâyâ prend une connotation magique, et nous retrouvons cette même signification dans plusieurs autres passages. Nous avons ensuite complètement perdu de vue le mot Mâyâ. Mais entre-temps, le concept était en train de se développer. Plus tard, le problème suivant se posa : « Pourquoi ne pouvons-nous pas savoir ce secret de l'univers ? ». La solution était très significative : « Car nous parlons en vain, et car nous nous satisfaisons de nos sens, et car nous courons après nos désirs, ainsi, nous couvrons la Réalité d'un voile ». Ici le mot Mâyâ n'est pas employé, mais nous comprenons que la cause de notre ignorance est une sorte de voile qui s'est placé entre nous-même et la Vérité. Bien plus tard, dans l'une des dernières Upanishads, le mot Mâyâ réapparaît, mais cette fois accompagné d'une transformation, qui lui attribue un ensemble de nouvelles significations. Des théories ont été proposées et reprises, d'autres ont été retenues, jusqu'à ce que l'idée du Mâyâ devienne enfin fixe. Nous pouvons lire dans l'Upanishad Shvetashvatara : « Sachez que la nature est le Mâyâ et que le Dirigeant de ce Mâyâ est le Seigneur Lui-même ». En revenant à nos philosophes, nous nous apercevons que le mot Mâyâ fut manipulé de différentes façons, jusqu'à ce que nous arrivions au grand Shankaracharya. La théorie du Mâyâ a été également un peu manipulée par les bouddhistes, bien qu'entre leurs mains, elle se rapprocha de ce que l'on appelle l'Idéalisme, qui est le sens généralement donné aujourd'hui au mot Mâyâ. Lorsque les hindous disent que le monde est Mâyâ, les gens comprennent tout de suite l'idée que le monde est une illusion. Cette interprétation a un certain fondement, comme elle provient de philosophes bouddhistes, car il y avait un groupe de philosophes qui ne croyaient pas du tout au monde extérieur. Mais le Mâyâ du Védanta, dans sa signification finale, n'est ni l'Idéalisme ni le Réalisme, ni même une théorie. Ce n'est simplement qu'une affirmation de faits, ce que nous sommes et ce que nous voyons autour de nous.

Comme je vous l'ai déjà dit précédemment, les esprits des gens dont les Védas sont issus étaient tournés vers la poursuite des fondements, la découverte des fondements. Ils n'avaient pas le temps de s'arrêter sur des détails ou de les attendre, ils voulaient aller directement au cœur des choses, en profondeur. Quelque chose au-delà les appelait, et ils ne pouvaient attendre. Nous découvrons que les détails des sujets communément appelés « sciences modernes », disséminés dans les Upanishads, sont très souvent erronés, mais qu'en même temps, leurs fondements sont corrects. Par exemple, le concept de l'éther, qui est l'une des dernières théories de la science moderne, avait été développé de manière bien plus complète dans l'ancienne littérature qu'elle ne l'est aujourd'hui en théorie scientifique, mais ce n'était que les fondements. Lorsqu'ils essayèrent de démontrer les fonctionnements de cette base, ils commirent beaucoup d'erreurs. La théorie de la vie omniprésente, où toute vie dans cet univers n'est qu'une manifestation présentée sous différentes formes, était comprise dans les temps védiques, on peut la retrouver dans les Brahmanas. Il existe un long hymne dans la Samhitas faisant l'éloge du Prana, dont chaque vie n'est qu'une manifestation. A propos, certains d'entre vous pourraient être intéressés par le fait qu'il existe dans la philosophie védique des théories sur l'origine de la vie sur terre qui se rapprochent fortement de celles avancées par certains scientifiques modernes européens. Bien entendu, vous savez tous qu'il existe une théorie disant que la vie était venue d'autres planètes. Dans ce sens, il est établi chez certains philosophes védiques que la vie vient de la lune.

Lorsqu'il s'agit des fondements, nous pouvons dire que ces penseurs védiques étaient très courageux et merveilleusement culottés dans la diffusion de grandes théories généralisées. Leur solution quant au mystère de l'univers, du monde externe, était aussi satisfaisante qu'elle pouvait l'être. Les mécanismes minutieux de la science moderne ne rapprochent pas plus la question de la solution, du fait que les fondements ont échoué. Si la théorie de l'éther n'avait pas réussi à trouver de solution au mystère de l'univers dans l'ancien temps, alors élaborer les détails de cette théorie de l'éther ne nous rapprocherait pas plus de la vérité. Si la théorie de la vie omniprésente échouait en tant que théorie de cet univers, alors le fait de l'élaborer en détail ne changerait rien, car les détails ne changent pas le fondement de l'univers. Ce que je veux dire par là est que dans leur étude du fondement, les penseurs hindous étaient tout aussi courageux, voire plus courageux, que les penseurs modernes. Ils postulèrent certaines des plus grandes généralisations jamais conçues, et certaines subsistent toujours en tant que théories, mais des théories que la science moderne doit déjà commencer de comprendre. Par exemple, non seulement les penseurs hindous étaient parvenus à la théorie de l'éther, mais ils allèrent même au-delà en classifiant l'esprit comme un éther encore plus rare. Au-delà de cela, encore une fois, ils découvrirent un éther bien plus rare. Pourtant, ce n'était pas la solution, ça ne résolvait pas le problème. Peu importe l'ampleur des connaissances du monde extérieur, elles ne sont pas suffisantes pour résoudre le problème. « Mais, dit le scientifique, nous sommes tout juste en train d'en savoir un peu plus : attendez quelques milliers d'années et nous trouverons la solution. » « Non » dit le védiste, du fait qu'il a prouvé sans aucun doute que l'esprit est limité, qu'il ne peut aller au-delà de certaines limites : au-delà du temps, de l'espace et de la causalité. Comme aucun homme ne peut se séparer de son propre soi, aucun homme ne peut aller au-delà des limites qui lui ont été imposées par les lois du temps et de l'espace. Chaque tentative pour échapper aux lois de causalité, du temps et de l'espace serait vaine, car cette même tentative devrait alors considérer ces trois éléments pour acquis. Que signifie alors l'affirmation de l'existence du monde ? « Ce monde n'a pas d'existence. » Qu'est-ce que l'on veut dire par là ? Cela veut dire qu'il n'a pas d'existence absolue. Il n'existe qu'en rapport avec mon esprit, avec votre esprit, et l'esprit de chacun. Nous percevons ce monde avec nos cinq sens, mais si nous possédions un autre sens, nous y verrions quelque chose de plus. Si nous avions encore un autre sens, nous y verrions quelque chose d'encore différent. Ainsi, il n'a pas de réelle existence, il n'a pas d'existence qui serait immuable et infinie. Nous ne pouvons pas dire pour autant qu'il s'agisse de non-existence, étant donné qu'il existe, et que nous y travaillons dur. C'est un mélange d'existence et de non-existence.

En partant des abstractions jusqu'à l'ordinaire, les détails de nos vies de tous les jours, nous observons que toute notre vie est une contradiction, un mélange d'existence et de non-existence. Il y a cette contradiction dans la connaissance. Il semblerait que l'homme puisse tout savoir, si seulement il le voulait, mais avant qu'il puisse s'en approcher de quelques pas, il se retrouve face à un mur infranchissable. Tous ces travaux s'effectuent dans un cercle, et il ne peut aller au-delà de ce cercle. Les problèmes qui lui sont les plus proches et les plus chers le captivent et lui réclament une solution jours et nuits, mais il ne peut pas les résoudre car il ne peut aller au-delà de son propre intellect. Et pourtant ce désir est fermement implanté en lui. Nous savons que le bien ne peut être obtenu qu'en contrôlant et en contenant ce désir. Avec chaque inspiration, tous les battements de notre cœur nous demandent d'être égoïstes. Dans un même temps, une certaine force qui nous dépasse et qui nous dit que seul l'altruisme est bon. Chaque enfant naît optimiste, il rêve de glorieux rêves. Au cours de sa jeunesse, il devient encore plus optimiste. Il est difficile pour un jeune homme de croire qu'il existe quelque chose telle que la mort, telle que la défaite ou l'humiliation. La vieillesse arrive, et la vie est une montagne de ruines. Les rêves se sont évaporés, et l'homme devient un pessimiste. Ainsi, nous passons d'un extrême à un autre, secoués par la nature, sans savoir où nous allons. Cela me rappelle une chanson célébrée dans le Lalita Vistara, la biographie du Bouddha. Bouddha naquit, raconte le livre, en tant que sauveur de l'espèce humaine, mais il se perdit dans la luxure de son palais. Quelques anges vinrent alors et lui chantèrent une chanson pour l'éveiller. L'objet de toute la chanson est que nous flottons le long de la rivière de la vie, changeant sans arrêt et sans repos. Ainsi sont nos vies, continuant inlassablement, sans jamais connaître le reposQue devons-nous faire ? L'homme qui a suffisamment de quoi boire et manger est un optimiste, et il évite toute allusion à la misère car cela l'effraye. Ne lui parlez pas de la tristesse et de la souffrance du monde, allez le voir et dites-lui que tout va bien. « Oui, je suis sauf, dit-il, regardez-moi ! Je vis dans une belle maison. Je ne crains ni le froid, ni la faim, alors ne me mettez pas face à ces horribles images. » Mais, d'un autre côté, d'autres meurent de froid et de faim. Si vous allez les voir et leur apprenez que tout va bien, ils ne vous écouteront pas. Comment peuvent-ils souhaiter le bonheur des autres lorsqu'ils sont eux-mêmes misérables ? Ainsi, nous oscillons entre optimisme et pessimisme.

Puis vient le terrible fait de la mort. Le monde entier va vers la mort, tout meurt. Tous nos progrès, toutes nos vanités, toutes nos réformes, toutes nos luxures, toutes nos richesses, tout notre savoir, connaissent cette même fin : la mort. Voilà une certitude. Les villes vont et viennent, les empires se construisent et s'effondrent, les planètes éclatent en morceaux et se transforment en poussière, balayées par les atmosphères des autres planètes. Il en a toujours été ainsi. La mort est la fin de tout. La mort est la fin de la vie, de la beauté, de la richesse, du pouvoir, de la vertu aussi. Les saints comme les pécheurs meurent, les rois comme les mendiants meurent. Tous vont vers la mort, et pourtant cette ténacité à la vie est bien présente. D'une manière ou d'une autre, sans réellement savoir pourquoi, nous nous accrochons à la vie, nous ne pouvons l'abandonner. Voilà le Mâyâ.

Une mère allaite son enfant avec beaucoup d'attention, toute son âme, toute sa vie, est dans cet enfant. L'enfant grandit, devient un homme, et peut-être devient-il une canaille et une brute, la rouant de coups tous les jours, et pourtant cette mère s'accroche à cet enfant, et quand sa raison s'éveille, elle la couvre de l'idée de l'amour. Elle ne peut se rendre compte que ce n'est pas l'amour, mais quelque chose d'autre qui s'est emparé de ses nerfs, dont elle ne peut se séparer, peu importe ses tentatives, elle ne peut se défaire de cet état de servitude. Voilà le Mâyâ.

Nous courons tous après la toison d'or. Chacun d'entre nous pense qu'elle sera sienne. Tout homme sensé sait bien que sa chance n'est peut-être que d'une sur vingt millions, et pourtant tous luttent pour. Voilà encore le Mâyâ.

La mort règne jour et nuit sur notre terre, mais nous pensons tout de même vivre éternellement. La question suivante fut un jour posée au roi Yudhishthira : « Quelle est la chose la plus merveilleuse sur cette terre ? » Et le roi répondit : « Des gens meurent tous les jours autour de nous, et pourtant les hommes croient qu'ils ne mourront jamais. » Voilà le Mâyâ.

Ces contradictions phénoménales dans notre intellect, dans notre savoir, oui, dans toutes les choses de nos vies nous encerclent sur tous les côtés. Un réformateur intervient et souhaite remédier au mal qui sévit dans une certaine nation, mais bien avant qu'il ait réussi à y remédier, mille autres maux sont survenus à un autre endroit. C'est comme pour une vieille maison qui tombe en ruine : vous la réparez d'un côté, et c'est un autre côté qui s'écroule. En Inde, nos réformateurs crient et prêchent contre le mal du veuvage imposé. En Occident, le grand mal est le fait de ne pas se marier. Aidez les non-mariés d'un côté, ils souffrent. Aidez les veuves de l'autre, elles souffrent. C'est comme le rhumatisme chronique : vous le soignez à la tête, il s'étend au corps, vous le soulagez là, il s'étend aux pieds. Les réformateurs interviennent et prêchent que l'apprentissage, la richesse et la culture ne doivent pas demeurer dans les mains d'une élite, et ils font de leur mieux pour les rendre accessibles à tous. Cela peut apporter davantage de bonheur à certains, mais, sans doute, alors que la culture s'implante, le bonheur physique diminue. La connaissance du bonheur apporte la connaissance du malheur. Dans quel sens devons-nous alors aller ? La plus minime prospérité matérielle dont nous profitons est associée à une même quantité de misère autre part. Voilà la règle. Sans doute que les jeunes ne comprennent pas cela clairement, mais ceux qui ont vécu assez pour s'en rendre compte et ceux qui ont souffert assez le comprendront. Et cela est le Mâyâ. Ces choses se produisent jours et nuits, et il est impossible de trouver une solution à ce problème. Pourquoi est-ce ainsi ? Il est impossible d'y répondre car la question ne peut être formulée de façon logique.

Il n'y a d'ailleurs pas de comment ni de pourquoi, nous savons seulement que c'est comme ça et que nous ne pouvons rien y faire. Même d'en saisir le sens, de conceptualiser mentalement cette image, va au-delà de nos moyens. Comment pouvons-nous alors le résoudre ?

Le Mâyâ est un état de fait de cet univers, de comment il fonctionne. Les gens prennent généralement peur lorsqu'on leur dit cela. Mais nous devons être courageux. Ce n'est pas en cachant les faits que nous trouverons une solution. Comme vous le savez-tous, un lièvre qui est chassé par des chiens baisse la tête et se croit ainsi sauf, et, de même, lorsque nous nous retrouvons face à l'optimisme, nous faisons comme le lièvre, mais ce n'est pas une solution. Certains ne sont pas d'accord avec cela, mais vous pouvez remarquer que généralement ces personnes possèdent beaucoup des bonnes choses de la vie. Dans ce pays l'Angleterre, il est très difficile de devenir un pessimiste. Tout le monde me répète Ô combien le monde va bien, combien il progresse, mais ce qu'il représente lui-même est simplement son propre monde. De vieilles interrogations se posent : la chrétienté doit être la seule véritable religion de ce monde car les nations chrétiennes sont prospères ! Mais cette affirmation se contredit elle-même, car la prospérité des nations chrétiennes dépend de la malchance des nations non-chrétiennes. Il faut qu'il y ait des gens à exploiter. Supposez que tout le monde devienne chrétien, alors les nations chrétiennes deviendraient pauvres, car il n'y aurait plus de nations non-chrétiennes à exploiter. Ainsi l'argument se réfute tout seul. Les animaux règnent sur les plantes, les hommes sur les animaux et, le pire, sur les uns et les autres, les forts sur les faibles. Cela se produit partout. Et c'est le Mâyâ. Quelle solution pouvez-vous apporter à cela ? Nous entendons tous les jours de nouvelles explications, et on nous dit qu'au final tout ira bien. En tenant pour acquis que cela est possible, pourquoi devrions nous passer par ces mesures infernales pour faire le bien ? Pourquoi le bien ne peut-il pas être fait par le bien, au lieu de passer par le biais de ces mesures infernales ? Les descendants des êtres humains d'aujourd'hui seront heureux, mais pourquoi doit-il y avoir toute cette souffrance aujourd'hui ? Il n'y a pas de solution. C'est le Mâyâ.

Nous entendons souvent que l'une des caractéristiques de l'évolution est qu'elle élimine le mal, et ce mal étant continuellement éliminé du monde, à la fin, il ne restera plus que le bien. Voilà qui est plaisant à entendre, et cela flatte la vanité de ceux qui possèdent suffisamment de choses en ce monde, qui ne doivent pas particulièrement lutter pour survivre et qui ne sont pas écrasés par le cycle de cette soi-disant évolution. En effet, cela fait bon à entendre et est confortable pour les plus fortunés. Le commun des mortels souffre sans doute, mais peu lui importe, laissez-le mourir, il n'est sans importance. Cela est très bien, mais cet argument est pourtant faux du début à la fin. En premier lieu, il prend pour acquis le fait que le bien et le mal sont deux réalités absolues. En second lieu, pire encore, il pose l'hypothèse que la quantité de bien est en augmentation tandis que celle du mal est en baisse. Ainsi, si le mal est éliminé de cette manière par le mécanisme qu'ils appellent évolution, nous atteindrons un point où tout mal aura été éliminé et où il ne restera plus que le bien. Très facile à dire, mais pouvons-nous seulement prouver que le mal est en déclin ? Prenez, par exemple, l'homme qui vit dans une forêt, qui ne sait pas se cultiver l'esprit, qui ne sait pas lire un livre, qui n'a jamais entendu parler de l'écriture. S'il se retrouve grièvement blessé, il se rétablira rapidement, tandis que nous mourons si nous n'avons qu'une simple égratignure. Les machines rendent les choses bon marché, permettant progrès et évolution, mais des millions sont anéantis dans le processus pour qu'un seul devienne éventuellement riche ; tandis qu'un seul devient riche, des milliers se retrouvent toujours plus pauvres, et des masses entières d'hommes sont réduits à l'esclavage. Voilà comment se passent les choses. L'homme animal vit de ses sens. S'il n'a pas assez de nourriture, il est misérable, si quelque chose affecte son corps, il est misérable. Aussi bien sa misère que son bonheur débutent et se terminent dans les sens. Dès que cet homme progresse, dès que l'étendue de son bonheur augmente, son étendue de malheur augmente proportionnellement. L'homme de la forêt ignore ce que c'est d'être jaloux, de se retrouver dans un tribunal, de payer des impôts, d'être rejeté par la société, d'être dominé jours et nuits par les tyrannies les plus terribles à n'avoir jamais été inventée par le diabolisme de l'homme, qui s'immisce dans les secrets de tous les cœurs humains. Il ignore comment l'homme peut devenir mille fois plus maléfique que tout autre animal, avec tout ce savoir inutile et avec toute sa fierté. Ainsi sont les choses, tandis que nous émergeons des sens, nous développons une plus grande capacité au bonheur, mais en même temps nous développons également une plus grande capacité à la souffrance. Les nerfs se renforce et devient capable d'endurer davantage de souffrance. Dans toutes sociétés, nous trouvons souvent que lorsqu'un homme ignorant et des plus communs est maltraité, il ne ressent pas grand-chose, mais il ressent une bonne correction. Le gentilhomme, quant à lui, ne peut supporter quelque maltraitance, ses nerfs se sont tellement affinés. La misère a augmenté avec sa sensibilité au bonheur. Cela ne prouve pas vraiment l'hypothèse de l'évolutionniste. Tandis que nous augmentons notre capacité à être heureux, nous augmentons également notre capacité à souffrir, et j'ai parfois tendance à penser que si nous augmentons notre capacité à être heureux en suivant une règle arithmétique, nous augmenterons alors notre capacité à être misérable de façon géométrique. Nous qui progressons savons que plus nous progressons, plus nous nous exposons à la douleur comme au plaisir. Et cela est le Mâyâ.

Nous trouvons ainsi que le Mâyâ n'est pas une théorie qui se donne pour objectif d'expliquer le monde, ce n'est simplement un état de fait tels qu'ils sont, qu'au fondement de notre existence se trouve la contradiction, que partout où nous allons nous sommes accompagnés de cette terrible contradiction, que partout où il y a le bien, il doit aussi y avoir le mal, et que partout où il y a le mal, il doit y avoir également le bien, partout où il y a la vie, la mort suit dans son ombre, et tous ceux qui sourient devront pleurer, et vice versa. Cet état des choses ne peut être modifié. Nous pouvons imaginer autant que nous le voulons qu'il y aura un endroit où il n'y aura que le bien et pas de mal, où nous sourirons toujours et ne pleurerons jamais. Cela est impossible rien que dans la nature des choses, les conditions resteront toujours les mêmes. Où qu'il y ait le pouvoir de nous faire sourire, il se cache le pouvoir de nous faire pleurer. Où qu'il y ait le pouvoir de nous rendre heureux, il se cache le pouvoir de nous rendre misérables.

Ainsi, la philosophie Védanta n'est ni optimiste ni pessimiste. Elle considère ces deux opinions et prend les choses telles qu'elles. Elle admet que le monde est un mélange de bien et de mal, de bonheur et de misère, et que pour augmenter l'un il faut nécessairement augmenter l'autre. Il n'y aura jamais de monde parfaitement bon ou parfaitement mauvais, car l'idée en elle-même est une contradiction. La grande révélation de cette analyse est que le bien et le mal ne sont pas blancs ou noirs, ils ne sont pas indépendants. Il n'y a rien dans ce monde que l'on peut qualifier de bien et uniquement de bien, et il n'y a rien dans cet univers que l'on peut qualifier de mal et uniquement de mal. Un même phénomène qui nous apparaît comme bon aujourd'hui nous apparaîtra peut être comme mauvais demain. Une même chose peut produire le bonheur chez certains et la misère chez d'autres. Le feu qui brûle un enfant peut être utilisé pour cuisiner un bon repas pour un homme affamé. Les nerfs qui véhiculent les sensations de misère véhiculent également les sensations de bonheur. Ainsi, le seul moyen d'arrêter le mal est d'arrêter également le bien, il n'y a pas d'autres moyens. Pour arrêter la mort, nous devrons également arrêter la vie. La vie sans la mort et le bonheur sans la misère ne sont que des contradictions, aucun ne peut être rencontré seul, car chacun représente une manifestation différente de la même chose. Ce que je pensais être bon hier, ne l'est plus maintenant. Quand je repense à ma vie et aux différents idéaux que j'ai pu avoir, je suis persuadé qu'il en est ainsi. Pendant un temps mon idéal était de conduire une paire de chevaux énergiques, à un autre moment, je pensais que si j'arrivais à confectionner une sucrerie cela suffirait à me rendre heureux, plus tard j'imaginais que je serais complètement satisfait lorsque j'aurais une femme et des enfants et beaucoup d'argent. Aujourd'hui je ris de ces idéaux, qui ne sont que des bêtises d'enfant.

Le Védanta nous dit qu'il faut, à un moment, que nous regardons en arrière et que nous rigolons des idéaux qui nous rendent peureux d'abandonner notre individualité. Chacun d'entre nous veut garder ce corps pour un temps indéfini, en pensant que cela nous rendrait très heureux, mais un jour viendra où nous rigolerons de cette idée. En supposant que cela est la vérité, nous sommes donc dans une situation de contradiction irrémédiable, ni existence ni non-existence, ni misère ni bonheur, mais un mélange des deux. Ainsi, quelle est l'utilité du Védanta et de toutes les autres philosophies et religions ? Et, par-dessus tout, quelle est l'utilité de faire le bien ? Voilà une question qui nous traverse l'esprit. Si vous ne pouvez faire le bien sans faire le mal, si dès que vous essayez de générer du bonheur vous créez également de la misère, si cela est vrai, les gens vous demanderont alors, : « Quelle est l'utilité de faire le bien ? » Une première réponse est que nous devons œuvrer pour diminuer la misère, car c'est le seul moyen pour être heureux. Nous découvrons tout cela à un moment ou à un autre dans nos vies. Les personnes brillantes le découvrent un peu plus tôt, les personnes détachées un peu plus tard. Celles détachées paient cette découverte au prix fort, tandis que celles brillantes un peu moins. Une deuxième réponse est que nous devons tous apporter notre contribution, car c'est le seul moyen de sortir de cette vie faite de contradictions. Aussi bien les forces du bien que du mal maintiendront cet univers en vie pour nous, jusqu'à ce que nous émergeons de nos rêves et abandonnons cette construction de pâtés de sable. Nous devrons apprendre cette leçon, mais il nous faudra beaucoup, beaucoup de temps pour l'assimiler.

En Allemagne, certains ont essayé de mettre en place un système philosophique qui part du principe que l'Infini est devenu le fini. Des tentatives similaires sont apparues également en Angleterre. Si on analyse la position de ces philosophes, nous trouvons l'affirmation que l'Infini essaye de s'exprimer dans cet univers, et que viendra le moment où il y arrivera. Voilà qui est très bien, nous avons utilisé les mots Infini et manifestation et représentation, etc., mais les philosophes nous demandent très justement un fondement logique à cette affirmation, le fait que le fini puisse complètement représenter l'Infini. L'Absolu et l'Infini ne peuvent devenir cet univers qu'à travers la limitation. Tout ce qui se produit à travers les sens, l'esprit, ou au travers de l'intellect, doit être limité, et c'est tout simplement absurde et impossible que le limité soit illimité. D'un autre côté, le Védanta dit lui aussi que l'Absolu ou l'Infini essayent de s'exprimer dans le fini, mais que viendra le moment où il réalisera que cela est impossible, et il devra alors battre en retraite, ce qui est la renonciation, et donc le véritable commencement de la religion. De nos jours, il est même très difficile de parler de renonciation. On a dit de moi en Amérique que je venais d'une terre morte et enterrée depuis bien cinq mille ans et que je parlais de renonciation. C'est certainement ce que dirait un philosophe anglais. Et pourtant c'est bien la seule voie vers la religion. Renoncez et abandonnez. Qu'a dit le Christ ? « Celui qui perdra sa vie pour moi la trouvera ». Il revendiquait encore et encore la renonciation comme seule voie vers la perfection. Un jour viendra le moment où l'esprit émergera de ce rêve long et sinistre, l'enfant abandonnera son jeu et voudra retourner à sa mère. Nous apprécierons toute la vérité de cette affirmation : « Le désir n'est jamais satisfait par l'accomplissement des désirs, qui ne fait que l'augmenter, comme du beurre versé sur du feu ne fait que l'intensifier. »

Cela s'applique à tous les plaisirs des sens, à tous les plaisirs intellectuels, et à tous les plaisirs dont l'esprit humain est capable. Ils ne sont rien, ils appartiennent au Mâyâ, au cœur de ce réseau au-delà duquel nous ne pouvons aller. En ce sens, nous pouvons parcourir le temps infini et ne jamais y trouver de fin, et dès que nous peinons à trouver un peu de plaisir, une masse de misère nous tombe dessus. Comme cela est horrible ! Et quand j'y pense, je ne peux faire autrement que de considérer que cette théorie du Mâyâ, le fait que tout cela soit le Mâyâ, est la meilleure et seule explication possible. Ô de combien de misère ce monde est-il fait, et si vous voyagez dans différentes nations vous vous rendrez compte que tandis qu'une nation tente de remédier ses maux d'une manière, une autre le fera d'une autre manière. Le même mal a affecté différentes races, et différentes tentatives ont été réalisées pour l'éradiquer, et pourtant, aucune nation n'y est parvenu. Si à un certain endroit il a été minimisé, c'est qu'il s'était aggloméré ailleurs. Il en est ainsi. Afin de maintenir une chasteté de haut niveau, les hindous ont sanctionné le mariage des enfants ce qui, dans le long terme, a dévalué le peuple. En même temps, je ne peux pas nier que le mariage des enfants rende le peuple plus chaste. Que préférerez-vous ? Si vous voulez que la nation soit plus chaste, alors vous affaiblissez physiquement les hommes et les femmes au travers du mariage des enfants. D'un autre côté, êtes-vous mieux lotis en Angleterre ? Non, car la chasteté est la vie d'une nation. Ne trouvez-vous pas dans l'histoire que le premier signe de déclin d'une nation a toujours été l'impudicité ? Quand celle-ci a envahi, la fin du peuple est proche. Où pouvons-nous donc trouver une solution à ces misères ? Si les parents choisissent maris et femmes pour leurs enfants, ce mal est alors minimisé. Les filles indiennes sont davantage pratiques que sentimentales. Mais très peu de poésie demeure au cœur de leurs vies. Encore une fois, si les gens choisissent leurs propres maris et femmes, cela ne semble pas leur apporter tant de bonheur. La femme indienne est généralement très heureuse, nous n'entendons pas souvent parler de querelles entre maris et femmes. En revanche, aux Etats-Unis, où règne la plus grande liberté, le nombre de foyers et de mariages malheureux est important. Le malheur est ici et là, partout. Qu'est-ce que cela nous apprend ? Qu'après tout, ces idéaux ne nous ont pas tellement fait gagner en bonheur. Nous peinons tous à trouver le bonheur, et dès que nous atteignons un peu de bonheur d'un côté, le malheur arrive de l'autre.

Devons-nous pour autant arrêter d'œuvrer pour le bien ? Oui, avec plus d'entrain que jamais, car ce savoir nous permettra de rompre avec nos fanatismes. L'Anglais ne sera plus un fanatique et ne maudira plus l'Hindou. Il apprendra à respecter les coutumes de différentes nations. Il y aura moins de fanatisme pour plus de vrai travail. Les fanatiques ne peuvent travailler, ils gâchent trois quarts de leur énergie. C'est l'homme raisonné, calme et pratique qui travaille. Ainsi, grâce à cette idée, la force de travail augmentera. Sachant que cela est l'état des choses, il y aura davantage de patience. Le seul aperçu de la misère ou du mal ne nous déstabilisera plus et nous ne nous réfugierons plus dans l'ombre. Ainsi, sachant que le monde continuera sur son propre chemin, la patience s'emparera de nous. Si, par exemple, tous les hommes sont devenus bons, alors pendant ce temps tous les animaux se seront transformés en hommes, et devront traverser les mêmes états, de même pour les plantes. Une seule chose est sûre, la rivière se rue vers l'océan, et toutes les gouttes qui forment ce flot seront à leur tour jetées dans cet océan sans limites. Ainsi, dans cette vie faite de misères et de tristesses, de joies et de sourires et de larmes, une seule chose est sûre : toutes les choses se ruent vers leur objectif, et ce n'est qu'une question de temps avant que vous et moi, avant que les plantes et les animaux, avant que toutes les particules de la vie qui existent atteindront l'Océan Infini de la Perfection, la Liberté, et Dieu.

Laissez-moi vous répéter encore une fois que le Védanta n'est ni pessimiste ni optimiste. Il ne dit pas que ce monde est complètement bon ou complètement mauvais. Il nous dit que notre mal a autant de valeur que notre bien, et que le bien n'a pas plus d'importance que notre mal. Ils sont liés. Voilà comment est le monde, et, sachant cela, vous travaillerez avec patience. A quoi bon ? Pourquoi devrions-nous travailler ? Dans cet état des choses, que devrions-nous faire ? Pourquoi ne pas devenir agnostiques ? Les agnostiques modernes savent bien aussi qu'il n'y a pas de solution à ce problème, qu'il n'est pas possible d'échapper à ce mal du Mâyâ, comme nous le disons dans notre langage ; ils nous disent ainsi d'être satisfaits et de profiter de la vie. Ici, encore une fois, ils commettent une erreur, une grosse erreur, une erreur complètement illogique. Et c'est cela. Qu'entendez-vous par vie ? Voulez-vous parler seulement de la vie des sens ? En cela, nous ne différons que légèrement des brutes. Je suis sûr que personne ici ne vit qu'au travers des sens. Ainsi, cette vie présente signifie davantage. Nos sentiments, nos pensées et nos aspirations sont tous des éléments de nos vies ; et la lutte pour l'idéal, pour la perfection, n'est-elle pas une des composantes les plus importantes de ce que nous appelons vie ? D'après les agnostiques, nous devons profiter de la vie telle qu'elle est. Mais cette vie signifie, par-dessus tout, la recherche de l'idéal, l'essence même de la vie est de viser la perfection. Nous avons besoin de cela, et donc nous ne pouvons être agnostiques et considérer le monde tel qu'il est. Les agnostiques considèrent que cette vie, avec la visée de l'idéal en moins, est la seule chose qui existe. Et cela, d'après l'agnostique, ne peut être atteint, et donc il se doit d'abandonner la recherche. Voilà ce que l'on qualifie de Mâyâ : cette nature, cet univers.

Toutes les religions sont plus ou moins des tentatives pour aller au-delà de cette nature, des plus ébauchées aux plus développées, exprimées au travers de la mythologie ou de symboles, au travers d'histoires de dieux, d'anges ou de démons, ou au travers d'histoires de saints ou de voyants, de grands hommes ou de prophètes, ou bien au travers des abstractions de la philosophie : toutes ont ce même objectif, toutes essayent de dépasser ces limites. En un mot, elles luttent toutes pour la liberté. L'homme ressent qu'il est limité, que ce soit consciemment ou inconsciemment, il n'est pas ce qu'il voudrait être. Cela lui a été appris dès qu'il s'est mis à regarder autour de lui. A ce moment bien précis, il a appris qu'il était limité, et il a également découvert qu'il y avait quelque chose à l'intérieur de lui qui le poussait à aller plus loin, là où son corps ne peut plus suivre, et que cette limite le clouait au sol. Même dans les affirmations les moins élaborées des religions, où les ancêtres défunts et d'autres esprits, pour la plupart violents et cruels, rôdant autour des maisons de leurs amis, avec un goût pour le carnage et l'alcool fort, sont vénérés, même là nous retrouvons ce point commun, celui de la liberté. L'homme qui souhaite vénérer des dieux voit en eux, par-dessus tout, une plus grande liberté qu'il n'a pas lui-même. Si une porte est close, il conçoit que les dieux peuvent passer au travers, et que les murs ne sont pas des limites pour eux. L'idée de liberté ne fait qu'augmenter jusqu'à ce qu'elle atteigne l'idéal du Dieu Personnel, dont la caractéristique principale est qu'Il est un Être au-delà des limites de la nature, du Mâyâ. Je vois de mes propres yeux que dans certains de ces replis en forêts la question est débattue par les anciens sages d'Inde ; et dans l'un de ces replis, alors même que les plus vieux sages, les plus saints, ne réussissent pas à formuler une solution, un jeune homme parmi eux se lève et déclare : « Ecoutez, vous, enfants de l'immortalité, écoutez ceux qui vivent dans les plus hauts endroits, j'ai trouvé la voie. En connaissant Celui qui est au-delà des ténèbres, nous pouvons aller au-delà de la mort. »

Ce Mâyâ est partout. C'est terrible. Et pourtant, nous devons travailler malgré lui. L'homme qui dit qu'il travaillera lorsque le monde sera devenu complètement bon et qu'il pourra alors profiter du bonheur, aura autant de chance de réussir que l'homme qui s'assoit à côté du Gange et qui dit : « je traverserai la rivière lorsque toute l'eau se sera jetée dans l'océan. » Le chemin n'est pas avec le Mâyâ, mais contre lui. Voilà une autre chose à apprendre. Nous ne sommes pas nés pour aider la nature, mais pour se battre contre elle. Nous la dominons, mais nous nous contraignons. Pourquoi cette maison est-elle là ? Ce n'est pas la nature qui l'a construite. La nature nous dit : allez vivre dans la forêt. L'homme dit : je vais construire une maison et me battre contre la nature, et c'est ce qu'il fait. Toute l'histoire de l'humanité n'est qu'une lutte incessante contre les lois de la nature, et l'homme y gagne à la fin. Si l'on en vient au monde intérieur, nous retrouvons cette même lutte, cette lutte entre l'homme animal et l'homme spirituel, entre la lumière et l'obscurité, et ici aussi l'homme en sort victorieux. Il réussit à s'échapper des griffes de la nature vers la liberté.

Nous voyons ainsi que les philosophes du Védanta conçoivent qu'au-delà de ce Mâyâ il y a quelque chose qui n'est pas restreint par celui-ci, et que si nous pouvons l'atteindre, nous ne serions plus limités par le Mâyâ. Cette idée est, d'une manière ou d'une autre, commune à toutes les religions. Mais, avec le Védanta, nous ne sommes qu'au début de la religion, et non à la fin. L'idée d'un Dieu Personnel, le Dirigeant et Créateur de l'univers, tel qu'Il a été qualifié, le Dirigeant du Mâyâ, ou de la nature, n'est pas la fin des idées tirées du Védanta, mais bien le commencement. L'idée évolue jusqu'à ce que le védantiste découvre que Celui qu'il concevait comme vivant à l'extérieur, est en fait lui-même et est en réalité à l'intérieur. Il est celui qui est libre, mais qui pensait à travers ses restrictions qu'il était limité.

Chapitre IV
Le Mâyâ et l'Évolution de la Conception de Dieu

Délivré à Londres, le 20 octobre 1896

Nous avons vu que l'idée du Mâyâ, qui est l'une des doctrines de base de la Advaita Védanta, peut même être retrouvée sous sa première forme dans les Samhitas, et qu'en réalité toutes les idées développées dans les Upanishads peuvent, elles-aussi, déjà être retrouvées sous différentes formes dans les Samhitas. Normalement, la plupart d'entre vous maîtrisez l'idée du Mâyâ, et savez qu'elle est parfois faussement assimilée à l'illusion, insinuant de ce fait que lorsqu'on dit que l'univers est le Mâyâ, il doit aussi être expliqué comme étant une illusion. Cette traduction est incorrecte. Le Mâyâ n'est pas une théorie, ce n'est simplement qu'une un état de fait lié à l'univers tel qu'il est, et pour comprendre le Mâyâ nous devons retourner aux Samhitas et repartir à la naissance même de l'idée.

Nous avons vu comment l'idée des Devas a émergé. Pourtant, nous savons que ces Devas n'étaient au départ que des êtres puissants, rien de plus. En lisant les anciens textes sacrés, qu'ils soient grecs, hébreux, persans, ou autres, certains d'entre vous sont horrifiés de découvrir que les dieux de l'antiquité faisaient parfois des choses qui, pour nous, sont très répugnantes. Mais lorsque nous lisons ces livres, nous oublions complètement que nous appartenons au dix-neuvième siècle tandis que ces dieux ont vécu des milliers d'années auparavant. Nous oublions également que, parce que les personnes qui vénéraient ces dieux leurs étaient très similaires, ils ne considéraient pas leurs actes comme incongrus ou effrayants. Je ferais d'ailleurs remarquer que c'est l'une des leçons les plus importantes que nous devons apprendre au cours de nos vies. Lorsque nous jugeons les autres, nous les jugeons toujours par rapport à nos propres idéaux. Cela ne devrait pas être le cas. Chacun doit être jugé par rapport à son propre idéal, et non par rapport à celui de quelqu'un autre. Dans nos interactions avec les autres, nous sommes constamment confrontés à cette erreur, et d'après moi, une grande majorité de nos querelles avec les autres est dû à cela, du fait que nous jugeons toujours les dieux des autres par rapport aux nôtres, les idéaux des autres par rapport aux nôtres, et les motivations des autres par rapport à nos propres motivations. Dans certaines circonstances, je peux être amené à faire quelque chose, et lorsque je vois quelqu'un prendre le même chemin, j'imagine qu'il le fait pour les mêmes raisons que moi, ne concevant pas que bien que le résultat soit le même, beaucoup d'autres motifs peuvent en être la cause. Il peut avoir agi de la sorte pour une raison totalement différente de celle qui m'a poussé à agir. Ainsi, nous ne devons pas juger les anciennes religions de notre point de vue actuel, mais bien en nous situant dans le contexte de pensée et de vie de ces époques-là.

L'idée du Jéhovah cruel et impitoyable dans l'Ancien Testament en a effrayé plus d'un, mais pourquoi ? De quel droit partent-ils du principe que le Jéhovah des juifs de l'antiquité doive représenter la conception plus conventionnelle du Dieu d'aujourd'hui ? Nous ne devons d'ailleurs pas oublier que viendront après nous des hommes qui riront de nos conceptions de la religion et de Dieu de la même manière que nous rions de celles de l'antiquité. Pourtant, toutes ces différentes conceptions sont liées par le fil conducteur qu'est l'unité, et l'objectif du Védanta est bien de découvrir ce fil conducteur. « Je suis le fil qui parcourt toutes ces diverses idées, chacune d'entre elles étant comme des perles », dit le Seigneur Krishna, et le devoir du Védanta est d'établir ce fil conducteur, peu importe à quel point ces idées peuvent paraître incongrues ou repoussantes lorsque jugées au travers de notre prisme actuel. Dans le contexte des temps passés, ces idées étaient harmonieuses et pas plus monstrueuses que nos idées actuelles. Ce n'est que lorsque nous les sortons de leur contexte et que nous les associons à nos circonstances actuelles que leur monstruosité ressort. Le contexte d'antan est mort et enterré. De la même façon que le juif de l'antiquité est devenu aujourd'hui un juif assidu, moderne et intelligent, et que l'aryen de l'antiquité est devenu un hindou intellectuel, Jéhovah a évolué, et les Devas ont évolué.

Toute l'erreur réside dans la reconnaissance de l'évolution des croyants sans reconnaître pour autant l'évolution du Vénéré. On ne Lui reconnaît pas les mêmes progrès que ceux réalisés par ses fidèles. Ce que je veux dire par là est que vous et moi, en tant que concepts, avons évolués, mais ces dieux aussi, en tant que concepts, ont évolués. Le fait que Dieu puisse évoluer peut vous paraître curieux. Il ne peut pas évoluer. Il est immuable. Tout comme le véritable homme n'évolue jamais. Mais les idées que se font les hommes de Dieu, elles, sont constamment en train de changer et de se développer. Nous verrons plus tard en quoi le véritable homme derrière chacune de ces apparences humaines est immuable, inchangeable, pur, et toujours parfait, et dans le même sens, en quoi l'idée que nous nous faisons de Dieu n'est qu'une pure apparence, qu'une création qui nous est propre. Derrière cette idée se cache le véritable Dieu qui ne change jamais, éternellement pur, immuable. L'apparence est en changement perpétuel, nous dévoilant de plus en plus la réalité qu'elle cache. Lorsqu'elle nous dévoile davantage ce qu'il y a derrière, nous appelons cela la progression, tandis que lorsqu'elle nous cache davantage ce qu'il y a derrière, nous appelons cela la régression. Ainsi, alors que nous évoluons, les dieux évoluent eux-aussi. D'un point de vue général, tout comme nous nous dévoilons au fur et à mesure que nous évoluons, les dieux se dévoilent eux-mêmes.

Nous devons maintenant être en mesure de comprendre la théorie du Mâyâ. Dans toutes les régions du monde, elles proposent de débattre sur cette unique question : pourquoi y a-t-il de la discordance dans l'univers ? Pourquoi y a-t-il ce mal dans l'univers ? Cette question ne se pose pas dans les tout premiers fondements des conceptions primitives de la religion car le monde ne paraissait pas inconsistant aux yeux de l'homme primitif. Les circonstances n'étaient pas discordantes pour lui, les opinions ne se précipitaient pas, l'antagonisme entre le bien et le mal lui était inconnu. Tout juste ressentait-il quelque chose dans son cœur qui lui disait oui, tandis qu'une autre lui disait non. L'homme primitif était un homme impulsif. Il faisait ce qui lui venait à l'esprit, et il utilisait de sa force pour réaliser ces idées, il ne s'arrêtait jamais pour prendre le temps de juger, et très rarement pour contrôler ses impulsions. De même pour les dieux, qui étaient eux-aussi des créatures de l'impulsion. Indra vient et détruit les armées des démons. Jéhovah est satisfait d'une personne et insatisfait d'une autre, sans que personne ne sache ou demande pourquoi. Personne n'avait encore pris l'habitude de tout remettre en question, ainsi quoi qu'il faisait était perçu comme légitime. L'idée du bien ou du mal n'existait pas. De notre point de vue, les Devas ont fait beaucoup de mauvaises choses, Indra et les autres dieux ont perpétuellement commis des actes malfaisants, mais ces idées de malfaisance et de mal étant inconnues des fidèles d'Indra, ils ne les remettaient alors pas en question.

Avec l'arrivée des idées éthiques vint la lutte. L'homme se dota d'un certain sens, nommé différemment selon les différentes langues et nations. Appelez-le la voix de Dieu, ou le résultat d'une éducation passée, ou par tout autre nom, mais son effet fut qu'il ajouta une force de contrôle aux impulsions naturelles de l'homme. Dans un certain élan, notre esprit nous dit fais-le. Derrière lui s'élève une autre voix qui nous dit, ne le fais pas. Il y a toujours une série d'idées qui lutte pour être extériorisée par les sens, mais derrière repose une voix, bien que faible et minuscule, qui lui dit ne sors pas. Les deux beaux mots sanskrit qui qualifient ces phénomènes sont Pravritti et Nivritti, le « cycle vers l'avant » et le « cycle vers l'intérieur ». Nos actes sont souvent dirigés par le cycle qui va vers l'avant. La religion commence avec ce cycle vers l'intérieur. La religion commence avec ce

« ne le fais pas ». La spiritualité commence avec ce « ne le fais pas ». Lorsqu'il n'y a pas de « ne le fais pas », la religion n'a alors pas débuté. Ce « ne le fais pas » finit par arriver, permettant aux idées des hommes d'évoluer malgré les dieux guerriers qu'ils avaient vénérés.

Un peu d'amour s'éveilla dans les cœurs des hommes. Il était en effet très faible, sans être bien plus fort aujourd'hui. Au départ, il ne concernait sans doute que les membres d'une tribu s'appréciant entre eux ; les dieux aimaient leurs tribus et chaque dieu était un dieu tribal, le protecteur de cette tribu. Parfois, les membres d'une tribu se voyaient comme les descendants de leur dieu, tout comme les clans de différentes nations pensent qu'ils sont les descendants actuels de l'homme à l'origine du fondement de leur clan. Autrefois, et même encore aujourd'hui, il y a des gens qui affirment être les descendants non seulement de ces dieux tribaux, mais également du Soleil et de la Lune. Vous pouvez lire sur les grands empereurs héroïques des dynasties solaires et lunaires dans les anciens livres sanskrit. Ils étaient les premiers à vénérer le Soleil et la Lune, et petit à petit, ils commencèrent à se considérer comme les descendants du dieu du Soleil et de la Lune, et ainsi de suite. Ainsi, quand ces idées tribales émergèrent, un peu d'amour émergea également, un début de notion du devoir envers les uns et les autres, un début d'organisation sociale. Ensuite se posa naturellement la question : comment pouvons-nous vivre ensemble sans repères et sans limites ? Comment un homme peut-il vivre avec un autre sans prendre le temps de contrôler ses impulsions, de se restreindre, d'imposer des limites à ce que son esprit lui dit de faire ? C'est impossible. Ainsi vint l'idée de la restriction. La base même de la société est fondée sur cette idée de restriction, et nous savons tous que l'homme ou la femme qui ignore ces concepts de restriction et de limite mène une vie des plus misérables.

Ainsi, à partir du moment où ces concepts religieux émergèrent, l'intellect de l'espèce humaine prit conscience de l'existence de quelque chose de supérieur, davantage éthique. Les anciens dieux devinrent incongrus : ces dieux antiques bruyants, bagarreurs, buveurs, carnivores, qui prenaient plaisir à sentir la chair brûlée et les libations d'un alcool fort. Parfois, Indra buvait tellement qu'il en tombait au sol et parlait de manière inintelligible. Ces dieux ne pouvaient plus être tolérés. L'habitude de tout remettre en question s'étant installée, les dieux ne pouvaient y échapper. Des justifications pour tels ou tels actes leur furent demandées, mais sans réponses. Ainsi, les hommes abandonnèrent ces dieux, ou plutôt commencèrent à se faire une idée plus avancée en ce qui les concernait. Ils examinèrent l'ensemble des actes et des qualités de ces dieux et abandonnèrent ceux qu'ils ne pouvaient harmoniser, et gardèrent ceux qu'ils comprenaient, les combinèrent sous le nom de Deva-deva, le Dieu des dieux. Le dieu à vénérer n'était plus qu'un simple symbole de pouvoir, il lui fallait quelque chose de plus. Il était un dieu éthique, il aimait l'espèce humaine, et faisait le bien pour l'humanité. Mais l'idée d'un dieu demeura. Ils augmentèrent sa signification éthique, et augmentèrent son pouvoir. Il devint l'être le plus éthique de l'univers, et même quasiment tout-puissant.

Mais ce patchwork ne suffirait pas. Alors que l'explication prenait de plus grandes proportions, la difficulté qu'elle cherchait à résoudre faisait de même. Si les qualités du dieu augmentaient de façon arithmétique, la difficulté et le doute augmentaient de façon géométrique. La difficulté de Jéhovah est ridicule comparée à celle du Dieu de l'univers, et cette question se pose encore aujourd'hui. Comment se fait-il que sous le règne d'un Dieu tout-puissant et aimant il demeure des choses diaboliques ? Pourquoi autant de misère comparé au bonheur, et autant de mal comparé au bien ? Nous pouvons fermer les yeux là-dessus, mais le fait que le monde soit monstrueux ne changera pas. Au mieux, c'est le supplice de Tantale. Nous voilà avec nos fortes impulsions et nos désirs insatiables de plaisirs des sens, mais que nous ne pouvons satisfaire. Une vague nous incite à aller de l'avant, contre notre volonté, et dès que nous faisons un pas, on se casse le nez. Nous sommes tous condamnés à vivre ici comme Tantale. Des idéaux qui dépassent les limites des idéaux sensoriels, s'insinuent dans nos esprits mais lorsque que nous cherchons à les exprimer, nous n'y parvenons pas. Par-dessus cela, nous sommes écrasés par la masse qui se presse autour de nous. Mais si j'abandonne tout idéal et que je me contente de lutter pour tout dans ce monde, mon existence devient celle d'une brute, et alors je dégénère et me dégrade. Aucune voie n'apporte le bonheur. Ceux qui se contentent de vivre dans ce monde, tels qu'ils sont nés, se destinent au malheur. Ceux qui osent se lever au nom de la vérité et d'éléments supérieurs, et qui osent demander quelque chose de mieux qu'une simple existence de brute, eux, se destinent à une misère mille fois plus grande. Voilà les faits, mais il n'y a pas d'explication, il ne peut y avoir d'explication. Mais le Védanta nous montre la sortie. Vous devez garder à l'esprit que je dois vous démontrer des faits qui, parfois, vous effraieront, mais si vous vous rappelez de ce que je dis, et y repenser, et l'assimiler, alors ces propos seront vôtres, ils vous permettront de vous élever plus haut, et vous rendront capables de comprendre et de vivre dans la vérité.

Bien que ce monde soit en effet un supplice de Tantale, et bien que nous ne sachions rien de cet univers, nous ne pouvons pas pour autant dire que nous ne savons pas. Je ne peux pas dire que ce lien existe si je pense ne pas le connaître. Il se peut que ce soit une complète hallucination de mon cerveau. Il se peut que je sois perpétuellement en train de rêver. Je rêve que je suis en train de vous parler, et que vous m'écoutez. Personne ne peut prouver que ne soit pas un rêve. Mon cerveau lui-même n'est peut-être qu'un rêve, et jusqu'à maintenant personne n'a pu observer son propre cerveau. Nous prenons tout pour acquis. Ainsi est-il pour toutes les choses. Je prends mon propre corps pour acquis. Mais pourtant, je ne peux pas le dire, je ne le sais pas. Cet écart entre connaissance et ignorance, cette zone d'ombre mystique, ce croisement entre vérité et mensonge, et là où ils se croisent, personne ne la connaît. Nous évoluons au cœur d'un rêve. A moitié endormis, à moitié éveillés, nous évoluons dans le brouillard toutes nos vies, voilà notre destin à tous. Voilà le destin de la connaissance par les sens. Voilà le destin de toute la philosophie, de toutes les sciences tant vantées, de toute la connaissance humaine tant vantée. Voilà l'univers.

Ce que vous appelez la matière, ou l'âme, ou l'esprit, quel que soit le nom que vous choisissez de leur donner, le fait reste le même : nous ne pouvons pas dire qu'ils sont, nous ne pouvons pas dire qu'ils ne sont pas. Nous ne pouvons pas dire qu'ils ne font qu'un, nous ne pouvons pas dire qu'ils sont plusieurs. Ce jeu éternel entre la lumière et l'obscurité, aléatoire, imperceptible, inséparable, est toujours présent. Un fait, mais en même temps sans en être un, éveillé mais en même temps endormi. Voilà le Mâyâ, un état de fait. Nous sommes nés dans ce Mâyâ, nous vivons en lui, nous pensons en lui, nous rêvons en lui. En lui, nous sommes des philosophes, nous sommes des hommes spirituels, nous sommes des démons dans ce Mây$a, et nous sommes des dieux dans ce Mâyâ. Etendez vos idées aussi loin que vous le poulez les élever, dites d'elles qu'elles sont infinies, quelle que soit leur caractéristique, ces idées seront toujours dans le Mâyâ. Il ne peut en être autrement, et tout le savoir humain tient à la généralisation de ce Mâyâ, essayant ainsi de le découvrir tel qu'il semble être. Voilà le travail du Nama-Rupa, de nommer et de former. Tout ce qui a une forme, tout ce qui vous incite à penser, est dans le Mâyâ, car tout ce qui est limité par les lois du temps, de l'espace et de causalité sont dans le Mâyâ.

Repartons de ces premières conceptions de Dieu et voyons ce qu'elles sont devenues. Nous voyons tout de suite que l'idée d'un certain Être qui nous aime éternellement, qui est éternellement altruiste et tout-puissant, dominant cet univers, ne tient pas. « Où est le Dieu juste et clément ? » demanda le philosophe. Ne voit-Il pas que des millions et des millions de Ses enfants périssent, qu'ils soient hommes ou animaux, car qui peut vivre ici un instant sans se mettre à tuer ? Pouvez-vous respirer sans détruire des milliers de vies ? Vous vivez car des millions de personnes meurent. A chaque instant de votre vie, chaque respiration que vous prenez signifie la mort de milliers de personnes, chaque mouvement que vous effectuez signifie la mort de millions de personnes. Chaque bouchée que vous mangez signifie la mort de millions de personnes. Pourquoi devraient-elles mourir ? Un ancien sophisme postule qu'ils mènent de piètres existences. En supposant que cela soit vrai, bien que discutable, car qui sait si la fourmi est plus grande que l'homme, ou l'homme plus grand que la fourmi, qui peut prouver l'un ou l'autre de ces arguments ? En laissant de côté cette question, et même en considérant comme acquis qu'ils ne sont que des êtres inférieurs, pourquoi devraient-ils mourir pour autant ? S'ils mènent une piètre existence, ils ont encore plus de raisons de vivre. Pourquoi cela ? Car ils vivent davantage dans les sens, ils ressentent le plaisir et la douleur dix mille fois plus que vous et moi. Qui, parmi nous, mange un repas avec la voracité d'un chien ou d'un loup ? Personne, car nos énergies ne se trouvent pas dans les sens, elles se trouvent dans l'intellect, dans l'âme. En revanche, chez les animaux, toute leur âme se trouve dans les sens, ce qui les rend frénétiques et leur permet de prendre plaisir aux choses que nous, êtres humains, ne pouvons même pas imaginer en rêve, et leur douleur est proportionnelle à leur plaisir. Le plaisir et la douleur sont distribués uniformément. Si le plaisir ressenti par les animaux est à ce point plus intense que celui ressenti par les hommes, il va de soi que leur sens de la douleur soit tout aussi affûté, voire plus, que celui de l'homme. Ainsi, bien que nous sachions que la douleur et la misère que l'homme ressent en mourant est mille fois plus intense pour les animaux, nous continuons à les tuer sans nous préoccuper de leur misère. Voilà le Mâyâ. Et si nous supposons qu'il existe un Dieu Personnel comme un être humain, qui a tout créé, alors ces soi-disant explications et théories qui essayent de nous démontrer que du mal vient le bien, ne sont pas suffisantes. Imaginez que se produisent vingt mille bonnes choses, pourquoi devraient-elles venir du mal ? En partant de ce principe, je devrais peut être trancher la gorge des autres afin de profiter pleinement de mes cinq sens. Ce n'est pas une bonne raison. Pourquoi est-ce que le bien devrait venir du mal ? La question reste sans réponse, et elle ne peut trouver de réponse. La philosophie de l'Inde fut contrainte de le reconnaître.

Le Védanta fut (et demeure) le système religieux le plus courageux. Il ne s'est jamais arrêté, et il avait un avantage. Il n'avait pas de groupe de prêtres qui cherchaient à supprimer tout homme qui essayait de dire la vérité. Il a toujours été caractérisé par une liberté religieuse absolue. En Inde, la servitude à la superstition est un fait social, ici, en Occident, la société est très libre. Les normes sociales sont très strictes en Inde, mais l'opinion religieuse est libre. En Angleterre, un homme peut s'habiller comment bon lui semble, ou manger ce qu'il aime, personne ne s'opposera à lui, mais s'il omet d'aller à l'église, alors là, Mme. Grundy lui tombera dessus. Il doit d'abord se conformer à ce que la société dit sur la religion, et seulement après peut-il penser à la vérité. Au contraire, en Inde, si un homme dîne avec un autre homme qui n'appartient pas à sa caste, la société le réprimandera de toute sa terrible force, et l'anéantira sur le champ. S'il veut s'habiller un peu différemment de la façon dont ses ancêtres s'habillaient autrefois, il est fini. J'ai entendu parler d'un homme qui fut rejeté de la société seulement pour avoir parcouru plusieurs kilomètres pour admirer la première ligne de chemin de fer. Nous espérons tout de même que cela était faux ! Mais en ce qui concerne la religion, nous retrouvons des athées, des matérialistes, et des bouddhistes, des principes, des opinions et des spéculations de toutes variétés, certaines même extrêmes, mais vivant côte à côte. Des prêcheurs de toutes les sectes cherchent à toucher et à trouver des fidèles, et même les brahmins autorisent, à leur avantage entendez-le, les matérialistes à venir et faire part de leurs opinions aux portes des temples des dieux.

Le Bouddha est mort à un âge très avancé. Je me souviens d'un ami à moi, un grand scientifique américain, qui était passionné par la lecture de sa vie. Il n'aimait pas la mort du Bouddha, car il ne fut pas crucifié. Quelle fausse idée ! Qu'un homme doive être assassiné pour être grand ! Jamais l'Inde n'eût de telles idées. Ce grand Bouddha parcourut l'Inde entière, dénonçant ses dieux et même le Dieu de l'univers, et pourtant il vécut jusqu'à un âge avancé. Il vécut quatre-vingt ans, au cours desquels il convertit la moitié du pays.

Puis vinrent les charvakas, qui prêchèrent d'horribles choses, un matérialisme des plus purs et des moins dissimulés, tel que personne n'oserait le prêcher au dix-neuvième siècle. Ces charvakas étaient autorisés à prêcher dans chaque temple, dans chaque ville, de ville en ville, que la religion n'était qu'une absurdité, un produit des prêtres, que les Védas n'étaient que les mots et les écrits d'imbéciles, de canailles et de démons, et qu'il n'y avait ni Dieu ni âme éternelle. S'il y avait une âme, pourquoi ne revenait-elle alors pas après la mort, attirée par l'amour de la femme et de l'enfant ? Leur idée était que s'il y avait bien une âme, alors elle devrait encore aimer après la mort, et voudrait de bonnes choses à manger et de beaux vêtements. Et pourtant, personne ne fit de mal à ces charvakas.

Ainsi, l'Inde a toujours eu cette formidable idée de liberté religieuse, et rappelez-vous que la liberté est la première condition de l'évolution. Ce que vous ne rendez pas libre n'évoluera jamais. L'idée que vous pouvez faire évoluer les autres et agir sur leur croissance, que vous pouvez les diriger et les guider, en vous réservant toujours cette liberté qu'est le rôle d'enseignant, est une absurdité, un mensonge dangereux qui a retardé la croissance de millions et de millions d'êtres humains dans ce monde. Laissez les hommes avoir leur propre liberté. Voilà la seule condition pour la croissance.

Nous avons, en Inde, autorisé la liberté en ce qui concerne les questions spirituelles, et nous avons ainsi une formidable force spirituelle dans la religion. Aujourd'hui, en Occident, vous autorisez la même liberté en ce qui concerne les questions sociales, vous avez ainsi une organisation sociale formidable. Nous n'avons pas accordé de liberté à l'expansion des questions sociales, et de ce fait notre société est restreinte. Vous n'avez jamais accordé de liberté aux questions religieuses, au contraire vous avez imposé vos croyances par le feu et l'épée, et le résultat est que la religion a connu une croissance sous-développée et en déclin dans l'esprit européen. En Inde, nous devons briser les chaînes qui retiennent la société, en Europe, les chaînes doivent être ôtées des pieds du progrès spirituel. Alors viendra une croissance et un développement formidable de l'homme. Si nous découvrons que tous ces développements, spirituels, moraux et sociaux ne font qu'un, alors nous découvrirons que la religion, dans tout le sens du mot, doit faire son entrée dans la société, et dans notre vie de tous les jours. En tenant compte du Védanta, vous comprendrez que toutes les sciences ne sont que des manifestations de la religion, et qu'il en est de même pour toutes les choses qui existent dans ce monde.

Nous voyons ainsi que les sciences se sont construites grâce à la liberté, et nous retrouvons en elles deux opinions différentes, celle matérialiste et accusatrice, et l'autre positive et constructive. Il est très curieux que vous puissiez retrouver ces deux opinions dans toutes les sociétés. En supposant qu'il y a un quelconque mal dans une société, vous trouverez immédiatement un groupe pour s'élever et le dénoncer d'une façon vindicative, qui dégénère parfois en fanatisme. Les fanatiques font partie intégrante de toute société, et les femmes se joignent souvent à leurs protestations du fait de leur nature impulsive. N'importe quel fanatique qui prend position et dénonce quelque chose est sûr d'être suivi. C'est très facile de briser quelque chose, un maniaque peut briser tout ce qu'il veut, mais il lui serait difficile de construire quoi que ce soit. Ces fanatiques, comme ils le pensent eux-mêmes, peuvent faire le bien, mais beaucoup plus de mal. Car les institutions sociales ne se font pas en un jour, et le fait de les changer signifie éliminer leur cause. Supposez qu'il y ait un mal, le dénoncer ne résoudra rien, vous devez travailler à sa source. D'abord, trouvez la cause, ensuite éliminez-la, et l'effet qu'elle produit sera automatiquement éliminé. Une simple dénonciation ne produira aucun effet, à moins que cela ne produise, au contraire, du malheur.

D'autres personnes, qui avaient de la sympathie dans leurs cœurs, comprenaient l'idée que nous devons prendre la cause à sa source, ces personnes-ci étaient de grands saints. Souvenez-vous du fait que tous les grands enseignants de ce monde ont déclaré être là non pas pour détruire mais pour accomplir. Cela a été mal compris bien trop de fois, et leur tolérance a pu être perçue comme un compromis indigne de l'opinion populaire qui prévalait. Encore aujourd'hui, vous pouvez entendre dire que ces prophètes et ces grands enseignants étaient plutôt lâches, et qu'ils n'osaient pas dire et faire ce qu'ils pensaient être juste, mais cela n'est pas vrai. Les fanatiques conçoivent très peu la force illimitée de l'amour dans les cœurs de ces grands sages, qui considéraient les habitants de ce monde comme leurs propres enfants. Ils étaient les véritables pères, les véritables dieux, remplis d'une sympathie et d'une patience illimitées envers tous, ils étaient prêts à attendre et à attendre encore. Ils savaient comment la société humaine devait évoluer, et, avec patience, doucement mais sûrement, ils se mirent à appliquer leurs remèdes, non pas en dénonçant et en effrayant les gens, mais en les menant vers l'élévation avec douceur et gentillesse, leur montrant la voie pas à pas. Ainsi étaient les écrivains des Upanishads. Ils savaient très bien pourquoi les anciennes idées de Dieu n'étaient pas compatibles avec les idées plus avancées sur l'éthique de l'époque, ils savaient très bien que ce que les athées prêchaient contenait une bonne part de vérité, une très grande part même ; mais ils comprenaient également à quel point ceux qui voulaient couper le fil qui lie les perles, ceux qui voulaient construire une nouvelle société en repartant de zéro, échoueraient à coup sûr.

Nous ne reconstruisons jamais rien, nous changeons simplement d'endroits, nous ne pouvons rien avoir de nouveau, nous ne faisons que changer la position des choses. La graine se transforme en arbre, patiemment et en douceur ; nous devons concentrer nos énergies vers la vérité et vers l'accomplissement de cette vérité qui existe déjà, et non vers la création de nouvelles vérités. Ainsi, au lieu d'affirmer que ces anciennes conceptions de Dieu ne sont pas compatibles avec les temps modernes, les sages de l'antiquité commencèrent par chercher la vérité qui les caractérisait. Le résultat fut la philosophie Védanta, et, au travers des anciennes divinités, du Dieu monothéiste, le Dirigeant de l'univers, ils découvrirent des idées toujours plus développées sur ce que l'on appelle l'Absolu Impersonnel, ils découvrirent l'unité dans tout l'univers.

Celui qui voit, dans ce monde fait de multiplicités cet Unique qui parcourt toutes les choses, celui qui trouve dans ce monde fait de mort cette Unique Vie Infinie, et celui qui trouve dans ce monde fait d'insensibilité et d'ignorance cette Unique Lumière et Connaissance, à celui-là appartient la paix éternelle. A personne d'autre, à personne d'autre.

Chapitre V
Le Mâyâ et la Liberté

Délivré à Londres, le 22 octobre 1896

« Nous naissons accompagnés de nuages de gloire » dit le poète. Pourtant, cela n'est pas vrai pour tout le monde, certains d'entre nous naissent accompagnés de brouillards noirs ; il n'y a aucun doute là-dessus. Mais chacun d'entre nous naît dans ce monde pour lutter, comme sur un champ de bataille. Nous naissons en larmes avec la force de lutter pour nous-mêmes et pour trouver, du mieux que nous le pouvons, notre propre chemin dans cet océan de vie infini ; nous allons de l'avant, ayant de longues années derrière nous mais une expansion immense devant nous. Ainsi évoluons-nous, jusqu'à ce que la mort nous emporte loin de ce champ de bataille, victorieux ou vaincus, nous ne le savons pas. Voilà le Mâyâ.

L'espoir est un sentiment dominant au cœur de l'enfance. Sous le premier regard de l'enfant, le monde dans sa globalité apparaît comme une vision dorée, il pense que sa volonté est suprême. Alors qu'il va de l'avant, la nature se dresse devant lui à chaque étape tel un mur inflexible, entravant ses futurs progrès. Il peut alors se jeter sur ce mur encore et encore, luttant pour réussir à le franchir. Plus il va loin, plus l'idéal s'éloigne, jusqu'à ce que la mort survienne, et peut être qu'il sera alors libéré. C'est cela, le Mâyâ.

L'homme scientifique évolue, il a soif de connaissances. Aucun sacrifice n'est trop grand, aucune lutte n'est trop désespérée pour lui. Il va de l'avant découvrant petit à petit les secrets de la nature, recherchant ses secrets les plus intimes, mais à quoi bon ? A quoi bon tout cela ? Pourquoi devrions-nous lui accorder de la gloire ? Pourquoi devrait-il gagner en célébrité ? La nature ne fait-elle pas infiniment plus que ce que n'importe quel homme est capable de faire ? Sachant que la nature est ennuyeuse, insensible. Pourquoi serait-il glorieux d'imiter ce qui est ennuyeux, ce qui est insensible ? La nature peut provoquer un éclair de n'importe quelle magnitude, quelle que soit la distance. Si un homme réussit à l'imiter rien que sur un aspect, nous le vénérons et le mettons sur un piédestal. Pourquoi ? Pourquoi devrions-nous le vénérer s'il ne fait qu'imiter la nature, qu'imiter la mort, qu'imiter l'ennui, qu'imiter l'insensibilité ? La force de gravitation peut réduire en morceaux la plus grosse masse à n'avoir jamais existée, et pourtant elle est insensible. Quelle gloire y-a-t-il à imiter l'insensible ? Et pourtant, nous courons tous après cela. Et cela, c'est le Mâyâ.

Les sens sapent l'âme humaine. L'homme recherche le plaisir et le bonheur là où il ne pourra jamais le trouver. Depuis des siècles et des siècles nous apprenons que cela est futile et vain, qu'il n'y a pas de bonheur à y gagner. Mais, nous ne pouvons pas apprendre, il en est impossible pour nous, à part au travers de nos propres expériences. Nous les essayons, et nous prenons des coups. Apprenons-nous alors ? Même pas. Tout comme les papillons de nuit qui se jettent dans la flamme, nous nous jetons encore et encore dans les plaisirs des sens, espérant y trouver de la satisfaction. Nous y retournons encore et encore, revigorés, et ainsi nous continuons, jusqu'à ce que nous mourrons, impotents et trahis. Voilà le Mâyâ.

Ainsi en est-il avec notre intellect. Dans notre désir de résoudre les mystères de l'univers, nous ne pouvons arrêter nos interrogations, nous sentons que nous avons besoin de savoir, et nous ne pouvons pas croire au fait qu'il n'y ait pas de connaissances à acquérir. Quelques pas, et voilà que se dresse le mur du temps, sans début ni fin, que nous ne pouvons surmonter. Quelques pas, et voilà qu'apparaît le mur de l'espace sans limites que nous ne pouvons surmonter, et le tout est enfermé par les murs de la cause et de la conséquence. Nous ne pouvons aller au-delà. Et pourtant nous luttons, et nous avons toujours ce besoin de lutter. Voilà le Mâyâ.

Avec chaque inspiration, avec chaque battement de cœur, avec chacun de nos mouvements, nous pensons être libres, mais ces moments précis nous montrent dans un même temps que nous ne le sommes pas. Nous sommes des esclaves soumis, soumis à la nature, au travers de notre corps, de notre esprit, de toutes nos pensées, de tous nos sentiments. Voilà le Mâyâ.

Il n'y a jamais eu de mère qui n'a pas pensé que son enfant était né génie, qu'il était l'enfant le plus extraordinaire qu'il soit ; elle idolâtre son enfant. Toute son âme est dans cet enfant. L'enfant grandit, peut-être devient-il alors un ivrogne, une brute, qu'il maltraite sa mère, mais plus il la maltraite, plus son amour pour lui augmente. Le monde prône cela comme l'amour inconditionnel d'une mère, n'imaginant même pas que la mère est une esclave-née, qu'elle ne peut rien y faire. Elle préfèrerait mille fois se débarrasser de ce fardeau, mais elle ne peut pas. Alors, elle le couvre d'une masse de fleurs qu'elle appelle amour merveilleux. Voilà le Mâyâ.

Nous sommes tous comme cela dans le monde. Une légende raconte comment, un jour, Narada dit à Krishna : « Maître, montrez-moi le Mâyâ ». Quelques jours passèrent, et Krishna demanda à Narada de partir en voyage avec lui vers un désert, et après avoir marché quelques kilomètres, Krishna dit : « Narada, j'ai soif ; peux-tu aller me chercher de l'eau ? » « J'y vais de ce pas, monsieur, et je vous ramènerai de l'eau. » Ainsi, Narada partit. Il y avait un village non loin de là, il y entra à la recherche d'eau, frappa à une porte, et fut accueilli par une très belle jeune fille. Quand il la vit, il oublia immédiatement que son Maître attendait de l'eau, peut être bien mourant de soif. Il oublia tout et aborda la jeune fille. Il ne retourna pas voir son Maître de la journée. Le jour suivant, il retourna à la maison, discutant avec la fille. Cette discussion mûrit en amour, il demanda au père la main de sa fille, et ils se marièrent et eurent des enfants. Douze années passèrent ainsi. Son beau-père mourut, il hérita alors de sa propriété. Il pensait mener une vie heureuse, entouré de sa femme et de ses enfants, de ses champs, de son bétail et du reste. C'est alors qu'il eût une inondation. Une nuit, la rivière s'éleva au point qu'elle sortit de son lit et inonda le village tout entier. Les maisons s'écroulèrent, les hommes et les animaux furent emportés par le flot et noyés, et tout flottait dans la ruée du courant. Narada dut s'échapper. Il tenait sa femme d'une main, et de l'autre deux de ses enfants, tandis qu'un autre était sur ses épaules, et c'est ainsi qu'il essaya de traverser cette inondation incroyable. Après avoir fait quelques pas, il se rendit compte que le courant était trop fort, et l'enfant sur ses épaules tomba et fut emporté. Narada cria au désespoir. Alors qu'il essayait de sauver cet enfant, il lâcha un des deux autres, qu'il perdit également. Enfin, sa femme, qu'il serrait de toutes ses forces, fut emportée par le courant, et il fut projeté sur la rive, pleurant et gémissant ses lamentations. Une douce voix s'éleva derrière lui : « Mon enfant, où est l'eau ? Tu es parti chercher un pichet d'eau, et je t'attends, tu es parti il y a une bonne demi-heure. » « Une demi-heure ! » s'exclama Narada. Douze années entières s'étaient écoulées dans son esprit, alors que toutes ses scènes s'étaient produites en une demi-heure ! Voilà le Mâyâ.

D'une manière ou d'une autre, nous sommes tous concernés. C'est l'un des états de fait les plus difficiles et les plus complexes à comprendre. Il a été prêché dans tous les pays, enseigné partout, mais seule une minorité y croit, car nous ne pouvons pas y croire à moins de le vivre nous-mêmes. Qu'est-ce que cela nous montre ? Quelque chose de terrible. Tout est vain. Le temps, le vengeur de toute chose, survient, et il ne reste plus rien. Il engloutit le saint et le pécheur, le roi et le valet, le beau et le laid, il ne laisse rien. Tout se rue vers l'ultime objectif qu'est la destruction. Nos connaissances, nos arts, nos sciences, tout se rue vers cela. Personne ne peut changer la donne, personne ne peut le retenir ne serait-ce qu'une minute. Nous pouvons essayer de l'oublier, de la même manière que les personnes vivant dans une ville frappée par la peste essaient d'entretenir l'oubli en buvant, en dansant, et au travers d'autres vaines tentatives, devenant ainsi paralysées. Ainsi essayions-nous d'oublier, essayions-nous d'entretenir l'oubli au travers de toutes sortes de plaisirs des sens. Voilà le Mâyâ.

Deux méthodes furent proposées. La première, que tout le monde connaît, est très ordinaire, et c'est la suivante : « Il se peut que cela soit très vrai, mais n'y pensez pas. « Battez le fer tant qu'il est chaud« comme dit le proverbe. Tout est vrai, c'est un fait, mais ne vous encombrez pas avec cela. Profitez des maigres plaisirs qui vous sont disponibles, faites le peu que vous puissiez faire, ne regardez pas la face obscure du tableau, mais plutôt vers l'espoir, la positivité. » Il y a une certaine vérité à cela, mais aussi du danger. Il est vrai que c'est une bonne force de motivation. L'espoir et un idéal positif sont de très bonnes forces de motivation pour nos vies de tous les jours, mais elles abritent un certain danger. Le danger réside dans l'abandon de la lutte par désespoir. Tel est le cas de ceux qui prônent : « Prenez le monde tel qu'il est, asseyez-vous aussi calmement et confortablement que vous le pouvez et soyez satisfaits de toutes ces misères. Quand vous prenez un coup, dites-vous que ce ne sont pas des coups mais des fleurs, et quand vous êtes enchaînés comme des esclaves, dites-vous que vous êtes libres. Jours et nuits racontez des mensonges aux autres et à vos propres âmes, car voilà l'unique manière d'être heureux. » Voilà ce que l'on appelle la sagesse pratique, et elle n'a jamais été aussi forte qu'en ce dix-neuvième siècle, car jamais n'y a t'il eût de coups aussi forts que ceux d'aujourd'hui, jamais la compétition ne fut aussi forte, jamais les hommes n'eurent été aussi cruels avec leurs pairs, et, de ce fait, aussi fort est le besoin de consolation. Cette méthode est mise en avant aujourd'hui autant que possible, mais elle échoue, et échouera toujours. Nous ne pouvons pas dissimuler une charogne avec des roses, c'est impossible. Cela ne tiendrait pas longtemps, les roses faneraient, et la charogne serait encore pire qu'avant. De même avec nos vies. Nous pouvons essayer de dissimuler nos plaies, vieilles et purulentes, avec des tissus faits d'or, mais viendra le jour où ces tissus faits d'or seront retirés, et nos plaies seront alors révélées dans toutes leur atrocité.

N'y a-t-il pas d'espoir alors ? Nous sommes tous esclaves du Mâyâ, nés dans le Mâyâ, et nous vivons tous dans le Mâyâ, voilà la vérité. N'y a-t-il donc pas de porte de sortie, pas d'espoir ? Nous savons depuis des siècles et des siècles que nous sommes tous misérables, que ce monde n'est qu'une prison, que même notre soi-disant beauté n'est qu'une prison, et que même nos intellects et nos esprits ne sont qu'eux aussi des prisons. Il n'y a jamais eu un homme, une seule âme humaine, qui n'a pas ressenti cela à un moment ou à un autre, quoi qu'il puisse dire. Les personnes âgées le ressentent le plus, car ils accumulent toute une vie d'expériences, la nature ne peut pas les embobiner aussi facilement dans ses mensonges. N'y a-t-il pas d'échappatoire ? Malgré tout cela, malgré ce fait terrible, malgré la tristesse et la souffrance, même dans ce monde où vie et mort sont synonymes, même là, il y a toujours une petite voix qui parcourt les siècles, qui parcourt les pays, et qui est dans tous les cœurs : « Cela, Mon Mâyâ, est divin, fait de qualités, mais très difficile à franchir. Pourtant, ceux qui M'atteignent, franchissent la rivière de la vie. » « Venez Me rejoindre, tous ceux d'entre vous qui travaillent dur, et je vous accorderai le repos. » Voilà la voix qui nous pousse en avant. L'homme l'a entendue, et l'entend au travers des siècles. Cette voix s'élève quand tout paraît perdu, quand l'espoir s'est envolé, quand la dépendance de l'homme sur sa propre force s'est vue réduite en cendres, quand tout semble lui échapper, et quand la vie n'est plus qu'un champ de ruines sans espoir. C'est alors qu'il l'entend. Voilà ce qu'on appelle la religion.

Nous avons ainsi d'un côté l'affirmation plutôt osée qui dit que tout cela n'est qu'absurdité, que c'est le Mâyâ, bien qu'elle soit accompagnée de l'espoir qu'au-delà du Mâyâ se trouverait une issue. D'un autre côté, les hommes pragmatiques nous disent : « Ne vous laissez pas tourmenter par les absurdités que sont la religion et la métaphysique. Vivez dans l'instant présent, c'est en effet un monde mauvais, mais profitez-en du mieux que vous le pouvez. » Ce qui veut dire tout simplement, menez une vie faite de mensonges et d'hypocrisie, une vie de fraude perpétuelle, en couvrant toutes les plaies du mieux que vous le pouvez. Continuez à mettre bandages après bandages, jusqu'à ce que tout soit perdu, jusqu'à ce que vous ne soyez plus qu'un vulgaire patchwork. Voilà ce que l'on qualifie de vie pragmatique. Ceux qui se contentent de ce patchwork ne se tourneront jamais vers la religion. La religion débute avec une immense insatisfaction au regard de l'état présent des choses, de nos vies, et avec une haine, une haine intense contre ce patchwork, un dégoût sans limite pour la fraude et le mensonge. Seul l'homme qui dénonce peut être religieux, tout comme le Bouddha l'a fait sous l'arbre Bo, quand cette idée de pragmatisme s'était présentée à lui et qu'il avait pu voir toute son absurdité, sans pour autant trouver une issue. Quand il fut tenté d'abandonner sa quête de vérité, de retourner au monde et de vivre son ancienne vie frauduleuse, qualifiant les choses de faux noms, se mentant à lui-même comme aux autres, lui, le géant, surmonta la tentation et dit : « Mieux vaut mourir que de vivre cette vie végétative et ignorante, mieux vaut mourir sur le champ de bataille que de vivre une vie de défaite. » Voilà la base de la religion. Quand un homme soutient cela, il est sur la voie de la vérité, il est sur la voie qui mène à Dieu. Cette détermination doit être la première à nous pousser vers la religion. Je vais me frayer mon propre chemin. Je connaîtrai la vérité ou je sacrifierai ma vie pour la connaître. Car de ce côté, il n'y a rien, il est fini, il disparaît jour après jour. La personne belle, pleine d'espoir, jeune d'aujourd'hui n'est que le vétéran de demain. Les espoirs comme les joies et les plaisirs mourront demain comme des fleurs au contact de la gelée matinale. Voilà un côté, de l'autre, il y a les joies de la conquête, des victoires sur les maux de la vie, la victoire sur la vie elle-même, la conquête de l'univers. De ce côté les hommes peuvent s'élever. Ainsi, ceux qui osent lutter pour la victoire, pour la vérité, pour la religion, sont sur le bon chemin ; et c'est cela que les Védas prêchent : ne soyez pas désespérés, le chemin est semé d'embuches, tout comme marcher au bord d'une lame de rasoir, et pourtant ne désespérez pas, hissez-vous, éveillez-vous, et trouvez l'idéal, l'objectif.

Ainsi, toutes ces différentes manifestations de la religion ont cette même base centrale, quelle que soit la forme avec laquelle elles sont apparues aux yeux de l'espèce humaine. Cette base est la prédication de la liberté, d'une issue à ce monde. Elles ne sont jamais survenues pour réconcilier le monde avec la religion, mais pour défaire le nœud gordien, pour établir la religion en tant que son propre idéal, et non pas pour faire un compromis avec le monde. Voilà ce que prêchent toutes les religions, et le rôle du Védanta est d'harmoniser toutes ces aspirations, de rendre visible la base commune de toutes les religions du monde, des principales aux secondaires. Ce que nous considérons comme de la pure superstition partage en fait le même objectif que la plus haute philosophie, celui de nous montrer l'issue de cette même difficulté, et dans la plupart des cas, cette issue se trouve grâce à l'aide de quelqu'un qui n'est lui-même pas restreint par les lois de la nature, en d'autres termes, quelqu'un qui est libre. Malgré toutes les difficultés et toutes les différences d'opinion dans la qualification de cet agent libre, qu'il soit un Dieu Personnel, ou un être conscient comme l'homme, qu'il soit masculin, féminin ou neutre (et les débats ont été interminables) l'idée fondamentale est la même. Malgré ces contradictions presque désespérées entre les différents systèmes, on les voit tous parcourus par le fil d'or de l'unité, et dans cette philosophie, ce fil d'or a été tracé de façon à ce qu'il nous soit révélé petit à petit, et la première étape dans cette révélation est la reconnaissance du fait que tout progresse vers la liberté.

Un fait curieux que nous retrouvons dans toutes nos joies et nos peines, nos difficultés et nos combats, est que nous voyageons tous certainement vers la liberté. La question était la suivante : « Qu'est-ce que l'univers ? De quoi émerge-t-il ? Où va-t-il ? » Et la réponse était : « Il émerge de la liberté, il repose dans la liberté, et il se disperse dans la liberté. » Vous ne pouvez pas renoncer à l'idée de liberté. Vos actes, et même vos vies, seraient perdus sans elle. A chaque instant la nature nous montre que nous ne sommes pas libres, mais bien des esclaves. Et pourtant, elle nous présente simultanément l'idée que malgré cela nous sommes toujours libres. Nous affrontons les coups du Mâyâ à chaque étape, qui nous montre que nous sommes limités, et pourtant, au même moment, en même temps que ces coups, en même temps que ce sentiment d'emprisonnement, vient le sentiment que nous sommes libres. Une voix intérieure nous dit que nous sommes libres. Par contre, si nous essayons de rendre compte de cette liberté, de la montrer, nous nous retrouverions face à une difficulté quasiment insurmontable. Et pourtant, malgré cela, la voix continue de se manifester intérieurement : « Je suis libre, je suis libre ». Si vous étudiez les différentes religions du monde, vous retrouverez d'ailleurs cette idée. Non seulement la religion, vous ne devez pas considérer ce monde sous un angle restreint, mais également toute la vie en société n'est que l'affirmation de ce concept unique de liberté. Tous les mouvements ne sont que l'affirmation de cette liberté unique. Cette voix a été entendue de tous, que nous le sachions ou non, cette voix qui affirme : « Venez à Moi, tous ceux d'entre vous qui travaillent et qui sont lourdement chargés. » Qu'elle se soit présentée sous un autre langage ou sous un discours différent, cette voix appelant à la liberté a toujours été parmi nous. Oui, nous sommes nés en raison de cette voix, nous lui devons chacun de nos mouvements. Nous nous ruons tous vers la liberté, nous suivons tous cette voix, que nous le sachions ou non ; nous suivons cette voix mélodieuse sans même le savoir, tout comme les enfants du village étaient attirés par la musique du joueur de flûte.

Nous sommes éthiques lorsque nous suivons cette voix. Non seulement l'âme humaine, mais toutes les créatures, des plus primaires aux plus développées, ont entendu cette voix et se ruent vers elle ; s'associant ou luttant les unes contre les autres dans cette lutte. Ainsi vient la compétition, les joies, les peines, la vie, le plaisir et la mort, et l'univers entier n'est rien d'autre que le résultat de cette lutte acharnée pour atteindre cette voix. Voilà la manifestation de la nature.

Qu'en est-il alors ? Le tableau se met à changer. Dès que vous connaissez la voix et que vous comprenez ce qu'elle est, tout le tableau change. Ce même monde qui avant était l'épouvantable champ de bataille du Mâyâ s'est maintenant transformé en quelque chose de bon et de merveilleux. Nous ne maudissons plus la nature, nous ne considérons plus que le monde est affreux et que tout est vain ; nous n'avons plus besoin de pleurer et de gémir. Dès que nous comprenons la voix, nous voyons l'intérêt de la présence de cette lutte, de ce combat, de cette compétition, de cette difficulté, de cette cruauté, ces petits plaisirs et joies ; nous concevons qu'ils sont dans la nature des choses, car sans eux nous ne pourrions aller vers la voix, nous ne pourrions atteindre ce auquel nous sommes destinés, que nous le sachions ou non.

Ainsi, toute la vie humaine, toute la nature, lutte pour atteindre cette liberté. Le soleil évolue vers cet objectif, et donc la terre tourne autour du soleil, et donc la lune tourne autour de la terre. La planète se meut dans cet objectif, ainsi que l'air qui souffle. Tous luttent pour cet objectif. Le saint évolue vers cet objectif, il ne peut s'en empêcher, ce n'est pas par gloire. Ainsi en est-il pour le pécheur. L'homme charitable va droit vers cette voix, et personne ne peut l'entraver ; l'avare, lui aussi, évolue vers cette même destination : qu'ils soient des plus bienfaiteurs ou des plus oisifs, tous les hommes entendent cette même voix intérieure, et ne peuvent lui résister, ils doivent aller vers elle. Certains trébuchent plus que d'autres, nous appelons malfaiteurs ceux qui trébuchent davantage, tandis que nous appelons bienfaiteurs ceux qui trébuchent moins. Le bien et le mal ne sont jamais deux choses différentes, ils ne font qu'un, ils sont pareils : la différence n'est pas dans le genre mais dans le degré.

Ainsi, si la manifestation de cette force qu'est la liberté gouverne réellement l'univers entier, et si nous la relions à la religion, qui est notre sujet d'étude, alors nous trouvons que cela a toujours été l'unique affirmation. Prenez la religion la plus primaire, celle où les croyants vénèrent les ancêtres défunts ou quelques dieux puissants et cruels, et demandez-vous, quelle est l'idée proéminente sur ces dieux ou ces ancêtres ? Qu'ils sont supérieurs à la nature, et qu'ils ne sont pas prisonniers de ses limites. Le croyant a, sans doute, une conception très limitée de la nature. Il ne peut lui-même traverser un mur, ou voler dans les cieux, mais les dieux qu'il vénère, eux, le peuvent. Qu'est-ce que cela veut dire, d'un point de vue philosophique ? Que l'affirmation de la liberté est bien présente, que les dieux qu'il vénère sont supérieurs à la nature telle qu'il la conçoit. Ainsi en est-il pour ceux qui vénèrent des êtres bien plus supérieurs. Alors que la conception de la nature s'étend, la conception de l'âme qui est supérieure à cette nature s'étend également, jusqu'à ce que nous arrivions au monothéisme, qui soutient qu'il y a le Mâyâ (la nature) et qu'il y a un Être qui est le Dirigeant de ce Mâyâ.

Voilà où le Védanta débute, là où ces idées monothéistes firent leur première apparition. Mais la philosophie Védanta requiert davantage d'explications. Cette explication, celle qui affirme qu'il y a un Être au-delà de toutes ces apparitions du Mâyâ, qui est supérieur et indépendant du Mâyâ, qui nous attire vers Lui, et vers Lequel nous allons tous, est très bonne d'après le Védanta, mais la perception n'est pas pour autant claire, elle est sombre et imprécise, bien qu'elle ne soit pas complètement en contradiction avec la raison. Tout comme il est dit dans l'hymne anglais : « Plus près de toi, mon Dieu », le même hymne serait très approprié pour le védantin, bien qu'il changerait un seul mot pour le transformer en : « Plus près de moi, mon Dieu. » L'idée derrière cela est que l'objectif qui est lointain, bien plus loin que la nature, nous attirant tous vers lui, doit être ramené à une échelle plus proche, sans pour autant le dégrader ou dégénérer. Le Dieu du paradis devient le Dieu de la nature, et le Dieu de la nature devient le Dieu qui est la nature, et le Dieu qui est la nature devient le Dieu de ce temple qu'est le corps, et le Dieu demeurant dans le temple du corps devient enfin le temple lui-même, il devient l'âme et l'homme, et c'est là qu'il atteint ces dernières paroles. Celui que les sages ont cherché partout se trouve dans nos propres cœurs ; la voix que vous avez entendue est réelle, dit le Védanta, mais la direction que vous lui avez donnée est fausse. Cet idéal de liberté que vous avez perçu est correct, mais vous l'avez projeté à l'extérieur de vous-même, voilà votre erreur. Ramenez-le plus proche de vous, jusqu'à ce que vous découvriez que tout ce temps, il était en vous, c'était le Soi de votre propre soi. Cette liberté n'était que votre propre nature, et ce Mâyâ ne vous a jamais limité. La nature n'a jamais de pouvoir sur vous. Tout comme un enfant effrayé, vous rêviez qu'elle vous torturait, et l'objectif est de se défaire de cette peur : pas seulement pour le voir intellectuellement, mais pour le percevoir, l'actualiser, avec beaucoup plus de précision que de la manière dont nous voyons ce monde. C'est ainsi que nous saurons que nous sommes libres. C'est ainsi, et seulement ainsi, que toutes les difficultés disparaîtront, que toutes les perplexités du cœur s'estomperont, que toutes les courbes seront redressées, que disparaîtra l'illusion de la multiplicité et de la nature ; et que le Mâyâ, au lieu d'être un rêve terrible et sans espoir, deviendra merveilleux, et que cette terre, au lieu d'être une prison, deviendra notre terrain de jeu, et que même tous les dangers et toutes les difficultés, que même toutes les souffrances seront vénérés, nous montreront leur vraie nature, nous montreront que derrière toutes choses, en substance, Il se tient, et qu'Il est le seul et unique Soi.

Chapitre VI
L'Absolu et sa Manifestation

Prononcé à Londres, 1896

La question la plus difficile à saisir dans la compréhension de la philosophie Advaita, la question qui sera encore et encore posée et qui le sera toujours est : comment est-ce que l'Infini, l'Absolu, devient le fini ? Je vais maintenant me pencher sur cette question et, pour l'illustrer, j'utiliserai le tableau suivant :

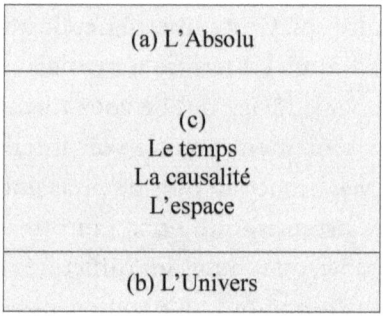

Voilà l'Absolu (a) et voilà l'univers (b). L'Absolu est devenu l'univers. J'entends par là non seulement le monde matériel, mais également le monde mental, le monde spirituel, les paradis et les terres, et, finalement, tout ce qui existe. L'esprit est le nom donné à un changement, et le corps le nom donné à un autre changement, et ainsi de suite, jusqu'à ce que tous ces changements composent notre univers. Cet Absolu (a) est devenu l'univers (b) en passant au travers du temps, de l'espace et de la causalité (c). Voilà l'idée principale de l'Advaita. Le temps, l'espace et la causalité sont comme le miroir au travers duquel l'Absolu peut être vu, et lorsqu'on le regarde du côté inférieur, Il apparait en tant qu'univers. Nous en déduisons immédiatement qu'il n'y a ni temps, ni espace, ni causalité dans l'Absolu. L'idée du temps ne peut exister du fait qu'il n'y a ni esprit, ni pensée. L'idée de l'espace ne peut exister du fait qu'il n'y pas de changement extérieur. Ce que vous appelez mouvement et causalité ne peuvent exister là où il n'y a qu'Un. Nous devons comprendre cela, et l'imprimer dans nos esprits, le fait que la causalité ne commence qu'après la dégénérescence de l'Absolu dans le phé-

CHAPITRE VI : L'ABSOLU ET SA MANIFESTATION

noménal, si l'on peut se permettre de le formuler ainsi, et non avant ; que notre volonté, notre désir et toute ces choses-là ne viendront toujours qu'après cela. Je pense que la philosophie de Schopenhauer se trompe dans son interprétation du Védanta, dans le sens où elle cherche à faire de la volonté le tout. Schopenhauer remplace l'Absolu par la volonté. Mais l'absolu ne peut être représenté en tant que volonté, car cette dernière est quelque chose de variable et de phénoménal, alors qu'au-dessus de la ligne dessinée au-dessus du temps, de l'espace et de la causalité, il n'y a ni changement, ni mouvement ; ce n'est qu'en-dessous de cette ligne que commence la pensée, cette mouvance intérieure et extérieure. Il ne peut y avoir de volonté de l'autre côté, et ainsi, la volonté ne peut être la cause de cet univers. En se rapprochant de plus près, nous pouvons voir dans nos propres corps que la volonté n'est pas la cause de chaque mouvement. Quand je déplace cette chaise, ma volonté est la cause de ce mouvement, et cette volonté se manifeste dans ma force musculaire. Mais cette même force qui déplace la chaise déplace également le cœur, les poumons, et ainsi de suite, mais pas au travers de la volonté. Sachant que cette force est la même, elle ne devient que volonté une fois qu'elle atteint l'état de conscience, l'appeler volonté avant qu'elle n'atteigne cet état n'est qu'absurdité. Voilà ce qui crée beaucoup de confusion dans la philosophie de Schopenhauer.

Une pierre tombe et nous demandons, pourquoi ? Cette question n'est possible que par supposition que rien ne se produit sans une cause. Je vous demande d'avoir cela bien en tête, à chaque fois que nous demandons pourquoi telle ou telle chose survient, nous prenons pour acquis le fait que tout ce qui survient doit avoir une explication, ce qui veut dire que chaque évènement doit avoir été précédé de quelque chose d'autre qui a agi comme cause.

Cette antériorité et cette postérité sont ce que nous appelons les lois de causalité. Elle signifie que chaque chose dans l'univers est tour à tour cause et effet. Elle est la cause de certaines choses qui lui succèdent, tout en étant elle-même le produit de quelque chose qui lui a précédé. Voilà la loi de causalité, qui est une condition nécessaire à toute notre pensée. Nous croyons au fait que chaque particule de l'univers, quelle qu'elle soit, est en relation avec toutes les autres particules. Il y eu beaucoup de débats sur l'origine de cette idée. En Europe, certains philosophes pensaient par intuition qu'elle était innée à l'humanité, tandis que d'autres pensaient qu'elle venait de l'expérience, mais sans que la question soit pour autant résolue. Nous verrons plus tard ce qu'en dit la philosophie Védanta. Nous devons avant tout comprendre que la simple question « pourquoi ? » présuppose que tout autour de nous a été précédé de certaines choses et sera succédé par d'autres choses. L'autre croyance implicite à cette question est le fait que rien dans cet univers n'est indépendant, que tout est dû à quelque chose d'extérieur. L'interdépendance est la loi de tout l'univers. Quelle erreur faisons-nous lorsque nous nous interrogeons sur la cause de l'Absolu ! Pour poser cette question, nous devons supposer que l'Absolu, lui aussi, est limité par quelque chose, qu'Il est dépendant de quelque chose, et en faisant cette supposition, nous rabaissons l'Absolu au niveau de l'univers. Il n'y a ni temps, ni espace, ni causalité dans l'Absolu, Il ne fait qu'un. Ce qui existe par lui-même ne peut avoir de cause. Ce qui est libre ne peut avoir de cause, autrement il ne serait pas libre mais bien limité. Ce qui a de la relativité ne peut être libre. Ainsi, la question du pourquoi l'Infini est devenu fini n'a pas de réponse car elle se contredit elle-même. A partir des subtilités de la logique de l'ordinaire, de notre sens commun, nous pouvons le voir d'une autre façon, lorsque nous essayons de comprendre comment l'Absolu est devenu le relatif. En supposant que nous connaissions la réponse, l'Absolu serait-il toujours l'Absolu ? Il serait devenu relatif. Qu'entend-on par savoir dans notre optique de sens commun ? Ce n'est que quelque chose qui est devenu limité par notre esprit, que nous savons, mais qui ne l'est plus lorsqu'il va au-delà de nos esprits. Maintenant, si l'Absolu devient limité par l'esprit, Il n'est plus Absolu, Il est devenu fini. Tout ce qui est limité par l'esprit devient fini. Ainsi, connaître l'Absolu est encore une contradiction rien que dans sa formulation. Voilà pourquoi cette question n'a jamais trouvé de réponse, car sinon, il n'y aurait plus d'Absolu. Un Dieu connu ne serait plus un Dieu, Il serait devenu fini, tout comme vous et moi. Il ne peut être connu, il sera toujours L'Inconnu.

Mais ce que dit l'Advaita est que Dieu est plus que connaissable. Voilà une chose importante à apprendre. Vous ne devez pas rentrer chez vous avec l'idée qu'il n'est pas possible de connaître Dieu, au sens agnostique du terme. Par exemple, voilà une chaise, nous la connaissons. Mais ce qu'il y a au-delà de l'éther, ou si des personnes y existent relèvent de l'inconnaissable. Dans ce sens, Dieu n'est ni connaissable ni inconnaissable. Il est au-delà de la connaissance, voilà ce que l'on entend par le fait qu'il soit inconnu et inconnaissable. Ces mots ne sont pas utilisés dans le sens où l'on peut dire par exemple que des questions sont inconnues et inconnaissables. Dieu est au-delà de la connaissance. Nous connaissons cette chaise, mais Dieu est bien plus que cela car c'est en Lui et au travers de Lui que nous avons pris connaissance de cette chaise. Il est le Témoin, le Témoin éternel de tout savoir. Tout ce que nous savons passe par Lui. Il est l'Essence de notre propre Soi. Il est l'Essence de cet égo, de ce « Je » et nous ne pouvons savoir quoi que ce soit qui ne passe pas par ce « Je ». Ainsi, vous devez tout connaître au travers et dans ce Brahman. Pour connaître cette chaise vous devez passer par Dieu. Ainsi, Dieu est infiniment plus proche de nous que cette chaise, et pourtant Il lui est infiniment supérieur. Ni connu, ni inconnu, mais quelque chose d'infiniment supérieur à ces deux notions. Il est votre Soi. « Qui vivrait une seconde, qui respirerait une seconde dans cet univers, si cet Elu ne le constituait pas ? » C'est en Lui et à travers Lui que nous respirons, en Lui et à travers Lui que nous existons. Nous ne parlons pas du Lui qui se tient quelque part et qui fait circuler mon sang. Ce que je veux dire et qu'Il est l'Essence de tout cela, l'Âme de mon âme. Vous ne pouvez pas vraisemblablement dire que vous Le connaissez, cela Le dégraderait. Vous ne pouvez sortir de vous-même, alors vous ne pouvez Le connaître. Le savoir correspond à la chosification. Dans votre souvenir, par exemple, vous chosifier de nombreuses choses, les projetant hors de vous. Je garde à l'esprit tous mes souvenirs, toutes les choses que j'ai vues et que je connais. Les images, les impressions que je me fais de toutes ces choses sont dans mon esprit, et lorsque je m'efforce d'y penser, de les connaître, la première étape serait de les projeter hors de moi. Nous ne pouvons faire de même avec Dieu, car il est l'Essence de nos âmes, nous ne pouvons Le projeter hors de nous. Voilà l'un des passages les plus profond du Védanta : « Lui qui est l'Essence de votre âme, Il est la Vérité, Il est le Soi, tu es Cela, Ô Shvetaketu. » Voilà ce que l'on entend par « Tu es Dieu. » Vous ne pouvez Le décrire autrement. Toutes les autres appellations, que ce soit de L'appeler père, ou frère, ou notre plus cher ami, sont autant de tentatives pour chosifier Dieu, ce qui est impossible. Il est le Sujet Eternel de toutes choses. Je suis le sujet de cette chaise, je perçois la chaise ; de la même manière Dieu est le Sujet Eternel de mon âme. Comment pourriez-vous chosifier l'Essence de nos âmes, la Réalité de tout ? Ainsi, j'insiste encore une fois, Dieu n'est ni connu ni inconnu, mais quelque chose d'infiniment supérieur. Il ne fait qu'un avec nous, et ce qui est en nous n'est ni connaissable, ni inconnaissable, tout comme notre propre personne. Vous ne pouvez connaître votre propre personne, vous ne pouvez la projeter hors de vous et l'observer tel un objet, tout simplement car vous êtes cela et ne pouvez pas vous en séparer. Ce n'est pas pour autant inconnaissable, car que pouvez-vous mieux connaître que vous-même ? Voilà le cœur de notre savoir. Dans la même logique, Dieu n'est ni inconnaissable ni connu, mais infiniment supérieur à cela, car Il est notre réel Soi.

Nous avons tout d'abord vu que la question « qu'est ce qui est à l'origine de l'Absolu ? » n'était qu'une contradiction rien que dans sa formulation ; nous avons vu ensuite que l'Advaita conçoit Dieu en tant qu'Unicité ; et, qu'ainsi, nous ne pouvons Le chosifier car nous vivons et évoluons toujours en Lui, que nous le sachions ou non. Tout ce que nous faisons passe par Lui. La question qui se pose maintenant est la suivante : que sont le temps, l'espace et la causalité ? L'Advaita signifie le monisme, il n'y a pas de dualité, mais une unité. Pourtant, nous nous retrouvons face à l'hypothèse que l'Absolu Se manifeste en tant que plusieurs, au travers du voile du temps, de l'espace et de la causalité. Ainsi, il semblerait que nous ayons à faire à une dualité, l'Absolu et le Mâyâ (la somme totale du temps, de l'espace et de la causalité). Cette hypothèse de dualité semble convaincante. L'Advaitiste répond à cela que nous ne pouvons la qualifier de dualité. Pour faire deux, nous devons avoir deux existences complètement indépendantes qui ne peuvent être causées. Premièrement, le temps, l'espace et la causalité ne peuvent avoir d'existences indépendantes. Le temps est complètement dépendant, il change avec chaque changement d'état d'esprit. Parfois, dans un rêve, nous imaginons avoir vécu plusieurs années, tandis qu'à d'autres moments plusieurs mois s'écoulent en quelques secondes. Ainsi, le temps est entièrement dépendant de notre état d'esprit. Deuxièmement, l'idée même du temps disparaît parfois complètement. De même avec l'espace. Nous ne pouvons savoir ce qu'est l'espace. Et pourtant il est bien là, indéfinissable, et ne peut exister indépendamment des autres choses. Ainsi en est-il avec la causalité.

L'unique attribut propre au temps, à l'espace et à la causalité est qu'ils ne peuvent exister indépendamment des autres choses. Essayez de concevoir l'espace sans couleurs, ou sans limites, ou sans liens avec les choses qui l'entourent, simplement l'espace abstrait. Vous ne pouvez pas, vous devez penser à l'espace entre deux limites ou entre trois objets. Il doit être connecté à un quelconque objet pour pouvoir exister. Ainsi en est-il avec le temps, vous ne pouvez pas vous faire une idée sur le temps abstrait, vous devez considérer deux évènements, l'un antérieur, l'autre postérieur, et les lier par l'idée de succession. Le temps dépend de deux évènements, tout comme l'espace doit être considérer en relation à des objets extérieurs. L'idée de causalité, elle, est inséparable du temps et de l'espace. Voilà leur attribut particulier, aucun d'eux n'a d'existence indépendante. Ils ne possèdent même pas l'existence que peut avoir une chaise ou un mur. Ils sont partout telles des ombres que l'on ne peut saisir. Ils n'ont pas de réelle existence, et pourtant ils ne sont pas inexistants, étant donné que toutes choses se manifestent à travers eux en tant qu'univers. Nous voyons ainsi, tout d'abord, que la combinaison du temps, de l'espace et de la causalité n'est ni existante ni inexistante. Ensuite, nous observons qu'elle disparait de temps en temps. Prenons comme exemple une vague sur l'océan. La vague est certainement la même chose que l'océan, et pourtant nous la connaissons en tant que vague, différente de l'océan lui-même.

CHAPITRE VI : L'ABSOLU ET SA MANIFESTATION

D'où vient cette différence ? Son nom et sa forme, c'est-à-dire l'idée qu'on se fait d'elle et de sa forme. Maintenant, pouvons-nous penser à cette vague indépendamment de l'océan ? Certainement pas. Elle est toujours associée à l'idée de l'océan. Si la vague se retire, sa forme disparaît en un instant, et pourtant elle n'était pas une illusion. Sa forme existait tant que la vague existait elle-même, vous étiez obligés de la voir. Voilà ce qu'est le Mâyâ.

L'univers dans sa globalité prend ainsi une forme particulière ; l'Absolu est cet océan tandis que vous et moi, tout comme les soleils, les étoiles et tout le reste, ne sont que les différentes vagues de cet océan. Qu'est-ce qui différencie ces vagues ? Leur forme, et cette forme n'est que le temps, l'espace et la causalité, tous totalement dépendants de la vague. Dès que la vague se retire, ils disparaissent. Dès que l'individu abandonne ce Mâyâ, il disparait pour lui et il devient libre. Toute la difficulté réside dans l'abandon de ce rapport au temps, à l'espace et à la causalité, qui sont toujours des obstacles sur notre chemin. Quelle est la théorie de l'évolution ? Quels en sont les deux facteurs ? Un pouvoir potentiel énorme qui essaie de s'exprimer, retenu prisonnier des circonstances, les environnements l'empêchant de s'exprimer. Ainsi, pour combattre ces environnements, ce pouvoir change de corps perpétuellement. Une amibe, au cours de la lutte, prend une autre forme et surmonte ainsi certains obstacles, puis prend encore une autre forme, et ainsi de suite jusqu'à ce qu'elle devienne un homme. Maintenant, si vous allez jusqu'au bout de cette hypothèse, vous pouvez logiquement déduire qu'un jour viendra le moment où cette force, qui était dans l'amibe évoluée en homme, aura franchi tous les obstacles de la nature et échappera ainsi à tous ces environnements. Voilà comment prendra forme cette idée déjà présente dans la métaphysique ; chaque acte est constitué de deux éléments, l'une étant le sujet, l'autre étant l'objet, et le seul objectif de la vie est de faire du sujet le maître de l'objet. Par exemple, je me sens malheureux car un homme me réprimande. La difficulté ici sera de me rendre assez fort pour maitriser l'environnement, de faire en sorte que l'homme aura beau me réprimander, je ne ressentirais rien. Voilà comment nous essayons tous de conquérir. Qu'entend-on par moralité ? Rendre le sujet fort en l'harmonisant avec l'Absolu, de sorte que la nature cesse de nous contrôler. Il est logique de conclure que, dans notre philosophie, il viendra le moment où nous maitriserons tous les environnements, du fait que la nature est finie.

Voilà une autre chose à apprendre. Comment savoir que la nature est finie ? Vous pouvez seulement le savoir au travers de la métaphysique. La nature est cet Infini soumis à des limites. De ce fait, elle est finie. Ainsi, un jour viendra le moment où nous aurons la maîtrise de tous les environnements. Comment allons-nous les maîtriser ? Nous ne pouvons pas vraisemblablement maîtriser tous les environnements objectifs. Nous ne le pouvons pas. Le petit poisson veut s'envoler loin de ses ennemis aquatiques. Comment réussit-il ? En se laissant pousser des ailes et en évoluant en oiseau. Le poisson n'a changé ni l'eau ni l'air, le changement s'est fait en lui-même. Le changement est toujours subjectif. Tout au long de l'évolution, vous trouverez que la maîtrise de la nature s'est faite par le changement du sujet. Si vous appliquez cela à la religion et à la moralité, vous trouverez que la conquête du mal ne se fera qu'à partir du changement du sujet. Voilà d'où le système Advaita tire toute sa force, sur le côté subjectif de l'homme. Parler du mal et de la misère n'est qu'une absurdité, ils n'existent pas à l'extérieur. Si je suis immunisé contre toute colère, je ne serais jamais en colère. Si je suis paré contre toute haine, je ne serais jamais haineux.

Voilà ainsi la technique à suivre pour arriver à cette maîtrise, au travers du subjectif, en perfectionnant le subjectif. J'oserais même dire que la seule religion qui soit d'accord avec et qui aille même un peu plus loin que la recherche moderne, autant d'un point de vue moral que physique, est l'Advaita, et c'est bien pour cela qu'elle attire tant les scientifiques modernes. Ils ne se satisfont pas des anciennes théories dualistiques, qui ne répondent pas à leurs besoins. Un homme doit avoir non seulement la foi, mais aussi la foi intellectuelle. Maintenant, en cette fin du dix-neuvième siècle, une idée selon laquelle une religion provenant de toute autre source que de son propre héritage doit être fausse, nous montre les faiblesses qui dominent encore et dont on doit se débarrasser. Je ne dis pas seulement cela pour ce pays, non, cela concerne tous les pays, et en particulier le mien. Cet Advaita n'a jamais été autorisé à s'approcher du peuple. Cette philosophie fut tout d'abord adoptée par certains moines qui l'emportèrent dans leurs forêts, et devint donc la « philosophie de la forêt ». Heureusement, le Bouddha arriva et le prêcha aux masses, et la nation entière devint bouddhiste. Longtemps après cela, après que les athéistes et les agnostiques aient détruit la nation une fois de plus, l'Advaita fut avancée comme l'unique solution pour sauver l'Inde du matérialisme.

C'est ainsi que l'Advaita sauva l'Inde deux fois du matérialisme. Avant l'arrivée du Bouddha, le matérialisme s'était très largement répandu, d'une manière des plus épouvantable, bien pire que celui d'aujourd'hui. D'une certaine manière, je suis un matérialiste, car je crois qu'il n'y a qu'Un. Voilà ce que le matérialiste veut vous faire croire, seulement il l'appelle matière tandis que je l'appelle Dieu. Les matérialistes admettent que tout vient de la matière, l'espoir et la religion. Moi, je dis que toutes ces choses-là proviennent du Brahman. Le matérialisme qui prévalait avant le Bouddha était un matérialisme ébauché qui prônait :

CHAPITRE VI : L'ABSOLU ET SA MANIFESTATION

« Mangez, buvez et réjouissez-vous, il n'y a pas de Dieu, d'âme ou de paradis, la religion n'est qu'une invention des prêtres malfaisants. » Il enseignait la moralité selon laquelle tant que vous vivez, vous devez essayer de vivre heureux, mangez, même si vous devez emprunter de l'argent pour acheter de la nourriture, et ne vous souciez pas du remboursement. Voilà l'ancien matérialisme, et ce genre de philosophie s'était tellement répandue que même aujourd'hui elle garde son nom de « philosophie populaire ». Le Bouddha mit la lumière sur le Védanta, l'offrit au peuple, et sauva ainsi l'Inde. Un millier d'années après sa mort, la même situation prévalut à nouveau. Les foules, les masses, et différentes peuples avaient été convertis au bouddhisme, et, naturellement, les enseignements du Bouddha se dégénérèrent petit à petit, la majorité des gens étant des ignorants. Le bouddhisme ne parlait ni de Dieu, ni de Maître de l'univers, et donc à nouveau les masses y incorporèrent graduellement leurs dieux, leurs démons et leurs lutins, ce qui fit du bouddhisme en Inde un véritable fourre-tout. Le matérialisme était revenu au premier plan, prenant la forme de laisser-aller dans les classes supérieures et de superstition dans les classes inférieures. C'est alors que s'éleva Shankaracharya, qui réifia la philosophie Védanta. Il la transforma en philosophie rationnelle. Les arguments présents dans les Upanishad sont souvent très alambiqués. La philosophie tient son côté moral du Bouddha, tandis qu'elle tient son côté intellectuel de Shankaracharya. Ce dernier analysa, rationalisa et offrit à l'homme ce merveilleux système cohérent qu'est l'Advaita.

Le matérialisme prévaut aujourd'hui en Europe. Vous pouvez prier pour le salut des sceptiques d'aujourd'hui, mais ils n'abandonnent pas, ils veulent la raison. Le salut de l'Europe dépend d'une religion rationnelle ; l'Advaita, le monisme, l'Unique, l'idée d'un Dieu Impersonnel, est la seule religion qui peut capter les intellectuels. Elle survient dès que la religion semble disparaître et dès que l'irréligion semble prévaloir, voilà pourquoi elle gagne du terrain en Europe et en Amérique.

J'ajouterais une dernière chose en relation avec cette philosophie. Nous retrouvons dans les anciennes Upanishads de sublimes poèmes, leurs auteurs ayant été des poètes. Platon disait que l'inspiration se présente aux hommes au travers de la poésie, et il semblerait que ces anciens Rishis, ces voyants de la Vérité, furent hissés au-dessus de l'humanité pour montrer ces vérités par la poésie. Ils n'ont jamais prêché, jamais philosophé, jamais écrivit. La musique sortait de leurs cœurs. Avec le Bouddha, nous avions le cœur bon, universel et doté d'une patience infinie, rendant la religion pratique et l'amenant à tous. Avec Shankaracharya, nous avions l'immense force intellectuelle, embrassant toutes choses de sa raison. Aujourd'hui, nous voulons l'union de cette lumière intellectuelle avec le cœur du Bouddha, ce cœur merveilleux et infini fait d'amour et de pardon. Cette union nous donnera la plus grande des philosophies. La science et la religion se rencontreront et s'uniront. La poésie et la philosophie se lieront d'amitié. Voilà la religion du futur, et si nous y parvenons, nous pouvons être sûrs qu'elle s'appliquera à tout temps et pour tous les peuples. Voilà l'unique solution qui serait acceptable aux yeux de la science moderne, celle qui s'en approche le plus. Quand le professeur de sciences affirme que toutes choses ne sont que la manifestation d'une seule force, cela ne vous rappelle-t-il pas le Dieu évoqué dans les Upanishad : « Tout comme le feu qui entre dans l'univers s'exprime sous différentes formes, cette Âme Unique s'exprime Elle-même dans toutes les âmes, et pourtant leur est infiniment supérieure » ? Ne voyez-vous pas la direction que prend la science ? La nation hindoue a commencé par l'étude de l'esprit au travers de la métaphysique et de la logique. Les nations européennes ont commencé par la nature extérieure, et en arrivent maintenant aux mêmes conclusions. Nous trouvons qu'à force de chercher dans l'esprit nous arrivons à cet Unique, ce Un Universel, l'Âme Interne du tout, l'Essence et la Réalité du tout, le Libéré, le Bienheureux Eternel, l'Eternel. Nous arrivons à ce même Unique au travers de la science matérielle. Aujourd'hui, la science nous dit que toutes choses ne sont que la manifestation d'une unique énergie, qui est elle-même la somme totale de tout ce qui existe, et que la tendance de l'humanité est d'aller vers la liberté et non vers la servitude. Pourquoi les hommes devraient-ils être moraux ? Car la voie qui mène à la liberté passe par la moralité, tandis que l'immoralité mène à la servitude.

Une autre particularité du système Advaita est qu'il est, dès le départ, non destructeur. Voilà une autre de ses gloires, le courage de prêcher : « Ne perturbez pas la foi de quiconque, même celle de ceux qui, par ignorance, se sont voués à des formes de vénération primaires. » Voilà ce qu'il dit, ne perturbez pas les autres, au contraire, aidez-les tous à s'élever toujours plus haut, incluez l'humanité entière. Cette philosophie prêche un Dieu qui est une somme totale. Si vous recherchez une religion universelle qui peut s'appliquer à tout le monde, alors cette religion ne doit pas seulement être composée de différentes parties, mais doit toujours être la somme totale de ces parties, incluant ainsi tous les degrés de développement religieux.

Nous ne retrouvons pas cette idée aussi clairement exprimée dans les autres systèmes religieux. Elles sont toutes des parties en lutte égale pour atteindre le tout. L'existence de la partie ne tient qu'à cela. Ainsi, depuis le départ, l'Advaita n'a pas d'antagonisme envers les différentes sectes présentes en Inde. Aujourd'hui, il existe des dualistes, et ils sont de loin les plus nombreux en Inde, notamment car le dualisme plaît naturellement aux esprits moins éduqués. C'est une manière d'expliquer l'univers facilement, naturellement et qui s'adresse au sens commun. Mais l'Advaita n'a pas de querelles avec ces dualistes. Les uns pensent que Dieu est à l'extérieur de l'univers, quelque part au paradis, tandis que les autres pensent qu'Il est sa propre Âme, et qu'il serait un blasphème de L'appeler par un tout autre nom plus distant. Toute idée de séparation serait terrible. Il est le plus proche du proche. Il n'y a pas de mot dans n'importe quel langage pour qualifier cette proximité, à part pour le mot Un. L'Advaitas ne se satisfait pas d'autres conceptions, tout comme le dualiste est choqué du concept d'Advaita et le considère comme blasphématoire. En même temps, l'Advaitas sait que ces autres idées doivent exister, et de ce fait n'a rien contre le dualiste qui est sur la bonne voie. De son point de vue, le dualiste devra passer par de nombreuses étapes. C'est une nécessité constitutionnelle de son point de vue. Laissez-lui le temps. L'Advaitas sait que quelle que soit ses théories, ils progressent tous les deux vers le même objectif. Il se différencie du dualiste seulement du fait que ce dernier est obligé de croire que les points de vue différents du sien sont faux. Les dualistes du monde entier croient naturellement en un Dieu Personnel purement anthropomorphique, et qui, comme un grand monarque de ce monde, est satisfait de certains mais insatisfaits d'autres. Il est arbitrairement satisfait de certains peuples et les couvrent de sa bénédiction. Naturellement, le dualiste en vient à la conclusion que Dieu a ses favoris, et il espère être l'un d'eux. Vous retrouverez dans pratiquement toutes les religions l'idée suivante : « Nous sommes les favoris de notre Dieu, et ce n'est qu'en croyant comme nous que vous pouvez attirer Ses faveurs. » Certains dualistes sont si bornés qu'ils insistent pour dire que seule la minorité qui a été prédestinée aux faveurs de Dieu peut être sauvée, et que le reste pourra essayer autant qu'il le veut, il ne sera jamais accepté. Je vous mets au défi de me trouver une religion dualistique qui n'ait pas plus ou moins cette exclusivité. Ainsi, dans la nature des choses, les religions dualistiques sont destinées à se quereller les unes avec les autres, ce qu'elles ont toujours fait. Encore une fois, ces dualistes gagnent l'opinion populaire du fait de la vanité des non-éduqués. Ils aiment penser qu'ils bénéficient de privilèges uniques. Le dualiste pense que l'on ne peut être moral sans avoir un Dieu avec une fourche dans Sa main, prêt à frapper. Les masses irréfléchies sont généralement dualistes, et ces malheureuses ont été persécutées pendant des milliers d'années dans tous les pays, et leur idée de salut s'est réduite à ne plus craindre les châtiments. Un homme du clergé m'a demandé en Amérique, « Quoi ! Vous n'avez pas de Diable dans votre religion ? Comment cela se peut-il ? » Mais nous devons admettre que le meilleur et le plus grand des hommes à être né dans ce monde croyait en cette idée impersonnelle. C'est l'Homme qui a dit : « Moi et mon Père ne faisons qu'Un », et duquel le pouvoir a touché des millions. Cela a fonctionné pendant des milliers d'années. Et nous savons que ce même Homme, du fait qu'il n'était pas dualiste, était clément envers les autres. Il dit aux masses qui ne pouvaient concevoir quelque chose de supérieur à un Dieu Personnel : « Priez à votre Père au paradis. » A ceux qui pouvaient saisir une idée supérieure, il dit : « Je suis la vigne, vous êtes les branches, » mais il proclama à ses disciples, ceux auxquels il se confia le plus, la plus haute vérité : « Moi et mon Père ne faisons qu'Un. »

Ce fut le grand Bouddha qui ne se préoccupa jamais des dieux dualistes, et qui fut traité d'athéiste et de matérialiste, ce fut lui pourtant qui était prêt à abandonner son corps pour pour sauver pauvre chèvre. Cet Homme mit en place les plus hautes idées morales qu'une nation puisse avoir. Chaque code moral est un rayon de lumière provenant de cet Homme. Nous ne pouvons pas restreindre les grands cœurs de ce monde par des limites étroites, surtout à cette période de l'histoire de l'humanité où le degré de développement intellectuel est tel que l'on ne l'aurait jamais imaginé des centaines d'années auparavant, où les connaissances scientifiques ont atteint un niveau que personne, même il y a cinquante ans, n'aurait pu imaginer. En essayant de contenir les peuples dans d'étroites limites, vous les réduisez à l'état d'animaux et de masses irréfléchies. Vous tuez leur vie morale. Ce que nous voulons aujourd'hui est la combinaison du meilleur cœur avec le plus haut niveau intellectuel, la combinaison d'un amour infini et d'un savoir infini. Le vedantiste donne à Dieu seuls trois attributs : celui qu'Il est l'Existence Infinie, le Savoir Infini et la Béatitude Infinie, et il conçoit ces trois attributs en tant qu'Un. L'existence ne peut être sans l'amour et le savoir, le savoir sans l'amour ne peut être, tout comme ne peut être l'amour sans le savoir. Ce que nous voulons est l'harmonie entre l'Existence, le Savoir, et la Béatitude Infinie. Voilà notre objectif. Nous voulons l'harmonie, et non un développement unique. Et c'est fort possible d'avoir l'intellect d'un shankara avec le cœur d'un Bouddha. J'espère que nous lutterons tous pour atteindre cette sainte combinaison.

Chapitre VII
Dieu dans Toutes Choses

Délivré à Londres, le 27 octobre 1896

Nous avons vu en quoi il était nécessaire que la majeure partie de nos vies soit confrontée aux maux, quelle que soit l'intensité avec laquelle nous leur résistons, et que cette masse de mal nous est pratiquement infinie. Nous avons essayé d'y remédier péniblement depuis le début des temps, sans que cela n'y change quoi que ce soit. Plus nous y apportons nos solutions, plus nous sommes assaillis par d'autres maux bien plus subtils. Nous avons également vu que toutes les religions avancent un Dieu comme unique échappatoire à ces difficultés. Toutes les religions nous disent que si vous prenez le monde tel qu'il est, ce que la plupart des gens pragmatiques nous conseilleraient aujourd'hui, il ne nous resterait rien d'autre que le mal. Elles nous affirment ensuite qu'il y a quelque chose au-delà de ce monde. Cette vie vécue dans les cinq sens, cette vie vécue dans le matériel, n'est pas tout, ce n'est qu'une petite portion, simplement quelque chose de superficiel. Derrière et au-delà d'elle se cache l'Infini, là où il n'y a plus de mal. Certains L'appellent Dieu, d'autres Allah, d'autres Jéhovah, ou Jove, et ainsi de suite. Le vedantin L'appelle Brahman.

A première vue, il nous semble que les religions nous conseillent de mettre fin à nos existences. La solution pour curer les maux de la vie semble être d'abandonner la vie. Cela rappelle une vieille histoire. Un moustique se posa sur la tête d'un homme, un ami de celui-ci alors qu'il essayait de tuer le moustique, donna un coup tel qu'il tua aussi bien le moustique que l'homme. Le remède au mal proposé ci-dessus semble être de même nature. La vie est faite de maux, le monde est fait de maux ; voilà un fait que personne en âge de connaître le monde ne peut nier.

Mais quelle est la solution mise en avant par toutes les religions ? Que ce monde n'est rien. La réalité se trouve au-delà de ce monde. C'est là que vient toute la difficulté. La solution semble tout détruire. Comment peut-elle même être une solution ? N'y a-t-il alors aucune issue ? Le Védanta dit que tout ce que les religions avancent est parfaitement vrai, à condition que ce soit compris correctement. Les religions n'étant pas toujours claires dans leurs formulations, elles sont très souvent mal comprises. Ce que nous voulons réellement est la combinaison du cœur et de l'esprit. En effet, le cœur est une chose merveilleuse, les grandes aspirations de la vie viennent du cœur. Je préfèrerai mille fois avoir un petit cœur et pas de cerveau que de n'avoir rien dans le cœur et tout dans la tête. La vie comme le progrès n'est possible que pour celui qui a un cœur, celui qui n'en a pas et qui n'est que matières cérébrales fini par mourir d'ennui.

En même temps, nous savons que celui qui n'est porté que par son cœur court le risque de buter dans de nombreux obstacles et de subir ainsi de nombreux maux. Nous voulons la combinaison du cœur et de l'esprit. Je ne veux pas dire par là que l'homme devrait compromettre son cœur pour son esprit ou vice-versa, mais que tout le monde devrait cultiver à la fois une quantité infinie de cœur et de sentiments ainsi qu'une quantité infinie de raison. N'y-a-t-il pas de limites à ce que nous voulons dans ce monde ? Le monde n'est-il pas infini ? S'il y a la place pour une quantité infinie de sentiments, alors il a la place pour une quantité infinie de culture et de raison. Laissez-les s'associer sans limites, laissez-les gouverner à deux, côte à côte.

La plupart des religions comprennent ce fait, mais elles semblent toutes faire la même erreur, elles se laissent emporter par le cœur, par les sentiments. Ce monde est fait de mal, abandonnez ce monde ; voilà le grand enseignement, et le seul enseignement, pas de doute la dessus. Abandonnez le monde. Il n'y a pas d'autres opinions possibles que celle qui nous dit que pour comprendre la vérité, tout le monde doit renoncer à l'erreur. Il n'y a pas d'autres opinions possibles que celle qui nous dit que nous devons tous laisser tomber le mal pour accéder au bien, il n'y a pas d'autres opinions possibles que celle qui nous dit que nous devons tous laisser tomber le concept de la mort pour accéder à la vie.

Mais alors, si cette théorie implique l'abandon de la vie des sens, de la vie telle que nous la connaissons, que nous reste-t-il ? Et qu'entendons-nous d'autre lorsqu'on parle de la vie ? Si nous l'abandonnons, que nous reste-t-il ?

Nous comprendrons cela mieux lorsque, plus tard, nous évoquerons les côtés plus philosophiques du Védanta. Pour ce qui est du sujet actuel, je vous prie de me laisser expliquer en quoi la solution rationnelle à ce problème ne peut se trouver que dans le Védanta. Je ne peux que vous démontrer l'étendue de l'enseignement du Védanta, qui aspire à la déification du monde. En réalité, le Védanta ne condamne pas le monde. L'idéal de renonciation n'atteint jamais une proportion aussi grande que dans les enseignements du Védanta. Il ne prône pas pour autant le suicide, il entend par là la déification du monde, d'abandonner le monde tel que nous le concevons, tel que nous le connaissons, tel qu'il nous apparaît pour le connaître tel qu'il est réellement. Déifiez-le ; il n'est que Dieu. Nous pouvons lire au début d'une des plus vieilles Upanishad : « Tout ce qui existe dans cet univers est couvert du Seigneur. »

Nous devons tout couvrir du Seigneur Lui-même, pas d'une sorte de faux optimisme, ou en nous rendant aveugles au mal, mais en voyant réellement Dieu dans toutes choses. C'est ainsi que nous devons abandonner le monde, et lorsque celui-ci est abandonné, que nous reste-t-il ? Dieu. Qu'est-ce que cela veut dire ? Vous pouvez garder votre femme, cela ne veut pas dire que vous devez l'abandonner elle aussi, mais que vous devez voir Dieu en la personne de votre femme. Qu'est-ce que veut bien dire abandonnez vos enfants ? De les mettre à la porte, comme certaines brutes humaines le font dans tous les pays ? Certainement pas. Ce serait du diabolisme, pas de la religion. Mais voyez Dieu en la personne de vos enfants. Et de même pour toutes les choses. Dans la vie comme dans la mort, dans le bonheur comme dans la misère, le Seigneur est présent partout de la même manière. Le monde entier est rempli du Seigneur. Ouvrez vos yeux et percevez-Le. Voilà ce qu'enseigne le Védanta. Renoncez au monde que vous avez imaginé, car votre supposition n'était basée que sur une expérience partielle, sur un raisonnement bien faible, et sur votre propre faiblesse. Abandonnez-le, ce monde auquel nous avons trop longtemps réfléchis, ce monde auquel nous nous sommes trop longtemps attachés, ce monde n'est qu'une fausse création de notre part. Abandonnez cela, ouvrez vos yeux et comprenez qu'en tant que tel il n'a jamais existé, ce n'était qu'un rêve, le Mâyâ. Ce qui existait était le Seigneur Lui-même. C'est Lui qui est dans l'enfant, dans la femme, et dans le mari ; c'est Lui qui est dans le bien comme dans le mal ; Lui qui est aussi bien dans le péché comme dans le pécheur ; Lui qui est dans la vie comme dans la mort.

Voilà une immense affirmation ! Pourtant, c'est ce thème-ci que souhaite démontrer le Védanta, pour l'enseigner et le prêcher. Ce n'est que le thème d'ouverture.

C'est ainsi que nous évitons les dangers de la vie et ses maux. Ne désirez rien. Qu'est-ce qui nous rend misérables ? Toutes les misères dont nous pouvons souffrir n'ont qu'une cause : le désir. Vous désirez quelque chose, mais ne parvenez pas à le combler, ce qui se traduit en détresse. S'il n'y a pas de désir, il n'y a alors pas de souffrance. Je risque ici aussi d'être incompris. Il est donc important que j'explique ce que j'entends par l'abandon du désir pour se libérer de toute misère. Les murs n'ont pas de désirs et ainsi ne souffrent jamais. Cela est vrai, mais ils n'évoluent jamais. Cette chaise n'a pas de désirs, elle ne souffre jamais ; mais elle restera toujours une chaise. Il y a du plaisir dans le bonheur, comme il y a du plaisir dans la souffrance. Si je peux me permettre de dire cela, le mal a lui-aussi son utilité. Nous connaissons tous la grande leçon de la misère. Il y a des centaines de choses dans nos vies que nous espérions n'avoir jamais faites, mais qui, en même temps, nous ont appris beaucoup. En ce qui me concerne, je suis très heureux d'avoir fait un peu de bon et beaucoup de mal, heureux d'avoir fait quelque chose de bien et heureux d'avoir commis beaucoup d'erreurs, car elles m'ont toutes été d'une grande utilité. Celui que je suis aujourd'hui est le résultat de mes actes, de toutes mes pensées. Chaque acte et chaque pensée ont eu leur rôle à jouer, et leurs effets sont la somme totale de mon progrès.

Nous comprenons tous que les désirs sont mauvais, mais qu'entend-on par abandonner ses désirs ? Comment la vie peut-elle continuer ainsi ? Cela serait tout autant une incitation au suicide que la précédente proposition, éliminer les désirs et l'homme ensemble. La solution est la suivante. Ce n'est pas de pas avoir ni propriétés, ni biens de première nécessité, ni biens de luxe. Possédez tout ce que vous souhaitez, et même davantage, assurez-vous seulement de connaitre la vérité et de la réaliser. La richesse n'appartient à personne. N'ayez pas d'idée d'appartenance, de possessivité. Vous n'êtes personne, tout comme moi et le reste du monde. Tout appartient au Seigneur, comme exprimé dans le premier vers quand il nous demande de tout couvrir du Seigneur. Dieu se trouve dans la richesse dont vous profitez. Il est dans le désir qui s'éveille en vous. Il est dans les choses que vous achetez pour satisfaire vos désirs ; il est dans vos beaux vêtements, dans vos beaux accessoires. Voilà la ligne de pensée. Une fois que vous percevrez les choses de cette façon, tout se métamorphosera. Si vous incorporez Dieu à tous vos mouvements, dans vos conversations, dans votre apparence, dans tout, alors tout le tableau se modifie, et le monde, au lieu de vous apparaitre comme miséreux et malheureux, deviendra un paradis.

Jésus nous dit : « Le royaume du paradis se trouve en vous », tout comme nous le dit le Védanta et tous les grands enseignants. « Lui qui a des yeux pour voir, laissez-le voir, et lui qui a des oreilles pour entendre, laissez-le entendre. » Le Védanta nous prouve que la vérité que nous avons cherchée depuis si longtemps a toujours été là, en nous. Nous pensions l'avoir perdue par notre ignorance, et nous vaguions dans ce monde, en pleurant et en se morfondant, peinant à trouver la vérité, alors qu'elle était depuis toujours simplement enfouie dans nos propres cœurs. Il n'y a que là que nous pouvons la trouver.

Si nous comprenions cette idée d'abandonner le monde, conçu comme vieux et grossier, nous en viendrions aux conclusions suivantes : nous ne devons pas travailler, nous devons être paresseux, assis tels des tas de terre, ne pensant ni ne faisant rien, mais nous devons devenir des fatalistes, emportés par chaque circonstances, dirigés par les lois de la nature, errant d'un endroit à l'autre. Voilà quel serait le résultat. Mais ce n'est pas que l'on souhaitait. Nous devons travailler. Que savent les hommes ordinaires du travail, eux qui sont menés par leur faux désirs ? Que sait l'homme mené par ses propres sentiments et ses propres sens du travail ? Travaille celui qui n'est pas mené par ses propres désirs, ou par n'importe quelle sorte d'égoïsme. Travaille celui qui n'a pas d'autres idées derrière la tête. Travaille celui qui n'a rien à gagner du travail.

Qui profite de l'image, le vendeur ou le voyeur ? Le vendeur est trop occupé à faire ses comptes, calculant ce que vont être ses gains, quel sera le montant du profit qu'il va réaliser sur l'image. Son cerveau est rempli de cela. Il regarde le marteau, et observe les offres. Son attention se porte uniquement sur l'augmentation du montant des offres. Celui qui profite de l'image est celui qui est venu sans l'intention de vendre ou d'acheter. Il regarde l'image et en profite. Dans ce sens, l'univers entier est une image, et ce n'est que lorsque ces désirs auront disparu que les hommes pourront profiter du monde, et ces idées ridicules de possession, d'achat et de vente ne seront plus. Le prêteur, l'acheteur et le vendeur n'étant plus, le monde reste cette image, une peinture magnifique. Je n'ai jamais lu de plus belle conceptions de Dieu que la suivante : « Il est le Grand Poète, l'Ancien Poète ; l'univers entier est Son Poème, venant en vers et en rimes et en rythme, écrit dans une béatitude infinie. » Ce n'est que lorsque nous aurons abandonné les désirs que nous serons à même de lire et de profiter l'univers de Dieu. C'est alors que tout sera déifié. Les recoins, les voies et les allées obscures que nous percevions comme hostiles seront tous déifiés. Ils révèleront leur vraie nature, et nous pourrons alors nous sourire à nous-même en pensant que tous ces pleurs et ces plaintes n'étaient que des jeux d'enfants, et que nous n'étions que des spectateurs.

Travaillez, dit ainsi le Védanta. Il nous conseille tout d'abord sur la façon de travailler, en laissant tomber, en laissant tomber ce monde apparent, illusoire. Qu'entend-il par cela ? De voir Dieu partout. C'est ainsi que vous travaillez. Désirez autant que vous le voulez de vivre cent ans, de posséder tous les désirs possibles, mais déifiez-les, faites d'eux le paradis. Ayez le désir de vivre une longue vie faite de serviabilité, de béatitude et d'activités en ce monde. Si vous travaillez ainsi, vous trouverez la sortie. Vous ne le pourrez autrement. Si un homme plonge tête la première dans les luxes ridicules de ce monde, sans connaitre la vérité, alors il a manqué l'objectif, il ne peut pas l'atteindre. Si un homme maudit le monde, se reclus dans une forêt, mortifie sa chair, et se tue petit à petit par famine, fait de son cœur une terre desséchée, y tuant tous sentiments, le rendant rude, terne, et insensible, cet homme-là aussi s'est perdu en chemin. Voilà les deux extrêmes, les deux erreurs que l'homme peut commettre à chaque extrémité du chemin.

Tous deux se sont perdus, tous deux ont manqué l'objectif.

Travaillez, dit ainsi le Védanta, mettant Dieu au centre de tout et Le connaissant en tout. Travaillez sans relâche, prenant la vie comme quelque chose de déifié, comme Dieu Lui-même, en sachant que cela est la seule chose à laquelle nous devons aspirer, la seule chose que nous devons demander. Dieu est dans toutes choses, où d'autre pourrions-nous bien Le trouver ? Il se trouve déjà dans chaque travail, dans chaque pensée, dans chaque sentiment. Sachant cela, nous devons travailler, c'est le seul moyen, il n'y en a pas d'autres. Ce n'est qu'ainsi que les effets du travail ne nous emprisonnerons pas. Nous avons démontré en quoi les faux désirs sont la cause de toutes les misères et de tous les maux dont nous souffrons, mais lorsqu'ils sont ainsi déifiés, purifiés, au travers de Dieu, ils n'apportent pas de mal, ils n'apportent pas de misère. Ceux qui ne connaissent pas ce secret devront vivre dans ce monde démoniaque jusqu'à ce qu'il le découvre. Beaucoup ne sont pas conscient de la source de béatitude infinie qu'ils ont en eux, autour d'eux, partout, ils ne l'ont pas encore découverte. Qu'est-ce qu'un monde démoniaque ? L'ignorance, dit le Védanta.

C'est comme si nous mourrions de soif au bord de la plus puissante des rivières. Ou comme si nous mourrions de faim à côté d'un tas de nourriture. L'univers fait de béatitude est là, à nos côtés, et pourtant nous ne le trouvons pas. Nous sommes tout le temps en lui, mais nous nous trompons sans cesse sur sa nature. Les religions nous offrent de le découvrir à notre place. Tous les cœurs désirent cet univers fait de béatitude. Il a été la quête de toutes les nations, l'unique but de la religion, et cet idéal est d'ailleurs exprimé dans de multiples langues au travers des différentes religions. Ce n'est que cette différence de langage qui crée les divergences apparentes. L'une exprime une pensée d'une certaine façon, tandis qu'une autre un tant soit peu différemment, alors qu'il est pourtant fort probable qu'elles expriment la même chose, seulement dans une langue différente.

Cela pose de nouvelles questions. Il est très facile de parler. Depuis mon enfance je n'ai fait qu'entendre parler du fait de voir Dieu partout et dans tout, et que cela me permettrai de profiter du monde, mais dès que je me mêle au monde, et prends des coups, l'idée disparait. Tandis que je marche dans la rue pensant que Dieu est dans tout homme, un homme fort arrive et me bouscule, je me retrouve étaler sur le sol. Je me relève rapidement avec les points serrés, le sang m'est monté à la tête, et toute réflexion a disparu. Je m'énerve immédiatement. Tout est oublié, au lieu de trouver Dieu je vois le diable. On nous dit de voir Dieu dans toutes choses depuis le jour où nous sommes nés. Toutes les religions nous apprennent cela, voyez Dieu partout et dans toutes choses. Ne vous rappelez-vous pas que le Christ le dit même dans le Nouveau Testament ? Nous avons tous été enseigné cela ; mais c'est quand nous en venons à la pratique que tout se complique. Vous vous rappelez tous du beau cerf dans les fables d'Esope qui regarde sa réflexion dans le lac et qui dit à son petit, : « Que je suis puissant, regarde ma sublime tête, regarde mes membres, combien ils sont forts et musclés, et combien je peux courir rapidement. » C'est alors qu'il entend des chiens aboyer au loin, et prend la fuite immédiatement, et, après avoir couru plusieurs kilomètres, revient haletant. Son petit lui dit alors : « Tu viens de me dire à quel point tu étais fort, comment se fait-il alors que dès que les chiens ont aboyé, tu t'es enfuis ? » « Je sais mon fils, mais je perds toute confiance dès que les chiens aboient. » C'est exactement la même chose pour nous. Nous avons pensons hautement de l'humanité, nous nous sentons forts et courageux, nous prenons de grandes résolutions, mais quand les « chiens » de l'épreuve et de la tentation aboient, nous sommes comme le cerf de la fable. Ainsi, si cela est bien le cas, à quoi bon nous apprendre toutes ces choses ? Il y a une grande utilité à tout cela. L'intérêt est le suivant : avec la persévérance nous y arriverons. Rien ne se fait en un jour.

« Ce Soi doit tout d'abord se faire entendre, puis être réfléchi, pour enfin être médité. » Tout le monde peut voir le ciel, même le plus simple des vers de terre voit le ciel, mais qu'il est loin ! Il en va de même avec notre idéal. Il est sans aucun doute lointain, mais nous savons en même temps que nous devons l'atteindre. Nous devons même viser le plus haut des idéals. Malheureusement, la plus grande partie des gens errent dans cette vie obscure sans jamais avoir d'idéal. Si un homme avec un idéal fait un millier d'erreurs, alors je suis sûr que l'homme sans idéal en fait cinquante mille. Ainsi, il est toujours mieux d'avoir un idéal. Nous devons entendre parler de cet idéal autant qu'il le faut, jusqu'à ce qu'il pénètre nos cœurs, nos cerveaux, nos veines, jusqu'à ce qu'il parcourt tout notre sang et qu'il s'imprègne dans tous les pores de nos corps. Nous devons le méditer. « La parole part de la plénitude de nos cœurs, » tout comme le mouvement de nos mains vient de la plénitude de nos cœurs.

La force qui nous propulse n'est rien d'autre que la pensée. Remplissez l'esprit des plus grandes pensées, écoutez-les jour après jour, pensez à elles mois après mois. Ne vous souciez pas des échecs, ils sont plutôt inévitables, ces échecs sont des cadeaux de la vie. Que serait la vie sans eux ? Elle ne vaudrait pas la peine s'il ne fallait pas lutter pour l'obtenir. Où serait la poésie de la vie ? Ne vous souciez pas des combats, des erreurs. Je n'ai jamais entendu une vache dire un mensonge, mais elle ne reste qu'une vache, jamais un homme. Ainsi, ne vous souciez pas de ces échecs, de ces contrecoups ; accrochez-vous mille fois à l'idéal, et si vous échouez un millier de fois, essayez encore une fois. L'idéal de l'homme est de voir Dieu en toutes choses. Mais si vous ne parvenez pas à Le voir dans toutes choses, percevez-Le dans une chose, dans cette chose que vous aimez le plus, et ensuite percevez-Le dans une autre. Et ainsi de suite. Une vie infinie s'étend devant l'âme. Prenez votre temps et vous arriverez au bout.

« Lui, l'Unique, qui vibre plus vite que l'esprit, qui atteint une vitesse que l'esprit ne peut espérer un jour atteindre, Lui que même les dieux ne peuvent atteindre, que la pensée ne peut saisir. Lui qui se meut, mouvant avec Lui toutes choses. C'est en Lui que tout existe. Lui qui est tout autant immuable. Lui qui est à la fois proche et loin. Lui qui est dans toutes choses. Lui qui en dehors de tout, s'entremêlant à tout. Quiconque voit en chaque être ce même Âtman, et quiconque voit tout dans cet Âtman, cette personne ne s'éloigne jamais bien loin de cet Âtman. Ce n'est que lorsque toute vie et tout l'univers sont perçus dans cet Âtman que l'homme a atteint le secret. Il ne se fait plus d'illusion. D'où pourrait provenir la misère quand il voit l'univers en tant qu'Un ?

Voilà un autre grand thème du Védanta, cette Unicité de la vie, cet Un dans tout. Nous verrons en quoi il démontre que toute notre misère ne vient que de l'ignorance, et cette ignorance de l'idée de multiplicité, cette séparation entre l'homme et l'homme, entre nation et nation, entre terre et lune, entre lune et soleil. C'est de cette idée de séparation entre atome et atome que vient toute la misère. Mais le Védanta affirme que cette séparation n'existe pas, qu'elle n'est pas réelle. Elle n'est qu'apparente en surface. L'Unité demeure au cœur des choses. Si vous creuser sous la surface, vous découvrirez cette Unité d'homme à homme, de races à races, qu'ils soient supérieurs ou inférieurs, riches ou pauvres, dieux ou hommes, hommes ou animaux. Plus vous allez en profondeur, plus vous percevrez clairement que toutes ces choses ne sont que des variations de cette Unité, et celui qui atteint cette conception d'Unité ne se fera plus d'illusion. Qu'est ce qui peut l'induire en erreur ? Il connait la réalité de toutes choses, le secret de toutes choses. D'où pourrait lui venir la misère ? Que désire-t-il ? Il a retracé la réalité de toutes choses jusqu'au Seigneur Lui-même, au Centre, l'Unité de toutes choses, qui est l'Existence Eternelle, le Savoir Eternel, le Bonheur Eternel. Il n'y a là ni mort ni maladie, ni tristesse, ni misère, ni mécontentement. Tout est Union Parfaite et Béatitude Parfaite. Qui doit-il pleurer alors ? Dans la Réalité, il n'y as pas de mort, il n'y a pas de misère ; dans la Réalité, il n'y a personne à pleurer, personne pour qui nous devons être désolés. Lui qui a tout pénétré, le Pure, l'Informe, l'Incorporel, l'Inoxydable. Lui qui sait, Lui le Grand Poète, Lui qui existe par Lui-même, Lui qui donne à tout le monde ce qu'il mérite. Ceux qui vénèrent ce monde ignorant croupissent dans l'obscurité, ce monde produit de l'ignorance, pensant qu'il est l'Existence, et ceux qui vivent toute leur vie dans ce monde sans jamais trouver quelque chose de mieux ou de supérieur croupissent dans une obscurité pire encore. En revanche, celui qui connait les secrets de la nature, percevant Cela au-delà de la nature, avec l'aide de la nature, il surpasse la mort la mort, et, avec l'aide de Cela qui est au-delà de la nature, il peut profiter du Bonheur Eternel. «Ton soleil a recouvert la Vérité de ses rayons d'or, retires donc ce voile, pour que je puisse ainsi voir la Vérité qui se trouve en toi. J'en suis venu à connaître la Vérité qui est en toi, j'en suis venu à connaître la vérité qui se cache derrière tes rayons et ta gloire, et j'ai pu voir Cela qui brille en toi ; je vois la Vérité en toi, et Cela qui est en toi est en moi également, et je suis Cela.»

Chapitre VIII
Prise de Conscience

Délivré à Londres, le 29 Octobre 1896

Ce que je vais vous lire provient d'une des Upanishads. Elle s'intitule Katha Upanishad. Il est possible que certains d'entre vous aient lu la traduction de Sir Edwin Arnold, intitulée le Secret de la Mort. Lors de notre dernière [c.-à-d. précédente] conférence, nous avons vu comment la question qui a démarré avec l'origine du monde, ainsi que la création de l'univers, n'a pas réussi à obtenir une réponse satisfaisante venant de l'extérieur et comment elle s'est ensuite tournée vers l'intérieur. Ce livre reprend cette suggestion d'une manière psychologique, remettant en question la nature interne de l'homme. On a d'abord demandé qui avait créé le monde extérieur, comment en est-il arrivé à exister. Maintenant, la question est : Qu'y a-t-il chez l'Homme qui le fait vivre et marcher, et qu'advient-il de cela lorsqu'il meurt ? Les premiers philosophes ont étudié la substance matérielle, et ont essayé d'aller jusqu'au bout grâce à cela. Au mieux, ils ont trouvé un gouverneur personnel de l'univers, un être humain extrêmement agrandi, mais qui reste en fin de compte un être humain. Mais cela pourrait ne pas être l'entière vérité ; au mieux, ce ne pourrait être qu'une vérité partielle. Nous considérons cet univers comme des êtres humains, et notre Dieu est notre explication humaine quant à cet univers.

Imaginons qu'une vache soit philosophe et ait une religion, elle vivrait dans un univers composé de vaches, avec une solution au problème adapté aux vaches, et il serait impossible qu'elle puisse voir notre Dieu. Imaginons que des chats deviennent philosophes, ils y verraient un univers pour les chats, et une solution au problème de l'univers pour les chats, et auraient un chat qui gouvernerait. Grâce à cela, nous voyons donc que notre explication de l'univers n'est pas l'entière solution. Notre conception ne recouvre pas non plus la totalité de l'univers. Ce serait une grosse erreur d'accepter cette position terriblement égoïste que l'homme est disposé à endosser. Une telle solution à ce problème universel, que nous pouvons obtenir grâce aux travaux extérieurs sous cette difficulté, qu'en premier lieu, l'univers que nous voyons est notre univers particulier, notre propre conception de la Réalité. Cette Réalité que nous ne pouvons voir à travers les sens, nous ne pouvons la comprendre. Nous ne connaissons l'univers que du point de vue des êtres et de leurs cinq sens. Imaginons que nous obtenions un autre sens, l'univers entier doit changer pour nous. Supposons que nous ayons un sens magnétique, il est tout à fait possible que nous trouvions qu'il existe des millions et des millions de forces que nous ne connaissons pas actuellement, et pour lesquelles nous ne possédons aucun sens ou sensation. Nos sens sont limités, très limités en fait ; à l'intérieur de ces limitations existe ce que nous appelons notre univers ; notre Dieu est la solution à cet univers, mais ceci ne peut être la solution à l'ensemble du problème. Mais l'homme ne peut s'arrêter là. Il est un être qui pense et qui veut trouver une solution qui pourra complètement expliquer tous les univers. Il veut voir un monde qui soit à la fois le monde des hommes, celui des dieux, celui de tous les êtres possibles, et il veut trouver une solution qui expliquera tous les phénomènes.

Nous comprenons qu'il nous faut tout d'abord trouver l'univers qui inclut tous les univers ; nous devons trouver quelque chose qui, par lui-même, peut être la substance traversant tous ces divers plans d'existence, qu'on le ressente à travers nos sens ou non. Si nous pouvions éventuellement trouver quelque chose que nous connaîtrions comme la propriété commune des mondes inférieurs ainsi que supérieurs, alors notre problème serait réglé. Même si rien que par la simple force de la logique nous pouvions comprendre qu'il doit y avoir un point de départ à chaque existence, alors notre problème pourrait se rapprocher à une sorte de solution ; mais cette solution ne peut certainement pas être obtenue uniquement à travers le monde que nous voyons et connaissons, parce que ce n'est qu'une vue partielle de l'ensemble.

Notre unique espoir repose donc dans une perspicacité plus profonde. Les premiers intellectuels ont découvert que plus ils étaient loin du centre, plus les variations et les différenciations étaient marquées ; et plus ils approchaient du centre, plus ils s'approchaient de l'unité. Plus nous sommes près du centre d'un cercle, plus nous sommes proches d'un terrain d'entente où tous les rayons se rencontrent ; et plus on s'éloigne du centre, plus les rayons divergent les uns par rapport aux autres. Le monde extérieur est très éloigné du centre, donc il n'y a aucune similitude où tous les phénomènes d'existence peuvent se rencontrer. Au mieux, le monde extérieur n'est qu'une partie de l'ensemble du phénomène. Il y a d'autres parties, le mental, le moral, et l'intellectuel, les différents plans d'existence, n'en choisir qu'une et trouver une solution pour l'ensemble uniquement avec celle-ci, est tout simplement impossible. Par conséquent, nous voulons d'abord trouver quelque part un centre d'où, pour ainsi dire, tous les autres plans d'existences débutent, et à partir de cet endroit nous devrions chercher une solution. C'est la proposition. Et où se trouve ce centre ? En nous. Les anciens sages ont pénétré à chaque fois plus profondément jusqu'à ce qu'ils trouvent au plus profond du cœur de l'âme humaine le centre de l'univers entier. Tous les plans gravitent vers ce point précis. C'est la similitude, le point commun, et il n'y a qu'en restant là que l'on trouvera une solution commune. Donc la question de savoir qui a créé ce monde n'est pas très philosophique, tout comme sa solution n'amène à rien.

C'est ce dont parle la Katha Upanishad, dans un langage très figuré. Il y a de cela très longtemps, il y avait un homme très riche, qui avait fait un certain sacrifice demandant de faire don de tout ce qu'il possédait. Mais cet homme n'était pas sincère. Il voulait obtenir la renommée et la gloire qui résulteraient de ce sacrifice, mais il ne faisait don de biens qui ne lui étaient plus d'aucune utilité, de vieilles vaches stériles, aveugles et boiteuses. Il avait un garçon appelé Nachiketas. Ce garçon avait remarqué que son père ne faisait pas ce qui était juste, qu'il rompait son serment ; mais il ne savait pas quoi lui dire. En Inde, le père et la mère sont des dieux vivants pour leurs enfants. Alors le garçon s'approcha de son père avec le plus grand respect et lui demanda humblement : « Père, à qui allez-vous me donner ? Puisque votre sacrifie demande que tout soit donné. » Le père était très contrarié par sa question et répondit : « Que veux-tu dire, mon garçon ? Un père offrant son propre fils ? ». Le garçon posa sa question une deuxième fois, puis une troisième, et le père maintenant en colère répondit : « Je te laisse à la Mort (Yama). » L'histoire raconte que le garçon est allé voir Yama, le dieu de la mort. Yama fut le premier homme à mourir. Il est allé au paradis et est devenu le dirigeant de tous les Pitris ; toutes les bonnes personnes qui meurent s'en vont vivre avec lui pour un long moment. C'est une personne très pure et sacrée, chaste et bonne, comme son nom (Yama) l'implique.

Alors le garçon se rendit dans le monde de Yama. Mais même les dieux ne sont parfois pas chez eux, et le garçon dut attendre là-bas pendant trois jours. Au quatrième jour Yama revint. « Ô cher érudit, dit Yama, cela fait trois jours que tu attends ici sans nourriture, tu es un invité méritant le respect. Salutations à toi, Ô brahmane, et quel bonheur pour moi ! Je suis désolé, je n'étais pas chez moi. Mais pour cela je vais me racheter. Tu peux demander trois vœux, un pour chaque jour que tu as attendu. » Et le garçon demanda : « Mon premier vœu serait que la colère de mon père envers moi disparaisse ; qu'il soit gentil avec moi et me reconnaisse lorsque vous m'autoriserez à partir. » Yama le lui accorda entièrement. Le vœu suivant fut qu'il voulait avoir des informations sur un sacrifice particulier qui emportait les gens au paradis. Nous avons vu que l'idée la plus ancienne, que nous avons eu dans la section de Samhita sur les Véda, traitait d'un paradis où les hommes avaient des corps lumineux et vivaient avec leurs ancêtres. D'autres idées sont progressivement apparues, mais elles n'étaient pas satisfaisantes ; on avait toujours besoin de quelque chose de plus important. La vie au paradis ne serait pas si différente de la vie dans ce monde. Au mieux, ce ne serait qu'une vie d'homme riche et en bonne santé, avec un bien-être sensoriel en abondance et un corps fort qui ne connait pas la maladie. Ce serait ce monde matériel, seulement un peu plus raffiné ; et nous avons vu la difficulté avec laquelle ce monde matériel extérieur ne peut jamais résoudre le problème. Alors aucun paradis ne peut résoudre le problème. Si ce monde ne peut pas le résoudre, aucune multiplication de ce monde ne le pourra parce que nous devons toujours garder à l'esprit que la question n'est qu'une partie infime du phénomène de la nature. La grande partie du phénomène que nous pouvons voir n'est pas la question. Par exemple, quelle grande partie est jouée par la pensée et la sensation dans chaque moment de notre vie, par rapport au phénomène matériel à l'extérieur ! Comme ce monde intérieur est vaste avec son immense activité ! Le phénomène des sens est insignifiant si on le compare avec. La solution du paradis commet cette erreur ; elle insiste sur le fait que l'ensemble du phénomène se limite au touché, au goût, à la vue, etc. Donc cette idée de paradis n'apporta pas satisfaction à tous. Pourtant, pour le deuxième vœu, Nachiketas questions sur un certain sacrifice via lequel des personnes pourraient atteindre ce paradis. Il y avait une idée dans le Véda selon laquelle ces sacrifices faisaient plaisir aux dieux qui emportaient les êtres humains au paradis.

En étudiant toutes les religions, vous remarquerez que tout ce qui est ancien devient sacré. Par exemple, en Inde, nos ancêtres écrivaient sur des écorces de bouleau mais avec le temps, ils ont appris à fabriquer du papier. Pourtant, l'écorce de bouleau reste toujours considérée comme sacrée. Lorsque les ustensiles qu'ils utilisaient à l'époque pour cuisiner ont été améliorés, les anciens ustensiles sont devenus sacrés. Cette idée n'a jamais été aussi bien perpétuée qu'en Inde. Les anciennes méthodes, qui doivent être vieilles de neuf ou dix milles ans, où l'on frotte deux bouts de bois ensembles pour faire du feu, sont toujours utilisées. Au moment des sacrifices, aucune autre méthode ne sera satisfaisante. De même avec l'autre branche des Aryens d'Asie. Leurs descendants contemporains aiment encore faire du feu grâce à la foudre, ce qui montre qu'ils avaient pour habitude de faire du feu de cette manière. Même lorsqu'ils ont découvert de nouvelles coutumes, ils ont continué à suivre les anciennes, qui sont alors devenues sacrées. Tout comme les Hébreux. Ils avaient l'habitude d'écrire sur des parchemins.

Maintenant ils le font sur du papier, mais le parchemin est très sacré. De même avec toutes les nations. Chaque rite que nous considérons aujourd'hui comme sacré n'était simplement qu'une vieille coutume, et les sacrifices védiques étaient de cette nature là. Au fil du temps, alors qu'ils trouvèrent de meilleures méthodes pour vivre, leurs idées furent beaucoup améliorées ; malgré tout, ces anciennes mœurs existaient toujours, et de temps à autre, elles étaient pratiquées et étaient gratifiées d'une importance sacrée.

Ensuite, un groupe d'hommes se chargea de perpétuer ces sacrifices. C'étaient les prêtres, qui s'interrogeaient sur les sacrifices, et ces sacrifices représentaient tout pour eux. Les dieux venaient apprécier le parfum des sacrifices, et on considérait que tout en ce monde pouvait être obtenu par le pouvoir des sacrifices. Si certaines oblations étaient pratiquées, certains hymnes chantés et que des autels d'une forme particulière étaient fabriqués, les dieux accorderaient tout. C'est pour cela que Nachiketas demanda sous quelle forme de sacrifice un homme pouvait-il se rendre au paradis. Yama exauça sans hésitation le deuxième vœu, il promit que ce sacrifice porterait désormais le nom de Nachiketas.

Puis vint le tour du troisième vœu, c'est avec celui-ci que l'Upanishad débute réellement. Le garçon dit : « Il y a cette difficulté : quand un homme meurt, certains disent qu'il est, d'autres non. J'aimerais le comprendre, sous votre enseignement. » Mais Yama était terrifié. Il fut très heureux de lui accorder les deux autres vœux. Il lui dit alors : « Les dieux de l'ancien temps étaient perplexes sur ce point. Cette loi subtile n'est pas facile à comprendre. Choisis un autre vœu, Ô Nachiketas, n'insiste pas sur ce point, libère-moi. »

Le garçon, déterminé, lui dit : « Ce que vous avez dit est vrai, Ô Mort, que même les dieux avaient des doutes là-dessus, et que c'est un sujet difficile à comprendre. Mais je ne peux trouver un autre partisan tel que vous, et aucun autre vœu n'est égal à celui-ci. »

La Mort répondit : « Demande-moi des fils et des petits-fils qui vivront plus de cent ans, de nombreux bovins, des éléphants, de l'or et des chevaux. Demande-moi un empire sur cette terre et que tu vives autant d'années qu'il te plaira. Ou alors choisis n'importe quel autre vœu qui d'après toi sera égal à ceux-ci, la richesse et une longue vie. Ou alors deviens roi de cette grande terre, Ô Nachiketas. Je ferai de toi le jouisseur de tous les désirs. Demande-moi tous ces désirs qui sont difficiles à obtenir dans ce monde. Ces divines vierges avec des chars et de la musique, qui ne doivent être obtenus par l'homme, seront à toi. Laisse-les te servir. Ô Nachiketas, mais ne me questionne pas sur ce qui advient après la mort. »

Nachiketas insista : « Ce ne sont que des choses éphémères, Ô Mort, elles usent l'énergie de tous les organes sensoriels. Même la plus longue des vies est très courte. Ces cheveux et ces chars, ces danses et ces chansons, Tu peux les garder. L'homme ne peut être satisfait avec la richesse. Pouvons-nous conserver la richesse quand nous Te faisons face ? Nous ne vivons qu'aussi longtemps que Tu le désires. Il n'y a que le vœu que j'ai formulé que je choisi. »

Yama était satisfait de sa réponse et annonça : « La perfection est une chose et le plaisir en est une autre ; les deux ont des fins différentes, et attirent les hommes de manières différentes. Celui qui choisit la perfection devient pur. Celui qui choisit le plaisir manque son véritable but. Tous deux, la perfection et le plaisir, se présentent à l'homme ; l'homme avisé les ayant tous deux examiné, les distingue l'un de l'autre. Il choisit la perfection comme étant supérieure au plaisir, mais l'homme bête choisit le plaisir pour la jouissance de son corps. Ô Nachiketas, en ayant pensé aux choses qui ne sont que d'apparence désirables, tu les as sagement abandonnées. » La Mort commença ensuite l'enseignement de Nachiketas.

Nous avons maintenant une idée très développée de la renonciation ainsi que de la moralité védique, et que jusqu'à ce que quelqu'un ait conquis les désirs pour le plaisir, la vérité ne brillera pas en lui. Tant que ces désirs vaniteux de nos sens retentissent, comme s'ils nous entrainaient à chaque instant vers l'extérieur, nous rendant esclave de tout ce qui est externe : d'un peu de couleur, d'un peu de saveur, d'un peu de contact ; alors, malgré toutes nos prétentions, comment la vérité peut-elle s'exprimer dans nos cœurs ?

Yama dit : « Ce qui est au loin ne s'élève jamais à l'esprit d'un enfant inconsidéré, fourvoyé par la stupidité des riches. 'Ce monde existe, l'autre n'existe pas', c'est en pensant ainsi qu'ils reviennent inlassablement en vertu de mon pouvoir. Comprendre cette vérité n'est pas simple. Beaucoup, même s'ils l'entendent continuellement, ne la comprennent pas, car pour que l'orateur soit merveilleux, il faut que l'auditeur le soit aussi. L'enseignant doit être merveilleux, alors l'enseigné doit l'être aussi. L'esprit ne doit pas non plus être perturbé par des débats inutiles, puisque ce n'est qu'une question d'arguments, une question de faits. » Nous avons toujours entendu que chaque religion insiste sur le fait d'avoir la foi. On nous a toujours appris à croire sans chercher à comprendre. Cette idée de foi aveugle est bien répréhensible, sans aucun doute, mais en l'analysant, on voit qu'une grande vérité s'y cache. Ce que cela veut vraiment dire, c'est ce que nous lisons maintenant. L'esprit ne doit pas être contrarié par des débats inutiles, parce que les disputes ne nous aideront pas à connaître Dieu. C'est une question de faits, et non d'arguments. Tout argument et raisonnement doit être basé sur certaines perceptions. Sans celles-ci, il ne peut y avoir de débat. Le raisonnement est la méthode de comparaison entre certains faits que nous avons déjà observés. Si ces faits observés ne sont pas déjà présents, il ne peut y avoir de raisonnement. Si cela est vrai pour les phénomènes externes, pourquoi ne serait-ce pas aussi le cas pour les phénomènes internes ? Le chimiste utilise certains produits chimiques et certains résultats se produisent. C'est un fait ; vous le voyez, vous le sentez, et l'utilisez comme base pour construire tous vos arguments chimiques. De même avec les physiciens, et pour toutes les autres sciences. Toute connaissance doit être basée sur la perception de certains faits, et c'est là-dessus que nous devons construire notre raisonnement. Mais, assez curieusement, la majeure partie de l'humanité, surtout à l'heure actuelle, pense qu'une telle perception n'est pas possible dans la religion, que la religion ne peut être comprise que grâce à des débats inutiles. Donc, on nous dit de ne pas perturber l'esprit avec des querelles inutiles. La religion est une question de faits, pas de discussions. Nous devons analyser nos propres âmes et découvrir ce qui s'y trouve. Nous devons le comprendre et se rendre compte de ce qui est compris. C'est ça la religion. On aura beau discuter, ce n'est pas ça qui fera la religion. Donc la question de savoir s'il y a un Dieu ou non ne pourra jamais être résolue par des débats, puisque les arguments peuvent aussi bien correspondre à un parti comme à l'autre. Mais s'il y a un Dieu, Il se trouve dans nos propres cœurs. L'avez-vous déjà vu ? La question de savoir si ce monde existe ou non n'a pas encore été élucidée, et le débat entre les idéalistes et les réalistes est sans fin. Pourtant, nous savons que le monde existe, qu'il évolue. Nous ne changeons que la signification des mots. Donc, avec toutes les questions sur la vie, nous devons en arriver aux faits. Il y a certains faits religieux qui, tout comme dans la science externe, doivent être observés, et la religion sera construite autour d'eux. Evidemment, l'affirmation extrême prétendant que vous devez croire en chaque dogme d'une religion est humiliante pour l'esprit humain. L'homme qui vous demande de tout croire, se dégrade lui-même, et si vous y croyez, vous vous dégradez vous aussi. Les sages du monde ont seulement le droit de nous dire qu'ils analysé leur esprit et y ont trouvé ces faits, si nous faisons de même nous allons aussi y croire, et non avant. Voilà ce qu'il y a dans la religion. Mais vous devez toujours vous souvenir de ceci : en réalité 99, 9 pour cent de ceux qui s'en prennent à la religion n'ont jamais analysé leur esprit, n'ont jamais eu du mal à en arriver aux faits. Donc leurs arguments n'ont aucun poids face à la religion, pas plus que les mots d'un homme aveugle qui hurle « Vous êtes tous des idiots qui ont foi dans le soleil » nous touchent.

C'est une grande idée à retenir et à laquelle il faut s'accrocher, cette idée de prise de conscience. Cette tourmente, ce combat et cette différence dans les religions ne cessera que quand nous comprendrons que la religion ne se trouve ni dans les livres ni dans les temples. Ce n'est en fait qu'une perception. Seul l'homme qui a réellement perçu Dieu et son âme a une religion. Il n'y a pas de réelle différence entre le plus grand colosse ecclésiastique qui débite sa Bible, et le pire, le plus ignorant des matérialistes. Nous sommes tous athées ; laissez-nous l'admettre. De simples consentements intellectuels ne font pas de nous des religieux. Prenez un chrétien, ou un musulman, ou un adepte de n'importe quelle religion dans le monde. N'importe quel homme qui réalise sincèrement la vérité du Sermon sur la montagne serait parfait, et deviendrait immédiatement un dieu. Pourtant, il parait qu'il y a des millions de chrétiens dans le monde. Cela veut dire que l'humanité pourrait à un moment essayer de mettre en pratique ce Sermon. Sur vingt millions, il n'y a pas un seul véritable chrétien.

Alors, en Inde il y a, dit-on, trois cent millions de védantins. Mais s'il y en avait un sur mille qui pratiquait réellement la religion, ce monde serait bientôt considérablement différent. Nous sommes tous athées, et pourtant nous nous battons contre l'homme qui ose l'admettre. Nous sommes tous dans l'ignorance ; pour nous la religion n'est qu'un simple consentement intellectuel, une simple discussion, presque rien. Nous considérons souvent un homme religieux quand il s'exprime bien. Mais ce n'est pas ça la religion. « De merveilleuses méthodes pour assembler les mots, des pouvoirs rhétoriques, et expliquer de différentes manières des textes extraits de livres, ceci n'existe que pour le plaisir des savants, et non pas pour la religion. » La religion nous vient que quand cette prise de conscience s'effectue dans nos propres âmes. Ceci est l'aube de la religion ; alors seulement nous ferons preuve de moralité. Actuellement, nous ne faisons pas plus preuve de moralité que les animaux. Nous sommes juste retenus par les fouets de la société. Si aujourd'hui la société disait : « Je ne vous punirai pas si vous volez », nous nous ruerions simplement sur les biens des autres. C'est le policier qui nous rend moraliste. Les opinions sociales font de nous des moralisateurs, et nous ne sommes vraiment pas mieux que les animaux. Nous savons à quel point cela est a vrai au plus profond de nos cœurs. Alors ne soyons pas hypocrites. Admettons que nous ne sommes pas religieux et que nous n'avons aucun droit de prendre les autres de haut. Nous sommes tous des frères et nous ne serons véritablement moraux que quand nous aurons pratiqué la religion.

Si vous avez vu un certain pays, et un homme vous force à dire que vous ne l'avez pas vu, vous savez toujours au plus profond de votre cœur que vous l'avez vu. Alors, lorsque vous verrez la religion ainsi que Dieu dans un sens encore plus intense que vous regardez ce monde extérieur, rien ne pourra bouleverser vos croyances. Alors vous aurez vraiment la foi. C'est ce que signifie les paroles des évangiles : « Celui qui a la foi égal à un grain de moutarde. » Alors vous connaitrez la Vérité parce que vous êtes devenus la Vérité.

C'est le mot d'ordre du Védanta, pratiquer la religion, pas besoin de discuter. Mais c'est avec une grande difficulté qu'on le fait. Il s'est caché Lui-même à l'intérieur de l'atome, cet Ancien qui réside dans le recoin le plus profond de chaque cœur humain. Les sages L'ont vu par le pouvoir de l'introspection, et ont outrepassé la joie et la misère, au-delà de ce que nous appelons la vertu et le vice, au-delà des bonnes et des mauvaises actions, au-delà d'être et ne pas être ; celui qui L'a aperçu a vu la Réalité. Mais qu'en est-il du paradis ? C'était l'idée du bonheur sans la tristesse. C'est-à-dire que ce que nous voulons, c'est de profiter des joies de la vie sans les chagrins qui vont avec. C'est une très bonne idée, sans aucun doute ; elle vient naturellement ; mais c'est une véritable erreur parce que le bien absolu n'existe pas, tout comme le mal absolu n'existe pas.

Vous avez tous entendu parler de cet homme riche à Rome qui, un jour, a appris qu'il ne lui restait en sa possession qu'un million de livres ; il dit : « Que vais-je faire demain ? » et il s'est suicidé sur-le-champ. Pour lui, un million de livre, c'était être pauvre. Qu'est-ce que la joie, et qu'est-ce que le chagrin ? C'est une quantité qui s'évapore, qui s'évapore continuellement. Lorsque j'étais enfant, je pensais que si je pouvais devenir chauffeur de taxi, ce serait le comble du bonheur pour moi de pouvoir conduire. Je ne pense plus pareil maintenant. A quelle joie allez-vous vous accrocher ? C'est le seul point que nous devons tous essayer de comprendre, c'est l'une des dernières superstitions à nous quitter. L'idée que chacun se fait du plaisir est différente. J'ai vu un homme qui n'était heureux que s'il avalait sa dose d'opium tous les jours. Il rêve peut-être d'un paradis où la terre est faite d'opium. Ce serait un paradis affreux pour moi. On parle, encore et encore dans la poésie arabique d'un paradis avec de magnifiques jardins, où s'écoulent des rivières. J'ai vécu une grande partie de ma vie dans un pays où il y avait beaucoup trop d'eau ; de nombreux villages sont inondés et des milliers de vies sont sacrifiées chaque année. Donc mon paradis n'aurait pas de jardins où des rivières s'écoulent ; j'aurais plutôt une terre où il y a très peu de pluie. Nos plaisirs sont constamment en évolution. Si un jeune homme rêve du paradis, il rêve d'un paradis où il aurait une femme magnifique. Quand ce même homme devient âgé, il ne veut plus de femme. Ce sont nos besoins qui font notre paradis, et le paradis change en fonction de l'évolution de nos besoins. Si nous avions un paradis comme celui désiré par ceux dont la satisfaction des sens est la fin même de l'existence, alors nous ne progresserions pas. Ce serait la malédiction la plus horrible que l'on pourrait prononcer sur l'âme. Est-ce la seule solution que nous avons ? Un peu de larmes et de danses, et ensuite mourir comme un chien ! Quelle malédiction vous prononcez sur l'humanité lorsque vous désirez ces choses ! C'est ce que vous faites quand vous pleurez après les joies de ce monde, puisque vous ne savez pas ce qu'est la véritable joie. Ce sur quoi la philosophie insiste est de ne pas abandonner les plaisirs, mais de savoir ce qu'est vraiment la joie. Le paradis norvégien est un champ de bataille immense où ils se présentent tous devant Odin ; ils font une chasse au sanglier, et ils partent ensuite en guerre et se découpent en pièces les uns les autres. Mais d'une manière ou d'une autre, après s'être battu pendant quelques heures, les blessures sont toutes guéries, et ils se retrouvent dans une grande salle où le sanglier a été rôti et boivent jusqu'à plus soif. Et ensuite le sanglier apparait à nouveau, prêt à être chassé le jour suivant. C'est à peu près la même chose que dans notre paradis, pas un brin plus mauvais, seulement nos idées sont peut-être un peu plus raffinées. Nous voulons chasser des sangliers, et aller à un endroit où tous les plaisirs perdureront, tout comme le Norvégien imagine le sanglier chassé et mangé chaque jour, avant qu'il ne guérisse le jour suivant.

La philosophie insiste sur le fait qu'il y a une joie qui est absolue, qui ne change jamais. Cette joie ne peut être les plaisirs et les douceurs que nous avons dans cette vie, et pourtant le Védanta montre que tout ce qui est joyeux dans cette vie n'est qu'une particule de cette vraie joie, parce que c'est l'unique joie qui existe. A chaque moment nous profitons réellement du bonheur absolu, bien qu'invisible, incompris et caricaturé. Partout ou il y a une bénédiction quelle qu'elle soit, la félicité ou la joie, ou même la joie du voleur qui vole, c'est ce bonheur qui en ressort, seulement il est dissimulé, il est mélangé en quelque sorte, avec toute sorte de conditions extérieures, et il est incompris. Mais pour comprendre cela, il faut que l'on passe par le négatif, et le côté positif pourra ensuite se dévoiler. Nous devons abandonner l'ignorance et tout ce qui est faux, alors la vérité commencera enfin à se révéler à nous. Quand nous aurons compris la vérité, les choses que nous avons d'abord abandonné prendront de nouvelles formes, elles nous apparaitrons sous un nouveau jour, et elles seront déifiées. Elles seront sublimées, et nous les comprendrons enfin sous leur vrai jour. Mais pour les comprendre, il faut déjà avoir eu un avant-goût de la vérité ; nous devons d'abord nous en séparer, et nous les récupérerons ensuite, déifiées. Nous devons abandonner toutes nos misères et nos chagrins, tous nos petits bonheurs.

« Ce que tous les Védas déclarent, qui est proclamé par toutes les pénitences, qui cherchent quels hommes mènent une vie de chasteté, je ne vous dirai qu'un mot: 'Ôm'. » Vous verrez que le mot « Ôm » est glorifié dans les Védas et il est considéré comme très sacré.

Maintenant, Yama répond à la question « Que devient l'homme quand le corps meurt ? » : « Celui qui est avisé ne meurt jamais, ne vient jamais au monde, Il émerge de rien, et rien n'émerge de Lui. Le Non-né, l'Eternel, l'Immortel, cet Ancien ne peut jamais être détruit quand le corps est anéanti.

Si le tueur pense qu'il peut tuer, ou si le mort pense qu'il a été tué, tous deux ne connaissent pas la vérité, puisque le Soi ne peut tué ni être tué. » Une position plus que terrible. J'aimerais attirer votre attention sur l'adjectif dans la première ligne, qui se trouve être « avisé ». En l'étudiant, nous verrons que l'idée du Védanta est que toute sagesse et toute pureté sont déjà présentes dans l'âme, plus ou moins fortement exprimées exprimées, cela fait toute la différence. La différence entre homme et homme, et toutes les choses faisant partie de l'ensemble de la création, ne se fait pas en genre mais en importance. Le contexte, la réalité, de tout le monde est cet Être à jamais Parfait, Eternel, Saint, Pur. C'est l'Âtman, l'Âme, pour le saint et le pécheur, dans le bonheur et la misère, dans la beauté et la laideur, chez l'homme et les animaux ; c'est la même chose tout du long. L'Eclatant. La différence se fait à cause du pouvoir d'expression. Chez certains, il s'exprime davantage, chez d'autres moins, mais la différence d'expression n'a aucun effet sur l'Âtman. Si avec ses habits un homme montre plus de son corps qu'un autre, cela ne fait aucune différence quant à leurs corps ; la différence se trouve dans leurs vêtements. Nous devrions bien nous rappeler que tout au long de la philosophie de Védanta, le bon et le mauvais n'existent pas, ils ne sont pas deux entités différentes ; la même chose est à la fois bonne et mauvaise, la différence ne se fait que face à son importance. L'entité même que je qualifie d'agréable aujourd'hui, sous de meilleures circonstances, je pourrais la qualifier de souffrance demain. Le feu qui nous réchauffe peut aussi nous consumer ; ce n'est pas la faute du feu. Ainsi, l'Âme qui est pure et parfaite, l'homme qui fait du mal se laisse emporter par le mensonge, il ne connaît pas sa propre nature. L'Âme pure est aussi chez le meurtrier ; elle ne meurt pas. C'était son erreur ; il ne pouvait pas Le manifester ; il L'avait caché. Tout comme chez l'homme qui pense qu'il est tué, l'Âme ne meurt pas ; elle est éternelle. Elle ne peut être tuée, ne peut être détruite. « Extrêmement plus petite que le plus petit, extrêmement plus large que le plus large, ce Seigneur de tous est présent dans la profondeur de chaque cœur humain. L'innocent, démuni de toute misère, Le voit à travers la miséricorde du Seigneur ; l'Incorporel qui pourtant demeure dans le corps ; Le Non-spatial qui pourtant semble l'occuper ; l'Infini, l'Omniprésent : sachant qu'ils ont une telle Âme, les sages ne sont jamais misérables. »

« Cet Âtman ne doit pas être réalisé par le pouvoir de la parole, ou par une grande intelligence, ou par l'étude de leurs Védas. » C'est une déclaration très osée. Comme je vous l'ai dit précédemment, les sages étaient des penseurs très téméraires, et ne reculaient jamais devant rien. Vous vous rappelez qu'en Inde, ces Védas sont bien plus estimés que la Bible ne l'est chez les chrétiens. Votre idée de la révélation est qu'un homme a été inspiré par Dieu ; mais en Inde l'idée est que les choses existent parce qu'elles sont dans le Véda. L'ensemble de la création est arrivée dans et par le Véda. Le Véda contient toute la connaissance. Chaque mot est sacré et éternel ; éternel comme l'âme, sans début et sans fin. La totalité de l'esprit du Créateur est contenu dans ce livre, en quelque sorte. C'est ainsi que le Véda est tenu en très haute estime. Pourquoi cette chose est-elle morale ? Parce que c'est ce que dit le Véda. Pourquoi cette chose est-elle immorale ? Parce que c'est ce que dit le Véda. Malgré cela, regardez le courage avec lequel ces sages proclamèrent que la vérité ne se trouve pas grâce à une étude approfondie du Véda. « Avec qui le Seigneur est satisfait, à cet homme Il S'exprime. » Mais alors, l'objection peut être que ceci ressemble à du soutien. Mais comme Yama l'explique : « Ceux qui font le mal, dont l'esprit n'est pas en paix, ne peuvent jamais voir la Lumière. C'est à ceux qui sont honnêtes dans leur cœur, purs dans leurs actes, qui contrôlent leurs sens, que ce Soi Se manifeste. »

Voici une belle image. Imaginez que le Soi soit un cavalier et ce corps un char, l'intelligence est le cocher, l'esprit les rênes, et les sens sont les chevaux. Celui dont les chevaux sont bien dressés, dont les rênes sont solides et biens tenues dans les mains du cocher (l'intelligence), atteint son but, qui est l'état de l'Omniprésent. Mais l'homme dont les chevaux (les sens) ne sont pas sous contrôle, dont les rênes (l'esprit) ne sont pas bien tenus, se dirige vers sa destruction. Cet Âtman ne Se manifeste pas aux yeux ou aux sens, mais ceux dont les esprits sont purifiés et raffinés peuvent Le réaliser. Au-delà de tout son, au-delà de toute vision et forme, absolue, au-delà de toute saveur et touché, infini, sans début et sans fin, même au-delà de la nature, l'Immuable ; celui qui Le réalise se libère de l'emprise de la mort. Mais c'est très difficile. C'est, pour ainsi dire, comme marcher sur la tranche d'une lame de rasoir ; la route est longue et périlleuse, mais il faut persévérer, ne pas perdre espoir. Réveillez-vous, levez-vous, et ne vous arrêtez que quand le but sera atteint.

L'idée principale que l'on trouve dans tous les Upanishads est celle de la prise de conscience. Un grand nombre de questions vont surgir de temps à autre, et en particulier à l'homme moderne. On se posera la question de l'utilité, il y aura d'autres questions variées, mais dans toutes celles-ci nous verrons que nous sommes influencés par nos associations passées. C'est l'association des idées qui a un pouvoir si phénoménal sur nos esprits. A ceux qui dans leur enfance ont toujours entendu parler d'un Dieu Personnel et de la personnalité de l'esprit, ces idées apparaîtront évidemment comme très strictes et rudes, mais s'ils les écoutent et y réfléchissent, elles deviendront partie intégrante de leurs vies et ne leur feront plus peur. La grande question qui émerge la plupart du temps est l'utilité de la philosophie. A cela, il n'y a qu'une seule réponse : si sur la base utilitariste, il est bon pour l'homme de chercher le plaisir, pourquoi ceux dont le plaisir est dans la spéculation religieuse ne peuvent-ils le chercher ? Parce que la satisfaction des sens en réjouit beaucoup, ils les recherchent, mais il y en a peut-être d'autres qui ne sont pas satisfaits, qui veulent un plaisir plus élevée. Le plaisir d'un chien n'est que de manger et boire. Le chien ne peut pas comprendre la satisfaction du scientifique qui laisse tout tomber, et, peut-être, vit au sommet d'une montagne pour observer la position de certaines étoiles. Le chien peut lui sourire et penser que c'est un homme fou. Peut-être que ce pauvre scientifique n'a jamais eu assez d'argent pour se marier, et mène une vie très simple. Peut-être que le chien lui rit au nez. Mais le scientifique dit : « Mon cher chien, ta satisfaction ne se trouve que dans les sens dont tu jouis, et tu ne connais rien au-delà ; mais pour moi ceci est la vie la plus jouissante, et si tu as le droit de rechercher ton plaisir à ta propre manière, alors moi aussi. » Le problème est que nous voulons réduire le monde entier à notre niveau de pensée et de faire de notre esprit la mesure de l'univers tout entier. Pour vous, les vieux sens sont, peut-être, le plus grand des plaisirs, mais il n'est pas nécessaire que mon plaisir soit le même, et quand vous insistez là-dessus, je ne suis pas d'accord avec vous. C'est la différence entre l'utilitariste matériel et l'homme religieux. Le premier homme dit : « Vois comme je suis heureux. J'ai de l'argent, mais je ne me préoccupe pas de la religion. C'est un sujet insondable, et je suis heureux sans. » Jusqu'ici tout va bien, tout va bien pour tous les utilitaristes. Mais le monde est horrible. Si un homme devient heureux d'une quelconque manière exceptée en blessant ces compagnons, bonne route à lui ; mais quand cet homme vient me voir et dit : « Toi aussi tu dois faire ces choses, tu seras un idiot si tu ne les fais pas, » je réponds : « Tu as tort, parce que ces choses qui te sont jouissives, ne m'attirent pas le moins du monde. Si je devais courir après quelques poignées d'or, ma vie ne vaudrait pas la peine d'être vécue ! Je devrais mourir. » C'est la réponse que l'homme religieux formulerait. Le fait est que la religion n'est possible que pour ceux qui en ont fini avec les choses inférieures. Nous devons faire nos propres expériences, nous devons assumer la voie que nous avons choisie. Ce n'est lorsque nous avons fini cette course que l'autre monde s'ouvrira.

La satisfaction des sens suppose quelques fois une autre phase qui se trouve être dangereuse et tentante. Vous entendrez toujours parler de l'idée, dans des temps très anciens, dans chaque religion, qu'un jour viendra où toutes les misères de la vie cesseront, et il ne restera que ses joies et plaisirs, et cette terre deviendra un paradis. Je n'y crois pas. Cette terre restera toujours le même monde. C'est une chose affreuse à dire, pourtant je ne vois pas d'autre solution La misère du monde est comme un rhumatisme chronique dans le corps ; le chassez d'un endroit et il passe d'un autre côté, chassez-le d'ici et vous le sentirez par là. Peu importe ce que vous faites, il est toujours là. Autrefois, la population habitait dans les forêts, et s'adonnait au cannibalisme ; aujourd'hui, il n'y a plus de cannibalisme, mais les gens se trompent les uns les autres. Des pays entiers et des villes sont ruinés par la tromperie. On ne voit pas beaucoup d'évolution. Je ne vois que ce que vous appeler « l'évolution dans le monde » comme la multiplication des désirs. Si une chose est évidente pour moi, c'est que les désirs apportent toute la misère ; c'est le statut du mendiant, qui est toujours là à supplier pour quelque chose, et qui ne peut voir quelque chose sans espérer l'obtenir, et se languit sans cesse. Si le pouvoir de satisfaire nos désirs augmente de manière arithmétique, le pouvoir du désir augmente lui de manière géométrique. La somme totale de bonheur et de misère dans ce monde est au moins partout identique. Si une vague se soulève dans l'océan, elle fait un creux quelque part. Si un homme est heureux, un autre homme sera malheureux, ou alors un animal. Les hommes augmentent en nombre et le nombre d'animaux diminue ; nous les exterminons, et s'approprions leur terre ; nous leur prenons tout moyen de subsistance. Comment peut-on donc dire que le bonheur augmente ? L'espèce forte mange les plus faibles, mais pensez-vous que l'espèce forte sera heureuse ? Non ; ils vont commencer à s'entretuer. Je ne vois pas, pour des raisons pratiques, comment ce monde pourrait devenir un paradis. Les faits y sont opposés. Je ne le vois pas non plus arriver pour des raisons théoriques.

La perfection est toujours infinie. Nous sommes déjà cet infini, et nous cherchons à manifester cet infini. Vous et moi, et tous les êtres, cherchons à le manifester. Jusqu'ici tout va bien. Mais d'après ce fait des philosophes allemands ont développé une théorie particulière : cette manifestation va s'élever de plus en plus jusqu'à ce que nous atteignons une manifestation parfaite, jusqu'à ce que nous devenions des êtres parfaits. Que veut dire manifestation parfaite ? La perfection signifie l'infini, et la manifestation signifie la limite, cela veut donc dire que nous serions à la fois des illimités limités, ce qui est contradictoire. Une telle théorie ferait plaisir aux enfants ; mais elle empoisonne leurs esprits avec des mensonges, c'est très mauvais pour la religion. Mais nous savons que ce monde se détériore, que l'homme est une dégradation de Dieu et qu'Adam est déchu. Aucune religion aujourd'hui n'enseigne pas que l'homme est une humiliation. Nous en avons été réduits au statut d'animal, et maintenant nous remontons, pour se sortir de cet esclavage. Mais nous ne serons jamais entièrement capables de manifester l'Infini ici. Nous devrons lutter de toutes nos forces, mais un jour viendra où nous comprendrons qu'il est impossible que tout soit parfait ici, tandis que nous sommes retenus par nos sens. Et ensuite sonnera le retour à notre état originel d'Infini.

Ceci est la renonciation. Nous devons nous sortir de la difficulté en inversant le processus par lequel nous sommes arrivés, et ensuite la moralité et la charité commenceront. Quel est le mot d'ordre pour tous codes de conduite ? « Pas moi, mais toi », et ce « Je » est le résultat de cet Infini en arrière plan, qui cherche à Se manifester dans le monde extérieur. Ce petit « Je » est le résultat, et il va devoir partir et rejoindre l'Infini, sa propre nature. A chaque fois que vous dites : « Pas moi, mon frère, mais toi », vous essayez de revenir en arrière, et à chaque fois que vous dites « Moi, et pas toi », vous faites l'erreur d'essayer de manifester l'Infini à travers le monde sensoriel. Cela fait entrer les conflits et les mauvaises personnes dans le monde, mais après un certain temps la renonciation doit arriver, l'éternel renonciation. Le petit « Je » est mort et enterré. Pourquoi accorder autant d'importance à cette petite vie ? Tous ces désirs inutiles de vivre et apprécier cette vie, ici ou ailleurs, attirent la mort.

Si nous avons évolué des animaux, les animaux peuvent aussi être des hommes dégradés. Comment savez-vous que ce n'est pas le cas ? Vous avez vu que la preuve de l'évolution est tout simplement ceci : vous découvrez une série de corps classés du plus inférieurs au plus supérieurs sur une échelle progressivement ascendante. Mais en partant de ça, comment pouvez-vous insister sur le fait que l'on va toujours vers le haut, et jamais vers le bas ? L'argument implique les deux idées, et s'il y a quelque chose de vrai, je crois que c'est que la série se répète en allant de haut en bas. Comment pouvez-vous avoir une évolution sans une involution ? Notre lutte pour une vie meilleure montre que nous avons été dégradés d'une haute position. Cela doit être vrai, seulement les détails doivent varier. Je m'accroche toujours à l'idée énoncée d'une seule voix par le Christ, le Bouddha et le Védanta, qu'avec le temps nous devrons tous atteindre la perfection, mais uniquement en abandonnant cette imperfection. Ce monde n'est rien.

Au mieux ce n'est qu'une monstrueuse caricature, une ombre de la Réalité. Nous devons aller vers la Réalité. La renonciation nous Y amènera. La renonciation est la base même de notre vraie vie ; chaque moment de bonté et de vie réelle dont nous jouissons se produit quand nous ne pensons pas à nous-mêmes. Ce petit être séparé doit mourir. Là, nous découvrirons que nous sommes dans le Vrai, que la Réalité est Dieu, qu'Il est notre vraie nature, et qu'Il est toujours en nous et avec nous. Vivons à travers Lui, nous tenir en Lui. C'est le seul état jouissif de l'existence. La vie au niveau de l'Esprit est la seule vie, essayons d'arriver à cette prise de conscience.

Chapitre IX
L'Unité dans la Diversité

Délivré à Londres, le 3 Novembre 1896

« L'être qui existe par lui-même a projeté les sens vers l'extérieur et par conséquent un homme regarde vers l'extérieur et non pas à l'intérieur de lui-même. Une certaine personne avisée, qui désire l'immortalité, avec des sens inversés, perçut le Soi intérieur. » Comme je l'ai déjà dit, la première question que l'on trouve dans le Véda concernait les choses extérieures, puis une nouvelle idée est apparue, selon laquelle la réalité des choses ne se trouve pas dans le monde extérieur ; pas en regardant vers l'extérieur, mais en tournant les yeux, comme il est littéralement mentionné, vers l'intérieur. Le mot utilisé pour l'Âme est très important : c'est Lui qui est allé vers l'intérieur, la réalité la plus profonde de notre être, le centre du cœur, le noyau, duquel tout ressort ; le soleil central dont l'esprit, le corps, les organes sensoriels et tout ce que nous avons sont seulement les rayons allant vers l'extérieur. « Les hommes avec une intelligence puérile, les personnes ignorantes, courent après des désirs qui sont externes, et se retrouvent dans le grand piège de la mort ; mais l'homme avisé, comprenant ce qu'est l'immortalité, ne cherche jamais l'Eternel dans cette vie de choses limitées. » La même idée est ici expliquée clairement, que dans ce monde externe rempli de choses limitées, il est impossible de voir et trouver l'Infini. L'Infini doit être recherché dans ce qui est uniquement infini, et la seule chose qui soit infini chez nous est ce qu'il y a en nous, notre âme. Ni le corps, ni l'esprit, ni même nos pensées ou le monde que nous voyons autour de nous sont infinis. Le Prophète, Lui à qui ils appartiennent tous, l'Âme de l'homme, Lui qui est éveillé dans l'homme intérieur, Lui seul est infini, et nous devons nous rendre là-bas pour chercher la Cause Infinie de cet univers tout entier. Nous ne pouvons la trouver que dans l'Âme Infinie. « Ce qui est ici est aussi là-bas, et ce qui est là-bas est aussi ici. Lui qui voit la multiplicité va de mort en mort. » Nous avons vu comment au début il y avait le désir d'aller au paradis. Quand ces anciens aryens n'étaient plus satisfaits du monde qui les entourait, ils ont naturellement pensé qu'après la mort ils iraient quelque part où il n'y aurait que du bonheur sans aucune misère ; ils ont multiplié ces endroits et les ont appelé Svargas, le mot peut être traduit comme paradis, ou la joie serait éternelle, le corps deviendrait parfait ainsi que l'esprit, et là-bas ils vivraient avec leurs ancêtres. Mais dés l'arrivée de la philosophie, les hommes ont compris que c'était impossible et absurde. L'idée même d'un infini dans l'espace serait une contradiction en soi, l'espace devant débuter et continuer avec le temps. Par conséquent, ils ont du abandonner l'idée. Ils ont découvert que les dieux qui vivaient dans ces paradis avaient autrefois été des êtres humains sur la terre qui, grâce à leurs bonnes actions étaient devenus des dieux, et que les divinités, comme ils les appellent, étaient états différents, des positions différentes ; aucun des dieux mentionnés dans le Véda ne sont des individus permanents.

Par exemple, Indra et Varuna ne sont pas les prénoms de certaines personnes, mais les noms des positions en tant que gouverneurs et ainsi de suite. L'Indra qui a vécu auparavant n'est pas la même personne que l'Indra d'aujourd'hui ; il est décédé, et un autre homme de la terre a pris sa place. Il en va de même avec tous les autres dieux. Ce sont certaines positions qui sont occupées tour à tour par des âmes humaines qui se sont élevées au rang de dieux, et pourtant même ces dieux meurent. Dans l'ancien Rig-Véda, on trouve le mot « immortalité » utilisé pour ces dieux, mais par la suite ce terme est complètement abandonné, puisque l'on voit que l'immortalité, qui va au-delà du temps et de l'espace, ne peut être employée à l'égard de toute forme physique, quelque soit sa subtilité. Quelque que soit sa finesse, elle doit avoir un début dans le temps et l'espace, car les éléments nécessaires entrant dans la composition d'une forme se trouvent dans l'espace. Essayez de penser à une forme sans espace : c'est impossible. L'espace est l'un des matériaux qui constitue la forme, et cela change continuellement. L'espace et le temps sont dans le Mâyâ, cette idée est exprimée dans la phrase : « Ce qui est dans un trou existe aussi. » Si ces dieux existent, ils doivent être soumis aux mêmes lois qui sont appliquées ici, et toutes les lois impliquent la destruction et le renouvellement, perpétuels. Ces lois façonnent la matière en différentes formes, et les écrasent à nouveau. Tout ce qui est né doit mourir ; et donc s'il y a des paradis, les mêmes lois doivent y être en vigueur.

Dans ce monde, nous voyons que tout bonheur est suivi par la misère, son ombre. La vie a son ombre, la mort. Ils vont ensemble, parce qu'ils ne sont pas contradictoires, ne sont pas deux existences séparées, mais deux manifestations différentes de la même unité, la vie, la mort, le chagrin et le bonheur, le bien et le mal. La conception dualiste que le bien et le mal sont deux entités séparées, et qu'elles sont toutes les deux éternelles, est absurde à première vue. Ce sont les diverses manifestations d'un seul et même fait, une fois apparaissant comme mauvais, et une autre fois comme bon. La différence n'existe pas en genre, mais uniquement dans l'importance. Ils diffèrent l'un de l'autre en degré d'intensité. Nous avons observé comme fait que les mêmes systèmes nerveux sont à la fois porteurs de bonnes et de mauvaises sensations, et lorsque ces nerfs sont endommagés, nous ne ressentons aucune sensation. Si un certain nerf est paralysé, nous ne ressentons plus les sensations agréables qui passaient le long de ces fils et en même temps, nous ne ressentons pas non plus les sensations douloureuses. Ils ne sont pas deux, ils ne font qu'un. Encore une fois, la même chose produit du plaisir et de la douleur à différentes périodes de la vie. Le même phénomène procurera du plaisir à l'un, et de la douleur à l'autre. La consommation de viande procure du plaisir à un homme, mais de la douleur à un animal qui est mangé. Il n'y a jamais rien eu qui donne du plaisir à tout le monde. Certains sont satisfaits, d'autres insatisfaits. Ainsi vont les choses. C'est pourquoi cette dualité d'existence est refusée. Et qu'est-ce qui suivra ? Je vous ai dit lors de ma dernière conférence que l'on ne peut jamais, au final, n'avoir que du bon sur la terre, sans rien de mal. Cela a du en décevoir et effrayer certains d'entre vous, mais il en est ainsi, et je suis prêt à croire si on me démontre le contraire, mais jusqu'à ce que cela puisse m'être prouvé, et penser que c'est vrai, il m'est impossible de le dire.

L'argument général qui s'oppose à mon affirmation, et apparemment qui est très convaincant, est qu'au cours de l'évolution, tout ce qui est mal dans ce que nous voyons autour de nous est progressivement éliminé, et le résultat est que si cette élimination se poursuit pendant des millions d'années, il viendra un jour où tout le mal aura été extirpé, et il ne restera plus que le bien. Ceci est apparemment un argument très solide. Plût à Dieu si c'était vrai ! Mais il y a une erreur dans ce raisonnement, cet argument considère comme acquis le fait que le bien et le mal sont des choses éternellement fixées. Il considère comme acquis qu'il y a une masse définie de mal, qui peut être représentée par une centaine, et qu'il en va de même pour le bien, et que cette masse de mal diminue chaque jour, ne laissant que le bien. Mais est-ce bien le cas ? L'histoire du monde montre que le mal est une quantité qui ne cesse de croître, tout comme le bien. Prenez l'homme au plus bas ; il vit dans la forêt. Son plaisir sensoriel est très mince, tout comme son pouvoir de souffrir. Sa détresse est entièrement basée sur le plan sensoriel. S'il n'a pas assez à manger, il est misérable ; mais donnez-lui beaucoup de nourriture et la liberté d'errer et de chasser, et il sera parfaitement heureux. Son bonheur ne repose que sur les sens, tout comme son malheur. Mais si cet homme acquiert des connaissances, son bonheur augmentera, l'intelligence s'ouvrira à lui, et la satisfaction des sens évoluera vers la satisfaction intellectuelle. Il ressentira du plaisir en lisant un magnifique poème, et un problème mathématique va piquer sa curiosité. Mais, avec ceux-là, les nerfs internes vont devenir de plus en plus susceptibles à la misère de la douleur mentale, à laquelle le sauvage ne pense pas. Prenez un exemple très simple. Au Tibet il n'y a pas de mariage, et il n'y a pas de jalousie, pourtant nous savons que le mariage est un état supérieur. Les Tibétains n'ont pas connu le merveilleux plaisir, la bénédiction de la chasteté, le bonheur d'avoir une femme chaste et vertueuse, ou un mari chaste et vertueux. Ces personnes ne peuvent pas le ressentir. Et de la même façon, ils ne ressentent pas la jalousie intense d'une femme ou d'un mari chaste, ou de la misère causée par l'infidélité du mari ou de la femme, avec toutes les peines de cœurs et le chagrin dont les adeptes de la chasteté font l'expérience. D'un côté, ce dernier obtient le bonheur, mais de l'autre côté, ils souffrent aussi.

Prenons votre pays qui est le pays le plus riche dans le monde, et qui est plus luxueux que n'importe quel autre, voyez à quel point la détresse est intense, le nombre de déments que vous avez, comparé aux autres races, juste parce que les désirs sont si vifs. Un homme doit maintenir un niveau de vie élevé, et la somme d'argent qu'il dépense en une année serait une fortune pour un homme vivant en Inde. Vous ne pouvez pas lui prêcher de vivre une vie simple parce que la société lui en demande trop. La roue de la société continue de tourner ; elle ne s'arrête pas pour les larmes d'une veuve ou les gémissements d'orphelins. Il en est ainsi partout. Votre plaisir sensoriel est développé, votre société est beaucoup plus belle que d'autres. Vous avez beaucoup plus de choses à apprécier. Mais ceux qui en ont moins, ont beaucoup moins de chagrin. Vous pouvez ainsi discuter tout du long, plus l'idéal que vous vous faites dans votre cerveau est élevé, plus votre plaisir est grand, et plus votre chagrin est profond. L'un est comme l'ombre de l'autre. Il est peut-être vrai que les maux sont éliminés, mais si c'est le cas, le bien doit aussi être en train de s'épuiser. Mais les maux ne sont-ils pas entrain de se multiplier rapidement, tandis que le bien diminue, si je puis dire ainsi ? Si le bien croît en progression arithmétique, le mal augmente en progression géométrique. Et ça c'est Mâyâ. Ce n'est ni de l'optimiste ni du pessimisme. Le Védanta soutient pas que ce monde n'est qu'un monde misérable. Ce ne serait pas vrai. En même temps, c'est une erreur de dire que ce monde est rempli de bonheur et de bénédictions. Il est donc inutile de dire aux enfants que ce monde n'est que bonté, rempli de fleurs, de lait et de miel. C'est ce dont nous avons tous rêvé. Il est aussi inexact de penser que, parce qu'un homme a souffert plus qu'un autre, que tout est mauvais. C'est cette dualité, ce jeu du bien et du mal qui constitue notre monde. En même temps, le Védanta dit : « Ne pensez pas que le bien et le mal soient deux, deux essences séparées, puisqu'ils ne sont qu'une seule et même chose, se montrant à différents degrés, sous différents aspects et produisant des différences de sensations dans le même esprit. » Donc, la première pensée du Védanta est de trouver l'unité dans l'extérieur ; l'Existence Unique qui Se manifeste, peu importe s'Il apparaît différemment dans la manifestation. Pensez à l'ancienne théorie grossière des Persans : deux dieux qui ont créé ce monde, le bon dieu faisant tout ce qui est bon, et le mauvais, tout ce qui est mal. A priori, vous voyez l'absurdité, pour que cette théorie tienne, chaque loi de la nature doit avoir deux parties, une qui est manipulée par un dieu, et quand il s'en va l'autre dieu manipule l'autre partie. La difficulté vient du fait que les deux dieux travaillent dans le même monde, et qu'ils conservent leur harmonie en blessant une partie et en faisant du bien à une autre. C'est un cas rudimentaire, bien sûr, la façon la plus grossière d'exprimer la dualité de l'existence. Mais, prenons la théorie la plus avancée, la plus abstraite, selon laquelle le monde est partiellement bon et mauvais. Ceci est aussi absurde, si l'on débat du même point de vue. C'est la loi de l'unité qui nous donne notre nourriture, et c'est cette même loi qui en tue beaucoup via des accidents ou des mésaventures.

Nous voyons donc que ce monde n'est ni optimiste ni pessimiste ; c'est un mélange des deux, et nous verrons ensuite que l'entière responsabilité n'est plus attribuée à la nature et est mise sur nos épaules. En même temps, le Védanta nous montre la sortie, mais sans nier le mal, parce qu'il analyse résolument le fait tel qu'il est et ne cherche pas à dissimuler quoi que ce soit. Il n'est pas désespéré ; il n'est pas sceptique. Il trouve un remède, mais il veut le placer sur des fondations inflexibles : non pas en fermant la bouche de l'enfant et en lui bandant les yeux avec quelque chose qui n'est pas vrai, et que l'enfant découvrira dans quelques jours. Je me souviens quand j'étais petit, le père d'un jeune garçon est mort et l'a laissé dans la misère, avec une grande famille à faire vivre. Il apprit que les amis de son père ne voulaient pas l'aider, il eu alors une conversation avec un prêtre qui lui dit ceci en guise de réconfort : « Oh, tout va bien, tout arrive pour notre bien. » C'est l'ancienne méthode qui consiste à mettre un morceau de feuille d'or sur une vieille plaie. C'est une confession de faiblesse, d'absurdité. Le jeune homme s'en alla, et six mois plus tard, un garçon naquit chez le prêtre, et il fit une fête de remerciements à laquelle il invita le jeune homme. Le prêtre pria : « Merci à Dieu pour Sa miséricorde. » Et le jeune homme se leva et dit : « Cela suffit, tout ça n'est que misère. » Le prêtre demanda : « Pourquoi ? », « Parce que quand mon père est mort, vous aviez dit que c'était bien, même si apparemment c'était mal ; alors que maintenant, tout cela est apparemment bien, mais en réalité très mal. » Est-ce là la manière de débarrasser le monde de la misère ? Etre bon et avoir de la pitié envers ceux qui souffrent. N'essayez pas de recoller les morceaux, rien ne guérira ce monde ; il faut aller au-delà.

C'est un monde où règnent le bien et le mal. Là où il y a du bon, le mal suit, mais au-delà et derrière toutes ces manifestations, toutes ces contradictions, le Védanta trouve cette Unité. Il dit : « Abandonnez ce qui est mauvais et abandonnez ce qui est bon. » Que reste-t-il donc ? Derrière le bien et le mal se trouve quelque chose qui vous appartient, le vrai « vous », au-delà de tout mal et au-delà de tout bien, c'est lui qui se manifeste en bon ou en mauvais. Sachez ceci d'abord, et seulement alors vous serez un vrai optimiste ; vous pourrez alors tout contrôler. Contrôlez ces manifestations et vous aurez la liberté de montrer le vrai « vous ». Soyez d'abord maître de vous-même, levez-vous et soyez libre, allez au-delà des limites de ces lois, parce que ces lois ne vous gouvernent absolument pas, elles ne sont qu'une partie de votre être. Vous devez d'abord découvrir que vous n'êtes pas l'esclave de la nature, vous ne l'avez jamais été et vous ne le serez jamais ; que cette nature, aussi infinie que vous pensez qu'elle soit, a ses limites, une goutte dans l'océan, et votre Âme est l'océan ; vous êtes au-delà des étoiles et du soleil. Elles ne sont que de simples bulles comparées à votre être infini. Sachez ceci, et vous pourrez contrôler le bien et le mal. Alors seulement la vision même changera et vous vous lèverez et direz : « Que le bien est magnifique et que le mal est merveilleux ! »

C'est ce que le Védanta enseigne. Il ne propose pas de remède fait à la va-vite en recouvrant les blessures avec des feuilles d'or et plus la blessure s'aggrave, plus il faut mettre de feuilles d'or. La vie est une dure réalité ; frayez-vous un chemin audacieusement, même si ce sera difficile ; peu importe, l'âme est plus forte. Il ne laisse aucune responsabilité aux petits dieux ; nous créons nos propres fortunes. Vous vous faites souffrir, vous faites le bien et le mal, et c'est vous qui mettez vos mains devant vous yeux et dites qu'il fait sombre. Enlevez vos mains et regardez la lumière ; vous êtes radieux, vous êtes déjà parfaits, depuis le début. Maintenant nous comprenons le vers : « Il va de la mort à celle qui voit tous ceux qui sont là. » Voyez cette Unité et soyez libre.

Comment pouvons-nous la voir ? L'esprit, qui se fait tellement d'idées, qui est si faible, qui se laisse diriger, même cet esprit là peut être fort et peut voir un aperçu de cette connaissance, cette Unité, qui nous sauve de mourir encore et encore. Comme la pluie tombant sur la montagne coule dans les différentes rivières en bas des flancs de la montagne, toutes les énergies que vous voyez ici viennent de cette Unité. Elle est devenue multiple en tombant sur Mâyâ. Ne vous ruez pas vers la multiplicité ; allez vers l'Élu. « Il est dans tout ce qui bouge ; Il est dans tout ce qui est pur; Il remplit l'univers; Il est dans le sacrifice; Il est l'invité à la maison; Il est dans l'homme, dans l'eau, dans les animaux, dans la vérité; Il est celui qui est Grand. Comme le feu qui entre dans ce monde se manifeste sous plusieurs formes, cette Âme unique de l'univers Se manifeste sous toutes ces différentes formes. Comme l'air qui entre dans ce monde se manifeste sous plusieurs formes, cette Âme Unique de toutes les âmes, de tout être, Se manifeste sous toutes les formes.» Cela est vrai lorsque vous aurez compris cette Unité, et pas avant, tout est alors optimisme parce qu'Il est vu partout. La question est que, si tout ceci est vrai, alors le Pur, le Soi, l'Infini, est entré en tout, et comment est-il possible qu'Il souffre, comment est-Il possible qu'il devienne misérable, impur? Il ne le devient pas, selon l'Upanishad. «Tout comme le soleil est responsable de la vue de chaque être, mais ne devient pas défectueux par le défaut de tout œil, aussi le Soi de tous n'est pas affecté par les misères du corps, ou par n'importe quelle misère se trouvant autour de vous.» J'ai peut-être une maladie et je vois tout en jaune, mais le soleil n'est pas affecté par ma condition. «Il est l'Elu, le Créateur de tous, le Souverain de tous, l'Âme Interne de tout être, Celui qui fait ces divers Unités. Ainsi les sages qui le reconnaissent comme l'Âme de leurs âmes, à eux appartient la paix éternelle; et à personne d'autre, à personne d'autre. Celui qui dans ce monde d'évanescence trouve l'Immuable, celui qui dans cet univers de mort trouve cette Vie Unique, celui qui dans cette diversité trouve cette Unicité, et tous ceux qui Le reconnaissent comme l'Âme de leurs âmes, à eux appartient la paix éternelle; à personne d'autre, à personne d'autre. Où Le trouver dans le monde extérieur, où Le trouver dans les soleils, les lunes et les étoiles? Là-bas le soleil ne peut illuminer, ni la lune, ni les étoiles, l'éclair ne peut illuminer l'endroit; que dire de cet feu mortel? S'Il brille, tout le reste brille. C'est Sa lumière qu'ils ont emprunté, et Il brille à travers eux.» Voila une autre comparaison magnifique. Ceux d'entre vous qui sont allés en Inde et ont vu comment le banian venait d'une racine et se propageait loin à la ronde, vous comprendrez ça. Il est ce banian; c'est Lui la racine de tout ce qui a été ramifié jusqu'à ce qu'Il devienne cet univers, et peu importe la distance où Il s'étend, chacun de ses troncs et de ses branches sont connectés.

On parle de ces paradis variés dans les sections des brahmans du Véda, mais l'enseignement philosophique des Upanishads abandonne l'idée d'aller au paradis. Le bonheur ne se trouve pas dans ce paradis-ci ou ce paradis-là, il se trouve dans l'âme; les lieux ne signifient rien. Voici un autre passage qui montre les différentes étapes de la prise de conscience: «Dans le paradis de nos ancêtres, comme un homme qui voit des choses en rêve, alors il voit la Vraie Vérité.» Si nous voyons les choses de manière floue et peu visible, comme dans un rêve, alors nous y voyons la Réalité. Il y a un autre paradis appelé le Gandharva, où c'est encore moins clair ; comme un homme qui voit son propre réflet dans l'eau, alors il y voit la Réalité. Le paradis le plus élevé que les Hindous conçoivent se nomme le Brahmaloka ; et dans celui-ci, on voit la Vérité beaucoup plus clairement, comme la lumière et l'ombre ; mais pas aussi distinctement. Mais comme un homme qui voit son propre visage dans un miroir, parfait, distinct, et clair, la Vérité brille dans l'âme de l'homme. Le plus haut paradis, donc, est dans nos propres âmes ; le plus grand temple pour prier est l'âme humaine ; plus grand que tous les paradis, d'après le Védanta ; dans aucun paradis pouvons-nous comprendre la réalité aussi distinctement et aussi clairement que dans cette vie, dans notre âme. Changer de places n'aide pas beaucoup. Je pensais lorsque j'étais en Inde que la grotte m'aiderait à mieux y voir. Mais ce n'était pas le cas. Alors j'ai pensé que la forêt le ferait, et, ensuite, Varanasi. Mais la même difficulté existait partout, parce que nous créons nos propres mondes. Si je suis mauvais, le monde entier m'apparaît mauvais. C'est ce que dit l'Upanishad. La même chose est valable dans tous les mondes. Si je meurs et que je vais au paradis, je devrais y trouver la même chose, car jusqu'à ce que je sois pur ça ne sert à rien d'aller dans des grottes, ou des forêts, ou à Varanasi, ou au paradis, et si j'ai poli mon miroir, là où je vis n'a pas d'importance, je vois la Réalité telle qu'Elle est. C'est donc inutile de courir ici et là, et de dépenser de l'énergie en vain, qui ne devrait être dépensée à polir le miroir. La même idée est à nouveau exprimée ici : « Personne ne Le voit, personne ne voit Sa forme avec les yeux. C'est dans l'esprit, l'esprit pur, qu'Il est vu, et cette immortalité est obtenue. »

Ceux qui étaient aux conférences d'été sur le Raja-Yoga seront intéressés de savoir que ce qui était enseigné était un genre de Yoga différent. Le Yoga que nous étudions maintenant consiste principalement à contrôler les sens. Quand les sens sont retenus en esclaves par l'âme humaine, quand ils ne peuvent plus perturber l'esprit, alors le yogi a atteint son but. « Quand tous les désirs inutiles du cœur ont été abandonnés, alors ce même mortel devient immortel, et il fait un avec Dieu, même ici. Quand tous les liens du cœur sont découpés en morceaux, alors le mortel devient immortel, et il profite du Brahman ici. » Ici, sur cette terre, nulle part ailleurs.

Quelques mots méritent d'être prononcés ici. Vous entendrez généralement dire que ce Védanta, cette philosophie ainsi que d'autres méthodes Orientales, ne regardent que vers quelque chose au loin, abandonnant les jouissances et les épreuves de cette vie. Cette idée est totalement fausse. Il n'y a que les personnes ignorantes qui ne savent rien de la pensée orientale, et n'ont jamais eu l'idée de comprendre quoi que ce soit de son véritable enseignement, qui vous le disent. Au contraire, nous lisons dans nos textes sacrés que nos philosophes ne veulent pas aller vers d'autres mondes, mais les dévalorisent comme étant des endroits où les personnes pleurent et rient pendant un moment seulement et après meurent. Tant que nous sommes faibles nous devrons passer par ces expériences, mais peu importe ce qui est vrai, c'est ici, et c'est l'âme humaine. On insiste aussi beaucoup là-dessus, que lorsque l'on se suicide, on ne peut échapper à l'inévitable ; on ne peut pas l'éviter. Mais la bonne voie est difficile à trouver. L'Hindou est tout aussi pragmatique que l'Occidental, seul nos vues sur la vie divergent. Il dit, construisez une bonne maison, laissez-nous avoir de bons vêtements et de la nourriture, une culture intellectuelle, et ainsi de suite, pour le reste de cette vie ; et en ça il est énormément pragmatique. Mais l'Hindou dit, la vraie connaissance du monde signifie la connaissance de l'âme, la métaphysique ; et il veut profiter de cette vie. En Amérique il y avait un grand agnostique, un homme très noble et très bon, et un très bon orateur. Il donnait des conférences sur la religion, dont il disait qu'elle n'avait pas d'utilité ; pourquoi importuner nos têtes avec d'autres mondes ? Il utilisa cette comparaison suivante : ici nous avons une orange, et nous voulons en presser tout le jus. Je l'ai rencontré une fois et lui ait dit : « Je suis entièrement d'accord avec vous. J'ai un fruit, et je veux aussi lui presser tout son jus. Nos différences se trouvent dans le choix du fruit. Vous voulez une orange, et je préfère une mangue. Vous pensez que c'est suffisant de vivre ici, de manger et boire et d'avoir un peu de connaissances scientifiques ; mais vous n'avez aucun droit de dire que tout le monde en sera satisfait. Une telle conception n'est rien pour moi. Si je devais seulement apprendre comment une pomme tombe au sol, ou comment un courant électrique secoue mes nerfs, je me suiciderais. Je veux comprendre le cœur des choses, le noyau même. Vous étudiez la manifestation de la vie, moi c'est celle de la vie elle-même. Ma philosophie dit que vous devez le savoir et chasser de votre esprit toute pensée sur le paradis et l'enfer ainsi que toutes les autres superstitions, même si elles existent dans le même sens que notre monde existe. Je dois connaître le cœur de cette vie, son essence même, ce que c'est, pas seulement savoir comment elle marche et quelles sont ses manifestations. Je veux connaître le pourquoi des choses, je laisse le comment aux enfants. Comme l'un de vos compatriotes a dit :'Pendant que je fume une cigarette, si je devais écrire un livre, ce serait la science de la cigarette.' C'est bien et beau d'être un scientifique, que Dieu les bénisse dans leurs recherches ; mais quand un homme dit que c'est tout, il parle bêtement, ne se préoccupant pas de la raison d'être de la vie, n'étudiant jamais l'existence même. Je peux débattre que vos connaissances ne sont que des idioties, sans aucune base. Vous étudiez les manifestations de la vie, et quand je vous demande ce qu'est la vie, vous me dites que vous ne savez pas. Vous pouvez continuez votre étude, mais laissez-moi la mienne.»

Je suis pragmatique, très pragmatique, à ma façon. Donc votre idée que seul l'Occident est pragmatique ne tient pas debout. Vous être pragmatique d'une manière et moi d'une autre. Il y a différents types d'hommes et d'esprits. Si en Orient, on dit à un homme qu'il apprendra la vérité en se tenant sur une jambe toute sa vie, il va suivre cette méthode. Si en Occident, des hommes entendent dire qu'il y a une mine d'or quelque part dans un pays non civilisé, des milliers vont aller y braver le danger, en espérant trouver de l'or ; et peut-être qu'un seul y arrivera. Les mêmes hommes ont entendu dire qu'ils avaient une âme mais sont contents de laisser l'église en prendre soin. Le premier homme n'ira pas près des sauvages, il dit que cela peut être dangereux. Mais si on lui dit qu'au sommet d'une grande montagne réside un sage exceptionnel qui peut lui apporter la connaissance de l'âme, il va essayer de grimper vers lui, même s'il meurt en essayant. Ces deux types d'hommes ont le sens pratique, mais l'erreur réside dans le fait de considérer ce monde comme la vie entière. La vôtre est le point de fuite de la satisfaction des sens, il n'y a rien de permanent là-dedans, cela n'apporte que davantage de misère, alors que la mienne apporte la paix éternelle.

Je ne dis pas que votre vision est fausse, vous avez le droit de l'avoir. Le bien et la bénédiction en ressortent, mais alors ne condamnez pas mon point de vue. Le mien est aussi pragmatique à sa façon. Travaillons sur nos propres plans. Plût à Dieu que nous soyons tout aussi pragmatiques, des deux côtés. J'ai vu des scientifiques qui étaient tout aussi pragmatiques, à la fois en tant que scientifiques et en tant qu'hommes spirituels, et c'est mon grand espoir, qu'avec le temps, toute l'humanité sera productive de la même manière. Quand une bouilloire d'eau arrive à ébullition, si vous observez le phénomène, vous verrez la première bulle s'élever, et ensuite une autre et ainsi de suite, jusqu'à ce qu'elles se rejoignent, et une forte agitation se produise. Le monde est très similaire. Chaque individu est comme une bulle, et les nations ressemblent à de multiples bulles. Progressivement, ces nations se rejoignent, et je suis qu'un jour viendra où la séparation ne sera plus et l'Unicité vers laquelle nous nous dirigeons deviendra évidente pour nous. Le temps viendra où chaque homme pourra avoir un sens pratique intense à la fois dans le monde scientifique et dans le monde spirituel, et ensuite cette Unité, cette harmonie de l'Unité, imprègnera le monde entier. L'humanité entière deviendra Jivanmukta : libre alors que l'on vit. Nous luttons tous vers cette finalité à travers nos jalousies et nos haines, à travers notre amour et notre coopération. Un ruisseau immense s'écoule vers l'océan, nous emportant avec lui ; et bien que comme des brins de paille et des bouts de papier, parfois nous pouvons errer sans but, sur le long terme nous sommes sûrs de rejoindre l'Océan de la Vie et du Bonheur.

Chapitre X
La Liberté de l'Âme

Délivré à Londres, le 5 Novembre 1896

La Katha Upanishad, que nous avons étudiée, a été écrite beaucoup plus tard que la Chāndogya vers laquelle nous nous tournons maintenant. La langue est plus moderne, et la pensée mieux organisée. La langue est très archaïque dans les Upanishads plus anciennes, comme dans la section de l'hymne du Véda, et on doit parfois ingurgiter beaucoup de texte inutile avant d'arriver aux doctrines essentielles. La littérature ritualiste dont je vous ai parlé qui forme la deuxième division du Véda, a grandement influencé cette ancienne Upanishad, de sorte que plus de la moitié est encore ritualiste. Cependant, il y a un grand avantage à étudier les anciennes Upanishads. Vous retracez l'évolution historique des idées spirituelles. Dans les Upanishads plus récentes, les idées spirituelles ont été rassemblées et mises dans un même endroit ; comme dans le Bhagavad-Gita, par exemple, que nous pouvons peut-être considérer comme étant la dernière des Upanishads, et où vous ne trouvez aucune trace de ces idées ritualistes. Le Gita est comme un bouquet composé des fleurs magnifiques des vérités spirituelles cueillies dans les Upanishads. Mais dans le Gita vous ne pouvez pas étudier l'ascension des idées spirituelles, vous ne pouvez pas remonter à leur source. Pour faire cela, comme beaucoup l'ont fait remarquer, vous devez étudier le Véda. La sainte vénération dédiée à ces livres les a préservés, plus qu'aucun autre livre au monde, de la mutilation. Les pensées les plus élevées et les plus basiques ont été préservées dans ces livres, l'essentielle et le superflu, les enseignements les plus ennoblissants et les simples questions de détails se tiennent côte à côte ; puisque personne n'a osé les toucher. Les commentateurs ont essayé de les aplanir et de faire ressortir de nouvelles idées merveilleuses à partir des anciennes ; ils ont essayé de trouver des idées spirituelles même dans les déclarations les plus ordinaires, mais les textes demeurent, de telle sorte qu'ils sont la plus merveilleuse étude historique. Nous savons tous que dans les textes sacrés de chaque religion, des changements ont été effectués pour s'adapter à la spiritualité grandissante des anciennes époques ; un mot a été changé ici et un autre a été ajouté là, et ainsi de suite. Ceci n'a probablement pas été fait avec la littérature védique, ou si jamais cela avait été le cas, les modifications sont presque invisibles. Alors nous avons ce grand avantage, nous pouvons étudier les pensées dans leur signification originelle, pour constater comment elles se sont développées, comment les idées spirituelles évoluent à partir d'idées matérialistes de plus en plus subtiles, jusqu'à ce qu'elles atteignent leur apogée dans le Védanta. Les descriptions des anciennes mœurs et coutumes sont aussi incluses, mais elles apparaissent peu dans les Upanishads. Le langage utilisé est particulier, concis, mnémotechnique.

Les auteurs de ces livres ont simplement noté ces lignes pour aider à se rappeler certains faits qu'ils supposaient comme étant déjà bien connus. Peut-être que, dans un récit qu'ils racontent, ils tiennent pour acquis qu'il est déjà connu de tous ceux à qui ils s'adressent. Une grande difficulté se pose alors, nous connaissons à peine la véritable signification de chacune de ces histoires parce que les traditions ont presque disparu, et que le peu qu'il en reste a été beaucoup exagéré. Beaucoup de nouvelles interprétations y ont été ajoutées, de sorte qu'elles sont déjà devenues des poèmes lyriques lorsque vous les retrouver dans les Puranas. Tout comme en Occident, nous constatons ce fait important dans le développement politique des races occidentales qui ne supportent pas le contrôle absolu, qu'elles essayent toujours d'éviter qu'un seul homme les gouverne, et avancent progressivement vers des idées de plus en plus démocratiques, des idées de liberté physique de plus en plus importantes, et donc, dans la métaphysique indienne, le même phénomène apparaît dans le développement de la vie spirituelle. La multiplicité des dieux a donné place à un Dieu unique de l'univers, et dans les Upanishads, il y a une rébellion même contre ce Dieu unique. Non seulement l'idée que plusieurs gouverneurs de l'univers jugent leurs destinées était intolérable, mais il était aussi intolérable qu'il n'y ait qu'une personne régnant sur l'univers. C'est la première chose qui nous frappe. L'idée grandit de plus en plus, jusqu'à ce qu'elle atteigne son point culminant. Dans presque toutes les Upanishads, nous voyons son dénouement final, qui se trouve être de détrôner ce Dieu de l'univers. La personnalité de Dieu disparait, l'impersonnalité apparait. Dieu n'est plus une personne, n'est plus un être humain, aussi agrandi et exagéré qu'Il soit, qui gouverne cet univers, mais Il devient un principe incarné dans chaque être, immanent à l'univers entier. Ce ne serait pas logique de passer du Dieu Personnel à l'Impersonnel, et en même temps de laisser l'homme en tant que personne. Alors l'homme personnel est décomposé, l'homme en tant que principe est développé. La personne n'est qu'un phénomène et le principe est derrière. Ainsi des deux côtés, simultanément, nous voyons l'effondrement des personnalités et l'approche vers les principes, le Dieu Personnel approchant l'Impersonnel, l'homme personnel approchant l'Homme Impersonnel. Viennent ensuite les étapes successives de la convergence progressive des deux lignes avancées du Dieu Impersonnel et de l'Homme Impersonnel. Et les Upanishads représentent les étapes à travers lesquelles ces deux lignes finissent par n'en former qu'une, et chaque Upanishad se conclue sur ces derniers mots : « Tu es Cela ». Il n'y a qu'Un Principe de Béatitude Éternelle, et Celui-ci Se manifeste par toute cette variété.

Ensuite sont arrivés les philosophes. Le travail des Upanishads semble s'être arrêté à ce point ; la suite a été reprise par les philosophes. Le cadre leur a été fourni par les Upanishads, et ils ont dû y ajouter les détails. Donc, de nombreuses questions allaient naturellement surgir. En tenant pour acquis qu'il n'y a qu'Un seul Principe Impersonnel qui se manifeste sous de nombreuses formes, comment est-il possible qu'Un seul devienne plusieurs ? C'est une autre manière de formuler la même vieille question qui, dans sa forme brute, s'insinue dans le cœur humain comme la question des causes du mal etc. Pourquoi le mal existe-t-il dans ce monde, et quelle est sa cause ? Mais la même question est maintenant devenue affinée, dissociée. Ce n'est plus à partir de la plate-forme sensorielle que l'on se demande pourquoi on est malheureux, mais à partir de la plate-forme philosophique. Comment est-il possible que ce Principe Unique devienne multiple ? Et la réponse, comme nous l'avons vu, la meilleure réponse que l'Inde ait fournie est la théorie de Mâyâ selon laquelle Il n'est pas devenu varié, qu'Il n'a pas vraiment perdu de sa véritable nature. La multiplicité est seulement apparente. L'homme est en apparence seulement une personne, mais en réalité il est l'Être Impersonnel. Dieu est une personne seulement en apparence, mais en vrai Il est l'Être Impersonnel.

Même dans cette réponse, il y a eu des étapes qui se sont succédées, et les philosophes ont changé leurs opinions. Tous les philosophes indiens n'ont pas admit cette théorie de Mâyâ. La plupart d'entre eux ne l'ont sûrement pas acceptée. Il y a des dualistes, avec une sorte de dualisme barbare, qui n'accepteraient pas que la question soit posée, mais l'étouffent à sa naissance même. Ils ont dit : « Vous n'avez aucun droit de poser une telle question, vous n'avez aucun droit de demander une explication ; c'est simplement la volonté de Dieu, et nous devons nous y soumettre en silence. Il n'y a pas de liberté pour l'âme humaine. Tout est prédestiné, ce que nous ferons, ce que nous aurons, ce que nous apprécierons, ce dont nous souffrirons ; et quand la souffrance se présente, il est de notre devoir de l'endurer patiemment ; si nous ne le faisons pas, nous serons d'autant plus punis. Comment le savons-nous ? Parce que c'est ce que dit le Véda. » Et ainsi ils ont leurs textes et leurs significations et ils veulent les imposer.

Il y en a d'autres qui, bien qu'ils n'admettent pas la théorie de Mâyâ, se retrouvent à mi-chemin. Ils disent que l'ensemble de cette création constitue, en quelque sorte, le corps de Dieu. Dieu est l'Âme de toutes les âmes et de l'ensemble de la nature. Dans le cas des âmes individuelles, la contraction vient du fait de faire le mal. Quand un homme fait quelque chose de mal, son âme commence à se contracter et son pouvoir diminue et continue de baisser, jusqu'à ce qu'il fasse de bonnes œuvres, alors elle gonfle à nouveau. Une idée semble être commune à toutes les méthodes indiennes, et je pense à chaque méthode dans le monde, qu'ils le sachent ou non, qui est ce que j'appellerai la divinité de l'homme. Il n'y a aucune méthode dans le monde, aucune vraie religion, qu'elle soit exprimée dans le langage de la mythologie, de l'allégorie ou de la philosophie, qui ne possède pas l'idée que l'âme humaine, quelle qu'elle soit, ou quelle que soit sa relation avec Dieu, est essentiellement pure et parfaite. Sa vraie nature est la béatitude et le pouvoir, et non pas la faiblesse et la misère. D'une manière ou d'une autre, cette misère est arrivée. Les méthodes barbares pourraient l'appeler le mal personnifié, un diable, ou un Ahriman, pour expliquer comment cette misère est arrivée. D'autres méthodes essaieraient de réunir un Dieu et un diable en une entité qui rendrait certaines personnes misérables et d'autres heureuses, sans aucune raison. D'autres encore, plus prévenantes, utilisent la théorie de Mâyâ et ainsi de suite. Mais un fait sort clairement du lot, et c'est à celui-ci que l'on doit faire face. Après tout, ces idées philosophiques et ces méthodes ne sont que de la gymnastique de l'esprit, des exercices intellectuels. La grande idée qui me paraît être très claire, et qui ressort à travers un tas de superstitions dans chaque pays et dans chaque religion, est l'idée lumineuse que l'homme est divin, que la divinité est notre nature.

Tout ce qui vient ensuite n'est que superposition, comme le Védanta l'appelle. Quelque chose a été superposé, mais cette nature divine ne meurt jamais. Elle est toujours présente dans le plus dépravé ainsi que dans le plus saint. Elle doit être sollicitée, et elle s'activera d'elle-même. Nous devons demander et elle se manifestera. Les anciens savaient que le feu vivait dans le silex et dans le bois sec, mais la friction était nécessaire pour le produire. Alors ce feu de la liberté et de la pureté est la nature de chaque âme, et non une qualité, parce que l'on peut acquérir des qualités et donc on peut les perdre. L'âme ne fait qu'un avec la Liberté, avec l'Existence et avec la Connaissance. Le Sat-Chit-Ananda : l'Existence-Connaissance-Béatitude Absolue, est la nature, le droit imprescriptible de l'âme, et toutes les manifestations que vous noyons sont Ses expressions, qui Se manifestent faiblement ou avec éclat. Même la mort n'est qu'une manifestation de cette Véritable Existence. La Naissance et la Mort, la vie et la décomposition, la dégénérescence et la régénération sont toutes les manifestations de cette Unité.

Ainsi, la connaissance, peu importance comment elle se manifeste, que ce soit dans l'ignorance ou dans l'apprentissage, n'est que la manifestation de ce même Chit, l'essence de la connaissance ; la différence n'est que dans l'importance, et non dans le genre. La différence de connaissances entre le ver le plus inférieur qui rampe sous nos pieds et le plus grand génie que le monde aurait créé n'est qu'une question d'importance et non de genre. Le penseur védantin déclare fièrement que les plaisirs de cette vie, même les joies les plus dégradées, ne sont que des manifestations de cette Béatitude Divine Unique, cette Essence de l'Âme.

Cette idée semble être la plus importante dans le Védanta, et comme je l'ai dit précédemment, il me semble que chaque religion la possède. Je ne connais pas encore la religion qui ne possède pas cette idée. C'est l'idée universelle qui fonctionne dans toutes les religions. Prenons la Bible par exemple. Vous y trouvez la déclaration allégorique selon laquelle le premier homme, Adam, était pur, et que sa pureté a ensuite été oblitérée par ses mauvaises actions. Il ressort clairement de cette allégorie qu'ils pensaient que la nature de l'homme primitif était parfaite. Les impuretés que nous voyons, la faiblesse que nous ressentons, ne sont que des superpositions sur cette nature, et l'histoire ultérieure de la religion chrétienne montre qu'ils croient aussi dans la possibilité, et ont même la certitude de retrouver cet ancien état. C'est toute l'histoire de la Bible, du Vieux et du Nouveau Testament réunis. Et chez les musulmans : ils croient aussi en Adam et à la pureté d'Adam, et à travers Mohammed, la voie a été ouverte pour retrouver cet état perdu. Chez les bouddhistes : ils croient en un état appelé le Nirvana, qui est au-delà de ce monde relatif. C'est exactement la même chose chez le Brahman des védantins, et toute la méthode des bouddhistes est fondée sur l'idée de retrouver cet état perdu de Nirvana. On trouve cette doctrine dans chaque méthode, selon laquelle vous ne pouvez pas avoir quelque chose qui ne soit déjà à vous. Dans cet univers, vous n'êtes redevable à personne. Vous affirmez votre propre droit imprescriptible, comme cela a été plus poétiquement exprimé par un grand philosophe védantin, dans le titre de l'un de ses livres : « La réussite de notre propre empire ». Cet empire est à nous ; nous l'avons perdu et nous devons le reconquérir. Le Mâyâvadin, par contre, dit que cette perte de l'empire était une hallucination ; vous ne l'avez jamais perdu. C'est la seule différence.

Même si toutes les méthodes sont d'accord pour l'instant sur le fait que nous avons possédé cet empire, et que nous l'avons perdu, elles nous donnent différents conseils sur comment le récupérer. L'une dira que vous devez accomplir certaines cérémonies, payer certaines sommes d'argent à certaines idoles, manger certaines sortes de nourriture, vivre d'une façon particulière pour récupérer cet empire.

Une autre dit que si vous pleurez et si vous vous prosternez et demandez pardon à un certain Être au-delà de la nature, vous retrouverez cet empire. Encore une autre dit que si vous aimez un tel Être avec tout votre cœur, vous retrouverez cet empire. Tous ces différents conseils sont inclus dans les Upanishads. Vous le verrez plus tard. Mais le dernier et le meilleur conseil est que vous n'avez pas besoin de pleurer du tout. Vous n'avez pas besoin d'endurer toutes ces cérémonies, vous ne devez pas écouter les conseils pour savoir comment récupérer votre empire, parce que vous ne l'avez jamais perdu. Pourquoi devriez-vous chercher ce que vous n'avez jamais perdu ? Vous êtes déjà purs, vous êtes déjà libres. Si vous pensez que vous êtes libres, à ce moment vous l'êtes, et si vous pensez être prisonnier, alors vous le serez. C'est une déclaration très audacieuse, et comme je vous l'ai dit au début de ce cours, je vais devoir vous parler très hardiment. Cela vous effraie peut-être maintenant, mais quand vous y réfléchirez, et que vous vous en rendrez compte dans votre propre vie, alors vous saurez que ce que je dis est vrai. Car, en supposant que la liberté n'est pas votre nature, d'aucune manière vous deviendrez libre. Supposons que vous étiez libre et d'une certaine manière vous avez perdu cette liberté, cela montre que vous n'étiez pas libre à la base. Si vous l'aviez été, qu'est-ce qui aurait pu vous faire perdre cette liberté ? L'indépendant ne peut jamais devenir dépendant ; s'il est vraiment dépendant, son indépendance était une hallucination.

De ces deux côtés, alors, lequel choisirez-vous ? Si vous dites que l'âme était dans sa propre nature, pure et libre, ce qui suit naturellement est qu'il n'y avait rien dans cet univers qui la lierait ou limiterait. Mais s'il y avait quelque chose dans la nature qui pourrait emprisonner l'âme, il en découle naturellement qu'elle n'est pas libre, et votre déclaration selon laquelle elle est libre est une illusion. Alors, si c'est possible pour nous d'atteindre la liberté, la conclusion inévitable est que l'âme est par sa nature libre. Il ne peut pas en être autrement. La liberté signifie l'indépendance de tout ce qu'il y a d'extérieur, et cela signifie que rien à l'extérieur ne pourrait en être la cause. L'âme n'a pas de cause, et il en découle toutes les grandes idées que nous avons. Vous ne pouvez pas établir l'immortalité de l'âme, à moins que vous acceptiez qu'elle soit libre par nature, ou en d'autres termes, qu'elle ne peut pas être influencée par quoi que ce soit d'extérieur. Comme la mort est un effet produit par une cause extérieure. Je bois du poison et je meurs, montrant ainsi que mon corps est sous l'influence de quelque chose d'externe qui est appelé du poison. Mais si cela est vrai que l'âme est libre, il en découle logiquement que rien ne peut l'affecter, et elle ne peut donc mourir. La liberté, l'immortalité, la béatitude dépendent tous de l'âme qui est au-delà de la loi de causalité, au-delà de ce Mâyâ. De ces deux-là, quel côté choisirez-vous ? Soit l'on fait du premier une illusion, ou alors on fait du second une illusion. Je ferais certainement une illusion du second. Ce choix est plus en accord avec mes sentiments et mes aspirations. Je suis parfaitement conscient que je suis libre par nature, et je n'admettrai pas que ce cet esclavage soit vrai et que ma liberté soit une illusion.

Cette discussion se poursuit dans toutes les philosophies, sous une forme ou une autre. Vous trouvez même dans les philosophies les plus modernes les mêmes discussions qui surviennent. Il y a deux partis. L'un dit qu'il n'y a pas d'âme, que l'idée de l'âme est une illusion produite par le transit répétitif de particules ou de la matière, mettant en avant la combinaison que vous appelez le corps ou le cerveau ; que l'impression de la liberté est le résultat des vibrations, des mouvements et des transits en continu de ces particules. Il y avait des sectes bouddhistes qui avaient le même point de vue et l'illustraient par cet exemple : si un jeune prend une torche et la fait tournoyer très vite, il y aura un cercle de lumière. Ce cercle n'existe pas vraiment, parce que la torche change de place à chaque instant. Nous ne sommes qu'un groupe de petites particules qui, dans leur tourbillon rapide produisent l'illusion d'une âme permanente. L'autre parti avance que dans une rapide succession de pensées, la matière devient une illusion, et n'existe pas vraiment. Donc nous avons un côté qui affirme que l'esprit est une illusion, et l'autre que la matière se présente comme une illusion. Quel côté choisirez-vous ? Evidemment, nous choisirons l'esprit et nierons la matière. Les arguments sont semblables pour les deux, seulement du côté de l'esprit, l'argument est un peu plus fort. Puisque personne n'a jamais vu ce qu'est la matière. Nous ne pouvons que nous sentir. Je n'ai jamais connu un homme qui pouvait sentir la matière en dehors de lui-même. Personne n'a jamais été capable de bondir en dehors de soi-même. Par conséquent, l'argument est plus convaincant du côté de l'esprit. Deuxièmement, la théorie de l'esprit explique l'univers, alors que celle du matérialisme ne le fait pas. D'où l'explication matérialiste qui est illogique. Si vous résumez toutes les philosophies et que vous les analysez, vous verrez qu'elles se réduisent à une seule ; ou alors à l'une de ces deux positions. Donc, ici aussi, dans une forme plus complexe, dans une forme plus philosophique, nous trouvons la même question concernant la pureté et la liberté naturelle. Un côté dit que la première est une illusion, et l'autre que la seconde est une illusion. Et, bien sûr, nous prenons parti pour la seconde, en croyant que notre servitude est une illusion.

La solution du Védanta est que nous ne sommes pas prisonniers, nous sommes déjà libres. Non seulement cela, mais de dire ou de penser que nous sommes prisonniers est dangereux, c'est une erreur, c'est de l'autohypnose. Dés que vous dites « je suis attaché », « je suis faible », « je suis sans défense », malheur à vous ; vous ajoutez des maillons supplémentaires à votre chaîne. Ne le dites pas, ne le pensez pas. J'ai entendu parler d'un homme qui vivait dans une forêt et avait l'habitude de répéter jour et nuit : « Shivoham », Je suis le Bienheureux, et un jour un tigre s'est jeté sur lui et l'a emporté pour le tuer ; les gens de l'autre côté de la rivière assistèrent à la scène, et entendirent la voix aussi longtemps qu'il y eu de la voix en lui, qui disait : « Shivoham », même dans la gueule du tigre. Il y a eu beaucoup d'hommes comme lui. Il y a eu des hommes qui, alors qu'ils étaient entrain d'être découpés morceaux, bénissaient leurs ennemis : « Je suis Lui, je suis Lui ; et tu l'es aussi. Je suis pur et parfait tout comme mes ennemis. Tu es Lui, et moi aussi. » C'est cela la position de force. Néanmoins, il y a des choses grandes et merveilleuses dans les religions des dualistes ; le Dieu Personnel séparé de la nature que l'on vénère et aime, est une idée merveilleuse. Parfois cette idée est très apaisante. Mais, le Védanta dit que le réconfort est quelque chose qui ressemble à l'effet d'un opiacé, qui n'est pas naturel. Il apporte la faiblesse à long terme, et ce que ce monde veut aujourd'hui, plus qu'il ne l'a jamais voulu auparavant, c'est la force. Selon le Védanta, c'est la faiblesse qui est la cause de toute la misère dans ce monde. La faiblesse est l'unique cause de la souffrance. Nous devenons misérables parce que nous sommes faibles. Nous mentons, nous volons, nous tuons, nous commettons d'autres crimes, parce que nous sommes faibles. Nous souffrons parce que nous sommes faibles. Nous mourrons parce que nous sommes faibles. Là où il n'y a rien pour nous affaiblir, il n'y a ni mort ni peine. Nous sommes misérables par illusion. Abandonnez l'illusion, et tout disparait. En effet, c'est simple et facile. A travers toutes ces discussions philosophiques et ces gymnastiques mentales phénoménales, nous arrivons à cette idée religieuse, la plus simple du monde.

Le Védanta moniste est la forme la plus simple pour exprimer la vérité. Enseigner la dualité en Inde et ailleurs a été une énorme erreur, parce que les gens ne regardaient pas les principes ultimes, mais ne pensaient qu'au processus qui était en effet très complexe. Pour beaucoup, ces propositions philosophiques et logiques phénoménales étaient alarmantes. Ils pensaient que ces choses ne pouvaient être rendues universelles, ne pouvaient pas être suivies dans la vie pratique de tous les jours, et que sous l'apparence d'une telle philosophie, une grande négligence de la vie surviendrait.

Mais je ne crois pas du tout que les idées monistes prêchées au monde pourraient produire l'immoralité et la faiblesse. Au contraire, j'ai des raisons de croire que c'est le seul remède qui existe. Si cela est la vérité, pourquoi laisser les gens boire l'eau du fossé quand le flux de la vie coule à côté ? Si cela est la vérité, qu'ils sont tous purs, pourquoi ne pas l'enseigner à cet instant au monde entier ? Pourquoi ne pas l'enseigner avec une voix retentissante à tout homme qui est né, aux saints et aux pécheurs, aux hommes, aux femmes, aux enfants, à l'homme assis sur le trône et à l'homme balayant les rues ?

Maintenant, il semble que ce soit un projet très grand et très important ; pour beaucoup il a l'air très étonnant, mais cela est du à la superstition et rien d'autre. En mangeant toute sorte de nourriture mauvaise et indigeste, ou alors en nous laissant mourir de faim, nous sommes incapables de manger un bon repas. Nous avons écouté les paroles de la faiblesse depuis notre enfance. Vous entendez des gens dire qu'ils ne croient pas aux fantômes, mais en même temps, il y en a très peu qui ne ressentent pas une petite sensation effrayante dans le noir. Ce n'est que simple superstition. Alors avec toutes les superstitions religieuses, il y a des personnes dans ce pays qui, si je leur disais qu'il n'y a pas d'être tel que le diable, vont penser que toute religion n'est plus. Beaucoup de personnes m'ont dit : comment peut-il y avoir de religion sans un diable ? Comment peut-il y avoir de religion sans quelqu'un pour nous diriger ? Comment peut-on vivre sans être gouverné par quelqu'un ? Nous aimons être traités ainsi, parce que nous nous y sommes habitués. Nous ne somme pas contents tant que nous ne sentons pas que nous sommes réprimandés par quelqu'un chaque jour. La même superstition ! Mais aussi terrible que cela puisse paraître aujourd'hui, un jour viendra où nous regarderons en arrière, chacun d'entre nous, et nous rirons de chacune de ces superstitions qui couvraient l'âme pure et éternelle, et nous répéterons avec joie, avec sincérité, et avec force : je suis libre, j'étais libre, et je serai toujours libre. Cette idée moniste ressortira du Védanta, et c'est la seule idée qui mérite de vivre. Les textes sacrés peuvent disparaître demain. Que cette idée soit d'abord apparue dans les cerveaux des hébreux ou des personnes qui vivent dans les régions de l'Arctique, tout le monde s'en moque. Car ceci est la vérité et la vérité est éternelle ; et la vérité elle-même enseigne qu'Il n'est pas la propriété exclusive d'un individu ou d'une nation. Les hommes, les animaux, et les dieux sont tous les bénéficiaires communs de cette vérité. Laissez-les la recevoir. Pourquoi rendre la vie misérable ? Pourquoi laisser les gens se faire avoir par toutes sortes de superstitions ? Je donnerai dix milles vies, si vingt d'entre elles laissent tomber leurs superstitions. Pas seulement dans ce pays, mais sur la terre de leur naissance même, si vous dites cette vérité aux gens, ils sont effrayés. Ils disent : « Cette idée est pour les samnyāsins qui abandonnent le monde et vivent dans les forêts ; pour eux tout va bien. Mais pour nous, les pauvres propriétaires, nous devons tous avoir une sorte de peur, nous devons avoir des cérémonies », et ainsi de suite.

Les idées dualistiques ont dominé le monde bien assez longtemps, et en voila le résultat. Pourquoi ne pas faire une nouvelle expérience ? Cela prendra peut-être des siècles pour que tous les esprits reçoivent le monisme, mais pourquoi ne pas commencer maintenant ? Si nous l'avons dit à vingt personnes dans nos vies, nous avons fait un excellent travail.

Il y a une idée qui, souvent, s'y oppose. La voici : C'est très bien de dire, « je suis le Pur, le Béni » mais je ne peux pas toujours le montrer dans ma vie. C'est vrai ; l'idéal est toujours très difficile. Chaque enfant qui est né voit le ciel très loin au-dessus de sa tête, mais est-ce là une raison pour que l'on ne regarde pas vers le ciel ? Est-ce que ça réparerait les choses si l'on se tournait vers les superstitions ? Si nous ne pouvons pas avoir le nectar, est-ce que les choses s'arrangeraient pour nous si nous buvions du poison ? Est-ce que ça nous serait d'une grande aide, parce que nous ne pouvons pas immédiatement nous rendre compte de la vérité, d'aller dans les ténèbres et de céder à la faiblesse et la superstition ?

Je ne m'oppose pas au dualisme sous ses nombreuses formes. J'aime la plupart d'entre elles, mais je m'oppose à toute forme d'enseignement qui inculque la faiblesse. C'est la question que je pose à tout homme, toute femme, ou enfant, lorsqu'ils sont en formation physique, mentale ou spirituelle. Êtes-vous fort ? Sentez-vous la force ? Car je sais que seule la vérité donne de la force. Je sais que seule la vérité donne la vie, rien que d'aller vers la réalité nous rend fort, et personne n'atteindra la vérité jusqu'à ce qu'il soit fort. Donc chaque méthode, qui affaiblit l'esprit, en rend un superstitieux, en fait un se morfondre, en fait un désirer toute sorte d'impossibilités folles, des mystères et des superstitions. Je n'aime pas ça, parce que son effet est dangereux. Ce genre de méthode n'apporte jamais rien de bon ; de telles choses créent la morbidité dans l'esprit, le rendent faible, si faible qu'au cours du temps il deviendra presque impossible pour lui d'obtenir la vérité ou d'en être à la hauteur. La force, par conséquent, est l'unique chose nécessaire. La force est le remède des maladies du monde. La force est le remède que les pauvres doivent avoir quand ils sont tyrannisés par les riches. La force est le remède que l'ignorant doit avoir lorsqu'il est opprimé par l'érudit ; et c'est le remède que les pécheurs doivent avoir lorsqu'ils sont tyrannisés par d'autres pécheurs ; rien ne donne plus de force que cette idée de monisme. Rien ne nous rend plus moral que cette idée de monisme. Rien ne nous fait travailler si bien et au meilleur de notre forme que quand toute la responsabilité retombe sur nous. Je mets chacun d'entre vous au défi. Comment vous comporterez-vous si je mets un petit bébé dans vos bras ? Votre vie entière sera changée pour le moment ; peu importe ce que vous pouvez être, vous devez pour l'instant devenir désintéressé. Vous devez abandonner toutes vos idées criminelles dés que la responsabilité retombe sur vous, votre personnalité entière va changer. Donc si toute la responsabilité retombe sur vos épaules, nous devons être à notre meilleur ; lorsque nous n'avons personne vers qui tâtonner, aucun diable sur qui rejeter la faute, aucun Dieu Personnel pour porter nos fardeaux, lorsque nous sommes les seuls responsables, alors nous nous élèverons à notre meilleur.

Je suis responsable de mon destin, je suis celui qui apporte le bien sur moi-même, je suis celui qui apporte le mal. Je suis le Pur et le Béni. Nous devons rejeter toute pensée qui assure le contraire. « Je n'ai ni la mort, ni la peur, je n'ai ni caste ni principes, je n'ai ni père ni mère ni frère, ni ami ou ennemi, car je suis l'Existence, la Connaissance et la Béatitude Absolue ; je suis le Bienheureux, je suis le Bienheureux. Je ne suis pas prisonnier par la vertu ou le vice, par le bonheur ou le chagrin. Les pèlerinages, les livres et les cérémonies ne peuvent pas m'emprisonner. Je n'ai ni faim ni soif ; le corps n'est pas mien, je ne suis pas sujet aux superstitions et au déclin dont le corps est victime, je suis l'Existence, la Connaissance et la Béatitude Absolue ; je suis le Bienheureux, je suis le Bienheureux. »

D'après le Védanta, ceci est l'unique prière que nous devrions avoir. C'est la seule façon d'atteindre le but, de nous dire, et de dire à tout le monde, que nous sommes divins. Et lorsque l'on continue à se répéter cela, la force vient. Celui qui faiblit d'abord deviendra de plus en plus fort, et la voix sera plus forte jusqu'à ce que la vérité prenne possession de nos cœurs, et coule dans nos veines, et pénètre nos corps. L'illusion disparaitra en même temps que la lumière deviendra de plus en plus radieuse, des tonnes et des tonnes d'ignorance disparaitrons, et viendra ensuite un temps où tout le reste aura disparu et seul le Soleil brillera.

Chapitre XI
Le Cosmos : le Macrocosme

Délivré à New York le 19 Janvier 1896

Les fleurs que nous voyons tout autour de nous sont magnifiques, le lever du soleil le matin est magnifique, les nuances diverses de la nature sont belles. L'univers entier est magnifique, et l'homme en profite depuis son apparition sur terre. Les montagnes sont sublimes et impressionnantes, les grandes rivières tumultueuses déferlant sur la mer, les déserts qui s'étendent à perte de vue, l'océan infini, le ciel étoilé, tous sont en effet impressionnants, sublimes, et magnifiques. La masse entière de l'existence que nous appelons la nature influence l'esprit humain depuis la nuit des temps. Elle agit sur la pensée de l'homme, et de sa réaction en est ressortie une question : Qu'est-ce qu'elles sont ? D'où viennent-elles ? Aussi loin que remonte la toute première partie de la plus ancienne des compositions humaines, les Veda, nous retrouvons la même question : « D'où vient-il ? Lorsqu'il n'y avait ni tout ni rien, et que l'obscurité était cachée dans les ténèbres, qui projeta cet univers ? Comment ? Qui connaît le secret ? » Et la question s'est transmise jusqu'à nous, à l'heure actuelle. Des milliers de tentatives ont été faites pour y répondre, et il en faudra encore des milliers. Ce n'est pas que chaque réponse fut un échec, chaque réponse à cette question possédait une part de vérité, et cette vérité se renforce avec le temps. Je vais essayer de vous présenter les grandes lignes de la réponse que j'ai recueillies des anciens philosophes indiens, en adéquation avec la connaissance moderne.

Nous voyons que certains points des questions les plus anciennes ont déjà été éclaircis. Le premier est qu'il y avait un temps ou il n'y avait « ni quelque chose ni rien », quand ce monde n'existait pas, où notre terre-mère avec les mers et les océans, les rivières, et les montagnes, les villes et les villages, la race humaine, les animaux, les plantes, les oiseaux, les planètes et les astres, toute cette variété infinie de la création n'avait pas d'existence. En sommes-nous sûrs ? Nous allons essayer de comprendre comment on en est arrivé à cette conclusion. Qu'est-ce que l'homme voit autour de lui ? Prenez une petite plante. Il plante une graine dans le sol, et plus tard, il trouve une plante qui émerge, et se soulève doucement au-dessus du sol, elle pousse et pousse, jusqu'à devenir un arbre gigantesque. Puis, il meurt, ne laissant derrière lui que des graines. Il boucle le cercle : il sort de la graine, devient l'arbre et retourne dans la graine. Regardez un oiseau, la manière dont il sort de l'œuf, vit sa vie, et ensuite meurt, en laissant d'autres œufs, des graines de futurs oiseaux. De même avec les animaux et l'homme. Dans la nature, tout commence, pour ainsi dire, à partir de certaines graines, de certains fondements, certaines formes subtiles qui deviennent de plus en plus grossières, et se développent, restant ainsi pendant un moment, puis retournent à cette forme subtile et cessent. La goutte de pluie, dans laquelle le magnifique rayon de soleil se reflète, provient de la vapeur émanant de l'océan, elle s'est élevée très haut dans les airs et a atteint un endroit où elle s'est changée en eau, et elle est retombée sous sa forme actuelle pour ensuite à nouveau se transformer en vapeur. C'est pareil pour tout ce qui nous entoure dans la nature. Nous savons que les immenses montagnes subissent l'influence des glaciers et des rivières qui, doucement mais sûrement, les martèlent et les réduisent en sable, qui est emporté jusqu'à l'océan où il se dépose sur ses fonds, couche après couche, devenant aussi dur que de la roche, pour une fois de plus pour s'ériger en montagnes d'une génération future. Elles seront encore martelées et réduites en poussière, ainsi le cycle se poursuit. Ces montagnes s'élèvent du sable et vers le sable elles retournent.

S'il est vrai que la nature est complètement uniforme, s'il est vrai, et pour l'instant aucune expérience humaine ne le contredit, que cette même méthode avec laquelle un petit grain de sable est crée, s'applique aussi pour fabriquer de gigantesques soleils et étoiles et tout cet univers, s'il est vrai que cet univers entier est construit sur le même plan que l'atome, s'il est vrai que la même loi régit tout l'univers, alors, comme cela a été dit dans les Veda : « En connaissant un morceau d'argile, nous connaissons la nature de tout l'argile qu'il y a dans l'univers. » Prenez une petite plante et étudiez sa vie, et nous verrons l'univers tel qu'il est. Si nous connaissons un grain de sable, nous comprenons le secret de l'univers entier. En appliquant ce raisonnement aux phénomènes, nous voyons qu'en premier lieu, tout est presque identique au début et à la fin. La montagne provient du sable, et retourne au sable, la rivière provient de la vapeur, et retourne à la vapeur, la plante naît de la graine ; et retourne à la graine, la vie humaine provient de la semence humaine et y retourne. L'univers, avec ses étoiles et ses planètes, s'est sorti d'un état embryonnaire et doit y retourner. Que doit-on apprendre de cela ? Que l'état qui se manifeste ou qui est le plus grossier se trouve être les répercussions, et l'état le plus subtil se trouve être la cause. Il y a des milliers d'années, Kapila, le grand père de toute philosophie, a démontré que toute destruction signifie le retour à la cause. Si cette table est détruite, elle retournera à sa cause, ces formes subtiles et ces particules qui, une fois combinées, ont créé la forme que nous appelons une table. Si un homme meurt, il retournera vers les éléments qui lui ont donné son corps ; si la terre meurt, elle retournera vers ce qui lui a donné forme. C'est ce qu'on appelle la destruction, le retour à l'origine. Ainsi, nous voyons que le résultat est le même que la cause, il n'est pas différent. Ce n'est qu'une autre forme. Ce verre n'est qu'un effet, et il a eu une origine, et cette origine se manifeste dans cette forme. Une certaine quantité de la matière appelée verre ainsi que la force du fabricant, sont les raisons, l'instrumental et la matière qui, combinés, créent cette forme appelée verre. La force du fabricant est présente dans le verre en tant que le pouvoir d'adhésion, sans lequel les particules s'écrouleraient et la matière du verre est aussi présente. Le verre n'est qu'une manifestation de ces raisons subtiles dans une nouvelle forme, et s'il se brise en morceaux, la force qui se trouvait dans la forme de l'adhésion retournera vers son propre élément, et les particules de verre resteront les mêmes jusqu'à ce qu'elles prennent de nouvelles formes.

Ainsi, nous voyons que l'effet n'est jamais différent de la cause. Cet effet n'est qu'une reproduction de la cause dans une forme plus grossière. Ensuite, nous voyons que toutes ces formes particulières que nous appelons plantes, animaux, ou hommes, se répètent à l'infini, naissent et meurent. La graine fait pousser l'arbre. L'arbre produit la graine, qui devient également un autre arbre, et ainsi de suite, il n'y a pas de fin à cela. Des gouttes d'eau ont dévalé les montagnes pour rejoindre l'océan, elles s'élèvent à nouveau en tant que vapeur, elles retournent vers les montagnes et s'écoulent jusqu'à l'océan. Naître et mourir, le cycle se poursuit. De même avec toutes les vies, avec toute l'existence que nous pouvons voir, ressentir, entendre ou imaginer. Tout ce qui se trouve dans les limites de notre connaissance fonctionne de la même manière, tout comme l'inspiration et l'expiration du corps humain. L'ensemble de la création évolue sous cette forme, une vague qui s'élève, une autre qui retombe, qui s'élève à nouveau et qui retombe encore. Chaque vague a son creux, chaque creux a sa vague. La même loi doit s'appliquer à l'ensemble de l'univers à cause de son uniformité. Cet univers doit se résorber dans ses causes : le soleil, la lune, les étoiles, la terre, le corps et l'esprit, et tout ce qui se trouve dans cet univers doit retourner à sa cause la plus subtile, disparaître, être détruit pour ainsi dire. Mais ils vivront dans leurs causes en tant que formes subtiles. Ils émergeront de ces formes subtiles en tant que nouvelles terres, soleils, lunes et étoiles.

Il y a un autre fait à connaître sur cette naissance et mort. La graine provient de l'arbre, elle ne devient pas un arbre immédiatement, mais elle a une période d'inactivité, ou plutôt, une période d'action très subtile non-manifestée. La graine doit faire son travail sous la terre pendant un moment. Elle se brise en morceaux, se dégénère en quelque sorte, et de cette dégénération naît la régénération. Au début, l'ensemble de cet univers a du également travailler pendant un temps sous cette forme infime, invisible et non-manifestée, qui se nomme le chaos, d'où est provenue une nouvelle projection. La période totale d'une manifestation de cet univers (son retour vers une forme plus subtile l'attente sous cette forme, et sa nouvelle émergence) est appelée en sanskrit un Kalpa ou un Cycle. Ensuite vient une question très importante, surtout dans les temps modernes. Nous voyons que les formes subtiles se développent très lentement, et deviennent progressivement de plus en plus brutes. Nous avons vu que la cause est la même chose que l'effet, et que l'effet n'est que la cause mais sous une autre forme. Par conséquent, cet univers tout entier ne peut pas avoir été créé à partir de rien. Rien n'arrive sans raison, la raison étant l'effet sous une autre forme.

De quoi cet univers est-il donc fait ? D'un univers subtil antérieur. De quoi l'homme est-il donc fait ? D'une précédente forme subtile. De quoi l'arbre est-il fait ? De la graine, l'arbre entier se trouvait dans la graine. Il sort et se manifeste. Donc, l'ensemble de cet univers a été créé à partir de cet univers-là, existant sous une forme infime qui est actuellement manifeste. Il retournera vers cette forme atténuée, et se manifestera à nouveau. Nous voyons maintenant que ces formes subtiles sortent doucement et deviennent de plus en plus brutes jusqu'à ce qu'elles atteignent leurs limites, et lorsqu'elles atteignent leurs limites, elles repartent de plus en plus en arrière, devenant à nouveau plus subtiles. Sortir de cette forme subtile et devenir brut, en changeant simplement sa composition, est appelé « évolution » dans les temps modernes. C'est très exact, parfaitement vrai, nous le constatons dans nos vies. Aucun homme rationnel ne peut lutter contre ces évolutionnistes. Mais nous devons prendre connaissance d'encore une chose. Nous devons faire un pas en avant, et qu'en est-il ? Que chaque évolution est précédée d'une involution. La graine est le géniteur de l'arbre, mais un autre arbre était lui aussi le géniteur de la graine. La graine est la forme subtile de laquelle naît le grand arbre, et cette graine était la forme involuée d'un autre grand arbre . L'ensemble de cet univers était présent dans l'univers subtil cosmique. La petite cellule, qui ensuite se transforme en homme, était simplement l'homme involué qui a évolué pour devenir un homme. Si cela est clair, nous n'avons aucune objection contre les évolutionnistes, car nous voyons que s'ils admettent cette étape, au lieu de détruire la religion, ils en seront les plus grand défenseurs.

Nous voyons donc que rien ne peut être créé à partir de rien. Tout existe pour l'éternité, et existera pour l'éternité. Le mouvement n'est qu'une succession de vagues et de creux, retournant vers des formes plus subtiles, et sortant en tant que manifestations brutes. L'involution et l'évolution se déroulent dans l'ensemble de la nature. La série entière de l'évolution débute avec la manifestation la plus primitive de la vie et atteint ensuite la plus élevée, le plus parfait des hommes qui a sûrement été l'involution de quelque chose d'autre. La question est : L'involution de quoi ? Qu'est-ce qui a involué ? Dieu. L'évolutionniste vous dira que votre idée selon laquelle il s'agissait de Dieu est fausse. Pourquoi ? Parce que, vous voyez, Dieu est intelligent, mais nous savons que l'intelligence se développe beaucoup plus tard au cours de l'évolution. Nous trouvons l'intelligence chez l'homme et les animaux supérieurs, mais des millions d'années se sont écoulées dans ce monde avant que cette intelligence n'arrive. L'objection des évolutionnistes ne tient pas la route, comme nous le verrons en appliquant notre théorie. L'arbre provient de la graine, et retourne à la graine, le début et la fin sont identiques. La terre sort de sa cause et y retourne. Nous savons qu'en trouvant le début, nous pouvons trouver la fin. Au contraire, si nous trouvons la fin, nous trouverons le début. Si tel est le cas, prenez par exemple l'ensemble de cette série d'évolutions, à une extrémité nous avons le protoplasme et à une autre nous avons l'homme parfait, et cette série entière est une vie. Au final, nous trouvons l'homme parfait, alors le début devait être identique. Par conséquent, le protoplasme était l'involution de la plus haute intelligence. Vous ne le voyez peut-être pas, mais cette intelligence involuée est ce qui se déroule jusqu'à ce qu'elle se manifeste pour devenir le plus parfait des hommes. Ceci peut être démontré mathématiquement. Si la loi de la conservation de l'énergie est exacte, vous ne pouvez obtenir quoi que ce soit d'une machine à moins que vous ne l'ayez introduit en premier lieu. La durée de fonctionnement que vous obtenez d'un moteur est identique à ce que vous introduisez sous la forme d'eau et de charbon, ni plus ni moins. L'activité que je fais en ce moment est exactement ce que j'ai introduit en moi sous la forme d'air, de nourriture, et d'autres choses. Ce n'est qu'une question de changement et de manifestation. On ne peut ni ajouter ni retirer une particule de matière ou un joule dans l'économie de cet univers. Si cela est le cas, quelle est cette intelligence ? Elle n'était pas présente dans le protoplasme, elle a du soudainement arriver, quelque chose qui viendrait de rien, ce qui est absurde. Donc, il s'ensuit obligatoirement que cet homme parfait, cet homme libre, cet homme-Dieu, qui a surpassé les lois de la nature, et a tout transcendé, qui a terminé son processus évolutif, par la naissance et la mort, cet homme appelé « l'homme-Christ » par les chrétiens et « l'homme-Bouddha » pour les bouddhistes, et « celui qui est libre » par les yogis, cet homme parfait qui se trouve à une extrémité de la chaîne de l'évolution, a été involué dans la cellule du protoplasme, se trouvant à l'autre extrémité de la même chaîne.

En appliquant le même raisonnement à l'ensemble de l'univers, nous voyons que l'intelligence doit être le Maître de la création, la cause. Quelle est la notion la plus évoluée que l'homme ait de cet univers ? Il s'agit de l'intelligence, l'ajustement pièce par pièce, la manifestation de l'intelligence, dont l'ancienne théorie de la conception était une tentative de son expression. Le début était, par conséquent, l'intelligence. Au début, l'intelligence est involuée, et à la fin cette intelligence évolue. La somme totale de l'intelligence manifestée dans cet univers doit donc être l'intelligence universelle involuée qui se déroule. L'intelligence universelle est ce que nous appelons Dieu. Appelez-là comme vous voulez, il est absolument certain qu'au début il y ait cette intelligence cosmique Infinie. Cette intelligence cosmique est involuée, et se manifeste, évolue d'elle-même jusqu'à ce qu'elle devienne l'homme parfait, « l'homme-Christ », « l'homme-Bouddha ». Elle retourne ensuite à sa source d'origine. Voilà pourquoi tous les textes sacrés disent : « En Lui nous vivons, nous évoluons et avons notre être. » Voilà pourquoi tous les textes sacrés prêchent que nous descendons de Dieu et que nous retournons vers Dieu. Ne soyez pas terrifiés par les termes théologiques, si ces termes vous font peur, vous n'êtes pas aptes à devenir des philosophes. L'intelligence cosmique est ce que les théologiens appellent Dieu.

On m'a maintes fois demandé : « Pourquoi utilisez-vous ce vieux mot, Dieu ? » Parce que c'est le mot parfait pour ce dont nous parlons, vous ne pourrez pas trouver un mot plus approprié parce que tous les espoirs, toutes les aspirations et tout le bonheur de l'humanité ont été rassemblés dans ce mot. Il est maintenant impossible de remplacer le mot. Des mots comme celui-ci ont d'abord été formulés par de grands saints qui ont compris leur importance ainsi que leur signification. Mais alors qu'ils deviennent courants dans la société, les gens ignorants utilisent ces mots, et ce qui en résulte est qu'ils perdent leur esprit et leur splendeur. Le mot Dieu a été utilisé depuis la nuit des temps, et l'idée d'une intelligence cosmique, tout ce qui est immense et sacré, y est associée. Pensez-vous que parce qu'un idiot dit que tout ne va pas bien, nous devrions nous en séparer ? Un autre homme peut venir et dire : « Prenez ce mot » et encore un autre, « Utilisez celui-ci. » Il n'y aura donc pas de fin aux mots insensés. Utilisez l'ancien mot, ne l'utilisez que dans sa véritable signification, purifiez-le de toute superstition, et prenez conscience vraiment ce que ce grand et ancien mot signifie. Si vous comprenez le pouvoir des lois de l'association, vous verrez que ces mots sont associés à des idées puissantes, majestueuses et innombrables, ils ont été utilisés et idolâtrés par des millions d'âmes humaines et associés à ces idées avec tout ce qui a de plus noble et de meilleur, tout ce qui a de rationnel, tout ce qui a de sympathique, et tout ce qui a de remarquable et de grand dans la nature humaine. Ce sont des suggestions pour ces associations, et on ne peut pas les abandonner. Si j'essayais d'exprimer tout cela en vous expliquant seulement que Dieu a crée l'univers, vous n'en aurez pas compris le véritable sens. Pourtant, après toutes ces difficultés, nous sommes retournés vers Lui, l'Ancien et le Suprême.

Nous voyons maintenant que toutes les formes variées de l'énergie cosmique, telle que la matière, la pensée, la force, l'intelligence et ainsi de suite, sont simplement des manifestations de cette intelligence cosmique, ou comme nous devrions dorénavant l'appeler, le Maître Suprême. Tout ce que vous voyez, ressentez ou entendez, l'univers entier, est Sa création ou, pour être plus précis, Sa projection. Pour être encore plus précis, il s'agit du Maître lui-même. Il brille par le soleil et les étoiles, Il est la terre-mère, Il est l'océan. Il vient comme de douces averses, Il est l'air doux que nous respirons, Il est celui qui agit comme une force dans le corps. Il est le discours qui est prononcé, Il est l'homme qui parle. Il est le public présent. Il est la plateforme sur laquelle je me trouve, Il est la lumière qui me permet de voir vos visages. Tout vient de Lui. Il est à la fois la matière et la cause efficiente de cet univers, et Il est celui qui est involué dans la cellule minuscule, qui évolue jusqu'à l'autre extrémité pour redevenir Dieu. Il est ce qui s'atténue et devient le plus petit atome, dévoilant petit à petit Sa nature, Il se rejoint Lui-même. Ceci est le mystère de l'univers. « Vous êtes l'homme, Vous êtes la femme, Vous êtes l'homme fort qui marche dans la fierté de la jeunesse, Vous êtes le vieil homme qui trébuche avec ses béquilles, Vous êtes dans tout. Vous êtes tout, Ô Seigneur. » Ceci est la seule solution au Cosmos qui pourrait satisfaire l'intelligence humaine. En un mot, nous naissons de Lui, nous vivons à travers Lui, et nous retournons vers Lui.

Chapitre XII
Le Cosmos : le Microcosme

Délivré à New York, le 26 Janvier 1896

L'esprit humain cherche naturellement à sortir, à s'extirper du corps, pour ainsi dire, à travers les voies des organes. L'œil doit voir, l'oreille doit entendre, les sens doivent pouvoir ressentir le monde extérieur, et naturellement, les beautés et la sublimité de la nature attirent en premier l'attention de l'homme. Les premières questions que l'esprit humain s'est posées concernaient le monde extérieur. On s'est demandé au sujet du ciel, des étoiles, des corps célestes, de la terre, des fleuves, des montagnes, de l'océan, de trouver la solution à ce mystère. Dans toutes les religions antiques, nous trouvons des traces de la façon dont l'esprit humain incertain s'était d'abord attaché à tout ce qui était extérieur. Il y avait le dieu du fleuve, le dieu du ciel, le dieu des nuages, le dieu de la pluie, tout ce qui était extérieur, tout ce que nous appelons aujourd'hui les pouvoirs de la nature, avaient été métamorphosés, s'étaient transformés en volontés, en dieux, en messagers célestes. Alors que la question se creusait de plus en plus, ces manifestations externes ne réussissaient pas à satisfaire l'esprit humain, donc l'énergie se tourna vers l'intérieur et la question reposa donc sur l'âme même de l'homme. La question se refléta du macrocosme vers le microcosme, du monde extérieur vers le monde intérieur. En analysant la nature extérieure, l'homme en arrive à analyser la nature interne, cette remise en question de l'homme interne se retrouve dans les civilisations supérieures, avec une connaissance plus approfondie de la nature, avec un développement supérieur.

Le sujet de discussion de cet après-midi repose sur cet homme interne. Il n'y a pas de question qui soit aussi proche et importante au cœur d'un homme que celle de l'homme interne. Combien de millions de fois et dans combien de pays cette question a-t-elle été posée ! Les sages et les rois, les riches et les pauvres, les saints et les pécheurs, chaque homme, chaque femme, tous se sont posés cette question de temps à autre. N'y a-t-il rien de permanent dans la fugacité de cette vie humaine ? N'y a-t-il pas, ont-ils demandé, quelque chose qui subsiste lorsque ce corps meurt ? N'y a-t-il pas quelque chose qui vit lorsque ce charpente tombe en poussière ? N'y a-t-il pas quelque chose qui survit au feu qui réduit le corps en cendres ? Si c'est le cas, quel sort lui est-il réservé ? Où est-ce qu'il va ? D'où est-ce qu'il vient ? Ces questions ont sans cesse été posées, et aussi longtemps que cette création existera, aussi longtemps qu'il y aura des cerveaux humains pour penser, cette question continuera d'être posée. Pourtant, ce n'est pas que la réponse n'a pas été trouvée, à chaque fois que l'on trouve la réponse, et à force que le temps avancera, cette réponse se renforcera. On a répondu à cette question il y a des milliers d'années, et au cours des temps qui ont suivi, elle a été reformulée, elle a été à nouveau illustrée, elle a été rendue plus claire pour notre intellect. Ce que nous devons donc faire, c'est de réitérer notre réponse. Nous ne faisons pas semblant de faire la lumière sur tous ces problèmes dévorants, mais nous vous présentons seulement la vérité antique dans la langue des temps modernes, nous vous parlons des idées des anciens dans la langue moderne, des pensées des philosophes dans la langue du peuple, des pensées des anges dans la langue de l'homme, des idées de Dieu dans la langue de la pauvre humanité, pour que l'homme les comprenne puisque la même essence divine, d'où émanent les idées, est toujours présente dans l'homme et, par conséquent, il peut toujours les comprendre.

    Je suis entrain de vous regarder. Combien de choses sont nécessaires à cette vision ? D'abord, les yeux. Car, si je suis parfait partout ailleurs, et que je n'ai pourtant pas d'yeux, je ne pourrais pas vous voir. Deuxièmement, le véritable organe de la vision, car les yeux ne sont pas les organes, ils ne sont que les instruments de la vision, et derrière eux se trouve le véritable organe, le centre nerveux dans le cerveau. Si ce centre se retrouve blessé, un homme pourrait avoir les yeux les plus perspicaces, il serait incapable de voir quoi que ce soit. Il est donc nécessaire que ce centre, ou ce véritable organe, soit présent. C'est pareil avec tous nos sens. L'oreille extérieure est l'instrument qui conduit les vibrations du son vers l'intérieur jusqu'au centre. Pourtant, ce n'est pas suffisant. Supposons que vous lisiez attentivement un livre dans votre bibliothèque, l'horloge sonne, pourtant vous ne l'entendez pas. Le son, les pulsations de l'air, l'oreille et le centre tous sont présents, et ces vibrations ont bien été transmises de l'oreille jusqu'au centre, malgré tout cela, vous n'entendez pas l'horloge sonner. Que manque-t-il ? L'esprit n'est pas là. Par conséquent, nous voyons que la troisième chose nécessaire est que l'esprit soit présent. D'abord les instruments externes, ensuite l'organe auquel cet instrument externe transmettra la sensation, et pour finir, l'organe lui-même doit être lié à l'esprit. Lorsque l'esprit n'est pas lié à l'organe, il est possible que l'organe et l'oreille reçoivent l'impression, pourtant nous n'en serons pas conscients. L'esprit, aussi, n'est que le transporteur : il doit transmettre la sensation plus loin encore, et la présenter à l'intelligence. L'intelligence est l'aptitude déterminante et elle sélectionne les informations qu'on lui apporte. Mais ce n'est toujours pas suffisant. L'intelligence doit l'emmener plus loin et tout présenter au chef du corps, l'âme humaine, le roi sur le trône. Ceci lui est présenté, et de lui vient ensuite l'ordre : ce qu'il faut faire ou ne pas faire. L'ordre descend alors dans la même séquence vers l'intelligence, vers l'esprit, vers les organes, et les organes les transmettent aux instruments, et la perception est achevée.

Les instruments sont dans le corps externe, le corps brut de l'homme, mais l'esprit et l'intelligence ne le sont pas. Ils sont ce qui est appelé le « corps plus subtile » dans la philosophie hindoue, et que vous lisez dans la théologie chrétienne comme étant le « corps spirituel de l'homme », beaucoup plus raffiné que le corps mais sans être l'âme. Cette âme va au-delà de tout. Le corps externe mourra dans quelques années, il peut être perturbé et détruit pour des raisons quelconques. Le corps raffiné ne périt pas aussi facilement, pourtant il se dégénère quelquefois, et d'autres fois il devient fort. Nous voyons, chez le vieil homme, comment l'esprit perd sa force, comment lorsque le corps est vigoureux, l'esprit devient vigoureux, comment différents médicaments et drogues l'affectent, comment tout ce qui se trouve à l'extérieur l'influence, et comment il réagit face au monde extérieur. De la même manière que le corps a sa propre évolution et décadence, l'esprit est lui aussi affecté, donc, l'esprit n'est pas l'âme, parce que l'âme ne peut pas se décomposer ou se dégénérer. Comment peut-on le savoir ? Comment peut-on savoir s'il y a quelque chose derrière cet esprit ? Parce que la connaissance, qui permet de nous éclairer, et la fondation de l'intelligence ne peuvent pas appartenir à la matière sans intérêt et inanimée. Il n'y a jamais existé une quelconque matière brute qui avait l'intelligence comme essence propre. Aucune matière sans intérêt ou inerte ne peut s'éclairer. C'est l'intelligence qui illumine toute matière. Cette salle n'existe qu'à travers l'intelligence parce qu'en tant que salle, son existence serait inconnue à moins qu'une intelligence ne la construise. Ce corps n'est pas illuminé par lui-même, si c'était le cas, celui d'un homme mort le serait aussi. Ni l'esprit ni le corps spirituel ne peuvent s'illuminer par eux-mêmes. Leur essence propre n'est pas l'intelligence. Ce qui s'illumine par lui-même ne peut se décomposer. La luminosité de ce qui brille à travers une lumière empruntée va et vient, mais ce qui est lumière, qu'est-ce qui peut la faire aller et venir, se développer et se décomposer ? Nous voyons la lune croître et décroître, parce qu'elle brille en empruntant la lumière du soleil. Si un morceau de fer est déposé dans un feu et devient brûlant, il luit et brille, mais sa lumière disparaîtra parce qu'elle ne lui appartient pas. Donc, la décadence n'est possible que pour cette lumière qui est empruntée et et qui ne s'illumine pas de sa propre essence.

Maintenant, nous voyons que le corps, la forme extérieure, n'a pas de lumière dans son essence propre, il ne s'illumine pas de lui-même, et ne peut pas se connaître, tout comme l'esprit. Et pourquoi pas ? Parce que l'esprit croît et décroît, parce qu'à un moment il est vigoureux et faible à un autre, parce qu'il peut être influencé par tout et n'importe quoi. Donc la lumière qui brille à travers l'esprit ne lui est pas propre. A qui appartient-elle alors ? Elle doit appartenir à ce qui possède sa propre essence, et en tant que tel, ne peut jamais se décomposer ou mourir, ne devient jamais plus fort ou plus faible et qui est sa propre lumière, qui est la lumière même. Ce n'est pas que l'âme le sait, c'est la connaissance. Ce n'est pas que l'âme a une existence, mais c'est l'existence. Ce n'est pas que l'âme est heureuse, c'est le bonheur même. Ce qui est heureux a emprunté son bonheur ce qui a la connaissance a reçu sa connaissance, et ce qui a une existence relative n'a qu'une existence réfléchie. Partout où il y a des qualités, ces qualités se sont reflétées sur la substance, mais l'âme ne possède pas la connaissance, l'existence et la béatitude comme qualités, ce sont l'essence de l'âme.

On peut à nouveau se demander pourquoi devrions-nous prendre cela pour acquis ? Pourquoi devrions-nous admettre que l'âme possède la connaissance, la béatitude, l'existence, comme essence, pourquoi ne les aurait-elle pas empruntées ? On peut en débattre, pourquoi ne peut-on pas dire que la luminosité de l'âme, sa béatitude, sa connaissance, sont empruntées de la même manière que la lumière du corps est empruntée à l'esprit ? Ce serait donner dans le sophisme et nous n'en finirions jamais. A qui les a-t-on empruntées ? Si nous répondons d'une autre source, la même question sera à nouveau posée. Finalement, nous nous en remettrons à celui qui est sa propre lumière, pour résumer, la solution la plus logique serait de s'arrêter là où nous trouvons cette luminosité propre, et de ne pas aller plus loin.

Nous voyons, alors, que cet être humain est d'abord composé de ce revêtement extérieur, le corps. Ensuite, le corps plus subtile, composé de l'esprit, de l'intelligence et de l'égoïsme. Derrière eux se trouve le vrai Soi de l'homme. Nous avons vu que toutes les qualités et les forces du corps brut sont empruntées à l'esprit, et l'esprit emprunte au corps plus brut ses forces et la luminosité de l'âme, se tenant derrière.

On se pose un grand nombre de questions concernant la nature de cette âme. Si l'on explique l'existence de l'âme par le fait qu'elle s'illumine, que la connaissance, l'existence et la béatitude forment son essence, il va de soit que cette âme n'a pas pu être créée. Une existence qui s'illumine toute seule, qui est indépendante de toute autre existence, n'aurait jamais pu être le résultat de quoi que ce soit. Elle a toujours existé, il n'y a jamais eu un temps où elle n'a pas existé, parce que si l'âme n'existait pas, où était le temps ? Le temps se trouve dans l'âme, c'est lorsque l'âme reflète ses forces sur l'esprit et l'esprit pense que le temps arrive. Lorsqu'il n'y avait aucune âme, il n'y avait certainement pas de pensées, et sans pensées, il n'y avait pas de temps. Comment l'âme peut-elle donc exister dans le temps, lorsque le temps lui-même existe dans l'âme ? Elle n'a ni naissance ni mort, mais passe par toutes ces étapes diverses. Elle se manifeste doucement et progressivement, en partant du plus bas vers le plus haut, et ainsi de suite. Elle exprime sa propre grandeur, travaille le corps à travers l'esprit, et à travers le corps elle s'accroche au monde extérieur et essaye de le comprendre. Elle prend possession d'un corps et l'utilise, quand ce corps fait défaut et est épuisé, elle prend possession d'un autre corps, et ainsi de suite.

Voilà une question très intéressante, cette question qui est généralement connue comme celle de la réincarnation de l'âme. Quelquefois les gens ont peur de cette idée, et la superstition est si importante que les hommes qui pensent croient aussi qu'ils sont le résultat de rien, et ensuite, avec la plus grande logique, ils essayent d'en déduire la théorie que, même s'ils sont nés de rien, ils seront éternels par la suite. Ceux qui partent de zéro vont surement devoir y retourner. Ni vous, ni moi ni tous ceux qui sont présents ici n'est sorti de zéro, et n'y retournera pas. Nous existons éternellement, et nous existerons, et il n'y a aucun pouvoir au-dessus ou en-dessous du soleil qui pourrait défaire votre existence ou la mienne ou alors nous ramener au néant. Cette idée de réincarnation n'est pas seulement une idée effrayante, mais est essentielle pour le bien-être de l'espèce humaine. C'est la seule conclusion logique à laquelle les hommes qui pensent peuvent arriver. Si vous devez par la suite exister éternellement, c'est sûrement que vous avez existé pour l'éternité dans le passé : il ne peut pas en être autrement. Je vais essayer de répondre à quelques objections qui sont souvent soulevées contre cette théorie. Même si beaucoup d'entre vous penseront que ce sont des objections absurdes, nous devons quand même y répondre, car quelquefois nous voyons que les hommes les plus réfléchis sont prêts à croire aux idées les plus loufoques. Il a bien été dit qu'il n'y avait jamais eu une idée aussi absurde qu'elle n'avait pas trouvé de philosophes pour la défendre. La première objection est, pourquoi ne nous souvenons-nous pas de notre passé ? Nous souvenons-nous de tout notre passé dans cette vie ? Combien parmi vous se souviennent de ce qu'ils faisaient quand ils étaient enfants ? Aucun d'entre vous ne se souvient de sa petite enfance, et si votre existence repose sur vos souvenirs, alors cet argument prouve que vous n'existiez pas lorsque vous étiez bébés, parce que vous ne vous souvenez pas de votre première enfance. Ce n'est que pures idioties que de dire que notre existence dépend de notre capacité à nous en souvenir. Pourquoi devrions-nous nous souvenir du passé ? Le cerveau n'est plus, brisé en morceaux, et un nouveau cerveau a été fabriqué. Ce qui est arrivé à ce cerveau est ce qui en résulte, la somme totale des impressions acquises dans notre passé, avec lesquelles notre esprit est venu prendre possession du nouveau corps.

Moi, qui me tiens ici, je suis l'effet, le résultat, de tout passé infini qui m'a été épinglé. Pourquoi m'est-il nécessaire de me souvenir de tout le passé ? Lorsqu'un grand sage d'autrefois, un voyant, ou un ancien prophète, qui a vu la vérité en face, dit quelque chose, ces hommes modernes se lèvent et disent, « Oh, il était un idiot ! » Mais choisissent un autre nom : « Huxley le dit, ou Tyndall », alors cela doit être vrai, et ils le prennent pour acquis. A la place d'anciennes superstitions, ils ont érigé des superstitions modernes, à la place des anciens Papes de la religion ils ont instauré des Papes modernes de la science. Nous voyons alors que cette objection concernant la mémoire n'est pas valide, et c'est la seule objection sérieuse qui est soulevée contre cette théorie. Bien que nous ayons vu que ce n'est pas nécessaire d'avoir une mémoire de nos vies passées dans cette théorie, pourtant en même temps, nous sommes en mesure d'affirmer qu'il existe des cas démontrant que cette mémoire existe, et que chacun d'entre nous retrouvera sa mémoire dans cette vie au cour de laquelle il deviendra libre. Alors seulement vous verrez que ce monde n'est qu'un rêve, alors seulement vous réaliserez dans l'âme de votre âme que vous n'êtes que des acteurs et que le monde n'est qu'une scène, alors seulement l'idée de non-attachement viendra à vous avec un pouvoir fulgurant. Puis, toute cette soif de plaisir, ce cramponnement à la vie et ce monde se volatiliseront pour toujours, alors l'esprit verra aussi clair que le jour le nombre de fois où tout cela a existé pour vous, combien de milliers de fois vous avez eu des pères et des mères, des fils et des filles, des maris et des femmes, des proches et des amis, de la richesse et du pouvoir. Ils sont venus et sont partis. Combien de fois vous êtes-vous trouvés au plus haut sommet de la vague, et combien de fois vous êtes-vous trouvés au creux de la vague, au bord du désespoir ! Lorsque la mémoire vous rapportera tout cela, alors seulement vous deviendrez tels des héros et sourirez lorsque le monde vous désapprouvera. Alors seulement vous vous lèverez et direz : « Je ne me soucie même pas de toi, Ô Mort, quelles terreurs m'as-tu réservées ? » Ceci arrivera à tout le monde.

Y-a-t-il des arguments, des preuves rationnelles de cette réincarnation de l'âme ? Pour l'instant nous n'avons listé que les côtés négatifs, indiquant que les arguments contraires cherchant à la réfuter ne sont pas valides. Y-a-t-il des preuves positives ? Oui, et la plupart sont aussi valides. Aucune autre théorie, excepté celle selon laquelle la réincarnation constitue la grande divergence que nous trouvons entre les capacités des hommes à acquérir la connaissance. D'abord, considérons le processus par lequel la connaissance est acquise. Supposons que j'aille dans la rue et que je voie un chien. Comment puis-je savoir qu'il s'agit d'un chien ? Je l'appelle ainsi dans mon esprit, et dans mon esprit se trouve des groupes de toutes mes expériences passées, ordonnées et cataloguées, pour ainsi dire. Dès qu'une nouvelle impression voit le jour, je la prends et je la mentionne dans un de ces vieux catalogues, et dès que je trouve un groupe avec les mêmes impressions déjà existant, je le place dans ce groupe et je suis satisfait. Je sais qu'il s'agit d'un chien, parce que cela coïncide avec les impressions déjà présentes. Lorsque je ne trouve pas les mots apparentés à cette nouvelle expérience à l'intérieur, je deviens insatisfait. Lorsque nous ne trouvons pas de mots apparentés à cette impression, nous devenons insatisfaits, cet état d'esprit se nomme « l'ignorance », mais, lorsque nous trouvons des mots apparentés à une impression déjà existante, nous devenons satisfaits, ce qui se nomme « la connaissance ». Lorsqu'une pomme est tombée, les hommes sont devenus insatisfaits. Ils ont progressivement trouvé le groupe. Quel était le groupe qu'ils ont trouvé ? Toutes les pommes sont tombées, alors ils ont appelé cela « la gravité ». Nous voyons maintenant que sans un fond d'expérience déjà existante, toute nouvelle expérience serait impossible, puisqu'il n'y aurait bien à quoi rattacher la nouvelle impression. Donc, si, comme certains philosophes européens le pense, un enfant est venu au monde avec ce qu'ils nomment tabula rasa, ou qui a fait table rase, un tel enfant n'atteindrait jamais quelque degré de puissance intellectuelle que ce soit, parce qu'il n'aurait rien à quoi rattacher ses nouvelles expériences. Nous voyons que le pouvoir d'acquérir la connaissance varie chez chaque individu, et cela montre que chacun d'entre nous a sa propre source de connaissance. La connaissance ne peut être obtenue que d'une seule manière, l'expérience, il n'y a pas d'autres moyens de savoir. Si nous n'en avons pas fait l'expérience dans cette vie, nous avons du en faire l'expérience dans d'autres. Comment est-il possible que la peur de la mort soit partout ? Un poussin vient juste de sortir de son œuf et un aigle arrive, et le poussin vole vers sa mère, apeuré. Il y a une vielle explication (Je ne devrais même pas daigner l'appeler ainsi). Cela s'appelle l'instinct. Qu'est-ce qui effraye à mort ce poussin tout juste sorti de son œuf ? Comment se fait-il qu'aussitôt qu'un caneton couvé par une poule s'approche de l'eau, plonge dedans et nage ? Il n'a jamais nagé auparavant, et n'a jamais vu quelque chose nager. Les gens appellent ça l'instinct. C'est un grand mot, mais il nous laisse là où nous étions avant. Etudions ce phénomène qu'est l'instinct. Un enfant commence à jouer du piano. Au début, il doit faire attention à toutes les clés qu'il joue, et à force de pratiquer pendant des mois et des années, jouer du piano devient presque involontaire, instinctif. Ce qui a d'abord été fait avec une volonté délibérée ne demandera pas d'effort plus tard sur la volonté. Ce n'est pas encore une preuve complète. Une partie est toujours là, et elle repose sur le fait que presque toutes les actions qui sont maintenant instinctives peuvent être mises sous le contrôle de la volonté. Chaque muscle du corps peut être contrôlé. Tout le monde sait parfaitement cela. Donc la preuve est complète grâce à cette double méthode, ce que nous appelons aujourd'hui l'instinct est la dégénérescence d'actions volontaires. Donc, si la comparaison s'applique à toute la création, si toute nature est uniforme, alors ce qui se trouve être l'instinct chez les animaux inférieurs, tout comme chez les hommes, doit être la dégradation de la volonté.

En appliquant la loi sur laquelle nous nous sommes attardés par rapport au macrocosme où chaque involution présuppose une évolution, et chaque évolution une involution, nous voyons que l'instinct est un raisonnement involué. Ce que nous appelons l'instinct chez l'homme ou les animaux doit donc être des actions volontaires involuées, dégénérées, et faire des actions volontaires est impossible sans expérience. C'est l'expérience qui a déclenché cette connaissance, et cette connaissance est présente. La peur de la mort, le caneton qui va dans l'eau et toutes les actions involontaires réalisées par l'être humain qui sont devenues instinctives sont les résultats d'expériences passées. Pour l'instant nous avons procédé de manière très claire, et la science la plus actuelle est pour le moment de notre côté. Mais voila que se présente une nouvelle difficulté. Les scientifiques modernes reviennent vers les anciens sages, et dans la mesure de ce qu'ils ont fait, il y a un accord parfait. Ils admettent que chaque homme et chaque animal soit né avec un capital d'expérience, et que toutes ces actions dans l'esprit sont le résultat d'expériences passées. « Mais, demandent-ils, à quoi cela sert-il de dire que cette expérience appartient à l'âme ? Pourquoi ne pas dire qu'elle appartient au corps, et uniquement au corps ? Pourquoi ne pas dire qu'elle est héréditaire ? » C'est la dernière question. Pourquoi ne pas dire que toute l'expérience avec laquelle je suis né n'est qu'un effet résultant de toute l'expérience passée de mes ancêtres ? La somme totale de l'expérience du petit protoplasme jusqu'à l'être humain le plus haut placé est en moi, mais elle est passée de corps en corps au cour de la transmission héréditaire. Où sera donc la difficulté ? Cette question est très bien, et nous admettons une partie de cette transmission héréditaire. Mais jusqu'où ?

Jusqu'à fournir la matière. Par nos actions passées, nous nous conformons à une certaine naissance dans un certain corps, et la seule matière appropriée pour ce corps vient des parents qui se sont préparés à accepter cette âme comme leur progéniture.

La simple théorie de l'hérédité prend pour acquis la proposition la plus étonnante sans avoir de preuves, selon laquelle l'expérience mentale peut être enregistrée dans la matière, que l'expérience mentale peut-être involuée dans la matière. Lorsque je vous regarde dans l'étang de mon esprit, il y a une vague. Cette vague diminue, mais elle reste dans une forme subtile, comme une impression. Nous comprenons qu'il y ait une impression physique qui reste dans le corps. Mais quelle preuve y a-t-il pour assumer que l'impression mentale peut rester dans le corps, puisque le corps se brisera en pièces ? Qu'est-ce qui la transporte ? Même si l'on admet qu'il serait possible pour chaque impression mentale de rester dans le corps, que chaque impression, en partant du premier homme jusqu'à mon père, soit dans le corps de mon père, comment pourrait-elle m'être transmise ? Au moyen d'une une cellule bioplasmique ? Comment cela pourrait être possible ? Parce que le corps du père ne vient pas vers l'enfant dans sa totalité. Les mêmes parents peuvent avoir un certain nombre d'enfants, alors, selon la théorie de la transmission héréditaire, où l'impression et celui qui subit l'impression (c'est-à-dire, la matière) ne font qu'un, il va de soi qu'à la naissance de chaque enfant, les parents doivent perdre une partie de leurs propres impressions, ou, si les parents doivent transmettre la totalité de leurs impressions, alors, après la naissance de leur premier enfant, leurs esprits seraient vides.

Encore une fois, si la quantité infinie d'impressions de tous les temps est comprise dans la cellule bioplasmique, où et comment est-elle ? C'est une position plus qu'impossible, et jusqu'à ce que ces physiologistes puissent prouver comment et où ces impressions vivent dans cette cellule, et ce qu'ils veulent dire par une impression mentale en sommeil dans une cellule physique, leur opinion ne peut pas être prise pour acquis. Pour l'instant il est donc clair que cette impression réside dans l'esprit, que l'esprit vient naître et renaître, qu'il utilise la matière qui lui paraît la plus appropriée, et que l'esprit qui s'est préparé pour un seul type de corps devra attendre jusqu'à ce qu'il reçoive cette matière. Ça, nous le comprenons. La théorie en arrive là, qu'il y a une transmission héréditaire pour autant que cela concerne le fait de fournir la matière à l'âme. Mais l'âme migre et fabrique corps après corps, et chaque idée à laquelle nous pensons, chaque acte que nous faisons, est emmagasiné sous des formes subtiles, prêtes à jaillir à nouveau et à prendre une nouvelle forme. Lorsque je vous regarde, une vague se soulève dans mon esprit. Elle plonge, en quelque sorte, et devient de plus en plus subtile, mais elle ne meurt pas. Elle est prête à se soulever à nouveau comme une vague sous la forme d'un souvenir. Alors, toutes ces impressions sont dans mon esprit, et quand je meurs, je recevrai la force qui résulte de ces impressions. Une balle se trouve ici, et chacun d'entre nous prend un maillet dans ses mains et frappe la balle de tous les côtés, la balle va d'un point à l'autre de la pièce, lorsqu'elle touche le sol elle s'envole. Qu'emmène-t-elle avec elle ? Les conséquences de tous ces coups. Cela lui donnera sa direction. Donc, qu'est-ce qui dirige l'âme lorsque le corps meurt ? Ce qui en résulte, la somme totale de tout ce qui a été fait, des idées qui ont été pensées. Si ce qui en découle est tel qu'il faut fabriquer un nouveau corps pour davantage expériences, il ira aux parents qui sont prêts à remplir ce corps de matière appropriée. Ainsi, il ira de corps en corps, quelquefois vers un paradis, et à nouveau sur Terre, pour devenir un homme, ou un animal inférieur. De cette manière, il continuera jusqu'à avoir fini son expérience, et bouclé le cercle. Il connaît alors sa propre nature, sait ce qu'il est, et l'ignorance disparaît, ses pouvoirs se manifestent, il devient parfait, il n'y a plus aucune nécessité pour l'âme de s'occuper de corps physiques, tout comme il n'a plus besoin de s'occuper des corps plus subtils ou mentaux. Il brille grâce à sa propre lumière, il est libre, n'a plus besoin de naître ni de mourir.

Nous n'allons pas rentrer dans les détails. Mais je vais vous présenter un point supplémentaire concernant cette théorie de la réincarnation. C'est la théorie qui avance la liberté de l'âme humaine. C'est la théorie qui ne rejette pas nos faiblesses sur quelqu'un d'autre, qui est une erreur humaine fréquente. Nous ne regardons pas nos propres fautes, les yeux ne se voient pas, ils voient les yeux des autres. Nous, êtres humains, mettons du temps pour reconnaître nos propres faiblesses, nos propres fautes, du moment que nous arrivons à blâmer les autres. Les hommes en général tiennent leurs semblables responsables de la vie, ou Dieu responsable de leur échec, ou alors ils inventent un fantôme et appellent ça le destin. Où est le destin, qui est le destin ? On récolte ce que l'on sème. Nous sommes les maîtres de notre destin. Personne n'est responsable, personne n'est à remercier. Le vent souffle, ces navires dont les voiles sont déployées l'attrapent, et continuent leur chemin, mais ceux dont les voiles sont enroulées n'attrapent pas le vent. Est-ce la faute du vent ? Est-ce la faute du Père miséricordieux, dont le vent de la clémence souffle sans cesse, jour et nuit, dont la clémence ne connaît pas de fin, est-ce de Sa faute si certains sont heureux et d'autres malheureux ? Nous sommes les maîtres de notre destinée. Son soleil brille pour les faibles comme pour les forts. Son vent souffle pour les saints et les pécheurs sans distinction. Il est le

Seigneur de tout, notre Père à tous, clément et impartial. Voulez-vous dire que Lui, le Seigneur de la création, considère les choses insignifiantes de notre vie de la même manière que nous ? Quelle idée dégradante de Dieu ce serait ! Nous sommes comme des petits chiots, luttant entre la vie et la mort ici, et pensant bêtement que même Dieu prendra notre lutte aussi sérieusement que nous. Il sait ce que c'est que le jeu des chiots. Nos tentatives pour Le tenir responsable, de faire de Lui Celui qui punit, Celui qui récompense, ne sont qu'idioties. Il ne punit personne, et ne récompense personne. Sa clémence infinie est ouverte à tous, à tout moment, en tout endroit, sous toute condition, sans faille et à toute épreuve. Son utilisation dépend de nous. Ne tenez ni l'homme, ni Dieu, ni personne dans ce monde pour responsable. Lorsque vous souffrez, n'en prenez qu'à vous-même, et essayez de faire mieux.

C'est la seule solution au problème. Ceux qui blâment les autres, et hélas ! Leur nombre augmente chaque jour, sont pour la plupart des misérables avec des cerveaux faibles, ils en sont arrivés là par leurs propres erreurs et ils tiennent les autres responsables, mais ça ne change pas leur position. Ca ne leur sert pas, d'aucune manière. Cette tentative de blâmer les autres ne fait que les affaiblir encore plus. Donc, ne blâmez personne pour vos propres fautes, tenez-vous sur vos propres pieds, et endossez l'entière responsabilité. Dites : « Cette misère dont je souffre est de ma faute, et cela prouve qu'elle devra être défaite par moi-seul. » Ce que j'ai créé, je peux le détruire, ce qui est créé par quelqu'un d'autre, je ne pourrai jamais le détruire. Par conséquent, levez-vous, soyez brave, soyez fort. Endossez l'entière responsabilité et sachez que vous êtes le maître de votre propre destin. Toute la force et l'aide dont vous avez besoin se trouvent en vous. Donc, construisez votre propre avenir. « Laisse les morts ensevelir leurs morts. » Le futur infini se trouve devant vous, et vous devez toujours vous souvenir que chaque mot, chaque pensée, et chaque acte crée des réserves pour vous, de sorte que lorsque les mauvaises pensées et les mauvais travaux seront prêts à vous tomber dessus comme des tigres, il y aura aussi l'espoir exaltant que les bonnes pensées et les actes bons, aussi puissants que cent mille anges, seront prêts à vous défendre pour toujours et à jamais.

Chapitre XIII
L'Immortalité

Délivré en Amérique

Quelle question a été posée un grand nombre de fois, quelle idée a conduit les hommes à davantage chercher une réponse dans l'univers, quelle question est la plus proche et la plus chère au cœur humain, quelle question est inséparablement connectée à notre existence que celle-ci, l'immortalité de l'âme humaine ? Elle a été le sujet des poètes et des sages, des prêtres et des prophètes ; les rois au pouvoir en ont discuté, les mendiants dans la rue en ont rêvé. Le meilleur de l'humanité s'en est approché, et le pire des hommes l'a espéré. L'intérêt que l'on porte à ce sujet n'est pas encore mort, et il ne mourra pas tant que la nature humaine existera. Plusieurs réponses ont été présentées au monde, par divers esprits. Des milliers, encore une fois, à chaque période de l'histoire, ont abandonné la discussion, et pourtant la question se pose toujours autant qu'avant. Souvent, dans la tourmente et la difficulté de nos vies, nous avons tendance à l'oublier, mais soudain, quelqu'un meurt (peut-être quelqu'un que nous aimions, un proche cher à nos cœurs qui nous est arraché) la lutte, le vacarme et la tourmente du monde autour de nous s'arrête un instant, et l'âme se pose les vieilles questions : « Qu'y-a-t-il après cela ? » « Que devient l'âme ? »

Toute connaissance humaine provient de l'expérience, nous ne pouvons rien connaître sans expérience. Tout notre raisonnement est basé sur l'expérience généralisée, toute notre connaissance n'est qu'une expérience harmonisée. En regardant autour de nous, que trouvons-nous ? Un changement ininterrompu. La plante naît de la graine, elle pousse pour devenir un arbre, elle boucle le cercle et redevient une graine. L'animal naît, il vit un certain temps, meurt, et boucle le cercle. Tout comme l'homme. Les montagnes s'écroulent doucement mais sûrement, les fleuves s'assèchent lentement mais sûrement, la pluie provient de la mer et retourne à la mer. Partout dans le monde, les cercles se bouclent, la naissance, la croissance, le développement et le déclin se suivent avec des précisions mathématiques. C'est notre expérience quotidienne. A l'intérieur de tout ça, derrière cette vaste masse que nous appelons la vie, derrière ces millions de formes, des millions et des millions de variétés, en partant du plus petit des atomes jusqu'au plus spirituel des hommes, nous voyons qu'il existe une certaine unité. Chaque jour, nous voyons que le mur qui était connu pour diviser une chose et une autre est en train d'être démoli, et toute la matière sera reconnue par la science moderne comme une seule substance, se manifestant de différentes manières et sous différentes formes, cette vie qui traverse tout comme une chaîne ininterrompue, de laquelle toutes ces différentes formes représentent les maillons, lien après lien, s'étendant presque sans fin, mais faisant partie de la même chaîne. C'est ce que l'on appelle l'évolution. C'est une vieille, vieille idée, aussi ancienne que la société humaine, seulement, elle revient de plus en plus, en même temps que la connaissance humaine progresse. Il a encore une chose que les anciens ont ressenti, mais qui n'est pas encore clairement accepté dans les temps modernes, c'est l'involution. La graine devient la plante, un grain de sable ne se transforme jamais en plante. C'est le père qui devient un enfant, un morceau d'argile ne se transforme jamais en enfant. La question est de savoir de quoi provient cette évolution. Qu'était la graine ? La même chose que l'arbre. Toutes les possibilités d'un futur arbre se trouvent dans la graine. Toutes les possibilités d'un futur homme se trouvent dans le petit bébé. Toutes les possibilités d'une vie future se trouvent dans le germe. Qu'est-ce que c'est ? Les anciens philosophes indiens appelaient ça l'involution. Nous voyons que chaque évolution présuppose une involution. Rien ne peut évoluer s'il n'existe pas déjà. Ici, encore une fois, la science moderne nous vient en aide. Vous savez, grâce au raisonnement mathématique, que la somme totale de l'énergie exposée dans l'univers est la même tout du long. Vous ne pouvez pas ajouter ou soustraire un atome de matière à l'univers ou un joule. En tant que telle, l'évolution ne provient pas de rien, d'où provient-elle ? De précédentes involutions. Un enfant est l'involution de l'homme et l'homme est l'évolution de l'enfant. La graine est l'involution de l'arbre et l'arbre est l'évolution de la graine. Toutes les possibilités de vie se trouvent dans le germe. Le problème devient un peu plus clair. Ajoutez à ça la première d'idée du prolongement de la vie. Il n'y a vraiment qu'une seule vie, allant du protoplasme primitif au plus parfait des êtres humains. De la même manière que, dans une vie, nous avons de nombreuses phases d'expression, le protoplasme se développant en bébé, l'enfant, le jeune homme, le vieil homme, donc, nous avons une vie ininterrompue, une chaîne, allant du protoplasme jusqu'au plus parfait des hommes. Ceci est l'évolution, mais nous avons vu que chaque évolution présuppose une involution. Cette vie entière qui se manifeste lentement évolue toute seule du protoplasme vers l'être humain parfait, l'Incarnation de Dieu sur terre, cette série entière n'est qu'une vie, et cette manifestation entière a sûrement du involuer en ce protoplasme.

Cette vie entière, ce Dieu même de la terre, a été involuée en lui et est doucement sortie, se manifestant lentement, très lentement. L'expression la plus noble était sûrement présente dans l'état de germe, sous une forme moins importante. Ainsi cette unique force, cette chaîne entière, est l'involution de cette vie cosmique qui se trouve partout. C'est cette unique masse d'intelligence qui, allant du protoplasme jusqu'au plus parfait des hommes, se déroule lentement. Non pas qu'elle se développe. Retirez de votre esprit toute idée de croissance. On associe l'idée de croissance à quelque chose venant de l'extérieur, quelque chose d'étranger, qui mentirait en disant que l'Infini qui se trouve dans chaque vie est indépendant de toute condition externe. Il ne peut pas évoluer, il a toujours été là et ne se manifeste que de Lui-même.

L'effet est la manifestation de la cause. Il n'y a pas de différence essentielle entre l'effet et la cause. Prenez ce verre, par exemple. Il y avait la matière, cette matière ainsi que la volonté du fabricant ont créé le verre, les deux étaient ses causes et sont présents à l'intérieur. De quelle forme la volonté se manifeste-t-elle ? En tant qu'adhésion. S'il n'y avait pas la force, chaque particule tomberait. Quel est donc l'effet ? Il est le même que la cause, il prend seulement une forme différente, une composition différente. Lorsque la cause est modifiée et limitée pendant un certain temps, elle devient l'effet. Nous devons nous en souvenir. En l'appliquant à notre idée de la vie, la manifestation entière de cette série doit exactement correspondre à la vie cosmique, du protoplasme jusqu'au plus parfait des hommes. D'abord, elle a invoqué et est ensuite devenue plus subtile, et grâce à ce quelque chose de subtil, qui était la cause, elle a continuer d'évoluer, elle s'est manifestée, et elle est devenue plus grossière.

Mais la question de l'immortalité n'est pourtant pas réglée. Nous avons vu que tout ce qui se trouve dans cet univers est indestructible. Il n'y a rien de nouveau, il n'y aura rien de nouveau. Les mêmes séries de manifestations se présentent alternativement comme sur une roue, en montant et en descendant. Tout mouvement dans cet univers se fait en forme de vagues, qui se soulèvent et se retirent successivement. De nombreux systèmes sortent de formes subtiles, ils évoluent eux-mêmes, et prennent des formes plus grossières, ils fondent à nouveau, pour ainsi dire, et retournent vers les formes subtiles. Ils sortent à nouveau de ces formes, évoluent pendant une certaine période et retournent lentement vers la cause. De même pour toute vie. Chaque manifestation de la vie arrive et s'en va à nouveau. Qu'est-ce qui disparaît ? La forme. La forme se réduit en pièces, mais se reforme ensuite. D'une manière, les corps et les formes sont aussi éternels. Comment ? Supposons que nous prenions des dés et que nous les lancions, et qu'ils fassent ce ratio : 6 ; 5 ; 3 ; 4. Nous prenons les dés, et les lançons encore et encore, il y aura bien un moment où les mêmes chiffres ressortiront, la même combinaison doit se reproduire. Chaque particule, chaque atome, qui se trouve dans cet univers, que je prends pour des dés, sont à nouveaux lancés et combinés encore et encore. Toutes ces formes devant vous forment une combinaison. Ici vous avez les formes d'un verre, d'une table, d'un pichet d'eau, etc. Ce n'est qu'une combinaison, avec le temps, elle se brisera. Mais il viendra un temps où l'exacte même combinaison reviendra, quand vous serez là, et cette forme sera là, on discutera de ce sujet, et ce pichet sera là. Ceci a eu lieu un nombre infini de fois, et ça se répétera un nombre infini de fois. Jusqu'à présent cela a eu lieu avec les formes physiques.

Que voyons-nous ? Que même les combinaisons des formes physiques se répètent éternellement.

Une conclusion plus qu'intéressante qui suit cette théorie est l'explication des faits comme les suivants : certains d'entre vous ont peut-être vu un homme qui pouvait lire la vie passée d'autrui et prévoir l'avenir. Comment est-il possible pour qui que ce soit de voir de quoi sera fait le futur, à moins qu'il n'y ait un futur réglementé ? Les conséquences du passé se reproduiront dans l'avenir, et nous savons que c'est comme ça. Vous avez vu la Grande Roue à Chicago. La roue tourne, et les petits compartiments de la roue se suivent toujours les uns après les autres, un groupe de personnes y montent, et après avoir fait un tour, elles sortent, et un nouveau groupe prend leur place. Chacun de ces groupes est comme une de ces manifestations, de l'animal le plus inférieur à l'homme le plus fort. La nature est comme la chaîne de la Grande Roue, sans fin et infinie, et ces petits compartiments sont les corps ou les formes dans lesquels ces groupes d'âmes circulent, montant de plus en plus jusqu'à ce qu'ils deviennent parfaits et sortent de la roue. Mais la roue continue de tourner. Tant que les corps sont dans la roue, leur destination peut être absolument et mathématiquement prévisible, mais ce n'est pas le cas des âmes. Ainsi, il est possible de lire le passé et le futur de la nature avec précision. Nous voyons donc qu'il y a une répétition des mêmes phénomènes matériels sur certaines périodes, et que les mêmes combinaisons ont eu lieu depuis le commencement. Mais ce n'est pas l'immortalité de l'âme. Aucune force ne peut mourir, aucune question ne peut être annihilée. Qu'en advient-il ? Elle continue de changer, en va et vient, jusqu'à ce qu'elle retourne à la source de laquelle elle est née. Il n'y a pas de mouvement en ligne droite. Tout bouge en cercle, une ligne droite, produite à l'infini, devient un cercle. Si c'est le cas, il ne peut pas y avoir de dégénération éternelle pour toute âme. Ce n'est pas possible. Tout doit boucler le cercle, et revenir à sa source. Qu'êtes-vous, et moi ainsi que toutes ces âmes ? Quand nous avons discuté de l'évolution et l'involution, nous avons vu que vous et moi devons faire partie de la conscience cosmique, de la vie cosmique, de l'esprit cosmique, qui s'est involuée et nous devons boucler le cercle, revenir vers l'intelligence cosmique, qui se trouve être Dieu. Cette intelligence cosmique est ce que le peuple appelle le Seigneur, ou Dieu, ou Jésus Christ, ou Bouddha, ou le Brahman, ce que les matérialistes perçoivent comme la force, les agnostiques comme cet au-delà infini, indicible, et nous en faisons tous partie.

Ceci est la deuxième idée, mais elle n'est pourtant pas suffisante, il y aura toujours davantage de doutes. C'est une bonne chose de lire qu'il n'y a pas de destruction pour quelque force que ce soit. Mais toutes les forces et les formes que nous voyons sont des combinaisons. Cette forme se trouvant devant nous est une composition de plusieurs parties, et donc chaque force est composée de manière similaire. Si vous prenez l'idée scientifique de la force, et la désignez en tant que somme totale, ce qui résulte de plusieurs forces, qu'advient-il de votre individualité ? Tout ce qui est un mélange doit tôt ou tard retourner aux parties qui le composent. Tout ce qui se trouve dans cet univers qui est le résultat d'une combinaison de la matière ou de la force doit tôt ou tard retourner à ce qui le compose. Ce qui résulte de certaines causes doit mourir, doit être détruit. Ça se fragmente, se disperse et retourne vers ces composants. L'âme n'est pas une force, elle n'est pas non plus la pensée. Elle est celle qui fabrique la pensée, non pas la pensée en elle-même, c'est le fabricant de la pensée, non pas la pensée elle-même ; c'est le fabricant du corps, non pas le corps lui-même. Pourquoi cela ? Nous voyons que le corps ne peut être l'âme. Pourquoi pas ? Parce qu'il n'est pas intelligent. Un cadavre n'est pas intelligent, tout comme un morceau de viande dans une boucherie. Qu'entendons-nous par intelligence ? Le pouvoir de réaction. Nous voulons approfondir un peu plus ceci. Voici un pichet, je le vois. Et comment ça marche ? Des rayons lumineux provenant du pichet entrent dans mes yeux, forment une image sur ma rétine, qui est transmise jusqu'au cerveau. Il n'y a pourtant pas de vision. Les nerfs sensoriels, ainsi nommés par les physiologistes, transmettent cette impression vers l'intérieur. Mais pour l'instant il n'y a pas de réaction. Le centre nerveux dans le cerveau envoie l'impression à l'esprit, l'esprit réagit, et dès que la réaction arrive, le pichet apparaît devant lui. Prenons un exemple plus ordinaire. Supposons que vous m'écoutez attentivement, qu'un moustique se trouve sur le bout de votre nez et vous donne cette sensation agréable que seuls les moustiques peuvent fournir, mais vous êtes si concentrés à m'écouter que vous ne sentez pas du tout le moustique. Que s'est-il passé ? Le moustique a mordu un certain endroit de votre peau, et certains nerfs s'y trouvent. Ils ont apporté une certaine sensation au cerveau et l'impression y est, mais l'esprit, qui est occupé à autre chose, ne réagit pas, donc vous ne vous rendez pas compte de la présence du moustique. Lorsqu'une nouvelle impression se manifeste, si l'esprit ne réagit pas, nous n'en serons pas conscients, mais lorsqu'elle arrive nous la sentons, nous la voyons, nous l'entendons, et ainsi de suite. Avec cette réaction vient l'illumination, comme l'appellent les philosophes de Sâmkhya. Nous voyons que le corps ne peut s'illuminer, parce qu'en absence d'attention, aucune sensation n'est possible. Il y a eu des cas connus où, sous des conditions particulières, un homme qui n'avait jamais appris un certain langage avait réussi à le parler. Des enquêtes ultérieures ont prouvé que l'homme, lorsqu'il était enfant, avait vécu parmi un peuple qui parlait ce langage et les impressions étaient restées dans son cerveau. Ces impressions y sont restées emmagasinées, jusqu'à ce que quelque chose fasse réagir l'esprit, et l'illumination a eu lieu, donc l'homme est devenu capable de parler ce langage. Cela montre que l'esprit seul est insuffisant, que l'esprit seul est un instrument dans les mains de quelqu'un. Dans le cas de ce garçon, l'esprit avait retenu ce langage, pourtant il ne le savait pas, mais il est venu un temps où il le savait. Cela montre qu'il y a quelqu'un d'autre que l'esprit, lorsque le garçon était un bébé, cette personne n'avait pas utilisé son pouvoir, mais lorsque le garçon avait grandi, il en profita, et l'utilisa. Premièrement, il y a le corps, deuxièmement, l'esprit ou l'instrument de la pensée, et troisièmement, derrière l'esprit se trouve le Soi de l'homme. Le mot sanskrit est Âtman. Alors que les philosophes contemporains ont identifié la pensée par des changements moléculaires dans le cerveau, ils ne savent pas comment expliquer un tel cas, ils le nient dans l'ensemble. L'esprit est intimement connecté avec le cerveau, qui meurt à chaque fois que le corps change. Le Soi est l'enlumineur, et l'esprit est l'instrument qui se trouve dans Ses mains, grâce à cet instrument, le Soi saisit l'instrument extérieur, et induit par conséquent la perception. Les instruments extérieurs trouvent les impressions et les transportent vers les organes (car vous devez toujours vous souvenir que les yeux et les oreilles ne sont que des receveurs) ce sont les organes internes qui agissent, les centres du cerveau. En sanskrit, ces centres sont appelés des Indriyas, ils transmettent les sensations à l'esprit, l'esprit les présentent plus loin vers un autre état d'esprit, qui en sanskrit se nomme Chitta, là-bas elles sont transformées en volonté et ensuite elles sont toutes présentées au Roi des rois, le Chef sur Son trône, le Soi de l'homme. Il voit et donne Ses ordres. L'esprit réagit immédiatement sur les organes, et les organes sur le corps extérieur. Celui qui perçoit réellement, le véritable Chef, le Dirigeant, le Créateur, Celui qui manipule tout cela, est le Soi de l'homme.

Nous voyons donc que le Soi de l'homme n'est pas le corps, ce n'est pas non plus la pensée. Il ne peut être un mélange. Pourquoi pas ? Parce que tout ce qui est combiné peut être vu ou imaginé. Ce que nous ne pouvons pas imaginer ou percevoir, que nous ne pouvons pas relier ensemble, n'est pas la force ou la matière, la cause ou l'effet, et ne peut être un mélange. Le domaine des composés va aussi loin que s'étend notre univers mental, notre univers de la pensée. Au-delà de cela, il ne s'établit pas, il va aussi loin que la loi régit, et s'il y a quoi que ce soit au-delà de la loi, cela ne peut pas du tout être un mélange. Le Soi de l'homme dépassant la loi de causalité, n'est pas un mélange. Il est toujours libre et est le Chef de tout ce qui est dans les limites de la loi. Il ne mourra jamais, parce que la mort signifie de retourner à ses composés d'origine, et ce qui n'a jamais été un mélange ne peut jamais périr. C'est complètement absurde de dire qu'il meurt.

Maintenant, nous nous engageons sur un sol de plus en plus subtil, et certains d'entre vous seront peut-être effrayés. Nous avons vu que ce Soi, allant au-delà de ce petit univers fait de matière, de force et de pensée, est simple, et puisqu'il est simple, il ne peut pas mourir. Ce qui ne meurt pas ne peut pas vivre. La vie est la mort sont l'avers et le revers d'une pièce. La vie est un autre nom donné pour la mort, de même pour la mort par rapport à la vie. Un mode de manifestation particulier est ce que nous appelons la vie, un autre mode particulier de la manifestation de cette même chose est ce que nous appelons la mort. Lorsque la vague se soulève, c'est la vie, lorsqu'elle tombe dans le creux, c'est la mort. S'il y a quelque chose au-delà de la mort, nous pensons naturellement qu'il y a aussi quelque chose au-delà de la vie. Je dois vous rappeler la première conclusion selon laquelle l'âme de l'homme fait partie de l'énergie cosmique existante, qui se trouve être Dieu. Nous savons maintenant que c'est ce qu'il y a au-delà de la vie et de la mort. Vous n'êtes jamais nés, et vous ne mourrez jamais. Qu'est-ce que la naissance et la mort que nous voyons autour de nous ? Cela n'appartient qu'au corps, parce que l'âme est omniprésente. Vous pouvez demander : « Comment cela est-il possible ? Il y a tellement de personnes assises ici, et vous dites que l'âme est omniprésente ? » Je vous demande, qu'il y a-t-il ici pour limiter quoi que ce soit qui soit au-delà de la loi, de la causalité ? Ce verre est limité, il n'est pas omniprésent parce que toute la matière qui le recouvre le force à prendre cette forme, il ne lui permet pas de s'étendre. Il est conditionné pour être tout ce qui le recouvre, et est par conséquent limité. Mais ce qui est au-delà de la loi, là où il n'y a rien qui puisse agir dessus, comment cela peut-il être limité ? Il doit être omniprésent. Vous êtes partout dans l'univers. Comment est-il possible que je sois né et que je vais mourir, etc. ? Ceci est parler sans savoir, c'est l'hallucination du cerveau. Vous n'êtes jamais nés, et ne mourrez jamais. Vous n'avez eu ni naissance, ni renaissance, ni vie, ni réincarnation, rien. Que voulez-vous dire par aller et venir ? Tout cela n'est qu'idioties superficielles. Vous êtes partout. Alors qu'est-ce que ce va et vient ? C'est l'hallucination produite par le changement de ce corps subtil que vous appelez l'esprit. Voilà ce qui se passe. Ce n'est qu'un petit nuage qui passe dans le ciel. Alors qu'il avance, il peut créer l'illusion que le ciel bouge. Quelquefois vous voyez un nuage qui bouge devant la lune, et vous pensez que la lune bouge. Lorsque vous êtes dans un train, vous pensez que la terre vole, ou lorsque vous êtes dans un bateau, vous pensez que l'eau bouge. En réalité, vous ne bougez pas, vous ne naissez pas, vous ne renaissez pas, vous êtes infini, toujours présent, au-delà de toute causalité et à jamais libre. Une telle question n'est pas appropriée, c'est une idiotie totale. Comment la mortalité pourrait-elle exister s'il n'y a pas de naissance ?

Nous devrons faire un pas de plus pour arriver à une conclusion logique. Il n'y a pas de demi-mesure. Vous êtes des métaphysiciens, vous êtes inflexibles. Si nous sommes donc au-delà de toute loi, nous devons être omniscients, à jamais bénis, toute connaissance doit être en nous ainsi que tout pouvoir et béatitude. Certainement. Vous êtes omniscient. Un être omniprésent de l'univers. Mais combien d'êtres comme celui-ci existe-t-il ? Peut-il y avoir des centaines de milliers, voire des millions d'êtres humains omniprésents ? Sûrement pas. Qu'advient-il alors de nous tous ? Vous ne faites qu'un, il n'y a qu'un seul Soi, et ce Soi, c'est vous. Ce que nous appelons l'Âme se tient derrière cette petite nature. Il n'y a qu'un seul Être, une seule Existence, le béni à jamais, l'omniprésent, l'omniscient, celui qui n'a pas de naissance, celui qui n'a pas de mort. « Sous Son contrôle, le ciel s'étend, à travers Son contrôle l'air respire, à travers Son contrôle le soleil brille, et sous Son contrôle nous vivons tous. Il est la Réalité dans la nature, il est l'Âme de votre âme, et même plus, vous êtes Lui, vous ne faites qu'un avec Lui. » Là où il y en a deux, il y a la peur, le danger, le conflit, la lutte. Quand il n'y a plus qu'Un, y a-t-il quelqu'un à haïr, à lutter ? Quand il n'y a que Lui, avec qui allez-vous vous battre ? Ceci explique la vraie nature de la vie, ceci explique la vraie nature d'être. C'est la perfection, et c'est Dieu. Tant que vous voyez le nombre, vous êtes dans l'illusion. « Dans ce monde où nous sommes nombreux, celui qui voit l'Elu, dans ce monde en constante évolution, celui qui voit Celui qui ne change jamais, en tant que l'Âme de sa propre âme, en tant que son Soi, il est libre, il est béni, il a atteint le but. » Donc, sache que tu es Lui, tu es le Dieu de cet univers, « Tat Tyam Asi » (Ce que tu es). Toutes ces idées variées selon lesquelles je suis un homme ou une femme, je suis malade ou en bonne santé, ou que je sois fort ou fable, que j'haïsse ou que j'aime, ou que j'ai peu de pouvoir, ne sont que des hallucinations. Débarrassez-vous d'elles, qu'est-ce qui vous rend faible ? Qu'est-ce qui vous fait peur ? Vous êtes l'Être Elu dans cet univers. Qu'est-ce qui vous effraie ? Levez-vous donc et soyez libres. Sachez que chaque pensée et chaque mot qui vous affaiblit dans ce monde est le seul mal qui existe. Quoi qui rende les hommes faibles et leur fait peur est le seul mal qui devrait être rejeté. Qu'est-ce qui peut vous faire peur ? Si les soleils tombent, et les lunes tombent en ruines, que tous les systèmes se retrouvent annihilés, qu'est-ce que cela représente pour vous ? Soyez immuable, vous êtes indestructible. Vous êtes le Soi, le Dieu de l'univers. Dites : «Je suis l'Existence Absolue, la Béatitude Absolue, la Connaissance Absolue, je suis Lui» et comme un lion brisant sa cage, brisez vos chaînes et soyez libres à jamais. Qu'est-ce qui vous effraie, qu'est-ce qui vous retient ? Uniquement l'ignorance et l'illusion, rien d'autre ne peut vous lier. Vous êtes Celui qui est Pur, Celui à Jamais Béni.

Des imbéciles vous disent que vous êtes des pécheurs, vous vous mettez dans un coin et pleurez. C'est de la bêtise, de la cruauté, de la fourberie absolue de dire que vous êtes des pécheurs ! Vous êtes tous Dieu. Ne voyez-vous pas Dieu et ne l'appelez vous pas homme ? Donc, si vous osez, accrochez-vous à ça, façonnez votre vie sur ça. Si un homme vous tranche la gorge, ne dites pas non, car vous tranchez votre propre gorge. Lorsque vous aidez un pauvre homme, ne ressentez pas la moindre fierté. C'est de l'adoration pour vous, et non une raison d'avoir de la fierté. L'univers entier n'est-il pas vous ? Où y-a-t-il quelqu'un qui ne soit pas vous ? Vous êtes l'Âme de cet univers. Vous êtes le soleil, la lune et les étoiles, c'est vous qui brillez partout. L'univers entier, c'est vous. Qui allez-vous haïr ou combattre ? Sachez que, vous êtes Lui, et façonnez votre vie entière en conséquence, celui qui sait ceci et qui façonne sa vie en conséquence ne s'inclinera plus jamais face à l'ignorance.

Chapitre XIV
L'Âtman

Délivré en Amérique

Beaucoup d'entre vous ont lu le livre acclamé de Max Müller (Introduction à la philosophie Védanta) et quelques-uns parmi vous ont peut-être lu, en allemand, le livre du Professeur Deussen, qui traite de la même philosophie. En Occident, parmi ce qui est écrit et enseigné sur la pensée religieuse en Inde, une école de pensée indienne est principalement représentée, celle que l'on appelle Advaita, la partie moniste de la religion indienne. Et parfois, on pense que ce système de philosophie comprend tous les préceptes des Védas. Il existe, cependant, diverses phases dans la pensée indienne et il est possible que cette forme non-dualiste soit minoritaire en comparaison aux autres phases. Depuis des temps immémoriaux, il existe différentes sectes de pensée en Inde. Etant donnée qu'il n'y a jamais eu aucune église développée ou reconnue, ni aucun groupe pour désigner quelles doctrines devraient être suivies par chaque école, tout le monde pouvait très librement choisir sa propre forme, construire sa propre philosophie et créer sa propre secte. C'est pourquoi nous constatons que l'Inde a regorgé de sectes religieuses depuis les temps anciens. Aujourd'hui, je ne sais combien de centaines de sectes existent en Inde et de nouvelles voient le jour chaque année. Il semble que l'activité religieuse de ce pays soit inépuisable.

Parmi ces diverses sectes, on peut, dans un premier temps, les diviser en deux grandes branches : la branche orthodoxe et celle qui ne l'est pas. En Inde, on appelle orthodoxes ceux qui croient en les écritures hindoues, les Védas, en tant que révélations éternelles de la vérité. On appelle hétérodoxes ceux qui se soumettent à d'autres autorités et qui rejettent les Védas. Les principales sectes actuelles de la non-orthodoxie hindoue sont celles du jaïnisme et du bouddhisme. Parmi les orthodoxes, certains déclarent que les écritures représentent une autorité bien supérieure à la raison, tandis que pour d'autres, seule la partie rationnelle des écritures devrait être prise en compte et tout le reste écarté.

Les trois divisions orthodoxes sont formées par les sankhyas, les naiyayikas et les mimamsakas, les deux premières n'ont pas réussi à devenir une secte, bien qu'elles aient existé en tant qu'écoles philosophiques. La secte qui est réellement présente partout en Inde est celle des récents mimamsakas, dite aussi des védantistes. Leur philosophie est appelée Védantisme. Toutes les écoles de la philosophie hindoue trouvent leurs origines dans le Védanta ou les Upanishads mais les monistes se sont appropriés ce nom comme une particularité, car ils voulaient fonder toute leur théologie et toute leur philosophie sur le Védanta et sur rien d'autre. Au fil du temps, le Védanta prévalut et toutes les autres sectes d'Inde, qui existent aujourd'hui, peuvent être reliées à l'une ou l'autre de ses écoles. Pour autant, ces écoles ne sont pas unanimes quant à leur opinion.

On constate trois variantes principales parmi les védantistes. Ils s'accordent tous sur une chose : ils croient tous en Dieu. Tous ces védantistes croient également que les Védas constituent la Parole révélée de Dieu, peut-être pas tout à fait dans le même sens que pour les chrétiens ou les mahométans, mais dans un sens très particulier. Pour eux, les Védas sont une expression de la connaissance de Dieu et puisque Dieu est éternel, Sa connaissance est éternellement avec Lui, et les Védas sont donc éternels également. Ils partagent un autre fondement de leur croyance : celui de la création par cycles. Selon ce fondement, l'ensemble de la création apparaît et disparaît, elle est projetée et devient de plus en plus brute. Au bout d'une période extrêmement longue, elle devient de plus en plus subtile. Lorsqu'elle se dissout et s'affaisse, alors vient un temps de repos. A nouveau, elle commence à apparaitre et subit le même processus. Ils posent le principe de l'existence d'une matière, qu'ils appellent Akasha et qui est semblable à l'éther pour les scientifiques, et d'un pouvoir qu'ils appellent Prana. En parlant de ce Prana, ils déclarent que sa vibration produit l'univers. Lorsqu'un cycle prend fin, toute cette manifestation de la nature devient de plus en plus subtile, et se dissout en cet Akasha qui ne peut être vu, ni ressenti et à partir duquel tout est pourtant créé. Toutes les forces que l'on constate dans la nature (comme la gravité, l'attraction, ou la répulsion, ou bien comme la pensée, les sentiments et les mouvements nerveux) se transforment toutes en ce Prana, et la vibration de celui-ci cesse. Il demeure dans cet état jusqu'au commencement du prochain cycle. Le Prana commence alors à vibrer, cette vibration agit sur cet Akasha et toutes ces formes sont rejetées à intervalles réguliers.

La première école dont je vais vous parler porte le nom d'école dualiste. Les dualistes croient que Dieu, qui est le créateur de l'univers et son dirigeant, est éternellement séparé de la nature et de l'âme humaine. Dieu est éternel, la nature est éternelle, toutes les âmes le sont également. La nature et les âmes se manifestent et changent, mais Dieu demeure le même. Toujours d'après ces dualistes, Dieu est personnel au sens où Il a des qualités, et non au sens où Il a un corps.

Il possède des attributs humains : Il est miséricordieux, juste, puissant, tout-puissant, on peut L'approcher, L'adorer, L'aimer, Il aime en retour, etc. En un mot, Il est un Dieu humain, mais infiniment supérieur à l'homme. Il ne possède aucun des vices de l'homme. Voilà leur définition : « Il est une mine regorgeant d'un nombre infini de qualités bénies ». Il ne peut créer sans matière, et la nature constitue la matière avec laquelle Il crée tout l'univers. Selon certains dualistes non-védantistes, que l'on appelle « atomistes », la nature n'est rien d'autre qu'un nombre infini d'atomes et la volonté de Dieu crée, en agissant sur ces atomes. Les védantistes renient la théorie atomique, ils la disent parfaitement illogique. Les atomes indivisibles sont tels des points géométriques sans partie, ni magnitude, mais quelque chose qui ne possède ni partie, ni magnitude, si on le multiplie un nombre infini de fois, restera le même. Quelque chose qui ne possède pas de partie ne pourra jamais créer quelque chose qui en possède. Peu importe le nombre de zéros que vos additionnerez, ils ne formeront aucun nombre entier. Ainsi, si ces atomes sont tels qu'ils ne possèdent ni partie, ni magnitude, la création de l'univers est tout bonnement impossible à partir de ces atomes. Par conséquent, et selon les dualistes védantistes, il existe ce qu'ils appellent la nature indiscrète ou indifférenciée et à partir de cela, Dieu crée l'univers. La grande majorité des Indiens sont dualistes. Ordinairement, la nature humaine ne peut rien concevoir de supérieur. On constate que quatre-vingt-dix pour cent de la population de la terre qui croit en une religion sont des dualistes. Toutes les religions d'Europe et d'Asie de l'Ouest sont dualistes, elles doivent l'être. L'homme ordinaire ne peut penser à ce qui n'est pas concret. Il aime naturellement s'accrocher à ce que son intellect peut comprendre. C'est-à-dire qu'il ne peut concevoir des principes spirituels supérieurs qu'en les rabaissant à son propre niveau. Il ne peut comprendre des pensées abstraites qu'en les rendant concrètes. Il s'agit là de la religion du plus grand nombre, partout dans le monde. Ils croient en un Dieu qui est complètement séparé d'eux, un grand roi, un haut et majestueux monarque, pour ainsi dire. En même temps, ils Le rendent plus pur que les monarques terrestres : ils Lui attribuent toutes les bonnes qualités et Lui ôtent toutes les mauvaises. Comme s'il était possible que le bien existât sans le mal, comme si quelque conception de la lumière pouvait exister sans une conception de l'obscurité !

Avec toutes ces théories dualistes, la première difficulté est la suivante : Sous l'autorité d'un Dieu juste et miséricordieux, regorgeant d'un nombre infini de bonnes qualités, comment est-il possible qu'il y ait tant de maux dans ce monde ? Cette question s'est posée dans toute religion dualiste, mais les hindous n'ont jamais inventé de Satan pour y répondre. Les hindous ont, d'un commun accord, fait porter la faute à l'homme et il leur a été facile de le faire. Pourquoi ? Parce que, comme je viens de vous le dire, ils n'ont jamais cru que les âmes furent créées à partir de rien. Dans cette vie, nous constatons que nous pouvons façonner et créer notre futur. Chacun d'entre nous essaie tous les jours de façonner son lendemain : aujourd'hui nous préparons le destin de demain, et demain nous préparerons celui du jour suivant, etc. Il est assez logique que ce raisonnement puisse être rétroactif. Si nous façonnons notre destin futur par nos propres actions, pourquoi cette même règle ne pourrait-elle pas s'appliquer au passé ? Si, dans une chaîne infinie, un certain nombre de maillons se répètent de manière alternée et si on peut expliquer l'un de ces groupes de maillons, alors nous pouvons expliquer la chaîne toute entière. Ainsi, dans cette course infinie du temps, si l'on peut en extraire une partie, l'expliquer et la comprendre, alors, s'il est vrai que la nature est uniforme, la même explication doit valoir pour toute la chaîne temporelle. S'il est vrai que nous façonnons notre destinée ici, dans ce petit laps de temps, et s'il est vrai que tout doit avoir une cause comme on le constate aujourd'hui, il doit également être vrai que ce que nous sommes maintenant est l'effet de l'ensemble de notre passé. Par conséquent, personne d'autre n'est nécessaire pour façonner le destin de l'humanité à part l'homme. Les maux de ce monde ne sont causés par personne d'autre que nous-mêmes. Nous sommes la cause de ce mal. Tout comme nous constatons en permanence que la souffrance résulte des mauvaises actions, nous pouvons également voir que la plupart de la souffrance dans le monde constitue l'effet de la malveillance passée de l'homme. Selon cette théorie, l'homme est donc le seul responsable. Il ne faut pas le reprocher à Dieu. Ce n'est pas du tout à Lui, le Père éternellement miséricordieux, qu'il faut le reprocher. « On récolte ce que l'on sème ».

Une autre doctrine particulière des dualistes consiste à dire que chaque âme finira par trouver le salut. Personne ne sera laissé pour compte. Après diverses vicissitudes, diverses souffrances et divers plaisirs, chacune d'elles finira par s'échapper. S'échapper de quoi ? L'idée commune partagée par toutes les sectes hindoues est que toutes les âmes doivent s'échapper de cet univers. Ni l'univers que nous voyons et sentons, ni un univers imaginaire ne peut être le bon, le véritable univers, car ils se mélangent tous deux avec le bien et le mal. D'après les dualistes, il existe un endroit au-delà cet univers, où il n'y a que bonheur et bonté. Lorsqu'on atteint cet endroit, il ne sera plus nécessaire de naître et renaître, ni de vivre et mourir, et cette idée leur est très chère. Là-bas, il n'y a ni maladie ni mort. Ils seront heureux éternellement, seront en présence de Dieu et profiteront de Lui pour toujours. Ils croient que tous les êtres, du ver le plus inférieur aux anges et aux dieux les plus élevés, atteindront tous, tôt ou tard, ce monde où il n'existe plus de souffrance. Mais notre monde ne s'arrêtera jamais, il continuera d'exister infiniment, bien qu'il se déplace par vagues. Bien qu'il se meuve par cycles, il ne cessera jamais d'exister. Le nombre d'âmes qui doivent être sauvées, parfaites, est infini. Certaines se trouve dans des plantes, dans des animaux inférieurs, dans les hommes ou dans les dieux, mais ils sont tous imparfaits, même les plus nobles dieux, ils sont tous asservis. Quel est cet asservissement ? La nécessité de naître et de mourir. Même les dieux les plus hauts meurent. Que sont ces dieux ? Ils représentent certains états, certaines fonctions. Par exemple, Indra, le roi des dieux, représente une certaine fonction, une âme qui était très noble est allée remplir cette fonction au cours de ce cycle et, après ce cycle, il renaîtra en tant qu'homme et descendra sur terre, puis l'homme qui était très bon au cours de ce cycle ira remplir cette fonction au cours du prochain cycle. Ainsi, avec ces dieux, certaines fonctions ont été remplies alternativement par des millions et des millions d'âmes, qui, après avoir rempli leurs fonctions, sont redescendues et devenues des hommes. Ceux qui font de bonnes actions dans ce monde et aident les autres, mais avec un œil posé sur la récompense et espérant atteindre le paradis et obtenir les louanges de leurs semblables, devront récolter les bénéfices de leurs bonnes actions à leur mort, ils deviendront ces dieux-là. Mais il ne s'agit pas de salut. Le salut ne viendra jamais par l'espoir d'une récompense. Quoi que désire l'homme, le Seigneur lui accordera. Les hommes désirent le pouvoir, le prestige, le plaisir des dieux, et ils comblent ces désirs mais aucun effet du travail ne peut être éternel. L'effet s'épuisera après un certain laps de temps, cela peut être une éternité, mais après, ce sera fini et ces dieux devront redescendre, devenir des hommes et obtenir une autre chance de libération. Les animaux inférieurs s'élèveront et deviendront des hommes, des dieux, peut-être des hommes à nouveau ou retourner à leur état d'animaux jusqu'au jour où ils se débarrasseront de tout désir de plaisir, de soif de vie et de cramponnement au « moi et mien ». Ce « moi et mien » constitue la racine même de tout mal dans le monde. Si vous demandez à un dualiste : « Est-ce votre enfant ? », il répondra : « C'est l'enfant de Dieu. Ma propriété ne m'appartient pas, elle appartient à Dieu ». Tout devrait être considéré comme la propriété de Dieu.

Ensuite, les adeptes de ces sectes dualistes indiennes sont de grands végétariens, de grands prêcheurs du refus de tuer les animaux. Mais leur idée à ce propos est assez différente de celle des bouddhistes. Si vous demandez à un bouddhiste : « Pourquoi prêchez-vous contre le meurtre des animaux ? », il répondra : « Nous n'avons nullement le doit d'ôter une vie ». Si vous demandez à un dualiste :

« Pourquoi ne tuez-vous pas d'animaux ? », il répondra : « Parce qu'il appartient au Seigneur ». Ainsi, pour le dualiste, ce « moi et mien » ne peut s'appliquer qu'à Dieu et à Dieu seul : Il est le seul « moi » et tout Lui appartient. Lorsqu'un homme est arrivé à l'état dans lequel il n'a ni « moi ni mien », lorsqu'il abandonne tout au Seigneur, lorsqu'il aime tout le monde et lorsqu'il est prêt à donner sa vie pour un animal, sans aucun désir de récompense, alors son cœur sera purifié et lorsque le cœur a été purifié, l'amour de Dieu y pénètrera. Dieu est le centre de l'attraction pour chaque âme, et le dualiste déclare : « Une aiguille recouverte d'argile ne sera pas attirée par un aimant, mais dès qu'on ôte l'argile, elle le sera ». Dieu est l'aimant, l'âme humaine est l'aiguille et ses mauvaises actions sont la saleté et la poussière qui la recouvre. Dès que l'âme sera pure, elle ira à Dieu par attraction naturelle et demeurera avec Lui pour toujours mais éternellement séparés. L'âme parfaite, si elle le désire, peut prendre n'importe quelle forme. Elle est capable de prendre des centaines de corps, ou aucun, si elle le désire. Elle devient presque toute-puissante, mais elle ne peut créer, ce pouvoir appartient à Dieu seul. Aucune d'elles, peu importe son niveau de perfection, ne peut gérer les affaires de l'univers, cette fonction appartient à Dieu. Mais toutes les âmes, lorsqu'elles deviennent parfaites, deviennent heureuses pour toujours et vivent éternellement avec Dieu. Voilà ce que le dualiste déclare.

Les dualistes prêchent aussi une autre idée. Ils s'opposent à l'idée d'implorer Dieu : « Seigneur, donne-moi ceci, donne-moi cela ». Ils pensent que ce n'est pas quelque chose qu'il faille faire. Si un homme doit demander quelque cadeau matériel, il devrait le demander à un être inférieur. Demandez les choses temporelles à l'un de ces dieux, anges ou êtres devenus parfaits. Dieu doit être aimé uniquement. Prier Dieu en psalmodiant « Seigneur, donne-moi ceci, donne-moi cela » constitue presque un blasphème. Selon les dualistes, par conséquent, un homme obtiendra tôt ou tard ce qu'il désire, en priant l'un des dieux. En revanche, s'il désire le salut, il doit vénérer Dieu. Voilà la religion du plus grand nombre en Inde.

La véritable philosophie Védanta débute avec ceux que l'on connaît sous le nom de non-dualistes qualifiés. Ils déclarent que l'effet n'est jamais différent de la cause, l'effet n'est que la cause reproduite sous une autre forme. Si l'univers est l'effet et Dieu la cause, alors l'univers doit être Dieu Lui-même, cela ne peut rien être d'autre. Ils partent de l'affirmation selon laquelle Dieu est à la fois la cause efficiente et la cause matérielle de l'univers, Il est Lui-même le créateur et la matière à partir de laquelle la nature entière est projetée. Le terme « création », dans votre langue, ne trouve aucun équivalent en sanskrit car il n'existe aucune secte en Inde qui croit en la création dans le sens envisagé par les Occidentaux, c'est-à-dire comme quelque chose qui provient du néant. Il semble qu'à une époque, quelques-uns eurent de telles idées, mais ils ont vite été réduits au silence. De nos jours, je ne connais aucune secte qui croit en cela. Ce que l'on entend par création est la projection de ce qui existe déjà. Ainsi, pour cette secte, l'univers entier est Dieu. Il constitue la matière de l'univers. On peut lire dans les Védas : « Alors que l'Urnanabhi (l'araignée) fait sortir le fil de soie de son propre corps ... ainsi même, l'univers provient de l'Être ».

Si l'effet constitue la cause reproduite, la question est alors : « Comment se fait-il que cet univers soit matériel, sombre et inintelligent alors qu'il est produit par un Dieu, qui n'est pas matériel, mais constitue l'intelligence éternelle ? Si la cause est pure et parfaite, comment l'effet peut-il être complètement différent ? » Que répondent ces non-dualistes qualifiés ? Leur théorie est très particulière. Ils répondent que ces trois existences (Dieu, la nature et l'âme) ne font qu'un. Dieu est, pour ainsi dire, l'Âme et la nature et les âmes forment le corps de Dieu. Tout comme je possède un corps et une âme, l'univers entier ainsi que les âmes constituent le corps de Dieu et Dieu est l'Âme des âmes. Ainsi, Dieu est la cause matérielle de l'univers. Le corps peut bien changer (il peut être jeune, âgé, fort ou faible) cela n'affectera pas du tout l'âme. Il s'agit de la même existence éternelle, qui se manifeste à travers le corps. Les corps vont et viennent, mais l'âme ne change pas. Ainsi l'univers entier est le corps de Dieu et en ce sens, il est Dieu. Mais les changements dans l'univers n'affectent pas Dieu. Il crée l'univers à partir de cette matière et à la fin d'un cycle, Son corps devient plus subtil, il se contracte. Au commencement d'un nouveau cycle, il s'étend à nouveau et les différents mondes évoluent à partir de lui.

Pour autant, les dualistes comme les non-dualistes qualifiés admettent que l'âme est pure par nature mais à cause de ses propres actions, elle devient impure. Les non-dualistes qualifiés expriment cette idée plus joliment que les dualistes en disant que la pureté et la perfection de l'âme se contractent et se manifestent à nouveau, et que ce que nous essayons de faire, c'est de révéler à nouveau l'intelligence, la pureté et le pouvoir qui sont naturels pour l'âme. Les âmes possèdent une multitude de qualités mais pas celles de la toute-puissance ni celle de l'omniscience. Chaque mauvaise action contracte la nature de l'âme et chaque bonne action l'étend, et ces âmes font toutes partie de Dieu. « De même que d'un feu flamboyant s'envolent des millions d'étincelles de la même nature, de même ces âmes proviennent de cet Être Infini, de Dieu ». Toutes ont le même but. Le Dieu des non-dualistes qualifiés est également un Dieu Personnel, la mine regorgeant d'un nombre infini de qualités bénies, toutefois, Il pénètre et se mélange à toute chose dans l'univers. Il est inhérent à chaque chose, à chaque endroit. Lorsque les écritures disent que Dieu constitue toutes choses, elles entendent que Dieu pénètre et se mélange à toutes choses : Dieu n'est pas devenu le mur, mais Dieu se trouve dans le mur. Dans l'univers, il n'existe aucune particule, ni aucun atome où Il ne se trouve pas. Les âmes sont toutes limitées, elles ne sont pas omniprésentes. Lorsqu'elles étendent leurs pouvoirs et deviennent parfaites, elles ne connaissent plus la naissance ni la mort, elles vivent avec Dieu pour toujours.

Venons-en maintenant à l'Advaïta, le dernier et, comme nous le pensons, le plus beau fleuron de la philosophie et de la religion qu'aucun pays ait jamais créé, où la pensée humaine atteint sa plus haute expression et transcende le mystère qui semble impénétrable. Il s'agit du Védanta non-dualiste. Il est trop complexe, trop élevé pour être la religion du plus grand nombre. Même en Inde, son lieu de naissance où il a régné en maître absolu ces trois derniers millénaires, il n'a été en mesure de se répandre parmi les foules. Par la suite, nous constaterons que même pour l'homme ou la femme les plus réfléchis, quel que soit leur pays, il est difficile de comprendre l'Advaïta. Nous nous sommes rendus si faibles, nous nous sommes amenés si bas. Nous pourrions faire de grandes déclarations mais naturellement, nous voulons nous reposer sur quelqu'un d'autre. Nous sommes telles de petites et faibles plantes, manquant un tuteur pour se tenir. Combien de fois m'a-t-on demandé une « religion facile » ! Très peu d'hommes demandent la vérité, encore moins osent l'apprendre et le plus petit nombre ose suivre ses préceptes pratiques. Ce n'est pas de leur faute, mais cela est dû à la faiblesse du cerveau. Toute nouvelle pensée, a fortiori d'une pensée de haute envergure, crée une perturbation, essaie de creuser un nouveau canal, pour ainsi dire, dans la matière cérébrale et cela déstabilise le système et déséquilibre les hommes. Ils sont habitués à un certain environnement et doivent surmonter une énorme quantité d'anciennes superstitions, les superstitions ancestrales, superstitions dues aux classes, à la ville, au pays et derrière tout cela, se trouve une foule de superstitions qui sont innées chez chaque être humain. Pourtant, dans le monde, quelques âmes courageuses osent concevoir la vérité, osent l'adopter et la suivre jusqu'au bout.

Que déclare l'Advaïtiste ? Il dit que, s'il y a un Dieu, ce Dieu doit être à la fois la cause matérielle et la cause efficiente de l'univers. Non seulement est-Il le créateur, mais Il est également la créature. Il est Lui-même l'univers. Comment est-ce possible ? Dieu, le pur, l'esprit, est devenu l'univers ? Oui, c'est ce qu'il paraît. Ce que les personnes ignorantes voient comme l'univers n'existent pas en réalité.

Vous comme moi et toutes ces choses que l'on voit, que sommes-nous ? Une pure auto-hypnotisation : il n'y a qu'une Existence, l'Infini, l'Être à jamais Béni. Au cours de cette Existence, nous faisons différents rêves. Il s'agit de l'Âtman, par-delà tout, l'Infini, au-delà du connu et du connaissable. Nous voyons l'univers, en Cela et à travers Cela. Il s'agit de l'unique Réalité. C'est cette table, ce public devant moi, ce mur, il s'agit de tout, sans le nom et la forme. Ôtez la forme et le nom de la table, ce qui subsiste est Cela. Les védantistes ne L'appellent pas Il ou Elle, ce sont des fictions, des illusions du cerveau humain, l'âme n'a pas de sexe. Les personnes qui sont bercées d'illusions, qui sont devenus semblables aux animaux, voient un homme ou une femme, les dieux vivants ne voient pas d'hommes ni de femmes. Ceux qui se tiennent au-delà de toute chose, comment pourraient-ils avoir quelque idée de sexe ? Tout est l'Âtman (le Soi) : l'asexué, le pur et le béni à jamais. C'est le nom, la forme et le corps qui sont matériels, qui sont à l'origine de cette différence. Si vous ôtez ces deux différences que sont le nom et la forme, l'univers entier devient unique, il n'y a plus de dualité, mais l'unicité en tout lieu. Vous et moi ne sommes qu'un. Il n'existe ni nature, ni Dieu, ni univers, seulement cette Existence Infinie, à partir de laquelle tout est créé, à cause du nom et de la forme. Comment connaître le Connaisseur ? Il ne peut être connu. Comment pouvez-vous voir votre propre Soi ? Vous ne pouvez que vous reflétez. Ainsi, tout cet univers est la réflexion de cet Être Eternel, l'Âtman et puisque la réflexion se fait sur de bons ou des mauvais réflecteurs, les images renvoyées sont bonnes ou mauvaises. Ainsi chez le meurtrier, c'est le réflecteur qui est mauvais, pas le Soi. Chez le saint, le réflecteur est pur. Le Soi, l'Âtman, est pur par nature. Cela est identique, l'Existence de l'univers, qui se reflète chez le ver inférieur jusqu'à l'être le plus élevé et le plus parfait. L'univers entier est une Unité, une Existence, sur les plans physique, mental, moral, et spirituel. Nous regardons cette Existence sous différentes formes et nous créons toutes ces images à partir de Cela. Pour l'homme qui s'est restreint à sa condition d'homme, Cela apparaît comme le monde de l'homme. Pour celui qui se tient à un niveau plus haut de l'existence, Cela peut apparaître comme le paradis. Il n'y a qu'une seule Âme dans l'univers, pas deux. Cela ne va ni ne vient. Cela ne naît pas, ni ne meurt, ni ne se réincarne. Comment Cela pourrait-il mourir ? Où Cela peut-il aller ? Tous ces paradis, ces terres, ces endroits ne sont que de vaines imaginations de l'esprit. Ils n'existent pas, n'ont jamais existé dans le passé et n'existeront jamais dans le futur.

Je suis omniprésent, éternel. Où puis-je aller ? Où ne me trouvé-je pas déjà ? Je lis ce livre de la nature. Je termine et tourne page après page, un rêve de vie après l'autre disparaît. Une autre page de la vie est tournée, un autre rêve de vie arrive puis s'en va, en roulant, et lorsque j'ai terminé ma lecture, je lâche prise et me tiens à distance, je jette le livre et tout cela est terminé. Que prêche l'advaïtiste ? Il détrône tous les dieux qui ont jamais existé et qui n'existeront jamais dans l'univers et place le Soi, l'Âtman sur le trône, plus haut que le soleil et la lune, plus haut que les paradis, plus grand que ce grand univers lui-même. Aucun livre, ni écriture, ni science ne peut jamais imaginer la gloire du Soi qui apparaît sous les traits de l'homme, le Dieu le plus glorieux qui ait jamais existé, le seul Dieu qui ait jamais existé, existe ou existera. Par conséquent, je ne suis pas censé vénérer quiconque d'autre que moi. « Je vénère mon Soi » disent les advaïtistes. A qui devrais-je faire la révérence ? Je salue mon Soi. A qui devrais-je demander de l'aide ? Qui peut m'aider, l'Être Infini de l'univers ? Ce sont des rêves idiots, des hallucinations. Qui a jamais aidé qui que ce soit ? Personne. Chaque fois que voyez un homme faible, un dualiste, qui pleure et gémit pour que quelque chose par-delà les cieux l'aide, c'est parce qu'il ignore que les cieux sont aussi en lui. Il veut de l'aide des cieux, et l'aide survient. Nous voyons qu'elle arrive, mais elle provient de l'intérieur, et il croit par erreur qu'elle vient de l'extérieur. Parfois, un homme malade qui est allongé sur son lit, peut entendre frapper à la porte. Il se lève, ouvre la porte mais n'y trouve personne. Il se recouche et entend à nouveau frapper. Il se lève et ouvre la porte. Personne n'est là. En fin de compte, il se rend compte qu'il a confondu ses propres battements du cœur avec des coups sur la porte. Ainsi, après sa vaine recherche de différents dieux en dehors de lui, l'homme boucle le cercle et revient à son point de départ (l'âme humaine). Il découvre alors que le Dieu qu'il cherchait par monts et par vaux, dans tous les livres, les temples, les églises et les paradis, ce Dieu qu'il se figurait assis au paradis et dirigeant le monde, est son propre Soi. Je suis Lui, Il est moi. Personne d'autre que moi n'était Dieu et ce petit moi n'a jamais existé.

Pourtant, comment ce Dieu parfait a-t-il pu se leurrer ? Ce n'est jamais arrivé. Comment un Dieu parfait a-t-il pu rêver ? Il n'a jamais rêvé. La vérité ne rêve jamais. La question même de savoir d'où est venue l'illusion est absurde. L'illusion ne naît que de l'illusion. L'illusion disparaît dès que la vérité est aperçue. L'illusion repose toujours sur l'illusion. Elle ne repose jamais sur Dieu, la Vérité, l'Âtman. Vous n'êtes jamais dans l'illusion, c'est l'illusion qui est en vous, devant vous. Un nuage est présent, un autre vient, le pousse et le remplace. Encore un autre arrive et remplace le précédent. De même que devant le ciel éternellement bleu, des nuages de différentes nuances et couleurs viennent, demeurent là un court instant puis disparaissent, laissant le bleu éternel tel qu'il était, de même vous êtes éternellement purs et parfaits. Vous êtes les véritables Dieux de l'univers, non, il n'y en a pas plusieurs, il n'y en a qu'Un. Dire « vous et moi » est une erreur, dites « moi ». C'est moi qui mange avec des millions de bouches, comment puis-je avoir faim ? C'est moi qui travaille grâce à un nombre infini de mains, comment puis-je être inactif ? C'est moi qui vis la vie de tout l'univers, où se trouve la mort pour moi ? Je me tiens au-delà de toute vie, au-delà de toute mort. Où devrai-je chercher la liberté ? Je suis libre par nature. Qui peut m'asservir, le Dieu de l'univers ? Les écritures du monde ne sont que des petites cartes qui veulent décrire ma gloire, moi qui suis l'existence de l'univers. Alors que représentent ces livres pour moi ? Voilà ce que dit l'Advaïtiste :

« Sachez la vérité et soyez libre en un instant ». Toute obscurité disparaîtra alors. Lorsque l'homme s'est vu uni à l'Être Infini de l'univers, lorsque toute séparation a disparu, lorsque les hommes et les femmes, les dieux et les anges, les animaux et les plantes et l'univers entier se sont mêlés à cette Unicité, alors toute peur disparaît. Puis-je me faire du mal ? Puis-je me tuer ? Puis-je me blesser ? Qui dois-je craindre ? Pouvez-vous avoir peur de vous-même ? Alors toute souffrance disparaîtra. Qu'est-ce qui pourra me causer de la souffrance ? Je suis la Seule Existence de l'univers. Alors toute jalousie disparaîtra, de qui devrais-je être jaloux ? De moi-même ? Alors tous les mauvais sentiments disparaîtront. Contre qui puis-je avoir de ressentiment ? Contre moi-même ? Il n'y a personne d'autre que moi dans l'univers. Et pour le védantiste, c'est la seule voie vers la Connaissance. Détruisez cette différenciation, détruisez la superstition selon laquelle la multiplicité existe. « A celui qui, dans ce monde de la multiplicité, voit l'Unique, à celui qui parmi la foule des choses inconscientes, voit cet Être Conscient, à celui qui, dans ce monde de ténèbres, capte la Réalité, à lui appartient la paix, et nul autre, à nul autre. »

Ce sont les points importants des trois étapes qu'a repris la pensée religieuse indienne au regard de Dieu. Nous avons vu que cela commençait par le Dieu Personnel, extra-cosmique. Puis allait de l'extérieur vers l'intérieur du corps cosmique, Dieu inhérent à l'univers, et se terminait par l'identification de l'âme avec Dieu, ne créant qu'une seule Âme, une unité de toutes ces différentes manifestations dans l'univers. Voilà le dernier propos des Védas. Il commence par le dualisme, continue avec un monisme qualifié et se termine par un monisme parfait. Nous savons que très peu de personnes dans ce monde peuvent parvenir au monisme parfait, ou même osent y croire. Encore moins de personnes osent agir en accord avec lui. Pourtant, nous savons que c'est en cela que repose l'explication de toute éthique, de toute moralité et de toute spiritualité dans l'univers. Pourquoi tout le monde dit : « Faites le bien envers autrui ? » Où se trouve l'explication ? Pourquoi tous les grands hommes ont-ils prêché la fraternité de l'humanité, et les hommes encore plus grands la fraternité de toutes les vies ? Parce que, qu'ils en furent conscients ou non, derrière tout cela et à travers toutes les superstitions irrationnelles et personnelles, la lumière éternelle du Soi était présente en eux, rejetant toute multiplicité et affirmant que l'univers entier forme un tout.

A nouveau, le dernier propos nous donnait un seul univers que nous voyons en tant que matière à travers les sens, en tant qu'âmes à travers l'intellect, et en tant que Dieu à travers l'esprit. Pour un homme qui jette sur lui un voile que le monde appelle méchanceté et malveillance cet univers-là se transformera en un endroit horrible. Pour un autre homme, qui désire les plaisirs, cet univers changera d'apparence pour devenir un paradis. Et pour l'homme parfait, tout cela disparaîtra et deviendra son propre Soi.

Pour autant, comme la société existe aujourd'hui, ces trois étapes sont nécessaires : l'un ne renie pas l'autre mais est simplement l'accomplissement de ce dernier. L'advaïtiste ou l'advaïtiste qualifié ne dit pas que le dualisme est erroné, il s'agit d'une vision juste, mais moins noble. Il s'agit d'un chemin vers la vérité. C'est pourquoi il faut laisser chacun façonner sa propre vision de l'univers selon ses propres idées. Ne blessez personne et ne réfutez pas la position de quiconque. Prenez l'homme là où il se trouve et, si vous en êtes capable, aidez-le à atteindre atteigne un niveau plus haut, mais ne blessez pas, ne détruisez pas. A long terme, tout le monde trouvera la vérité. « Lorsque tous les désirs de son cœur seront vaincus, alors ce mortel-là deviendra immortel », alors cet homme-là deviendra Dieu.

Chapitre XV
La Servitude et la Liberté de l'Âtman

Délivré en Amérique

D'après la philosophie de l'Advaïta, il n'existe dans l'univers qu'une chose réelle, qui s'appelle le Brahman. Tout le reste est irréel, manifesté et créé à partir du Brahman grâce au pouvoir du Mâyâ. Retourner au Brahman constitue notre but. Chacun de nous est ce Brahman, cette Réalité et ce Mâyâ. Si nous parvenons à nous débarrasser de ce Mâyâ (ou l'ignorance), alors nous deviendrons ce que nous sommes vraiment. Selon cette philosophie, l'homme est constitué de trois parties : le corps, l'organe interne (ou l'esprit) et derrière cela, ce qu'on appelle l'Âtman, le Soi. Le corps est l'enveloppe externe et l'esprit l'enveloppe interne de l'Âtman, qui est celui qui perçoit réellement, celui qui ressent réellement du plaisir, l'être dans le corps qui le fait fonctionner au moyen de l'organe interne ou esprit.

Dans le corps humain, l'Âtman, qui est immatériel, est la seule existence. Parce qu'il est immatériel, il ne peut pas être un composé, et parce qu'il n'est pas un composé, il n'obéit pas à la loi de la cause et de l'effet, par conséquent, il est immortel. Ce qui est immortel ne peut avoir de commencement, car tout ce qui a un commencement doit avoir une fin. Il en découle également qu'il doit être informe : il ne peut y avoir de forme sans matière. Tout ce qui possède une forme doit avoir un début et une fin. Aucun de nous n'a vu une forme qui n'avait pas de début sans avoir de fin. Une forme provient de la combinaison de la force et de la matière. Cette chaise a une forme particulière, c'est-à-dire qu'une certaine quantité de force agit sur une certaine quantité de matière et lui fait prendre cette forme particulière. La forme est le résultat de la combinaison de la matière et de la force. La combinaison n'est pas éternelle : le temps viendra où toute combinaison se dissoudra. Ainsi, toute forme possède un début et une fin. Nous savons que notre corps périra, il a eu un commencement et aura une fin. Mais puisque le Soi ne possède pas de forme, il ne peut être contraint par la loi du début et de la fin. Il existe depuis un temps infini : tout comme le temps est éternel, le Soi de l'homme l'est également. Deuxièmement, il doit être omniprésent. Seule la forme est conditionnée et limitée par l'espace, ce qui n'a pas de forme ne peut être confiné dans l'espace. Ainsi, selon l'Advaïta Védanta, le Soi, l'Âtman, en vous, en moi, en chacun, est omniprésent. Vous vous trouvez autant dans le soleil que dans cette terre, et autant en France qu'en Amérique. Cependant, le Soi agit à travers l'esprit et le corps, et son action est visible là où ils se trouvent.

Chaque action, chaque pensée laisse une impression (nommée Samskara en sanskrit) sur l'esprit et l'ensemble de ces impressions se transforme en la force colossale que l'on appelle « caractère ». Ce que l'homme a créé pour lui-même constitue son caractère, il s'agit du résultat des actions mentales et physiques qu'il a faites au cours de sa vie. L'ensemble des Samskaras constitue la force qui indique à l'homme la prochaine direction après sa mort. Un homme meurt, son corps se dégrade et retourne aux éléments, mais les Samskaras demeurent, accrochés à l'esprit qui, étant constitué de matière subtile, ne se dissout pas, car plus la matière est subtile, plus elle est durable. Néanmoins, l'esprit également se dissout à long terme, c'est ce pour quoi on se bat. En rapport à cela, la meilleure image qui me vient à l'esprit est celle du tourbillon. Différents courants d'air venant de directions différentes se rencontrent. Au point d'intersection, ils s'unissent et continuent à tournoyer. Tandis qu'ils tournoient, ils façonnent, à un endroit, un corps de poussière, entraînant des morceaux de papiers, de la paille, etc. pour ensuite le laisser tomber et continuer leur route vers un autre. Ainsi tournoient-ils encore et encore, élevant et façonnant des corps à partir de la matière qui les entoure. En conséquence, les forces, qui s'appellent Prana en sanskrit, se réunissent et façonnent le corps et l'esprit à partir de la matière, puis continuent jusqu'à ce que le corps s'écroule, à cet instant elles élèvent d'autres matières pour fabriquer un autre corps, et lorsque celui s'écroule, un autre s'élève et ainsi le processus continue-t-il. La force ne peut avancer sans matière. Ainsi, lorsque le corps s'écroule, la substance mentale demeure, le Prana, sous la forme des Samskaras, agit sur elle. Puis il va à un autre endroit, crée un autre tourbillon constitué de nouvelle matière et commence un autre mouvement. Il voyage ainsi, d'un lieu à un autre jusqu'à ce que la force soit épuisée, alors il s'écroule, se termine. Ainsi, lorsque l'esprit prendra fin, sera détruit en mille morceaux, sans qu'aucun Samskara ne subsiste, nous serons entièrement libres. Jusque-là, nous sommes assujettis. Jusque-là l'Âtman est recouvert par le tourbillon de l'esprit et imagine qu'on l'emmène d'un endroit à un autre. Lorsque le tourbillon se dissipe, l'Âtman découvre qu'Il est omniprésent. Il peut aller où Il le désire, Il est complètement libre et est capable de façonner autant d'esprits et de corps qu'Il le désire, mais jusque-là, il ne peut se mouvoir qu'avec le tourbillon. Cette liberté constitue le but vers lequel nous avançons tous.

Supposez qu'il y ait une balle dans cette pièce, que chacun de nous ait un maillet en main et commençons à frapper la balle, lui assénant des centaines de coups, la propulsant d'un endroit à un autre jusqu'à ce qu'elle soit éjectée en dehors de la pièce. Avec quelle force et dans quelle direction partira-t-elle ? Les forces qui ont agi sur la balle dans toute la pièce détermineront cela. Les différents coups portés auront leurs effets. Chacune de nos actions, mentales comme physiques, constitue un coup. L'esprit humain est une balle que l'on frappe. A tout instant, nous nous faisons frapper dans cette pièce qu'est le monde, et notre éjection en dehors de ce monde est déterminée par la force de tous ces coups. Dans tous les cas, la vitesse et la direction de la balle est déterminée par les coups qu'elle a reçus. Ainsi, toutes nos actions dans ce monde détermineront notre naissance future. Par conséquent, notre naissance actuelle est le résultat de notre passé. Voilà un exemple : supposez que je vous donne une chaîne infinie, dans laquelle un maillon noir et un maillon blanc sont placés en alternance, sans début ni fin, et supposez que je vous demande quelle est la nature de cette chaîne. Dans un premier temps, vous aurez du mal à déterminer sa nature, puisque les deux extrémités de la chaîne sont infinies, mais lentement, vous comprendrez qu'il s'agit d'une chaîne. Bientôt, vous découvrez que cette chaîne infinie est la répétition de ces maillons, noirs et blancs, et que ces-derniers, une fois multipliés à l'infini, forment une chaîne complète. Si vous connaissez la nature de l'un de ces maillons, vous connaissez la nature de la chaîne entière parce qu'il s'agit d'une répétition parfaite. Toutes nos vies, passées, présente et futures, forment, pour ainsi dire, une chaîne infinie qui n'a ni commencement ni fin, chaque maillon constitue une vie, qui a deux extrémités, la naissance et la mort. Ce que nous faisons et ce que nous sommes est répété encore et encore, avec d'infimes variations. Ainsi, si nous connaissons ces deux maillons, nous connaîtrons tous les chemins par lesquels nous devrons passer dans ce monde. Par conséquent, nous constatons que notre chemin dans ce monde a été exactement déterminé par nos précédentes routes. De la même manière, nous nous trouvons dans ce monde par nos propres actions. De même que nous partons avec l'ensemble des actions présentes qui agissent sur nous, de même nous constatons que nous arrivons dans ce monde avec l'ensemble des actions passées qui ont agi sur nous, que ce qui nous fait partir est exactement la même chose que ce qui nous fait venir. Qu'est-ce qui nous fait venir ? Nos actions passées. Qu'est-ce qui nous fait partir ? Nos actions ici-bas, et nous continuons ainsi. Comme la chenille dont le fil sort de sa bouche pour construire son cocon et se retrouve finalement piégée dans ce cocon, nous nous retrouvons assujettis par nos actions, nous nous sommes entourés de l'ensemble de nos actions. Nous avons activé la loi de la causalité et nous trouvons qu'il est difficile de s'en extirper. Nous avons mis la roue en mouvement et nous nous faisons écraser par celle-ci. Ainsi, cette philosophie nous enseigne que nous sommes uniformément assujettis par nos propres actions, bonnes comme mauvaises.

L'Âtman ne va, ni ne vient, il ne naît jamais, ni ne meurt jamais. C'est la nature qui bouge devant l'Âtman et ce mouvement se reflète sur l'Âtman qui pense de façon ignorante qu'il bouge et non la nature. Lorsque l'Âtman pense ceci, il est assujetti. Mais lorsqu'il comprend qu'il ne se meut jamais, qu'il est omniprésent, alors la liberté survient. L'Âtman assujetti s'appelle Jiva. Ainsi, vous comprenez que lorsqu'on dit que l'Âtman va et vient, on ne le dit que pour faciliter la compréhension, tout comme, par convenance, on vous demande, en astronomie, d'imaginer que le soleil tourne autour de la terre, bien que ce ne soit pas le cas. Par conséquent, le Jiva (l'âme) arrive à des états supérieurs ou inférieurs. Voilà la loi bien connue de la réincarnation, et cette loi lie toute création.

Dans ce pays, les gens trouvent cela horrible que l'homme provienne d'un animal. Pourquoi ? Que sera la fin de ces millions d'animaux ? Ne sont-ils rien ? Si nous possédons une âme, eux aussi, et s'ils n'en ont pas, alors nous non plus. Il est absurde de dire que l'homme seul possède une âme et pas les animaux. J'ai rencontré des hommes qui étaient pires que des animaux.

L'âme humaine a séjourné dans des formes supérieures et inférieures, migrant de l'une à l'autre en fonction des Samskaras (ou des impressions), mais ce n'est que dans la plus haute forme, sous les traits de l'homme, qu'il atteint la liberté. La forme humaine est même supérieure à celle de l'ange et elle est la plus haute de toutes les formes. L'homme est l'être le plus haut de la création car il atteint la liberté.

Tout cet univers se trouvait dans le Brahman et il a été, pour ainsi dire, projeté hors de Lui et il avancé dans le but de retourner à la source de laquelle il a été projeté, comme l'électricité qui sort de la dynamo, termine le circuit et y retourne. Il en est de même avec l'âme. Projetée hors du Brahman, elle passe par toutes sortes de formes végétales ou animales et, enfin, elle se trouve dans l'homme et l'homme est ce qui se rapproche le plus du Brahman. La grande bataille de la vie est de retourner au Brahman, d'où nous avons été projetés. Que les personnes le sachent ou non n'importe pas. Dans l'univers, quel que soit le mouvement, la lutte que nous constatons dans les minéraux, les plantes ou les animaux, elle constitue un effort fourni dans le but de rejoindre le centre et de trouver le repos. Il existait un équilibre qui a été détruit. Toutes les parties, tous les atomes et les molécules luttent pour retrouver leur équilibre perdu. Au cours de cette lutte, ils se combinent, se réassemblent, donnant vie à tous les merveilleux phénomènes de la nature. Toutes les luttes, les compétitions dans la vie animale, végétale et partout ailleurs, toutes les luttes sociales et les guerres ne sont que l'expression de la bataille éternelle qui a pour but de retrouver l'équilibre.

En sanskrit, ce chemin de la naissance à la mort, ce voyage est appelé Samsara, littéralement le cercle de la naissance et de la mort. Toute créature qui passe par ce cercle, deviendra libre tôt ou tard. La question suivante peut alors être posée : si nous sommes tous destinés à parvenir à la liberté, pourquoi devons-nous nous battre pour l'atteindre ? Si chacun deviendra libre, nous attendrons assis. Il est vrai que chaque être sera affranchi, tôt ou tard, personne ne peut être perdu. Rien ne peut être détruit, tout doit s'élever. Si tel est le cas, quel est le but de notre lutte ? Premièrement, la lutte est le seul moyen qui nous permettra de rejoindre le centre et deuxièmement, nous ne savons pas pourquoi nous luttons. Nous le devons. « Parmi des milliers d'hommes, certains ont conscience de l'idée qu'ils deviendront libres ». La vaste population de l'humanité se contente des choses matérielles, mais certains s'éveillent et veulent revenir, ils en ont eu assez de ce jeu ici-bas. Ceux-là luttent de manière consciente, tandis que le reste de la population le fait de manière inconsciente.

« Abandonner le monde », abandonner ce qui est irréel et embrasser ce qui est réel constitue l'alpha et l'oméga de la philosophie du Védanta. Ceux qui se sont entichés du monde demanderont peut-être : « Pourquoi devrions-nous essayer de nous en extraire pour rejoindre le centre ? Supposez que nous soyons tous venus de Dieu mais que nous trouvons ce monde plaisant et agréable, alors pourquoi ne devrions-nous pas plutôt profiter toujours plus de ce monde ? Pourquoi devrions-nous essayer de nous en extraire ? » Ils nous demandent de regarder les merveilleuses améliorations qui ont cours chaque jour dans le monde, tout le luxe qui est façonné pour lui. C'est très agréable. Pourquoi devrions-nous partir et aspirer à quelque chose d'autre ? Voilà la réponse : il est certain que le monde mourra, qu'il sera détruit en mille morceaux et que l'on a eu les mêmes plaisirs à maintes reprises. Toutes les formes que nous observons aujourd'hui se sont manifestées encore et encore et le monde dans lequel on vit, a existé de nombreuses fois auparavant. De nombreuses fois auparavant, j'ai été présent et je vous ai parlé. Vous saurez que cela doit se passer ainsi, et ces mots que vous écoutez à présent, vous les avez entendus à de nombreuses reprises dans le passé. Il en sera de même de nombreuses fois de plus. Les âmes n'ont jamais changé, les corps se dissolvent et réapparaissent en permanence. Deuxièmement, ces choses se produisent périodiquement. Supposez que nous ayons trois ou quatre dés et qu'en les lançant, le premier fasse cinq, le deuxième quatre, le troisième trois et le quatrième deux. Si vous continuez à les lancer, il arrivera nécessairement que ces mêmes chiffres sortiront à nouveau. Continuez à lancer, et peu importe la longueur de l'intervalle, ces chiffres ressortiront forcément. On ne peut déterminer combien de lancers il faudra pour que cela se produise, il s'agit de la loi du hasard. Il en est de même avec les âmes et leurs associations. Aussi distantes soient les périodes, les mêmes combinaisons et dissolutions se produiront encore et encore. La même naissance, les mêmes repas et boissons et puis la mort se produiront encore et encore. Certaines personnes ne trouvent jamais quoi que ce soit qui dépasse les plaisirs du monde mais celles qui désirent s'élever plus haut comprennent que ces plaisirs ne sont jamais ultimes mais seulement accessoires.

Disons que chaque forme, qui commence par être un petit ver et finit par être un homme, est telle une des nacelles de la Grande Roue de Chicago, qui est en mouvement en permanence mais dont les occupants changent. Un homme monte dans une nacelle, bouge avec la roue et descend. La roue continue de tourner. Une âme entre dans une forme, réside en elle pendant un moment puis la quitte et entre dans une autre puis la quitte à nouveau pour entrer dans une troisième forme. Ainsi, le cycle se poursuit jusqu'à qu'elle descende de la grande roue et devienne libre.

Dans chaque pays et à chaque époque, on a connu les étonnants pouvoirs qui permettent de lire dans les vies passées et futures d'un homme. Voilà l'explication : tant que l'Âtman se trouve au sein du royaume de la causalité (bien que sa liberté intrinsèque ne soit pas totalement perdue et puisse s'affirmer, même si cela implique qu'il faille extraire l'âme à la chaîne causale, comme c'est le cas pour les hommes qui deviennent libres) ses actions sont grandement influencées par les lois causales et ainsi, il est possible pour les hommes, qui possèdent les connaissances pour suivre la suite des effets, de lire le passé et l'avenir.

Pour peu que le désir ou la volonté subsistent, c'est un signe avéré que l'imperfection demeure. Un être parfait et libre ne peut avoir de désirs. Dieu ne peut vouloir quoi que ce soit. S'Il désire, Il ne peut être Dieu. Il sera imparfait. Par conséquent, tous les discours qui prônent que Dieu désire ceci ou cela, que, tour à tour, Il se met en colère ou est satisfait, ne constituent que des futilités et ne veulent rien dire. C'est pourquoi tous les précepteurs ont enseigné : « Ne désire rien, abandonne tout désir et sois parfaitement satisfait ».

Un enfant vient au monde en rampant et dépourvu de dents, et l'homme âgé le quitte sans dent et en rampant. Les extrêmes se ressemblent, mais l'un ne possède aucune expérience de la vie qui s'étale devant lui, tandis que l'autre l'a parcourue en entier. Lorsque les vibrations de l'éther sont très basses, on ne voit pas de lumière mais l'obscurité, lorsqu'elles sont très hautes, il en résulte également l'obscurité. En général, les extrêmes semblent être identiques, bien qu'ils soient aussi éloignés l'un de l'autre que les deux pôles. Le mur n'a aucun désir, donc l'homme parfait n'en a pas non plus. Cependant, le mur n'est pas suffisamment sensible pour désirer tandis que l'homme parfait ne trouve rien à désirer. Dans ce monde, il existe des idiots qui n'ont aucun désir parce que leur cerveau est imparfait. En même temps, l'état le plus élevé est celui dans lequel nous n'avons pas de désirs. Néanmoins, ces deux états constituent deux pôles opposés de la même existence. L'un se rapproche de l'animal et l'autre de Dieu.

Chapitre XVI
L'Homme Réel et l'Homme Apparent

Délivré à New York

Nous nous tenons ici et nos yeux regardent parfois à des kilomètres au loin. L'homme fait cela depuis qu'il a commencé à penser. Il regarde toujours en avant, au loin. Il veut savoir où il se dirige, même après la dissolution de son corps. Diverses théories ont été avancées, système après système ont été présentés afin de suggérer des explications. Certaines ont été réfutées, d'autres acceptées et cela continuera, aussi longtemps que l'homme existera et pensera. La vérité réside un peu dans chacun de ces systèmes. Une importante quantité de ce qui n'est pas la vérité y réside aussi. J'essaierai de vous montrer l'essentiel, le contenu, le résultat des recherches effectuées sur ce sujet en Inde. J'essaierai d'harmoniser les diverses pensées sur le sujet comme elles ont émergé par périodes à l'esprit des philosophes indiens. J'essaierai de rassembler les psychologues et les métaphysiciens et, si possible, de les accorder également avec les penseurs de la science moderne.

Le thème récurrent de la philosophie du Védanta est la recherche de l'unité. L'esprit hindou ne s'attarde pas sur le particulier, il recherche toujours le général, non, l'universel. « Que faut-il connaître qui permette de connaître tout ce qui doit être connu ? » Voilà le thème principal. « Etant donné que la connaissance d'un morceau d'argile permet de connaître tout ce qui est fait d'argile, ainsi, que faut-il connaître qui permette de connaître l'univers entier ? » Voilà la recherche principale. Selon les philosophes hindous, l'univers entier peut être réduit à une seule matière en une seule matière, qu'ils appellent Akasha. Autour de nous, tout ce que nous voyons, sentons, touchons, goûtons ne constitue qu'une manifestation différenciée de cet Akasha. Il est omniprésent, subtil. Tout ce que nous appelons solides, liquides, gaz, silhouettes, formes ou corps, la terre, le soleil, la lune et les étoiles, tout cela est composé de cet Akasha.

Quelle est la force qui agit sur cet Akasha et façonne cet univers grâce à lui ? En plus de cet Akasha, il existe le pouvoir universel : tout pouvoir dans l'univers, qui se manifeste comme la force ou l'attraction, et même comme la pensée, constitue une manifestation différente de ce même pouvoir que les hindous appellent Prana. Ce Prana crée tout l'univers en agissant sur l'Akasha. Au début d'un cycle, ce Prana sommeille, pour ainsi dire, dans l'océan infini de l'Akasha. Au commencement, il existait de manière immobile. Alors le mouvement survient dans cet océan de l'Akasha grâce à l'action de ce Prana qui commence à se mouvoir, à vibrer. De cet océan surgissent les différents systèmes célestes, les soleils, les lunes, les étoiles, la terre, les êtres humains, les animaux, les plantes et toutes les manifestations des diverses forces et phénomènes. Par conséquent, selon eux, chaque manifestation du pouvoir constitue le Prana. Chaque manifestation matérielle est l'Akasha. Lorsque ce cycle s'achèvera, tout ce que nous appelons solide se fondra en la forme suivante supérieure, soit la forme liquide, qui se mêlera à la forme gazeuse qui se mêlera aux vibrations plus subtiles et uniformes de chaleur, puis tout se mêlera à l'Akasha original. Tout ce qu'on appelle attraction, répulsion et mouvement se décomposera lentement en Prana originel. Puis, on dit que ce Prana sommeillera pendant un moment, pour émerger à nouveau et créer toutes ces formes. Puis, quand cette période prendra fin, tout se retirera à nouveau. Ainsi, ce processus de création monte et descend, en reculant et avançant. Dans la langue de la science moderne, il devient statique pendant une période puis au cours d'une autre, il devient dynamique. Un instant il est potentiel, et l'instant d'après, il devient actif. Cette altération a perduré tout au long de l'éternité.

Pourtant, cette analyse n'est que partielle. Même la science physique moderne en connaît si peu à ce propos. La recherche de la science physique ne peut aller plus loin. Mais la recherche ne s'interrompt pas pour autant. Nous n'avons toujours pas trouvé cette chose qu'il faut connaître pour connaître tout le reste. Nous avons décomposé l'univers en deux composants que l'on appelle matière et énergie, ou que les philosophes ancestraux indiens appelaient Akasha et Prana. L'étape suivante consiste à décomposer cet Akasha et ce Prana en leur origine. Tous deux peuvent être décomposés en une entité encore plus haute que l'on appelle l'esprit. C'est à partir de l'esprit, le Mahat, le pouvoir de la pensée qui existe universellement, que ces deux éléments précédents ont été créés. La pensée est une manifestation encore plus subtile de l'existence que l'Akasha et le Prana. C'est la pensée qui se divise en ces deux composants. La pensée universelle existait au début et elle s'est manifestée, changée et a évolué en cet Akasha et ce Prana. Par la combinaison de ces-derniers, l'univers entier a été créé.

Venons-en maintenant à la psychologie. Je vous regarde. Les sensations externes me sont rapportées par les yeux. Elles sont transportées par les nerfs sensoriels jusqu'au cerveau. Les yeux ne sont pas les organes de la vision. Ils ne sont que les instruments externes, car si le véritable organe qui se trouve derrière, ce qui transporte la sensation au cerveau, est détruit, je pourrais bien avoir vingt yeux, pourtant je ne vous verrais pas. L'image sur la rétine pourrait être aussi complète que possible, pourtant je ne vous verrais pas. Par conséquent, l'organe est différent de ses instruments. Derrière les instruments (les yeux) doit se trouver l'organe. Il en va de même avec toutes les sensations. Le nez n'est pas l'odorat, il n'est que l'instrument derrière lequel se trouve l'organe. Pour tous les sens que nous possédons, il y a d'abord l'instrument externe dans le corps physique, et derrière ce même corps se trouve l'organe. Pourtant ils ne suffisent pas. Supposez que je vous parle et que vous m'écoutez avec beaucoup d'attention. Quelque chose se produit, disons qu'une cloche sonne, peut-être n'entendrez-vous pas la cloche sonner. Les pulsations de ce son sont parvenues à vos oreilles, ont frappé le tympan, et l'impression a été apportée jusqu'au cerveau via les nerfs. Si le processus entier de transmission de l'impulsion jusqu'au cerveau a été achevé, pourquoi n'avez-vous pas entendu ? Quelque chose d'autre manquait, l'esprit n'était pas lié à l'organe. Lorsque l'esprit se détache de l'organe, l'organe peut bien lui apporter des informations, l'esprit ne les recevra pas. Lorsqu'il se lie à l'organe, alors seulement l'esprit peut-il les recevoir. Pourtant, même cela n'achève pas le processus. Les instruments peuvent bien apporter la sensation de l'extérieur, les organes peuvent bien la transporter à l'intérieur, l'esprit peut bien se lier à l'organe, pourtant la perception peut ne pas être totale. Un autre facteur est indispensable : une réaction à cette sensation doit se produire. La connaissance vient avec cette réaction. Ce qui est à l'extérieur envoie, pour ainsi dire, le courant des informations dans mon cerveau. Mon esprit le prend et le présente à mon intellect qui le regroupe avec les impressions déjà reçues et envoie un courant de réaction avec laquelle survient la perception. Alors, la volonté se trouve là. L'état de l'esprit qui réagit est appelé Buddhi, l'intellect. Pourtant, cela non plus, n'achève pas le processus. Une étape de plus est requise. Supposez qu'ici, il y ait un appareil photo et un morceau de tissu et que j'essaie de projeter une image sur ce tissu. Que suis-je supposé faire ? Je dois diriger divers faisceaux de lumière à travers l'appareil photo pour qu'ils parviennent sur le tissu et s'y regroupent. Quelque chose, qui ne bouge pas, est nécessaire pour projeter l'image. Je ne peux former une image sur quelque chose qui bouge. Cette chose doit être immobile, parce que les faisceaux de lumière que je projette bougent et il faut regrouper ces faisceaux de lumière en mouvement, les unifier, les coordonner et les compléter quelque chose de fixe. Le cas est similaire pour les sensations que nos organes transportent à l'intérieur et présentent à l'esprit, qui les présente à son tour à l'intellect. Le processus ne sera jamais complet tant qu'il n'y aura rien de permanent en arrière-plan sur lequel l'image peut, pour ainsi dire, se former, et sur lequel on peut unifier les différentes impressions. Qu'est-ce qui donne l'unité à tout notre être changeant ? Qu'est-ce qui maintient, un moment après l'autre, l'identité de ce qui bouge ? Sur quoi nos différentes impressions s'emboîtent-elles ? Sur quoi nos perceptions s'assemblent, demeurent et forment-elles un tout unifié, pour ainsi dire ? Nous avons découvert que, pour poursuivre ce but, quelque chose doit exister, et nous avons également constaté que ce quelque chose doit être immobile, en comparaison avec le corps et l'esprit. Le morceau de tissu sur lequel l'appareil photo projette l'image est immobile en comparaison avec les faisceaux de lumière, sinon il n'y aurait pas d'image. Cela revient à dire que celui qui perçoit doit être une personne. Ce quelque chose sur lequel l'esprit peint toutes ces images, sur lequel nos sensations, transportées par l'esprit et l'intellect, sont placées, regroupées et unies, est ce qu'on appelle l'âme de l'homme.

Nous avons vu que c'est l'esprit cosmique universel qui se divise en Akasha et Prana et qu'au-delà de l'esprit, l'âme se trouve en nous. Dans l'univers, derrière l'esprit universel existe une Âme qu'on appelle Dieu. Pour les personnes, il s'agit de l'âme de l'homme. Dans cet univers, ce cosmos, de même que l'esprit universel évolue en Akasha et Prana, de même, nous pouvons constater que l'Âme Universelle Elle-même se transforme en esprit. En est-il réellement de même avec l'homme ? Son esprit est-il le créateur de ce corps, et son âme celui de son esprit ? En d'autres termes, son corps, son esprit et son âme sont-ils trois existences distinctes, se regroupent-ils en une seule existence ou, à nouveau, constituent-ils trois états différents d'existence du même être unifié ? Nous essaierons, petit à petit, de trouver une réponse à cette question. Voilà la première étape que nous avons franchie : ici se trouve le corps externe, derrière lequel se trouvent les organes, l'esprit et l'intellect et derrière tout cela se tient l'âme. Au cours de la première étape, nous avons, pour ainsi dire, découvert que l'âme est séparée du corps, séparée de l'esprit lui-même. Dans le monde religieux, les opinions divergent sur ce point et voilà la divergence : Toutes ces opinions religieuses, qui portent souvent le nom de dualisme, déclarent que cette âme est qualifiée, qu'elle possède diverses qualités, que tous les sentiments de joie, de plaisir et de douleur appartiennent vraiment à l'âme. Les non-dualistes nient que l'âme possède de telles qualités, pour eux, elle n'est pas qualifiée.

Laissez-moi d'abord reprendre la position des dualistes et essayer de vous l'exposer au regard de l'âme et de son destin. Ensuite, je reprendrai le système qui les contredit pour qu'enfin, nous essayions de trouver l'harmonie que le non-dualisme nous apportera. Parce qu'elle est distincte de l'esprit et du corps et parce qu'elle n'est pas composée d'Akasha et de Prana, l'âme de l'homme doit être immortelle. Pourquoi ? Qu'entend-on par mortalité ? La décomposition. Et ce n'est possible que pour les choses qui résultent d'une composition : tout ce qui est constitué de deux ou trois ingrédients doit se décomposer. Seul ce qui n'est pas le résultat d'une composition ne peut jamais se décomposer et, par conséquent, ne peut jamais mourir. Cette chose est immortelle. Elle a existé tout au long de l'éternité et n'a pas été créée. Chaque objet créé n'est qu'une composition, personne n'a jamais vu une création sortir de nulle part. Tout ce que nous savons de la création est la combinaison des choses qui existent déjà mais sous de nouvelles formes. Les choses étant ainsi, l'âme de l'homme, puisqu'elle est singulière, doit toujours avoir existé et elle existera pour toujours. Quand le corps meurt, l'âme continue de vivre. D'après les védantistes, lorsque le corps se décompose, les forces vitales de l'homme retournent à l'esprit, qui se dissout, pour ainsi dire, en Prana et ce Prana pénètre l'âme de l'homme qui sort, vêtue, pour ainsi dire, de ce qu'ils appellent le corps subtil, le corps mental ou le corps spirituel, appelez-le comme vous le souhaitez. Dans ce corps se trouvent les Samskaras de l'homme. Que sont les Samskaras ? L'esprit est tel un lac et chaque pensée représente une vague à la surface de ce lac. De même que sur un lac, des vagues s'élèvent puis retombent pour disparaître, de même les vagues de la pensée s'élèvent en permanence dans la substance mentale, puis disparaissent, mais elles ne disparaissent pas pour toujours. Elles deviennent de plus en plus subtiles, mais sont toujours présentes, prêtes à ressurgir à tout moment lorsqu'on les appelle. La mémoire consiste simplement à rappeler, sous la forme de vagues, certaines de ces pensées qui ont atteint cet état plus subtil de l'existence. Ainsi, toutes les choses auxquelles nous avons pensé, toutes ces actions que nous avons faites se logent dans l'esprit. Elles sont toutes présentes sous une forme subtile, et lorsque l'homme meurt, l'ensemble des impressions se trouve dans l'esprit qui agit de nouveau sur un peu de matière subtile en guise de support. L'âme vêtue, pour ainsi dire, de ces impressions et de ce corps subtil, s'évanouit et le destin de l'âme est guidé par ce qui résulte de toutes ces différentes forces représentées par les diverses impressions. Selon nos propos, l'âme possède trois buts différents.

Lorsqu'elles meurent, les personnes très spirituelles suivent les rayons du soleil et atteignent ce qu'on appelle la sphère solaire, grâce à laquelle elles atteignent la sphère lunaire. Elles atteignent ensuite la sphère de la lumière où elles rencontrent une autre âme bénie qui guide les nouveaux-venus vers la plus haute de toutes les sphères : la Brahmaloka, la sphère de Brahma. Ces âmes atteignent l'omniscience et l'omnipotence, elles deviennent presque aussi puissantes et omniscientes que

Dieu Lui-même. Pour les dualistes, elles demeurent à cet endroit pour toujours, mais selon les non-dualistes, elles s'unissent avec l'Universel au terme du cycle. Lorsqu'elles meurent, les personnes de la prochaine classe, celles qui ont réalisé de bonnes actions avec des motivations égoïstes, sont amenées, grâce à leurs bonnes actions, à ce qu'on appelle la sphère lunaire, où se trouvent divers paradis et où elles acquièrent des corps subtils, des corps divins. Elles deviennent des dieux, vivent là et profitent de la bénédiction du paradis pendant une longue période. Lorsque cette période se termine, le Karma du passé se trouve toujours sur elles, c'est pourquoi elles retombent sur terre. Elles descendent par les sphères de l'air, des nuages et des diverses régions pour, enfin, atteindre la terre dans des gouttes de pluie. Sur terre, elles s'attachent à quelque céréale, qui finira par être mangée par un homme qui lui fournira la matière dont elle a besoin pour fabriquer un nouveau corps. Lorsqu'ils meurent, les hommes de la dernière classe, celle des malveillants, deviennent des fantômes ou des démons et vivent quelque part entre la sphère lunaire et la terre. Certains essaient de perturber l'humanité, d'autres sont amicaux. Après y avoir vécu un temps, ils retombent également sur terre et deviennent des animaux. Après avoir vécu quelques temps dans le corps d'un animal, ils sont libérés, reviennent sous la forme d'un homme et obtiennent, ainsi, une chance supplémentaire d'œuvrer pour leur salut. Nous comprenons alors que ceux qui ont presque atteint la perfection et qui ne renferment encore que peu d'impuretés, vont à la Brahmaloka grâce aux rayons du soleil. Ceux qui font partie d'une classe moyenne de personnes, qui ont réalisé quelques bonnes actions ici-bas dans l'idée d'aller au paradis, vont au paradis et obtiennent un corps divin, mais ils doivent devenir des hommes à nouveau et obtiennent donc une nouvelle chance de devenir parfait. Ceux qui ont été très mauvais deviennent des fantômes et des démons puis ils peuvent devenir des animaux. Ensuite, ils redeviennent des hommes et obtiennent une autre chance de se parfaire. La terre est appelée Karma-Bhumi, la sphère du Karma. C'est le seul endroit où l'homme produit du bon ou du mauvais Karma. Lorsqu'un homme désire rejoindre le paradis et fait de bonnes actions dans ce but, il devient bon, et en tant que tel, il n'emmagasine aucun mauvais Karma. Il ne fait que profiter des effets des bonnes actions qu'il a réalisées sur terre et lorsque ce bon Karma est épuisé, la force résultante de tous les mauvais Karmas, qu'il a emmagasinés auparavant dans sa vie, le submerge et le ramène sur terre. De la même manière, ceux qui deviennent des fantômes demeurent dans cet état sans produire de nouveau Karma, mais souffrent des mauvais résultats de leurs précédents méfaits. Plus tard, ils demeurent dans le corps d'un animal sans produire de nouveau Karma.

Lorsque cette période s'achève, eux aussi redeviennent des hommes. Les états où les bons et les mauvais Karmas sont récompensés ou punis, sont dépourvus de la force qui génère de nouveaux Karmas, on ne peut qu'en profiter ou en souffrir. Si l'on produit un Karma extraordinairement bon ou mauvais, il portera ses fruits très rapidement. Par exemple, si un homme n'a fait que des mauvaises choses toute sa vie, et une seule bonne action, le résultat de cette bonne action apparaîtra immédiatement, mais lorsqu'il sera épuisé, toutes les mauvaises actions devront produire leur résultat également. Tous les hommes qui font quelques bonnes voire excellentes actions mais dont la vie n'a globalement pas été correcte, deviendront des dieux. Après avoir vécu un certain temps dans un corps divin, en profitant des pouvoirs des dieux, ils devront redevenir des hommes. Lorsque le pouvoir des bonnes actions est ainsi épuisé, les méfaits du passé doivent ressurgir pour agir. Ceux qui ont commis des actions extraordinairement mauvaises, doivent prendre les corps de fantôme ou de démon. Lorsque les mauvaises actions sont épuisées, le peu de bonnes actions qu'il leur reste, leur permet de redevenir des hommes. Le chemin vers la Brahmaloka, duquel on ne tombe ni ne revient, est appelé Devayana, soit le chemin vers Dieu. La voie vers le paradis est connue sous le nom de Pitriyana, soit le chemin vers les ancêtres.

Par conséquent, selon la philosophie du Védanta, l'homme est l'être le plus grand de l'univers et ce monde de labeur en est le meilleur endroit, car c'est seulement ici qu'il peut obtenir la plus grande et la meilleure chance de se parfaire. Les anges et les dieux, appelez-les comme vous le souhaitez, doivent tous devenir des hommes s'ils veulent devenir parfaits. La vie humaine représente le grand centre, le merveilleux calme et la merveilleuse chance.

Venons-en maintenant à l'autre aspect de la philosophie. Des bouddhistes réfutent la théorie entière de l'âme que je viens de proposer. « Quelle est l'utilité, disent-ils, de supposer que quelque chose soit la substance sous-jacente, la base de ce corps et de cet esprit ? Pourquoi ne pas laisser libre cours aux pensées ? Pourquoi admettre une troisième substance par-delà cet organisme, substance composée de l'esprit et du corps, et que l'on appelle l'âme ? Quelle en est l'utilité ? Cet organisme ne suffit-il pas pour expliquer ce qu'il est ? Pourquoi reprendre un troisième élément ? » Ces arguments sont très puissants. Ce raisonnement est très solide. Aussi loin que les recherches extérieures aillent, nous constatons que cet organisme constitue une explication suffisante de ce qu'il est, du moins, beaucoup d'entre nous le voient sous ce jour. Pourquoi alors aurait-on besoin d'une âme comme substance sous-jacente, comme quelque chose qui n'est ni le corps ni l'esprit mais qui constitue leur base ? Ne gardons que l'esprit et le corps. Le corps est le nom donné à un courant de matière qui change en permanence. L'esprit est le nom donné à un courant de conscience ou de pensée qui change constamment. Qu'est-ce qui produit cette apparente unité entre ces deux éléments ? Disons qu'il n'existe pas vraiment d'unité. Par exemple, prenez une torche allumée et faites la tourner rapidement devant vous. Vous voyez un cercle de feu. Le cercle n'existe pas vraiment mais, parce que la torche bouge en permanence, elle laisse l'apparence d'un cercle. Ainsi n'y-a-t-il pas vraiment d'unité dans cette vie. Il s'agit d'une masse de matière qui se précipite continuellement, et l'ensemble de cette matière constitue ce que vous appelez une unité, mais rien de plus. Il en est de même avec l'esprit, chaque pensée est séparée de toutes les autres. Ce n'est que le rapide courant qui produit l'illusion d'unité, il n'est nul besoin d'une troisième substance. Le phénomène universel du corps et de l'esprit est tout ce qui existe réellement, ne mettez rien derrière cela. Vous constaterez que cette pensée bouddhiste a été reprise par certaines sectes et certaines écoles aujourd'hui, et elles déclarent toutes que cette pensée est nouvelle, qu'elle est leur propre invention. L'idée centrale de la plupart des philosophies bouddhistes était que ce monde se suffit à lui-même, que vous n'avez pas du tout besoin de demander une base. Tout ceci constitue l'univers des sens : en quoi est-ce utile de penser à quelque chose qui serait le support de cet univers ? Tout est l'agrégat de qualités, pourquoi devrait-il exister une substance hypothétique à laquelle elles devraient être inhérentes ? L'idée de substance provient de l'échange rapide de qualités, pas de quelque chose qui ne change pas et qui existe derrière elles. Nous constatons à quel point certains de ces arguments sont formidables et ils font appel à l'expérience ordinaire de l'humanité. En fait, même sur un million de personnes, personne ne peut penser à quoi que ce soit d'autre que les phénomènes. Pour la vaste majorité des hommes, la nature semble n'être qu'une masse de changements qui varie, tourbillonne, s'assemble, se mélange. Seul un nombre restreint parmi nous ont un aperçu de la mer calme qui se trouve derrière. Pour nous, tout déferle toujours en vagues en vagues, cet univers ne nous apparaît que comme une masse agitée de vagues. C'est pourquoi nous trouvons ces deux opinions. La première consiste à dire qu'il y a quelque chose derrière le corps et l'esprit, une substance qui serait immuable. L'autre consiste à dire que l'immobilisme et l'invariabilité n'existent pas dans l'univers, il n'est fait que de changements et rien d'autre. La solution à cette différence apparaîtra dans la démarche de pensée suivante, c'est-à-dire l'approche non-dualiste.

Elle annonce que les dualistes ont raison de trouver quelque chose derrière tout cela, comme une base qui ne change pas. Nous ne pouvons concevoir le changement sans concevoir quelque chose qui ne change pas. Nous ne pouvons concevoir que quelque chose puisse changer qu'en connaissant quelque chose d'autre qui est moins soumis au changement, qui apparaîtra plus changeant que quelque chose de moins soumis au changement et ainsi de suite, jusqu'à ce nous soyons obligés d'admettre qu'il doit exister quelque chose qui ne change pas du tout. L'ensemble de cette manifestation doit avoir existé dans un état de non-manifestation, calme, silencieux, en étant l'équilibre des forces contraires, pour ainsi dire, lorsqu'aucune force n'opérait, car la force agit quand une perturbation de l'équilibre se fait sentir. L'univers cherche toujours à retrouver au plus vite cet état d'équilibre. S'il existe bien un fait dont nous sommes certains, c'est celui-ci. Lorsque les dualistes déclarent qu'il existe quelque chose qui ne change pas, ils ont tout à fait raison, mais leur analyse, selon laquelle il s'agit de quelque chose de sous-jacent, qui n'est ni le corps ni l'esprit mais quelque chose de distinct, est fausse. Dans la mesure où les bouddhistes disent que l'univers entier est une masse de changements, ils ont parfaitement raison. Dans la mesure où je suis séparé de l'univers, dans la mesure où je me tiens à l'écart et regarde à quelque chose devant moi, dans la mesure où il existe deux choses, le spectateur et l'objet observé, il semblera toujours que l'univers soit un univers de changements, changeant en permanence. Mais en réalité, il existe à la fois le changement et l'absence de changement dans l'univers. Ce n'est pas que l'âme, l'esprit et le corps forment trois existences séparées, car cet organisme, qui est composé de ces trois éléments, ne forme qu'un. Ce qui apparaît comme le corps, l'esprit et comme la chose qui se tient par-delà l'esprit et le corps, constitue la même chose, mais elle n'incarne pas ces trois éléments en même temps. Celui qui considère le corps ne voit même pas l'esprit. Celui qui considère l'esprit ne voit pas ce qu'on appelle l'âme. Et pour celui qui considère l'âme, le corps et l'esprit ont disparu. Celui qui n'observe que le mouvement ne verra jamais le calme absolu et pour celui qui observe le calme absolu, le mouvement a disparu. Une corde est prise pour un serpent. Pour celui qui envisage la corde comme un serpent, la corde a disparu, puis quand l'illusion cesse, il regarde la corde et le serpent a disparu.

Il n'existe alors qu'une seule existence qui englobe tout et qui apparaît comme une multiplicité. Ce Soi, cette Âme, cette Substance constitue tout ce qui existe dans l'univers. Ce Soi, cette Substance ou cette Âme est, en terme non-dualiste, le Brahman qui semble être une multiplicité à cause de l'interposition du nom et de la forme. Regardez les vagues sur la mer. Aucune vague n'est réellement distincte de la mer, mais qu'est-ce qui rend la vague distincte en apparence ? Le nom et la forme. La forme de la vague et le nom qu'on lui donne : « vague ». Voilà ce qui la distingue de la mer. Lorsque le nom et la forme disparaissent, elle constitue la même mer. Qui peut véritablement faire la distinction entre la vague et la mer ? Ainsi, l'univers est cette Unité d'Existence. Le nom et la forme ont créé ces multiples différences. Tout comme lorsque le soleil brille sur des millions de gouttelettes d'eau, on peut voir sur chacune d'elle une représentation on ne peut plus parfaite du soleil. Ainsi, l'Âme unique, le Soi unique, l'Existence unique de l'univers, en se reflétant sur ces nombreuses gouttelettes de noms et de formes changeants, apparaît multiple. Mais en réalité il n'est qu'un. Il n'existe ni « je », ni « vous », tout est uni. Tout est soit « je » soit « vous ». Cette idée de dualité, de deux choses, est complètement fausse et l'univers entier, comme on le connaît ordinairement, est le résultat de cette connaissance erronée. Lorsque la distinction survient, et que l'homme découvre qu'il n'existe pas de dualité mais une unicité, il découvre qu'il est lui-même l'univers. « C'est moi qui suis l'univers tel qu'il existe maintenant, une masse continue de changements. C'est moi qui suis au-delà de tout changements, au-delà de toute qualité, l'être éternellement parfait et béni ».

Par conséquent, il n'existe qu'un seul Âtman, un seul Soi, éternellement pur, parfait et immuable. Il n'a jamais changé et ces différents changements dans l'univers ne sont que des apparences dans ce Soi.

A partir de lui, le nom et la forme ont façonné tous ces rêves. C'est la forme qui rend la vague distincte de la mer. Imaginez que la vague se calme, la forme demeurera-t-elle ? Non, elle disparaîtra. L'existence de la vague était entièrement dépendante de celle de la mer, mais l'existence de la mer ne dépendait pas du tout de celle de la vague. La forme demeure aussi longtemps que la vague existe, mais dès que la vague disparaît, la forme disparaît également, elle ne peut demeurer. Le nom et la forme sont le résultat de ce qu'on appelle le Mâyâ. C'est le Mâyâ qui façonne les individus, qui fait en sorte qu'ils apparaissent différents les uns des autres. Pourtant, il ne possède aucune existence. On ne peut dire que le Mâyâ existe. On ne peut dire que la forme existe puisqu'elle dépend de l'existence d'une autre chose. On ne peut pas dire qu'elle n'existe pas, puisqu'on constate qu'elle crée toute cette différence. Alors, selon la philosophie de l'Advaïta, ce Mâyâ, ou l'ignorance (ou le nom et la forme, ou « temps, espace et causalité » comme on l'appelle en Europe) est extérieur à cette Existence Infinie et nous montre la multiplicité de l'univers. En substance, l'univers est unique. Un homme se confondra en erreur aussi longtemps qu'il pensera qu'il existe deux réalités ultimes. Il aura raison lorsqu'il viendra à penser qu'il n'en existe qu'une. Voilà ce qui nous est prouvé chaque jour, sur les plans physique, mental mais également spirituel. Aujourd'hui, nous avons démontré que vous et moi, le soleil, la lune et les étoiles, ne sommes que divers noms donnés à différents endroits du même océan de matière, et que la configuration de cette matière change continuellement. La particule d'énergie qui se trouvait, il y a quelques mois, dans le soleil peut bien se trouver dans l'être humain aujourd'hui, dans un animal demain, et dans une plante le surlendemain. Elle va et vient en permanence. Il s'agit d'une masse ininterrompue et infinie de matière qui ne se différencie que par des noms et des formes. Un point est appelé le soleil, un autre la lune, un autre les étoiles, un autre l'homme, un autre l'animal, un autre la plante, etc. Et tous ces noms sont fictifs, ils n'ont aucune réalité, car le tout forme une masse de matière qui change en permanence. D'un autre point de vue, ce même univers constitue un océan de pensées, dans lequel chacun de nous représente un point que l'on appelle un esprit particulier. Vous êtes un esprit, je suis un esprit, tout le monde est un esprit. Si on considère ce même univers du point de vue de la connaissance, lorsque la vue n'est plus obstruée par les illusions, lorsque l'esprit est devenu pur, il apparaît comme l'Être Absolu ininterrompu, l'Être à jamais pur, l'immuable et l'immortel.

Qu'advient-il donc de cette eschatologie dualiste à trois volets, selon laquelle lorsque l'homme meurt, il va au paradis ou dans telle ou telle sphère, et que les mauvaises personnes deviennent des fantômes et des animaux, et ainsi de suite ? Personne ne va et personne ne vient, selon le non-dualiste. Comment pouvez-vous aller et venir ? Vous êtes infinis, où iriez-vous ? Dans une certaine école, un certain nombre d'enfants passaient un examen. L'examinateur avait sottement posé toutes sortes de questions difficiles aux enfants. Il y avait, entre autres, celle-ci : « Pourquoi la terre ne tombe-t-elle pas ? » Il avait pour intention de faire ressortir de ces enfants l'idée de la gravité ou d'autres vérités scientifiques complexes. La plupart d'entre eux n'étaient même pas capables de comprendre la question, et ils donnèrent donc toutes sortes de réponses erronées. Mais une fillette très intelligente répondit par une autre question : « Où devrait-elle tomber ? » La question même de l'examinateur apparaissait insensée face à cette question-là. Il n'existe ni haut, ni bas dans l'univers, cette idée n'est que relative. Ainsi, au regard de l'âme, la question même de la naissance et de la mort est une pure ineptie. Qui va et qui vient ? Où ne vous trouvez-vous pas ? Où se trouve le paradis dans lequel vous ne vous trouvez pas encore ? Le Soi de l'homme est omniprésent. Où est-il censé aller ? Où n'est-il pas supposé aller ? Il se trouve partout. Ainsi, tous ces rêves candides et cette illusion puérile de naissance et de mort, des paradis, des paradis supérieurs et des mondes inférieurs, tout disparaîtra instantanément pour celui qui est parfait. Pour celui qui est presque parfait, tout disparaîtra après leur avoir montré les différents endroits qui mènent au Brahmaloka. Tout cela demeure pour l'ignorant.

Comment se fait-il que le monde entier croit au paradis, à la mort et à la naissance ? J'étudie un livre, je le lis et avance page après page. J'arrive à une autre page et la tourne. Qui change ? Qui va et vient ? Pas moi, mais le livre. La nature entière est un livre ouvert devant l'âme. On lit chapitre après chapitre et tourne les pages, et à chaque instant une scène commence. On la lit et on tourne la page. Une nouvelle arrive, mais l'âme est toujours la même : éternelle C'est la nature qui change, pas l'âme de l'homme. Elle ne change jamais. La naissance et la mort font partie de la nature, pas vous. Pourtant, les ignorants sont bercés d'illusions, tout comme une illusion peut nous faire croire que le soleil bouge et pas la terre. Exactement de la même manière, nous pensons que c'est nous qui nous mourrons, et pas la nature. Par conséquent, tout ceci n'est qu'hallucination. De même qu'il s'agit d'une hallucination quand nous pensons que ce sont les champs qui se déplacent et pas le train sur la voie ferrée, exactement de la même manière, l'hallucination de la naissance et de la mort se produit-elle. Lorsque les hommes se trouvent dans un certain état d'esprit, ils voient cette existence comme la terre, le soleil, la lune et les étoiles. Ceux qui se trouvent dans cet état d'esprit là voient les mêmes choses. Entre vous et moi se tiennent peut-être des millions d'êtres qui se trouvent à des niveaux d'existence différents. Ils ne nous verront pas et nous ne les verrons pas non plus. Nous ne voyons que les personnes qui se trouvent dans le même état d'esprit et le même niveau que nous. Ces instruments de musique réagissent à ceux qui possèdent la même fréquence de vibration, pour ainsi dire. Si l'état de vibration, qu'ils appellent « vibration humaine », devait être changée, on ne verrait plus d'hommes ici, « l'univers humain » entier disparaîtrait. A la place, un autre paysage apparaîtrait devant nous, peut-être les dieux et l'univers divin, ou peut-être, pour l'homme mauvais, les démons et le monde infernal. Néanmoins, tous ces paysages ne seraient que différentes visions de l'unique univers. C'est l'univers qui est vu, depuis le niveau de l'homme, comme la terre, le soleil, la lune, les étoiles et toutes ces choses. C'est cet univers-là qui, vu depuis le niveau de la méchanceté, apparaît comme un lieu de punition. Et cet univers est vu tel un paradis pour ceux qui veulent le voir ainsi. Ceux qui rêvent de rejoindre un Dieu qui est assis sur un trône, et de se tenir là en Le vénérant toute leur vie, lorsqu'ils meurent, ils ne verront qu'une vision de ce qu'ils ont à l'esprit. Cet univers-là se changera simplement en un vaste paradis où volent çà et là divers types d'êtres ailés et où un Dieu est assis sur un trône. Ces paradis sont la création de l'homme lui-même. Ainsi, pour l'advaïtiste, ce que dit le dualiste est vrai, mais ce n'est que sa propre création. Ces sphères, ces démons, ces dieux, ces réincarnations et ces transmigrations ne sont que mythologie, cette vie humaine l'est donc aussi. La grande erreur que l'homme commet toujours est de croire que cette vie est la seule vérité. Ils le comprennent assez bien lorsque d'autres choses sont appelées mythologies, mais ils ne veulent jamais admettre qu'il en est de même pour leur condition. Comme il l'apparaît, ce problème entier n'est que pure mythologie et le plus grand de tous les mensonges consiste à dire que nous sommes des corps, ce qui n'a jamais été le cas et ne pourra jamais l'être. Dire que nous sommes de simples hommes est le plus grand des mensonges, nous sommes le Dieu de l'univers. En vénérant Dieu, nous avons toujours vénéré notre Soi caché. Le plus grand mensonge que vous vous direz à vous-mêmes, c'est de dire que vous êtes nés pécheurs et vils. Le seul pécheur est celui qui considère un autre homme comme tel. Supposez qu'un bébé se trouve là, et que vous placiez un sac d'or sur la table. Supposez qu'un cambrioleur arrive et dérobe l'or. Pour le bébé, cela semblera identique, car il n'y a pas de cambrioleur à l'intérieur, ni à l'extérieur. Pour les pécheurs et les hommes vils, la vilénie existe à l'extérieur, mais pas pour les hommes bons. Ainsi, les malveillants voient l'univers comme un enfer, et ceux qui sont bons en partie le voient comme un paradis, tandis que les êtres parfaits prennent conscience qu'il s'agit de Dieu Lui-même. Alors seulement le voile qui cachait la vue tombe, et l'homme, purifié et purgé, voit sa vision entière modifiée. Les cauchemars qui l'ont torturé pendant des millions d'années disparaissent tous. Celui qui se considérait comme un homme, un dieu ou un démon, celui qui pensait vivre dans des endroits infâmes, dans des endroits nobles, sur terre, au paradis, etc. découvre qu'il est, en fait, omniprésent. Il découvre que le temps entier se trouve en lui et qu'il n'est pas dans le temps ; que tous ces paradis se trouvent en lui et qu'il ne se tient dans aucun d'eux ; que tous les dieux que l'homme a jamais vénérés sont en lui et qu'il n'est en aucun d'eux. Il était le créateur des dieux et démons, des hommes, des plantes, des animaux, des pierres. La véritable nature de l'homme lui apparaît maintenant dévoilée, comme supérieure à tout paradis, plus parfaite que notre univers, plus infinie que le temps infini, plus omniprésente que l'éther omniprésent. Ainsi seulement l'homme n'a-t-il plus peur, et devient libre. Lorsque toutes les illusions cessent, toutes les souffrances disparaissent, toutes les peurs prennent fin pour toujours. La naissance et la mort s'évanouissent. Les douleurs et les plaisirs s'envolent. Les terres et les paradis disparaissent. Les corps et les esprits disparaissent. Aux yeux de cet homme, l'univers entier disparaît, pour ainsi dire. Cette recherche, ces mouvements, cette lutte continue des forces cessent pour toujours. Et ce qui se manifestait comme la force et la matière, comme les luttes de la nature, comme la nature elle-même, comme les paradis, les terres, les plantes, les animaux, les hommes et les anges, tout cela se transforme en une seule existence infinie, indestructible, immuable et l'homme savant découvre qu'il ne fait qu'un avec cette existence. « De même lorsque les nuages de diverses couleurs passent dans le ciel, y demeurent quelques secondes puis disparaissent », de même toutes ces visions de terres, de paradis, de la lune, de dieux, de plaisirs et de souffrances passent devant cette âme, mais continuent leur route, ne laissant que le ciel bleu, infini et immuable. Le ciel ne change jamais, ce sont les nuages qui changent. Il est faux de croire que le ciel change. Il est faux de penser que nous sommes impurs, que nous sommes limités et séparés. Le véritable homme constitue la seule Unité d'Existence.

Deux questions se posent alors. La première : « Est-il possible d'en prendre conscience ? Jusqu'ici, il s'agit de doctrine, de philosophie, mais est-il possible d'en prendre conscience ? » Oui, cela est possible. Il existe des hommes qui vivent encore dans ce monde et pour qui les illusions ont disparu pour toujours. Meurent-ils immédiatement après cette prise de conscience ? Pas aussi vite qu'on le penserait. Deux roues liées par un essieu roulent ensemble. Mais si je retiens une de ces roues et brise l'essieu en morceaux à l'aide d'une hache, la roue que je retiens s'arrête, mais de par son élan passé, l'autre roue continue à rouler un peu lentement puis tombe. Cet être pur et parfait, l'âme, représente une roue, et l'hallucination externe du corps et de l'esprit représente l'autre roue, reliées toutes les deux par l'essieu du travail, du Karma. La connaissance représente la hache qui va rompre le lien entre les deux roues. La roue de l'âme s'arrête : elle arrête de penser qu'elle va et vient, vit et meurt, elle arrête de penser qu'elle est la nature, qu'elle a des désirs et découvrira qu'elle est parfaite et dépourvue de désirs. Mais l'élan des actions passées agit sur l'autre roue, celle du corps et de l'esprit. Ainsi, ils vivront quelque temps, jusqu'à ce que cet élan des actions passées soit épuisé, jusqu'à cet élan n'existe plus, alors le corps et l'esprit disparaîtront et l'âme sera libre. Il n'existera plus de voyage au paradis et de retour, ni même d'accès au Brahmaloka, ou à aucune autre sphère supérieure, car d'où viendrait-il et où irait-il ? L'homme qui a atteint cet état au cours de cette vie, pour qui la vision ordinaire des choses a changé, ne serait-ce qu'une minute, et à qui la réalité est apparue, est appelé le « Libre Vivant ». Voilà le but du védantiste : atteindre la liberté au cours de sa vie.

Un jour, dans l'ouest de l'Inde, je voyageais dans le désert sur la côte de l'Océan Indien. J'avais pour habitude de voyager à pied dans le désert pendant des jours et des jours, mais, à mon grand étonnement, je voyais chaque jour de beaux lacs entourés d'arbres dont les ombres étaient inversées et y vibraient. Je me disais : « Comme c'est beau ! Et ils appellent cela un désert ! » Je voyageai pendant près d'un mois, admirant ces merveilleux lacs, arbres et plantes. Un jour, j'eus très soif et je voulus boire de l'eau. Je commençai donc à rejoindre un de ces beaux lacs purs, et alors que je m'approchais, il disparut. Et cela me vint brusquement à l'esprit : « Voilà le mirage sur lesquels j'ai basé toute ma vie ». Avec cette idée, une autre vint également, selon laquelle tout au long de ce mois, j'avais vu ce mirage sans le savoir. Le matin suivant, je repris ma route. Le lac était à nouveau présent, accompagné de l'idée selon laquelle il s'agissait d'un mirage et n'était pas un véritable lac. Il en est de même avec l'univers. Jour après jour, mois après mois, année après année, nous voyageons tous, sans le savoir, dans ce mirage qu'est le monde. Un jour, il se rompra, mais il réapparaîtra. Le corps doit demeurer sous le pouvoir des Karma passés, ainsi, le mirage réapparaîtra. Ce monde réapparaîtra aussi longtemps que nous serons assujettis par le Karma : les hommes, les femmes, les animaux, les plantes, nos attachements et devoirs, tout cela nous réapparaîtra, mais pas avec la même puissance. Sous l'influence de la nouvelle connaissance, la force du Karma sera brisée, son poison sera inefficace. Il se transforme, car il est accompagné de l'idée que nous le connaissons désormais, que nous connaissons la nette distinction entre la réalité et le mirage.

Alors ce monde ne sera plus comme le précédent. Dans ce fait réside cependant un danger. Dans tous les pays, nous rencontrons des personnes qui ont adopté cette philosophie et déclarent : « Je me trouve au-delà de la vertu et du vice, je ne suis donc pas contraint par les lois de la morale, je peux faire ce qui me plaît ». Dans ce pays, vous pourrez, aujourd'hui, rencontrer de nombreux fous qui disent : « Je ne suis pas contraint, je suis Dieu Lui-même, laissez-moi faire ce qui me plaît ». Cela n'est pas vrai, bien qu'il soit vrai que l'âme se tienne au-delà de toute loi physique, mentale ou morale. Dans la loi réside l'assujettissement, au-delà de la loi réside la liberté. Il est également vrai que la liberté est de la nature de l'âme, c'est son droit intrinsèque : cette véritable liberté de l'âme brille à travers les voiles de la matière sous la forme de la liberté apparente de l'homme. A chaque instant de votre vie, vous vous sentez libres. Nous ne pouvons vivre, parler ni respirer un instant sans ressentir que nous sommes libres. Mais, en même temps, une petite pensée nous montre que nous sommes telles des machines et que nous ne sommes pas libres. Qu'est-ce qui est vrai alors ? Cette idée de liberté est-elle une illusion ? Les uns soutiennent que l'idée de liberté est une illusion, les autres que c'est l'idée d'assujettissement qui est une illusion. Comment cela se produit-il ? L'homme est libre, en réalité. Le véritable homme ne peut pas ne pas être libre. C'est lorsqu'il entre dans le monde du Mâyâ, dans le nom et la forme, qu'il est assujetti. La libre volonté est une expression inappropriée. La volonté ne peut jamais être libre. Comment est-ce possible ? C'est uniquement lorsque le véritable homme a été assujetti que sa volonté voit le jour, pas avant. La volonté de l'homme est assujettie, mais ce qui est la base de cette volonté est éternellement libre. Ainsi, même dans l'état d'assujettissement que l'on appelle la vie humaine ou la vie divine, sur terre ou au paradis, il nous reste malgré tout le souvenir de cette liberté qui nous appartient de droit divin. Et nous luttons tous pour l'atteindre, consciemment ou inconsciemment. Lorsqu'un homme a atteint sa propre liberté, comment peut-il être contraint par une quelconque loi ? Dans cet univers, aucune loi ne peut le contraindre, car cet univers lui-même lui appartient.

Il est l'univers entier. Soit considérez qu'il est l'univers entier, soit qu'il n'en existe aucun pour lui. Comment peut-il alors avoir toutes ces petites pensées sur le sexe ou le pays ? Comment peut-il dire : je suis un homme, je suis une femme, je suis un enfant ? Ne sont-ils pas des mensonges ? Il sait que c'est le cas. Comment peut-il dire que ces droits-là sont les droits des hommes et ceux-là ceux des femmes ? Personne n'a de droits, personne n'existe séparément. Il n'existe ni homme, ni femme. L'âme est asexuée, éternellement pure. C'est mentir que de dire que je suis un homme ou une femme, ou que j'appartiens à tel ou tel pays. Le monde entier est mon pays, l'ensemble de l'univers m'appartient car je m'en suis vêtu en guise de corps. Pourtant, nous observons que, dans ce monde, certaines personnes sont prêtes à affirmer ces doctrines et en même temps font des choses que l'on devrait qualifier d'obscènes. Si on leur demande pourquoi ils agissent ainsi, ils nous répondent qu'il s'agit de notre illusion et qu'ils ne peuvent rien faire de mal. Par quelle épreuve faut-il les juger ? La voilà.

Bien que le mal et le bien soient tous deux des manifestations conditionnées de l'âme, le mal est pour autant l'enveloppe la plus externe, et le bien l'enveloppe la plus proche du véritable homme, du Soi. A moins qu'un homme ne déchire l'enveloppe du mal, il ne pourra atteindre la couche du bien. A moins qu'il ne soit passé au travers des deux enveloppes du bien et du mal, il ne pourra atteindre le Soi. Qu'est-ce qui demeure attaché à celui qui atteint le Soi ? Un peu de Karma, un peu de l'élan de la vie passée, mais il ne s'agit que d'un bon élan. Tant que le mauvais élan n'a pas été entièrement épuisé, et les impuretés du passé complètement consumées, il est impossible pour quiconque de voir et de prendre conscience de la vérité. Ainsi, ce qui demeure attaché à l'homme qui a atteint le Soi et vu la vérité, est les restes des bonnes impressions de la vie passée, le bon élan.

Même s'il vit dans le corps et travaille sans interruption, il n'œuvre que pour faire le bien : ses lèvres ne disent que des bénédictions pour tous, ses mains ne font que des bonnes actions, son esprit ne peut avoir que de bonnes pensées, sa présence est une bénédiction où qu'il aille. Lui-même est une bénédiction vivante. Un tel homme transformera même les personnes les plus malveillantes en saints, rien que par sa présence. Même s'il ne parle pas, sa présence même sera une bénédiction pour l'humanité. De tels hommes peuvent-ils faire du mal, peuvent-ils commettre de mauvaises actions ? Il vous faut vous rappeler qu'il y a autant de différence entre un pôle et un autre qu'entre la prise de conscience et le simple discours. N'importe quel fou peut parler. Même les perroquets peuvent parler. Parler est une chose, prendre conscience en est une autre. Les philosophies, les doctrines, les arguments, les livres, les théories, les églises, les sectes et toutes ces choses sont bonnes à leur manière, mais lorsque la prise de conscience survient, ces choses disparaissent. Par exemple, les cartes sont de bonnes choses, mais lorsque vous visitez le pays et que vous regardez la carte à nouveau, quelle différence vous constatez ! Ainsi, ceux qui ont pris conscience de la vérité n'ont pas besoin des déductions de la logique et de toute autre gymnastique de l'intellect pour comprendre la vérité. Pour eux, il s'agit de la vie de leur vie, concrétisée, rendue plus tangible. Comme les sages du Védanta le disent, c'est « même pareil à un fruit dans votre main », vous pouvez vous lever et déclarer qu'elle est là. Ainsi, ceux qui ont pris conscience de la vérité se lèveront et déclareront : « Voilà le Soi ». Vous pourrez bien débattre avec eux pendant un an, mais ils vous souriront. Ils considèreront tout cela comme du babillage d'enfants, ils laisseront l'enfant babiller. Ils ont pris conscience de la vérité et sont complets. Imaginez que vous ayez visité un pays et qu'un autre homme arrive et essaie de débattre avec vous en affirmant que ce pays n'a jamais existé. Il peut bien continuer à argumenter indéfiniment, mais votre seule attitude d'esprit envers lui est de comprendre que cet homme est bon pour l'asile psychiatrique. Par conséquent, l'homme de la prise de conscience dit : « Toute cette discussion dans le monde sur ses petites religions n'est que babillage, la prise de conscience constitue l'âme, l'essence même de la religion ». On peut prendre conscience de la religion. Êtes-vous prêts ? La voulez-vous ? Vous atteindrez la prise de conscience si c'est le cas, et alors vous serez vraiment religieux. Tant que vous n'aurez pas atteint la prise de conscience, il n'existera aucune différence entre les athées et vous. Les athées sont sincères, mais l'homme qui dit qu'il croit en la religion et qui n'essaie jamais d'en prendre conscience n'est pas sincère.

La question suivante consiste à se demander ce qui arrive après la prise de conscience. Imaginez que nous avons pris conscience de cette unicité de l'univers, que nous sommes cet Être Infini et imaginez que nous avons pris conscience que ce Soi est la seule Existence et que c'est le même Soi qui se manifeste dans les diverses formes incroyables, qu'advient-il de nous ensuite ? Devons-nous devenir inactif, nous mettre dans un coin et nous asseoir jusqu'à ce que nous mourions ? « Quel bien cela procurera-t-il au monde ? » Cette vieille question ! Tout d'abord, pourquoi cela devrait-il faire du bien au monde ? Existe-t-il quelque raison à cela ? Quel droit possède quiconque pose la question « Quel bien cela procurera-t-il au monde ? » Qu'entend-on par-là ? Un enfant aime les sucreries. Imaginez que vous menez des recherches en relation à quelque sujet sur l'électricité et que l'enfant vous demande : « Cela permet-il d'acheter des sucreries ? » Vous répondez : « Non ». « Alors quel bien cela procurera-t-il ? » dit l'enfant. Les hommes se lèvent donc et disent : « Quel bien cela procurera-t-il au monde ? Cela nous donnera-t-il de l'argent ? – Non – Alors à quoi cela sert-il ? » Voilà ce que les hommes veulent dire par procurer du bien au monde. Pour autant, la prise de conscience religieuse ne procure que du bien au monde. Les gens ont peur que lorsqu'ils l'atteignent, lorsqu'ils prennent conscience qu'il n'existe qu'une unicité, les fontaines de l'amour se tariront, que tout ce qu'il y a dans la vie disparaîtra et que tout ce qu'ils aiment disparaîtra devant eux, pour ainsi dire, dans cette vie et dans la vie future. Les gens ne cessent jamais de penser que ceux qui accordent le moins de pensées à leur individualité sont les plus grands travailleurs. Alors un homme aime seulement lorsqu'il découvre que l'objet de son amour n'est rien de bas, de petit et de mortel. Alors un homme aime seulement lorsqu'il découvre que l'objet de son amour n'est pas une motte de terre, mais est le véritable Dieu Lui-même. L'épouse aimera d'autant plus son mari lorsqu'elle pensera que son mari est Dieu Lui-même. Le mari aimera d'autant plus son épouse lorsqu'il pensera que son épouse est Dieu Lui-même. La mère qui pense que ses enfants sont Dieu lui-même, aimera davantage ses enfants. L'homme qui sait que son pire ennemi est Dieu Lui-même, l'aimera. L'homme qui sait que l'homme saint est Dieu, l'aimera et cet homme-là aimera également le plus impie des hommes car il sait qu'Il (le Seigneur) est même la base des hommes impies. Un tel homme fait changer le monde pour celui dont le petit Soi est mort, et que Dieu a remplacé. L'univers entier se transforme à ses yeux. Ce qui est douloureux et malheureux disparaîtra, les luttes également. Au lieu d'être une prison, où, chaque jour, nous luttons, nous nous battons et rivalisons pour un morceau de pain, cet univers deviendra un terrain de jeu à nos yeux. L'univers sera alors magnifique ! Seul un tel homme a le droit de se lever et de déclarer : « Que ce monde est beau ! » Lui seul a le droit de dire qu'il est entièrement bon. Ce sera le grand bien du monde qui résulte de cette prise de conscience : à la place de ce monde qui avance avec tous ses désaccords et ses affrontements, si toute l'humanité ne prenait conscience qu'une once de cette grande vérité, l'aspect du monde entier changerait, et au lieu de se battre et de se quereller, la paix règnerait. La hâte indécente et brutale qui nous oblige à dépasser tout le monde, disparaîtrait de ce monde. Sa disparition s'accompagnerait de celle de toute lutte, qui s'accompagnerait de celle de toute haine, de la jalousie, et tout le mal disparaîtrait. Les dieux vivraient alors sur cette terre. Cette même terre deviendrait un paradis et quel mal pourrait bien exister lorsque des dieux jouent avec des dieux, travaillent avec des dieux et aiment des dieux ? Voilà la grande utilité de la prise de conscience divine. Tout ce que vous voyez dans la société changera et se transformera alors. Vous ne considérerez plus l'homme comme malveillant, c'est le premier des grands bénéfices. Vous ne vous dresserez plus et ne jetterez plus un œil, en ricanant, à un pauvre homme ou une pauvre femme qui a commis une erreur. Mesdames, vous ne mépriserez plus les pauvres femmes qui marchent dans la rue durant la nuit, car vous y trouverez également Dieu Lui-même. Vous ne penserez plus à la jalousie ou aux punitions. Ils disparaîtront et l'amour, le grand amour, sera si puissant qu'aucun fouet, ni corde ne sera nécessaire pour mener l'homme sur le droit chemin.

Si un millionième de ces hommes et de ces femmes qui vivent dans ce monde, s'asseyait simplement et disait après quelques minutes : « Vous êtes tous Dieu, Ô vous les hommes, Ô vous les animaux et les êtres vivants, vous êtes tous les manifestations de l'unique Divinité vivante ! », le monde entier changerait en une demi-heure.

Au lieu de lancer de terribles bombes de haine à chaque coin de rue, au lieu de projeter des torrents de jalousie et de pensées malveillantes, dans tous les pays, les gens penseront qu'ils sont tous Lui. Il est tout ce que vous voyez et ressentez. Comment pouvez-vous voir le mal si le mal n'est pas en vous ? Comment pouvez-vous voir le voleur, s'il n'est pas présent, assis au fin fond de votre cœur ? Comment pouvez-vous voir le meurtrier si vous n'êtes pas vous-mêmes des meurtriers ? Soyez bon et le mal disparaîtra à vos yeux. L'univers tout entier sera ainsi changé. Il s'agit du plus grand bénéfice pour la société. Il s'agit du plus grand bénéfice pour l'organisme humain. Ces pensées ont été préparées avec soin, travaillées parmi les individus il y a longtemps en Inde. Pour diverses raisons, comme l'exclusivité des maîtres et la conquête étrangère, ces pensées n'ont pas pu se répandre. Pour autant, elles constituent de grandes vérités et partout où elles ont agi, l'homme s'est divinisé. Ma vie entière a été changée au contact de l'un de ces hommes divins, dont je vous parlerai dimanche prochain. Le temps approche où ces pensées seront diffusées à l'étranger, partout dans le monde. Au lieu de vivre dans des monastères, au lieu d'être limités aux livres de philosophie que seuls les savants peuvent étudier, au lieu d'être la propriété exclusive des sectes et de quelques un des savants, elles seront propagées dans le monde entier pour qu'elles puissent devenir la propriété commune des saints et des pécheurs, des hommes, des femmes et des enfants, des savants et des ignorants. Elles filtreront dans l'atmosphère du monde et l'air même que nous respirons dira à chacune de ses pulsations : « Tu es Cela ». Et le monde entier, avec ses myriades de soleils et de lunes, à travers tout ce qui parle, dira d'une seule voix : « Tu es Cela ».

RAJA YOGA
LA VOIE DE LA CONNAISSANCE DE SOI

Préface

Depuis la nuit des temps, plusieurs phénomènes paranormaux ont été enregistrés parmi la population. De nos jours, les témoins de ces phénomènes sont invités à se taire, même au sein des sociétés les plus ouvertes scientifiquement. La véracité de ces nombreux évènements ne peut se vérifier, puisque ce sont des personnes ignorantes, superstitieuses ou malhonnêtes qui en attestent. Souvent, ces dits miracles ne sont que des imitations. Mais qu'imitent-ils ? Ce n'est pas le propre d'un esprit candide et scientifique que d'abandonner sans avoir auparavant mené une une véritable enquête. Les scientifiques des surfaces, incapables d'expliquer les nombreux phénomènes mentaux extraordinaires, s'efforcent de nier leur existence même. Ils sont, par conséquent, plus responsable encore que ceux qui pensent que leurs prières sont exaucées par un ou des êtres dans les cieux ou encore ceux qui pensent que leurs prières, entendues par ces êtres, changeront le cours de l'univers. Ces derniers ont l'excuse de leur ignorance, ou au moins d'un système éducatif défaillant, qui leur a appris la dépendance envers ces êtres, une dépendance qui fait désormais partie de leur nature dégénérée. Les premiers n'ont cependant aucune excuse.

Pendant des milliers d'années, ces phénomènes ont été étudiés, examinés et généralisés, et la totalité des facultés religieuses de l'homme a été analysée, ces analyses ont par la suite mené à la science du Raja yoga. Le Raja yoga ne nie pas, à la manière impardonnable de certains scientifiques modernes, l'existence de ces faits difficilement explicables. D'un autre coté, gentiment, mais néanmoins en des termes sans équivoque, il fait comprendre aux superstitieux que les miracles et les réponses aux prières, ainsi que les pouvoirs de la foi, bien qu'aussi vrais que les faits, ne sont pas rendus compréhensibles pour autant par l'explication superstitieuse qui les attribue à la volonté d'un ou de plusieurs êtres supérieurs. Il affirme également que chaque homme est seulement un conduit pour l'océan infini de savoir et de pouvoir se cachant derrière l'humanité. Il enseigne aussi que l'homme possède en lui ses désirs et besoins, ainsi que le pouvoir de les satisfaire ; et que quand un désir, un besoin, une prière est exaucée, la satisfaction de ces derniers provient de cet océan infini, et non pas d'un quelconque être surnaturel. L'idée de l'existence d'êtres surnaturels peut, dans une certaine mesure, réveiller le pouvoir d'action de l'homme, mais il apporte aussi le déclin spirituel. Cette idée amène avec elle la dépendance, la peur, la superstition. Elle génère une horrible croyance en la faiblesse naturelle de l'homme. Le yogi affirme qu'il n'y a pas de surnaturel, mais qu'on trouve dans la nature des manifestations brutes et d'autres plus subtiles. Les subtiles sont les causes, les brutes les effets. Les manifestations brutes peuvent être perçues facilement par les sens, ce n'est pas le cas pour les manifestations plus subtiles. La pratique du Raja yoga mènera à l'acquisition de ces perceptions plus subtiles.

Tous les systèmes orthodoxes de la philosophie indienne ont un même objectif, la libération de l'âme à travers la perfection, et cela grâce au yoga. Le mot yoga a une signification très large, mais les écoles Sânkhya et Vedanta s'accordent d'une certaine manière sur celui-ci.

Le sujet de ce livre est la forme de yoga connue sous le nom de Raja yoga. Les aphorismes de Patanjali sont la plus haute autorité du Raja yoga, et constituent son manuel. Les autres philosophes, bien qu'ayant parfois quelques divergences philosophiques par rapport à Patanjali, ont, en règle générale, adhéré à sa méthode de pratique. La première partie de ce livre comprend plusieurs conférences données à des classes par l'auteur à New York. La deuxième partie est une traduction relativement libre des aphorismes (sutras) de Patanjali, accompagnée d'un commentaire. Des efforts ont été faits pour éviter autant que possible les termes techniques et respecter le style libre et informel de la conversation. Dans la première partie, quelques instructions simples et précises sont données aux étudiants qui souhaiteraient pratiquer, mais il est spécifiquement et sérieusement rappelé que, sauf en de rares exceptions, l'apprentissage du yoga en toute sécurité se réalise uniquement en présence d'un professeur. Si ces conversations réussissent à éveiller un désir d'obtenir de plus amples informations sur le sujet, l'enseignant est là pour cela.

Le système de Patanjali se base sur le système Sankhyas, qui présente très peu de différences.

Les deux différences les plus importantes sont, premièrement, le fait que Patanjali considère le premier professeur comme un Dieu Personnel, alors que le seul Dieu accepté par les Sankhyas est un être presque parfait, temporairement responsable d'un cycle de création. Deuxièmement, contrairement au Sankhyas, les yogis croient en l'omniprésente égalité entre l'esprit et l'âme, ou Purusha.

—Swami Vivekananda

— Chaque âme est potentiellement divine.

— Le but est de manifester cette divinité par le contrôle extérieur et intérieur de la Nature.

— Réalisez-le au moyen du travail, de la dévotion, du contrôle psychique ou de la philosophie. Par un seul de ces moyens, par plusieurs, ou par tous. Et soyez libérés.

— C'est là toute religion. Les doctrines, dogmes, rituels, livres, temples et formes de la divinité ne sont que des détails secondaires.

Chapitre I
Introduction

Toutes nos connaissances sont fondées sur notre expérience. Ce que nous appelons connaissance inférentielle, qui consiste à aller du moins général au plus général, ou du général au particulier, a pour base l'expérience. Dans ce que nous appelons les sciences exactes, il est facile de trouver la vérité car elle fait appel aux expériences spécifiques à chaque être humain. Le scientifique ne nous dit pas de croire quoi que ce soit, mais il obtient certains résultats provenant de ses propres expériences et, en s'appuyant sur elles lorsqu'il nous demande de croire à ses conclusions, il fait appel à une certaine expérience universelle de l'humanité. Dans chaque science exacte, il existe une base commune à l'humanité entière, afin que nous puissions immédiatement voir la vérité ou les erreurs dans les conclusions qui en sont tirées. La question est donc la suivante : La religion possède-t-elle ou non une telle base ? Je répondrai à cette question par l'affirmative ainsi que par la négative.

Il est dit que la religion, telle qu'elle est généralement considérée dans le monde entier, se base sur la foi et la croyance et, dans la plupart des cas, elle ne consiste qu'en différents ensembles de théories, et c'est pourquoi les religions se disputent entre elles. Ces théories se basent en effet sur la croyance. Un homme dit qu'il y a un Être assis au-dessus des nuages qui gouverne l'univers tout entier et il me demande de croire cela uniquement car il l'a dit. De la même manière, je peux avoir mes propres idées, et demander aux autres de les croire sans être capable de leur donner une raison s'il m'en demande une. C'est pourquoi la religion et la philosophie métaphysique ont mauvaise réputation de nos jours. Il semble que toutes les personnes éduquées disent : « Oh, ces religions ne sont qu'un monceau de théories sans aucun critère de jugement, et chaque personne prêche l'idée qu'il préfère. » Toutefois, il existe une base de croyance universelle en la religion qui gouverne toutes les théories et toutes les différentes idées des différentes sectes dans différents pays. En étudiant leurs fondements, nous nous rendons compte qu'elles sont également basées sur des expériences universelles.

Tout d'abord, si l'on analyse toutes les religions de ce monde, on observe qu'elles sont divisées en deux groupes : celles qui ont un livre et celles qui n'ont pas de livre. Les religions qui ont un livre sont les plus puissantes et comptent le plus grand nombre d'adeptes. Celles qui n'ont pas de livre ont, pour la plupart, disparu, et les quelques nouvelles religions comptent très peu de partisans. Toutefois, toutes présentent un consensus d'opinion : les vérités qu'elles enseignent sont les résultats des expériences de personnes particulières. Le Chrétien nous demande de croire en sa religion, de croire en l'existence du Christ et qu'il est l'incarnation de Dieu, de croire en un Dieu, en une âme, et en une meilleure version de cette âme. Si je lui demande une raison, il me dira que lui y croit. Mais si l'on va à la source de la Chrétienté, on s'aperçoit qu'elle est fondée sur l'expérience. Le Christ a dit qu'il a vu Dieu ; les disciples ont dit avoir senti Dieu ; et ainsi de suite. De la même façon, dans le Bouddhisme, il s'agit de l'expérience de Bouddha. Il a ressenti des vérités, les a vues, est entré en contact avec elles et les a prêchées de par le monde. De même pour les Hindous. Dans leurs livres, les auteurs, appelés rishis ou sages, déclarent avoir fait l'expérience de certaines vérités, et les prêchent. Il est donc évident que toutes les religions du monde ont été construites sur cet unique fondement universel et adamantin de toutes nos connaissances : l'expérience directe. Les prêcheurs ont tous vu Dieu ; ils ont tous vu leur propre âme, leur avenir, leur éternité, et ils ont prêché ce qu'ils avaient vu. Mais il y a maintenant une différence : pour la plupart de ces religions, surtout dans les temps modernes, certains prétendent que ces expériences ne sont plus possibles à vivre à notre époque ; elles n'étaient possibles qu'avec un nombre restraint de personnes, les premiers fondateurs des religions qui ont pris leur nom. Aujourd'hui, ces expériences sont devenues obsolètes et, par conséquent, il ne reste plus que la croyance. Je refuse d'admettre cela. S'il y a eu une expérience dans ce monde dans n'importe quelle branche de la connaissance, il est évident qu'il s'ensuit que cette expérience a été possible des millions d'autres fois auparavant et se répètera à l'infini. L'uniformité est la stricte loi de la nature ; ce qui s'est produit une fois peut toujours se reproduire.

Ainsi, les prêcheurs de la science du yoga affirment que cette religion n'est pas uniquement fondée sur l'expérience de du passé, mais que nul ne peut être religieux avant de percevoir lui-même ces choses. Le yoga est la science qui nous apprend à percevoir ces choses. Il ne sert pas à grand-chose de parler de religion avant de l'avoir ressentie. Pourquoi y a-t-il tant de problèmes, de batailles et de disputes au nom de Dieu ? Plus de sang a été versé au nom de Dieu que pour n'importe quelle autre cause, car les gens ne sont jamais allés à la source ; ils se contentaient de consentir mentalement aux traditions de leurs ancêtres et voulaient que les autres en fassent de même. Quel droit quelqu'un a-t-il de dire qu'il a une âme s'il ne la sent pas, ou de dire qu'il existe un Dieu s'il ne Le voit pas ? S'il y a un Dieu, nous devons Le voir, s'il y a une âme, nous devons la percevoir ; sinon, mieux vaut ne pas croire. Mieux vaut être un athée véhément qu'un hypocrite. L'idée contemporaine est, d'une part, avec les « personnes éduquées », que la religion, la métaphysique et toute recherche d'un Être Suprême sont futiles ; et d'autre part, avec les semi-éduquées, que ces notions n'ont réellement aucun fondement et que leur unique valeur réside dans le fait qu'elles apportent de puissantes forces motrices pour faire le bien. Si les hommes croient en un Dieu, ils deviendront probablement bons, moraux et donc de bons citoyens. Nous ne pouvons les blâmer parce qu'ils croient en ces principes, en voyant que tout ce que ces hommes obtiennent est de croire en un éternel charabia, sans aucun réel contenu. On leur demande de vivre à partir de mots ; en sont-ils capables ? S'ils l'étaient, je n'aurais pas le moindre égard pour la nature humaine. L'homme veut la vérité, en faire l'expérience par lui-même. Une fois qu'il l'aura saisie, comprise, ressentie au plus profond de son cœur, et uniquement après cela, affirme le Veda, tous les doutes s'évanouiront, les ténèbres disparaîtront et toute malhonnêteté sera réparée. « O enfants de l'immortalité, et même vous qui vivez dans la sphère la plus élevée, la voie a été trouvée ; il existe un chemin hors de toute cette obscurité : c'est en percevant Celui qui est au-delà de toute obscurité, il n'est pas d'autre chemin. »

La science du Raja yoga propose de procurer à l'humanité une méthode pratique et scientifiquement élaborée pour atteindre cette vérité. Tout d'abord, toute science doit avoir sa propre méthode de recherche. Si quelqu'un veut devenir astronome et qu'il s'assied en criant « Astronomie ! Astronomie ! », il n'arrivera jamais à rien. De même pour la chimie. Il y a une méthode à suivre. Il faut se rendre dans un laboratoire, prendre différentes substances, les mélanger, les combiner, les utiliser dans des expériences, et il en découlera une connaissance de la chimie. Si quelqu'un souhaite être astronome, il doit se rendre dans un observatoire, prendre un télescope, étudier les étoiles et planètes, et il sera alors astronome. Chaque science doit avoir sa propre méthode. Je pourrais prononcer des milliers de sermons, mais ils ne vous rendraient pas religieux sans que vous pratiquiez la méthode. Ce sont les vérités des sages de tous les pays, de tous les âges, des hommes purs et généreux qui n'avaient aucun but si ce n'est celui de faire le bien. Ils affirment tous avoir trouvé une vérité, au-delà de ce que nos sens peuvent nous apporter, et ils nous invitent à le vérifier. Ils nous demandent de nous emparer de la méthode et de l'appliquer honnêtement, et, si nous ne trouvons pas cette vérité supérieure, nous aurons alors le droit de dire que tout cela est faux, mais il n'est pas rationnel de notre part de nier la véracité de ces affirmations avant de l'avoir fait. Nous devons donc travailler en ayant la foi, en utilisant les méthodes indiquées, et la lumière apparaîtra.

En acquérant des connaissances, nous utilisons des généralisations, et ces généralisations sont basées sur des observations. D'abord, nous observons les faits, puis nous généralisons pour tirer des conclusions ou principes. La connaissance de l'esprit, de la nature intérieure de l'homme, et de la pensée, ne peuvent être acquises avant d'avoir la capacité d'observer les faits qui s'y produisent. Il est relativement simple d'observer des faits depuis l'extérieur car de nombreux instruments ont été inventés à cet effet. Depuis l'intérieur, nous ne disposons d'aucun instrument pour nous aider. Néanmoins, nous savons qu'il faut observer afin d'obtenir une vraie science. Sans analyse adéquate, toute science serait inutile, une simple théorisation. Et c'est pourquoi les psychologues se sont toujours disputés entre eux, excepté le peu d'entre eux qui ont découvert des moyens d'observation.

Dans un premier temps, la science du Raja yoga propose de nous donner ces moyens d'observation des états internes. L'instrument utilisé est l'esprit lui-même. La capacité d'attention, lorsqu'elle est correctement guidée et dirigée vers le monde interne, saura analyser l'esprit et éclairer des faits. Les pouvoirs de l'esprit sont comme des rayons lumière dissipés ; lorsqu'ils sont concentrés, ils éclairent. Cela est notre unique moyen de connaissance. Tout le monde l'utilise à la fois dans le monde externe et interne ; mais, pour les psychologues, la moindre observation que le scientifique dirige vers l'extérieur doit être dirigée vers l'intérieur, et cela requiert beaucoup de pratique. Depuis notre enfance, nous avons appris à faire attention aux choses extérieures, mais jamais aux choses intérieures. Cela explique que la plupart d'entre nous ayons presque perdu notre capacité à observer le mécanisme interne. Retourner l'esprit, pour ainsi dire, vers l'intérieur, l'empêcher d'aller à l'extérieur, et concentrer tous ses pouvoirs pour les utiliser sur l'esprit lui-même, afin qu'il connaisse sa propre nature, qu'il s'analyse lui-même ; cela représente un travail très difficile. Et pourtant, c'est la seule manière par laquelle quelque chose deviendra une approche scientifique du sujet.

Quelle est l'utilité d'une telle connaissance ? Tout d'abord, la connaissance même est la plus grande récompense de la connaissance, et elle est également utile. Elle effacera toute notre misère. Lorsque l'homme, en analysant son propre esprit, se retrouvera face à face avec quelque chose qui ne peut être détruit, qui, de par sa propre nature, est éternellement pure et parfait, il ne sera plus misérable, malheureux. Toute misère vient de la peur, des désirs insatisfaits. L'homme découvrira qu'il ne meurt jamais et n'aura donc plus peur de la mort. Lorsqu'il saura qu'il est parfait, il n'aura plus de désirs vains, et ces deux causes ayant disparu, il n'y aura plus de misère ; il y aura un bonheur parfait, même en étant dans ce corps.

Chapitre II
Les Premiers Pas

Le Raja yoga comporte huit membres. Le premier est le Yama, la non-violence, la sincérité, l'absence de vol, la modération et l'absence de réception de présents. Ensuite, il y a le Niyama, la propreté, la satisfaction, l'austérité, l'étude et la consécration à Dieu. Puis vient les Âsanas ou les postures ; le Prânâyâma ou le contrôle du Prâna ; le Pratyâhâra ou l'abstraction des sens ; le Dhâranâ ou la fixation de la pensée ; le Dhyâna ou la méditation et le Samâdhi ou la superconscience. Le Yama et le Niyama, comme nous pouvons le constater, consistent en des entraînements d'ordre moral ; la pratique du yoga est impossible sans cette base. Lorsque ces deux piliers seront établis, le yogi commencera à observer les résultats de cette pratique ; sans ces piliers, il n'y aura aucun résultat. Un yogi ne doit pas penser à blesser quelqu'un, par la pensée, par la parole ou par l'action. La clémence ne doit pas s'appliquer seulement aux hommes mais doit aller plus loin et accepter le monde entier.

Le membre suivant est l'Asana, la posture. Il faut répéter une série d'exercices physiques et mentaux chaque jour, jusqu'à atteindre des états supérieurs. Il est donc tout à fait nécessaire de trouver une position que nous pouvons maintenir longtemps. La posture choisie par chacun doit être celle qu'il trouve la plus facile. Pour la réflexion, une posture peut sembler très facile à une personne et très difficile à une autre. Pendant l'étude de ces questions psychologiques, une importante activité est en marche dans le corps. Les influx nerveux devront être placés sur un nouveau canal. De nouveaux types de vibrations démarreront, la constitution entière sera reconstruite. Mais la plus grande partie de l'activité se fera le long de la colonne vertébrale, de sorte que le plus important est de maintenant la colonne vertébrale libre en se tenant droit et en maintenant les trois parties (la poitrine, le cou et la tête) sur une ligne droite. Laissez tout le poids du corps reposer sur les côtes et vous obtiendrez une posture naturelle et facile avec la colonne vertébrale droite. Vous observerez facilement que vous ne pouvez pas accéder à des pensées profondes en ayant la poitrine rentrée. Cette partie du yoga est quelque peu similaire au Hatha-yoga, qui concerne exclusivement le corps physique, son objectif étant de rendre le corps physique très puissant.

Nous ne nous y intéresserons pas ici car il comporte des pratiques très difficiles qui ne peuvent s'apprendre en un jour et qui, après tout, ne mènent pas vers une grande croissance spirituelle. Vous trouverez nombre de ces pratiques chez Delsarte ou d'autres professeurs, comme celui qui consiste à disposer le corps dans différentes postures, mais leur objectif est physique et non psychologique. Il n'existe aucun muscle dans le corps sur lequel l'homme ne puisse posséder un contrôle parfait. Il peut décider de faire arrêter ou continuer son cœur de battre à sa guise, et chaque partie de l'organisme peut être contrôlée de la même manière.

Le résultat de cette branche du yoga est de faire vivre les hommes plus longtemps ; la santé représente l'idée principale, le but unique du Hatha yogi. Il est déterminé à ne pas tomber malade, et il y parvient. Il vit longtemps, cent ans ne représentent rien pour lui, il est toujours jeune et dynamique à 150 ans, sans aucun cheveu blanc. Mais cela s'arrête là. Le banian peut vivre jusqu'à 5 000 ans mais il est un banian et rien de plus. Alors si un homme vit longtemps, ce n'est qu'un animal en bonne santé. Une ou deux leçons reçues par les Hatha yogis sont très utiles. Par exemple, certains d'entre vous trouveront qu'il est efficace contre les maux de tête de boire de l'eau froide par le nez dès le lever : votre cerveau sera frais toute la journée et vous n'attraperez jamais froid. C'est très facile à faire : mettez votre nez dans l'eau, aspirez-la par les narines et pompez avec la gorge.

Après avoir appris à tenir fermement une posture droite, il faut appliquer, selon certaines écoles, la pratique appelée « la purification du système nerveux ». Certains considèrent que cet élément n'appartient pas au Raja yoga mais, étant donné qu'une autorité telle que le commentateur Shankarâchârya le recommande, j'estime qu'il devrait être mentionné ici et je citerai ses propres indications extraites du commentaire du Shvetâshvatara Upanishad : « L'esprit dont le rebut a été nettoyé par le Prânâyâma est réparé en Brahman. Alors, le Prânâyâma est déclaré. D'abord, les nerfs doivent être purifiés, puis la capacité de pratiquer le Prânâyâma apparaît. Inspirez par la narine gauche, selon votre capacité, en fermant la narine droite avec le pouce ; puis, sans attendre, expirer par la narine droite en fermant la narine gauche. Encore une fois, après avoir inspiré par la narine droite, éjectez l'air par la narine gauche, selon votre capacité. En répétant cet exercice trois ou cinq fois, quatre fois par jour, avant l'aube, à midi, le soir et à minuit, vous atteindrez la pureté des nerfs en quinze jours ou un mois. C'est alors que commence le Prânâyâma. »

La pratique est tout à fait nécessaire. Vous pouvez vous asseoir et m'écouter tous les jours, mais si vous ne pratiquez pas, vous n'avancerez pas d'un pas. Tout repose sur la pratique. Il est impossible de comprendre ces choses-là avant d'en faire l'expérience. Chacun doit les voir et les ressentir par lui-même. Se contenter d'écouter des explications et des théories ne suffit pas. Il existe plusieurs freins à la pratique. Premièrement, un corps en mauvaise santé. Nous devons garder un corps en bonne santé, faire attention à ce que nous mangeons, buvons et faisons. Nous devons toujours faire un effort mental, ce qui est communément appelé « la Science chrétienne », afin de conserver un corps puissant. C'est tout, rien d'autre concernant le corps. Nous devons également nous souvenir que la santé est un moyen à une fin. Si la santé était la fin nous serions comme des animaux. Les animaux sont rarement en mauvaise santé.

Le deuxième frein est le doute. Nous doutons toujours de ce que nous ne pouvons voir. L'homme ne peut vivre en se basant sur des mots, mais il peut toutefois essayer. Le doute concerne la véracité ou non de ces choses. Même les meilleurs d'entre nous douteront parfois. Après quelques jours de pratique, un petit aperçu sera perceptible, suffisant pour donner de l'espoir et de l'encouragement. Comme l'a affirmé un certain commentateur de la philosophie yoga, « Lorsque nous obtiendrons une preuve, aussi petite qu'elle puisse être, cela nous donnera la foi en l'enseignement du yoga. » Par exemple, après les premiers mois de pratique, vous vous apercevrez que vous pourrez lire les pensées d'autrui, elles vous arriveront sous la forme d'images. Vous entendrez peut-être quelque chose de très loin, en concentrant votre esprit sur un désir d'entendre. Ces aperçus arriveront, par petits bouts au début, mais suffisants à vous donner foi, force et espoir. Par exemple, si vous concentrez vos pensées sur le bout de votre nez, dans quelques jours vous serez capables de sentir les parfums les plus envoûtants, ce qui suffira à vous démontrer que certaines perceptions mentales peuvent être révélées sans le contact des objets physiques. Mais nous devons toujours nous souvenir qu'il ne s'agit que des moyens ; l'objectif, la fin, le but de tout cet entraînement est la libération de l'âme. L'objectif doit être le contrôle absolu de la nature. Nous devons être les maîtres et non les esclaves de la nature ; ni le corps ni l'esprit ne doit être notre maître, et nous ne devons pas oublier que notre corps nous appartient et non l'inverse.

Un dieu et un démon allèrent apprendre le Soi auprès d'un grand sage. Ils étudièrent longtemps avec lui. Enfin, le sage leur dit : « Votre Soi est l'Être que vous recherchez. » Les deux pensèrent que leur corps était leur Soi. Ils retournèrent à leur peuple très satisfaits et dirent : « Nous avons appris tout ce qu'il y a à apprendre : mangez, buvez et soyez heureux. Nous sommes le Soi, il n'y a rien au-dessous de nous. » Le démon était de nature ignorante, confuse, et ne chercha pas à en savoir plus, parfaitement satisfait par l'idée qu'il était Dieu, que le Soi signifiait le corps. La nature du dieu était plus pure. Il commit d'abord l'erreur de penser « Je, ce corps, suis Brahman, il convient de le rendre fort et de le garder en bonne santé et bien vêtu et de lui procurer toute sorte de plaisirs. Mais au bout de quelques jours, il se rendit compte que cela ne pouvait pas être le message du sage, leur maître : il devait y avoir quelque chose de supérieur. Alors il retournera le voir et dit : « Sage, m'avez-vous enseigné que le corps était le Soi ? Si c'est le cas, je vois que tous les corps meurent. Le Soi ne peut mourir. » Le sage répondit : « Découvre-le. Tu es Cela. » Alors le dieu pensa que le sage se référait aux forces vitales qui animent le corps. Mais après un certain temps, il se rendit compte que s'il mangeait, ces forces vitales demeuraient puissantes et que s'il était affamé, elles s'affaiblissaient. Le dieu retourna alors auprès du sage et lui demanda : « Sage, voulez-vous dire que les forces vitales sont le Soi ? » Le sage répondit : « Découvre-le. Tu es Cela. » Le dieu rentra de nouveau chez lui, pensant que l'esprit était peut-être le Soi. Mais il s'aperçut que les pensées étaient trop variables, bonnes, puis mauvaises ; l'esprit est trop inconstant pour être le Soi. Il retourna auprès du sage et lui dit : « Sage, je ne crois pas que l'esprit soit le Soi. Est-ce ce que vous vouliez dire ? » « Non, » répondit le sage, « tu es Cela, découvre-le par toi-même. » Le dieu rentra chez lui et comprit finalement qu'il était le Soi, au-delà de toute pensée, sans naissance ni mort, que l'épée ne pouvait percer ou le feu brûler, que l'air ne pouvait sécher ou l'eau faire dissoudre, l'Être sans début et sans fin, immuable, intangible, omniscient, omnipotent. Que Ce n'était ni le corps ni l'esprit mais bien au-delà de tout. Alors il se sentit satisfait. Mais le pauvre démon n'obtint pas la vérité à cause de sa passion pour le corps.

Il est de ce monde bien des natures démoniaques, mais également quelques dieux. Si l'on propose d'enseigner n'importe quelle science permettant d'augmenter le pouvoir d'éprouver les sens, nombreux seront les intéressées. Si l'on entreprend de dévoiler le but suprême, peu de personnes seront prêtes à écouter. Très peu ont le pouvoir de saisir ce qui est supérieur, et encore moins nombreux sont ceux qui ont la patience de l'atteindre. Mais certains savent que même si le corps parvient à vivre mille ans, le résultat final sera le même. Lorsque les forces qui le soutiennent disparaissent, le corps tombe. Aucun homme n'a été capable d'empêcher son corps de changer à un moment. Le corps est le nom d'une série de changements. « Tel que dans une rivière, les masses d'eau changent devant vos yeux à chaque instant, et de nouvelles masses d'eau arrivent, prenant une forme similaire, le même processus s'applique à ce corps. » Toutefois, le corps doit rester fort et en bonne santé. Il est notre meilleur instrument.

Le corps humain est le plus grand corps de l'univers, et l'être humain est le plus grand être. L'homme est plus grand que tous les animaux et que tous les anges. Rien n'est supérieur à l'homme. Même les Devas (dieux) devront redescendre et obtenir le salut à travers un corps humain. Seul l'homme atteint la perfection, même les Devas n'y parviennent pas. Selon les Juifs et les Musulmans, Dieu créa l'homme après avoir créé les anges et tout le reste. Après avoir créé l'homme Il a demandé aux anges de venir le saluer, et ils le firent tous excepté Iblis. Alors Dieu le condamna et il devint Satan.

Derrière cette allégorie se trouve la grande vérité, celle que la naissance humaine est la plus grande naissance qui soit. La créature plus inférieure, l'animal, est insipide et créée principalement à partir de Tamas. Les animaux ne peuvent avoir aucune pensée importante, et ni les anges ni les Devas ne peuvent atteindre la liberté directement sans la naissance humaine. Dans la société humaine, un trop-plein de richesse ou de pauvreté est un grand obstacle au développement supérieur de l'âme. Les grands de ce monde viennent des classes moyennes, où les forces sont équitablement réparties et en équilibre.

Pour retourner à notre sujet, nous trouvons ensuite le Prânâyâma, le contrôle de la respiration. Qu'est-ce que cela a-t-il à voir avec la concentration des pouvoirs de l'esprit ? La respiration est en quelque sorte le volant d'inertie de cette machine qu'est le corps. Dans un gros moteur, le volant d'inertie s'active d'abord et ce mouvement est communiqué à des machineries de plus en plus précises jusqu'à ce que le mécanisme le plus précis et délicat du moteur soit en mouvement. La respiration est comme ce volant d'inertie, procurant et régulant la force motrice de chaque partie du corps.

Il était un ministre, celui d'un grand roi. Il tomba en disgrâce. Le roi, pour le punir, ordonna qu'on l'enfermât en haut d'une très haute tour. Cet ordre fut exécuté et le ministre fut laissé à l'abandon. Toutefois, il avait une épouse loyale qui vint au pied de la tour pendant la nuit et appela son mari afin de savoir ce qu'elle pouvait faire pour lui venir en aide. Il lui dit de revenir à la tour le lendemain pendant la nuit et d'apporter une longue corde, de la ficelle solide du fil épais, du fil de soie, un scarabée et un peu de miel. Perplexe, l'épouse obéit à son mari et lui apporta ces objets. Le mari lui dit de fermement attacher le fil de soi au scarabée, de verser une goutte de miel sur ses cornes puis de le relâcher sur le mur de la tour avec la tête vers le haut. Elle exécuta ses instructions et le scarabée débuta son long voyage. Sentant le miel devant lui, il avançait lentement dans l'espoir d'atteindre le miel, jusqu'à arriver en haut de la tour, où le ministre le saisit et s'empara du fil de soie. Il dit à sa femme d'attacher à l'autre bout le fil épais, et après l'avoir tiré et récupéré, il répéta le procédé avec la ficelle solide, et enfin la corde. Ensuite, le reste était simple. Le ministre s'échappa en descendant de la tour grâce à la corde. Dans nos corps, la respiration est le «fil de soie» : en s'en emparant et en apprenant à le contrôler, nous saisissons le fil épais du système nerveux, puis la ficelle solide de nos pensées et, pour finir, la corde du Prâna, qui détermine si nous atteignons la liberté.

Nous ne savons rien de nos propres corps, nous ne pouvons rien savoir. Au mieux, nous pouvons prendre le corps d'un défunt et le découper en morceaux, et certains peuvent prendre un animal vivant et le découper en morceaux afin de voir ce qui se trouve à l'intérieur. Néanmoins, cela n'a rien à voir avec nos propres corps. Nous savons très peu de choses sur eux. Et pourquoi ? Car notre attention n'est pas suffisamment perspicace pour saisir les mouvements très précis qui s'y déroulent. Nous ne pouvons en savoir plus que lorsque l'esprit devient plus subtil et pénètre le corps plus profondément. Pour obtenir la perception subtile nous devons commencer par les perceptions plus grossières. Nous devons nous emparer de ce qui met le moteur en mouvement. C'est le Prâna, dont la manifestation la plus évidente est la respiration. Nous devons ainsi pénétrer le corps, ce qui nous permettra de découvrir les forces subtiles, les systèmes nerveux qui s'animent dans notre corps. Aussitôt que nous les percevons et apprenons à les ressentir, nous commençons à acquérir un certain contrôle sur eux, sur le corps. L'esprit, lui aussi, est animé, par ces différents systèmes nerveux, et nous devons donc atteindre un état de contrôle parfait sur le corps et l'esprit, faisant des deux nos serviteurs. La connaissance est un pouvoir. Nous devons acquérir ce pouvoir. Nous devons donc commencer par le début, avec le Prânâyâma, en maîtrisant le Prâna. Ce Prânâyâma est une partie conséquente et l'illustrer avec précision requerra plusieurs leçons. Il convient de l'étudier partie par partie.

Nous devons apercevoir au fur et à mesure les raisons de chaque exercice et les forces qu'il anime dans le corps. Tout cela viendra à nous mais requiert une pratique constante. Et la preuve arrivera par la pratique. Aucun raisonnement que je puisse vous donner ne constituera une preuve pour vous, à moins que vous ne le démontriez vous-même. Aussitôt que vous sentirez ces courants en mouvement en vous, tous vos doutes disparaîtront, mais cela requerra une importante pratique quotidienne. Vous devez pratiquez au moins deux fois par jour, et les meilleurs moments pour cela sont le matin et le soir. Lorsque la nuit laisse place au jour, et le jour laisse place à la nuit, résulte un état de calme. Tôt le matin et tôt le soir sont les deux périodes de calme. Votre corps aura ainsi tendance à se détendre à ces moments. Nous devons profiter de cette condition afin de débuter la pratique. Imposez-vous la règle de ne pas manger avant d'avoir fait vos exercices. Si vous faites cela, la simple force de la faim rompra votre paresse. En Inde, on enseigne aux enfants à ne jamais manger avant d'avoir fait leurs exercices ou prié, et cela finit par devenir un geste naturel ; un garçon ne sentira pas la faim avant d'avoir pris son bain et fait ses exercices.

Ceux d'entre vous qui peuvent se le permettre préféreront disposer d'une pièce dédiée à l'exercice de cette pratique. Ne dormez pas dans cette pièce, elle doit être sacrée. Vous ne devez pas entrer dans la pièce avant de vous être lavés, vous devez être parfaitement propres, corporellement et spirituellement. Disposez toujours des fleurs dans cette pièce ; ce sont les conditions idéales pour le yogi. Disposez également des images agréables. Faîtes brûler de l'encens le matin et le soir. N'ayez aucune dispute, ni colère, ni pensée impie dans cette pièce. N'autorisez à y entrer que les personnes qui partagent votre état d'esprit.

Il y aura alors peu à peu une atmosphère de sainteté dans cette pièce et, lorsque vous serez triste, affligé, dans le doute, ou que votre esprit sera perturbé, le simple fait d'entrer dans cette pièce vous détendra. C'était l'idée maître du temple et de l'église, et elle existe toujours dans certains, mais a disparu dans la plupart. L'idée est qu'en y gardant des vibrations saintes, l'endroit devient et demeure illuminé. Ceux qui ne peuvent disposer d'une pièce dédiée peuvent pratiquer où ils le souhaitent. Adoptez une posture droite et la première chose à faire est d'envoyer un courant de pensées sacrées à la création entière. Répétez dans votre tête : « Que tous les êtres soient heureux, que tous les êtres soient en paix, que tous les êtres ressentent un bonheur complet. » Faîtes-le vers l'Est, le Sud, le Nord et l'Ouest. Plus vous le ferez, meilleur vous vous sentirez vous-mêmes. Vous découvrirez finalement que le moyen le plus facile d'être en bonne santé est de s'assurer de que les autres le sont, et que le moyen le plus facile d'être heureux est de voir les autres heureux. Après avoir fait cela, il convient pour les croyants de prier (pas pour de l'argent, la santé ou le paradis). Priez pour la connaissance et la lumière. Toute autre prière est égoïste. Ensuite, pensez à votre propre corps et voyez qu'il est fort et en bonne santé : il est votre meilleur instrument. Pensez qu'il est aussi fort que ferme et qu'avec l'aide de ce corps vous traverserez l'océan de la vie. La liberté n'est jamais atteinte par le faible. Jetez toute faiblesse. Dites à votre corps qu'il est fort, à votre esprit qu'il est fort, et ayez foi et espoir inconditionnels en vous-mêmes.

Chapitre III
Le Prâna

Le Prânâyâma ne concerne pas, comme beaucoup le pense, le souffle ; le souffle n'en a que très peu de rapport. Respirer n'est qu'un des nombreux exercices au travers desquels nous pouvons atteindre le véritable Prânâyâma. Prânâyâma signifie le contrôle du Prâna. D'après les philosophes Indiens, l'univers tout entier est composé de deux matériaux, l'un étant appelé Âkâsha. Il s'agit de l'existence omniprésente et toute-pénétrante. Tout ce qui a une forme, tout ce qui est le résultat d'une combinaison, provient de l'Âkâsha. L'Âkâsha est l'air, les liquides et les solides ; mais aussi le Soleil, la Terre, la Lune, les étoiles et les comètes ; L'Âkâsha est également le corps humain et animal, les plantes, toutes les formes que nous voyons, tout ce que nous ressentons, tout ce qui existe. Il est invisible ; il est si subtil qu'il dépasse toute perception ; il ne peut être observé qu'à son état brut, lorsqu'il a pris forme. Au commencement de la création, il n'y a que cet Âkâsha. A la fin du cycle les solides, les liquides et les gaz se réunissent pour redevenir l'Âkâsha, et la création qui s'ensuit provient elle aussi de ce même Âkâsha.

Quelle est cette force qui crée l'Âkâsha dans notre univers ? Il s'agit de la force du Prâna. Tout comme l'Âkâsha est le matériau omniprésent et infini de notre univers, Prâna est lui la force omniprésente et infinie qui se manifeste dans notre univers. A l'origine et à la fin d'un cycle tout est Âkâsha, et toutes les forces présentes dans l'univers se retransforme en Prâna. On appelle Prâna la somme totale des forces de l'univers, mentale ou physique, lorsqu'elles retrouvent leur état d'origine. « Quand il n'y avait ni quelque chose, ni rien, quand les ténèbres recouvraient les ténèbres. Qu'existait-il alors ? Cet Âkâsha existait sans mouvement ». Le mouvement physique du Prâna est interrompu, mais il continue d'exister.

A la fin d'un cycle, les énergies maintenant présentes dans l'univers s'apaisent et deviennent des potentielles. Au commencement d'un nouveau cycle, elles se réveillent et entrent en collision avec l'Âkâsha qui crée différentes formes, et alors que l'Âkâsha change, le Prâna change lui aussi en devenant ces manifestations d'énergie. La réelle signification du Prânâyâma repose sur le savoir et le contrôle de ce Prâna.

Cela nous ouvre les portes vers une force presque illimitée. Supposons, par exemple, qu'un homme ait un entendement parfait du Prâna et qu'il ait la capacité de le contrôler, alors toutes les forces sur Terre ne seraient-elles pas sienne ? Il serait capable de déplacer le soleil et les étoiles hors de leur orbite, de contrôler tout ce qui est dans l'univers, allant des atomes aux plus imposant des soleils, tout cela parce qu'il peut contrôler le Prâna. Il s'agit de la finalité et du but du Prânâyâma. Lorsque le yogi sera parfait, plus rien ne pourra échapper à son contrôle. S'il demande la venue des dieux ou des esprits des défunts de venir à lui, alors ils viendront. Toutes les forces de la nature lui obéiront comme des esclaves. Lorsque les ignorants assistent à la manifestation des capacités du yogi, ils les considèrent comme des miracles. Une des particularités de l'esprit Hindou est qu'il s'interroge toujours sur l'ultime généralité possible, laissant de côté les détails sur lesquels il devra travailler par la suite. Cette interrogation est posée dans le Vedas « Quelle est la chose par la connaissance de laquelle nous connaissons tout ? » Ainsi, tout livre et toute philosophie qui ont été écrits, l'ont été uniquement dans le but de prouver la connaissance par laquelle tout est connu. Si un homme souhaite connaître chaque recoin de notre univers, il devra connaître chaque grain de sable, ce qui demanderait un temps infini ; il ne peut tout connaître. Alors comment le savoir peut-il exister ? Comment est-il possible qu'un homme possède un savoir absolu en étudiant que des détails ? Les yogis pensent que derrière cette manifestation précise il y a une généralité. Derrière chaque idée particulière se trouve un principe abstrait et généralisé ; l'assimiler, c'est tout avoir compris. Tout comme l'univers tout entier a été généralisé dans le Vedas en tant qu'Existence Absolue Unique, qui comprend cette Existence a compris l'univers entier, de sorte que toutes les forces ont été généralisé dans ce Prâna, et qui comprend le Prâna, entend toutes les forces de l'univers, mentale ou physique. Qui contrôle le Prâna, contrôle son esprit, et tous les esprits qui existent. Qui a contrôlé le Prâna, a contrôlé son corps, et tous les corps qui existent, car le Prâna est la manifestation généralisée de la force.

L'idée principale du Prânâyâma repose sur le contrôle du Prâna. Chaque entraînement et exercice sont effectués dans cette optique. Tout homme doit débuter où il se tient, il doit apprendre à contrôler les éléments qui lui sont les plus proches. Notre corps est très proche de nous, aucun autre élément dans l'univers externe n'est plus proche, et notre esprit est le plus proche d'entre eux. Le Prâna qui fait fonctionner notre corps et notre esprit est le Prâna le plus proche de nous dans l'univers. Cette petite vague du Prâna qui représente nos énergies propres, mentale et physique, est la vague la plus proche de nous dans l'océan infini du Prâna. Si nous parvenons à contrôler cette petite vague, alors seulement nous pouvons espérer le contrôle du Prâna tout entier. Le yogi qui y parvient atteint la perfection ; il n'est plus soumis à aucune force. Il devient presque tout puissant, tout-savant. Il existe des sectes dans tous les pays qui ont tenté de contrôler le Prâna. Là-bas, ils sont des guérisseurs de l'esprit, religieux, des spiritualistes, des scientistes chrétiens, des hypnotiseurs, etc., et si nous examinons ces différents corps, nous trouverions derrière chacun d'eux le contrôle du Prâna, inconscient ou non. Si nous résumons toutes leurs théories, c'est ce que nous obtiendrions. Il s'agit de la seule et même force qu'ils manipulent, mais sans le savoir. Ils ont découvert inconsciemment une force et l'utilisent sans scrupule sans connaître sa nature, mais il s'agit de la même force utilisée par le yogi, qui provient du Prâna.

Le Prâna est la force vitale présente dans chaque être. La pensée est la plus grande et la plus pure activité du Prâna. La pensée, à nouveau, comme nous la voyons, n'est pas tout. Il existe également ce que nous appelons l'instinct ou la pensée inconsciente, le niveau le plus bas de l'activité. Lorsqu'un moustique nous pique, nos mains vont le frapper automatiquement, instinctivement. Il s'agit d'une expression de la pensée. Tous les réflexes corporels appartiennent à ce niveau de pensée. Il existe également un autre niveau de pensée, le conscient. Je raisonne, je juge, je pense, je pèse les pours et les contres de certaines choses, mais ce n'est pas tout. Nous savons que la raison est limitée. La raison ne peut s'étendre que sur une certaine mesure, et non au-delà. Le cercle dans lequel elle évolue est en effet extrêmement limité. Pourtant, en même temps, des faits viennent s'insérer dans ce cercle. Semblable à la venue des comètes, certaines choses s'introduisent dans ce cercle ; il est certain qu'elles proviennent d'au-delà cette limite, bien que notre raison ne puisse l'atteindre. L'esprit peut exister sur un niveau encore plus élevé, le superconscient. Lorsque l'esprit atteint cet état, que l'on appelle Samâdhi, la concentration parfaite, la superconscience, il va au-delà des limites de la raison et fait face aux faits que l'instinct ou la raison ne pourront jamais accepter. Toutes les manipulations des forces subtiles du corps, les différentes manifestations du Prâna, propulse l'esprit, s'il est entraîné, et l'aide à s'élever et à devenir superconscient, où il agit.

Dans notre univers, il y a une substance ininterrompue sur chaque niveau d'existence. Physiquement, cet univers n'est qu'un : il n'y a aucune différence entre le soleil et nous. Le scientifique te dira que ce n'est que de la fiction d'affirmer le contraire. Il n'existe aucune réelle différence entre une table et moi ; la table est un point dans la masse de la matière, et je suis un autre point. Chaque forme représente un tourbillon dans l'océan infini de la matière où aucune n'est constante. Semblable à un ruisseau qui s'écoule, il peut exister des millions de tourbillons, l'eau dans chacun d'eux diffère à chaque instant, tournant et tournant pendant quelques secondes et puis disparaissant, pour être remplacé par une nouvelle quantité d'eau, l'univers lui aussi est une masse de matière changeant constamment, où toute forme d'existence correspond à un tourbillon. Une masse de matière entre dans un tourbillon, par exemple un corps humain, y demeure durant un temps, se transforme et entre dans un autre tourbillon, qu'on appelle un morceau de minéral. Il s'agit d'un changement constant. Aucun corps n'est constant. Dire « mon » corps, ou « ton » corps, ne sont que des mots et n'a aucune signification. Parmi les immenses masses de matières, un point est appelé la Lune, un autre le Soleil, un autre un homme, un autre la Terre, un autre une plante et un autre un minéral. Aucun n'est constant, mais chacun est changeant, la matière se concrétise et se désintègre éternellement. Il en va de même pour l'esprit. La matière est représentée par l'éther ; avec l'activité subtile du Prâna, cet éther, dans son état le plus pure de vibration, représentera l'esprit et il restera une masse intacte. Si nous pouvons simplement toucher cette fine vibration, vous verriez et sentiriez que l'univers entier en est composé. Parfois, certaines drogues ont la capacité de nous mettre dans cette condition, tout en conservant nos sens. Beaucoup d'entre vous se souviennent de la célèbre expérience réalisée par Sir Humphrey Davy lorsqu'il subit les effets du gaz hilarant ; comment, durant son cours, il resta immobile, ahuri, et que par la suite il avait annoncé que l'univers entier était constitué d'idées. Car, à cet instant, les vibrations brutes avaient cessé et seules les fines vibrations qu'il avait appelé idées, lui étaient visibles. Il ne pouvait percevoir que les fines vibrations autour de lui ; tout était devenu pensées ; l'univers entier était un océan de pensées, lui et tous les autres étaient devenus des petits tourbillons de pensées.

Par conséquent, même dans l'univers des pensées il est possible de trouver une unité, et enfin, lorsque nous atteignons le Soi, nous savons que ce Soi ne peut être qu'Un. Au-delà des vibrations de la matière dans ses apparences brute et fine, au-delà du mouvement tout n'est qu'Un. Même dans un mouvement évident il n'y a qu'unité. On ne peut renier ces faits. La physique moderne a également démontré que la somme totale des énergies dans l'univers reste toujours la même. Il a aussi été prouvé que cette somme existe sous deux formes. Elle devient potentielle, calme, sereine, et ensuite elle ressort au travers de ces différentes forces ; puis elle retourne dans un état calme, puis se manifeste à nouveau. Ainsi elle ne cesse d'émettre et de rassembler. Le contrôle de ce Prâna, comme indiqué précédemment, est ce qu'on appelle Prânâyâma.

La manifestation la plus évidente de ce Prâna dans le corps humain est le mouvement des poumons. S'il est interrompu, en principe toutes les autres manifestations de la force du corps cesseraient aussitôt. Cependant, il existe des personnes qui s'entraînent de sorte que leur corps survive, malgré l'interruption de ce mouvement. Certaines personnes peuvent s'enterrer durant des jours, et continuer à vivre sans respirer. Pour atteindre la subtilité nous devons nous aider du grossier, et donc, en avançant lentement vers le plus subtile jusqu'à atteindre notre point. La véritable signification du Prânâyâma est le contrôle du mouvement des poumons qui est associé au souffle. Non pas que le souffle produise ce mouvement ; au contraire, il produit le souffle. Ce mouvement inspire l'air par injection. Le Prâna met les poumons en mouvement, et celui-ci inspire l'air. Donc le Prânâyâma n'est pas la respiration, mais le contrôle de la force musculaire qui met les poumons en mouvement. Cette force musculaire qui passe par les nerfs jusqu'aux muscles et ensuite jusqu'aux poumons et induisant un certain mouvement, est le Prâna, qui doit être contrôlé dans la pratique du Prânâyâma. Lorsqu'on contrôle le Prâna, alors nous nous rendons compte que toutes les autres activités du Prâna dans le corps seront elles aussi contrôlées. J'ai moi-même vu des hommes qui contrôlaient pratiquement tous les muscles de leur corps ; et pourquoi ne serait-ce pas le cas ? Si je contrôle certains muscles, qu'est-ce qui m'empêche de contrôler tous les autres muscles et nerfs de mon corps ? Pourquoi serait-ce impossible ? Actuellement, le contrôle nous est perdu et le mouvement est devenu automatique. Nous ne pouvons bouger nos oreilles selon notre volonté, mais nous savons que les animaux le peuvent. Cela nous est impossible car nous ne nous y entraînons pas. C'est ce qu'on appelle l'atavisme.

Nous savons que le mouvement, qui est devenu latent, peut être suscité à se manifester à nouveau. En travaillant dur et en s'entraînant, certains des mouvements les plus latents du corps peuvent être amenés à un contrôle total. En raisonnant de cette manière, nous nous rendons compte que rien n'est impossible, mais que plutôt, d'un autre côté, il est probable que chaque partie du corps puissent être parfaitement contrôlée. C'est ce que le yogi fait grâce au Prânâyâma. Certains d'entre vous ont sans doute lu que dans le Prânâyâma, lorsque vous inspirez de l'air, vous devez remplir tout votre corps de Prâna. Les traductions anglaises du Prâna le désignant comme le souffle, vous aurez tendance à vous demander comment faire. Il s'agit d'une erreur de traduction. Chaque partie du corps peut être remplie de Prâna, la force vitale, et lorsque vous en êtes capables, vous pouvez contrôler votre corps entier. Toute maladie et souffrance présente dans le corps seront parfaitement sous contrôle ; mais ce n'est pas tout, vous pourrez également contrôler le corps d'un autre. Dans ce monde, tout est contagieux, le bon et le mauvais. Si votre corps est dans un certain état de tension, il aura tendance à produire la même tension chez les autres. Si vous êtes fort et en bonne santé, ceux qui vivent à vos côtés auront également tendance à devenir fort et en bonne santé, mais si vous êtes malade et faible, ceux qui vous entourent auront alors tendance à devenir pareil. Dans le cas où un homme essaie de guérir un autre, la première idée est de simplement transférer sa propre bonne santé à l'autre. Il s'agit de la guérison primitive. De manière consciente ou inconsciente, la santé se transmet. Un homme fort, vivant avec un homme faible, le rendra un peu plus fort, qu'il en soit conscient ou non. Lorsque cette guérison est faite consciemment, elle devient plus rapide et plus efficace. Puis viennent les cas où un homme n'est pas en très bonne santé lui-même, mais nous savons qu'il pourrait guérir un autre. Ce premier homme, dans ce cas-ci, a un peu plus de contrôle du Prâna et peut le susciter pour un temps, entre autre, à un certain niveau de vibration et le transmettre à une autre personne.

Il est arrivé que ce processus se soit effectué à distance, mais en réalité il n'existe aucune distance dans le sens de séparation. Où se trouve la séparation dans la distance ? Existe-t-il une séparation entre vous et le soleil ? La masse de matières est continue, le soleil en étant une partie et vous une autre partie. Existe-t-il une séparation entre deux points d'une même rivière ? Alors pourquoi aucune force ne pourrait être transmise ? Il n'existe aucune raison qui s'y opposerait. Les cas de guérison à distance sont tout à fait vrais. Le Prâna peut être transmis sur de longues distances ; mais pour un seul cas véridique il y a des centaines d'impostures. Ce processus de guérison n'est pas aussi facile qu'il n'en a l'air. Dans la plupart des cas ordinaires de ce genre de guérison, vous remarquerez que les guérisseurs prennent simplement avantage de l'état naturellement en bonne santé du corps humain. Un allopathe vient traiter des malades atteints du choléra et leur administre des médicaments. L'homéopathe vient donner son traitement et soigne sans doute plus de maux que l'allopathe car il ne dérange pas ses patients, mais permet à la nature de s'occuper d'eux. Le guérisseur religieux traite encore mieux car il amène l'ardeur de son esprit afin de supporter, et d'élever, à travers la foi, le Prâna latent du patient.

Les guérisseurs religieux font cependant toujours la même erreur : ils pensent que la foi soigne directement l'homme. Mais la foi seule n'est pas exhaustive des raisons de la guérison. Il existe des maladies où le pire des symptômes est que le patient ne pense pas un seul instant être malade. Cette foi formIdâble du patient est en elle-même un symptôme de la maladie, et indique souvent qu'il mourra rapidement. Dans ces cas là, la guérison par la foi ne peut s'appliquer. Si seule la foi guérissait, ces patients seraient eux aussi guéris. C'est au travers du Prâna qu'il la vraie guérison est possible. L'homme pur, qui a le contrôle du Prâna, a la capacité de l'apporter à un certain niveau de vibration qui peut être transmis à d'autres, éveillant chez eux des vibrations semblables. Vous en avez l'exemple tous les jours. Je suis entrain de vous parler. Qu'elles sont mes intentions ? Je suis, pour ainsi dire, entrain d'apporter mon esprit à un certain niveau de vibration, et plus je parviens à le maintenir à ce niveau, plus vous serez touchés par mes paroles. Vous savez tous que le jour où je suis plus enthousiaste, vous profitez mieux de mes cours ; et lorsque je le suis moins, vous n'êtes pas aussi intéressés.

Les formIdâbles volontés de notre monde, ceux qui font tourner le monde, peuvent amener leur Prâna à un haut niveau de vibration qui est si grand et puissant qu'il entraîne les autres immédiatement, attirant des centaines, et la moitié du monde pense comme eux. Les grands prophètes de notre monde avaient le plus extraordinaire contrôle du Prâna ce qui leur donnaient une volonté phénoménale ; Ils avaient apporté leur Prâna au plus haut niveau de mouvement et c'est ce qui leur avait donné la capacité de subjuguer le monde. Toutes les manifestations de force proviennent de ce contrôle. Les hommes ignorent sans doute ce secret, mais il s'agit de l'unique explication. Parfois, dans votre corps, l'apport de Prâna gravite plus ou moins vers un endroit ; l'équilibre est alors rompu et lorsque l'équilibre du Prâna est perturbé, ce que nous appelons « maladie » apparaît. Retirer le surplus de Prâna, ou apporter le Prâna manquant, résulte dans la guérison de la maladie. Ceci fait également partie du Prânâyâma, apprendre quand il y a trop ou pas assez de Prâna dans une partie du corps. Les sensations seront si subtiles que l'esprit sentira s'il n'y a pas assez de Prâna dans un doigt ou un orteil et il aura la capacité d'en apporter. Il s'agit d'une des diverses fonctions du Prânâyâma. Elles doivent être apprises lentement et petit à petit, et comme vous pouvez le voir, la vision générale du Raja yoga est véritablement d'enseigner le contrôle et la direction des différents niveaux du Prâna. Lorsqu'un homme a concentré ses énergies, il maîtrise le Prâna qui habite son corps. Lorsqu'un homme est entrain de méditer, il est également entrain de concentrer le Prâna.

Il y a de grandes vagues dans un océan, aussi hautes que des montagnes, et des vagues plus petites, et d'autres plus petites encore, aussi minuscule que des bulles, mais toutes proviennent de l'océan infini. La bulle est connectée à l'océan infini par une extrémité, et à la grande vague de l'autre. C'est pourquoi, l'une pourrait être un homme gigantesque et l'autre une minuscule bulle, mais chacun est connecté à l'océan d'énergie infinie qui revient de droit à chaque animal qui existe. Où qu'il y ait de la vie, cette réserve d'énergie infinie l'accompagne. Débutant comme des champignons, ou comme une bulle infime et microscopique, et toujours puisant dans cette réserve d'énergie infinie, une forme qui change lentement et sans interruption et jusqu'à devenir, au fil du temps, une plante, puis un animal, un homme et enfin Dieu. Cela s'atteint au bout de millions de siècles, mais qu'est-ce que le temps ? Une accélération, une lutte accentuée est capable de traverser les gouffres du temps. Les yogi pensent que ce qui met naturellement du temps à s'accomplir peut-être accéléré par l'intensité de l'action. Un homme peut lentement puiser cette énergie de la masse sans limite qui existe dans l'univers, et peut-être, il lui faudra une centaine de millier d'années pour devenir un Deva, et ensuite, peut-être cinq cent millier d'années pour s'élever encore plus haut, et enfin éventuellement cinq millions d'années pour devenir parfait. Par une croissance rapide, le temps en sera raccourci. Pourquoi ne serait-il pas possible, avec suffisamment d'effort, d'atteindre cette perfection en six mois ou en six ans ? Il n'y a aucune limite. La raison nous le montre bien. Si un moteur, avec une certaine quantité de charbon, peut parcourir trois kilomètres en une heure, il parcourra cette distance plus rapidement avec une plus grande réserve de charbon. De la même manière, pourquoi l'âme, en intensifiant son activité, ne pourrait atteindre la perfection durant sa vie ? Chaque être atteindra finalement ce but, nous le savons. Mais qui attendrait tous ces millions de siècles ? Pourquoi ne pas l'atteindre immédiatement, dans notre corps même, dans notre forme humaine ? Pourquoi ne pourrais-je pas obtenir le savoir infini, la force infinie, maintenant ?

L'idéal du yogi, toute la science du yoga, est orientée vers l'objectif d'enseigner aux hommes comment, en intensifiant la capacité d'assimilation, raccourcir le temps nécessaire pour atteindre la perfection, plutôt que d'avancer lentement d'un point à un autre et d'attendre jusqu'à ce que la race humaine toute entière devienne parfaite. Tous les grands prophètes, les saints, les voyants de notre monde, qu'ont-ils fait ? Au cours d'une vie, ils ont vécu la vie de l'humanité toute entière, traversé l'entière durée nécessaire à l'humanité ordinaire pour atteindre la perfection. En une vie, ils sont devenus parfaits ; ils ne pensaient à rien d'autre, n'ont jamais vécu un seul instant pour une autre idée, et c'est ainsi que ce chemin s'est écourté pour eux. C'est la signification derrière la concentration, l'intensification de la capacité d'assimilation et ainsi le raccourcissement du temps. Le Raja yoga est une science qui nous enseigne comment obtenir cette capacité de concentration.

Quel est le lien entre le Prânâyâma et le spiritualisme ? Le spiritualisme est aussi une manifestation du Prânâyâma. S'il est vrai que l'esprit des défunts existe, sauf qu'il nous est impossible de les voir, il est probable qu'il existe des centaines et des millions d'entre eux autour de nous que nous ne pouvons ni voir, ni sentir, ni toucher. Nous pourrions incessamment passer et repasser à travers leur corps, sans qu'ils ne nous voient ou nous sentent. Il s'agit d'un cercle dans un cercle, un univers dans un univers. Nous possédons cinq sens, et nous représentons le Prâna par un certain niveau de vibration. Tous les êtres au même niveau de vibration peuvent se percevoir, mais s'il y a des êtres qui représentent le Prâna pas un niveau supérieur de vibration, ils deviendraient invisibles. Nous pouvons augmenter l'intensité de la lumière jusqu'à ce qu'il ne soit plus possible de voir, mais il peut exister des êtres avec des yeux si puissants qu'ils sont capables de voir cette lumière. Encore une fois, si ses vibrations sont très basses, nous ne verrions pas la lumière, mais certains animaux pourraient la percevoir, tels que les chats ou les chouettes. Notre champ de vision n'est qu'un seul niveau parmi les vibrations de ce Prâna. Prenons l'atmosphère par exemple, il s'agit d'un empilage de plusieurs couches, mais les couches les plus proches de la Terre sont plus dense que les couches supérieures, et plus nous montons, plus l'atmosphère devient mince. Mais si vous considérez l'océan, plus vous allez profondément, plus la pression de l'eau augmente et les animaux qui vivent dans les abysses de la mer sont incapables de remonter à la surface où ils ne pourraient pas se maintenir entiers.

Voyez l'univers comme un océan d'éther, comprenant plusieurs couches de différents degrés de vibration sous l'activité du Prâna ; en s'écartant du centre les vibrations sont moindres, et en se rapprochant elles s'accélèrent de plus en plus ; un ordre de vibration constitue un plan. Supposons alors que ces champs de vibrations soient séparés par plans, donc plusieurs millions de kilomètres seraient un ensemble de vibrations, et d'autres millions de kilomètres seraient un autre ensemble supérieur de vibrations, et ainsi de suite. Il serait alors probable que ceux qui vivent sur le plan d'un certain niveau de vibration auraient la capacité de se reconnaître, mais de ne pas reconnaître ceux supérieurs à eux. Pourtant, tout comme le télescope et le microscope, nous pouvons élargir le champ de notre vision, de la même manière nous pouvons, par le yoga, nous amener à un niveau de vibration d'un plan différent, et ainsi être capable de voir ce qu'il s'y passe. Considérons une pièce remplie d'êtres invisibles. Ils représentent le Prâna d'un certain niveau de vibration alors que nous en représentons un autre. Supposons qu'ils représentent un plan rapide, et nous l'inverse. Le Prâna est le matériau qui les constitue, tout comme nous. Tout est partie d'un même océan de Prâna, ils différent uniquement dans leur rythme de vibration. Si je peux m'amener à cette vibration rapide, ce plan changera immédiatement dans ma perception : Je ne vous verrai plus ; vous disparaitriez et ils apparaitraient. Certains d'entre vous savent sans doute que cela est vrai. Le fait de mettre l'esprit dans un niveau supérieur de vibration est définit par le mot Samadhi en yoga. Ces niveaux de vibration supérieure, les vibrations superconscientes de l'esprit sont regroupées dans ce mot Samadhi, et les niveaux inférieurs de Samadhi nous permettent de percevoir ces êtres. Le rang le plus élevé du Samadhi est lorsque nous voyons la chose réelle, lorsque nous percevons le matériau qui constitue l'ensemble des rangs des êtres, et quand nous connaissons un morceau d'argile nous connaissons alors toute l'argile de l'univers.

Par conséquent, nous pouvons voir que le Prânâyâma comprend même toutes les vérités du spiritualisme. De la même manière, vous verrez que lorsqu'une secte ou tout autre groupe de personnes essaie de chercher quelque chose d'occulte, de mystique, ou de caché, ce qu'ils sont réellement entrain de faire est ce yoga, cette tentative de contrôle du Prâna. Vous comprendrez que lorsqu'il y a une démonstration de capacité extraordinaire, il s'agit d'une manifestation de ce Prâna. Même les sciences physiques peuvent faire partie du Prânâyâma. Quelle force actionne la machine à vapeur ? Le Prâna, de par son activité au travers de la vapeur. Tous ces phénomènes d'électricité et autres ne sont-ils pas aussi le Prâna ? Qu'est-ce que la science physique ? La science du Prânâyâma, au travers de moyens externes. Le Prâna se manifeste comme une capacité mentale, contrôlable uniquement par des moyens mentaux. La partie du Prânâyâma qui tente de contrôler les manifestations physiques du Prâna par des moyens physique est appelée la science physique, et la partie qui essaie de contrôler les manifestations du Prâna en tant que force mentale par des moyens mentaux est appelé Raja yoga.

Chapitre IV
Le Prâna Psychique

Selon les yogis, il existe deux courants nerveux dans la colonne vertébrale, appelés Pingalâ et Idâ, et un canal creux appelé Sushumnâ qui parcourt la moelle épinière. A l'extrémité basse du canal creux se situe ce que les yogis appellent le « Lotus de Kundalini ». Ils le décrivent comme étant triangulaire et où est enroulé, dans le langage symbolique des yogis, la force appelée le Kundalini. Quand ce Kundalini s'éveille, il essaie de forcer le passage à travers ce canal creux et, alors qu'il s'élève petit à petit, entre autre, les différents niveaux de l'esprit s'ouvrent et le yogi obtient la capacité de distinguer chacune des visions et d'utiliser des capacités exceptionnelles. En atteignant le cerveau, le yogi est complètement détaché de son corps et de son esprit ; l'âme est libérée. Nous savons que la moelle épinière est d'une constitution particulière. Si nous mettons le chiffre huit à l'horizontal (∞) il y a deux parties qui sont connectées au centre. Si nous ajoutons le chiffre huit l'un sur l'autre, nous aurons alors une représentation de la moelle épinière. La partie gauche est l'Idâ et la partie droite le Pingalâ, et ce canal creux qui parcourt le centre de la moelle épinière est le Sushumnâ. Lorsque la moelle épinière se termine sur certaines vertèbres lombaires, une fine fibre s'échappe vers le bas, et le canal circule vers le haut, même à l'intérieur de cette fibre, mais de manière moins intense. Le canal se referme à l'extrémité basse, qui se situe vers ce qu'on appelle le plexus sacral qui, d'après la physiologie moderne, est triangulaire. Les différents plexus qui ont leur centre dans le canal rachidien peuvent très bien représenter les différents « lotus » du yogi.

Le yogi possède plusieurs centres, en commençant par le Mulâdhâra, la base, et se terminant avec le Sahasrâra, le Lotus aux mille pétales, dans le cerveau. Donc, si nous considérons tous les plexus comme étant la représentation des lotus, l'idée du yogi peut être très facilement comprise dans le vocabulaire de la physiologie moderne. Nous savons qu'il existe deux sortes d'activités dans ces courants nerveux, l'un étant afférent et l'autre efférent ; l'un sensoriel et l'autre moteur ; l'un centripète, l'autre centrifuge. L'un transmet les sensations au cerveau et l'autre les transmet du cerveau au reste du corps. Ces vibrations sont toujours connectées au cerveau. Gardons en mémoire plusieurs autres faits à venir afin de mieux comprendre l'explication qui va suivre. Premièrement, la moelle épinière, dans le cerveau, se termine en une sorte de bulbe, dans la moelle, qui n'est pas rattachée au cerveau, mais qui flotte dans un liquide cervical, de telle sorte que si le crâne recevait un coup, la force de choc serait dissipé dans le liquide et n'endommagerait pas le bulbe. Ceci est un élément très important à retenir. Deuxièmement, nous devons savoir que, parmi tous les centres, il faut en retenir trois en particulier, le Mulâdhâra (la base), le Sahasrara (le lotus aux mille pétales du cerveau) et le Manipura (le lotus du nombril).

Ensuite, nous allons nous intéresser à un fait de la physique. Nous avons tous entendu parler de l'électricité et de plusieurs autres forces qui lui sont connectées. Personne ne sait ce qu'est exactement l'électricité, mais autant qu'on le sache, il s'agirait d'une sorte de mouvement. Il existe plusieurs autres mouvements dans l'univers ; quelle différence avec l'électricité ? Supposons qu'une table soit en mouvement, que les molécules qui la composent bougent dans des directions différentes ; si on les fait tous se déplacer dans la même direction, ce serait grâce à l'électricité. Le mouvement électrique force les molécules d'un corps à se déplacer dans une même direction. Si l'on fait se déplacer dans une même direction toutes les molécules de l'air présentes dans une salle, elles créeraient une gigantesque batterie électrique dans la salle. Un autre point important de la physique que nous ne devons pas oublier est que le centre qui régule le système respiratoire a une sorte d'activité régulatrice sur les courants du système nerveux.

A présent, nous allons voir pourquoi nous pratiquons la respiration. Tout d'abord, la respiration rythmique a tendance à faire déplacer toutes les molécules corporelles dans une même direction. Lorsque l'esprit devient volonté, les courants nerveux deviennent un mouvement semblable à l'électricité puisqu'il a été prouvé que les nerfs présentent une polarité sous l'activité de courants électriques. Lorsque tous les mouvements du corps sont parfaitement synchronisés, le corps devient, entre autre, une gigantesque batterie de volonté. Le yogi recherche exactement cette formIdâble volonté. Par conséquent, il s'agit d'une explication physiologique des exercices de respiration. Il favorise l'activité rythmique dans le corps et nous aide, à travers le centre respiratoire, à contrôler les autres centres. L'objectif du Prânâyâma ici est d'éveiller la force enroulée dans le Mulâdhâra, appelée Kundalini.

Tout ce que nous percevons, imaginons ou rêvons, nous le percevons dans l'espace. Il s'agit de l'espace ordinaire que l'on appelle Mahâkâsha, ou l'espace élémentaire. Lorsqu'un yogi lit les pensées d'autres hommes ou perçoit des objets supersensuels, il les voit dans une autre sorte d'espace appelé le Chittâkâsha, l'espace mental. Lorsque la perception n'a plus d'objet, et que l'âme brille par sa nature même, on l'appelle le Chidâkâsha, ou l'espace du savoir. Quand le Kundalini est éveillé et entre dans le canal du Sushumnâ, toutes les perceptions se situent dans l'espace mental. Lorsqu'il atteint l'extrémité du canal qui mène au cerveau, la perception sans objet se situe dans l'espace du savoir. En suivant l'analogie de l'électricité, nous remarquons que l'homme peut uniquement envoyer un courant le long d'un fil, (le lecteur doit savoir qu'il s'agit d'un texte rédigé avant la découverte de la télégraphie sans fil.) mais la nature n'en a pas besoin pour envoyer des courants importants. Cela prouve que le fil n'est pas nécessaire, mais qu'il s'agit uniquement de notre incapacité à nous en passer qui nous pousse à l'utiliser.

De manière similaire, toutes les sensations et les mouvements corporels sont envoyés et proviennent du cerveau, à travers ces fils de fibres nerveuses. Les colonnes de fibres sensorielles et motrices dans la moelle épinière représentent l'Idâ et le Pingalâ des yogis. Ils sont les canaux principaux au travers desquels circulent les courants afférents et efférents. Mais pourquoi l'esprit n'enverrait-il pas des informations ou ne réagirait-il pas sans ces fils ? Nous en avons l'exemple dans la nature. Le yogi pense que, si nous pouvons le faire, nous nous débarrassons alors de la servitude de la matière. Mais comment y parvenir ? Si vous pouvez faire passer le courant à travers le Sushumnâ, le canal au centre de la colonne vertébrale, alors vous aurez la solution. L'esprit a créé un réseau à partir du système nerveux et il doit le briser de sorte qu'aucune ligne ne soit nécessaire pour le faire fonctionner. Seulement alors la connaissance viendra à nous, il n'y aura plus de servitude du corps ; c'est pourquoi il est important de d'avoir le contrôle de ce Sushumnâ. Le yogi déclare que si nous pouvons envoyer un courant mental à travers le canal creux sans aucune fibre nerveuse qui agirait comme un fil, alors le problème serait résolu ; il déclare également que cela est tout à fait possible.

Le Sushumnâ est fermé à l'extrémité basse chez les personnes ordinaires ; aucune activité n'en sort. Le yogi propose un entraînement qui permettrait de l'ouvrir et d'y faire circuler les courants nerveux. Lorsqu'une sensation est transportée jusqu'à un centre, le centre réagit. Cette réaction, dans le cas des centres automatiques, est suivi d'un mouvement ; dans le cas des centres conscients, il est suivi tout d'abord d'une perception, puis d'un mouvement. Toute perception est la réaction d'une activité extérieure. Pourquoi, alors, avons-nous des perceptions dans nos rêves ? Il n'y a aucune activité extérieure à cet instant. Par conséquent, les mouvements sensoriels sont enroulés quelque part. Par exemple, je vois une ville ; la perception de la ville provient de la réaction aux sensations apportées par des objets extérieurs, dont la ville. Cela signifie qu'un certain mouvement dans les molécules cérébrales ont été mises en mouvement par les nerfs transportant l'information, qui sont eux-mêmes mis en mouvement par les objets externes de la ville. Pourtant même après un certain temps, je me souviens de la ville. Ce souvenir fait partie du même phénomène, mais moins intense. Mais d'où provient l'activité qui enclenche des vibrations similaires, même les moins intenses, dans le cerveau ? Certainement pas des sensations primaires. Donc les sensations doivent être enroulées quelque part, et de part leur activité, elles provoquent des réactions atténuées que nous appelons la perception du rêve.

Le centre où toutes les sensations résiduelles sont, entre autre, stockées, s'appelle le Mulâdhâra, le réceptacle primordial, et l'énergie enroulée de l'activité est le Kundalini, « l'enroulé ». Il est fort probable que l'énergie motrice résiduelle soit également stockée dans le même centre puisque, après une étude approfondie ou méditation sur les objets externes, la partie du corps où se situe le centre du Mulâdhâra (sans doute dans le plexus sacral) s'échauffe. Mais alors, si cette énergie enroulée s'éveillait et devenait active, et qu'on la transférait volontairement le long du canal Sushumnâ, comme il a une influence sur chaque centre, cela provoquerait une réaction phénoménale. Lorsqu'une quantité infime d'énergie circule le long d'une fibre nerveuse et suscite une réaction des centres, la perception provient alors soit du rêve, soit de l'imagination. Mais lorsque c'est par la force de longues méditations internes que cette grande masse d'énergie stockée se met à circuler le long du Sushumnâ, en touchant les centres, la réaction est bien plus importante comparée à celle des rêves ou de l'imagination, bien plus impressionnante que la réaction d'une perception sensorielle. Il s'agit alors de la perception super-sensorielle. Et lorsqu'elle atteint le super centre de toutes les sensations, le cerveau entier, entre autre, réagit et il en résulte alors l'illumination dans toute sa splendeur, la perception de Soi. Comme la force du Kundalini circule de centre en centre, entre chaque niveau de l'esprit, s'ouvre, le yogi perçoit l'univers dans sa forme délicate ou causale. Par conséquent, uniquement les causes de cet univers, à la fois les sensations et les réactions, sont reconnues telles qu'elles sont, et dont on obtient le savoir. Les causes étant connues, la connaissance des effets le sera aussi.

C'est ainsi que l'éveil du Kundalini est l'unique moyen pour atteindre la Sagesse Divine, la perception superconsciente ; la réalisation de l'esprit. L'éveil pour être provoqué de différentes manières, à travers l'amour pour dieu, ou la compassion envers les sages qui ont atteints la perfection, ou par la force de la volonté analytique du philosophe. Quelque soit la manifestation d'une force ou d'une sagesse que l'on considère surnaturelle, on peut y trouver un petit courant de Kundalini qui s'est frayer un chemin dans le Sushumnâ. Cependant, dans la plupart des cas, des personnes ont inconsciemment exercé une pratique qui a libéré une infime partie du Kundalini enroulé. Toute adoration, consciente ou non, mène à cette fin. L'homme qui pense recevoir une réponse à ses prières ignore qu'elles sont exaucées par sa propre nature, qu'il y est parvenu par une attitude mentale de sa prière, qu'il a éveillé une petite partie de cette force infinie qui est enroulée en lui-même. C'est ainsi que ce que les hommes vénèrent inconsciemment sous plusieurs noms, par la peur et la souffrance, le yogi, quant à lui, l'acclame au monde comme étant la véritable force enroulée dans chacun de nous, la mère du bonheur éternel, si nous savons comment nous en approcher. Le Raja yoga est la science de la religion, la logique derrière toute adoration, toute forme de prière, cérémonie et miracle.

Chapitre V
Le Contrôle du Prâna Psychique

Nous avons maintenant à traiter des exercices du Prânâyâma. Nous avons vu que, d'après les yogis, la première étape concerne le contrôle du mouvement des poumons. Ce que nous recherchons est la sensation des mouvements les plus subtils dans notre corps. Nos esprits se sont externalisés et ont perdu de vue les mouvements subtils intérieurs. Si nous parvenons à les ressentir, nous pourrons les contrôler. Ces courants nerveux traversent tout le corps, apportant vie et vitalité à chaque muscle, mais nous ne les sentons pas. Les yogis pensent qu'il est possible d'apprendre à les sentir. Mais comment ? En assimilant le mouvement des poumons et en le contrôlant ; après l'avoir fait pendant une durée suffisamment longue, il sera alors possible de contrôler les mouvements plus subtils.

Nous voilà maintenant aux exercices du Prânâyâma. Tout d'abord, asseyez-vous et tenez-vous droit ; le corps doit toujours rester droit. La moelle épinière, bien qu'elle ne soit pas rattachée à la colonne vertébrale, se trouve néanmoins à l'intérieur de celle-ci. Si vous êtes avachi vous perturberez la moelle épinière, alors libérez-la. A chaque fois que vous serez avachi et que vous essayerez de méditer, vous vous blesserez. Les trois parties du corps : le torse, le coup et la tête, doivent être maintenus dans une ligne droite et verticale. Vous remarquerez qu'avec un peu d'entraînement, cette position vous sera aussi naturelle que de respirer. La deuxième étape est d'avoir le contrôle des nerfs. Nous avons dit précédemment que le centre nerveux qui contrôle les organes respiratoires a une sorte d'effet régulateur sur les autres nerfs et que la respiration rythmée est, par conséquent, nécessaire. La respiration que nous utilisons généralement ne devrait pas du tout être désignée ainsi. Elle est très irrégulière. Enfin, il y a des différences naturelles entre la respiration des hommes et des femmes.

La première leçon repose sur le fait de respirer de manière mesurée, en inspirant et expirant, afin d'harmoniser le système. Après avoir pratiquer cet exercice durant un certain temps, vous devriez l'associer à la répétition de mots comme « Om » ou n'importe quel autre mot sacré. En Inde, nous utilisons certains mots symboliques plutôt que de compter un, deux, trois, quatre. C'est pourquoi il est conseillé d'associer la répétition mentale du mot « Om », ou tout autre mot sacré, au Prânâyâma. Laissez le mot accompagner vos inspirations et expirations, en rythme, avec harmonie, et vous verrez que tout votre corps deviendra lui aussi rythmé. Par la suite, vous apprendrez ce qu'est le repos. Par comparaison, le sommeil n'est pas le repos. En état de repos, même les nerfs les plus fatigués se détendent, vous vous rendrez alors compte que vous ne vous êtes jamais réellement reposés auparavant.

Le premier effet de cet exercice se distingue dans le changement d'expression du visage ; la dureté des traits disparait ; par le calme des pensées, l'apaisement se lit sur le visage. Puis, vous aurez une voix magnifique. Je n'ai jamais rencontré de yogi avec une voix cassée. Ces signes apparaissent après quelques mois de pratique. Après avoir effectué les exercices de respiration mentionnés ci-dessus pendant quelques jours, vous devriez passer à l'exercice suivant. Emplissez lentement les poumons d'air par l'Idâ, la narine gauche, et en même temps, concentrez votre esprit sur le courant nerveux. Vous êtes, entre autre, entrain d'envoyer ce courant nerveux le long de la colonne vertébrale en frappant fortement le dernier plexus, le lotus de base de forme triangulaire, là où se trouve le Kundalini. Retenez alors le courant à cet endroit pendant un temps. Imaginez que vous puisez lentement ce courant nerveux avec votre souffle par l'autre côté, le Pingalâ, et relâchez-le doucement par votre narine droite. Vous aurez sans doute des difficultés à effectuer cet exercice. Pour le faciliter, bouchez votre narine droite avec le pouce puis inspirez lentement par la narine gauche ; bouchez alors vos deux narines avec le pouce et l'index et imaginez que vous envoyez ce courant vers le bas, en frappant la base du Sushimnâ ; enlevez ensuite votre pouce et expirez par la narine droite. Ensuite, inspirez doucement par cette narine, en bouchant l'autre avec votre index, puis bouchez les deux comme précédemment. La manière dont les Hindous effectuent cet exercice serait très compliquée pour les occidentaux car ils le pratiquent depuis leur enfance et leurs poumons en ont l'habitude. Dans notre cas, il est bon de débuter par quatre secondes et d'augmenter la durée progressivement. Inspirez pendant quatre secondes, retenez votre respiration durant seize secondes, puis expirez pendant huit secondes. Cela constitue un Prânâyâma. Dans le même temps, pensez au lotus de base, triangulaire ; concentrez votre esprit sur ce centre. L'imagination peut énormément vous aider. La respiration suivante est d'inspirer lentement et d'expirer doucement directement, puis de retenir le souffle en appliquant les mêmes durées précédentes. La seule différence repose dans le fait que dans le premier cas, l'air était retenu à l'intérieur des poumons, et que dans le second, les poumons restent vident d'air. Ce dernier exercice est le plus facile. La respiration où vous retenez le souffle à l'intérieur des poumons ne doit pas être pratiquée en excès. Faites le seulement quatre fois le matin et quatre fois le soir. Puis vous pourrez augmenter petit à petit la fréquence et les durées. Vous remarquerez que vous en êtes capables et vous y prendrez du plaisir. Augmentez les durées alors minutieusement et prudemment, quand vous vous en sentirez capable, de quatre à six. Si vous ne vous exercez pas régulièrement vous pourriez vous blesser.

Parmi les trois processus de purification des nerfs décris précédemment, le premier et le dernier ne sont ni difficiles ni dangereux. Plus vous pratiquerez le premier et plus vous serez calme. Gardez à l'esprit le « Om » et vous pourrez même pratiquez au bureau. Vous en bénéficierez encore plus. Un jour, si vous continuez à pratiquer régulièrement, le Kundalini s'éveillera. Pour ceux qui pratiquent une ou deux fois par jour, vous ressentirez seulement une légère sérénité du corps et de l'esprit, et vous aurez une belle voix ; seuls ceux qui peuvent aller au-delà éveilleront le Kundalini, la nature entière commencera alors à changer et le livre du savoir s'ouvrira à eux. Vous n'aurez plus besoin de vous tournez vers les livres pour obtenir la connaissance ; votre propre esprit deviendra votre livre en contenant un savoir infini. J'ai déjà mentionné les courants de l'Idâ et du Pingalâ qui circulent de chaque côté de la colonne vertébrale, ainsi que du Sushumnâ, le passage à travers le centre de la moelle épinière. Ces trois courants sont présents dans chaque animal ; tout vertébré possède ces trois lignes d'activité. Cependant, les yogis affirment que le Sushumnâ est fermé chez l'homme ordinaire, son activité n'est pas apparente alors que celle des deux autres courants transportent la force à différentes parties du corps.

Seul le yogi possède un Sushumnâ ouvert. Lorsque le courant Sushumnâ est ouvert et commence à s'élever, nous allons au-delà des sens, notre esprit devient supersensoriel, superconscient, nous allons même au-delà de l'intellect, où la raison ne peut aller. Parvenir à ouvrir ce Sushumnâ est le but premier du yogi. D'après lui, des centres, ou de manière plus figurative, des lotus, comme ils sont appelés, couvrent entièrement le Sushumnâ. Le plus bas se trouve à l'extrémité basse de la moelle épinière et s'appelle Mulâdhâra, celui au dessus se nomme Svâdhishthâna, le troisième Manipura, le quatrième Anâhata, le cinquième Vishddha, le sixième Âjnâ et le dernier, qui est dans le cerveau, est le Sahasrâra ou « aux milles pétales ». Parmi eux, nous n'avons besoin de connaître seulement que deux centres, le plus bas, le Mulâdhâra, et le plus haut, le Sahasrara. Toute énergie doit être puisée à sa source dans le Mulâdhâra et apportée au Sahasrara. Les yogis disent que parmi toutes les énergies du corps humain, la plus élevée est celle qu'ils appellent « Ojas ». Cet Ojas s'accumule dans le cerveau, plus un homme aura de l'Ojas dans sa tête, plus il sera puissant, intelligent et spirituellement fort. Un homme peut parler avec éloquence et avoir de belles pensées mais il n'impressionne personne ; un autre en est peut-être incapable mais ses mots charment les gens qui l'entourent. Chacun de ses mouvements est puissant. Il s'agit de la force de l'Ojas.

Chaque homme possède plus ou moins d'Ojas accumulé. Une fois élevée, toutes les forces qui agissent dans le corps deviennent de l'Ojas. N'oubliez pas qu'il est uniquement question de transformation. La même force qui agit à l'extérieur en tant qu'électricité ou magnétisme se transformera en force interne ; les mêmes forces qui agissent sur l'énergie musculaire se transformeront en Ojas. Les yogis pensent que cette partie de l'énergie humaine, qui s'exprime par l'énergie sexuelle, par des pensées sexuelles, lorsqu'elle est contrôlée et régulée, se transforme aisément en Ojas, comme ceux-ci sont guidés par le Mulâdhâra, le yogi y prête une attention particulière. Il tente de rassembler cette énergie sexuelle et de la convertir en Ojas. Seul l'homme ou la femme chaste peut élever l'Ojas et l'accumuler dans le cerveau ; c'est pourquoi la chasteté a toujours été considérée comme la plus grande des vertus. L'homme sent que s'il n'est pas chaste, sa spiritualité lui échappe, il perd sa vigueur mentale et sa vitalité morale. C'est pour cette raison que tous les ordres religieux de ce monde qui ont produit des géants spirituels insistent toujours sur l'importance d'une chasteté absolue. C'est aussi pourquoi les moines existent, en renonçant au mariage. Les pensées, les mots et les actions doivent être parfaitement chaste ; sans cela, la pratique du Raja yoga est dangereuse et peut mener à la folie. Si des personnes pratiquent le Raja yoga et qu'en même temps ils mènent une vie impie, comment peuvent-ils aspirer à devenir yogis ?

Chapitre VI
Pratyâhâra et Dharana

L'étape suivante s'appelle Pratyâhâra. Qu'est-ce cela ? Vous connaissez la manière dont les perceptions surviennent. Tout d'abord, il y a les instruments externes, puis les organes internes qui agissent dans le corps grâce aux centres du cerveau, et il y a l'esprit. Quand tous ces éléments s'allient et s'attachent à quelque objet externe, alors nous le percevons. Il est difficile de concentrer et d'attacher, en même temps, son esprit à un seul organe : l'esprit est un esclave.

On nous dit « Sois bon » et « Sois bon » et « Sois bon », voilà ce qu'on nous apprend partout dans le monde. Il n'existe presque aucun enfant, peu importe son pays de naissance, à qui personne n'aura dit « Ne vole pas », « Ne dis pas de mensonges », mais personne ne lui dit comment il peut éviter de le faire. Parler ne l'aidera pas. Pourquoi ne devrait-il pas devenir un voleur ? On ne lui apprend pas comment ne pas voler, on lui dit simplement : « Ne vole pas ». Ainsi, c'est en lui apprenant à contrôler son esprit que nous l'aidons réellement. Toutes les actions, internes comme externes, se produisent quand l'esprit se joint à certains centres, que l'on appelle organes. Volontairement ou non, il est destiné à s'y associer, et c'est la raison pour laquelle les gens commettent des actions stupides et se sentent malheureux alors qu'ils ne commettraient pas ces actions s'ils contrôlaient leur esprit. Quelles seraient les conséquences du contrôle de l'esprit ? Il ne se mêlerait plus aux centres de la perception et, naturellement, les sentiments et la volonté seraient sous contrôle. Jusque-là, c'est clair. Est-ce possible ? Oui, parfaitement. Vous le constatez aujourd'hui : les guérisseurs apprennent aux gens à refuser la souffrance, la douleur et le mal. Leur philosophie est plutôt indirecte mais elle fait partie du yoga qu'ils ont découvert par hasard. Quand ils réussissent à ce qu'une personne rejette la souffrance en la refusant, ils ont en fait recours à une partie du Pratyâhâra, car ils rendent cette personne suffisamment forte pour ignorer les sens. De façon similaire, les hypnotiseurs, grâce à leurs suggestions, attisent chez le patient une sorte de Pratyâhâra morbide temporaire. La suggestion hypnotique, ainsi nommée, ne peut avoir d'effets que sur un esprit faible. Et tant que l'hypnotiseur ne réussit pas, grace à un regard fixe ou autres stratégies, à mettre l'esprit du sujet dans une sorte d'état passif, morbide, ses suggestions ne fonctionnent jamais.

Mais le contrôle des centres, qui est mis en place temporairement par l'opérateur chez un patient hypnotisé ou chez celui d'un guérisseur, est répréhensible car il mène fondamentalement à la ruine. Il ne s'agit pas vraiment de contrôler les centres du cerveau par le pouvoir de sa propre volonté, mais il s'agit, pour ainsi dire, d'assommer temporairement l'esprit du patient par un coup brusque prodigué par la volonté d'un autre. Il ne s'agit pas d'arrêter la folle course d'un attelage fougueux en utilisant les rênes et la force physique, mais plutôt de demander à autrui d'asséner de puissants coups sur la tête des chevaux afin de les rendre dociles pendant un moment en les assommant. A chaque étape de ces processus, l'homme qui subit ces opérations perd une partie de ses énergies mentales, jusqu'à ce qu'en bout de course, au lieu d'obtenir le pouvoir du parfait contrôle, il devienne une masse informe et impuissante, dont le seul but est alors l'asile psychiatrique.

Chaque essai de contrôle qui n'est pas volontaire, qui ne découle pas de la volonté du contrôleur lui-même n'est pas seulement désastreux, mais irait à l'encontre du but final. Le but de toute âme est la liberté, la maîtrise : la liberté, loin de l'asservissement de la matière et de la pensée, la maîtrise de la nature externe et interne. Au lieu de guider vers ce but, tout courant de volonté issu d'un autre, quelle que soit sa forme (en contrôlant directement les organes ou en les contrôlant par la force dans un état morbide), ne fait qu'arrimer un autre maillon à la lourde chaîne, déjà existante, de l'esclavage des pensées et superstitions du passé. Par conséquent, prenez garde à la manière dont vous autorisez autrui à agir sur vous. Prenez garde à la manière dont vous amenez un autre à sa perte. Il est vrai que certains réussissent à faire du bien pour un moment à un grand nombre de personnes, en donnant une nouvelle voie à leurs prédispositions, mais en même temps, ils mènent des millions d'autres à leur perte à cause des suggestions inconscientes qu'ils dispersent çà et là, provoquant cet état morbide, passif et hypnotique chez les hommes et les femmes, cet état qui, au bout du compte, les prive presque de leur âme. Par conséquent, quiconque demande à quelqu'un de le croire aveuglément, ou entraîne des gens dans son sillage en utilisant le pouvoir de contrôle de sa plus forte volonté, inflige une blessure à l'humanité, même s'il n'en a peut-être pas l'intention.

C'est pourquoi il vous faut utiliser vos propres esprits, contrôlez vous-même votre corps et votre esprit, souvenez-vous qu'à moins d'être malade, aucune volonté extérieure ne peut agir sur vous, évitez toute personne, peu importe sa grandeur et sa bonté, qui vous demande de la croire aveuglément. Partout dans le monde, il y a des sectes qui dansent, sautent et hurlent, et qui se répandent comme une pandémie quand elles commencent à chanter, danser et prêcher. Elles aussi sont une sorte d'hypnotiseur. Hélas ! Elles exercent un contrôle particulier et temporaire sur les personnes sensibles, conduisant souvent à la décadence d'espèces entières sur le long terme. Oui, il est plus sain pour une personne ou pour une race de rester vile, plutôt que d'être rendue bonne par un tel contrôle morbide extérieur. Penser à toutes ces blessures infligées à l'humanité par de tels fanatiques religieux irresponsables qui sont pourtant bien intentionnés, sème le désarroi. Ils ont peu conscience que les esprits, qui atteignent un bouleversement spirituel soudain par leurs suggestions, grâce à la musique et aux prières, se rendent simplement passifs, morbides et impuissants et s'ouvrent à toute autre suggestion, aussi mauvaise soit-elle. Il est rare que ces ignares bercés d'illusions se rendent compte qu'ils sèment les graines d'une décadence à venir, du crime, de la démence et de la mort, alors qu'ils se félicitent eux-mêmes de leur pouvoir miraculeux pour transformer les cœurs humains, pouvoir qui, selon eux, leur aurait été conféré par un Être vivant par-delà les nuages Par conséquent, méfiez-vous de tout ce qui vous prive de votre liberté. Sachez que c'est dangereux et évitez-le par tous les moyens qui sont à votre disposition.

Celui qui a réussi à attacher ou à détacher son esprit des centres de par sa volonté a réussi au Pratyâhâra, ce qui signifie « rassembler vers », sondant les pouvoirs externes de l'esprit et le libérant de l'asservissement aux sens. Quand nous y parvenons, nous possédons réellement le caractère, alors seulement nous aurons fait un grand pas vers la liberté. Avant que cela n'arrive, nous ne sommes que de simples machines.

Il est si dur de contrôler l'esprit ! Surtout quand on le compare au singe rendu fou. Il existait un singe, agité par nature comme le sont tous les singes. Comme si ce n'était pas suffisant, quelqu'un lui fit boire librement du vin afin qu'il devînt encore plus agité. Puis un scorpion le piqua. Lorsqu'un homme se fait piquer par un scorpion, il saute partout pendant une journée environ. Alors, le pauvre singe vit son état se dégrader plus que jamais. Pour couronner le tout, un démon prit possession de lui. Quel terme pourrait décrire l'incontrôlable agitation de ce singe ? L'esprit humain est semblable à ce singe, sans cesse actif par nature. Puis il devient ivre par le vin du désir, ajoutant ainsi à sa turbulence. Après que le désir ait pris possession, survient la piqûre du scorpion de la jalousie vis-à-vis du succès d'autrui et enfin, le démon de la fierté entre dans l'esprit, le faisant se croire extrêmement important. Qu'il est difficile de contrôler un tel esprit !

La première leçon est donc de s'asseoir un moment et de laisser l'esprit vagabonder. L'esprit bouillonne en permanence. Tout comme le singe qui sautille. Laissez le singe sauter autant qu'il le peut. Attendez et observez simplement. Comme le dit le proverbe, la connaissance constitue le pouvoir, et c'est vrai. Tant que vous ne savez pas ce que l'esprit fait, vous ne pouvez le contrôler. Laissez-lui les rênes. De nombreuses pensées horribles peuvent surgir. Vous serez surpris de voir qu'il est possible d'avoir de telles pensées. Mais vous découvrirez que chaque jour, les caprices de l'esprit deviennent de moins en moins violents, que chaque jour, l'esprit s'apaise un peu plus. Les premiers mois, vous vous rendrez compte que l'esprit aura de très nombreuses pensées, un peu plus tard, elles auront quelque peu diminué et quelques mois plus tard, elles seront de moins en moins nombreuses jusqu'à ce qu'enfin, l'esprit se trouve sous un contrôle parfait. Il nous faut toutefois pratiquer patiemment tous les jours. Dès que la vapeur est en route, l'engin doit être en marche. Dès que les choses se trouvent face à nous, nous devons les percevoir. Ainsi, un homme, afin de prouver qu'il n'est pas une machine, doit démontrer que rien ne le contrôle. Le Pratyâhâra est ce contrôle de l'esprit et ce refus de l'unir aux centres. Comment le pratique-t-on ? C'est un travail colossal qui ne se fait pas en un jour. Nous ne pouvons réussir qu'après une lutte patiente et continue, longue de plusieurs années.

Après avoir pratiqué le Pratyâhâra pendant un temps, passez à l'étape suivante : le Dhâranâ, garder l'esprit au niveau de certains points. Qu'entend-on par « garder l'esprit au niveau de certains points » ? Il s'agit de contraindre l'esprit à ressentir certaines parties du corps en excluant les autres. Par exemple, essayez de ne ressentir que votre main, en excluant les autres parties du corps. Quand le Chitta, ou la substance mentale, est confiné ou limité à une certaine place, alors il s'agit du Dhâranâ. Ce Dhâranâ revêt plusieurs formes, et en plus de celui-ci, il est préférable de posséder un peu d'imagination. Par exemple, l'esprit devrait être poussé à penser à un seul point dans le cœur. C'est très difficile. Une méthode plus simple consiste à y imaginer un lotus. Ce dernier est rempli de lumière, une lumière éclatante. Placez-y l'esprit. Ou bien pensez au lotus dans le cerveau comme étant rempli de lumière, ou pensez aux différents centres dans le Sushumnâ, mentionné précédemment.

Le yogi doit toujours pratiquer. Il devrait essayer de vivre seul, la compagnie de différents types de personnes distrait l'esprit. Il devrait parler peu, car parler distrait l'esprit. Il ne devrait pas travailler trop, car trop de travail distrait l'esprit, il ne peut être contrôlé après une journée entière de dur labeur. Celui qui respecte les règles ci-dessus devient un yogi. Le pouvoir du yoga est tel que même la plus petite pratique de celui-ci apportera un grand nombre d'avantages. Cela ne blessera personne, mais profitera à tous. Tout d'abord, cela adoucira l'excitation nerveuse, apportera le calme, nous permettra de voir les choses plus clairement. Le tempérament et la santé se porteront mieux. Les premiers signes seront une excellente santé ainsi qu'une belle voix. Les défauts de la voix seront changés. Parmi les nombreux effets, ceux-là seront les premiers qui apparaîtront. Ceux qui pratiquent avec ardeur obtiendront bien d'autres signes. Parfois, il y a des sons, tel un carillon de cloches entendu dans le lointain, se mélangeant, qu'ils entendront comme un son continu. Parfois, des choses seront aperçues, de petites taches de lumière flottantes et s'agrandissant, et quand ces choses surviennent, sachez que vous progressez rapidement.

Ceux qui veulent devenir des yogis, et qui pratiquent avec ardeur, doivent en premier lieu faire attention à leur alimentation. Mais à ceux qui ne veulent qu'une pratique légère pour la vie active de tous les jours, ne les laissez pas trop manger, sinon, ils mangeront peut-être tout ce qui leur plaît. Pour ceux qui veulent faire de rapides progrès et pratiquer avec ardeur, un régime strict est absolument nécessaire. Cela leur semblera avantageux de ne vivre que de lait et de céréales pendant quelques mois. Quand l'organisation s'affinera, il s'en trouvera qu'au début, la moindre irrégularité entraîne un déséquilibre. Un peu de nourriture en plus ou en moins troublera le système tout entier, jusqu'à ce qu'on acquière le parfait contrôle et alors on sera en mesure de manger tout ce dont on a envie.

Lorsque l'on commence à se concentrer, la chute d'une épingle semblera être un coup de tonnerre parcourant le cerveau. Les perceptions s'affinent à mesure que les organes s'affinent eux aussi. Ce sont les étapes par lesquelles nous devons passer et ceux qui persévèrent les accompliront. Abandonnez toute argumentation et autres distractions. Y a-t-il quoi que ce soit dans le jargon stérile et intellectuel ? Il ne fait que déséquilibrer l'esprit et le dérange. Il faut réaliser des choses de niveaux plus subtils. La parole le permettra-t-elle ? Abandonnez donc toutes futilités. Ne lisez que les livres qui ont été écrits par des personnes qui ont eu cette prise de conscience.

Soyez telle l'huître perlière. Il existe une jolie fable indienne selon laquelle, s'il pleut lorsque l'étoile Svâti se trouve en son ascendant et qu'une goutte de pluie tombe dans une huître, cette goutte deviendra une perle. Les huîtres le savent, c'est pourquoi elles remontent à la surface quand cette étoile brille et attendent pour attraper cette précieuse goutte de pluie. Lorsqu'une goutte tombe en elles, les huîtres ferment rapidement leur coquille et plongent vers les tréfonds de la mer, et y transforment patiemment cette goutte en perle. Nous devrions leur ressembler. D'abord écoutez, puis comprenez et ensuite, en abandonnant toute distraction, fermez votre esprit aux influences extérieures et dévouez-vous au développement de la vérité en votre sein. Il existe le danger où vous gaspillez votre énergie en reprenant une idée uniquement pour sa nouveauté, pour ensuite l'abandonner au profit d'une autre plus récente. Commencez une chose et faites-la jusqu'à ce que vous en voyiez le bout et tant que vous n'en voyez pas la fin, n'abandonnez pas. Celui qui peut devenir fou à cause d'une idée, lui seul voit la lumière. Ceux qui ne font que prendre un morceau çà et là n'atteindront jamais rien. Peut-être titilleront-ils leurs nerfs un moment, mais cela ne durera pas. Ils seront des esclaves entre les mains de la nature et ne surpasseront jamais les sens.

Ceux qui veulent réellement devenir des yogis doivent abandonner, une fois pour toutes, cet intérêt éphémère pour toutes choses. Prenez une idée. Faites de celle-ci votre vie : pensez à elle, rêvez d'elle, vivez de cette idée. Faites que votre cerveau, vos muscles, vos nerfs, toutes les parties de votre corps en soient remplies et ne vous souciez pas des autres idées. Voilà la voie vers la réussite, et c'est de cette manière que les formIdâbles géants spirituels sont créés. Les autres ne sont que de banales machines parlantes. Si nous voulons être bénis et que les autres le soient aussi, nous devons explorer plus en profondeur. La première étape consiste à ne pas perturber l'esprit, à ne pas s'associer avec des personnes dont les idées sont perturbantes. Vous savez tous que certaines personnes, certains endroits ou aliments vous repoussent. Evitez-les. Et ceux qui veulent aller au plus haut, doivent se détourner de toute compagnie, bonne ou mauvaise. Pratiquez avec ardeur, peu importe que vous viviez ou périssiez. Vous devez vous immerger et travailler, sans penser au résultat. Si vous êtes suffisamment courageux, en six mois, vous deviendrez un yogi parfait. Mais ceux qui ne prennent qu'un peu de ça et un peu de tout le reste ne progresseront jamais. Il ne sert à rien de prendre simplement quelques leçons. Pour ceux qui sont emplis de Tamas, ignorants et ennuyeux (ceux dont les esprits ne se posent jamais sur aucune idée et dont la seule envie est d'avoir quelque chose pour les amuser), la religion et la philosophie ne sont que des objets de divertissement. Ceux-là sont ceux qui ne persévèrent pas. Ils écoutent un exposé, le trouvent fort sympathique, puis rentrent chez eux et en oublient toute la teneur. Afin de réussir, vous devez posséder une formIdâble persévérance et une fabuleuse volonté. « Je boirai l'océan », déclare l'âme persévérante, « à ma volonté, les montagnes s'effriteront toutes entières ». Ayez ce type d'énergie, ce type de volonté. Travaillez dur, et vous atteindrez votre objectif.

Chapitre VII
Dhyâna et Samâdhi

Nous avons eu un aperçu superficiel des différentes étapes du Raja yoga, à l'exception des plus subtiles comme l'entraînement à la concentration, qui est le but vers lequel le Raja yoga nous amènera. En tant qu'êtres humains, nous constatons que toutes nos connaissances, appelées rationnelles, se réfèrent à la conscience. La conscience que j'ai de cette table et de votre présence me fait savoir que la table et vous êtes là. Simultanément, je ne suis pas conscient d'une très grande partie de mon existence. Les différents organes à l'intérieur du corps, les différentes parties du cerveau, personne n'en a conscience.

Quand je mange des aliments, je le fais consciemment. Quand je les absorbe, je le fais inconsciemment. Quand les nutriments passent dans le sang, le processus est inconscient. Quand toutes les parties du corps sont renforcées par le sang, cela est fait de manière inconsciente. Pourtant, c'est bien moi qui fais tout ça. Il ne peut y avoir vingt personnes dans le même corps. Comment puis-je savoir que c'est moi qui fais cela et non quelqu'un d'autre ? D'aucun ne pourrait affirmer que mon action se cantonne à manger et à assimiler la nourriture et que c'est quelqu'un d'autre qui renforce mon corps grâce à la nourriture. C'est impossible car on peut prouver que presque toutes les actions dont nous sommes inconscients peuvent être ramenées au niveau de la conscience. En apparence, le cœur bat sans que nous le contrôlions. Aucun de nous ne peut contrôler le cœur, il fonctionne seul. Mais à force de pratique, les hommes peuvent même amener le cœur sous leur contrôle, jusqu'à ce qu'il batte selon leur volonté, lentement, rapidement ou s'arrêtant presque. Presque toutes les parties du corps peuvent être contrôlées. Que cela montre-t-il ? Que les fonctions qui sont en deçà de la conscience sont également exécutées par nous-mêmes, seulement, nous n'en avons pas conscience. Il y a donc deux niveaux sur lesquels fonctionne l'esprit humain. D'abord, il y a le niveau de la conscience, sur lequel tout travail va de pair avec l'égoïsme. Ensuite, il y a le niveau de l'inconscient, où aucun travail n'est accompagné de ce sentiment. Cette partie du travail de l'esprit qui n'est pas accompagnée du sentiment d'égoïsme constitue le travail inconscient et la partie qui va de pair avec ce sentiment constitue le travail conscient. Chez l'animal inférieur, ce travail inconscient s'appelle l'instinct. Chez l'animal supérieur, et le plus haut de tous les animaux, l'homme, c'est le travail conscient qui prévaut.

Mais cela ne s'arrête pas là. Il reste un niveau bien supérieur sur lequel peut travailler l'esprit. Il peut s'étendre au-delà de la conscience. De même que le travail inconscient est en deçà de la conscience, il y a un autre travail qui se trouve au-delà de la conscience et qui n'est pas accompagné d'égoïsme. Ce sentiment d'égoïsme ne se situe qu'au niveau médian. Quand l'esprit se positionne au-dessus ou au-dessous de cette ligne, il n'existe aucun sentiment de « Je », pourtant l'esprit continue de fonctionner. Quand l'esprit va au-delà de la ligne de la conscience de soi, on appelle ce phénomène Samâdhi ou supraconscience. Comment, par exemple, savons-nous qu'un homme en état de Samâdhi n'est pas tombé en dessous de la conscience, qu'il ne s'est pas dégradé plutôt qu'élevé ? Dans les deux cas, les travaux ne s'accompagnent pas d'égoïsme. La réponse est : grâce aux effets, grâce aux résultats du travail, nous savons ce qui est au-dessous, et ce qui est au-dessus. Quand un homme tombe dans un profond sommeil, il entre dans un niveau en dessous de la conscience. Il fait fonctionner le corps, il respire, il bouge peut-être le corps pendant son sommeil, sans sentiment d'égo. Il est inconscient et lorsqu'il se réveille, il est le même homme que celui qui s'est endormi. La quantité globale de connaissances qu'il possédait avant de s'endormir reste la même. Elle ne s'accroît pas du tout. Aucune illumination ne survient. Mais lorsqu'un homme entre en état de Samâdhi, s'il entre dans cet état en tant qu'ignare, il en ressortira en tant que sage.

Qu'est-ce qui fait la différence ? D'un état, un homme en ressort le même que lorsqu'il y est entré et de l'autre, l'homme en ressort éclairé, tel un sage, un prophète, un saint, sa personnalité toute entière est changée, sa vie est changée, illuminée. Voilà les deux effets. Les effets étant alors différents, les causes doivent être différentes. Etant donné que l'illumination avec laquelle un homme revient de l'état de Samâdhi est bien plus grande que celle acquise depuis l'inconscient ou grâce à un raisonnement conscient, il doit, par conséquent, s'agir de supraconscience et l'état de Samâdhi est appelé état de supraconscience.

En bref, voilà l'idée de Samâdhi. Quelle est son application ? La voici : Le champ de la raison, ou des rouages conscients de l'esprit, est restreint et limité. La raison humaine doit se mouvoir au sein d'un petit cercle. Elle ne peut pas en sortir. Tout essai pour en sortir est impossible, pourtant, c'est en-dehors de ce cercle de la raison que se trouve tout ce que l'humanité chérit le plus. Toutes ces questions : y a-t-il une âme immortelle, un Dieu, une intelligence suprême dirigeant l'univers ou non ? se situent par-delà le champ de la raison. La raison ne pourra jamais répondre à ces questions. Que dit la raison ? Elle dit : « Je suis agnostique. Je ne sais pas si c'est vrai ou non ». Pourtant, ces questions sont tellement importantes pour nous. Sans une réponse convenable à ces questions, la vie humaine sera sans intérêt. Toutes nos théories éthiques, toutes nos attitudes morales, tout ce qui est bon et grand dans la nature humaine s'est formé grâce aux réponses qui sont venues de l'extérieur du cercle. Ainsi, il est très important que nous trouvions les réponses à ces questions. Si la vie n'est qu'un jeu de courte durée, si l'univers n'est qu'une « combinaison fortuite d'atomes », alors pourquoi devrais-je faire le bien envers les autres ? Pourquoi devrait-il y avoir de la pitié, de la justice ou de la sympathie ? Pour ce monde, battre le fer pendant qu'il est chaud serait la meilleure chose à faire, chaque homme le faisant pour lui-même. S'il n'y a pas d'espoir, pourquoi devrais-je aimer mon frère et ne pas lui trancher la gorge ? S'il n'y a rien dans l'au-delà, s'il n'y a pas de liberté mais uniquement des lois mortelles rigoureuses, je devrais uniquement essayer de me rendre heureux ici-bas. On peut trouver de nos jours des personnes dont les bases de la moralité reposent sur des principes d'utilitarisme. Quelle en est la base ? Procurer le plus de bonheur possible au plus grand nombre. Pourquoi devrais-je m'y atteler ? Pourquoi ne devrais-je pas procurer le plus de malheur possible au plus grand nombre, si cela sert mon but ? Quelle sera la réponse des utilitaristes à cette question ? Comment savez-vous ce qui est bien et ce qui est mal ? Je suis poussé par mon désir de bonheur, et je le réalise, c'est dans ma nature, je ne connais rien qui aille au-delà. J'ai ces désirs, et je dois les combler. Pourquoi devrais-je m'en plaindre ? D'où viennent ces vérités sur la vie humaine, sur la moralité, sur l'âme immortelle, sur Dieu, sur l'amour et la sympathie, sur la bonne conduite, et, par-dessus tout, sur la générosité ?

Toute éthique, toute action humaine et toute pensée humaine s'accrochent à cette idée de générosité. L'idée toute entière de la vie humaine peut se résumer par ce mot, la générosité. Pourquoi devrions-nous être généreux ? Où sont la nécessité, la force et le pouvoir de ma générosité ? Vous vous qualifiez d'homme rationnel, un utilitariste, mais si vous ne me donnez pas une raison pour l'utilité, je vous qualifierai d'irrationnel. Donnez-moi une raison pour laquelle je ne devrais pas être égoïste. Demander à quelqu'un d'être généreux, c'est peut-être bon pour la poésie, mais la poésie n'est pas la raison. Donnez-moi une raison. Pourquoi dois-je être généreux et pourquoi être bon ? Que Monsieur et Madame untel l'aient dit n'a que peu de poids pour moi. Où est l'utilité dans ma générosité ? Si l'utilité signifie « le plus de bonheur possible », mon utilité est d'être égoïste. Quelle est la réponse ? Les utilitaristes ne peuvent jamais la donner. La réponse est celle-ci : ce monde n'est qu'une goutte dans un océan infini, un maillon d'une chaîne infinie. Où ces prêcheurs de la générosité, qui l'ont inculquée à la race humaine, ont-ils déniché cette idée ? On sait que ce n'est pas instinctif, les animaux, qui possèdent un instinct, ne la connaissent pas. Ce n'est pas la raison non plus, la raison ne connait rien de ces idées. D'où sont-elles venues alors ?

En étudiant l'histoire, on découvre un fait qu'avaient en commun tous les grands maîtres de la religion que le monde ait connu. Ils déclarent tous avoir reçu ces vérités de l'au-delà, bien que la plupart ne sût pas d'où ils les avaient eues. Par exemple, l'un d'entre eux dirait qu'un ange est descendu du ciel sous les traits d'un homme ailé et lui a dit : « Ecoute, Ô homme, voilà le message ». Un autre dira qu'un Deva, un être radieux, lui est apparu. Un troisième dira que son ancêtre est venu à lui en rêve et lui a dévoilé certaines choses. Il ne savait rien de plus que ça. Mais ce qui est commun, c'est que tous déclarent que cette connaissance leur est venue de l'au-delà, et non grâce à leur pouvoir de raisonnement. Qu'enseigne la science du yoga ? Elle enseigne qu'ils avaient raison de dire que cette connaissance leur vint de par-delà le raisonnement, mais qu'elle vint de l'intérieur d'eux-mêmes.

Le yogi enseigne que l'esprit lui-même possède un état d'existence supérieur, par-delà la raison, une supraconscience et quand l'esprit atteint cet état supérieur, alors cette connaissance vient-elle à l'homme, par-delà le raisonnement. La connaissance métaphysique et transcendantale vient à l'homme. Cet état dépassant la raison, de transcendance de l'ordinaire nature humaine, peut parfois survenir par hasard chez un homme qui ne comprend pas sa science, il tombe dessus, pour ainsi dire. En général, lorsqu'il trébuche dessus, il l'interprète comme venant de l'extérieur. Cela explique donc pourquoi une inspiration, ou connaissance transcendantale, peut être la même dans différents pays, pourtant dans l'un, elle semblera venir d'un ange, dans un autre d'un Deva et dans un troisième de Dieu. Que cela signifie-t-il ? Cela signifie que l'esprit a rapporté cette connaissance selon sa propre nature et que la découverte de cette connaissance a été interprétée selon les croyances et l'éducation de la personne à travers laquelle elle est survenue. Le véritable fait est que ces différents hommes ont, pour ainsi dire, trébuché sur cet état de supraconscience.

Le yogi dit qu'il est très dangereux d'entrer cet état accidentellement. Dans bon nombre de cas, l'un des dangers est que le cerveau soit perturbé et, en général, vous verrez que tous ces hommes, aussi grands soient-ils, qui sont tombés par hasard sur cet état de supraconscience sans le comprendre, ont avancé à tâtons dans le noir et d'une manière générale, avaient de vieilles superstitions en plus de leurs connaissances. Ils se sont ouverts aux hallucinations. Selon Mohammed, l'Ange Gabriel serait, un jour, venu à lui dans une grotte et l'aurait emmené sur le dos du cheval céleste, Harak, et il aurait visité le paradis. Mais avec tout ça, Mohammed a proclamé de merveilleuses vérités. En lisant le Coran, vous trouverez les plus belles des vérités mélangées à des superstitions. Comment l'expliquerez-vous ? Cet homme était sans nul doute inspiré, mais, il est, pour ainsi dire, tombé sur cette inspiration. Il n'était pas un yogi averti, et il ne connaissait pas la raison de ce qu'il faisait. Pensez à tout le bien que Mohammed a apporté au monde, et pensez à tout le mal qui a été engendré à cause de son fanatisme ! Pensez aux millions de personnes massacrées à cause de ses préceptes, aux mères arrachées à leurs enfants, aux enfants rendus orphelins, aux pays entiers ravagés, aux millions et millions de personnes tuées !

Ainsi voyons-nous le danger en étudiant la vie des grands maîtres tels que Mohammed et d'autres. Pourtant, nous découvrons en même temps qu'ils étaient tous inspirés. Chaque fois qu'un prophète atteignit cet état de supraconscience en élevant sa nature émotionnelle, non seulement rapporta-t-il certaines vérités, mais également un certain fanatisme, certaines superstitions qui font souffrir le monde autant que la grandeur des enseignements l'a aidé. Pour extraire la raison à la masse d'incongruités que l'on appelle vie humaine, nous devons transcender notre raison, mais nous devons le faire de manière scientifique, lentement, par une pratique régulière et il nous faut rejeter toute superstition. Il nous faut considérer l'étude de l'état de supraconscience comme toute autre science. C'est sur la raison que doivent reposer nos fondations, nous devons suivre la raison aussi loin qu'elle mène et lorsqu'elle échoue, elle nous montrera elle-même la voie vers le niveau le plus haut. Lorsque vous entendez un homme dire : « Je suis inspiré », et ensuite parler de manière irrationnelle, rejetez-le. Pourquoi ? Parce que ces trois états : instinct, raison et supraconscience (ou inconscient, conscience et supraconscience), appartiennent à un seul et unique esprit. Ils ne constituent pas trois esprits dans un seul homme mais l'un de ces états se développe vers un autre. L'instinct se développe vers la raison et la raison vers la conscience transcendantale. Par conséquent, aucun état ne contredit les deux autres. La véritable inspiration ne contredit jamais la raison, mais la complète. De même que les grands prophètes disent : « Je ne viens pas pour détruire mais pour compléter », de même l'inspiration vient-elle pour compléter la raison et est en harmonie avec celle-ci.

Les différentes étapes dans le yoga ont pour but de nous amener de manière scientifique vers l'état de supraconscience, ou Samâdhi. De plus, voilà un point des plus importants à comprendre : l'inspiration est autant dans la nature de tout homme que dans celle des prophètes du passé. Ces prophètes n'étaient pas uniques, ils étaient des hommes comme vous et moi. Ils étaient de très bons yogis. Ils ont obtenu cette supraconscience et vous comme moi pouvons également l'obtenir. Ils n'étaient pas des personnes particulières. Le seul fait qu'un homme ait déjà réussi à atteindre cet état prouve que cela est également possible pour tous les hommes. Non seulement est-ce possible, mais tout homme doit, au final, atteindre cet état, et ceci constitue la religion. L'expérience est le seul professeur dont nous disposons. Nous pourrions parler et raisonner toute notre vie mais nous ne comprendrions pas un mot de la vérité tant que nous n'en faisons pas l'expérience nous-mêmes. Il n'est pas possible d'envisager de faire d'un homme un chirurgien en ne lui donnant que quelques livres. Vous ne pouvez satisfaire ma curiosité de découverte d'un pays en me montrant une carte, il me faut une expérience concrète. Les cartes ne peuvent qu'attiser la curiosité en nous et nous pousser à obtenir une connaissance plus parfaite. Au-delà, elles n'ont aucune valeur. Se cramponner aux livres ne fait que dégrader l'esprit humain. Y a-t-il plus horrible blasphème que de dire que toute la vérité de Dieu se confine à tel ou tel livre ? Comment les hommes osent-ils dire que Dieu est infini en essayant pourtant de le compresser entre les couvertures d'un petit livre ! Des millions de personnes ont été tuées car elles ne croyaient pas ce que racontaient les livres, car elles ne discernaient pas toute la connaissance de Dieu entre les couvertures d'un livre. Bien sûr, ces tueries et assassinats font partie du passé, mais le monde est toujours profondément ancré dans la croyance dans les livres.

Afin d'atteindre l'état de supraconscience de manière scientifique, il est nécessaire de réussir les différentes étapes du Raja yoga que j'enseigne. Après Pratyâhâra et Dhâranâ, nous en arrivons à Dhyâna : la méditation. Quand l'esprit est entraîné à rester fixer sur certains emplacements internes ou externes, arrive alors à lui le pouvoir de circuler dans un courant continu, pour ainsi dire, vers ce point. Cet état s'appelle Dhyâna. Lorsqu'on a renforcé le pouvoir de Dhyâna afin d'être capable de rejeter la partie externe de la perception et de continuer à ne méditer que sur la partie interne, le sens, cette étape est appelée Samâdhi. Les trois (Dhâranâ, Dhyâna et Samâdhi) se réunissent sous le nom de Samyama. Voilà de quoi il s'agit : si l'esprit peut d'abord se concentrer sur un objet, puis est capable de poursuivre cette concentration pendant une certaine durée et ensuite, grâce à une concentration soutenue, de ne s'attarder que sur la partie interne de la perception de l'objet en question, tout peut alors être contrôlé par un tel esprit.

Cet état méditatif est le plus haut état de l'existence. Tant que le désir subsiste, il ne peut y avoir de réel bonheur. Seule l'étude contemplative, en tant que témoin des objets, nous apporte le véritable plaisir et le véritable bonheur. C'est dans leurs sens que les animaux trouvent leur bonheur, les hommes dans leur intellect et dieu dans la contemplation spirituelle. Le monde ne devient vraiment beau que pour l'âme qui a atteint cet état contemplatif. Pour celui qui ne désire rien et ne se mélange pas à ces désirs, les nombreux changements de la nature sont un panorama de la beauté et de la sublimation.

Ces idées doivent être comprises en état de Dhyâna, ou de méditation. On entend un son. Premièrement, il y a la vibration externe, deuxièmement, le mouvement des nerfs qui l'amène à l'esprit, troisièmement la réaction de l'esprit avec lequel la connaissance de l'objet apparaît en un flash, objet qui était la cause externe de ces différents changements depuis les vibrations éthérées jusqu'aux réactions mentales. Dans le yoga, ces trois étapes se nomment Shabda (le son), Artha (le sens) et Jnâna (la connaissance). Dans la langue de la physique et de la physiologie, elles s'appellent la vibration éthérée, le mouvement dans les nerfs et le cerveau, et la réaction mentale. Bien qu'ils s'agissent de processus distincts, ces étapes se sont désormais mélangées de telle manière qu'elles en deviennent presque indistinctes. En fait, on ne peut percevoir aucune d'elle, on ne perçoit que leur effet combiné, que l'on appelle objet externe. Toute action de perception les inclut toutes trois et il n'y aucune raison pour laquelle nous ne serions pas en mesure de les distinguer.

Lorsque l'esprit devient fort et sous contrôle, grâce aux préparations précédentes, et a obtenu le pouvoir d'une perception plus fine, celui-ci devrait s'employer à méditer. Cette méditation doit commencer par des objets bruts et petit à petit s'élever pour s'affiner jusqu'à ce qu'elle se détache de tout objet. L'esprit devrait d'abord s'employer à percevoir les causes externes des sensations, puis les mouvements internes, ensuite sa propre réaction. Quand il est parvenu à percevoir les causes externes des sensations en tant que telles, l'esprit acquerra le pouvoir de percevoir toutes les subtiles existences matérielles, tous les corps et formes subtils. Quand il parvient à percevoir les mouvements internes en tant que tels, il gagnera le contrôle sur toutes les ondes mentales, en lui ou dans les autres esprits, avant même qu'elles ne se soient traduites en énergie physique. Et lorsqu'il est en mesure de percevoir la réaction mentale en tant que telle, le yogi acquerra la connaissance de toutes choses, comme tout objet visible, et chaque pensée sont le résultat de cette réaction. Il aura alors découvert toutes les fondations de l'esprit qui sera parfaitement sous son contrôle. Différents pouvoirs tomberont entre les mains du yogi et s'il cède aux tentations de l'un d'eux, la voie vers ses progrès futurs se verra barrée. Voilà le mauvais côté de la course aux plaisirs. Mais s'il est assez fort pour rejeter même ces pouvoirs miraculeux, il atteindra le but du yoga : la suppression totale de toutes les vagues dans l'océan de l'esprit. Alors la gloire de l'âme, que ni les distractions de l'esprit ni les mouvements du corps ne dérangent, brillera de toute sa lumière. Et le yogi se trouvera tel qu'il est, et tel qu'il a toujours été, l'essence de la connaissance, l'immortel, l'omniprésent.

Samâdhi appartient à tout être humain, ou plutôt, à tout animal. De l'animal le plus bas à l'ange le plus haut, à un moment ou un autre, chacun devra atteindre cet état, alors, et seulement alors, la véritable religion commencera pour lui. Jusque-là, nous ne faisons que lutter pour atteindre cette étape. Il n'y a aucune différence entre les athées et nous, car nous n'avons aucune expérience. A quoi sert la concentration, à part à nous amener à cette expérience ? Chacune des étapes pour atteindre Samâdhi a été bien étudiée, correctement ajustée, organisée de manière scientifique et, lorsqu'elles sont suivies avec foi, elles nous mèneront très certainement au but désiré. Alors toutes les peines cesseront, toutes les souffrances disparaîtront. Les graines de l'action brûleront et l'âme sera libre pour toujours.

Chapitre VIII
Le Raja Yoga en Bref

Ce qui suit est un résumé du Raja yoga traduit librement du Kurma-Purâna. Le feu du yoga réduit en cendres la cage du péché qui entoure l'homme. La connaissance est purifiée et le Nirvâna directement atteint. Du yoga vient la connaissance. La connaissance, encore une fois, aide le yogi. Celui qui combine à la fois le yoga et la connaissance satisfera le Seigneur. Ceux qui pratiquent le Mahâyoga, une, deux, trois fois par jour ou en tout temps, sachez qu'ils sont des dieux. Le yoga se divise en deux parties. La première s'appelle Abhâva, et l'autre Mahâyoga. Quand on médite sur son propre soi en tant qu'abstraction, et dénué de qualité, c'est ce qu'on appelle Abhâva. Quand on se représente le soi comme rempli de bonheur et dénué de toute impureté, tout en ne faisant qu'un avec Dieu, c'est ce qu'on appelle Mahâyoga. Le yogi, avec l'un comme avec l'autre, concrétise son Soi. Les autres yogas, dont on entend parler ou sur lesquels on lit, ne méritent pas d'être rangés avec l'excellent Mahâyoga, grâce auquel le yogi découvre que lui-même ainsi que l'univers sont Dieu. Il s'agit du plus haut de tous les yogas.

Yama, Niyama, Âsana, Prânâyâma, Pratyâhâra, Dhârâna, Dhyâna et Samâdhi sont des étapes dans le Raja yoga, dans lequel le refus de blesser, la véracité, le rejet de l'envie, la chasteté, le refus de recevoir quoi que ce soit de la part d'autrui sont nommés Yama. Cela purifie l'esprit, le Chitta. Ne jamais créer la douleur par la pensée, les mots ou les actions, à aucun être vivant constitue ce qu'on appelle Ahimsâ, le refus de blesser. Il n'y a pas plus haute vertu que le refus de blesser. Il n'existe pas de bonheur plus intense que celui obtenu par l'homme qui a cette attitude de refus d'offenser toute création. Grâce à la vérité, nous récoltons les fruits de notre labeur. Grâce à la vérité, nous obtenons tout. C'est dans la vérité que tout s'établit. Mettre les faits, tels qu'ils sont, en relation, voilà ce qu'est la vérité. Ne pas prendre les biens qui appartiennent à autrui par la ruse ou par la force, constitue ce qu'on appelle Asteya, le rejet de l'envie. La chasteté dans la pensée, les mots et les actions, toujours et en toutes conditions, constitue ce qu'on appelle Brahmacharya. Ne pas recevoir de présents de la part de qui que ce soit, même quand il en souffre affreusement, constitue ce qu'on appelle Aparigraha.

L'idée est que quand un homme reçoit un cadeau de la part de quelqu'un, son cœur devient impur, cet homme s'empreint de bassesse, il perd son indépendance et se retrouve lié et attaché.

Ci-après se trouvent des aides vers le succès dans le yoga et sont appelées Niyama, ou habitudes régulières et observances : Tapas (rigueur), Svâdhyâya (étude), Santosha (contentement), Shaucha (pureté), Ishvara-pranidhâna (adoration de Dieu). Jeûner, ou en d'autres termes contrôler le corps, est ce qu'on appelle le Tapas physique. Répéter les Vedas et autres Mantras, par lesquels l'essence de Sattva est purifiée dans le corps, est ce qu'on appelle l'étude : Svâdhyâya. On distingue trois types de répétitions de ces Mantras. Le premier s'appelle le verbal, le second le semi-verbal et le troisième le mental. Le verbal, ou audible, est la forme la plus basse des trois, et l'inaudible la plus haute. La répétition qui fait du bruit constitue le verbal, la suivante consiste à ne faire bouger que les lèvres sans qu'aucun son ne se fasse entendre. La répétition inaudible du Mantra, accompagnée de la réflexion sur son sens, s'appelle la « répétition mentale » et constitue la forme la plus haute. Selon les sages, il y a deux sortes de purification, externe et interne. La purification du corps à travers l'eau, la terre et les autres éléments constitue la purification externe, comme les ablutions, etc. La purification de l'esprit, par la vérité et toutes les autres vertus, est ce qu'on appelle la purification interne. Toutes deux sont indispensables. Il n'est pas suffisant qu'un homme soit pur à l'intérieur, alors qu'il est sale à l'extérieur. Lorsque les deux ne peuvent être atteints, la pureté interne est préférable, mais nul ne sera un yogi tant qu'il n'aura pas les deux. L'adoration de Dieu se fait par la prière, la pensée et la dévotion.

Nous avons parlé de Yama et de Niyama. Le suivant est Asana (la posture). La seule chose qu'il y ait à comprendre à ce propos est qu'il faut laisser le corps libre, qu'il faut maintenir la poitrine, les épaules et la tête droites. Ensuite survient Prânâyâma. Prâna signifie les forces vitales dans son propre corps, Âyâma signifie les contrôler. Il existe trois types de Prânâyâma : le très simple, l'intermédiaire et le très haut. Prânâyâma se divise en trois parties : remplir, retenir et vider. Lorsque vous commencez par douze secondes, c'est le Prânâyâma le plus simple. Lorsque vous commencez par vingt-quatre secondes, c'est le Prânâyâma intermédiaire. Lorsque vous commencez par trente-six secondes, c'est le meilleur Prânâyâma. Dans la forme la plus basse du Prânâyâma, on transpire, dans la forme intermédiaire, le corps tremble et dans sa plus haute forme, le corps lévite et une grande félicité afflue. Il est un Mantra nommé Gâyatri. Il s'agit d'un verset sacré issu des Védas. « Nous méditons sur la gloire de cet Être qui a créé cet univers. Puisse-t-il illuminer nos esprits ». qui est accompagné par Ôm au début et à la fin. En un seul

Prânâyâma, répétez trois Gâyatris. Tous les livres réfèrent à Prânâyâma comme divisé en Rechaka (rejeter ou expirer), Puraka (inspirer) et Kurnbhaka (retenir, immobile). Les Indriyas, les organes des sens, agissent vers l'extérieur et entrent en contact avec les objets externes. Les amener sous le contrôle de la volonté est ce qu'on appelle Pratyâhâra, ou se recueillir vers soi-même. Fixer l'esprit sur le lotus du cœur, ou sur le centre de la tête est ce qu'on appelle Dhârâna. Limité à un petit point, celui-ci devient la base, un type particulier d'ondes mentales s'élève. Elles ne sont pas absorbées par les autres types d'ondes, mais peu à peu, elles deviennent proéminentes, pendant que les autres s'estompent et finalement disparaissent. Ensuite, la multitude de ces ondes laisse place à l'unité et une seule onde reste à l'esprit. Ceci constitue Dhyâna, la méditation. Lorsqu'aucune base n'est nécessaire, lorsque l'esprit entier n'est devenu qu'une seule onde, bien spécifique, c'est ce qu'on appelle Samâdhi. Sans l'aide des lieux et des centres, seul le sens de la pensée est présent. Si l'esprit peut se fixer sur le centre pendant douze secondes, ce sera un Dhârâna, douze de ces Dhârânas formeront un Dhyâna et douze Dhyânas formeront un Samâdhi.

Le yoga ne doit pas être pratiqué là où il y a du feu, de l'eau ou des feuilles mortes qui jonchent le sol, ni là où il y a beaucoup de fourmilières, d'animaux sauvages ou des dangers, ni à un carrefour, ni dans un endroit trop bruyant, ni là où se trouvent beaucoup de méchantes personnes. Ceci s'applique plus particulièrement pour l'Inde. Ne pratiquez pas quand le corps est las ou malade, ou quand l'esprit est malheureux et triste. Allez dans un endroit bien caché et où personne ne viendra vous déranger. Ne choisissez pas d'endroits sales. Il faut plutôt choisir de beaux paysages ou une pièce de votre maison qui est jolie. Lorsque vous pratiquez, saluez d'abord les yogis du passé, votre propre Gourou et Dieu, puis commencez.

Des précisions sur Dhyâna et quelques exemples de ce sur quoi il faut méditer : Asseyez-vous bien droit et regardez le bout de votre nez. Un peu plus tard, nous expliquerons dans quelle mesure cela permet à l'esprit de se concentrer, dans quelle mesure on avance à grands pas vers le contrôle de l'arc de réaction, et ainsi le contrôle de la volonté, en contrôlant les deux nerfs optiques. Voici quelques exemples de méditation. Imaginez un lotus à quelques centimeters au dessus du sommet de votre tête, avec en son centre la vertu, et la connaissance à sa tige. Les huit pétales du lotus représentent les huit pouvoirs du yogi. A l'intérieur, les étamines et les pistils correspondent à la renonciation. Si le yogi refuse les pouvoirs externes, il atteindra le salut. Ainsi, ces huit pétales de lotus constituent les huit pouvoirs mais les étamines et les pistils internes représentent l'extrême renonciation, la renonciation à tous ces pouvoirs. Au sein de ce lotus, pensez à l'Être d'Or, le Tout-Puissant, l'Impalpable, Celui dont le nom est Ôm, l'Inexprimable entouré de lumière vive. Méditez là-dessus. Une autre méditation est apportée. Pensez à un espace dans votre cœur, et au milieu de celui-ci, pensez qu'une flamme y brûle. Figurez-vous que cette flamme est votre âme et qu'à l'intérieur de cette flamme se trouve une autre lumière vive, qui est l'Âme de votre âme, Dieu. Méditez là-dessus dans votre cœur. La chasteté, le refus de blesser, le pardon accordé même aux pires ennemis, la vérité, la foi en Dieu, voilà les différents Vrittis. N'ayez pas peur si vous n'atteignez pas la perfection dans tous ces domaines, travaillez et vous y parviendrez. Celui qui a abandonné toute attache, toute peur, toute colère, celui dont l'âme s'en est allé vers Dieu, qui a trouvé refuge au sein du Seigneur, celui dont le cœur a été purifié, quel que soit le désir avec lequel il se présente au Seigneur, Il le lui accordera. Par conséquent, vénérez-le par la connaissance, l'amour ou la renonciation.

« Celui qui ne hait personne, qui est l'ami de tous, qui est clément envers tous, qui ne possède rien, qui s'est affranchi de l'égoïsme, qui ressent la douleur et le plaisir de manière égale, qui est abstinent, qui est toujours satisfait, qui travaille en permanence suivant les principes du yoga, celui dont le soi est sous contrôle, dont la volonté est ferme, dont l'esprit et l'intellect M'ont été donnés, un tel homme est Mon Bhakta bien-aimé. Celui qui ne cause aucun dérangement, qui ne peut être dérangé par autrui, qui s'est affranchi de la joie, de la colère, de la peur et de l'anxiété, un tel homme est Mon bien-aimé. Celui qui ne dépend de rien, qui est pur et actif, qui ne se soucie pas si c'est le bien ou le mal qui survient et qui n'est jamais malheureux, celui qui a abandonné tout effort pour lui-même, qui est le même dans les louanges ou les reproches, avec un esprit silencieux, réfléchi, béni par les plus petites choses qui se présentent à lui, sans domicile, car le monde entier est sa maison, celui qui est constant dans ses idées, un tel homme est Mon Bhakta bien-aimé ». Seuls de tels hommes deviennent des yogis.

Il était un sage divin appelé Nârada. De même qu'il y a de grands sages parmi les hommes, et des grands yogis, de même il y a de grands yogis parmi les dieux. Nârada était un yogi bon, et exceptionnel. Il voyagea partout. Un jour, il traversa une forêt et vit un homme autour duquel les termites avaient construit une gigantesque butte, tant il avait médité, assis dans cette position. Il dit à Nârada : « Où allez-vous ? » Nârada répondit : « Je m'en vais au paradis ». « Alors demandez à Dieu quand il sera miséricordieux envers moi, quand j'atteindrai la liberté ». Un peu plus tard, Nârada vit un autre homme. Il sautait partout, chantait, dansait et dit : « Ô, Nârada, où allez-vous ? » Sa voix et ses gestes étaient agités. Nârada dit :

« Je m'en vais au paradis ». « Alors demandez quand je serai libre ». Nârada continua sa route. Au fil du temps, il passa à nouveau par la même route et l'homme qui avait médité avec la termitière autour de lui s'y trouvait. Il dit : « Ô, Nârada, avez-vous parlé de moi au Seigneur ? — Oh, oui — Qu'a-t-il dit ? — Le Seigneur m'a dit que vous atteindrez la liberté dans quatre naissances ». Alors l'homme commença à pleurer et gémir, et dit : « J'ai tant médité qu'une termitière a été construite autour de moi, et je dois encore passer par quatre naissances ! » Nârada alla voir l'autre homme. « Avez-vous posé ma question ? — Oh oui. Voyez-vous ce tamarinier ? Je dois vous dire que vous atteindrez la liberté une fois que vous serez né autant de fois qu'il y a de feuilles sur cet arbre ». L'homme commença à danser de joie et dit : « J'aurai ma liberté dans si peu de temps ! » Une voix se fit entendre : « Mon enfant, tu auras la liberté dès maintenant ». Voilà la récompense pour sa persévérance. Il était prêt à travailler à travers toutes ces naissances, rien ne le décourageait. Mais le premier homme trouvait que quatre naissances de plus, c'était déjà trop long. Seule la persévérance, semblable à celle de l'homme disposé à attendre une éternité, apporte les meilleurs résultats.

Introduction

Avant de considérer les aphorismes du yoga, je développerai une grande question sur laquelle repose toute la théorie de la religion pour les yogis. Les grands esprits du monde sont unanimes sur un point, qui a presque été prouvé par des recherches de de manière concrète, selon lequel nous serions le résultat et la manifestation d'une condition absolue qui précède notre condition relative actuelle, et que nous avancerions afin de retourner vers cet absolu. Ceci étant dit, la question est : Quel état est préférable, l'absolu ou notre état actuel ? Il y a un grand nombre de personnes qui pensent que cet état manifesté est le plus haut état de l'homme. Selon les grands penseurs, nous sommes les manifestations d'un être indifférencié et l'état différencié est supérieur à l'absolu. Ils imaginent qu'il ne peut y avoir aucune qualité dans l'absolu, qu'il doit être insensible, insipide et dépourvu de vie ; que seule cette vie peut être appréciée et, par conséquent, que nous devons nous cramponner à elle. Tout d'abord, nous devons faire des recherches sur les autres solutions de la vie. Il existait une vieille solution selon laquelle l'homme restait le même après sa mort, que tous ses bons côtés, tout en ôtant les mauvais, subsistaient pour toujours. Cela signifierait en toute logique que le monde constituerait le but de l'homme. Ce monde, amené à un stade supérieur et débarrassé de ses maux, est l'état qu'ils appellent le paradis. A première vue cette théorie semble absurde et puérile parce qu'elle est impossible. Il ne peut y avoir de bien sans mal, ni de mal sans bien. Vivre dans un monde où tout est bon et où le mal n'existe pas, c'est ce que les logiciens sanskrits appellent un « rêve flottant dans les airs ». De nos jours, une autre théorie a été présentée par plusieurs écoles, le destin de l'homme est d'avancer en s'améliorant toujours, en luttant toujours pour atteindre ce but, sans jamais y parvenir. Bien que fort sympathique en apparence, cette théorie est également absurde car le mouvement en ligne droite n'existe pas. Tout mouvement suit la forme d'un cercle. Si vous ramassez une pierre, que vous la jetez dans l'espace et que vous vivez assez longtemps, cette pierre, si elle ne rencontre aucun obstacle, retombera exactement dans votre main. Une ligne droite projetée à l'infini doit se terminer en un cercle. C'est pourquoi cette idée selon laquelle le destin de l'homme est de progresser toujours vers l'avant, sans jamais s'arrêter est absurde. Bien que cela n'ait pas de rapport avec le sujet, je me permets de faire remarquer que cette idée explique la théorie éthique selon laquelle on ne doit pas haïr et qu'on doit aimer. La haine et l'amour doivent revenir à leur source, car, tout comme l'explique la théorie moderne, l'énergie électrique quitte la dynamo pour parcourir un cercle la ramenant à la dynamo. Par conséquent, ne haïssez personne parce que la haine que vous créez devra, à long terme, revenir à vous. Si vous aimez, cet amour vous reviendra, bouclant ainsi le cercle. Il est indéniable que toute once de haine qui provient du cœur d'un homme retournera vers lui de plein fouet, rien ne peut l'arrêter. De la même manière, chaque élan d'amour lui reviendra.

Pour d'autres raisons pratiques, nous constatons que cette théorie de la progression éternelle ne peut être défendue, car la destruction est la fin de toute chose terrestre. Tous nos combats, nos espoirs, nos peurs et nos joies, à quoi mèneront-ils? Nous sommes tous destinés à mourir. Rien n'est plus certain. Où donc ce mouvement en ligne droite, cette infinie progression se trouve-t-elle? Elle s'étend seulement sur une certaine distance, puis revient au centre, là où elle a commencé. Voyez comme le soleil, la lune et les étoiles ont été créés à partir des nébuleuses, et voyez comme ils se dissolvent et retournent aux nébuleuses. Partout, la même chose se répète. La plante prend sa substance dans la terre, se dissout puis la lui rend. Toute forme dans ce monde est extraite des atomes environnants et retourne à ces atomes. Il est impossible qu'une même loi agisse différemment à différents endroits. La loi est uniforme. Rien n'est plus certain. S'il s'agit de la loi de la nature, celle-ci s'applique également à la pensée. La pensée se dissoudra et retournera à ses origines. Que nous le voulions ou non, nous retournerons à nos origines, que l'on appelle Dieu ou Absolu. Nous sommes tous venus de Dieu et nous sommes tous destinés à retourner à Lui. Appelez cela comme bon vous semble, Dieu, Absolu ou Nature, les faits restent les mêmes. « L'univers entier provient de Lui, tout ce qui est né vit en Lui, et tout retournera à Lui ». Voilà un fait qui est certain. La nature fonctionne sur le même principe : ce qui est fait dans une sphère l'est également dans des millions d'autres sphères. Ce que vous observez avec les planètes, il en sera de même avec cette terre, avec les hommes et tout le reste. L'énorme vague est une combinaison puissante de petites vagues, peut-être des millions. La vie du monde entier se compose de millions de petites vies et sa mort se compose de celle des millions de petits êtres.

La question se pose désormais : Le retour à Dieu est-il l'état supérieur ou non ? Les philosophes de l'école du yoga répondent formellement que c'est le cas. Selon eux, l'état actuel de l'homme constitue une dégénérescence. Aucune religion sur terre ne dit que l'homme constitue une amélioration. L'idée définit que le commencement de l'homme est parfait et pur, qu'il se dégrade ensuite jusqu'à ce qu'il ne puisse plus se dégrader davantage et qu'il doit arriver un temps où il doit s'élever brusquement afin de boucler le cercle. Le cercle doit être décrit. Aussi bas puisse-t-il tomber, il doit inévitablement prendre la courbe ascendante pour retourner à sa source originelle : Dieu. L'homme vient de Dieu à son commencement, au milieu de sa course il devient un homme, et en bout de course il retourne à Dieu. Voilà la méthode qui consiste à mettre cette idée sous une forme dualiste. La forme moniste consiste à dire que l'homme est Dieu et qu'il retourne à Lui. Si notre état actuel constitue notre état supérieur, alors pourquoi y a-t-il tant d'horreurs et de souffrance, et pourquoi y a-t-il une fin ? S'il s'agit de l'état supérieur, pourquoi cesse-t-il ? Ce qui corrompt et se dégrade ne peut être l'état le plus élevé. Pourquoi devrait-ce être aussi infernal et si insatisfaisant ? C'est simplement excusable puisque grâce à cet état, nous prenons un chemin plus élevé, nous devons passer par cet état afin de nous régénérer à nouveau. Plantez une graine dans le sol et elle se désintègre, se dissout après un certain temps et de cette dissolution naît un sublime arbre. Toute âme doit se désintégrer pour devenir Dieu. Il en résulte donc que plus tôt nous quittons cet état nommé « homme », meilleur ce sera pour nous. Est-ce par le suicide que nous quittons cet état ? Pas du tout. Cela aggraverait les choses. Nous torturer ou condamner le monde n'est pas la solution pour en sortir. Nous devons traverser le Marécage du Désespoir, et il est préférable de le traverser au plus vite. Nous devons toujours nous souvenir que l'état d'homme n'est pas l'état le plus élevé.

La partie la plus dure à saisir est que cet état, l'Absolu, que l'on a qualifié de plus haut état, n'est pas similaire à celui du zoophyte ou de la pierre, comme certains le craignent. Selon eux, il n'y a que deux états d'existence, celui de la pierre et celui de la pensée. De quel droit limitent-ils l'existence à ces deux états ? N'y a-t-il rien d'infiniment supérieur à la pensée ? Nous ne pouvons discerner les vibrations de la lumière quand elles sont très faibles, mais quand elles deviennent un peu plus intenses, elles nous apparaissent, et quand elles deviennent encore plus intenses, nous ne les voyons pas et croyons être dans l'obscurité. L'obscurité finale est-elle la même que l'obscurité initiale ? Certainement pas. Elles sont aussi différentes que les deux pôles. L'absence de pensée de la pierre est-elle la même que celle de Dieu ? Certainement pas. Dieu ne pense pas, Il ne raisonne pas. Pourquoi devrait-Il ? Y a-t-il quoi que ce soit qu'Il ne connaisse et sur lequel Il devrait raisonner ? La pierre ne peut pas raisonner, Dieu ne le fait pas. Voilà la différence. Ces philosophes pensent qu'il serait horrible de dépasser la pensée. Ils ne trouvent rien par-delà la pensée.

Il existe des états d'existence bien plus hauts qui dépassent le raisonnement.

C'est bien au-delà de l'intellect que l'on trouve le premier état de la vie religieuse. Lorsque vous avancez au-delà de la pensée, de l'intellect et de tout raisonnement, alors vous faites le premier pas vers Dieu, et c'est le commencement de la vie. Ce que nous appelons communément la vie n'est en réalité qu'un état embryonnaire.

La question suivante sera donc : Quelle preuve peut être apportée pour démontrer que cet état dépassant la pensée et le raisonnement est l'état le plus haut ? Premièrement, tous les grands hommes du monde, bien plus grands que ceux qui ne font que parler, mais ces hommes qui ont fait bouger le monde, ces hommes qui n'ont jamais eu de buts égoïstes et qui ont déclaré que cette vie n'était qu'une petite étape sur le chemin vers l'Infinité qui est au-delà. Deuxièmement, ils ne font pas que le clamer, mais montrent la voie à tous, expliquent leurs méthodes afin que tous puissent les suivre. Troisièmement, il n'y aucune alternative. Il n'y a pas d'autre explication. Si nous considérons qu'il n'existe aucun état supérieur, pourquoi suivons-nous ce cercle tout le temps, quelle raison peut expliquer le monde ? Le monde sensé sera la limite de notre connaissance si nous ne pouvons aller plus loin, si nous ne devons pas demander plus. C'est ce qu'on appelle l'agnosticisme. Mais quelle raison aurait-on de croire la preuve des sens ? J'appellerai véritable agnostique quiconque se tiendrait immobile et mourrait. Si la raison constitue tout, cela ne nous laisse pas de place pour agréer à ce côté du nihilisme. Si un homme est agnostique pour tout sauf pour l'argent, la célébrité et le renom, alors c'est un imposteur. Kant a prouvé sans équivoque qu'on ne peut pas pénétrer par-delà le gigantesque mur inflexible que l'on appelle raison. Mais c'est sur cette toute première idée que toute pensée indienne prend position, ose chercher et réussit à trouver quelque chose qui surpasse la raison, où l'on peut uniquement trouver une explication à cet état présent. C'est là la valeur de l'étude qui porte sur ce qui nous amènera par-delà le monde. « Tu es notre père, et tu nous emmèneras de l'autre côté de l'océan de l'ignorance ». Voilà ce qu'est la science de la religion, rien d'autre.

Chapitre I
Les Usages Spirituels de la Concentration

अथ योगानुशासनम् ॥१॥
1. La concentration est maintenant expliquée.

योगश्चित्तवृत्तिनिरोधः ॥२॥
2. Le yoga empêche la substance mentale (Chitta) de prendre diverses formes (Vrittis).

Un bon nombre d'explications est nécessaire ici. Il nous faut comprendre ce qu'est le Chitta et ce que sont les Vrittis. J'ai des yeux. Les yeux ne voient pas. Enlevez le centre du cerveau qui se trouve dans la tête, les yeux seront toujours là, la rétine sera toujours complète de même que les images des objets sur celles-ci et pourtant, les yeux ne verront pas. Ainsi, les yeux ne sont qu'un instrument secondaire, ils ne sont pas l'organe de la vision. L'organe de la vision se trouve dans le centre nerveux du cerveau. Les deux yeux seuls ne sont pas suffisants. Parfois, un homme dort les yeux ouverts. La lumière est là et l'image aussi, mais une troisième chose est nécessaire : l'esprit doit se joindre à l'organe. L'œil est l'instrument externe, nous avons besoin du centre cérébral et de l'action de l'esprit. Les voitures passent le long d'une route, et vous ne l'entendez pas. Pourquoi ? Parce que l'esprit ne s'est pas attaché à l'organe de l'ouïe. D'abord, il y a l'instrument, ensuite l'organe et enfin l'esprit qui s'attache aux deux précédents. L'esprit fait entrer l'impression plus avant et la présente à la faculté déterminative (Buddhi) qui réagit. En plus de sa réaction, l'idée d'égoïsme survient. Ensuite, ce mélange d'action et de réaction est présenté au Purusha, la véritable Âme, qui perçoit un objet dans ce mélange. Les organes (Indriyas), l'esprit (Manas), la faculté déterminative (Buddhi) et l'égoïsme (Ahamkâra) forment le groupe que l'on appelle l'Antahkarana (l'instrument interne). Ils ne sont que des processus variés au sein de la substance mentale appelée Chitta. Les vagues de pensée au sein du Chitta sont nommées Vrittis (littéralement « tourbillon »). Qu'est-ce que la pensée ? La pensée est une force, comme le sont la gravitation ou la répulsion. L'instrument nommé Chitta s'approprie un peu des réserves infinies de force dans la nature, l'absorbe et l'émet en tant que pensée. La force nous est donnée par la nourriture, et à partir de cette nourriture, le corps obtient le pouvoir de se mouvoir, etc. Les autres, les forces plus subtiles, il les rejette en ce qu'on appelle pensée. Ainsi, on se rend compte que l'esprit n'est pas intelligent alors qu'il le paraît. Pourquoi ? Car l'âme intelligente se cache derrière lui. Vous êtes le seul être sensible, l'esprit n'est que l'instrument par lequel vous comprenez le monde extérieur. Prenez ce livre, en tant que livre, il n'existe pas à l'extérieur, ce qui existe à l'extérieur n'est ni connu ni connaissable. L'inconnaissable fournit la suggestion qui frappe l'esprit et celui-ci donne sa réaction sous la forme d'un livre. De la même manière, lorsqu'une pierre est jetée dans l'eau, l'eau est projetée sur cette pierre sous la forme de vagues. Le véritable univers est l'occasion de la réaction de l'esprit. La forme d'un livre, d'un éléphant, d'un homme, n'est pas extérieure, tout ce que nous connaissons est la réaction mentale issue de la suggestion extérieure. John Stuart Mill a déclaré : « La matière est la possibilité permanente des sensations ». Seule la suggestion est extérieure. Prenez une huître par exemple. Vous savez comment les perles sont fabriquées. Un parasite pénètre dans une coquille et provoque une irritation, l'huître l'enrobe d'une sorte d'émail et le transforme en perle. L'univers de l'expérience constitue notre propre émail, pour ainsi dire, et l'univers véritable est le parasite qui sert de noyau. L'homme ordinaire ne comprendra jamais cela, parce que lorsqu'il essaie, il produit un émail et ne voit que ce-dernier. Nous savons désormais ce que signifient ces Vrittis. Le véritable homme se trouve derrière l'esprit, l'esprit est l'instrument, ses mains, c'est son intelligence qui filtre à travers l'esprit. C'est seulement lorsque vous vous tenez derrière l'esprit que celui-ci devient intelligent. Lorsque l'homme abandonne l'esprit, il tombe en miettes et n'est plus rien. Ainsi vous comprenez ce que Chitta signifie. C'est la substance mentale, et les Vrittis sont les ondes et les vagues qui s'y élèvent lorsque les causes externes l'affectent. Ces Vrittis constituent notre univers.

Nous ne pouvons voir le fond d'un lac car sa surface est parcourue de vagues. Lorsque les vagues diminuent et l'eau se calme, il ne nous est possible que d'avoir un aperçu du fond. Si l'eau est trouble ou agitée tout le temps, le fond ne sera pas visible. Si elle est claire et qu'il n'y a pas de vagues, nous verrons le fond. Le fond du lac représente notre véritable Soi, le lac représente le Chitta et les vagues les Vrittis. Encore une fois, l'esprit possède trois états. Le premier est celui de l'obscurité, il est appelé Tamas et se trouve chez les brutes et les idiots, il n'agit que pour blesser. Aucune autre idée ne ressort de cet état de l'esprit. Ensuite, il y a l'état actif de l'esprit, Rajas, dont les motivations principales sont le pouvoir et le plaisir. « Je serai puissant et dirigerai les autres ». Ensuite vient l'état nommé Sattva, la sérénité, le calme, dans lequel les vagues cessent et l'eau du lac de l'esprit se clarifie. Il n'est pas inactif mais plutôt intensément actif. Être calme, voilà la plus grande manifestation du pouvoir. Il est facile d'être actif. Lâchez les rênes et les chevaux courront avec vous. N'importe qui peut le faire, mais l'homme fort est celui qui peut arrêter les chevaux au galop. Qu'est-ce qui demande le plus de force, lâcher prise ou maîtriser ? L'homme calme n'est pas l'homme monotone. Il ne faut pas prendre Sattva pour de la monotonie ni pour de la paresse. L'homme calme est celui qui contrôle les vagues de l'esprit. L'activité est la manifestation de la force inférieure, le calme de la force supérieure.

Le Chitta essaie en permanence de revenir à son état naturel et pur, mais les organes l'en empêchent. Le maîtriser, mettre un frein à cette tendance extérieure, et le lancer sur le voyage du retour vers l'essence de l'intelligence constitue la première étape du yoga, car seule cette méthode permet au Chitta de retrouver le cours qui est le sien.

Bien que le Chitta soit présent chez tous les animaux, du moins noble au plus haut, c'est seulement chez l'homme qu'on le trouve sous la forme de l'intellect. Tant que la substance mentale ne peut prendre la forme de l'intellect, il n'est pas possible, pour le Chitta, de faire le chemin inverse et de libérer l'âme. Le salut immédiat est impossible pour la vache ou le chien, bien qu'ils aient un esprit, car leur Chitta ne peut, dès à présent, pas prendre cette forme que l'on appelle intellect.

Le Chitta se manifeste sous les formes suivantes : la dispersion, l'assombrissement, le rassemblement, la focalisation, et la concentration. La forme dispersive correspond à l'activité. Elle a tendance à se manifester sous la forme du plaisir ou de la douleur. La forme de l'assombrissement correspond à la monotonie qui tend à blesser. Selon le commentateur, la troisième forme est naturelle pour les Devas, les anges, et la première ainsi que la deuxième le sont pour les démons. La forme de rassemblement correspond à la lutte que mène le Chitta pour se centrer sur lui-même. La forme de focalisation correspond à la tentative de concentration et la forme de concentration correspond à ce qui nous amène à l'état de Samâdhi.

तदा द्रष्टुः स्वरूपेऽवस्थानम् ॥३॥

3. A ce moment-là (le moment de la concentration), le voyant (Purusha) se repose dans son propre état (inchangé).

Dès que les vagues ont cessé et que le lac a retrouvé son calme, nous voyons son fond. Ainsi avec l'esprit, quand il est calme, nous voyons ce qu'est notre propre nature, nous ne nous mélangeons pas mais restons nous-mêmes.

वृत्तसारूप्यमितरत्र ॥४॥

4. A d'autres moments (autres que celui de la concentration), le voyant est identifié en prenant en compte les modifications.

Par exemple, quelqu'un me fait un reproche, cela crée une modification, Vritti, dans mon esprit et je m'identifie en la prenant en considération, il en résulte de la souffrance.

वृत्तयः पंचतय्यः क्लष्टिा अक्लष्टाः ॥५॥

5. Il existe cinq classes de modifications, (certaines) douloureuses et (d'autres) indolores.

प्रमाण-विपर्यय-विकल्प-निद्रा-स्मृतयः ॥६॥

6. (Les voici :) la bonne connaissance, l'absence de distinction, l'illusion verbale, le sommeil et le souvenir.

प्रत्यक्षानुमानागमाः प्रमाणानि ॥७॥

7. La perception directe, l'inférence et les preuves valables constituent des preuves.

Lorsque deux de nos perceptions ne se contredisent pas, c'est ce qu'on appelle une preuve. J'entends quelque chose et si cela contredit quelque chose que j'ai déjà perçu, je commence à lutter contre cette perception et ne la croit pas. Il y a également trois types de preuve. Pratyaksha, la perception directe : tout ce qu'on voit et ressent constitue une preuve si rien n'a trompé les sens. Je vois le monde, c'est une preuve suffisante pour démontrer qu'il existe. Deuxièmement, Anumâna, l'inférence : vous voyez un signe et grâce au signe, vous découvrez ce qui est signifié. Troisièmement, Âptavâkya, la preuve directe des yogis, de ceux qui ont vu la vérité. Nous tous luttons pour atteindre la connaissance. Mais vous et moi devons lutter férocement pour n'obtenir la connaissance qu'après de longs et ennuyeux processus de raisonnement, alors que le yogi, l'homme pur, est allé au-delà de cela. Pour son esprit, le passé, le présent et le futur se ressemblent, tel un seul livre qu'il aurait à lire. Il n'a pas besoin de passer par ces ennuyeux processus vers la connaissance que nous nous devons d'achever. Ses mots constituent des preuves car il voit la connaissance en lui. Ils sont, par exemple, les auteurs des écritures sacrées, c'est pourquoi les écritures sont des preuves. Si quelqu'une de ces personnes vit aujourd'hui, ses mots seraient des preuves. D'autres philosophes s'étendent dans de longues discussions sur Âptâvakya et ils déclarent : « Quelle est donc la preuve pour justifier leurs mots ? » La preuve, c'est leur perception directe. Car tout ce que je vois constitue une preuve, de même que tout ce que vous voyez, tant que cela ne contredit aucune connaissance précédente. La connaissance existe par-delà les sens et dès lors qu'elle ne contredit ni la raison ni une précédente expérience humaine, cette connaissance constitue une preuve. Un fou quelconque peut rentrer dans cette pièce et dire qu'il voit des anges autour de lui, cela ne vaudrait pas comme une preuve. Tout d'abord, il doit s'agir d'une véritable connaissance, ensuite, elle ne doit pas contredire une connaissance passée, et enfin, elle doit dépendre du caractère de celui qui la dispense. J'ai entendu dire que le caractère d'un homme n'est pas aussi important que ce qu'il pourrait affirmer, il nous faut d'abord l'écouter. C'est peut-être vrai pour d'autres choses. Un homme peut s'avérer vil et pourtant faire une découverte en astronomie, mais dans la religion, c'est différent car aucun homme impur n'aura jamais le pouvoir d'atteindre les vérités religieuses. Par conséquent, il nous faut d'abord vérifier que cet homme qui se dit être un Âpta, est parfaitement généreux et saint, puis qu'il a surpassé les sens et enfin, que ce qu'il déclare ne contredit pas les connaissances passées de l'humanité. Aucune découverte de la vérité ne réfute la vérité passée, mais elle s'y imbrique. Quatrièmement, cette vérité doit être démontrable. Si un homme me dit : « J'ai eu une vision » et que je n'ai pas le droit de la voir, alors je ne le crois pas. Nous devons tous avoir le pouvoir de vérifier par nous-mêmes. Quiconque vend ses connaissances ne peut prétendre être un Âpta. Il doit remplir toutes ces conditions : premièrement, il vous faut constater que l'homme est pur, que ce n'est pas l'égoïsme qui le motive, qu'il ne désire ni le gain, ni la gloire. Deuxièmement, il doit prouver qu'il est supraconscient. Il doit nous donner quelque chose que nous ne pouvons obtenir grâce à nos sens et qui bénéficiera au monde entier. Troisièmement, il nous faut vérifier qu'il ne réfute pas d'autres vérités, si c'est le cas, rejetez-le aussitôt. Quatrièmement, l'homme ne doit jamais être singulier, il ne devrait représenter que ce que tous les hommes peuvent atteindre. Les trois types de preuves sont donc la perception directe issue des sens, l'inférence et les mots d'un Âpta. Je ne peux pas traduire ce mot en français. Il ne correspond pas au mot « inspiré » car on pense que l'inspiration vient de l'extérieur alors que cette connaissance vient de l'homme lui-même. Le sens littéral est « atteint ».

विपर्ययो मिथ्याज्ञानमतद्रूपप्रतिष्ठम् ॥८॥
8. L'absence de distinction est une fausse connaissance qui n'est pas établie dans la vraie nature.

La classe de Vrittis suivante consiste à prendre quelque chose pour autre chose, par exemple, une nacre prise pour de l'argent.

शब्दज्ञानानुपाती वस्तुशून्यो विकल्पः ॥९॥
9. L'illusion verbale découle des mots qui n'ont pas de réalité (correspondante).

Il existe une autre classe de Vrittis appelée Vikalpa. Un mot est prononcé et sans attendre d'appréhender son sens, on se précipite vers une conclusion immédiate. C'est le signe de faiblesse du Chitta. Maintenant, vous comprenez la théorie de la retenue. Plus l'homme est faible, moins il fait preuve de retenue. Procédez toujours à l'examen de votre personne grâce à ce test. Lorsque vous êtes sur le point d'être en colère ou malheureux, raisonnez donc sur la manière dont ces quelques nouvelles ont plongé votre esprit dans les Vrittis.

अभाव-प्रत्ययालम्बना-वृत्तिर्निद्रा ॥१०॥
10. Le sommeil constitue un Vritti qui embrasse le sentiment de vacuité.

La classe de Vrittis suivante est appelée sommeil et rêve. Quand nous nous réveillons, nous savons que nous étions en train de dormir, nous ne pouvons avoir que le souvenir de la perception. Ce que nous ne percevons pas, nous n'en avons jamais le souvenir. Chaque réaction est telle une vague sur le lac. Donc, si, au cours du sommeil, l'esprit n'émettait aucune vague, il n'aurait eu aucune perception, ni positive, ni négative et, par conséquent, nous ne nous en souviendrions pas. La véritable raison pour laquelle nous nous souvenons du sommeil est qu'au cours de celui-ci un certain type de vagues agissaient dans l'esprit. Le souvenir est une autre classe de Vrittis que l'on appelle Smriti.

अनुभूतविषयासम्प्रमोषः स्मृतिः ॥११॥
11. Le souvenir survient lorsque les (Vrittis des) sujets perçus ne s'échappent pas (et ils remontent à la conscience à travers les impressions).

Le souvenir peut être issu de la perception directe, de la fausse connaissance, de l'illusion verbale et du sommeil. Par exemple, vous entendez un mot. Ce mot est telle une pierre jetée dans le lac du Chitta, il engendre une vague et cette vague crée une série d'autres vagues, voilà ce qu'est le souvenir. Il en va de même au cours du sommeil. Lorsqu'un type particulier de vague, appelée sommeil, plonge le Chitta dans une vague de souvenirs, c'est ce qu'on appelle un rêve. Le rêve constitue une autre forme de vague qui s'appelle souvenir en état d'éveil.

अभ्यासवैराग्याभ्यां तन्निरोधः ॥१२॥

12. Leur contrôle passe par la pratique et l'absence d'attaches.

Pour que l'esprit n'ait pas d'attache, il doit être clair, bon et rationnel. Pourquoi devrions-nous pratiquer ? Parce que chaque action est telles les pulsations qui tremblent à la surface du lac. La vibration disparaît et que reste-t-il ? Les Samskâras, les impressions. Quand un grand nombre de ces-dernières restent dans l'esprit, elles fusionnent et deviennent une habitude. On dit que « l'habitude est une seconde nature », mais c'est aussi une première nature, la nature entière de l'homme, tout ce que nous sommes est le résultat de l'habitude. Cela nous apporte du réconfort, car si ce n'est qu'une habitude, alors on peut la faire et la défaire à tout moment. Les Samskâras sont laissées par ces vibrations qui sortent de notre esprit, chacune d'elles donnant son résultat. Notre caractère est fait de l'ensemble de ces marques, et lorsqu'une vague particulière prévaut, on prend ce trait de caractère. Si le bien prévaut, on devient bon. Si la méchanceté prévaut, on devient méchant. Si la joie prévaut, on devient heureux. Les contre-habitudes sont le seul remède aux mauvaises habitudes. Toutes les mauvaises habitudes qui ont laissé leurs impressions doivent être contrôlées par de bonnes habitudes. Continuez à faire le bien, ayez des pensées saintes en permanence, c'est le seul moyen pour supprimer les basses impressions. Ne dites jamais qu'un homme est désespéré, car il ne représente qu'un caractère, un tas d'habitudes que l'on peut enrayer en les remplaçant par de nouvelles et meilleures habitudes. Le caractère correspond aux habitudes répétées, et seules celles-ci peuvent améliorer le caractère.

तत्र स्थितौ यत्नोऽभ्यासः ॥१३॥

13. La pratique, c'est lutter en permanence pour retenir les Vrittis parfaitement.

Qu'est-ce que la pratique ? C'est essayer de retenir l'esprit sous les traits du Chitta, afin de l'empêcher de sortir sous la forme de vagues.

स तु दीर्घकालनैरन्तर्यसत्कारासेवितो दृढभूमिः ॥१४॥

14. Il est fermement immobilisé par de longs efforts constants avec un grand amour (pour le but à atteindre).

La retenue ne s'acquiert pas en un jour, mais par une longue pratique soutenue.

दृष्टानुश्रविकविषयवितृष्णस्य वशीकारसंज्ञा वैराग्यम् ॥१५॥
15. L'absence d'attache, c'est cet effet qui arrive à ceux qui ont renoncé à leur désir d'objets, vus ou entendus et qui veut contrôler les objets.

Les deux pouvoirs de motivation de nos actions sont, premièrement, ce que nous voyons nous-mêmes et deuxièmement, l'expérience d'autrui. Ces deux forces projettent l'esprit, le lac, dans diverses vagues. La renonciation est le pouvoir de lutter contre ces forces et de contrôler l'esprit. Leur renonciation est ce que la vue désire. Je marche dans la rue et un homme arrive et me vole ma montre. C'est ma propre expérience. Je la constate moi-même et immédiatement, mon Chitta engendre une vague, qui prend la forme de la colère. Ne laissez pas ce phénomène arriver. Si vous ne pouvez pas l'empêcher, vous n'êtes rien, si vous y parvenez, vous avez Vairâgya. Encore une fois, l'expérience de l'esprit terrestre nous enseigne que les plaisirs des sens sont l'idéal le plus haut. Ce sont de très grandes tentations. La renonciation, c'est les renier, ne pas autoriser l'esprit à se mouvoir en une vague à leur contact. Vairâgya, c'est contrôler le double pouvoir de motivation issu de ma propre expérience et de l'expérience d'autrui, et c'est ainsi les empêcher de contrôler le Chitta. C'est moi qui dois le contrôler, et non l'inverse. Ce type de force mentale est ce qu'on appelle la renonciation. Vairâgya constitue le seul chemin vers la liberté.

तत्परं पुरुषख्यातेर्गुणवैतृष्ण्यम् ॥१६॥
16. C'est l'absence totale d'attache qui abandonne même les qualités et qui vient de la connaissance de (la véritable nature du) Purusha.

Lorsqu'il nous ôte même l'attrait pour les qualités, c'est la plus haute manifestation du pouvoir du Vairâgya. Il nous faut d'abord comprendre ce qu'est le Purusha, le Soi, et ce que sont les qualités. Selon la philosophie du yoga, la nature entière est formée de trois qualités ou forces : la première se nomme Tamas, la seconde Rajas, et la dernière Sattva. Ces trois qualités se manifestent dans le monde physique en tant qu'obscurité ou inactivité, attraction ou répulsion, et équilibre entre les deux. Tout ce qui se trouve dans la nature, toutes les manifestations sont des combinaisons et des réarrangements de ces trois forces. Les Sânkhyas ont divisé la nature en diverses catégories. Le Soi de l'homme se tient au-delà de tout ça, au-delà de la nature. Il est lumineux, pur et parfait. Quelque intelligence que nous constatons dans la nature n'est que le reflet de ce Soi sur la nature. La nature elle-même est insensible. Il nous faut garder à l'esprit que le mot nature comprend également l'esprit. L'esprit est dans la nature, la pensée également, de la pensée à la plus triviale forme de matière, tout se trouve dans la nature, dans la manifestation de la nature. Cette nature a recouvert le Soi de l'homme et lorsqu'elle ôte cette couverture, le Soi apparaît dans toute sa gloire. L'absence d'attache, comme décrit dans le quinzième aphorisme (c'est-à-dire comme étant le contrôle des objets ou de la nature) est l'aide la plus précieuse pour atteindre la manifestation du Soi. L'aphorisme suivant décrit le Samâdhi, la concentration parfaite qui est le but du yogi.

वितर्कवचारानन्दास्मितिानुगमात् सम्प्रज्ञातः ॥१७॥

17. La concentration, que l'on appelle connaissance juste, est ce qui induit le raisonnement, la félicité de la distinction, l'égoïsme total.

Le Samâdhi se divise en deux types. L'un s'appelle le Samprajnâta et l'autre l'Asamprajnâta. Au cours du Samprajnâta Samâdhi surviennent tous les pouvoirs de contrôle sur la nature. Il en existe quatre sortes. La première s'appelle le Savitarka : l'esprit médite encore et encore sur un objet en l'isolant des autres. Il existe deux types d'objets pour la méditation parmi les vingt-cinq catégories de Sankhyas : premièrement, les vingt-quatre catégories insensibles de la Nature et deuxièmement, le Purusha sensible. Cette partie du yoga repose entièrement sur la philosophie de Sankhya dont je vous ai déjà parlé. Comme vous vous en rappellerez, l'égoïsme, la volonté et l'esprit possèdent une base commune, le Chitta (ou substance mentale), à partir duquel ils sont tous façonnés. La substance mentale absorbe les forces de la nature et les rejette sous la forme de pensées. Encore une fois, il doit exister quelque chose dans lequel la force et la matière ne font qu'un. C'est ce qu'on appelle Avyakta, l'état non-manifesté de la nature avant la création et c'est à lui que retourne la nature entière à la fin d'un cycle, pour s'en échapper à nouveau après une certaine période. Par-delà cet état se trouve le Purusha, l'essence de l'intelligence. La connaissance est le pouvoir et dès que l'on commence à connaître une chose, on prend pouvoir sur celle-ci. Ainsi, lorsque l'esprit commence à méditer sur les différents éléments, il gagne également du pouvoir sur eux. Ce type de méditation, où les objets sont les objets externes bruts, est appelé Savitarka. Vitarka signifie « question », Savitarka, « avec question », interroger les éléments, pour ainsi dire, afin qu'ils délivrent leurs vérités et leurs pouvoirs à l'homme qui médite sur eux. Les pouvoirs n'amènent pas la libération. Il s'agit d'une recherche terrestre des plaisirs mais il n'y aucun plaisir dans cette vie. Toute recherche du plaisir est vaine, c'est la très vieille leçon que l'homme trouve si dure à apprendre. Lorsqu'il l'apprend, il sort de l'univers et devient libre. Posséder ce qu'on appelle des pouvoirs occultes ne fait qu'intensifier le monde et au bout du compte, aggraver la souffrance. Pourtant, Patanjali, en tant que scientifique, est destiné à montrer les possibilités de cette science, il ne manque jamais de nous mettre en garde contre ces pouvoirs.

Encore une fois dans cette même méditation, lorsque l'on lutte pour extraire les éléments de l'espace et du temps, qu'on les considère tels qu'ils sont, c'est ce qu'on appelle Nirvitarka, l'indubitable. Lorsque la méditation atteint un degré supérieur, qu'elle prend les Tanmatras pour objet et les considère dans l'espace et le temps, c'est ce qu'on appelle Savichâra, avec distinction. Lorsque, dans le même degré de méditation, on élimine l'espace et le temps, et qu'on considère les éléments subtils tels qu'ils sont, c'est ce qu'on appelle Nirvichâra, sans distinction. L'étape suivante survient lorsque l'on abandonne les éléments bruts et subtils, qu'on prend l'organe intérieur, l'organe de la pensée, pour objet de méditation. Lorsque l'organe de la pensée est considéré comme dépourvu des qualités de l'activité et de la monotonie, c'est ce qu'on appelle Sânanda, le Samâdhi bienheureux. Lorsque l'esprit lui-même devient l'objet de la méditation, lorsqu'elle est vraiment mûre et concentrée, lorsqu'on abandonne toute idée de matière brute ou subtile, lorsque de l'Ego ne subsiste que l'état de Sattva, tout en se différenciant des autres objets, c'est ce qu'on appelle Sâsmita Samâdhi. Celui qui a atteint cela, a atteint ce que les Vedas appellent « dépourvu de corps ». Il peut se considérer lui-même sans son corps brut bien qu'il doive se considérer comme possédant un corps subtil. Ceux qui se trouvent dans cet état et qui se mélangent à la nature sans atteindre le but sont appelés Prakritilayas, mais ceux qui, même là, ne s'arrêtent pas, atteignent le but, qui est la liberté.

विरामप्रत्ययाभ्यासपूर्वः संस्कारशेषोऽन्यः ॥१८॥

18. Il existe un autre Samâdhi qui s'atteint par une pratique constante de l'arrêt de toute activité mentale, et dans lequel le Chitta ne garde que les impressions non-manifestées.

Il s'agit du parfait état de supraconscience, Asamprajnata Samâdi, l'état qui nous rend notre liberté. Le premier état ne nous la rend pas, il ne libère pas l'âme Il se peut qu'un homme obtienne tous les pouvoirs et pourtant chutent encore. Il n'existe aucune garantie tant que l'âme ne transcende pas la nature. C'est très difficile d'y parvenir, même si la méthode paraît simple. La méthode consiste à méditer sur l'esprit lui-même et, quand une pensée surgit, à la terrasser, à ne laisser aucune pensée vous venir à l'esprit, et ainsi à le vider entièrement. Lorsque nous y parvenons, à ce moment-là, nous atteindrons la libération. Lorsque des personnes sans entraînement ni préparation essaient de vider leur esprit, il est probable qu'ils n'y parviennent qu'en se recouvrant de Tamas, la matière de l'ignorance, qui rend l'esprit monotone et stupide et les amène à penser qu'ils se vident l'esprit. Afin d'être capable de réaliser cela, il faut manifester la plus grande force et le plus haut contrôle. Lorsque l'état d'Asamprajnata (supraconscience) est atteint, le Samâdhi ne comporte plus de graines. Que veut-on dire par là ? Au cours d'une concentration où la conscience subsiste, où l'esprit ne parvient qu'à apaiser et maîtriser les vagues dans le Chitta, ces-dernières restent présentes sous la forme de tendances. Ces tendances (ou graines) redeviennent des vagues quand le temps est venu. Mais quand vous avez détruit toutes ces tendances, presque détruit l'esprit, alors le Samâdhi ne comporte plus de graines. Il n'y a plus de graines dans l'esprit à partir desquelles pourrait germer à nouveau cette plante de la vie, cet incessant cycle de la naissance et de la mort.

Vous vous demanderez peut-être : Quel est donc cet état dans lequel il n'existe ni esprit, ni connaissance ? Ce qu'on appelle connaissance constitue un état inférieur par rapport à celui qui dépasse la connaissance. Il vous faut garder à l'esprit que les extrêmes se ressemblent beaucoup. Si l'on considère une basse vibration d'ondes d'éther comme les ténèbres, et un état intermédiaire comme la lumière, alors la très haute vibration sera considérée comme les ténèbres également. De même, l'ignorance constitue l'état le plus bas, la connaissance l'état intermédiaire et le dépassement de la connaissance l'état le plus haut, et les deux extrêmes semblent identiques. La connaissance elle-même a été fabriquée, combinée, elle n'est pas la réalité.

Quel résultat tire-t-on d'une pratique constante de la concentration supérieure ? Toutes les tendances à l'agitation et à la monotonie seront détruites, de même que celles à la bonté. Le cas est similaire à celui des produits chimiques utilisés pour débarrasser l'or de ses impuretés. Lorsque le minerai est fondu, la scorie est éliminée en même temps que les produits chimiques. Ainsi, le pouvoir de contrôle permanent mettra un terme aux mauvaises tendances et, au final, aux bonnes également. Ces bonnes et mauvaises tendances vont s'annuler les unes les autres, ne laissant que l'Âme dans sa propre splendeur, contrôlée ni par le bien ni par le mal, omniprésente, omnipotente et omnisciente. Alors l'homme saura qu'il n'a eu nulle naissance, ni mort, ni besoin du paradis ou de la terre. Il saura qu'il n'est jamais venu, ni allé, que c'est la nature qui se mouvait et que ce mouvement se reflétait sur l'âme. Sur le mur, la forme, créée par la lumière qui se reflète sur la vitre bouge et le mur pense bêtement qu'il bouge. Ainsi dans notre cas, c'est le Chitta qui se meut en permanence en prenant différentes formes et nous pensons que nous sommes ces formes. Toutes ces illusions disparaîtront. Lorsque que cette Âme libre commandera (non pas prier, ni supplier, mais bien commander) alors tout ce qu'Elle désirera s'accomplira et Elle sera capable de faire tout ce qu'elle veut. Selon la philosophie de Sankhya, Dieu n'existe pas. Elle dit qu'il ne peut exister aucun Dieu de l'univers, car s'il y en avait un, ce devrait être une âme et une âme doit être prisonnière ou libre. Comment une âme prisonnière par la nature, ou contrôlée par elle, pourrait-elle créer ? Elle est elle-même une esclave. Par ailleurs, pourquoi une Âme libre devrait-elle créer et manipuler toutes ces choses ? Elle n'a aucun désir donc elle ne peut ressentir le besoin de créer. Deuxièmement, cette philosophie dit que Dieu n'est pas nécessaire car la nature explique tout. A quoi sert donc un Dieu ? Mais Kapila enseigne que beaucoup d'âmes, bien que proches de la perfection, ne parviennent pas à l'atteindre car ils ne peuvent renoncer complètement à tous les pouvoirs. Leur esprit s'unifie un moment à la nature pour en ressortir tel leur maître. Ce sont ces dieux-là qui existent. Nous devons devenir de tels dieux et selon les Sankhyas, le Dieu dont il s'agit dans les Vedas est bel et bien une de ces âmes libres. Au-delà de ces-dernières ne se trouvent aucun Créateur de l'univers, éternellement libre et béni. Par contre, les yogis disent : « Pas vraiment, il existe bien un Dieu. Il existe une Âme, séparée des autres, qui est la Maîtresse éternelle de toute création, toujours libre et la Préceptrice de tous les précepteurs ». Les yogis admettent également l'existence de ceux que les Sankhyas appellent « les unifiés à la nature ». Il s'agit de yogis qui ne sont pas parvenus à la perfection et bien qu'ils n'aient plus droit d'atteindre le but pour un temps, ils restent des dirigeants d'une partie de l'univers.

भव-प्रत्ययो विदेह-प्रकृतिलियानाम् ॥१९॥

19. (Ce Samâdhi s'il n'est pas suivi avec extrême renoncement à toute attache) devient la cause de la nouvelle manifestation des dieux et de ceux qui se sont unifiés à la nature.

Les dieux des systèmes philosophiques indiens représentent certaines hautes fonctions qui sont occupées par différentes âmes successivement. Mais aucune d'elles n'est parfaite.

श्रद्धा-वीर्य-स्मृति-समाधि-प्रज्ञा-पूर्वक इतरेषाम् ॥२०॥

20. Pour les autres, (ce Samâdhi) survient à travers la foi, l'énergie, les souvenirs, la concentration et la distinction du réel.

Ceux-là ne veulent ni devenir des dieux ni même des dirigeants de cycles. Ils atteignent la libération.

तीव्रसंवेगानामासन्नः ॥२१॥

21. Le succès arrive vite à celui qui est extrêmement énergique.

मृदुमध्याधिमात्रत्वात्ततोऽपि विशेषः ॥२२॥

22. Le succès des yogis diffère selon que les méthodes qu'ils adoptent sont légères, modérées ou intenses.

ईश्वरप्रणिधानाद्वा ॥२३॥

23. Ou par la dévotion à Ishvara.

क्लेशकर्मविपाकाशयैरपरामृष्टः पुरुषविशेष ईश्वरः ॥२४॥

24. Ishvara (le Dirigeant Suprême) est un Purusha spécial, qui ne connaît ni la souffrance, ni les actions, ni leurs résultats, ni les désirs.

Il nous faut nous rappeler que la philosophie du Pâtanjala-yoga repose sur celle de Sankhya. Seulement, il n'y a pas de place pour Dieu dans cette-dernière, alors que pour les yogis, Il en a une. Cependant, les yogis ne mentionnent que peu d'idées à Son propos, comme la création. L'Ishvara des yogis n'est pas considéré comme Dieu, en tant que créateur de l'univers. Selon les Vedas, Ishvara est le Créateur de l'univers. Etant donné que l'univers est harmonieux, il doit être la manifestation d'une volonté. Les yogis veulent définir un Dieu, mais ils arrivent à lui d'une façon particulière et qui leur est propre. Ils déclarent :

तत्र निरतिशयं सर्वज्ञत्वबीजम् ॥२५॥

25. En Lui, cette omniscience devient infinie alors qu'elle est (juste) un germe chez les autres.

L'esprit doit toujours voyager entre deux extrêmes. Vous pouvez vous figurez un espace restreint, mais cette idée même vous donne un espace illimité. Fermez les yeux et imaginez un petit espace. En même temps que vous percevez le petit cercle, un cercle aux dimensions illimitées l'entoure. Il en va de même avec le temps. Essayez de penser à une seconde. Au cours du même acte de perception, vous devrez penser au temps qui est illimité. C'est la même chose pour la connaissance. La connaissance n'est qu'un germe en l'homme, mais il vous faudra penser à la connaissance infinie autour d'elle afin que la constitution même de l'esprit nous montre qu'il existe une connaissance illimitée, que les yogis appellent Dieu.

स पूर्वेषामपि गुरुः कालेनानवच्छेदात् ॥२६॥

26. *Il est même le Maître des maîtres ancestraux, puisqu'il n'est pas limité dans le temps.*

Il est vrai que toutes les connaissances demeurent en nous, mais elles doivent être soulevées par une autre connaissance. Pour un yogi, bien qu'en nous demeure la capacité de savoir, elle doit être invoquée, et cette invocation du savoir ne peut se faire qu'à travers une autre connaissance. La matière morte et insensible n'appelle jamais la connaissance, c'est l'action de la connaissance qui apporte la connaissance. Des êtres savants doivent être à nos côtés afin de soulever ce qui demeure en nous. Ainsi, ces maîtres ont toujours été indispensables. Le monde n'en a jamais été dépourvu et aucune connaissance ne peut survenir sans eux. Dieu est le Maître de tous les maîtres, car ces-derniers, aussi grands fussent-ils (dieux ou anges), étaient tous limités dans le temps, tandis que Dieu non. Il y a alors deux déductions particulières des yogis. Selon la première, en pensant à ce qui est limité, l'esprit doit penser à ce qui est illimité et si une partie de la perception est vraie, alors l'autre doit l'être également, car leur valeur, en tant que perceptions de l'esprit, est égale. Le fait même que l'homme possède un peu de connaissances démontre que Dieu possède une connaissance illimitée. Si je dois en accepter une, pourquoi ne pas accepter l'autre ? La raison me force à accepter les deux ou à les rejeter. Si je crois qu'il existe un homme avec un peu de connaissances, je dois également admettre qu'il existe quelqu'un derrière lui qui possède une connaissance illimitée. Selon la seconde déduction, aucune connaissance ne peut s'obtenir sans un maître. Comme le dit la philosophie moderne, il est vrai qu'il existe quelque chose dans l'homme qui évolue en dehors de lui. Toute connaissance demeure en l'homme mais certains environnements se montrent indispensables pour la réveiller. On ne peut découvrir aucune connaissance sans un maître. S'il existe des maîtres humains, des maîtres divins et des maîtres angéliques, ils sont tous limités. Qui était donc le maître avant eux ? Pour conclure, force est de constater qu'un maître qui n'est pas limité par le temps, ce même Maître de connaissance infinie, qui ne connaît ni commencement ni fin, est appelé Dieu.

तस्य वाचकः पुरणावः ॥२७॥

27. Son nom manifeste est Ôm.

Toute idée de l'esprit trouve sa contrepartie dans un mot. Les mots et les pensées sont inséparables. La partie externe d'une seule et même chose est ce qu'on appelle mot, et la partie interne est ce qu'on appelle pensée. Par analyse, personne ne peut séparer la pensée du mot. Il a été démontré que l'idée selon laquelle le langage aurait été créé par les hommes (certaines personnes se concertant et décIdânt des mots) est fausse. Du plus loin que l'homme ait existé, il y avait toujours des mots et des langues. Quel est le lien entre une idée et un mot ? Bien que l'on constate qu'il y a toujours un mot associé à une pensée, il n'est pas indispensable que cette même pensée soit associée au même mot. La pensée peut bien être la même dans vingt pays différents, pourtant la langue est différente. Il nous faut un mot pour exprimer une pensée, mais il n'est pas indispensable que ces mots aient le même son. Les sons varient selon les pays. Notre commentateur déclare : « Bien que le lien entre la pensée et le mot soit parfaitement naturel, cela ne signifie pour autant pas qu'il s'agisse d'une connexion rigide entre un son et une idée ». Ces sons varient alors que le lien entre les sons et les pensées est un lien naturel. La connexion entre les pensées et les sons n'est bonne que s'il y a un véritable lien entre ce qui est signifié et son symbole. Jusque-là, ce symbole n'est jamais utilisé couramment. Un symbole est ce qui rend manifeste le signifié. Si ce signifié existe déjà, et si nous savons par expérience, que le symbole l'a exprimé de nombreuses fois, alors il est certain qu'il existe une véritable relation entre eux. Même si les choses ne sont pas présentes, des milliers de personnes la connaîtront grâce à son symbole. Il doit y avoir une connexion naturelle entre le symbole et le signifié. Ainsi, lorsque le symbole est prononcé, il rappelle le signifié. Le commentateur dit qu'Ôm est le mot manifeste pour Dieu. Pourquoi insiste-t-il sur ce mot ? Il existe des centaines de mots pour désigner Dieu. Une pensée est reliée à des centaines de mots. L'idée de « Dieu » est reliée à des centaines de mots et chacun d'entre eux tient lieu de symbole pour Dieu. Très bien. Pourtant, il doit y avoir une généralisation parmi les mots de tout temps, quelque substratum, quelque base commune à tous ces symboles et le symbole commun sera le meilleur et représentera véritablement les autres. Pour émettre un son, on utilise le larynx et le palais en guise de caisse de résonance. Existe-t-il un son matériel duquel tous les autres sons sont des manifestations, un son qui soit le plus naturel ? Ôm (Aum) est un tel son, la base de tout son. La première lettre, le A, est le son de base, la clé. Il est prononcé sans toucher aucune partie de la langue ni du palais. Le M représente le dernier son de la série, puisqu'il est produit avec les lèvres fermées. Le U roule de la base jusqu'à la toute fin de la caisse de résonance de la bouche. Ainsi, Ôm représente le phénomène entier de la phonation. En tant que tel, il doit être le symbole naturel, la matrice de tous les différents sons. Il dénote la gamme entière et les possibilités de tous les mots qui peuvent être prononcés. En dehors de ces spéculations, on constate qu'autour de ce mot, Ôm, gravite tous les principes religieux en Inde. Toutes les idées religieuses des Vedas se sont rassemblées autour du mot Ôm. Que cela a-t-il à voir avec l'Amérique, l'Angleterre ou tout autre pays ? Simplement ceci : ce mot a été gardé à chaque étape de la croissance religieuse en Inde, et il a été manipulé afin qu'il signifie toutes les idées relatives à Dieu. Les monistes, dualistes, mono-dualistes, séparatistes et même les athées ont repris cet Ôm. Ôm est devenu le symbole pour l'aspiration religieuse d'une grande majorité des êtres humains. Par exemple, prenez le mot français « Dieu ». Il ne recouvre qu'une fonction limitée et pour aller plus loin, il vous faut rajouter des adjectifs pour le rendre Personnel, Impersonnel ou Absolu. Ainsi, les mots utilisés pour Dieu dans toutes les autres langues ont une signification très restreinte. Le mot « Ôm », en revanche, comprend toutes les différentes significations. C'est pourquoi tout le monde devrait le reprendre.

तज्जपस्तदर्थभावनम् ॥२८॥

28. La (méthode) consiste à répéter cet (Ôm) et à méditer sur son sens.

Pourquoi faut-il répéter ? Nous n'avons pas oublié la théorie des Samskaras, selon laquelle l'ensemble des impressions vit dans l'esprit. Elles sont de plus en plus latentes mais dès qu'elles subissent le bon stimulus, elles resurgissent. La vibration moléculaire ne s'arrête jamais. Lorsque cet univers sera détruit, toutes les vibrations massives disparaîtront : le soleil, la lune, les étoiles, la terre s'écrouleront. Pourtant, les vibrations demeureront dans les atomes. Chaque atome accomplit la même fonction que celle des grands mondes. Ainsi, même lorsque les vibrations du Chitta s'affaiblissent, ses vibrations moléculaires persistent et lorsqu'on leur donne la bonne impulsion, elles resurgissent. On comprend désormais ce que l'on entend par répétition. Il s'agit du meilleur stimulus qui puisse être donné aux Samskaras spirituels. « Un seul instant en compagnie du sacré construit un navire pour traverser l'océan de la vie ». Tel est le pouvoir de l'association. Par conséquent, la répétition de « Ôm » et la réflexion quant à son sens, maintiennent une bonne compagnie au sein de l'esprit. Etudiez puis méditez sur ce que vous venez d'apprendre. Ainsi, la lumière vous parviendra et le Soi se manifestera.

Mais il faut également penser à « Ôm » et à son sens. Evitez toute mauvaise compagnie, car les cicatrices des blessures passées demeurent en vous et la mauvaise compagnie est justement ce qui est nécessaire pour les faire remonter à la surface. De la même manière, on dit que la bonne compagnie appelle les bonnes impressions qui sommeillent en nous et qui sont devenues latentes. Il n'est rien de meilleur dans le monde que d'avoir de la bonne compagnie, car les bonnes impressions auront alors tendance à remonter à la surface.

ततः प्रत्यक्चेतनाधिगमोऽप्यन्तरायाभावश्च ॥२९॥

29. C'est de cela que l'on obtient (la connaissance de) l'introspection, et la destruction des obstacles.

La répétition et la réflexion sur Ôm aura pour premier résultat que le pouvoir d'introspection se manifestera de plus en plus et que tous les obstacles mentaux et physiques commenceront à disparaître. Quels obstacles se tiennent devant le yogi ?

व्याधि-स्त्यान-संशय-प्रमादालस्याविरति-भ्रान्तिदर्शनालब्धभूमिकत्वानवस्थितत्वा
नि चित्तविक्षेपास्तेऽन्तरायाः ॥३०॥

30. Les distractions qui font obstruction sont : la maladie, la paresse mentale, le doute, le manque d'enthousiasme, la léthargie, l'attachement aux plaisirs des sens, la fausse perception, l'absence de concentration et la perte de cet état quand il a été atteint.

La maladie. Ce corps représente le bateau qui nous transportera sur l'autre rive de l'océan de la vie. Il faut en prendre soin. Les personnes en mauvaise santé ne peuvent être des yogis. La paresse mentale nous fait perdre notre vif intérêt pour le sujet, intérêt sans lequel il n'y aurait ni la volonté, ni l'énergie pour pratiquer. Aussi forte la conviction intellectuelle soit-elle, les doutes quant à la véracité de la science apparaîtront dans l'esprit tant qu'il n'aura pas fait l'expérience de certains événements psychiques particuliers, comme entendre ou voir à longue distance, etc. Ces aperçus renforcent l'esprit et encouragent l'apprenti à persévérer. Perdre cet état … quand il a été atteint. Certains jours, certaines semaines, lorsque vous pratiquez, l'esprit sera calme et se concentrera facilement et vous ferez des progrès rapides. Un jour, les progrès s'arrêteront subitement et vous vous sentirez bloqué, pour ainsi dire. Persévérez. Tout progrès connaît des hauts et des bas.

दुःख-दौर्मनस्याङ्गमेजयत्व-श्वासप्रश्वासा विक्षेपसहभुवः ॥३१॥
31. La douleur, la détresse psychologique, les tremblements du corps et la respiration irrégulière sont des symptômes de la perte de concentration.

Chaque fois qu'on la pratique, la concentration apporte le repos à l'esprit et au corps. Quand on a mal orienté la pratique, ou qu'elle n'est pas suffisamment contrôlée, ces troubles surviennent. La répétition de Ôm et le don de soi au Seigneur renforceront l'esprit et renouvelleront l'énergie. Les secousses nerveuses arrivent à presque tout le monde. Ne vous en souciez pas du tout et continuez à pratiquer. La pratique les guérira et affirmera votre position.

तत्प्रतिषिधार्थमेकतत्त्वाभ्यासः ॥३२॥
32. En guise de remède, (il faudrait faire) la pratique d'un seul sujet.

Faire en sorte que l'esprit ne prenne la forme que d'un objet pendant un temps, détruira ces obstacles. Il s'agit d'un conseil d'ordre général. Dans les aphorismes suivants, il sera étendu et détaillé. Puisque la pratique ne peut seoir à tout le monde, diverses méthodes seront proposées et chacun découvrira laquelle leur convient le mieux, grâce à une expérience concrète.

मैत्री-करुणामुदितोपेक्षाणां सुख-दुःखपुण्यापुण्य-विषयाणां भावनातश्चित्तप्रसादनम् ॥३३॥
33. Lorsqu'on les considère par rapport aux sujets, respectivement heureux, malheureux, bon et mauvais, l'amitié, la miséricorde, le bonheur et l'indifférence calment le Chitta.

Il nous faut posséder ces quatre types d'idées. Nous devons être des amis pour tous, être miséricordieux envers ceux qui souffrent. Lorsque les gens sont heureux, nous devrions l'être également et il nous faut rester indifférent envers ceux qui sont malveillants. Il en va de même pour tous les sujets qui se présentent à nous. Si le sujet est bon, nous devons être amicaux envers lui. Si le sujet de la pensée souffre, nous devons être miséricordieux envers lui. S'il est bon, nous devons être heureux. S'il est mauvais, nous devons rester indifférents. Ces attitudes de l'esprit vis-à-vis des différents sujets qui se présentent à lui apaiseront l'esprit. La plupart de nos difficultés quotidiennes viennent de notre incapacité à maintenir notre esprit dans cet état. Par exemple, si un homme nous fait du mal, nous voulons immédiatement répondre par la méchanceté et chaque réaction par la méchanceté prouve que nous ne sommes pas capables de calmer notre Chitta, il surgit par vagues vers l'objet et nous perdons notre pouvoir. Toute réaction par la haine ou la méchanceté constitue une telle perte pour l'esprit. Si elle est contrôlée, chaque pensée, action de ce type, ou toute pensée quant à une réaction jouera en notre faveur. En faisant preuve de retenue, nous ne perdons rien, nous gagnons infiniment plus que ce que nous imaginons. Chaque fois que nous supprimons un sentiment de haine ou de colère, cela est autant d'énergie accumulée en notre faveur. Cette énergie sera convertie en de plus hauts pouvoirs.

प्रच्छर्दन-विधारणाभ्यां वा प्राणस्य ॥३४॥

34. Expirer et retenir son Souffle.

On utilise le mot Prâna. Prâna ne correspond pas tout à fait au mot souffle. Il s'agit du nom qui désigne l'énergie qui se trouve dans l'univers. Tout ce que l'on voit dans l'univers, tout ce qui bouge, fonctionne ou vit est une manifestation de ce Prâna. L'ensemble de l'énergie déployée dans l'univers constitue ce qu'on appelle Prâna. Avant qu'un cycle ne commence, ce Prâna demeure un état presque immobile et lorsque le cycle commence, il commence à se manifester. C'est ce Prâna qui se manifeste sous les traits du mouvement, du mouvement des nerfs chez les êtres humains et les animaux. C'est le même Prâna qui se manifeste sous la forme d'une pensée, etc. L'univers tout entier est une combinaison de Prâna et d'Âkâsha, il en va de même pour le corps humain. A partir d'Âkâsha, vous obtenez les différentes matières que vous sentez et voyez et à partir de Prâna, les diverses forces. Donc, cette façon d'expirer et de retenir le Prâna est ce qu'on appelle Prânâyâma. Patanjali, le père de la philosophie du yoga, ne donne que peu de directives particulières quant au Prânâyâma. Néanmoins, d'autres yogis ont, plus tard, découvert diverses choses à son propos et en ont fait une grande science. Patanjali propose une des nombreuses façons de faire mais il n'insiste pas beaucoup dessus. Il indique simplement d'expirer, d'inspirer et de retenir sa respiration quelque temps, c'est tout et grâce à cela, l'esprit se calmera un peu. Pourtant, plus loin, vous découvrirez que de cette méthode a évolué en une science particulière appelée Prânâyâma. Nous devrions écouter un peu ce que ces yogis, arrivés un peu après, ont à dire.

J'ai déjà parlé de ce sujet un peu plus tôt mais une petite répétition servira à vous le graver dans la mémoire. Tout d'abord, vous devez vous rappeler que ce Prâna n'est pas la respiration mais qu'il est bien ce qui crée le mouvement de la respiration, ce qui constitue la vitalité de celle-ci. Encore une fois, le mot Prâna est utilisé pour tous les autres sens que l'on appelle Prânas. L'esprit est appelé Prâna et ainsi nous voyons que le Prâna est la force. Et pourtant, nous ne pouvons l'appeler force, car il ne s'agit que de la manifestation de celle-ci. Il s'agit de ce qui se manifeste comme la force et tout le reste sous la forme du mouvement. Le Chitta, la substance mentale, est la machine qui attire le Prâna depuis son environnement, et qui crée, à partir du Prâna, les diverses forces vitales (celles qui préservent le corps), la pensée, la volonté et les autres pouvoirs. Grâce au procédé mentionné précédemment, il nous est possible de contrôler les différents mouvements et les divers courants nerveux qui circulent dans le corps. D'abord, on commence à les reconnaître et ensuite on en prend lentement le contrôle.

Ensuite, les yogis arrivés après Patanjali considèrent qu'il existe, dans le corps humain, trois courants principaux de ce Prâna. Le premier s'appelle Idâ, le second Pingalâ et le troisième Sushumnâ. Selon eux, le Pingalâ se trouve du côté droit de la colonne vertébrale, l'Idâ du côté gauche et au milieu de la colonne vertébrale se trouve Sushumnâ, un canal vide. Toujours d'après eux, l'Idâ et le Pingalâ sont les courants qui agissent dans chaque homme et à travers eux, nous effectuons toutes les fonctions de la vie. Le Sushumnâ est présent dans chacun d'entre nous, comme une potentialité, mais il n'agit que dans le yogi. Il vous faut garder à l'esprit que le yoga change le corps. Au fur et à mesure que vous pratiquez, votre corps change. Il n'est plus le même que celui que vous aviez avant de commencer. Cela est très rationnel et peut être expliqué, car chaque nouvelle pensée que nous avons, doit, pour ainsi dire, créer un nouveau canal dans le cerveau, ce qui explique le formIdâble conservatisme de la nature humaine. La nature humaine aime courir dans les ornières qui sont déjà tracées car cela est facile. Juste pour prendre un exemple, si nous imaginons que l'esprit est une aiguille et que la substance cérébrale est un petit tas devant lui, alors, chaque pensée qui nous vient en tête crée une route, pour ainsi dire, dans le cerveau et cette route devrait se refermer derrière elle, mais la matière grise arrive et crée une doublure pour qu'elle reste séparée. S'il n'y avait pas de matière grise, il n'y aurait pas de souvenirs car les souvenirs signifient réemprunter ces vieilles routes, reconstituer une pensée, pour ainsi dire. Puis, peut-être avez-vous remarqué que lorsque quelqu'un parle de sujets dont certaines idées sont familières à tous, lorsqu'il les assemble et les réassemble, il est facile de suivre car ces canaux sont présents dans le cerveau de tout le monde et il n'y a besoin que d'y recourir. Mais dès qu'un nouveau sujet est abordé, de nouveaux canaux doivent être creusés, le sujet n'est pas compris facilement. Et c'est pourquoi le cerveau (c'est bien le cerveau et non les personnes elles-mêmes) refuse inconsciemment que de nouvelles idées agissent sur lui. Il résiste. Le Prâna essaie de créer de nouveaux canaux mais le cerveau ne le laisse pas faire. Voilà le secret du conservatisme. Moins il y a de canaux dans le cerveau, moins l'aiguille du Prâna aura laissé de passages. Plus le cerveau est conservateur, plus il se battra contre les nouvelles pensées. Plus l'homme est réfléchi, plus les routes dans son cerveau seront compliquées et plus il prendra facilement de nouvelles idées et les comprendra. Ainsi chaque nouvelle idée laisse une nouvelle marque dans le cerveau, dégage des canaux à travers la substance cérébrale et c'est pourquoi on constate qu'au début, il y a autant de résistance physique lors de la pratique du yoga (puisqu'il s'agit d'un tout nouvel ensemble de pensées et de motivations). C'est pourquoi on constate que la partie de la religion qui traite du côté terrestre de la nature est si largement acceptée, tandis que l'autre partie, la philosophie, ou la psychologie, qui explique la nature intérieure de l'homme, est si souvent négligée.

Il faut que nous nous souvenions de la définition du monde qui est le nôtre : il s'agit de l'Existence Infinie projetée au niveau de la conscience. Une petite partie de cet Infini est projetée dans la conscience et cela est ce qu'on appelle notre monde. Il y a donc un Infini au-delà. Aussi la religion doit-elle traiter à la fois de ce petit tas qu'est notre monde et de l'Infini au-delà. Toute religion qui ne traiterait que d'un seul de ces deux sujets s'avèrerait imparfaite. Elle doit traiter des deux éléments. La partie de la religion, qui traite de la partie de l'Infini qui s'est retrouvée au niveau de la conscience, s'est, pour ainsi dire, faite piéger à ce même niveau, dans la cage du temps, de l'espace, de la causalité. Cette partie de la religion nous est familière, car nous y sommes déjà, les idées concernant ce monde nous suivent presque depuis des temps immémoriaux. Mais la partie de la religion qui traite de l'Infini au-delà, nous est totalement nouvelle et reprendre des idées sur celle-ci crée de nouveaux canaux dans le cerveau, perturbant le système entier. C'est pourquoi on constatera que les gens ordinaires sont, au début, déboussolés au cours de la pratique du yoga. Afin de calmer ces perturbations autant que possible, Patanjali nous a légué toutes les méthodes et on peut pratiquer celle qui nous correspond le mieux.

वषियवती वा प्रवृत्तरुित्पन्ना मनसः स्थतिनिबिन्धनी ॥३५॥

35. Ces formes de concentration, qui apportent d'extraordinaires perceptions des sens, entraînent la persévérance de l'esprit.

Cela vient naturellement avec Dhârana, la concentration. D'après les yogis, si l'esprit se concentre sur le bout de son nez, on commence, après quelques jours, à sentir de délicieuses fragrances. Si l'esprit se concentre sur la racine de la langue, on commence à entendre des sons. S'il se concentre sur le bout de la langue, on commencera à goûter à des saveurs raffinées. S'il se concentre sur le milieu de la langue, on se sent comme si on entrait en contact avec quelque chose. Si on concentre son esprit sur le palais, on commence à voir des choses particulières. Si un homme, dont l'esprit est perturbé, souhaite reprendre quelques-unes des pratiques du yoga et doute pourtant de leur véracité, ses doutes disparaîtront lorsqu'après un peu de pratique, ces choses lui apparaîtront, alors il persévèrera.

विशोका वा ज्योतिष्मती ॥३६॥

36. Ou (grâce à la méditation sur) la Lumière Vive, qui se trouve au-delà de toute tristesse.

Il s'agit d'une autre sorte de concentration. Imaginez le lotus du cœur, dont les pétales sont orientés vers le bas et imaginez le Sushumnâ qui circule à travers lui. Inspirez et tout en expirant, imaginez que le lotus est retourné vers le haut, et qu'en lui se trouve une lumière vive. Méditez là-dessus.

वीतरागविषयं वा चित्तम् ॥३७॥

37. Ou (grâce à la méditation sur) le cœur qui a renoncé à tout attachement aux objets des sens.

Prenez une personne sainte, une personne exceptionnelle que vous révérez, un saint dont vous être certain qu'il a renoncé aux attaches, et pensez à son cœur. Ce cœur a renoncé à toute attache et méditez sur ce cœur, cela calmera votre esprit. Si vous n'y parvenez pas, il reste la méthode suivante :

स्वप्ननिद्राज्ञानालम्बनं वा ॥३८॥

38. Ou en méditant sur la connaissance qui vient pendant le sommeil.

Parfois, un homme rêve que des anges viennent lui parler, qu'il était extatique, qu'il a entendu de la musique dans l'air. Il se trouve en état de grâce dans ce rêve et quand il se réveille, cela laisse une profonde marque en lui. Imaginez que ce rêve fût réel et méditez là-dessus. Si vous n'y parvenez pas, méditez sur quelque chose de saint qui vous plaît.

यथाभिमतध्यानाद्वा ॥३९॥
39. Ou grâce à la méditation sur quoi que ce soit de bon qui vous plaise.

Cela ne signifie pas qu'il faille éviter les mauvais sujets, mais plutôt prendre n'importe quel bon sujet qui vous plaise, votre endroit préféré, votre paysage préféré, votre idée préférée, n'importe quoi qui permettra à l'esprit de se concentrer.

परमाणु परममहत्त्वान्तोऽस्य वशीकारः ॥४०॥
40. L'esprit du yogi méditant de la sorte ne rencontre aucun obstacle sur la route entre l'atomique et l'infini.

Par cette pratique, l'esprit contemple plus facilement le chose la plus infime de même que la plus grande chose. Ainsi, les vagues de l'esprit s'affaiblissent.

क्षीणवृत्तेरभिजातस्येव मणेर्ग्रहीतृ-ग्रहण-ग्राह्येषु तत्स्थ-तदञ्जनता समापत्तिः ॥४१॥
41. Le yogi dont les Vrittis sont ainsi devenus impuissants (contrôlés), acquiert l'état de concentration parmi la similitude semblable au cristal (devant divers objets colorés) dans le récepteur, (l'instrument de) réception et le reçu (respectivement le Soi, l'esprit et les objets externes).

Quel est le résultat de cette méditation constante ? Il nous faut nous rappeler que, dans un aphorisme précédent, Patanjali a parcouru les différents états de méditation, expliquant en quoi le premier représente le brut, le second le subtil, en continuant vers des objets toujours plus subtils. Il en résulte qu'il nous est possible de méditer aussi facilement sur les objets subtils que sur les objets bruts. Ici, le yogi voit les trois choses : le récepteur, le reçu et l'instrument de réception, qui correspondent à l'Âme, aux objets externes et à l'esprit. Il existe trois objets de méditation qui nous sont proposés : premièrement, les choses brutes, en tant que corps ou objets matériels ; deuxièmement, les choses subtiles, en tant qu'esprit, le Chitta ; et troisièmement, le Purusha qualifié, et non le Purusha lui-même, mais l'Egoïsme. Par la pratique, le yogi se construit dans toutes ces méditations. Lorsqu'il médite, il peut écarter toutes les autres pensées, il s'identifie à l'objet de sa méditation. Lorsqu'il médite, il est semblable à un morceau de cristal. Devant des fleurs, le cristal s'identifie presque comme les fleurs. Si la fleur est rouge, le cristal semble rouge. Si la fleur est bleue, il semble bleu.

तत्र शब्दार्थज्ञानविकल्पैः सङ्कीर्णा सवितर्का समापत्तिः ॥४२॥
42. Le son, le sens et la connaissance qui en résulte, une fois mélangés, constituent (ce qu'on appelle) le Samadhi avec raisonnement.

Le son signifie ici vibration, le sens, les courants nerveux qui les dirigent, et la connaissance renvoie à la réaction. Patanjali appelle Savitarka (méditation avec raisonnement) les différentes méditations que nous avons vues jusque-là. Ensuite, il nous confie des Dhyânas de plus en plus haut. Dans ceux-ci, qui sont qualifiés « d'avec raisonnement », nous conservons la dualité du sujet et de l'objet qui résulte de ce mélange de mot, de sens et de connaissance. D'abord, on trouve la vibration externe : le mot. Ce mot, une fois ramené à l'intérieur par les courants des sens, constitue la signification. Ensuite, il s'ensuit une réaction, une vague dans le Chitta, qui est la connaissance, mais l'association de ces trois éléments composent ce que l'on nomme connaissance. Dans toutes les méditations que nous avons vues jusque-là, c'est cette association que nous prenons pour objet de méditation. Le Samadhi suivant est plus élevé.

स्मृतिपरिशुद्धौ स्वरूपशून्येवार्थमात्रनिर्भासा निर्वितर्का ॥४३॥
43. Le Samadhi appelé « sans raisonnement » (survient) lorsque la mémoire est purifiée, ou dénuée de qualités et lorsqu'elle n'exprime que le sens (de l'objet médité).

C'est en pratiquant la méditation de ces trois éléments que l'on parvient à cet état, où ils ne se mélangent pas. On peut s'en débarrasser. Nous essaierons d'abord de comprendre ce que sont ces trois éléments. Le Chitta : vous vous rappellerez toujours de la comparaison de la substance mentale avec un lac et de la vibration, du mot, du son avec une pulsation qui parcourt sa surface. Il y a ce lac calme en vous, puis je prononce le mot « vache ». Dès qu'il entre par votre oreille, il s'accompagne d'une vague créée dans votre Chitta. Ainsi, cette vague représente le concept de la vache, sa forme, son sens, quand on l'appelle. La vache que l'on voit et connaît, est, en réalité, la vague dans la substance mentale qui est créée en réaction aux vibrations internes et externes du son. La vague meurt en même temps que le son : elle ne peut en aucun cas exister sans un mot. Vous demanderez peut-être : Comment se fait-il que l'on pense à une vache sans que nous entendions un mot ? Vous produisez le son vous-même. Vous dites « vache » tout bas dans votre esprit, ce qui s'accompagne d'une vague. Il ne peut y avoir aucune vague sans l'impulsion d'un son. Lorsqu'il ne provient pas de l'extérieur, il vient de l'intérieur. Lorsque le son disparaît, la vague aussi. Que reste-t-il ? Le résultat de la réaction : la connaissance. Ces trois éléments sont si étroitement liés dans notre esprit qu'il nous est impossible de les séparer. Lorsqu'un son nous parvient, les sens vibrent et la vague s'élève en réaction. Ils se suivent de si près qu'il n'est pas possible de les distinguer. Quand on a pratiqué cette méditation pendant une longue période, la mémoire, le réceptacle de toutes les impressions, est purifiée. Alors nous sommes capables de les dissocier. Cela s'appelle Nirvitarka : la concentration sans raisonnement.

एतयैव सवचारा निर्वचारा च सूक्ष्मवषिया व्याख्याता ॥४४॥

44. Grâce à ce procédé, on explique (également) les (concentrations) avec ou sans distinction, dont les objets sont plus subtils.

On emploie à nouveau un procédé similaire au précédent. Toutefois, les objets qu'il fallait prendre pour la méditation précédente étaient bruts, ici, ils sont subtils.

सूक्ष्मवषियत्वञ्चालङ्ग्-पर्यवसानम् ॥४५॥

45. Les objets les plus subtils s'achèvent par le Pradhâna.

Les objets bruts ne constituent que les éléments et tout ce qui est créé à partir de ces-derniers. Les objets subtils débutent par les Tanmatras, ou particules fines. A l'exception du Purusha (l'Âme), on compte dans la catégorie des objets subtils : les organes, l'esprit (le sensorium général, l'agrégat de tous les sens), l'égoïsme, la substance mentale (la cause de toute manifestation), l'état d'équilibre des matières de Sattva, Rajas et Tamas, que l'on appelle Pradhâna (le chef), Prakriti (la nature) ou Avyakta (ce qui n'est pas manifeste).

ता एव सबीजः समाधि ॥४६॥

46. Ces concentrations contiennent des graines.

Elles ne détruisent pas les graines des actions passées et ainsi ne peuvent octroyer la libération, mais ce qu'elles apportent est développé dans les aphorismes suivants.

निर्वचार-वैश्वारद्येऽध्यात्मप्रसादः ॥४७॥

47. Une fois la concentration « sans distinction » purifiée, le Chitta se retrouve fermement immobile.

ऋतम्भरा तत्र प्रज्ञा ॥४८॥
48. La connaissance dans ce qu'on appelle « empli de Vérité ».

L'aphorisme suivant expliquera ceci.

श्रुतानुमानप्रज्ञाभ्यामन्यविषया विशेषार्थत्वात् ॥४९॥
49. La connaissance qui s'acquiert par le témoignage et l'inférence traite des objets communs. La connaissance qui s'acquiert par le Samadhi, mentionné à l'instant, est d'un ordre bien supérieur. Elle est capable d'avancer là où l'inférence et le témoignage ne peuvent aller.

L'idée est que nous devons tirer notre connaissance des objets ordinaires de la perception directe, ainsi que de l'inférence et du témoignage des personnes compétentes. Par « personnes compétentes », les yogis parlent toujours des Rishis, ou Voyants des pensées retranscrites dans les écritures, dans les Vedas. Selon eux, la seule preuve apportée par les écritures est qu'elles furent le témoignage de personnes compétentes, néanmoins, elles ne peuvent nous amener à la prise de conscience. Nous pouvons lire toutes les Vedas sans prendre conscience de rien, mais lorsque l'on met leurs préceptes en application, alors nous atteignons l'état qui nous fait prendre conscience de ce que délivrent les écritures, qui pénètre là où ni la raison, ni la perception, ni même l'inférence ne peuvent aller et où le témoignage d'autrui ne peut servir. C'est ce que l'aphorisme signifie.

La prise de conscience est la véritable religion. Tout le reste ne constitue que des préparatifs : écouter des sermons, lire des livres ou raisonner ne font que préparer le terrain, ce n'est pas la religion. L'accord et le désaccord intellectuels ne constituent pas la religion. Le principe central des yogis dit que, tout comme nous pouvons entrer directement en contact avec les objets des sens, nous pouvons également percevoir la religion directement avec un sens bien plus intense. Les vérités de la religion (comme Dieu ou l'Âme) ne peuvent être perçus par les sens externes. Je ne peux voir Dieu de mes yeux, ni le toucher avec mes mains. Nous savons également qu'on ne peut pas non plus raisonner au-delà des sens. La raison nous abandonne à un moment assez indécis. Il nous est possible de raisonner toute notre vie, comme le monde le fait depuis des milliers d'années, mais il en résultera que nous nous trouverons incapables de prouver ou de réfuter les faits de la religion. Nous prenons nos perceptions pour base et nous raisonnons à partir de cette base. Il est donc évident que le raisonnement ne peut s'affranchir des liens de la perception. Il ne peut jamais aller plus loin. Par conséquent, la prise de conséquence ne peut s'étendre qu'au-delà de la perception des sens. Pour les yogis, l'homme peut transcender sa perception sensible directe ainsi que sa raison. L'homme possède en lui la faculté, le pouvoir de transcender même son intellect, un pouvoir qui se trouve en chaque être, en chaque créature. La pratique du yoga permet de stimuler ce pouvoir. Ensuite, l'homme transcende les limites ordinaires de la raison et perçoit directement les choses qui dépassent l'entendement.

तज्जः संस्कारोऽन्यसंस्कारप्रतिबन्धी ॥५०॥

50. L'impression qui résulte de ce Samadhi cache toutes les autres.

Nous avons vu dans l'aphorisme précédent que la concentration est le seul moyen pour atteindre la supraconscience et que ce sont les Samskaras du passé (les impressions) qui empêchent l'esprit de se concentrer. Vous avez tous remarqué que lorsque vous essayez de concentrer votre esprit, vos pensées vagabondent. Lorsque vous essayez de penser à Dieu, c'est à ce moment précis où ces Samskaras apparaissent. A d'autres moments, ils ne sont pas aussi actifs, mais quand vous ne les désirez pas, il est certain qu'ils apparaîtront, faisant de leur mieux pour envahir votre esprit. Pourquoi faut-il qu'il en soit ainsi ? Pourquoi faut-il qu'ils soient plus puissants au moment de se concentrer ? C'est parce que vous les canalisez. Ils réagissent donc de toute leur force. A d'autres moments, ils ne réagissent pas. Ô combien nombreuses ces impressions doivent-elles être, toutes agglutinées quelque part dans le Chitta, prêtes, attendant tels des tigres, à nous bondir dessus ! Il faut les supprimer, afin que la seule idée que nous désirons puisse s'élever, en excluant les autres. A la place, elles luttent toutes pour remonter à la surface en même temps. Voilà les divers pouvoirs que les Samskaras possèdent afin de faire obstacle à la concentration de l'esprit. Ainsi, le Samadhi qui vient d'être évoqué, est le meilleur qui puisse être pratiqué, car il a le pouvoir de supprimer les Samskaras. Le Samskara qui s'élèvera de ce type de concentration sera si puissant qu'il fera obstacle à l'action des autres et les contrôlera.

तस्यापि निरोधे सर्वनिरोधान्निर्बीजः समाधिः ॥५१॥

51. Si l'on retient même cela (l'impression qui fait obstacle aux autres impressions), tout étant alors retenu, le Samadhi « sans graine » survient.

Vous vous souvenez que notre but est de percevoir l'Âme elle-même. Nous ne pouvons La percevoir parce qu'elle s'est retrouvée mêlée à la nature, à l'esprit et au corps. L'ignorant pense que son corps est l'Âme. L'homme éduqué pense que son esprit est l'Âme. Mais ils se trompent tous deux. Comment se fait-il que l'Âme se retrouve mêlée à tout ça ? Les différentes vagues dans le Chitta s'élèvent et recouvrent l'Âme. On ne peut distinguer qu'un petit reflet de l'Âme à travers ces vagues. Ainsi, s'il s'agit d'une vague de colère, l'Âme nous apparaît en colère : « Je suis en colère » dit-on. S'il s'agit d'une vague d'amour, nous nous reflétons dans cette vague et disons que nous aimons. S'il s'agit d'une vague de faiblesse, et si l'Âme se reflète en elle, nous pensons que nous sommes faibles. Ces différentes idées proviennent de ces impressions, ces Samskaras qui recouvrent l'Âme. On ne peut percevoir la véritable nature de l'Âme tant qu'il reste ne serait-ce que la plus petite vague sur le lac du Chitta. On ne la percevra jamais tant que les vagues ne se seront pas calmées. Par conséquent, Patanjali nous apprend, tout d'abord, la signification de ces vagues, puis la meilleure méthode pour les contenir et enfin, comment créer une vague si puissante qu'elle détruit toutes les autres, le feu dévorant le feu, pour ainsi dire. Lorsqu'il n'en reste qu'une, il sera facile de la supprimer également et quand tout a disparu, ce Samadhi, ou concentration, est nommée « sans graine ». Il ne reste rien et l'Âme se manifeste telle qu'Elle est, dans toute Sa gloire. Alors seulement, nous découvrons que l'Âme n'est pas un mélange. Elle est la seule et éternelle unicité dans l'univers et, en tant que telle, Elle ne peut pas naître, ni mourir. Elle est immortelle, indestructible, elle est l'essence éternelle de l'intelligence.

Chapitre II
La Pratique de la Concentration

तपः-स्वाध्यायेश्वरप्रणिधानानि क्रियायोगः ॥१॥
1. La mortification, l'étude et le don des fruits du travail à Dieu constituent ce qu'on appelle le Kriyâ-yoga.

Les Samâdhis, avec lesquels nous avons clôturé le chapitre précédent, sont très difficiles à atteindre. C'est pourquoi nous devons les appréhender lentement. La première étape, l'étape préliminaire, s'appelle le Kriya-yoga. Cela signifie littéralement travail, le travail pour le yoga. Les organes représentent les chevaux, l'esprit représente les rênes, l'intellect représente le cocher, l'âme est le cavalier et le corps, le char. Le maître de maison, le roi, le Soi de l'homme, se tient sur ce char. Si les chevaux sont très forts et n'obéissent pas à la commande des rênes, si le cocher (l'intellect) ne sait pas comment contrôler ces chevaux, alors le char se dirige vers sa perte. Mais si les chevaux (les organes) sont bien contrôlés et si les rênes (l'esprit) sont fermement tenues par le cocher (l'intellect), alors le char atteindra son but. Ainsi, qu'entend-on par mortification ? Retenir fermement les rênes tout en guidant le corps et les organes. Ne pas les laisser faire tout ce qu'ils désirent mais plutôt les garder sous un contrôle parfait. L'étude. Dans ce cas-là, qu'entend-on par étude ? Ce n'est pas l'étude de romans ou de contes, mais l'étude des travaux qui enseignent la libération de l'Âme. A nouveau, cela ne veut pas du tout dire qu'il faille verser dans des études controversées. Le yogi est censé en avoir fini avec sa période de controverses. Il en a eu assez et est maintenant satisfait. Il n'étudie que pour intensifier ses convictions. Le Vâda (l'argumentation) et Siddhânta (la décision), voilà les deux types de connaissances issues des écritures. Un homme complètement ignorant utilise le premier de ces deux types, la lutte argumentative, et pèse le pour et le contre. Quand il a terminé, il utilise le Siddhanta, la décision, pour tirer une conclusion. Arriver à cette conclusion ne suffit pas. Il faut lui donner plus de force. Il existe un nombre infini de livres tandis que notre temps est bref. Ainsi, le secret de la connaissance est de ne assimiler que l'essentiel. Prenez l'essentiel et essayez de vous y tenir. Selon une vieille légende indienne, si vous placez un verre de lait et un autre d'eau devant un Râja-Hamsa (un cygne), il ne boira que le lait et laissera l'eau. De la même manière, nous devons prendre ce qui a de la valeur dans la connaissance et laisser les âneries de côté. Au début, la gymnastique intellectuelle est indispensable. Il ne faut pas se lancer à l'aveuglette dans quoi que ce soit. Le yogi a déjà passé l'état d'argumentation et est parvenu à une conclusion, qui telle la roche, est inébranlable. La seule chose qu'il recherche désormais est de donner plus de force à cette conclusion. « N'argumentez pas » dit-il. Si quelqu'un vous oblige à écouter ses arguments, restez silencieux. N'argumentez pas en réponse, mais allez-vous-en calmement, parce que les arguments ne font que perturber l'esprit. La seule chose qui soit indispensable, c'est d'entraîner l'intellect, à quoi bon le perturber inutilement ? L'intellect n'est pas un puissant instrument, et ne peut nous fournir que des connaissances sensibles. Le yogi veut dépasser les sens, c'est pourquoi l'intellect ne lui sert à rien. Il en est convaincu et, par conséquent, demeure silencieux et ne débat pas. Tout argument déséquilibre son esprit, crée une perturbation dans le Chitta et toute perturbation constitue un retour en arrière. Les argumentations et les recherches de la raison ne sont que futilités. Il existe des choses bien plus grandes au-delà. La vie entière n'est pas faite pour les querelles d'écoliers ni pour les sociétés portées sur les débats. « Le don des fruits du travail à Dieu » signifie qu'il ne faut ni récolter les lauriers ni accepter la honte, mais qu'il faut en faire don à Dieu et demeurer en paix.

समाधि-भावनार्थः क्लेश-तनूकरणार्थश्च ॥२॥

2. (Il s'agit de) la pratique du Samâdhi et de la minimisation des obstacles qui apportent la souffrance.

La plupart d'entre nous traitent leur esprit comme un enfant gâté, le laissant faire tout ce qu'il veut. Par conséquent, il est indispensable de pratiquer le Kriya-yoga en permanence, afin de d'acquérir le contrôle de l'esprit et de le soumettre. Les obstacles au yoga proviennent du manque de contrôle et nous font souffrir. On ne peut les supprimer qu'en reniant l'esprit et en le maintenant sous contrôle, au moyen du Kriya-yoga.

अविद्यास्मिता-राग-द्वेषाभिनिवेशाः क्लेशाः ॥३॥

3. Les obstacles douloureux sont : l'ignorance, l'égoïsme, les attaches, l'aversion et le cramponnement à la vie.

Ce sont les cinq douleurs, le quintuple lien qui nous entrave et dont l'ignorance est la cause et les quatre autres ses effets. Il s'agit de la seule cause de notre souffrance. Quoi d'autre pourrait nous rendre malheureux ? La nature de l'Âme est un bonheur éternel. Qu'est-ce qui pourrait bien l'emplir de tristesse si ce n'est l'ignorance, les hallucinations ou les illusions ? Les souffrances de l'Âme ne sont qu'illusions.

अविद्याक्षेत्रमुत्तरेषां प्रसुप्त-तनु-विच्छिन्नोदाराणाम् ॥४॥

4. L'ignorance est le moteur de tous ces effets, qu'ils soient latents, atténués, surmontés ou étendus.

L'ignorance est la cause de l'égoïsme, des attaches, de l'aversion et du cramponnement à la vie. Ces impressions existent dans différents états. Parfois, ils sont latents. On entend souvent l'expression « aussi innocent qu'un bébé », pourtant, ce bébé possède peut-être un état précédant celui d'un démon ou d'un dieu, lequel état se manifestera petit à petit. Dans le yogi, ces impressions (les Samskâras laissés par les actions du passé) sont atténuées, c'est-à-dire qu'elles existent dans un état très subtil, que le yogi peut les contrôler et les empêcher de se manifester. « Surmonté » signifie que, parfois, un ensemble d'impressions est réduit au silence pour un moment par celles qui sont plus fortes, mais elles ressurgissent lorsque ce qui les réprimait disparaît. Le dernier état est l'état « étendu » qui est lorsque les Samskaras, aidés par leur environnement, atteignent une forte activité, qu'elle soit bonne ou mauvaise.

अनित्याशुचि-दुःखानात्मसु नित्य-शुचि-सुखात्मख्यातिरविद्या ॥५॥

5. L'ignorance prend l'éphémère, l'impur, le douloureux, le non-Soi (respectivement) pour l'éternel, le pur, l'heureux et l'Âtman ou Soi.

Ces divers types d'impressions n'ont qu'une seule source : l'ignorance. Il nous faut d'abord apprendre ce qu'est l'ignorance. Nous pensons tous : « Je suis le corps, et non le Soi, le pur, le lumineux et l'éternellement heureux » et c'est ce que représente l'ignorance. Nous pensons et nous représentons l'homme comme un corps. Cela constitue une terrible illusion.

दृग्दर्शनशक्त्योरेकात्मतेवास्मिता ॥६॥

6. L'égoïsme constitue l'identification du voyant à l'instrument de divination.

Le voyant est en réalité, le Soi, le pur, le toujours saint, l'infini et l'immortel.

Voilà ce qu'est le Soi de l'homme. Et que sont les instruments ? Le Chitta (ou substance mentale), le Buddhi (ou faculté de détermination), le Manas (ou esprit) et les Indriyas (ou organes sensibles). Ce sont des instruments qui lui permettent de voir le monde extérieur et identifier le Soi avec ces instruments constitue ce qu'on appelle l'ignorance par égoïsme. On dit : « Je suis l'esprit », « Je suis la pensée », « Je suis en colère » ou « Je suis heureux ». Comment pouvons-nous être en colère et haïr ? Nous devrions nous identifier au Soi qui ne peut changer. Il ne peut changer alors comment pourrait-il être heureux à un moment et malheureux à un autre ? Il est informe, infini et omniprésent. Qu'est-ce qui peut le changer ? Cela dépasse toute loi. Qu'est-ce qui peut l'affecter ? Rien dans l'univers ne peut avoir un effet sur Lui. Pour autant, à cause de l'ignorance, nous nous identifions à la substance mentale et pensons que nous ressentons du plaisir ou de la douleur.

सुखानुशयी रागः ॥७॥
7. Les attaches représentent ce qui s'attarde sur le plaisir.

On prend plaisir à certaines choses et l'esprit, tel un courant, se dirige vers eux. C'est cette action de suivre le centre des plaisirs est ce qu'on appelle les attaches. Nous ne nous attachons jamais à ce qui ne nous donne pas de plaisir. Nous prenons plaisir à faire des choses très étranges parfois, mais le principe reste le même : où que l'on trouve du plaisir, nous nous y attachons.

दुःखानुशयी द्वेषः ॥८॥
8. L'aversion est ce qui s'attarde sur la douleur.

Nous cherchons immédiatement à nous éloigner de ce qui nous cause de la souffrance.

स्वरसवाही विदुषोऽपि तथारूढोऽभिनिवेशः ॥९॥
9. Le cramponnement à la vie circule à travers sa propre nature et se trouve même chez l'érudit.

Il se trouve dans tout animal. Il en a découlé de nombreux essais pour établir la théorie d'une vie future, car les hommes aiment tant la vie qu'ils désirent aussi une vie future. Evidemment, il va sans dire que cet argument n'a aucune valeur mais la partie la plus curieuse est que, dans les pays occidentaux, cette idée de se cramponner à la vie indique la possibilité d'une vie future pour les hommes seulement, mais pas pour les animaux. En Inde, ce concept a été l'un des arguments qui a prouvé les expériences et existences passées. Par exemple, s'il était vrai que toute notre connaissance est empirique, alors il serait certain que l'on ne peut imaginer ni comprendre ce dont on n'a pas fait l'expérience. Les poussins, dès qu'ils sortent de leur œuf, commencent à picorer de la nourriture. On a vu à de nombreuses reprises que des canards, qui ont été couvés par des poules, volent directement en direction de l'eau après être sortis de l'œuf, et que leur mère pensait qu'ils allaient se noyer. Si l'expérience était la seule source de connaissance, comment ces poussins apprirent-ils à picorer de la nourriture, ou ces canetons que l'eau était leur élément naturel ? Si vous déclarez qu'il s'agit de l'instinct, cela ne veut rien dire. Il ne s'agit que d'un mot et non d'une explication. Quel est donc cet instinct ? Nous regorgeons d'instincts. Par exemple, la plupart de vous, mesdames, jouez du piano et vous vous souvenez que, quand vous avez appris, vous deviez placer vos doigts avec la plus grande attention sur les touches noires et blanches, l'une après l'autre, alors qu'aujourd'hui, après des années de pratique, vous êtes capables de parler à vos amis tout en jouant mécaniquement. Cela est devenu un instinct. Ainsi, tout travail que nous accomplissons devient un instinct, un automatisme par la pratique. Mais pour autant que nous sachions, tout ce que nous considérons comme automatique constitue une dégradation de la raison. Dans la langue du yogi, l'instinct constitue l'implication de la raison. La distinction devient impliquée et se transforme en Samskaras automatiques. Par conséquent, il est parfaitement logique de penser que tout ce qu'on appelle instinct dans ce monde est simplement l'implication de la raison. Etant donné que la raison va de pair avec l'expérience, tout instinct est donc le résultat d'une expérience passée. Les poussins craignent le faucon, et les canetons adorent l'eau, ce sont deux résultats d'une expérience passée. La question est alors de savoir si cette expérience appartient à une âme particulière ou juste au corps, si cette expérience provient des expériences des ancêtres du canard ou de celle du canard lui-même. Pour les scientifiques contemporains, elle appartient au corps, mais pour les yogis, elle appartient à l'esprit et est transmise par le corps. C'est ce qu'on appelle la théorie de la réincarnation.

Nous avons vu que notre connaissance, qu'on l'appelle perception, raison ou instinct, doit passer par ce seul canal qu'est l'expérience et tout ce que nous appelons aujourd'hui « instinct » est le résultat de l'expérience passée, dégradée en instinct, puis réhabilitée en raison. Ainsi de suite, partout dans l'univers, et c'est sur cette idée qu'a été fondé l'un des arguments principaux de la réincarnation en Inde. Les expériences récurrentes de diverses peurs produisent, au fil du temps, ce cramponnement à la vie. C'est pourquoi l'enfant a peur par instinct, car l'expérience passée de la douleur demeure en lui. Malgré leurs convictions intellectuelles, on trouve même ce principe de cramponnement à la vie chez les plus érudits, qui savent que ce corps disparaîtra et qui disent : « Peu importe, nous avons eu des centaines de corps, l'âme ne peut mourir ». Pourquoi cela existe-t-il ? Nous avons vu que cela est devenu instinctif. Dans le langage psychologique des yogis, cela est devenu un Samskara. Les Samskaras, subtils et cachés, dorment dans le Chitta. Cette expérience passée de la mort, tout ce qu'on appelle instinct, constitue l'expérience devenue subconsciente. Elle vit dans le Chitta et n'est pas inactive mais elle fonctionne à notre insu.

Les Chitta-Vrittis, les vagues de l'esprit, qui sont brutes et que nous pouvons apprécier et sentir, peuvent facilement être contrôlées, mais qu'en est-il des instincts plus subtils ? Comment est-il possible de les contrôler ? Lorsque je suis en colère, mon esprit tout entier se transforme en une gigantesque vague de colère. Je la sens, la vois, la manœuvre, je peux facilement la manipuler, me battre avec elle, mais je ne pourrai remporter complètement la lutte tant que je ne serais pas remonté à sa cause. Un homme me dit des choses très méchantes et je commence à sentir que je m'énerve peu à peu, il continue jusqu'à ce je sois complètement en colère et m'oublie moi-même, jusqu'à ce que je m'identifie à la colère. Lorsqu'il a commencé à m'insulter, j'ai pensé : « Je vais me mettre en colère ». La colère était une chose et moi, j'en étais une autre, mais quand je me suis énervé, j'étais la colère. Il faut contrôler ces sentiments dans leur germe, leur racine, dans leur forme subtile avant même que nous ne prenions conscience qu'ils agissent sur nous. La grande majorité de l'humanité ignore que les états subtils de ces passions existent, des états desquels elles émergent du subconscient. Lorsqu'une bulle remonte du fond du lac, on ne la voit pas, on ne la voit même pas lorsqu'elle est presque à la surface, on ne sait qu'elle existe que lorsqu'elle éclate et crée une vague. On ne peut réussir à lutter contre ces vagues que lorsque nous pouvons saisir leurs causes subtiles. Tant que ce n'est pas le cas, et que l'on ne les maîtrise pas avant qu'elles ne deviennent brutes, il n'y aucun espoir de surmonter parfaitement une passion. Afin de contrôler nos passions, il nous faut les contrôler à leurs racines mêmes. Alors seulement serons-nous en mesure de brûler leurs graines. Telles des graines brûlées jetées au sol qui ne pousseront jamais, ces passions ne s'élèveront plus jamais.

ते प्रतिप्रसवहेयाः सूक्ष्माः ॥१०॥

10. Il faut maîtriser les Samskaras subtils en les résolvant par l'état qui en est à l'origine.

Les Samskaras sont des impressions subtiles qui se manifestent, un peu plus tard, sous des formes brutes. Comment contrôler ces subtils Samskaras ? En résolvant l'effet par sa cause. Lorsque le Chitta, qui est un effet, est résolu par sa cause (Asmitâ ou Egoïsme), alors seulement les impressions subtiles mourront avec lui. La méditation ne peut les détruire.

ध्यानहेयास्तद्वृत्तयः ॥११॥

11. Par la méditation, leurs modifications (brutes) sont censées être rejetées.

La méditation est l'un des grands moyens pour contrôler le soulèvement de ces vagues. Par la méditation, vous pouvez faire en sorte que l'esprit réprime ces vagues. Si vous continuez à pratiquer pendant des jours, des mois et des années, jusqu'à ce que cela devienne une habitude, jusqu'à ce qu'elle vous vienne malgré vous, alors la colère et la haine seront contrôlées et enrayées.

क्लेशमूलः कर्माशयो दृष्टादृष्टजन्मवेदनीयः ॥१२॥

12. Le « réceptacle des travaux » prend racine dans ces obstacles douloureux et on en fait l'expérience dans cette vie visible ou dans la vie invisible.

Par « réceptacle des travaux », on entend l'ensemble des Samskaras. Quel que soit le travail que nous accomplissions, une vague parcourt l'esprit et, après que le travail soit terminé, nous pensons que cette vague a disparu. Non. Elle est seulement devenue subtile, mais elle subsiste. Lorsque nous essayons de nous rappeler le travail, elle ressurgit et devient une vague. Elle est donc là, sinon il n'y aurait pas de souvenirs. Ainsi, toute action, toute pensée, bonne ou mauvaise, diminue simplement, devient subtile, et est conservée là. Les pensées heureuses comme les douloureuses sont considérées comme des obstacles douloureux, car, d'après les yogis, elles entraînent de la souffrance sur le long terme. Tout bonheur issu des sens finira par provoquer de la souffrance. Tous les plaisirs nous amèneront à en vouloir plus, et cela entraîne de la souffrance en conséquence. Il n'y a pas de limites aux désirs de l'homme. Il désire encore et encore, et il souffre lorsqu'il ne peut plus assouvir ses désirs. Par conséquent, les yogis considèrent l'ensemble des impressions, bonnes ou mauvaises, comme des obstacles douloureux, ils barrent le chemin vers la liberté de l'Âme.

Il en va de même avec les Samskaras, les racines subtiles de tous nos travaux. Ils constituent les causes qui entraîneront à nouveau des effets, que ce soit dans cette vie ou dans celles à venir. Dans de très rares cas, lorsque ces Samskaras sont très puissants, ils portent leurs fruits rapidement. Des actes exceptionnels de méchanceté, ou de bonté, porteront même leurs fruits dans cette vie. Les yogis croient que ceux qui sont capables d'acquérir un formIdâble pouvoir de bons Samskaras ne sont pas contraints de mourir, mais que, même au cours de cette vie, ils peuvent transformer leur corps en corps divin. Les yogis mentionnent plusieurs cas similaires dans leurs livres. De tels hommes changent la structure même de leur corps : ils réarrangent les molécules de sorte qu'ils ne souffrent plus de la maladie ni de ce qu'on appelle la mort. Pourquoi cela ne pourrait-il pas être possible ? La signification physiologique de la nourriture est l'assimilation de l'énergie du soleil. L'énergie atteint la plante, qui est mangée par un animal, qui est lui aussi mangé par l'homme. Cette science dit que nous prenons beaucoup d'énergie solaire et en faisons une partie de nous-mêmes. Cela étant dit, pourquoi ne devrait-il y avoir qu'un seul moyen pour assimiler de l'énergie ? La plante n'a pas recours à la même méthode que nous et le processus terrestre pour assimiler l'énergie diffère du nôtre. Mais ils assimilent tous de l'énergie, sous une forme ou une autre. Selon les yogis, ils sont capables d'assimiler de l'énergie par le seul pouvoir de l'esprit. Ils peuvent en absorber autant qu'ils le souhaitent sans recourir aux méthodes ordinaires. De même que l'araignée tisse sa toile à partir de sa propre substance, y est accrochée et ne peut aller ailleurs que le long des fils de cette toile, de même nous avons projeté ce réseau que l'on appelle les nerfs à partir de notre propre substance et nous ne pouvons agir qu'à travers les canaux de ces nerfs. Pour les yogis, il ne faut pas être limité à cela.

De façon similaire, on est en mesure d'envoyer de l'électricité de l'autre côté du monde, mais nous ne pouvons le faire qu'en utilisant des câbles. La nature peut envoyer une énorme quantité d'électricité sans aucun câble. Pourquoi ne pouvons-nous pas en faire autant ? Nous pouvons envoyer de l'électricité mentale. Ce qu'on appelle esprit est tout à fait semblable à de l'électricité. Il est évident que ce fluide nerveux possède une certaine quantité d'électricité, car il est polarisé et répond aux impulsions électriques. Nous ne pouvons envoyer notre électricité qu'en utilisant les canaux nerveux. Pourquoi ne pas envoyer l'électricité mentale sans cette aide ? Les yogis assurent que cela est parfaitement possible et réalisable et que vous œuvrerez dans tout l'univers lorsque que vous y parviendrez. Vous serez capable d'agir avec n'importe quel corps, n'importe où, sans l'aide du système nerveux. Lorsque l'âme agit à travers ces canaux, on dit que l'homme est vivant et lorsqu'ils cessent de fonctionner, on dit qu'il est mort. Mais lorsqu'il est capable d'agir avec ou sans ces canaux, la naissance et la mort n'auront plus de sens pour lui. Tous les corps dans l'univers sont constitués de Tanmâtras, leur différence repose dans l'arrangement de ces-derniers. Si vous êtes celui qui arrange, vous pouvez composer le corps d'une manière ou d'une autre. Qui crée ce corps, si ce n'est vous ? Qui mange la nourriture ? Si un autre mangeait pour vous, vous ne vivriez pas longtemps. Qui produit le sang à partir de la nourriture ? Vous, sans aucun doute. Qui purifie le sang et le fait circuler dans les veines ? Vous. Nous sommes les maîtres du corps et nous y vivons. Toutefois, nous avons perdu la connaissance qui nous permet de le régénérer. Nous nous sommes automatisés, dégradés. Nous avons oublié comment arranger ses molécules. Ainsi, ce que l'on fait automatiquement doit être fait consciemment. Nous sommes les maîtres et nous devons réguler cette organisation. Dès que nous en serons capables, nous devrions être en mesure de le régénérer de la manière qu'on souhaite et nous ne devrions ni naître, ni tomber malade, ni mourir.

सति मूले तद्विपाको जात्यायुर्भोगाः ॥१३॥

13. La racine étant présente, la réalisation se fait (sous la forme) d'espèces, de vie et d'expérience du plaisir et de la souffrance.

Les racines, les causes et les Samskaras étant présents, ils se manifestent et ont des effets. La cause s'éteignant devient l'effet et l'effet qui devient plus subtil devient la cause du prochain effet. Un arbre porte une graine, qui devient la cause d'un autre arbre, et ainsi de suite. Tous nos travaux résultent de Samskaras du passé et, à nouveau, ils deviennent des Samskaras qui seront les causes de nos actions futures, et ainsi de suite. Cet aphorisme décrit donc que la cause étant présente, le résultat doit se produire sous la forme d'une espèce d'êtres : l'une sera un homme, une autre sera un ange, la suivante un animal et la dernière un démon. Ensuite, il existe différents effets du Karma sur la vie. Un homme vit cinquante ans, un autre cent ans et un autre meurt en deux ans, sans jamais atteindre la maturité. Dans la vie, toutes ces différences sont régies par le Karma passé. Un homme qui est né, pour ainsi dire, pour le plaisir, s'il s'enterre dans une forêt, le plaisir le suivra là-bas. Un autre, où qu'il aille, sera poursuivi par la souffrance, tout est douloureux pour lui. Il s'agit du résultat de leur propre passé. Selon la philosophie des yogis, toute action vertueuse apporte le plaisir et toute action malveillante entraîne la souffrance. Tout homme qui agit de façon malveillante est certain de récolter les fruits de ses actions sous la forme de souffrance.

ते ह्लादपरितापफलाः पुण्यापुण्यहेतुत्वात् ॥१४॥

14. Ils récoltent leurs fruits sous forme de plaisir ou de souffrance, causés par la vertu ou le vice.

परिणामताप-संस्कारदुःखैर्गुणवृत्तविरोधाच्च दुःखमेव सर्वं विवेकिनः ॥१५॥

15. Pour celui qui fait la distinction, tout est, pour ainsi dire, douloureux en raison que tout entraîne de la douleur en guise de conséquence, d'anticipation de la perte du bonheur, ou d'une nouvelle envie issue des impressions de bonheur et également en guise de neutralisation des qualités.

D'après les yogis, l'homme qui possède des pouvoirs de distinction, l'homme de bon sens, décèle tout ce qu'on appelle plaisir ou souffrance et il sait qu'ils arrivent à tout le monde, et l'un suit et se mêle à l'autre. Il constate que l'homme poursuit une chimère toute sa vie et ne parvient jamais à assouvir ses désirs. Le grand roi Yudhishthira a dit un jour que la plus belle chose dans la vie était qu'à chaque instant on voyait des gens mourir autour de nous en se disant pourtant que cela ne nous arriverait jamais. Encerclé par des fous, on se prend pour les seules exceptions, les seuls érudits. Entouré par toutes sortes d'expériences d'inconstance, nous pensons que notre amour est le seul qui dure. Comment est-ce possible ? Même l'amour est égoïste et pour le yogi, nous découvrirons en fin de compte que même l'amour du mari et de la femme, des enfants et des amis décline peu à peu. La décadence touche tout dans cette vie. Ce n'est que lorsque tout, même l'amour, échoue que nous comprenons soudainement que tout est vain et onirique dans ce monde. Alors a-t-il un aperçu de Vairâgya (la renonciation), un aperçu de l'Au-delà. Ce n'est qu'en abandonnant ce monde que l'on parvient à l'autre et jamais en s'accrochant au premier. Il n'est jamais arrivé qu'une grande âme ne dût pas rejeter les plaisirs sensibles et les amusements afin d'acquérir sa grandeur. La souffrance trouve sa cause dans la confrontation des différentes forces de la nature, l'une tirant d'un côté et l'autre de l'autre côté, ce qui rend le bonheur perpétuel impossible.

हेयं दुःखमनागतम् ॥१६॥

16. La souffrance qui n'a pas encore été causée doit être évitée.

Nous avons déjà réalisé du Karma, nous en réalisons aujourd'hui et il y a encore du Karma qui portera ses fruits dans le futur. Le premier type de Karma est révolu. Le deuxième constitue celui que nous devons surmonter, et l'on ne peut maîtriser et contrôler que seul celui qui portera ses fruits dans le futur, vers lequel il nous faut concentrer tous nos efforts. Voilà ce que Patanjali signifie lorsqu'il dit qu'il faut contrôler les Samskaras en les résolvant par leur cause (dixième aphorisme).

CHAPITRE II : LA PRATIQUE DE LA CONCENTRATION

द्रष्टृदृश्ययोः संयोगो हेयहेतुः ॥१७॥
17. La cause de ce qui doit être évité représente la jonction entre le voyant et ce qui est vu.

Qui est le voyant? Le Soi de l'homme, le Purusha. Qu'est-ce qui est vu? La nature entière, à commencer par l'esprit et jusqu'à la matière brute. Tout plaisir et toute souffrance survient de la jonction entre ce Purusha et l'esprit. Selon cette philosophie, le Purusha, il faut vous en souvenir, est pur. Quand il se joint à la nature, il semble ressentir du plaisir ou de la souffrance par réflexion.

प्रकाश-क्रिया-स्थितिशीलं भूतेन्द्रियात्मकं भोगापवर्गार्थं दृश्यमः ॥१८॥
18. Ce dont on fait l'expérience est composé d'éléments et d'organes, et est de la même nature que l'illumination, l'action et l'inertie, et a pour but l'expérience et la libération (de celui qui fait l'expérience).

Ce dont on fait l'expérience, soit la nature, est composé d'éléments et d'organes (les éléments, bruts et subtils, qui composent la nature entière, et les organes des sens, l'esprit, etc.) et est de la même nature que l'illumination (Sattva), l'action (Rajas), et l'inertie (Tamas). Quel est le but de la nature toute entière? Que le Purusha gagne de l'expérience. Le Purusha a, pour ainsi dire, oublié sa puissance, sa nature divine. Il existe une histoire qui raconte que le roi des dieux, Indra, se transforma un jour en porc, se baignant dans la boue. Il avait une truie et de nombreux porcelets et était très heureux. Alors certains dieux virent sa détresse et vinrent à lui en lui disant : « Vous êtes le roi des dieux et vous avez tous les dieux sous votre commandement. Pourquoi êtes-vous là? » Mais Indra répondit : « Peu importe, je me porte bien ici. Je me moque du paradis, tant que j'ai cette truie et ces porcelets ». Les pauvres dieux étaient désemparés. Après un temps, ils décidèrent de tuer tous les porcs, l'un après l'autre. Quand ils furent tous morts, Indra commença à pleurer et sangloter. Puis, les dieux éventrèrent son corps de porc et il en sortit, puis il commença à rire lorsqu'il réalisa quel horrible rêve il avait fait : lui, le roi des dieux, qui devint un porc et pensa que la vie de porc était la seule qui soit! Mais pas que, lui qui voulut que l'univers entier se retrouvât dans la vie porcine! Le Purusha, lorsqu'il s'identifie à la nature, oublie qu'il est pur et infini. Le Purusha n'aime pas, il est l'amour lui-même. Il n'existe pas, il constitue l'existence elle-même. L'Âme ne connaît pas, Elle constitue la connaissance elle-même. Il est erroné de dire que l'Âme aime, existe ou connaît. L'amour, l'existence et la connaissance ne sont pas les qualités du Purusha mais son essence. Lorsqu'ils se reflètent sur quelque chose, vous pouvez dire qu'ils constituent les qualités de ce quelque chose. Ils ne sont pas les qualités mais l'essence du Purusha, du grand Âtman, de l'Être Infini, sans naissance ni mort, établi dans toute sa gloire. Il semble qu'il s'est tant dégradé que si vous vous en approchez et que vous lui dites : « Vous n'êtes pas un porc », il commence à couiner et à mordre.

Ainsi en va-t-il de même avec nous tous dans ce Mâyâ, ce monde rêvé, où tout n'est que souffrance, pleurs et cris, où quelques billes dorées sont façonnées et où le monde se précipite à leur poursuite. Vous n'avez jamais été contraints par les lois, la nature n'a jamais eu d'obligation pour vous. Voilà ce que vous dit le yogi. Ayez la patience d'apprendre cela. Et le yogi démontre comment, en se joignant à la nature et en s'identifiant à l'esprit et au monde, le Purusha se croit malheureux. Puis, il continue en vous montrant que l'expérience constitue l'échappatoire. Il vous faut acquérir toute cette expérience mais la terminer rapidement. Nous nous sommes piégés dans ce filet et il nous faut nous en extirper. Nous nous sommes retrouvés coincés dans ce piège et il nous faudra prendre notre liberté. En conséquence, faites l'expérience de l'époux, de l'épouse, des amis et des amourettes, vous les traverserez sans problème si vous n'oubliez jamais ce que vous êtes réellement. N'oubliez jamais qu'il ne s'agit que d'un état passager et que nous devons le traverser. L'expérience est le grand professeur (l'expérience du plaisir et de la souffrance) mais sachez qu'il ne s'agit que d'expérience. Elle amène, pas à pas, à cet état dans lequel tout devient petit et où le Purusha devient si grand que l'univers entier semble être une goutte dans l'océan et se détache par sa propre non-existence. Il nous faut passer par différentes expériences, mais n'oublions jamais l'idéal.

विशेषाविशेष-लिङ्गमात्रालिङ्गानि गुणपर्वाणि ॥१९॥

19. Les états des qualités sont : le défini, l'indéfini, le manifesté seul et le non-manifesté.

Le système du yoga est entièrement construit sur la philosophie des Sânkhyas, comme je vous l'ai dit auparavant, et je vais une fois de plus vous remémorer la cosmologie de la philosophie Sânkhya. D'après les Sânkhyas, la nature constitue à la fois la matière et la cause efficiente de l'univers. Dans la nature, il existe trois types de matières : le Sattva, le Rajas et le Tamas. La matière que constitue le Tamas, représente tout ce qui est sombre, tout ce qui est ignorant et lourd. Le Rajas représente l'activité. Le Sattva constitue le calme et la lumière. Dans les Sânkhyas, la nature, antérieure à la création, est appelée Avyakta, l'indéfinie, ou l'indiscrète, c'est-à-dire dans laquelle il n'y a ni distinction de forme ou de nom, un état dans lequel ces trois matières s'équilibrent parfaitement. Puis, l'équilibre est rompu et les trois matières commencent à se mélanger de différentes manières et il en résulte l'univers. Elles existent aussi dans chaque homme. Lorsque le Sattva prévaut, la connaissance survient, lorsque c'est le Rajas, l'activité survient et lorsqu'il s'agit du Tamas, l'obscurité, la lassitude, l'oisiveté et l'ignorance surviennent. Selon la théorie Sankhya, la plus haute manifestation de la nature, réunissant les trois matières, est ce qu'elle appelle Mahat ou l'intelligence, l'intelligence universelle dont fait partie l'intellect de chaque homme. Dans la psychologie Sankhya, il existe une nette distinction entre le Manas, la fonction de l'esprit, et la fonction du Buddhi, de l'intellect. La fonction de l'esprit consiste simplement à collecter, transporter et présenter les impressions au Buddhi, le Mahat individuel, qui les détermine. Du Mahat ressort l'égoïsme, d'où ressort encore les matières subtiles. Les matières subtiles s'assemblent et deviennent les matières brutes à l'extérieur, l'univers extérieur. La philosophie Sankhya clame qu'en commençant par l'intellect et jusqu'à un rocher, tout est le produit d'une seule substance, différente seulement par les états de l'existence allant du plus subtil au plus brut. L'état plus subtil constitue la cause et l'état plus brut, l'effet. Selon la philosophie Sankhya, au-delà de la nature entière se trouve le Purusha, qui n'est pas du tout constitué de matière. Le Purusha n'est en rien similaire à quoi que ce soit d'autre, ni au Buddhi (l'esprit), ni aux Tanmatras (les matières brutes). Il n'est semblable à aucun d'eux, il est en tout point séparé, complètement différent dans sa nature et à partir de là, ils avancent que le Purusha doit être immortel, car il n'est pas le résultat d'une combinaison. Ce qui n'est pas le résultat d'une combinaison ne peut mourir. Les Purushas, ou âmes, existent en nombre infini.

Il nous faut maintenant comprendre l'aphorisme selon lequel les états des qualités sont définis, indéfinis, le manifesté seul et le non-manifesté. Par « défini », on entend les éléments bruts, que l'on peut ressentir. Par « indéfni » on entend les matières très subtiles, les Tanmatras, que l'homme ordinaire ne peut percevoir. Si vous pratiquez le yoga, cependant, dit Patanjali, vos perceptions deviendront, après un moment, si subtiles que vous verrez les Tanmatras. Par exemple, vous avez déjà entendu que tous les hommes possèdent une certaine lumière autour d'eux, chaque être vivant émet une certaine lumière, et le yogi peut la voir, dit-il. Nous ne la voyons pas tous, mais nous émettons tous ces Tanmatras, tout comme une fleur émet en permanence de fines particules qui nous permettent de la sentir. Chaque jour de notre vie, nous émettons une masse de bonté ou de méchanceté et où que l'on aille, l'atmosphère est remplie de ces matériaux. Voilà comment est venu, de manière inconsciente, à l'esprit humain l'idée de construire des temples et des églises. Pourquoi l'homme devrait-il construire des églises dans lesquelles il vénérerait Dieu ? Pourquoi ne pas Le vénérer n'importe où ? Même s'il ignorait la raison, l'homme découvrit que l'endroit où les gens vénéraient Dieu se remplissait de bons Tanmatras. Chaque jour, les gens s'y rendent, et plus ils y vont, plus ils deviennent saints et plus ils deviennent saints, plus l'endroit devient saint. Si un homme qui ne possède que peu de Sattva en lui, s'y rend, l'endroit l'influencera et éveillera sa qualité de Sattva. Par conséquent, voilà l'importance de tous ces temples et lieux saints. Mais il faut vous rappeler que leur sainteté dépend des personnes saintes qui s'y rassemblent. Ce qui est difficile avec l'homme, c'est qu'il oublie le sens original et met la charrue avant les bœufs. Ce sont les hommes qui ont rendu ces lieux saints, puis l'effet est devenu la cause et a rendu les hommes saints. Si seuls les malveillants s'y rendaient, il deviendrait aussi mauvais que tout autre endroit. Ce n'est pas le bâtiment mais les fidèles qui font une église et on oublie toujours cela. C'est pourquoi les sages et les personnes saintes, qui regorgent de cette qualité de Sattva, peuvent en émettre et exercer jour et nuit une influence incroyable sur leurs environnements. Il est possible qu'un homme devienne si pur que cette pureté devienne tangible. Quiconque entre en contact avec lui deviendra alors pur.

Ensuite, le « manifesté seul » signifie le Buddhi, l'intellect. « Le manifesté seul » est la première manifestation de la nature, et de celle-là découle toutes les autres manifestations. En dernier, il y a « le non-manifesté ». A ce stade, il semble y avoir une grande différence entre la science moderne et toutes les religions. Toute religion part de l'idée que l'univers provient d'une intelligence. Dans son sens psychologique et outre toute idée de personnalité, la théorie de Dieu dit que l'intelligence est arrivée en première dans l'ordre de la création, puis que de cette intelligence a été créé ce qu'on appelle la matière brute. Selon les philosophes modernes, l'intelligence est arrivée en dernier. Ils disent que des choses dépourvues d'intelligence ont évolué en animaux, puis les animaux en hommes. D'après eux, au lieu que tout provienne de l'intelligence, l'intelligence elle-même est apparue en dernier. Les déclarations religieuses comme scientifiques, bien qu'en apparence directement opposées, sont toutes deux vraies. Prenez une série infinie : A-B-A-B-A-B, etc. La question est alors : qui de A ou B est le premier ? Si vous envisagez la série comme A-B, vous direz que A est le premier, mais si vous l'envisagez comme B-A, vous direz que B est le premier. Tout dépend de la façon dont vous envisagez le problème. L'intelligence subit des modifications et se transforme en matière brute, qui, à nouveau, se mêle à l'intelligence et le processus continue ainsi. Les Sankhyas, et les autres religieux, mettent l'intelligence en premier et la série commence par elle, puis vient la matière. Le scientifique met la matière en avant et dit que la matière vient d'abord, suivie de l'intelligence. Ils parlent tous deux de la même chaîne. Cependant, la philosophie indienne dépasse l'intelligence comme la matière, et trouve un Purusha, ou Soi, qui transcende l'intelligence et à qui l'intelligence ne fait qu'emprunter sa lumière.

द्रष्टा दृश्मिात्रः शुद्धोऽपि प्रत्ययानुपश्यः ॥२०॥

20. Le voyant n'est que l'intelligence et, bien que pur, il voit à travers la complexion de l'intellect.

Il s'agit ici aussi de la philosophie Sankhya. Cette même philosophie nous a montré que tout est dans la nature, de la plus petite forme jusqu'à l'intelligence, et qu'au-delà de la nature se trouvent les Purushas (les âmes), qui n'ont pas de qualité. Alors comment l'âme semble-t-elle être heureuse ou malheureuse ? Par réflexion. Si l'on met une fleur rouge à côté d'un cristal pur, il apparaît rouge. De la même manière, les apparences de bonheur ou de malheur de l'âme ne sont que des reflets. L'âme elle-même n'a pas de complexion. L'âme est séparée de la nature. La nature est une chose et l'âme une autre, éternellement séparées. Les Sankhyas disent que l'intelligence est une composition, qui croît et décroît, qui change, tout comme le corps change et dont la nature est presque identique à celle du corps. De même que l'ongle appartient au corps, le corps appartient à l'intelligence. L'ongle fait partie du corps, mais il peut être coupé des centaines de fois, le corps continuera à exister. De façon similaire, l'intelligence dure une éternité tandis que le corps peut être « rongé », abandonné. Pourtant, l'intelligence ne peut être immortelle car elle change, croissant et décroissant. Tout ce qui change ne peut être immortel. L'intelligence est sans aucun doute façonnée et ce fait montre, à lui seul, qu'il doit exister quelque chose au-delà. Elle ne peut être libre. Tout ce qui est connecté à la matière se trouve dans la nature et, par conséquent, est assujetti à jamais. Qui est libre ? Celui qui est libre doit certainement se trouver par-delà les causes et les effets. Si vous déclarez que l'idée de liberté n'est qu'illusion, je dirai que l'idée d'assujettissement en est une également. Deux faits apparaissent dans notre conscience et se dressent ou chutent ensemble. Voilà nos notions d'assujettissement et de liberté. Si nous voulons traverser un mur et notre tête se cogne contre ce mur, nous constatons que ce mur nous limite. Au même moment, nous découvrons une force de volonté et nous pensons que nous pouvons la diriger partout. A chaque étape, ces idées contradictoires nous viennent à l'esprit. Il nous faut croire que nous sommes libres, pourtant nous constatons à tout instant que nous ne le sommes pas. Si une idée est une illusion, l'autre l'est aussi et si l'une est vraie, l'autre également, car toutes deux reposent sur la même base : la conscience. Pour les yogis, les deux sont vraies, c'est-à-dire que nous sommes assujettis par les limites de l'intelligence et que nous sommes libres en ce qui concerne l'âme. C'est la véritable nature de l'homme, l'âme, le Purusha, qui est au-dessus des lois de la causalité. Sa liberté filtre à travers les couches de la matière sous différentes formes : l'intelligence, l'esprit, etc. C'est sa lumière qui brille à travers tout. L'intelligence ne possède pas de lumière propre. Chaque organe a un centre particulier dans le cerveau, non pas que tous les organes n'aient qu'un seul centre, chaque organe est séparé. Pourquoi toutes les perceptions s'harmonisent-elles ? Où trouvent-elles leur unité ? Si c'était dans le cerveau, il serait indispensable que tous les organes (les yeux, le nez, les oreilles, etc.) ne possèdent qu'un seul centre, or nous sommes certains qu'il y en a plusieurs par organe. Un homme peut entendre et voir en même temps, une unité doit donc exister à l'arrière de l'intelligence. L'intelligence est connectée au cerveau, mais derrière l'intelligence se trouve le Purusha, l'unité, où toutes les différentes sensations et perceptions se joignent et ne forment qu'une. L'âme elle-même constitue le centre où les différentes perceptions convergent et s'unifient. Cette âme-là est libre et c'est sa liberté qui vous indique à tout instant que vous êtes libres. Mais vous faites l'erreur de confondre à chaque instant cette liberté- avec l'intelligence et l'esprit. Vous essayez d'attribuer cette liberté à l'intelligence et découvrez immédiatement que l'intelligence n'est pas libre. Vous attribuez cette liberté au corps et la nature vous dit aussitôt que vous faites à nouveau erreur. C'est pourquoi ce sentiment de liberté mêlé à l'assujettissement existe en même temps. Le yogi analyse à la fois ce qui est libre et ce qui est assujetti et l'ignorance disparaît. Il découvre que le Purusha est libre, est l'essence de cette connaissance qui, à travers le Buddhi, devient l'intelligence et, en tant que telle, se trouve assujetti.

तदर्थ एव दृश्यस्यात्मा ॥२१॥

21. La nature de ce dont on fait l'expérience est pour lui.

La nature ne possède pas de lumière propre. Tant que le Purusha s'y trouve, elle apparaît lumineuse. Mais la lumière est empruntée, tout comme la lumière de la lune est reflétée. Selon les yogis, toutes les manifestations de la nature sont causées par la nature elle-même, mais la nature ne vise aucun but, si ce n'est de libérer le Purusha.

कृतार्थं प्रति नष्टमप्यनष्टं तदन्यसाधारणत्वात् ॥२२॥

22. Bien que détruite pour celui dont le but a été atteint, il n'est pourtant pas détruit, étant donné qu'il est partagé par les autres.

Toute l'activité de la nature a pour but d'amener l'âme à savoir qu'elle est entièrement séparée de la nature. Lorsque l'âme en a conscience, la nature ne l'attire plus. Mais la nature entière ne disparaît que pour l'homme qui est devenu libre. Il subsistera toujours une infinité d'autres hommes pour qui la nature continuera à exister.

स्वस्वामिशक्त्योः स्वरूपोपलब्धिहेतुः संयोगः ॥२३॥

23. La jonction est la cause de la prise de conscience de la nature à la fois des pouvoirs de ce dont on fait l'expérience et de ceux du Seigneur.

D'après cet aphorisme, les pouvoirs de l'âme comme ceux de la nature se manifestent lorsqu'ils sont conjoints. Alors toutes les manifestations émergent. L'ignorance est la cause de ce concours. Tous les jours, nous constatons que la cause de notre souffrance ou de notre plaisir est toujours le fait de se joindre à notre corps. Si j'étais parfaitement sûr que je ne suis pas ce corps, je ne devrais pas prêter attention à la chaleur, au froid, ou à quoi que ce soit du même acabit. Le corps est une combinaison. Il est du ressort de l'illusion que de dire que je possède un corps, vous un autre et le soleil un troisième. L'univers tout entier est un océan de matière, et vous représentez le nom d'une petite particule, moi d'une autre et le soleil d'une troisième. Nous savons que cette matière change en permanence. Ce qui crée le soleil un jour, crée la matière de nos corps le lendemain.

तस्य हेतुरविद्या ॥२४॥

24. L'ignorance est sa cause.

Par ignorance, nous nous sommes joints à un corps particulier et nous sommes ainsi ouverts à la souffrance. L'idée du corps n'est que simple superstition. Il s'agit d'une superstition qui nous rend heureux ou malheureux. Il s'agit d'une superstition dont la cause est l'ignorance, qui nous fait ressentir la chaleur, le froid, la douleur et le plaisir. C'est à nous de nous élever au-dessus de cette superstition et le yogi nous montre comment nous pouvons y parvenir. Il a été prouvé que, sous certaines conditions mentales, un homme peut être brûlé sans pour autant ressentir de la douleur. La difficulté réside dans ce brusque bouleversement de l'esprit qui survient comme un ouragan une minute et disparaît la minute suivante. Cependant, si nous l'obtenons grâce au yoga, nous atteindrons de façon permanente la séparation du Soi et du corps.

तदभावात् संयोगाभावो हानं तद्दृशेः कैवल्यम् ॥२५॥

25. En l'absence de cette (ignorance), il n'y a pas de jonction, ce qui est la chose qu'il faut éviter, et c'est alors l'indépendance du voyant.

D'après la philosophie du yoga, c'est par ignorance que l'âme s'est jointe à la nature. Le but est de se débarrasser du contrôle qu'exerce la nature sur nous. Voilà le but de toute religion. Chaque âme est potentiellement divine. Le but est de manifester en soi cette Divinité, en contrôlant la nature, externe comme interne. Accomplissez cette tâche par le travail, l'adoration, le contrôle psychique ou la philosophie (que ce soit l'une d'entre elles ou plus ou toutes) et soyez libres. Voilà ce qu'est la religion. Les doctrines, dogmes, rituels, livres, temples ou formes ne sont que des détails secondaires. Le yogi essaie d'atteindre cet objectif par le contrôle psychique. Tant que nous ne nous libérons pas de la nature, nous serons des esclaves. Nous devons faire ce qu'elle ordonne. Pour le yogi, celui qui contrôle l'esprit, contrôle également la matière. La nature interne est bien plus haute que la nature externe et bien plus difficile à combattre, et à contrôler. Par conséquent, celui qui a vaincu la nature interne contrôle l'univers entier, qui devient son servant. Le Raja yoga propose les méthodes qui permettent d'acquérir ce contrôle. Il faudra assujettir des forces plus élevées que nous connaissons dans la nature physique. Le corps n'est que l'écorce de l'esprit. Ils ne sont pas des choses distinctes, ils sont telle l'huître et sa coquille. Ils ne sont que deux aspects d'une même chose : la substance interne de l'huître récupère de la matière de l'extérieur et façonne la coquille. De la même manière, les forces internes subtiles, que l'on appelle l'esprit, récupère de la matière brute de l'extérieur et façonne avec elle la coquille extérieure, le corps. Si, alors, nous avons le contrôle de ce qui est interne, il est très facile d'avoir le contrôle de ce qui est externe. Encore une fois, ces forces ne sont pas différentes. Ce n'est pas que certaines forces sont physiques et d'autres mentales : les forces physiques ne sont que les manifestations brutes des forces subtiles, tout comme le monde physique n'est que la manifestation brute du monde subtil.

विवेकख्यातिरविप्लवा हानोपायः ॥२६॥

26. Les moyens pour détruire l'ignorance est la pratique continue de la distinction.

Voilà le véritable but de la pratique : la distinction entre le réel et l'irréel, tout en sachant que le Purusha n'est pas la nature, qu'il n'est pas non plus la matière ni l'esprit et qu'il ne peut changer puisqu'il n'est pas la nature. Seule la nature change, s'assemblant, se réassemblant et disparaissant en permanence. Lorsque par la pratique constante on commencera à faire la distinction, l'ignorance disparaîtra et le Purusha commencera à étinceler dans sa véritable nature : omniscient, omnipotent, omniprésent.

तस्य सप्तधा प्रान्तभूमिः प्रज्ञा ॥२७॥

27. Sa connaissance est à un niveau sept fois plus haut.

Lorsque cette connaissance apparaît, elle apparaît, pour ainsi dire, en sept étapes, l'une après l'autre. Lorsque l'une débute, nous savons que nous gagnons en connaissances. La première étape qui apparaîtra est que nous connaissons ce que nous devons connaître. L'esprit cessera de se montrer insatisfait. Tandis que nous avons conscience de notre soif de connaissances, nous commençons à chercher çà et là (n'importe quel endroit où l'on pense trouver quelque vérité) et lorsqu'on échoue, on devient insatisfait et l'on cherche dans une nouvelle direction. Toute recherche est vaine tant que l'on ne perçoit pas que la connaissance sommeille en nous, que personne ne peut nous aider et que nous devons nous aider nous-mêmes. Lorsque l'on commence à pratiquer le pouvoir de la distinction, le premier signe qui nous indique que nous nous rapprochons de la vérité, sera la disparition de cet état d'insatisfaction. Il nous faut être presque certain que nous ayons découvert la vérité et qu'il est impossible que ce ne soit quoi que ce soit d'autre que la vérité. Puis, nous pourrons savoir que le soleil se lève, que le matin s'éveille pour nous et avec courage, nous devons persévérer jusqu'à ce que nous atteignions notre but. La deuxième étape sera l'absence de toute souffrance. Rien dans l'univers, que ce soit interne ou externe, ne sera capable de nous infliger de la souffrance. La troisième sera l'acquisition de toute la connaissance. L'omniscience nous appartiendra. La quatrième étape sera d'atteindre la fin de tout devoir grâce à la distinction. Ensuite viendra ce qu'on appelle la liberté du Chitta. Nous prendrons conscience que toutes les difficultés et luttes, toutes les tergiversations de l'esprit se sont éteintes, tout comme la pierre tombe de la montagne et roule jusqu'à la vallée sans jamais remonter. Puis, le Chitta lui-même prendra conscience qu'il se mêle complètement avec ses causes dès qu'on le désir. Enfin, nous découvrirons que nous nous trouvons dans notre Soi, que nous avons été seul dans tout l'univers, que ni le corps ni l'esprit n'ont jamais été liés, et encore moins joints à nous. Ils fonctionnaient à leur manière et à cause de l'ignorance, nous nous sommes joints à eux. Mais nous étions seuls, omnipotents, omniprésents, bénis à jamais. Notre propre Soi était si pur et parfait que nous n'avions besoin de rien d'autre. Nous n'avions besoin de rien d'autre pour nous rendre heureux car nous incarnons le bonheur lui-même. Nous découvrirons que cette connaissance ne dépend de rien d'autre. Partout dans l'univers, il est impossible que quoi que ce soit ne brille pas face à notre connaissance. Il s'agira du dernier état : le yogi s'apaisera et se calmera, il ne ressentira plus jamais la douleur, ni ne se bercera d'illusions, ni ne sera atteint par la souffrance. Il saura qu'il est à jamais béni, parfait et tout-puissant.

योगाङ्गानुष्ठानादशुद्धिक्षये ज्ञानदीप्तिरा विवेकख्यातेः ॥२८॥
28. Par la pratique des différentes parties du yoga, les impuretés sont détruites, la connaissance s'illumine grâce à la distinction.

Alors survient la connaissance pratique. Ce dont nous venons de parler est d'un niveau bien plus élevé, qui s'étend bien au-dessus de nos têtes mais il constitue l'idéal. Il est d'abord indispensable d'obtenir le contrôle physique et mental. Puis la prise de conscience s'établira sur cet idéal. L'idéal étant connu, il ne reste qu'à pratiquer la méthode qui permettra de l'atteindre.

यम-नियमासन-प्राणायाम-प्रत्याहार-धारणा-ध्यान-समाधयोऽष्टावङ्गानि ॥२९॥
29. Yama, Niyama, Âsana, Prânâyâama, Pratyâhâra, Dhâranâ, Dhyâna, et Samâdhi constituent les huit branches du yoga.

अहिंसा-सत्यास्तेय-ब्रह्मचर्यापरिग्रहा यमाः ॥३०॥
30. Le refus de tuer, l'honnêteté, le refus de voler, la chasteté et le refus de recevoir sont appelés Yamas.

Un homme qui désire devenir un parfait yogi doit abandonner toute idée sexuelle. L'âme ne possède pas de sexe, pourquoi devrait-elle se dégrader avec de telles idées ? Un peu plus loin, nous comprendrons mieux pourquoi il faut abandonner ces idées. Celui qui donne des cadeaux agit sur l'esprit de l'homme qui les reçoit, ainsi il est probable que le receveur se voit dégradé. Recevoir des cadeaux a tendance à détruire l'indépendance de l'esprit et à nous rendre servile.

Par conséquent, n'acceptez aucun cadeau.

एते जाति-देश-काल-समयानवच्छिन्नाः सार्वभौमा महाव्रतम् ॥३१॥
31. Ne pouvant être rompus par le temps, l'espace, le but ou par les règles des castes, ce sont de grands vœux (universels).

Ces pratiques (le refus de tuer, la véracité, le refus de voler, la chasteté et le refus de recevoir) doivent être exercées par chaque homme, chaque femme, chaque enfant, chaque âme, sans distinction de nation, de pays ou de situation.

शौच-सन्तोष-तपःस्वाध्यायेश्वरप्रणिधानानि नियमाः ॥३२॥
32. La purification interne et externe, le contentement, la mortification, l'étude et l'adoration de Dieu constituent les Niyamas.

La purification externe garde le corps pur, un homme sale ne deviendra jamais un yogi. La purification interne est également requise. Elle est obtenue par les vertus nommées dans le Chapitre 1 à l'aphorisme 33. Bien sûr, la pureté interne a bien plus de valeur que la pureté externe, mais les deux sont indispensables et la pureté externe, sans la pureté interne, ne sert à rien.

वितर्कबाधने प्रतिपक्षभावनम् ॥३३॥
33. Afin de faire obstacle aux pensées qui sont défavorables au yoga, il faut avoir des pensées contraires.

Voilà la manière dont il faut pratiquer les vertus dont on a parlé. Par exemple, lorsqu'une grande vague de colère surgit dans l'esprit, comment sommes-nous supposés la contrôler ? Simplement en élevant une vague opposée. Pensez à l'amour. Parfois, une mère est très en colère contre son mari et pendant qu'elle se trouve dans cet état, le bébé entre et elle l'embrasse, l'ancienne vague disparaît et une nouvelle se forme : l'amour porté à l'enfant. Elle supprime la précédente. L'amour est l'opposé de la colère. De la même manière, lorsque l'idée de voler survient, il faut penser au refus de voler. Lorsque l'idée de recevoir un cadeau apparaît, remplacez-la par une pensée contraire.

वितर्का हिंसादयः कृतकारितानुमोदिता लोभक्रोधमोहपूर्वका मृदुमध्याधिमात्रा दुःखाज्ञानानन्तफला इति प्रतिपक्षभावनम् ॥३४॥
34. Les obstacles au yoga sont le meurtre, le mensonge, etc, qu'ils soient

commis, causés ou approuvés par l'avarice, la colère, l'ignorance, qu'ils soient minimes, modérés ou grands et ils résultent en une ignorance et une souffrance infinies. Il s'agit de (la méthode de) la pensée contraire.

Dire un mensonge, entraîner le mensonge d'un autre ou l'approuver est tout aussi honteux. S'il s'agit d'un mensonge sans gravité, cela demeure un mensonge. Toute pensée malveillante rebondira, toute pensée haineuse que vous pourriez avoir, même dans une grotte, est emmagasinée et un jour, elle resurgira avec une force colossale sous la forme de quelque souffrance ici-bas. Si vous projetez de la haine ou de la jalousie, elles rebondiront sur vous avec les intérêts composés. Aucun pouvoir ne peut l'éviter. Lorsque vous les avez, un jour, mis en marche, il vous faudra les supporter. Vous souvenir de cela vous permettra d'éviter de faire des choses malveillantes.

अहिंसाप्रतिष्ठायां तत्सन्निधौ वैरत्यागः ॥३५॥

35. Le refus de tuer étant établi, en sa présence toute hostilité prend fin (chez les autres).

Si un homme gagne l'idéal de ne pas blesser autrui, même les animaux qui sont, par nature, féroces seront paisibles face à lui. Le tigre et l'agneau joueront ensemble face à ce yogi. Lorsque vous atteignez cet état, alors seulement vous comprendrez que vous êtes fermement ancrés dans le refus de blesser.

सत्यप्रतिष्ठायां क्रियाफलाश्रयत्वम् ॥३६॥

36. Par l'établissement de l'honnêteté, le yogi obtient le pouvoir d'atteindre le fruit du travail sans travailler, pour lui et pour autrui.

Lorsque ce pouvoir de la vérité sera ancré en vous, alors, même en rêve, vous ne direz plus jamais de mensonges. Vous serez honnêtes dans vos pensées, vos paroles et vos actions. Quoi que vous disiez sera vrai. Vous pourrez dire à un homme « Sois béni » et cet homme sera béni. Si un homme est malade et si vous dîtes « Sois guéri », il sera instantanément guéri.

अस्तेयप्रतिष्ठायां सर्वरत्नोपस्थानम् ॥३७॥

37. Par l'établissement du refus de voler, toutes les richesses viennent au yogi.

Plus vous fuyez la nature, plus elle vous suit. Et si vous ne vous souciez pas du tout d'elle, elle devient votre esclave.

ब्रह्मचर्यप्रतिष्ठायां वीर्यलाभः ॥३८॥

38. Par l'établissement de la chasteté, l'énergie est acquise.

Le cerveau chaste possède une énergie colossale et une gigantesque force de volonté. Sans chasteté il ne peut y avoir de force spirituelle. La chasteté donne un contrôle merveilleux sur l'humanité. Les guides spirituels des hommes ont été très chastes et cela leur a donné du pouvoir. C'est pourquoi le yogi doit être chaste.

अपरिग्रहस्थैर्ये जन्मकथन्तासंबोधः ॥३९॥

39. Lorsqu'il est décidé à ne pas recevoir, il obtient la mémoire de la vie passée.

Lorsqu'un homme ne reçoit pas de cadeaux, il ne devient pas redevable envers les autres mais demeure indépendant et libre. Son esprit devient pur. A chaque cadeau, il est enclin à recevoir les malveillances du donneur. S'il ne reçoit rien, l'esprit est purifié et le premier pouvoir qu'il gagne est la mémoire de la vie passée. Alors seulement le yogi devient parfaitement déterminé dans son idéal. Il voit qu'il est allé et venu de nombreuses fois, ainsi devient-il déterminé à être libre cette fois-ci, à ne plus aller et venir, à ne plus être l'esclave de la Nature.

शौचात्स्वाङ्गजुगुप्सा परैरसंसर्गः ॥४०॥

40. La propreté interne et externe étant établie, il en ressort le dégoût pour son propre corps et pour les rapports sexuels avec les autres.

Lorsque la purification, externe et interne, du corps est véritablement effectuée, il en ressort la négligence du corps et l'idée de l'entretenir disparaît. Un visage que les autres considèrent comme le plus beau, apparaîtra au yogi comme purement animal s'il n'y a pas d'intelligence derrière. Il considèrera comme divin un visage que le monde trouve très banal, si derrière ce visage brille l'esprit. La recherche du corps est le grand fléau de la vie humaine. Ainsi, le premier signe de l'établissement de la pureté est que vous ne vous souciez pas de penser que vous êtes un corps. Ce n'est que lorsque nous atteignons la pureté que nous nous débarrassons de l'idée du corps.

सत्त्वशुद्धि-सौमनस्यैकाग्र्येन्द्रियजयात्मदर्शन-योग्यत्वानि च ॥४१॥

41. Il en ressort également la purification du Sattva, la gaieté de l'esprit, la concentration, la conquête des organes, et l'aptitude pour la prise de conscience du Soi.

Par la pratique de la propreté, la matière de Sattva prévaut et l'esprit devient concentré et gai. Le premier signe qui montre que vous devenez religieux est que vous devenez gai. Lorsqu'un homme est morose, c'est peut-être de la dyspepsie, et non de la religion. Un sentiment agréable est la nature du Sattva. Tout est plaisant pour l'homme sâttvika et quand cela se produit, sachez que vous progressez dans le yoga. Toute souffrance est causée par les Tamas, il nous faut donc nous en débarrasser. La morosité est l'une des Joies des Tamas Seuls ceux qui sont forts, solides, jeunes, en bonne santé ou téméraires sont capables d'être des yogis. Pour le yogi, tout est béatitude, chaque visage humain qu'il voit le rend heureux. C'est le signe d'un homme vertueux. La souffrance est causée par le péché et par aucune autre cause. Quel intérêt d'avoir l'air déprimé ? C'est terrible. Si vous êtes déprimé, ne sortez pas ce jour-là, enfermez-vous chez vous. Quel droit vous permet d'amener cette maladie dans le monde ? Lorsque vous contrôlez votre esprit, vous contrôlez le corps entier. Au lieu d'être l'esclave de la machine, la machine devient votre esclave. Au lieu que cette machine nuit à l'âme, elle devient sa plus grande aide.

सन्तोषादनुत्तमः सुखलाभः ॥४२॥

42. Du contentement provient le bonheur sans pareil.

कायेन्द्रियसिद्धिरशुद्धिक्षयात्तपसः ॥४३॥

43. Le résultat de la mortification est d'apporter les pouvoirs aux organes et au corps, en détruisant l'impureté.

Les résultats de la mortification sont immédiatement constatés, parfois par l'amplification des pouvoirs de la vision, de la capacité à entendre des choses dans le lointain, etc.

स्वाध्यायादिष्टदेवतासंप्रयोगः ॥४४॥

44. Par la répétition du Mantra, on prend conscience de la déité désirée.

Plus les êtres que vous voulez atteindre sont hauts, plus la pratique sera difficile.

समाधिसिद्धिरीश्वरप्रणिधानात् ॥४५॥

45. En sacrifiant tout à Ishvara survient le Samâdhi.

Par la résignation à Dieu, le Samâdhi devient parfait.

CHAPITRE II : LA PRATIQUE DE LA CONCENTRATION

स्थिरसुखमासनम् ॥४६॥

46. La posture est celle qui est ferme et plaisante.

Voilà Asana : la posture. Tant que vous n'aurez pas une assise ferme, vous ne pourrez pas pratiquer la respiration ni les autres exercices. Par fermeté de l'assise, on entend que vous ne ressentez pas du tout le corps. Ordinairement, vous constaterez que dès que l'on s'assoit pendant plusieurs minutes, toutes sortes de perturbations se font sentir dans le corps. Mais lorsque vous aurez dépassé l'idée d'un corps concret, vous perdrez toute sensation du corps. Vous ne ressentirez ni plaisir ni douleur. Et lorsque vous reprendrez possession de votre corps, il vous paraîtra très reposé. Il n'y a que le repos parfait que vous pouvez offrir à votre corps. Lorsque vous êtes parvenu à maîtriser le corps et à le garder ferme, votre pratique restera ferme. Mais alors que vous êtes perturbé par le corps, vos nerfs seront agités et vous ne pourrez plus concentrer l'esprit.

प्रयत्नशैथिल्यानन्तसमापत्तिभ्याम् ॥४७॥

47. En atténuant la tendance naturelle (à l'agitation) et en méditant sur l'illimité, la posture deviendra ferme et plaisante.

On peut rendre l'assise ferme en pensant à l'infini. Nous ne pouvons penser à l'Infini Absolu, mais nous pouvons penser au ciel infini.

ततो द्वन्द्वानभिघातः ॥४८॥

48. L'assise étant maîtrisée, les dualités ne font plus obstacle.

Les dualités (le bien et le mal, le chaud et le froid et toutes les autres paires d'opposés) ne vous perturberont plus.

तस्मिन् सति श्वासप्रश्वासयोर्गतिविच्छेदः प्राणायामः ॥४९॥

49. Contrôler le mouvement de l'expiration et de l'inspiration est ce qui suit.

Lorsque la posture a été maîtrisée, alors le mouvement du Prâna doit être brisé et contrôlé. Ainsi arrivons-nous au Prânâyâma : le contrôle des forces vitales du corps. Le Prâna ne constitue pas le souffle, bien qu'il soit couramment traduit ainsi. Il s'agit de l'ensemble de l'énergie cosmique. Il s'agit de l'énergie qui se trouve dans le corps de chacun et le mouvement des poumons représente sa manifestation la plus évidente. Ce mouvement est causé par le Prâna, qui inspire le souffle et c'est cela que l'on cherche à contrôler dans le Prânâyama. On commence par contrôler le souffle, il s'agit de la méthode la plus facile pour contrôler le Prâna.

बाह्याभ्यन्तरस्तम्भवृत्तिः देशकालसंख्याभिः परिदृष्टो दीर्घसूक्ष्मः ॥५०॥
50. Ses modifications sont externes ou internes, ou dépourvues de mouvements, ou régulées par le lieu, les termes et le nombre, soit longs ou courts.

Les trois types de mouvements de Prânâyâma sont : le premier par lequel on inspire, le deuxième par lequel on expire et le troisième par lequel on garde le souffle dans les poumons ou on l'empêche d'y entrer. Encore une fois, ils varient selon le lieu et le temps. Par lieu, on entend que le Prâna est maintenu à certaines parties du corps. Par temps, on entend la durée pour laquelle le Prâna doit être confiné à un certain endroit et ainsi, on nous indique combien de secondes il nous faut exécuter un mouvement et combien de secondes il nous faut en exécuter un autre. Le résultat de ce Prânâyama est Udghâta, l'éveil du Kundalini.

बाह्याभ्यन्तरविषयाक्षेपी चतुर्थः ॥५१॥
51. Le quatrième restreint le Prâna en le reflétant sur les objets externes ou internes.

Il s'agit du quatrième type de Prânâyâma, dans lequel on amène le Kumbhaka par une longue pratique s'accompagnant de réflexion qui est absente des trois types précédents.

ततः क्षीयते प्रकाशावरणम् ॥५२॥
52. A partir de là, la couverture de la lumière du Chitta est atténuée.

Le Chitta possède, par nature, toutes les connaissances. Il est composé de particules de Sattva mais est recouvert par celles du Rajas et du Tamas. Grâce au Prânâyâma, cette couverture est retirée.

धारणासु च योग्यता मनसः ॥५३॥
53. L'esprit devient prêt pour le Dhāranā.

Après que cette couverture ait été retirée, nous sommes capables de concentrer l'esprit.

स्वस्वविषयासंप्रयोगे चित्तस्वरूपानुकार इवेन्द्रियाणां प्रत्याहारः ॥५४॥
54. L'attraction des organes se constitue par l'abandon de leurs propres objets

et en prenant la forme de la substance mentale, pour ainsi dire.

Les organes sont des états séparés de la substance mentale. Je vois un livre, la forme n'est pas dans le livre, il est dans l'esprit. Quelque chose, à l'extérieur, appelle cette forme. La forme véritable se trouve dans le Chitta. Les organes s'identifient à ce qui leur apparaît et prennent leurs formes. Si vous parvenez à empêcher la substance mentale de prendre ces formes, l'esprit se calmera. C'est ce qu'on appelle Pratyâhâra.

ततः परमा वश्यतेन्दरयिाणाम् ॥५५॥
55. De là survient le contrôle suprême des organes.

Lorsque le yogi a réussi à empêcher les organes de prendre la forme des objets externes, et à faire en sorte qu'ils demeurent unis à la substance mentale, alors survient le contrôle parfait des organes. Lorsque les organes seront parfaitement contrôlés, chaque muscle et nerf sera sous contrôle car les organes constituent les centres de toutes les sensations et de toutes les actions. Ces organes sont divisés en organes du travail et en organes de la sensation. Lorsque les organes sont sous contrôle, le yogi peut contrôler tous les sentiments et toutes les actions : le corps entier passe sous son contrôle. Alors seulement on commence à ressentir la joie d'être né, puis on peut dire avec sincérité : « Je suis béni d'être né ». Lorsque le contrôle des organes est acquis, on ressent à quel point ce corps est merveilleux.

Chapitre III
Les Pouvoirs

Nous voici à présent au chapitre décrivant les pouvoirs du yoga.

देशबन्धश्चित्तस्य धारणा ॥१॥
1. Dhâranâ attache l'esprit à un objet précis.

Dhāranā (la concentration) est lorsque l'esprit est rattaché à un objet qui est soit dans le corps, soit à l'extérieur de celui-ci, et se maintient dans cet état.

तत्र प्रत्ययैकतानता ध्यानम् ॥२॥
2. Le flux de savoir ininterrompu contenu dans cet objet est le Dhyâna.

L'esprit essaie de penser à un objet afin de s'y attacher à un point précis, comme le sommet du crâne, le cœur, etc. Si l'esprit parvient à percevoir les sensations uniquement à travers cette partie du corps, et aucune autre, il s'agit du Dhāranā. Lorsque l'esprit arrive à se maintenir dans cet état pendant un certain temps, il s'agit du Dhyana (la méditation).

तदेवार्थमात्रनिर्भासं स्वरूपशून्यमिव समाधिः ॥३॥
3. Le Smâdhi est lorsque toute forme est abandonnée et que seule la signification est reflétée

Ceci s'obtient lors de la méditation, quand la forme ou la partie extérieure est abandonnée. Admettons que je sois entrain de méditer sur un livre, et que je sois parvenu à concentrer progressivement mon esprit sur celui-ci, en ne percevant que les sensations internes, la signification qui ne s'exprime sous aucune forme. Cet état de Dhyana s'appelle le Samadhi.

त्रयमेकत्र संयमः ॥४॥
4. La (pratique) de (ces) trois vers un objet est le Samyama.

Quand un homme peut diriger son esprit vers un objet précis, l'y attacher et le maintenir durant un certain temps, en séparant l'objet de la partie interne, on appelle cela le Samyama ; ou le Dhāraṇā. Le Dhyana et le Samadhi qui se suivent l'un après l'autre, ne forment qu'un. La forme de l'objet disparaît et seule la signification reste à l'esprit.

तज्जयात् प्रज्ञाऽऽलोकः ॥५॥
5. Les maîtriser apporte la lumière de la connaissance.

Lorsqu'une personne parvient à former ce Samyama, toutes les forces passent sous son contrôle. Il s'agit du remarquable instrument du yogi. Les objets du savoir sont sans limite et peuvent être divisés entre le brut, le simple et le plus primitif, et le fin, le subtil et le plus délicat, et ainsi de suite. Le Samyama doit tout d'abord être appliqué aux choses brutes, et lorsque vous commencez à en obtenir le savoir, doucement, étape par étape, il pourra être appliqué aux choses plus subtiles.

तस्य भूमिषु विनियोगः ॥६॥
6. Cette connaissance doit être employée par étapes.

Cette note nous met en garde de ne pas avancer trop rapidement.

त्रयमन्तरङ्गं पूर्वेभ्यः ॥७॥
7. Les trois suivants sont plus internes que les précédents.

Avant ceux-ci, nous avions le Pratyâhâra, le Prânâyâma, l'Âsana, le Yama et le Niyama, qui sont les parties externes de ces trois : Dhāraṇā, Dhyana et Samadhi. Lorsqu'un homme les atteint, il pourra arriver à l'omniscience et l'omnipotence, mais cela ne ferait pas son salut. Ces trois-ci ne rendent pas l'esprit Nirvikalpa, immuable, mais laissent des graines pour lui permettre de retrouver des corps. C'est uniquement lorsque ces graines sont, comme le yogi le décrit, « grillées » qu'elles perdent leur capacité à produire d'autres plantes. Et ces forces ne sont pas capables de les griller.

तदपि बहिरङ्गं निर्बीजस्य ॥८॥
8. Cependant, même elles sont externes à ce qui ne laisse pas de graine (Samadhi).

Par conséquent, comparé au Samadhi qui ne laisse pas de graine, elles sont tout de même externes. Nous n'avons pas encore atteint le Samadhi véritable, le plus élevé, mais seulement un niveau inférieur, où l'univers existe toujours tel que nous le voyons et où se réside toutes ces forces.

व्युत्थान-निरोधसंस्कारयोरभिभव-प्रादुर्भावौ निरोधक्षणचित्तान्वयो निरोध-परिणामः ॥९॥

9. Par l'élimination des perturbations sur les impressions de l'esprit, et par l'augmentation des impressions de contrôle, on dit que l'esprit, qui persiste dans cet instant de contrôle, atteint les modifications régulatrices.

Cela signifie que dans le premier état de Samadhi, les modifications de l'esprit sont régulées, mais pas entièrement car si cela avait été le cas, il n'y aurait eu aucune modification. S'il y a une modification qui pousse l'esprit à s'échapper par ses sens, et que le yogi tente de le contrôler, cette régulation sera une modification. Une vague sera inspectée par une autre vague, il ne s'agira donc pas du Samadhi véritable où toutes les vagues se retirent, comme le contrôle deviendra lui-même une vague. Pourtant, ce Samadhi inférieur reste beaucoup plus proche au Samadhi supérieur que lorsque l'esprit s'échappe.

तस्य प्रशान्तवाहिता संस्कारात् ॥१०॥

10. L'habitude stabilise son flux.

Le flux de ce contrôle incessant de l'esprit se stabilise avec une pratique quotidienne, l'esprit obtient une capacité de concentration permanente.

सर्वार्थतैकाग्रतयोः क्षयोदयौ चित्तस्य समाधि-परिणामः ॥११॥

11. Par la destruction et la manifestation respectives des deux forces d'assimilation de toutes sortes d'objets et de la concentration sur l'un d'eux, le Chitta, obtient la modification appelée Samadhi.

L'esprit assimile plusieurs objets, et parcourt toutes sortes de choses. Il s'agit de l'état inférieur. L'état supérieur de l'esprit est lorsqu'il assimile un objet et exclus tous les autres, résultant au Samadhi.

शान्तोदितौ तुल्यप्रत्ययौ चित्तस्यैकाग्रता-परिणामः ॥१२॥

12. La focalisation du Chitta se décrit lorsque les impressions du passé et du présent sont similaires.

Comment savoir que l'esprit est concentré ? L'idée du temps disparait. Plus l'écoulement du temps est imperceptible plus nous sommes concentrés. Dans la vie quotidienne, cela nous arrive lorsqu'on est intéressé par la lecture d'un livre et qu'on ne se rend absolument pas compte du temps qui passe, et lorsque nous refermons le livre, nous sommes souvent surpris de constater le nombre d'heures qui se sont écoulées. Tout temps aura cette tendance à arriver et à se tenir dans un unique présent. D'où la définition : l'esprit est dit concentré lorsque le passé et le présent se rejoignent et ne font qu'un1.

एतेन भूतेन्द्रियेषु धर्मलक्षणावस्थापरिणामा व्याख्याताः ॥१३॥
13. Cela explique les transformations en trois parties sur la forme, le temps et l'état, dans la matière brute ou fine et dans les organes.

Les transformations en trois parties dans la substance mentale sur la forme, le temps et l'état expliquent les changements correspondants dans la matière brute et fine ainsi que dans les organes. Supposons que vous ayez une pépite d'or. Elle est d'abord transformée en bracelet, puis en boucle d'oreille. Il s'agit de changements sur la forme. Le même phénomène observé d'un point de vue temporel nous donne un changement sur le temps. Le bracelet ou la boucle d'oreille peut être magnifique ou sans intérêt, épais ou fin, et ainsi de suite. Il s'agit d'un changement sur l'état. En référence aux aphorismes 9, 11 et 12, la substance mentale se change en Vrittis, un changement sur la forme. Comme cela se déroule au fil du temps passé, présent et futur, en fait un changement sur le temps. Et que les impressions varient dans leur intensité à un moment précis, disons au présent, est un changement sur l'état. Les concentrations qui ont été enseignées dans les aphorismes précédents servaient à donner au yogi un contrôle volontaire sur les transformations de sa substance mentale qui lui permettra de former le Samyama mentionné en III.4.

शान्तोदिताव्यपदेश्यधर्मानुपाती धर्मी ॥१४॥
14. Le qualifié est ce qui est influencé par des transformations soit passées, présentes soit à venir.

C'est à dire que le qualifié est la substance qui est influencée par le temps et le Samskâras, qui est changé et en constante manifestation.

क्रमान्यत्वं परिणामान्यत्वे हेतुः ॥१५॥
15. La succession des changements est à l'origine de nombreuses évolutions.

परिणामत्रयसंयमादतीतानागतज्ञानम् ॥१६॥
16. Le savoir du passé et du futur s'obtient en formant le Samyama sur les trois sortes de changements.

Nous devons garder en mémoire la première définition du Samyama. L'esprit atteint cet état lorsqu'il s'identifie à l'impression interne d'un objet, abandonnant l'extérieur, et que, par une pratique soutenue, celle-ci est retenue par l'esprit. Le fait de pouvoir atteindre cet état immédiatement est le Samyama. Si un homme dans cet état souhaite découvrir le passé et le futur, il doit former le Samyama sur les changements du Samskaras (III.13). Certains y travaillent actuellement, d'autres y ont travaillé et il en aura d'autres qui y travailleront. C'est donc en formant le Samyama sur ces changements qu'il saura le passé et le futur.

शब्दार्थप्रत्यायानामितरेताराध्यासात्सङ्करस्तत्प्रविभागसंयमात् सर्वभूतरुतज्ञानम् ॥१७॥
17. En formant le Samyama sur les mots, les significations et la connaissance, qui nous sont d'ordinaire confondus, apporte le savoir de tous les cris animal.

Le mot représente la cause externe, la signification représente la vibration interne qui circule jusqu'au cerveau par les canaux de l'Indriyas, transmettant l'impression externe à l'esprit, et la connaissance représente la réaction de l'esprit qui s'accompagne de la perception. Ces trois éléments, confondus, forment notre sens-objets. Supposons que j'entends un mot ; il y a tout d'abord une vibration externe, puis une sensation interne qui s'achemine jusqu'à l'esprit par l'organe de l'ouïe, l'esprit réagit alors, et je sais quel est ce mot. Le mot que je reconnais est un mélange des trois éléments : la vibration, la sensation et la réaction. D'habitude, ces trois sont inséparables, mais en s'entraînant le yogi peut arriver à les distinguer. Lorsqu'un homme en est capable, s'il forme le Samyama sur n'importe quel son, il comprendra la signification que ce son souhaitait exprimer, qu'il soit produit par un homme ou tout autre animal.

संस्कारसाक्षात्करणात् पूर्वजातिज्ञानम् ॥१८॥
18. La perception des impressions (apporte) la connaissance des vies antérieures.

Chacune des expériences que nous vivons, nous vient sous forme de vague dans le Chitta, qui se retire ensuite et devient de plus en plus subtil sans jamais disparaitre totalement. Elle subsiste sous une forme minuscule, si nous sommes alors capables de reformer cette vague, elle deviendra un souvenir. C'est pourquoi si le yogi peut former un Samyama sur ces impressions passées dans son esprit, il pourra se souvenir de ses vies antérieures.

प्रत्ययस्य परचित्तिज्ञानम् ॥१९॥

19. Former le Samyama sur les signes du corps d'un autre apporte la connaissance de son esprit.

Chaque homme possède des signes distinctifs sur son corps qui le différencie des autres. Lorsque le yogi forme le Samyama sur ces signes, il sait la nature de l'esprit de cette personne.

न च तत् सालम्बनं तस्याविषयीभूतत्वात् ॥२०॥

20. Mais pas de son contenu car cela n'est pas l'objet du Samyama.

Le yogi ne connaîtra pas le contenu de l'esprit en formant le Samyama sur le corps. Cela demanderait un Samyama double, l'un sur les signes du corps et l'autre sur l'esprit en lui-même. Le yogi aurait alors une connaissance totale du contenu de cet esprit.

कायरूपसंयमात्तद्ग्राह्यशक्ति-स्तम्भे चक्षुःप्रकाशासंप्रयोगेऽन्तर्धानम् ॥२१॥

21. En formant le Samyama sur la forme du corps, la perceptibilité de la forme étant obstruée et la force de manifestation des yeux étant deux choses distinctes, le corps du yogi devient alors invisible.

Un yogi qui se trouve au centre d'une pièce peut apparemment disparaître. Cela ne signifie pas qu'il n'est plus là, mais seulement que personne ne peut le voir. La forme et le corps sont, entre autre, distincts. Il faut garder à l'esprit que cela n'est possible que si le yogi a atteint la force de concentration où la forme et la chose formée se sont séparées. Il forme alors un Samyama sur ceux-ci, et la capacité de perception des formes sera obstruée car celle-ci provient de l'union de la forme et de la chose formée.

एतेन शब्दाद्यन्तर्धानमुक्तम् ॥२२॥

22. Cela explique également la disparition ou la dissimulation des mots prononcés et d'autres choses.

सोपक्रमं निरुपक्रमं च कर्म तत्संयमादपरान्तज्ञानमरिष्टेभ्यो वा ॥२३॥

23. Il y a deux sortes de Karma : la fructification en devenir et la fructification tardive. En formant le Samyana sur ceux-ci, ou par les signes appelés Arishta, les présages, les yogis savent exactement quand ils se sépareront de leur corps.

Lorsqu'un yogi forme le Samyama sur son propre Karma, sur ces impressions dans son esprit qui sont alors actives et sur celles qui le seront, il sait exactement grâce à ces dernières quand son corps succombera. Il sait quand il mourra, à quelle heure et même à la minute. Les Hindous gardent fortement à l'esprit cette connaissance, ou conscience, de l'imminence de la mort puisqu'il est enseigné dans le Gita que les pensées au moment de la mort ont une forte influence pour déterminer la vie suivante.

मैत्र्यादिषु बलानि ॥२४॥

24. En formant le Samyama sur l'amitié, la compassion, etc. (I.33) le yogi excelle dans ces qualités.

बलेषु हस्तिबलादीनि ॥२५॥

25. En formant le Samyama sur la force des éléphants et d'autres animaux, le yogi s'approprie leurs forces respectives.

Lorsque le yogi atteint ce Samyama et qu'il demande de la force, il forme le Samyama sur la force des éléphants et se l'approprie. L'énergie infinie est à la disposition de tous si on sait l'utiliser. Le yogi a découvert la science pour se l'approprier.

प्रवृत्त्यालोकन्यासात् सूक्ष्म-व्यवहति-विप्रकृष्टज्ञानम् ॥२६॥

26. Former le Samyama sur la Lumière Etincelante (I.36) apporte la connaissance du fin, de l'obstrué et du lointain.

Quand un yogi forme le Samyama sur la Lumière Etincelante dans son cœur, il voit les choses qui lui sont très éloignées, des choses qui, par exemple, se déroulent dans un lieu distant, obstruées par des barrières montagneuses et qui sont très fines.

CHAPITRE III : LES POUVOIRS

भुवनज्ञानं सूर्ये संयमात् ॥२७॥

27. Former le Samyama sur le Soleil, (apporte) la connaissance du monde.

चन्द्रे तारव्यूहज्ञानम् ॥२८॥

28. Sur la Lune, (apporte) la connaissance des amas d'étoiles.

ध्रुवे तद्गतिज्ञानम् ॥२९॥

29. Sur l'étoile polaire, (apporte) la connaissance du mouvement des étoiles.

नाभिचक्रे कायव्यूहज्ञानम् ॥३०॥

30. Sur le cercle ombilical, (apporte) la connaissance de la composition du corps.

कण्ठकूपे क्षुत्पिपासानिवृत्तिः ॥३१॥

31. Sur le creux de la gorge, (apporte) la suppression de la faim.

Lorsqu'un homme est affamé, il peut former le Samyama sur le creux de sa gorge pour faire cesser sa faim.

कूर्मनाड्यां स्थैर्यम् ॥३२॥

32. Sur le nerf appelé Kurma, (apporte) la stabilité du corps.

Ainsi durant sa pratique le corps du yogi n'est pas agité.

मूर्धज्योतिषि सिद्धदर्शनम् ॥३३॥

33. Sur la lumière émanant du sommet du crâne, (apporte) la vision des Siddhas.

Les Siddhas sont des êtres qui surpassent légèrement les fantômes. Lorsque le yogi concentre son esprit sur le sommet de son crâne, il peut voir ces Siddhas. Contrairement au sens dans lequel il est souvent employé, le mot Siddha ne fait pas référence aux hommes libérés.

प्रातिभाद्वा सर्वम् ॥३४॥

34. Ou par la force du Prâtibha, la connaissance absolue.

Tous ces éléments peuvent être obtenus sans le Samyama par l'homme qui possède la force du Pratibha (l'illumination naturelle par la pureté). Lorsqu'un homme s'élève à un état supérieur de Pratibha, il possède cette formIdâble lumière. Toutes les choses lui sont apparentes. Tout lui vient naturellement sans avoir à former de Samyama.

हृदये चित्त-संवित् ॥३५॥

35. Dans le cœur, la connaissance des esprits.

सत्त्वपुरुषयोरत्यन्तासंकीर्णयोः प्रत्ययाविशेषाद् भोगः परार्थत्वात् स्वार्थसंयमात् पुरुषज्ञानम् ॥३६॥

36. Le plaisir provient de la non-discrimination de l'âme et du Sattva, qui sont complètement différents car les actions de ce dernier concernent l'autre. Le Samyama, formé sur l'égocentré apporte la connaissance du Purusha.

Toute l'activité du Sattva, une modification du Prakriti caractérisée par la lumière et le bonheur, se porte sur l'âme. Quand le Sattva est exempt d'égoïsme et illuminé par l'intelligence pure du Purusha, on l'appelle l'égocentré car dans cet état il devient indépendant de toute relation.

ततः प्रातिभश्रावणवेदनादर्शास्वादवार्ता जायन्ते ॥३७॥

37. De cela émerge le savoir appartenant au Pratibha ainsi qu'une ouïe, toucher, vue, goût et odorat (surnaturels).

ते समाधावुपसर्गा व्युत्थाने सिद्धयः ॥३८॥

38. Ils sont des obstacles au Samadhi ; mais sont des forces dans l'état matériel.

Les connaissances du yogi des plaisirs matériels proviennent de l'union du Purusha et de l'esprit. S'il souhaite former le Samyama en connaissance de leurs différences, l'un étant la nature et l'autre l'âme, il obtient le savoir du Purusha. La discrimination émerge alors. Avec cette discrimination, le yogi obtient le Pratibha, la lumière du génie suprême. Cependant, ces capacités sont des obstacles pour atteindre le but ultime, la connaissance du Soi absolu et la liberté. Mais ils sont, entre autre, faits pour se trouver sur notre chemin ; en les rejetant, le yogi atteindra ce but ultime. Mais s'il succombe à la tentation de se les approprier, il lui sera impossible d'aller plus loin.

बन्धकारणशैथिल्यात् प्रचारसंवेदनाच्च चित्तस्य परशरीरावेशः ॥३९॥

39. Lorsque les causes qui nous lient au Chitta se relâchent, le yogi, grâce à sa connaissance de ses canaux d'activité (les nerfs), pénètre dans le corps d'un autre.

Le yogi peut entrer dans le corps d'un défunt et le faire se lever et se déplacer, même s'il est déjà actif dans un autre corps. Ou bien, il peut pénétrer dans le corps d'une personne vivante pour contrôler l'esprit et les organes de celle-ci et être maître des actions de ce corps sur l'instant. Cela est possible pour le yogi qui a atteint la discrimination du Purusha et de la nature. S'il souhaite entrer dans le corps d'un autre, il forme le Samyama sur ce corps et y pénètre comme, d'après l'enseignement yogi, non seulement son âme est omniprésente, mais son esprit l'est également. Il est une partie de l'esprit universel. Cependant, cela ne peut fonctionner qu'à travers les courants nerveux présents dans ce corps, mais lorsque le yogi se détache de ces courants, il peut examiner d'autres choses.

उदानजयाज्जलपङ्ककण्टकादिष्विवसङ्ग उत्क्रान्तिश्च ॥४०॥

40. En maîtrisant le courant appelé Udâna, le yogi ne coule pas dans l'eau ou dans les marais ; il peut marcher sur des épines etc., et peut choisir quand il veut mourir.

Udana est le nom du courant nerveux qui régit les poumons et l'ensemble des parties supérieures du corps. Quand le yogi le maîtrise, il devient léger comme une plume. Il ne peut pas couler dans l'eau ; il peut marcher sur des épines et des lames tranchantes, se tenir dans le feu et peut décider quand il souhaite quitter cette vie.

समानजयात् प्रज्वलनम् ॥४१॥

41. En maîtrisant le courant Samâna, le yogi est entouré par un éclat lumineux.

Il peut, à volonté, faire échapper de la lumière de son corps.

श्रोत्राकाशयोः सम्बन्धसंयमाद्दिव्यं श्रोत्रम् ॥४२॥

42. Former le Samyama sur l'union entre l'oreille et l'Akâsha, apporte l'ouïe divine.

Il y a l'Âkâsha, l'éther, et l'instrument, l'oreille. En formant le Samyama sur ceux-ci, le yogi obtient une ouïe supranormale. Il peut tout entendre. Il est capable d'entendre n'importe quel son ou parole prononcés à des kilomètres.

कायाकाशयोः सम्बन्धसंयमाल्लघुतूलसमापत्तेश्चाकाशगमनम् ॥४३॥

43. En formant le Samyama sur la relation entre l'Âkâsha et le corps, et en devenant aussi léger qu'une plume etc. ; le yogi, à travers leur méditation, est capable de s'envoler dans les cieux.

Cet Âkâsha est le matériau du corps ; c'est uniquement l'Âkâsha, en prenant une certaine forme, qui est devenu le corps. Si le yogi forme le Samyama sur le matériau Âkâsha de son corps, il obtient la légèreté de l'Âkâsha et il est capable de voler où il souhaite dans les airs. Et dans les autres cas également.

बहिरिकल्पिता वृत्तिर्महाविदेहा ततः प्रकाशावरणक्षयः ॥४४॥

44. Former le Samyama sur les « modifications véritables » de l'esprit, externes au corps, appelées le grand désincarnement, apporte la disparition de l'enveloppe à la lumière.

L'esprit pense bêtement qu'il fonctionne à l'intérieur du corps. Pour quelles raisons serais-je limité par un système nerveux, ne mettant mon Ego que dans un seul corps, si l'esprit est omniprésent ? Aucune. Le yogi souhaite ressentir l'Ego où qu'il se trouve. Les vagues mentales qui se soulèvent en absence d'égoïsme dans le corps sont appelées « modifications véritables » ou « le grand désincarnement ». Quand il parvient à former le Samyama sur ces modifications, tout ce qui enveloppe la lumière disparaît, ainsi que les ténèbres et l'ignorance. Tout lui apparaît comme gorgé de savoir.

स्थूल-स्वरूप-सूक्ष्मान्वयार्थवत्त्वसंयमाद्भूतजयः ॥४५॥

45. Former le Samyama sur les formes brutes et fines des éléments, leurs traits essentiels, leur inhérence au Gunas ainsi qu'à leur contribution aux expériences de l'âme, apporte la maîtrise des éléments.

Le yogi forme le Samyama sur les éléments, tout d'abord sur les états bruts puis sur ceux plus subtils. Ce Samyama est surtout repris par une secte bouddhique. Ils prennent un tas d'argile et forme le Samyama sur cette base, puis petit à petit, ils commencent à voir les matériaux fins qui la composent. Une fois qu'ils ont la connaissance de tous ces matériaux fins, ils obtiennent le contrôle sur cet élément. De cette manière, le yogi peut maîtriser tous les éléments.

ततोऽणिमादिप्रादुर्भावः कायसम्पत्तद्धर्मानभिघातश्च ॥४६॥

46. De cela provient le microscopique et le reste des forces, « la glorification du corps » et l'indestructibilité des qualités corporelles.

Cela signifie que le yogi a obtenu les huit forces. Il peut se rendre aussi microscopique qu'une particule élémentaire ou aussi grand qu'une montagne, aussi lourd que la Terre ou aussi léger que l'air ; il peut agir selon sa volonté et gouverner comme il l'entend, il peut tout maîtriser, et ainsi de suite. Un lion se comporterait tel un mouton à ses pieds et tous ses désirs deviendraient réalité.

रूप-लावण्य-बल-वज्रसंहननत्वानि कायसम्पत् ॥४७॥

47. La « glorification du corps » est la beauté, le teint, la force et la rigueur inflexible.

Le corps devient indestructible. Rien ne peut le blesser. Rien ne peut le détruire si telle est la volonté du yogi. « En brisant la verge du temps, il vit dans cet univers avec son corps. » Il est écrit dans le Védas que cet homme ne connaîtra plus la maladie, la mort ou la souffrance.

ग्रहणा-स्वरूपास्मितान्वयार्थवत्त्वसंयमादिन्द्रियजयः ॥४८॥

48. Former le Samyama sur l'objectivité et la force de l'illumination des organes, sur l'égoïsme, leur inhérence au Gunas et sur leur contribution aux expériences de l'âme, apporte la maîtrise des organes.

Lors de la perception des objets externes, les organes quittent leur place dans l'esprit et se dirigent vers l'objet ; qui se résulte par la connaissance. L'égoïsme est lui aussi présent dans cette action. Quand le yogi forme le Samyama sur ces éléments au fur et à mesure, il maîtrise les organes. Considérez tout ce que vous voyez et ressentez, un livre par exemple ; tout d'abord, concentrez votre esprit sur le livre, puis, sur le savoir qui prend la forme d'un livre, et sur l'Ego qui voit le livre, et ainsi de suite. En vous y entraînant vous serez capable de maîtriser tous les organes.

ततो मनोजवित्वं विकिरणभावः प्रधानजयश्च ॥४९॥

49. Le corps devient capable de se déplacer rapidement comme l'esprit, la force des organes indépendante du corps et la maîtrise de la nature.

Tout comme le corps glorifié apporte la maîtrise des éléments, la maîtrise des organes apporte les forces citées ci-dessus.

सत्त्वपुरुषान्यताख्यातिमात्रस्य सर्वभावाधिष्ठातृत्वं सर्वज्ञातृत्वञ्च ॥५०॥

50. Former le Samyama sur la discrimination entre le Sattva et le Purusha apporte l'omnipotence et l'omniscience.

Lorsque la nature est maîtrisée, et que la différence entre le Purusha et la nature est évidente, où le Purusha est indestructible, absolu et parfait ; l'omnipotence et l'omniscience sont acquises.

तद्वैराग्यादपि दोषबीजक्षये कैवल्यम् ॥५१॥
51. En abandonnant même ces forces, les graines du mal, qui mènent au Kaivalya, sont détruites.

Il atteint la solitude, l'indépendance et est libéré. Lorsqu'une personne abandonne même l'idée d'omnipotence et d'omniscience, il y a un rejet absolu du plaisir, des tentations des êtres célestes. Lorsque le yogi a connu toutes ces forces merveilleuses et qu'il les rejette, il a atteint son objectif. Que sont ces forces ? De simples manifestations. Semblable aux rêves. L'omnipotence même est un rêve. Tout dépend de l'esprit. Du moment qu'il y a un esprit, cela peut être compris, mais le but va au-delà même de l'esprit.

स्थान्युपनिमन्त्रणे सङ्गस्मयाकरणं पुनरनिष्टप्रसङ्गात् ॥५२॥
52. Le yogi ne doit pas être attiré ou flatté par les propositions des êtres célestes par crainte du retour du mal.

Il existe également d'autres dangers ; les dieux et d'autres êtres viennent séduire le yogi. Ils ne veulent pas que quiconque soit entièrement libre. Ils sont jaloux, tout comme nous, et parfois pires. Ils ont peur de perdre leur place. Ces yogis, qui n'atteignent pas la perfection, meurent et deviennent des dieux ; quittant la route directe, ils s'engagent dans l'une des petites ruelles, et obtiennent ces capacités. Puis une nouvelle fois, ils renaissent. Mais la personne qui est assez forte pour résister aux tentations et qui continue droit vers le but, est libérée.

क्षण-तत्क्रमयोः संयमाद्विवेकजं ज्ञानम् ॥५३॥
53. Former le Samyama sur une particule du temps et sur sa précession et sa succession, apporte la discrimination.

Mais comment éviter tous ces pièges, les Devas, les paradis, et les forces ? Grâce à la discrimination, en distinguant le bien du mal. C'est pourquoi le Samyama s'obtient par ce qui renforce la force de discrimination, en formant le Samyama sur une particule du temps, et sur le temps qui le précède et qui le suit.

जाति-लक्षण-देशैरन्यताऽनवच्छेदात्तुल्ययोस्ततः प्रतिपत्तिः ॥५४॥

54. Même ces choses qui ne peuvent pas être différenciées par espèce, signe ou lieu, seront elles-mêmes discriminés par le Samyama décrit ci-dessus.

La misère dont nous souffrons provient de l'ignorance, de la non-discrimination entre le réel et l'irréel. Nous confondons le mal pour le bien, et les rêves pour des réalités. L'âme est la seule réalité et nous l'avons oubliée. Le corps est un rêve irréel, et nous pensons que nous sommes tous des corps. Cette non-discrimination est la cause de notre misère. Provoquée par l'ignorance. La discrimination nous donne de la vigueur et seulement après pouvons-nous éviter toutes ces idées de corps, de paradis et de dieux. L'ignorance provient de la différentiation par espèce, signe et lieu. Prenons par exemple une vache. Cette vache se différencie d'un chien par son espèce. Mais comment faire la distinction entre une vache et une autre ? Par les signes. Si deux objets sont parfaitement identiques, ils peuvent être distingués par le fait qu'ils sont à deux endroits différents. Mais lorsque les objets sont si confondus que même cette différenciation n'est d'aucun secours, la force de discrimination obtenue par la pratique expliquée précédemment, nous donnera la capacité de les distinguer. La plus haute philosophie du yogi se base sur le fait que le Purusha est absolu et parfait, et qu'il est l'unique « simple » qui existe dans cet univers. Le corps et l'esprit sont des composés et pourtant nous continuons à nous identifier à eux. Il s'agit d'une grave erreur que nous ayons perdu cette distinction. Lorsque la force de discrimination est atteinte, l'homme voit que tout dans ce monde, mental et physique, est un composé et que, par conséquent, ne peut être le Purusha.

तारकं सर्वविषयं सर्वथाविषयमक्रमञ्चेति विवेकजं ज्ञानम् ॥५५॥

55. Le savoir salvateur est le savoir de discrimination qui couvre simultanément tous les objets, dans toutes leurs variantes.

Il est salvateur car ce savoir mène le yogi à travers les océans de la naissance et de la mort. L'ensemble du Prakriti dans tous ses états, subtil et brut, est accessible par ce savoir. Il n'y a pas de succession dans la perception avec celui-ci ; Il assimile tout à la fois, en un seul regard.

सत्त्वपुरुषयोः शुद्धिसाम्ये कैवल्यमिति ॥५६॥

56. La similarité de la pureté entre le Sattva et le Purusha apporte le Kaivalya.

Lorsque l'âme se rend compte qu'elle ne dépend de rien dans l'univers, que ce soit des dieux ou du plus petit atome, on appelle cela le Kaivalya (l'isolation) et la perfection. Il s'obtient lorsque ce mélange de pureté et d'impureté, appelé Sattva (l'intellect), est devenu aussi pur que le Purusha. Alors, le Sattva reflète uniquement l'essence de pureté absolue, le Purusha.

Note :

1 : La distinction entre les trois types de concentration mentionnés dans les aphorismes 9, 11 et 12 est la suivante : Dans le premier, les impressions perturbées sont simplement refoulées, mais ne sont pas totalement anéanties par les impressions de contrôle qui font leur entrer. Dans le second, ces premières sont complètement supprimées par ces dernières qui se tiennent en évidence ; alors que dans le troisième, qui est le plus élevé, il n'est pas question de suppression, mais seules les impressions semblables se succèdent l'une après l'autre.

Chapitre IV
L'Indépendance

जन्मौषधि-मन्त्र-तपः-समाधिजाः सिद्धयः ॥१॥
1. Les Siddhis (forces) s'obtiennent à la naissance, par des procédés chimiques, par la force des mots, la mortification ou la concentration.

Il arrive qu'un homme naisse avec les Siddhis, les forces, qu'il a, bien sûr, obtenues lors de sa précédente incarnation. Cette fois il nait avec et peut profiter de leurs avantages. On dit que Kapila, le grand fondateur de la philosophie Sânkhya, est un Siddha né, ce qui signifie littéralement un homme qui est parvenu à la réussite.

Les yogis affirment que ces forces peuvent être obtenues par des composés chimiques. Vous savez tous que la chimie était originairement l'alchimie ; les hommes se mettaient à la recherche de la pierre philosophale et de l'élixir de longue vie, etc. En Inde, il existait une secte appelée Râsâyanas. Leur idéologie était que l'idéal, le savoir, la spiritualité et la religion avaient tous raison, mais que le corps était l'unique instrument qui pouvait tous les obtenir. Si le corps prenait fin de temps à autre, il faudrait beaucoup plus de temps pour atteindre ce but. Par exemple, un homme souhaite pratiquer le yoga, ou souhaite s'engager sur une voie spirituelle. Avant d'avoir fait suffisamment de progrès, il décède. Puis, il occupe un autre corps, recommence, et meurt, et ainsi de suite. Ainsi, il perdrait beaucoup de temps à mourir et à renaître. Si le corps pouvait être fort et parfait, de sorte qu'il puisse être débarrassé de ce cycle de vie et de mort, nous aurions beaucoup plus de temps pour nous engager sur la voie spirituelle. Les Rasayanas pensent donc que, tout d'abord, il faut rendre le corps très fort. Ils soutiennent que ce corps peut devenir immortel. Leur idée est que si l'esprit fabrique le corps, et s'il est vrai que chaque esprit n'est qu'un unique exutoire de l'énergie infinie, chacun d'eux ne devrait pas être limité pour obtenir une force extérieure. Pourquoi est-il impossible de conserver nos corps indéfiniment ? Nous devons fabriquer tous les corps que nous possédons. Dès que ce corps meurt, nous en fabriquons un autre. Si nous en sommes capables, pourquoi ne pas le faire ici et maintenant, sans attendre de quitter notre corps actuel ? La théorie est tout à fait correcte. S'il est possible de vivre après la mort, et de créer d'autres corps, pourquoi serait-il impossible que nous possédions la force de créer ces corps ici, sans dissoudre entièrement notre corps actuel, et simplement en le changeant continuellement ? Ils ont également pensé que dans le mercure et le soufre était dissimulée la plus merveilleuse des forces, et que grâce à certaines préparations, un homme pouvait conserver son corps aussi longtemps qu'il le désirait. D'autres croyaient que certaines drogues pouvaient donner des capacités, comme voler dans les airs. Nous devons la plus grande majorité des médicaments de notre époque aux Rasayanas, notamment pour l'utilisation des métaux en médecine. Certaines sectes de yogis déclarent que beaucoup de leurs enseignants principaux vivent encore dans leur ancien corps. La grande autorité du yoga, Patanjali, ne les contredit pas.

La force des mots. Il existe certains mots sacrés appelés Mantras qui possèdent une force, et lorsqu'ils sont répétés dans de bonnes conditions, produisent des forces extraordinaires. Nous vivons parmi une telle masse de miracles, jour et nuit, que nous ne les voyons même pas. La force de l'homme, la force des mots et la force de l'esprit sont sans limite.

La mortification. Vous pouvez constater que chaque religion a pratiqué la mortification et l'ascétisme. Parmi ces conceptions religieuses, les Hindous vont toujours aux extrêmes. Vous verrez des hommes qui gardent leurs mains en l'air toute leur vie, jusqu'à ce qu'elles dépérissent et qu'ils meurent. Des hommes qui restent debout, jour et nuit, jusqu'à ce que leurs pieds enflent, et s'ils survivent, leurs jambes deviennent si raides dans cette posture qu'ils ne peuvent plus les plier et doivent rester debout toute leur vie. J'ai vu une fois un homme qui levait ses mains de cette manière, et je lui ai demandé ce qu'il avait ressentit au début. Il m'a répondu que c'était une torture insoutenable. C'était si douloureux qu'il devait se rendre à une rivière et s'immerger pour apaiser sa douleur juste un temps. Après un mois, il ne souffrait plus beaucoup. C'est grâce à de telles pratiques que les forces (Siddhis) peuvent être obtenues.

La concentration. La concentration est le Samâdhi, qui est propre au yoga ; il s'agit du thème principal de cette science et le moyen le plus élevé. Ceux qui précèdent ne sont que secondaires, et ils ne permettent pas d'atteindre le plus élevé. Le Samadhi est le moyen par lequel nous pouvons obtenir tout et n'importe quoi de mental, moral et spirituel.

जात्यन्तरपरिणामः प्रकृत्यापूरात् ॥२॥
2. Le changement en une autre espèce s'effectue par le remplissage de la nature.

Patanjali a avancé la proposition selon laquelle ces forces étaient obtenues à la naissance, parfois par des composés chimiques ou par mortification. Il a également admis que ce corps pouvait être conservé pour une durée indéterminée. Maintenant, il va jusqu'à dire la raison du changement du corps en une autre espèce. Il affirme que cela s'effectue par le remplissage de la nature, qu'il explique dans l'aphorisme suivant.

निमित्तमप्रयोजकं प्रकृतीनां वरणभेदस्तु ततः क्षेत्रिकवत् ॥३॥
3. Les bonnes et les mauvaises actions ne sont pas les causes directes des transformations de la nature, mais elles agissent comme des briseurs d'obstacles aux évolutions de la nature : tout comme un fermer détruit les obstacles d'un cours d'eau qui continue alors à s'écouler par sa propre nature.

L'eau qui irrigue les champs se trouve déjà dans le canal, mais elle est bloquée par des portes. Le fermier les ouvre et l'eau s'écoule d'elle-même, par la loi de gravité. Ainsi, toutes les avancées et les forces font déjà partie de chaque homme ; la nature de l'homme est la perfection, seulement elle est enfermée et elle ne peut pas suivre son cours. Si quelqu'un pouvait ouvrir ses portes, la nature se précipiterait. Alors l'homme obtiendrait les forces qu'il possède déjà. Ceux que l'on considère malfaisants deviennent des saints dès que les portes s'ouvrent et que la nature s'écoule. La nature nous pousse à la perfection, et un jour elle nous y mènera tous. Toutes ces pratiques et luttes pour devenir religieux ne sont qu'un travail négatif visant à ouvrir ces portes vers la perfection qui nous revient de droit, qui est notre nature.

De nos jours, la théorie de l'évolution des anciens yogi serait mieux comprise à la lumière des études modernes. Et pourtant, la théorie des yogis reste une meilleure explication. Les deux causes de l'évolution avancées par les modernes, à savoir, la sélection sexuelle et la survie du plus fort sont inappropriées. Supposons que le savoir humain ait tellement avancé que la compétition ait été éliminée, à la fois sur la fonction de se procurer une nourriture physique et de trouver un partenaire. Alors, d'après les modernes, le progrès humain cesserait et la race mourrait. Le résultat de cette théorie est d'apporter un argument à chaque oppresseur afin de calmer les cas de conscience. Les hommes ne manquent pas de personne qui, en se disant philosophes, souhaitent éliminer toute personne mauvaise et incompétente (car ils sont, bien sûr, les seuls juges de compétence) et ainsi préserver l'espèce humaine ! Cependant, le grand ancien évolutionniste Patanjali déclare que le véritable secret de l'évolution est la manifestation de la perfection qui se trouvent déjà dans chaque être ; que cette perfection a été endiguée et que la vague infinie qui est retenue, lutte pour s'exprimer. Ces luttes et compétitions ne sont que les résultats de notre ignorance car nous ignorons la bonne manière pour ouvrir ces portes et laisser l'eau s'écouler. Cette vague infinie doit s'exprimer ; elle est la cause de toute manifestation. Les compétitions pour la vie ou le sexe ; des plaisirs qui ne sont que momentanés, inutiles et ont des effets superflus, sont causés par l'ignorance. Même lorsque toute compétition aura disparu, cette nature parfaite nous fera avancer jusqu'à ce que nous soyons tous parfaits. Ainsi, il n'y a aucune raison de croire que la compétition soit nécessaire au progrès. L'animal a refoulé l'homme en lui, mais aussitôt que les portes s'ouvriront, l'homme en sortira. De même sorte qu'il existe en l'homme un dieu potentiel, enfermé à double tours par l'ignorance. Lorsque la connaissance brisera ces portes, le dieu se manifestera.

निर्माणचित्तान्यस्मितामात्रात् ॥४॥
4. L'égoïsme seul engendre les esprits créés.

La théorie du Karma est que nous souffrons pour nos bonnes et mauvaises actions, et l'entière portée de la philosophie est d'atteindre la gloire de l'homme. Toutes les écritures chantent la gloire de l'homme, de l'âme et, dans un même souffle, elles prêchent le Karma. Une bonne action produit un résultat et une mauvaise action un autre, mais si l'âme peut être influencée par une bonne ou une mauvaise action, alors l'âme est dépourvue de sens. Les mauvaises actions rajoutent une serrure à la porte de la manifestation de la nature du Purusha ; les bonnes actions en retirent, et la gloire du Purusha devient manifeste. Le Purusha lui-même est immuable. Quoi que vous fassiez, ne détruisez jamais votre propre gloire, votre propre nature, car l'âme ne peut être influencée par quoique ce soit, un simple voile s'étend devant elle, dissimulant sa perfection.

Ayant comme objectif d'épuiser leur Karma rapidement, les yogis créent le Kâya-vyuha, ou les groupes de corps, pour y travailler. Ils créent pour ces corps des esprits à partir de leur égoïsme. On les appelle les « esprits créés », pour les distinguer de leurs esprits originels.

CHAPITRE IV : L'INDÉPENDANCE

प्रवृत्तिभेदे प्रयोजकं चित्तमेकमनेकेषाम् ॥५॥

5. Bien que les activités des différents esprits créés soient variées, ils sont tous sous le contrôle de l'esprit originel.

Ces esprits différents, qui agissent dans ces corps différents, sont appelés esprits-inventés, et les corps, des corps-inventés ; ce qui signifie des esprits et des corps fabriqués. La matière et l'esprit sont comme deux réserves inépuisables. Lorsque vous devenez yogi, vous apprenez le secret de leur contrôle. Vous le possédiez déjà depuis tout ce temps, mais vous l'aviez oublié. En devenant yogi, vous vous en souvenez. Alors vous pouvez tout faire avec, le manipuler à volonté. Le matériau avec lequel un esprit fabriqué est créé est le même matériau utilisé pour le macrocosme. L'esprit et la matière ne sont pas deux choses différentes, ils sont des aspects différents d'une même chose. L'Asmitâ, l'égoïsme, est le matériau, l'état subtil d'existence à partir duquel sont fabriqués les esprits-inventés et les corps-inventés du yogi. Par conséquent, lorsque le yogi a découvert le secret de ces énergies de la nature, il peut fabriquer un nombre infini de corps et d'esprits à partir de la substance connue sous le nom d'égoïsme.

तत्र ध्यानजमनाशयम् ॥६॥

6. Parmi les différents Chittas celui qui est atteint par le Samadhi est l'absence de désir.

Parmi tous les différents esprits que nous voyons chez des hommes différents, seul l'esprit qui a atteint le Samadhi, la concentration absolue, est le plus élevé. Un homme qui a atteint certaines forces grâce à des médicaments ou par des mots ou mortifications, continue à avoir des désirs ; mais l'homme qui a atteint le Samadhi par la concentration est le seul à être libre de ses désirs.

कर्माशुक्लाकृष्णं योगिनस्त्रिविधमितरेषाम् ॥७॥

7. Les tâches ne sont ni noires ni blanches pour les yogis ; pour les autres, elles sont tricolores : noire, blanche et mélangée.

Lorsque le yogi a atteint la perfection, ses actions, et le Karma produit par ces actions, ne le contraignent pas, car il ne les a pas désirées. Il continue simplement à persévérer ; il aspire à faire bien, et il fait bien, mais il ne s'intéresse pas au résultat et cela ne lui viendra jamais à l'esprit. Mais pour les hommes ordinaires, qui n'ont pas atteint l'état le plus élevé, les tâches sont de trois sortes : noire (les mauvaises actions), blanche (les bonnes actions) et mélangée.

ततस्तद्विपाकानुगुणानामेवाभिव्यक्तिर्वासनानाम् ॥८॥

8. De ces tâches triples se manifestent, dans chaque état uniquement, les désirs (qui) correspondent uniquement à cet état. (Les autres sont maintenus en suspens dans l'attente.)

Supposons que j'ai fait les trois sortes de Karma, bon, mauvais et mélangé, et supposons que je meurs et devienne un dieu au paradis. Les désirs d'un corps divin ne sont pas les mêmes que ceux d'un corps humain ; le corps divin ne mange ni ne boit. Que deviennent alors mes Karma passés non réalisés qui produisaient par leur effet l'envie de manger et de boire ? Que deviendraient ces Karma si je deviens un dieu ? La réponse est que les désirs ne peuvent se manifester que dans des environnements propices. Seuls les désirs adéquats à l'environnement se manifesteront ; le reste restera en suspens. Dans cette vie nous avons beaucoup de désirs divins, de désirs humains et de désirs d'animal. Si j'ai un corps divin, seul les désirs divins se manifesteront car il s'agira de l'environnement approprié. Et si j'ai un corps animal, seul le désir animal se manifestera et les désirs divins resteront en suspens. Qu'est-ce que cela indique ? Que grâce aux environnements nous pouvons contrôler nos désirs. Seul le Karma qui est approprié et adéquat à l'environnement se manifestera. Cela indique que la force de l'environnement est le grand régulateur pour contrôler le Karma lui-même.

जाति-देश-काल-व्यवहितानामप्यानन्तर्यं स्मृतिसंस्कारयोरेकरूपत्वात् ॥९॥

9. Il y a une succession dans les désirs, bien que d'espèce, d'espace et de temps différents, comme il y a une identification des souvenirs et des impressions.

Les expériences en devenant subtiles se transforment en impressions ; les impressions une fois réveillées deviennent des souvenirs. Le mot souvenir ici inclus la coordination inconsciente des expériences passées, réduites en impressions, avec l'action consciente actuelle. Dans chaque corps, le groupe des impressions obtenues dans un corps semblable devient uniquement la cause d'action dans ce corps. Les expériences de corps différents sont maintenues en suspens. Chaque corps agit comme s'il était le descendant d'une série de corps de cette espèce uniquement ; ainsi, la succession des désirs ne peut être brisée.

तासामनादित्वं चाशिषो नित्यत्वात् ॥१०॥

10. La quête du bonheur étant éternelle, les désirs n'ont pas de commencement.

Toute expérience est précédée par le désir du bonheur. Il n'y avait aucun commencement à l'expérience, comme chaque nouvelle expérience est construite sur une tendance générée par les expériences antérieures ; ainsi, le désir n'a pas de commencement.

हेतुफलाश्रयालम्बनैः संगृहीतत्वादेषामभावे तदभावः ॥११॥

11. Maintenus par la cause, l'effet, le support et l'objet, l'absence de ceux-ci est son absence.

Les désirs sont maintenus ensemble par cause et effet ; (Les causes sont les « obstacles porteurs de souffrance » (II.3) et les actions (IV.7), et les effets sont « l'espèce, la vie et l'expérience des plaisirs et des souffrances » (II.13). Si un désir s'est manifesté, il ne disparaitra pas sans produire son effet. Alors, une nouvelle fois, la substance mentale est la grande réserve, le support de tous les désirs passés réduits sous forme de Samskara ; jusqu'à ce qu'ils soient réalisés, ils perdurent. De plus, du moment que les sens perçoivent les objets externes, de nouveaux désirs s'éveilleront. S'il était possible de se débarrasser de la cause, de l'effet, du support et des objets du désir, alors seulement ils disparaitront.

अतीतानागतं स्वरूपतोऽस्त्यध्वभेदाद्धर्माणाम् ॥१२॥

12. Le passé et le futur existent dans leur propre nature, leurs qualités étant différentes.

L'idée est que l'existence ne sort jamais de la non-existence. Le passé et le futur, bien qu'ils n'existent pas dans une forme manifestée, existent pourtant sous une forme subtile.

ते व्यक्त-सूक्ष्मा गुणात्मानः ॥१३॥

13. Ils sont manifestés ou subtils, étant de la nature du Gunas.

Le Gunas rassemble les trois substances Sattva, Rajas et Tamas, dont l'état brut est l'univers sensible. Le passé et le futur proviennent de différents modes de manifestation de ces Gunas.

परिणामैकत्वाद्वस्तुतत्त्वम् ॥१४॥

14. L'unité des choses provient de l'unité des changements.

Bien qu'il y ait trois substances, leurs changements étant coordonnés, tous les objets ont leur unité.

वस्तुसाम्ये चित्तभेदात्तयोर्विभक्तः पन्थाः ॥१५॥

15. Comme la perception et le désir varient en fonction d'un même objet, l'esprit et l'objet sont de nature différente.

Cela signifie qu'il existe un monde objectif indépendant de nos esprits. Ceci est une réfutation de l'idéalisme bouddhique. Comme plusieurs personnes voient la même chose de manière différente, cela ne peut pas être la simple imagination d'un individu en particulier.

न चैकचित्ततन्त्रं वस्तु तदप्रमाणकं तदा किं स्यात् ॥

L'objet ne peut pas être considéré comme dépendant d'un esprit unique. Sans aucune preuve de son existe il deviendrait non-existant.

Si la perception d'un objet était l'unique critère de son existence, alors lorsque l'esprit est absorbé dans quelque chose ou est en Samadhi, il ne serait pas perçu par qui que ce soit et pourrait alors être considéré comme non-existant, une conclusion indésirable.

तदुपरागापेक्षित्वाच्चित्तस्य वस्तु ज्ञाताज्ञातम् ॥१६॥

16. Les choses sont connues ou inconnues de l'esprit, cela dépend de la coloration qu'elles donnent à l'esprit.

सदा ज्ञाताश्चित्तवृत्तयस्तत्प्रभोः पुरुषस्यापरिणामित्वात् ॥१७॥

17. Les états de l'esprit sont toujours connus car le seigneur de l'esprit, le Purusha, est immuable.

L'idée générale de cette théorie est que l'univers est à la fois mental et matériel, ceux-ci sont dans un état constant de fluctuation. Quel est ce livre ? Il s'agit d'une combinaison de molécules en changement constant. Un groupe s'échappe, et l'autre entre ; il s'agit d'un tourbillon, mais d'où vient l'unité ? Pourquoi s'agit-il du même livre ? Les changements sont rythmiques ; ils envoient des impressions à mon esprit dans un ordre harmonieux, et en les assemblant ils créent une image continue, bien que des parties soient en changement permanent. L'esprit lui-même change continuellement. L'esprit et le corps sont comme deux calques d'une même substance, se déplaçant à différentes vitesses. De manière relative, l'un étant plus lent et l'autre plus rapide, nous pouvons distinguer les deux mouvements. Par exemple, un train est en mouvement, et une voiture roule à côté. Il est possible de voir le mouvement de ces deux engins dans une certaine mesure. Mais il y a tout de même autre chose de nécessaire. Le mouvement ne peut être perçu que lorsqu'une autre chose est immobile. Mais lorsque deux ou trois choses sont relativement en mouvement, nous percevons tout d'abord le mouvement le plus rapide, puis les plus lents. Comment l'esprit perçoit-il ? Il est également en fluctuation. Par conséquent, une autre chose est indispensable, qui se déplace encore plus doucement, puis une chose encore plus lente et ainsi de suite, et vous n'en finirez pas. C'est pourquoi la logique vous oblige à vous arrêtez quelque part. Vous devez compléter la série en connaissant quelque chose d'immuable. Derrière cette chaîne infinie de mouvements se trouve le Purusha, l'immuable, l'incolore, l'absolu. Toutes ces impressions ne font que simplement se refléter sur lui, comme une lanterne magique qui projette des images sur un écran, sans pour autant l'altérer.

न तत् स्वाभासं दृश्यत्वात् ॥१८॥
18. L'esprit n'est pas luminescent, étant un objet.

Une force considérable se manifeste partout dans la nature, mais elle n'est pas luminescente, et fondamentalement non intelligente. Le Purusha seul est luminescent et projette sa lumière sur tout. C'est la force du Purusha qui s'infiltre à travers toute matière et force.

एकसमये चोभयानवधारणम् ॥१९॥
19. Comme il est incapable de connaître les deux à la fois.

Si l'esprit était luminescent, il serait capable de connaître à la fois lui-même ainsi que ses objets, ce dont il est incapable. Quand il connaît un objet, il ne peut se refléter sur lui-même. C'est pourquoi le Purusha est luminescent et l'esprit ne l'est pas.

चित्तान्तरदृश्ये बुद्धिबुद्धेरतिप्रसङ्गः स्मृतिसङ्करश्च ॥२०॥

20. En prenant en compte un autre esprit en reconnaissance, il n'y aurait pas de fin à de telles suppositions, ce qui résulterait par la confusion des souvenirs.

Supposons qu'il existe un autre esprit qui connaitrait l'esprit ordinaire, alors il y aurait toujours besoin d'un autre esprit pour connaître le premier, et cela ne finirait jamais. Cela résulterait par la confusion des souvenirs, il n'y aurait aucune réserve de souvenir.

चितेरप्रतिसंक्रमायास्तदाकारापत्तौ स्वबुद्धिसंवेदनम् ॥२१॥

21. L'essence du savoir (le Purusha) étant immuable, quand l'esprit prend sa forme, il devient conscient.

Patanjali dit cela pour éclaircir le fait que le savoir n'est pas une qualité du Purusha. Quand l'esprit s'approche du Purusha, il est reflété, entre autre, sur l'esprit qui, à cet instant, devient omniscient et semble être lui-même devenu le Purusha.

द्रष्टृदृश्योपरक्तं चित्तं सर्वार्थम् ॥२२॥

22. Coloré par le voyant et le vu, l'esprit est capable de tout comprendre.

D'un côté de l'esprit, le monde externe, le vu, est reflété ; de l'autre, le voyant est reflété. Et ainsi apporte la force de tous les savoirs à l'esprit.

तदसंख्येयवासनाभिश्चित्रमपि परार्थं संहत्यकारित्वात् ॥२३॥

23. L'esprit, bien que panaché d'innombrable désirs, agit pour un autre (le Purusha), car il agit en combinaison.

L'esprit est un composé de plusieurs choses et ne peut donc fonctionner pour lui seul. Tout ce qui est une combinaison dans ce monde possède un certain objet pour cette combinaison, et une troisième chose pour laquelle cette combinaison existe. Alors cette combinaison de l'esprit existe pour le Purusha.

विशेषदर्शिन आत्मभाव-भावनानिवृत्तिः ॥२४॥

24. Pour le discriminant, la perception de l'esprit en tant qu'Âtman cesse.

Grâce à la discrimination, le yogi sait que le Purusha n'est pas l'esprit.

तदा विवेकनिम्नं कैवल्यप्राग्भावं चित्तम् ॥२५॥

25. Alors, courbé sur la discrimination, l'esprit atteint les états précédents du Kaivalya (l'isolation). (Il y a une autre lecture : कैवल्यप्राग्भारं| *dont la signification serait : « Alors l'esprit s'enfonce dans la discrimination et gravite vers le Kaivalya. »)*

Ainsi, la pratique du yoga mène à une force discriminatoire, à la clarté de la vision. Le voile se lève des yeux et nous voyons les choses telles qu'elles sont. Nous découvrons que la nature est un composé, et qu'elle montre le panorama pour le Purusha, qui est le témoin; la nature n'est pas le Seigneur, puisque toutes les combinaisons de la nature sont simplement dans le but de montrer ces phénomènes au Purusha, le roi sacré intérieur. Quand la discrimination provient d'une longue pratique, la peur disparait et l'esprit atteint l'isolation.

तच्छिद्रेषु प्रत्ययान्तराणि संस्कारेभ्यः ॥२६॥

26. Les pensées qui émergent comme obstacles à cela proviennent des impressions.

Toutes les idées différentes qui émergent, nous faisant croire que nous avons besoin de quelque chose d'externe pour être heureux, sont des obstacles à la perfection. Le Purusha est le bonheur et la bénédiction par sa propre nature. Mais ce savoir est recouvert par des impressions passées. Ces impressions doivent se résoudre.

हानमेषां क्लेशवदुक्तम् ॥२७॥

27. Leur destruction s'effectue de la même manière que l'ignorance, l'égoïsme, etc. comme expliqué précédemment (II.10).

प्रसंख्यानेऽप्यकुसीदस्य सर्वथा विवेकख्यातेर्धर्ममेघः समाधिः ॥२८॥

28. Même en arrivant au juste savoir discriminant des essences, celui qui abandonne les fruits, lui vient alors, comme résultat d'une domination totale, le Samadhi appelé le nuage de vertu.

Lorsque le yogi a atteint cette discrimination, toutes les forces mentionnées dans le chapitre précédemment lui appartiennent, mais le véritable yogi les rejette. Il lui vient un savoir propre, une lumière extraordinaire, appelé le Dharma-medha, le nuage de vertu. Tous les grands prophètes de ce monde dont l'histoire a été écrite le possèdent. Ils ont découvert l'entière fondation du savoir en eux-mêmes. La vérité leur est apparue. La paix, la sérénité et la pureté absolue sont devenues leur nature propre, après qu'ils aient abandonné les vanités des forces.

ततः क्लेशकर्मनिवृत्तिः ॥२९॥

29. De cela vient l'interruption de la souffrance et des efforts.

Lorsque ce nuage de vertu est atteint, alors il n'y a plus à craindre de tomber, rien ne peut décourager le yogi. Il ne souffrira plus d'aucun mal. Il n'y aura plus de souffrance.

तदा सर्वावरणमलापेतस्य ज्ञानस्याऽनन्त्याज्ज्ञेयमल्पम् ॥३०॥

30. Le savoir, privé de son enveloppe et de ses impuretés, devenant infini, le connaissable se réduit.

Le savoir lui-même est présent ; son enveloppe a disparu. Un des écrits bouddhique explique ce que signifiait le Bouddha (qui est le nom d'un état) en tant que savoir infini, infini comme les cieux. Jésus a atteint cet état et est devenu le Christ. Vous tous atteindrez cet état. Le savoir deviendra infini, le connaissable se réduira. L'univers entier, avec tous ses objets de savoir, est un néant comparé au Purusha. L'homme ordinaire pense qu'il est insignifiant, car le connaissable lui parait infini.

ततः कृतार्थानां परिणामक्रमसमाप्तिर्गुणानाम् ॥३१॥

31. Puis les transformations successives des qualités sont terminées, elles ont atteint leur but.

Puis toutes les différentes transformations des qualités, qui changent entre les espèces, cessent à jamais.

क्षणप्रतियोगी परिणामापरान्तनिर्ग्राह्यः क्रमः ॥३२॥

32. Les changements qui existent en relation aux instants, et qui sont perçus à l'autre fin (la fin d'une série) sont une succession.

Patanjali définit ici le mot succession, les changements qui existent en relation aux instants. Quand je pense, beaucoup d'instants passent, et à chaque moment il y a un changement d'idée, mais je ne perçois que ces changements à la fin d'une série. Cela s'appelle succession, mais pour l'esprit qui a atteint l'omniprésence, il n'y a aucune succession. Tout est au temps présent pour lui ; seul le présent existe, le passé et le futur sont perdus. Le temps est contrôlé et tous les savoirs sont immédiatement obtenus. Tout est su en un éclair.

पुरुषार्थशून्यानां गुणानां प्रतिप्रसवः कैवल्यं स्वरूपप्रतिष्ठा वा चितिशक्तेरिति ॥३३॥

33. La résolution dans l'ordre inverse des qualités, privée de toute cause d'activité pour le Purusha, est le Kaivalya, ou il s'agit de la fondation de la force du savoir dans sa propre nature.

La tâche de la nature est terminée, cette tâche désintéressée que notre tendre nourrice, la nature, s'était imposée à elle-même. Elle a gentiment guidé l'âme étourdie, entre autre, et lui a montré toutes les expériences de l'univers, toutes les manifestations, l'élevant toujours plus haut, à travers plusieurs corps, jusqu'à ce que sa gloire perdue lui revienne et qu'il se souvienne de sa nature propre. Puis la douce mère est retournée d'où elle venait, pour les autres qui auraient également perdu leur chemin dans le désert de la vie. Et ainsi, elle travaille, sans début et sans fin. A travers les plaisirs et les peines, le bien et le mal, la rivière infinie des âmes s'écoule dans l'océan de perfection, de réalisation de soi.

Gloire à ceux qui ont réalisés leur nature propre. Que leurs bénédictions nous soient accordées.

KARMA YOGA
LA VOIE DE L'ABNÉGATION

Chapitre I
Le Karma et ses Effets sur le Caractère

Le mot Karma est dérivé de Kri « faire ». Toute action constitue un Karma. Techniquement, ce mot signifie également « les effets des actions ». En métaphysique, il signifie parfois « les effets dont nos actions passées étaient les causes ». Mais dans le Karma yoga, nous utilisons simplement le mot Karma dans son sens de « travail ». La connaissance est le but de l'humanité ; c'est l'unique idéal qui nous est présenté par la philosophie orientale. Le but de l'homme n'est pas la recherche du plaisir, mais de la connaissance. Le plaisir et le bonheur ont une fin. Ce serait une erreur de supposer que le plaisir serait le but à atteindre. A l'origine, toutes les souffrances du monde ont pris leurs sources à partir du moment où l'homme a commencé à croire, naïvement, que le plaisir était l'idéal qu'il devait s'efforcer d'atteindre.

Avec le temps, il découvre que le but n'est pas de se diriger vers le bonheur, mais vers la connaissance ; il apprend aussi que le plaisir, la douleur, le bien et le mal sont de grands véhicules d'enseignement.

Le caractère de l'homme est forgé par les penchants de son esprit. Le bien et le mal participent l'un et l'autre à façonner son devenir.

En étudiant les grands caractères que ce monde a créés, et selon leurs tendances propres, on se rend compte, dans la majorité des cas, que la souffrance attiserait plus le feu intérieur que le bonheur ; que la pauvreté enseignerait plus que la richesse et que les coups en apprendraient plus que les éloges.

Cette connaissance est, encore une fois, actuellement inhérente à l'homme : aucune connaissance ne vient de l'extérieur, mais tout vient de l'intérieur. La bibliothèque infinie de l'univers se trouve dans l'esprit, qui est une source infinie de connaissances. Le monde n'est que suggestion, l'occasion qui nous amène à étudier notre esprit, c'est toujours lui qui est l'objet de notre étude.

On dit que Newton a « découvert » la gravité, en fait elle était stockée dans son esprit et, le moment venu, cette connaissance lui a été « dévoilée ». La simple chute d'une pomme donna une suggestion à Newton, qui étudia son esprit, et, de fil en aiguille, celui-ci restitua l'information que nous appelons la loi de la gravité.

Par conséquent, toute connaissance, qu'elle soit laïque ou spirituelle, se trouve dans l'esprit humain.

Dans bien des cas, la connaissance n'est pas découverte, elle reste voilée. L'homme qui est totalement recouvert de voile reste ignorant, par contre, celui qui est dévoilé en sait plu, il est savant, omniscient. Grâce au processus de dévoilement, la connaissance progresse.

Il y a eu des hommes omniscients, il y en aura de nombreux autres encore dans les cycles à venir. Tout comme le silex renferme le feu, l'esprit renferme la connaissance ; la suggestion est le frottement qui la fera ressortir.

Chaque coup que reçoit l'âme fait de nous ce que nous sommes. Chaque fois qu'un travail de dépassement est fait sur nos peurs, nos chagrins, nos tourments, notre âme découvre son propre pouvoir et sa connaissance propre.

Cela constitue le Karma, ce mot étant utilisé dans son sens le plus large.

Ainsi nous sommes dans le Karma lorsque nous parlons, écoutons, respirons, marchons. Toute action est Karma, qu'elle soit physique ou mentale. Le Karma laisse son empreinte sur nous et dessine ainsi notre caractère.

Un grand travail spectaculaire est toujours la réunion d'un grand nombre de travaux de petite taille. Si l'on est sur la côte et qu'on entend le bruit des vagues s'écraser contre les rochers, on pense que c'est un son merveilleux. Et pourtant, on sait qu'une seule vague est en réalité composée de millions de vagues minuscules : chacune d'entre elles émet un son et cependant, on ne l'entend pas ; c'est seulement quand elles se fondent en un seul grand agrégat qu'on les entend.

Si l'on veut véritablement évaluer du caractère d'un homme, il ne faut pas s'intéresser à ses grandes performances. N'importe qui peut devenir un héros à un moment ou à un autre. Les grandes occasions ont élevé même le plus vil des hommes à un certain rang de grandeur, mais le grand homme est celui dont le caractère est toujours noble, au quotidien et dans n'importe quel endroit où il se trouve.

Le Karma, au regard de ses effets sur le caractère, est le pouvoir le plus extraordinaire auquel l'homme doit faire face. L'homme est, pour ainsi dire, un noyau et il attire vers lui tous les pouvoirs de l'univers, et dans ce noyau, il le fait fusionner pour ensuite les rejeter en un énorme courant. C'est un tel noyau qui constitue l'homme véritable, le tout-puissant, l'omniscient, et il attire vers lui l'univers tout entier : le bien et le mal, la souffrance et le bonheur, tout converge tous vers lui et l'enveloppe. Il crée alors de l'univers le puissant courant de tendances que l'on appelle « caractère » puis le projette vers l'extérieur. Il a non seulement le pouvoir de tout attirer vers lui mais il a aussi le pouvoir de tout rejeter.

Toutes les actions que l'on constate dans le monde, tous les mouvements dans la société humaine, tous les travaux qui nous entourent sont simplement l'expression de la pensée, la manifestation de la volonté humaine. Les machines ou les instruments, les villes, les bateaux ou les vaisseaux de haut-bord sont tous la simple manifestation de la volonté humaine, et c'est celle-ci qui est à l'origine du caractère, qui est lui-même façonné par le Karma. La manifestation de la volonté est identique au Karma. Les hommes à la volonté de fer ont tous été de fabuleux travailleurs, des âmes gigantesques avec des volontés telles qu'elles bouleversèrent les mondes, obtenues par un travail acharné à travers les âges.

Une telle volonté, gigantesque, similaire à celle d'un Bouddha ou d'un Jésus, ne pourrait s'obtenir en une seule vie, car on sait qui étaient leurs pères. On ignore si leurs pères ont parlé en faveur du bien de l'humanité. Des millions de charpentiers comme Joseph sont morts et autant vivent encore. Des millions de petits rois, comme le père du Bouddha, ont vécu dans ce monde. Si l'hérédité était la seule cause, comment expliquer que ce petit prince, que ses propres servants n'écoutaient peut-être pas, ait engendré ce fils, Bouddha, adoré par la moitié du monde ? Comment expliquer le fossé qui sépare le charpentier et son fils, Jésus, que des millions d'êtres humains vénèrent comme Dieu ? C'est un problème que l'on ne peut pas résoudre par la théorie de l'hérédité. Cette immense volonté que le Bouddha et Jésus ont déployé sur le monde, d'où vint-elle ? D'où vint cette accumulation de pouvoir ? Elle a dû exister à travers les âges, grandissant de plus en plus jusqu'à se déverser sur le monde en un Bouddha ou un Jésus, inondant même cette époque-ci.

Tout cela est déterminé par le Karma, le travail. Personne ne peut rien obtenir s'il ne l'a pas mérité, c'est une loi spirituelle, éternelle. Parfois, on peut penser que ce n'est pas le cas, mais à long terme, on ne peut qu'en être convaincu. Un homme peut se battre toute sa vie pour acquérir ou garder ses richesses, il peut tromper des milliers de personnes, mais en finalité, s'il s'avère que ses richesses ont été acquises d'une façon malhonnête, sa vie se poursuivra ensuite avec des problèmes et des nuisances. On peut continuellement accumuler des biens pour notre satisfaction physique, mais seul ce que l'on mérite nous appartient réellement. N'importe quel homme peut acheter tous les livres du monde, qu'il placera dans sa bibliothèque, mais il ne pourra lire que les livres qu'il mérite de lire, et ce mérite est engendré par le Karma. Notre Karma détermine ce que nous méritons et ce que nous pouvons assimiler. Nous sommes responsables de ce que nous sommes, et de ce que nous souhaitons être, nous avons le pouvoir de nous façonner. Si ce que nous sommes à cet instant a été le résultat de nos actions passées, alors il en découle certainement que ce que nous souhaitons devenir dans le futur pourra être créé par nos actions présentes, et nous devons alors savoir comment agir. Vous direz : « Quel est le but d'apprendre à comment travailler ? Tout le monde travaille d'une manière ou d'une autre dans ce monde. » Mais il y a bien quelque chose comme le gaspillage de nos énergies. En considérant le Karma yoga, la Gita indique qu'il s'agit de travailler de manière intelligente et scientifique : en sachant comment travailler, on peut obtenir les meilleurs résultats. Vous devez garder en tête que tout travail sert à faire ressortir le pouvoir de l'esprit, déjà présent, afin de réveiller l'âme. Le pouvoir, comme la connaissance, se trouvent en chaque homme, les différents travaux sont tels des coups qui les feront ressortir.

Il ne peut y avoir de travail sans raison. L'homme travaille pour de multiples buts. Certains hommes pour devenir célèbres, d'autres pour obtenir le pouvoir, d'autres veulent de l'argent. Il y en a aussi qui travaillent pour accéder au paradis, c'est pour eux une finalité. D'autres veulent que leur nom leur survive, comme c'est le cas en Chine, où personne ne se voit attribuer de titre avant sa mort, ce qui, après tout, est une meilleure méthode que la nôtre. En Chine, lorsqu'un homme fait une très bonne action, on accorde un titre de noblesse à son père, qui est mort, ou à son grand-père. Certaines personnes travaillent dans ce but. Certains partisans des sectes musulmanes travaillent toute leur vie dans le but qu'on érige un grand tombeau à leur mort. Je connais des sectes dont les communautés préparent un tombeau pour l'enfant qui vient de naître. C'est pour eux le plus grand travail qu'un homme ait à effectuer, et plus le tombeau est grand et raffiné, plus l'homme sera riche. Pour d'autres, le travail est une pénitence, ils commettent toutes sortes de méfaits puis érigent un temple, ou donnent quelque chose aux prêtres pour se racheter une conduite et obtenir leur passeport pour le paradis. Ils croient que ce genre de bonnes actions va les purifier et qu'ils s'en tireront malgré leur vie de péchés. Voilà quelques raisons possibles qui poussent les hommes à travailler.

Travaillez pour l'amour du travail. Il existe des personnes qui, dans chaque pays, sont « bonnes comme du bon pain » et qui travaillent pour l'amour du travail. Des personnes que le renom, la célébrité, ou l'accès au paradis indiffèrent. Ils travaillent uniquement parce que de bonnes choses en ressortiront. Il existe des êtres qui font du bien aux pauvres et aident l'espèce humaine pour des raisons encore plus nobles, car ils croient en la bonté et aiment faire le bien. En règle générale, chercher le renom ou la célébrité produit rarement des résultats immédiats ; ceux-ci arrivent lorsque nous sommes vieux, et que notre vie se termine. Pourtant, une question se pose : si un homme travaille sans aucune motivation égoïste, n'y gagne-t-il rien? Si, c'est lui qui y gagne le plus. La générosité est plus gratifiante, mais les gens n'ont simplement pas la patience pour la pratiquer. C'est aussi plus gratifiant sur le plan de la santé. L'amour, la vérité et la générosité ne sont pas de simples figures de style, mais elles représentent notre plus haut idéal, parce qu'en eux se trouve une telle manifestation du pouvoir. Tout d'abord, un homme qui est capable de travailler cinq jours, ou même cinq minutes, sans aucun objectif égoïste, sans penser un instant ni au futur, ni au paradis, ni à la punition, ni à quoi que ce soit de ce genre, renferme la capacité de devenir un puissant géant de moralité. C'est un but difficile à atteindre, mais tout au fond de nos cœurs, nous connaissons sa valeur et le bien qu'il nous apporte. C'est la plus grande manifestation du pouvoir, cette merveilleuse restriction, la retenue est la manifestation d'un plus grand pouvoir que toute action sortante. Une calèche à quatre chevaux peut dégringoler à toute vitesse et sans retenue le long d'une colline, ou bien le cocher peut retenir les chevaux. Quelle est la plus grande manifestation de pouvoir, les laisser dévaler, ou bien les retenir? Un boulet de canon vole dans les airs pendant une longue distance puis tombe. Le vol d'un autre est stoppé net par son impact contre un mur, lequel impact génère une chaleur intense. Toute l'énergie sortante servant une motivation égoïste sera gaspillée, elle ne fera pas revenir le pouvoir à vous, mais si elle est retenue, elle aura pour résultat le développement du pouvoir. Cette retenue aura tendance à créer une puissante volonté, un caractère qui façonne un Christ ou un Bouddha. Les idiots ne connaissent pas ce secret, mais ils veulent tout de même diriger l'humanité. Même un fou pourrait diriger le monde entier s'il travaillait et attendait. Qu'il attende quelques années, qu'il restreigne cette idée folle de gouverner et, lorsque cette idée se sera complètement envolée, il deviendra une puissance au sein du monde. La majorité d'entre nous ne peut voir au-delà de quelques années, tout comme un animal ne peut pas voir au-delà de quelques pas. Juste un petit cercle étroit, voilà ce qu'est notre monde. Nous n'avons pas la patience de regarder au-delà, et ainsi devenons-nous immoraux et méchants. Ceci est notre faiblesse, notre impuissance.

Il ne faut pas rechigner, même pour la plus basse des tâches. Celui qui ne sait rien, laissons-le donc travailler dans des buts égoïstes, pour acquérir le renom ou la célébrité, mais chacun de nous devrait en permanence viser de meilleures motivations, et les comprendre. « Le travail, nous y avons droit, mais pas aux fruits qui en résultent. » Il ne faut pas s'intéresser aux fruits. Pourquoi se soucier du résultat? Si vous désirez aider quelqu'un, il ne faut jamais penser à l'attitude qu'il devrait avoir envers vous. Si vous voulez réaliser un grand et bon travail, ne vous préoccupez pas du résultat, faites-le gratuitement et avec bonté.

Une question difficile se pose dans cet idéal de travail. Une activité intense est requise, nous devons travailler en permanence. Nous ne pouvons vivre une seule minute sans travailler. Qu'advient-il alors du repos ? Voici le premier aspect du combat de la vie : le travail qui nous fait tourner à vive allure. Et en voici le second, c'est-à-dire le calme, la renonciation réservée : tout est paisible autour de nous, il n'y a que peu de bruit et d'animation, il n'y a que la nature et ses animaux, ses fleurs et ses montagnes. Aucun de ces deux aspects n'est une vision parfaite. Un homme habitué à la solitude, si on le met en contact avec les tourbillons déferlants du monde, sera écrasé par ceuc-ci, de même que le poisson qui vit dans les abysses de la mer se disloquera si on le ramène à la surface, car il sera privé de la pression de l'eau qui le maintenait en une seule entité. Un homme habitué à l'agitation et la précipitation de la vie peut-il vivre facilement s'il se rend dans un endroit calme ? Il souffrira et peut-être qu'il perdra la tête. L'homme idéal est celui qui, dans le plus grand silence et la plus grande solitude, trouve l'activité la plus intense, et qui, au milieu de l'activité la plus intense, trouve le silence et la solitude du désert. Il a appris le secret de la retenue, il a maîtrisé le contrôle de soi. Il avance dans les rues d'une grande ville et de sa circulation, et son esprit reste aussi calme que s'il se trouvait dans une grotte où aucun bruit ne pourrait l'atteindre, et il travaille intensément en permanence. Ceci est l'idéal du Karma yoga, et si vous parvenez à l'atteindre, c'est que vous avez appris le secret du travail.

Il nous faut cependant démarrer par le commencement, en acceptant les travaux à mesure qu'ils nous arrivent en espérant qu'ils nous rendent chaque jour un peu plus généreux. Nous devons faire le travail et découvrir le pouvoir de la motivation qui nous pousse à avancer. Et, au cours des premières années, nous comprendrons que nos motivations sont toujours égoïstes, mais, petit à petit, à force d'obstination, cet égoïsme s'estompera, jusqu'à ce qu'enfin vienne le temps où nous serons capables d'effectuer de véritables travaux désintéressés. Nous pouvons tous espérer, alors que nous bataillons sur les chemins de la vie, qu'un jour viendra où nous serons parfaitement généreux et, qu'à l'instant où nous atteindrons cette générosité, tous nos pouvoirs seront concentrés et que la connaissance qui est en nous apparaîtra.

Chapitre II
Chacun Est Maître Chez Soi

D'après la philosophie Sankhya, la nature est composée de trois forces appelées Sattva, Rajas et Tamas en sanskrit. Ces trois forces, représentées dans l'univers physique, sont : l'équilibre, l'activité et l'inertie. Tamas est qualifié comme étant l'obscurité ou l'inactivité ; Rajas est l'activité, exprimée comme l'attraction ou la répulsion ; et quant à Sattva, c'est l'équilibre des deux.

Ces trois forces résident en chaque homme. Tamas prend parfois le dessus, alors on devient paresseux, on n'arrive pas à bouger, on devient inactif, tenu cloué par certaines idées ou par pur ennui. A d'autres périodes, l'activité prévaut et encore à d'autres moments, le calme équilibre des deux. En général, l'une de ces forces est prédominante chez différents hommes. La caractéristique d'un homme est l'inactivité, l'ennui et la paresse, celle d'un autre est l'activité, le pouvoir, la manifestation de l'énergie, et on trouvera en un autre la douceur, la tranquillité et l'amabilité qui sont dues à l'équilibre tant entre l'action que l'inaction. Ainsi, on retrouve dans toutes les créations (les animaux, les plantes et les hommes) la manifestation plus ou moins typique de toutes ces différentes forces.

Le Karma yoga doit particulièrement traiter ces trois facteurs. En enseignant ce qu'ils sont et la manière de les utiliser, cela nous aidera à mieux accomplir notre travail. La société humaine est une organisation classée. Nous avons tous le sens de la morale et du devoir, mais, en même temps, on trouve une signification très variée de la moralité d'un pays à un autre. Ce qui est considéré comme moral dans un pays sera considéré comme parfaitement immoral dans un autre pays. A titre d'exemple, dans un pays, des cousins peuvent se marier, alors que dans un autre pays, cela est considéré comme étant très immoral. Dans l'un, des hommes peuvent épouser leurs belles-sœurs alors que dans un autre, ce serait immoral. Dans un pays, les gens ne peuvent se marier qu'une seule fois tandis que dans un autre, ils peuvent se marier plus d'une fois, et ainsi de suite. On constate également que, dans tous les autres domaines de la moralité, la norme varie énormément. Nous pensons pourtant qu'il doit exister une norme universelle de moralité.

C'est la même chose qu'avec le devoir. L'idée du devoir varie largement selon les différents pays : dans un pays, si un homme ne fait pas certaines choses, les gens diront qu'il a mal agit alors que s'il faisait ces mêmes choses dans un autre pays, les gens diront le contraire ; et pourtant, on croit qu'il doit y avoir une certaine vision universelle du devoir. De la même manière, une classe sociale pense que certaines choses font partie de ses devoirs, tandis qu'une autre classe pense tout le contraire et serait atterrée si elle devait faire ces choses-là. Deux voies s'ouvrent à nous : la voie de l'ignorant qui pense qu'il n'y a qu'un seul chemin qui mène à la vérité et que tous les autres sont faux, et celle du sage qui admet que selon nos constitutions mentales ou les différents plans d'existence dans lesquels nous sommes, la moralité et le devoir peuvent varier. L'important est de savoir qu'il y a des hiérarchies du devoir et de la moralité ; que le devoir d'un état de vie dans un ensemble de circonstances ne sera pas et ne pourra pas être celui d'un autre.

A titre d'exemple : tous les grands enseignants ont appris à « ne pas résister au mal », que la non-résistance est le plus grand idéal de la morale. Nous savons tous que si un certain nombre d'entre nous essayait de mettre cette maxime pleinement en pratique, l'ensemble du tissu social tomberait en ruine, les méchants prendraient alors possession de nos biens et de nos vies. Ils auraient le pouvoir sur nous. Même si on ne pratiquait qu'un seul jour ce genre de non-résistance, les résultats seraient désastreux. Malgré tout, nous sentons intuitivement, du fond de nos cœurs, la vérité de l'enseignement « ne pas résister au mal ». Cela nous paraît être le plus grand idéal. Mais enseigner uniquement cette doctrine reviendrait à condamner une vaste partie de l'humanité. De plus, les hommes pourraient croire qu'ils ont toujours mal agi, et ils seraient tourmentés par des scrupules à chacune de leurs actions ; ils en seraient affaiblis et cette perpétuelle désapprobation de soi nourrirait plus de vices qu'aucune autre faiblesse. La porte de la dégénération est déjà ouverte à l'homme qui a commencé à se haïr et il en va de même pour une nation.

Notre premier devoir ne constitue pas à nous haïr nous-mêmes, car, pour progresser, nous devons d'abord croire en nous-mêmes et ensuite en Dieu. Celui qui ne croit pas en lui-même ne pourra jamais croire en Dieu. Ainsi, la seule solution qui nous reste est de reconnaître que le devoir et la moralité varient en fonction des circonstances, que, selon les diverses situations dans lesquelles l'homme se trouve, il serait même de son devoir de résister au mal.

En lisant la Bhagavad-Gita, nombre d'entre nous, dans les pays occidentaux, avons pu être surpris dans le second chapitre où Sri Krishna traite Arjuna d'hypocrite et de lâche car il avait refusé de se battre ou d'opposer une résistance à ses adversaires, qui étaient ses amis et ses parents, plaidant que la non-résistance était le plus haut idéal de l'amour. Ceci est une grande leçon à retenir, car, dans toutes les situations, les deux extrêmes sont les mêmes. L'extrême positif et l'extrême négatif sont toujours similaires. On ne peut voir les vibrations de la lumière lorsqu'elles sont trop lentes ou trop rapides. C'est également le cas pour le son, lorsqu'il est très grave, on ne l'entend pas et lorsqu'il est très aigu on ne l'entend pas non plus. On trouve de même nature la différence entre la résistance et la non-résistance. Un homme ne résiste pas parce qu'il est faible, paresseux et ne le peut pas parce qu'il ne le veut pas ; un autre sait qu'il peut porter un coup fatal s'il le veut, cependant, non seulement, il ne frappe pas mais il bénit également ses ennemis. Celui qui ne résiste pas par faiblesse commet un péché et ne peut ainsi tirer aucun profit de la non-résistance, tandis que l'autre commettrait un péché en résistant. Le Bouddha abdiqua son trône et renonça à sa position, cela était la véritable renonciation. Mais on ne peut parler de renonciation pour un mendiant qui n'a rien et donc, ne renonce à rien. C'est pourquoi nous devons toujours être prudents sur nos significations lorsqu'on aborde le sujet de cette non-résistance et d'amour idéal. Nous devons d'abord nous assurer de bien comprendre si nous sommes en mesure de résister ou pas. Puis, en ayant le pouvoir, savoir si, en renonçant et en ne résistant pas, nous accomplirions un grand acte d'amour. Mais si nous ne sommes pas capables de résister et qu'en même temps, nous essayons malgré tout de nous leurrer en croyant que nous sommes guidés par des motifs du plus grand amour, nous ferions exactement le contraire. Arjuna est devenu un lâche à la vue de la puissante armée face à lui, son « amour » lui a fait oublier son devoir envers son pays. C'est la raison pour laquelle Sri Krishna l'a traité d'hypocrite : « Tu parles comme un sage, mais tes actions te trahissent et font de toi un lâche. Alors lève-toi et bats-toi ! »

Telle est l'idée fondamentale du Karma yoga. Le Karma-yogi est l'homme qui comprend que le plus grand idéal est la non-résistance et qui sait aussi que cette dernière est la plus grande manifestation du pouvoir réellement en possession. Ce qui est également appelé la résistance au mal n'est qu'un pas de plus vers la manifestation de ce plus grand pouvoir, à savoir la non-résistance. Avant d'atteindre ce plus grand idéal, le devoir de l'homme est de résister au mal : qu'il travaille, qu'il se batte, qu'il frappe juste et fort. Alors seulement, lorsqu'il aura acquis le pouvoir de résister, la non-résistance deviendra une vertu.

Dans mon pays, j'ai rencontré une fois un homme, que je savais être comme étant très stupide, ennuyeux, ne sachant rien et ne voulant rien connaître, vivant comme une brute. Il m'a demandé ce qu'il devrait faire pour connaître Dieu, comment il pourrait se libérer. « Es-tu capable de mentir ? » Lui ai-je demandé.

« Non » répondit-il. « Alors tu dois apprendre à le faire. Mieux vaut mentir que d'être une brute ou une bûche de bois. Tu es inactif et tu n'as certainement pas atteint l'état le plus haut, qui est au-delà de toutes les actions, qui est le calme et la sérénité. Tu es bien trop insignifiant pour faire quelque chose de méchant. » C'était un cas extrême, bien sûr, je plaisantais avec lui, mais ce que je voulais dire était qu'un homme doit être actif afin d'atteindre une parfaite quiétude.

Les hommes devraient tout faire pour éviter l'inactivité. L'activité est toujours synonyme de résistance. Lorsque vous aurez réussi à résister à tous les maux, physiques ou mentaux, alors viendra la sérénité. Il est très simple de dire « ne hais personne, ne résiste pas au mal », mais nous savons ce que ce genre d'idée signifie généralement dans la pratique. Quand on devient l'objet d'attention de la société, on fait une démonstration de non-résistance, mais au fond, notre cœur est dévoré par la gangrène. On ressent le besoin absolu pour le calme procuré par la non-résistance, on sent qu'il serait préférable pour nous de résister. Si vous désirez la richesse et savez en même temps que le monde entier considère celui qui vise la richesse comme un homme méchant, vous n'oserez peut-être pas plonger dans la lutte pour la richesse, mais votre esprit, tourmenté nuit et jour par l'idée de l'argent, continuera à courir après celui-ci. Ceci est de l'hypocrisie et ne servira à rien. Plongez dans le monde, ensuite, après un moment, lorsque vous aurez souffert et profité de tout ce qui s'y trouve, viendra la renonciation, puis la sérénité. Lorsque vous aurez assouvi votre désir pour le pouvoir et tout le reste, viendra le temps où vous comprendrez que tout cela ne représente que de toutes petites choses. Mais jusqu'à ce que vous ayez comblé ce désir et que vous soyez passé par cette activité, il vous sera impossible d'atteindre l'état de quiétude, de sérénité et d'abnégation. Ces idées de sérénité et de renonciation ont été prêchées pendant des milliers d'années ; tout le monde les a entendues pendant son enfance et pourtant, nous n'en voyons que très peu qui ont réellement atteint cette étape. Je ne pense pas avoir vu si, dans ma vie, j'ai vu vingt personnes qui sont vraiment calmes et non-résistantes et ce après avoir voyagé à travers plus de la moitié du monde.

Chaque homme doit s'engager à accomplir son propre idéal, c'est un moyen plus sûr de progrès plutôt que d'adhérer aux idéaux des autres sans espoir de pouvoir les réaliser. Si nous prenons par exemple un enfant et qu'on lui demande de marcher environ trente kilomètres : soit le petit meurt, soit il aura une chance sur mille de parcourir les trente kilomètres en se traînant pour finalement arriver exténué et à moitié mort. Cela ressemble à ce qu'on essaie généralement de faire avec le monde. Tous les hommes et femmes d'une société n'ont pas le même point de vue, la même capacité ou la même habilité à réaliser les choses, ils doivent avoir des idéaux différents et nous n'avons le droit de nous moquer d'aucun idéal. Que chacun fasse du mieux qu'il peut pour réaliser son propre idéal. Il n'est pas juste non plus que je sois jugé selon vos critères ou vous par les miens. Le pommier ne doit pas être jugé selon les critères du chêne et vice-versa. Le pommier doit être jugé en fonction de ses propres critères et le chêne en fonction des siens.

L'unité dans la diversité, tel est la stratégie de l'univers. Peu importe les variations individuelles des hommes et des femmes, il y a l'unité du fond. Les différents caractères individuels et classes d'hommes et de femmes constituent des variations naturelles de la création. Par conséquent, nous ne devons pas les juger avec les mêmes critères ou leur présenter le même idéal. Une telle attitude engendre uniquement une lutte artificielle, le résultat : l'homme commence à se détester lui-même et ne parvient ni à devenir religieux, ni bon. Notre devoir est d'encourager chacun dans sa lutte à respecter son propre idéal, le plus grand, et en même temps d'œuvrer pour rendre cet idéal le plus proche possible de la vérité.

Dans le système moral hindou, on voit que ce fait a été reconnu depuis très longtemps, de plus, leurs textes sacrés et livres sur l'éthique fixent différentes règles pour les différentes classes d'homme : le chef de famille, le sannyasin (l'homme qui a renoncé au monde), et l'élève.

D'après les textes sacrés hindou, la vie de chaque individu a ses propres devoirs en plus de ceux qui sont communs à toute l'humanité. L'hindou démarre la vie comme un élève, puis il se marie et devient un chef de famille, à un âge avancé, il se retire, abandonnant le monde et il devient finalement un sannyasin. Chacune de ces différentes étapes de la vie doivent effectuer des devoirs qui lui sont propres. Aucune de ces étapes n'est en elle-même supérieure à une autre, la vie de l'homme marié est toute aussi grande que celle du célibataire qui s'est dévoué aux œuvres religieuses. Le charognard dans la rue est bien aussi grand et prestigieux que le roi sur son trône. Faites-le descendre de son trône, faites-lui faire le travail du charognard et voyez comment il s'en sort. Mettez à son tour le charognard aux commandes et regardez comment il dirige. Il est évident que l'homme qui vit hors du monde est un plus grand homme que celui qui vit dans le monde. Il est beaucoup plus difficile de vivre dans le monde et d'adorer Dieu que de renoncer et de vivre une vie libre et facile. Les quatre étapes de la vie en Inde furent plus tard réduites à deux : celles du chef de famille et celle du moine. Le chef de famille se marie et remplit ses devoirs de citoyen, et le devoir de l'autre est de consacrer entièrement ses forces à la religion, de prêcher et d'adorer Dieu. Je vais vous lire quelques passages du Maha-Nirvana-Tantra qui traite de ce sujet, vous verrez alors que devenir chef de famille et accomplir parfaitement ses devoirs est une tâche très difficile :

> *Le chef de famille doit être dévoué à Dieu, la connaissance de Dieu doit être le but de son existence. Toutefois, il doit tout le temps travailler, accomplir tous ses devoirs. Il doit laisser les fruits de ses actions à Dieu.*

C'est la chose la plus difficile au monde, travailler sans se soucier du résultat, d'aider un homme et ne jamais penser qu'il devrait être reconnaissant, de faire du bon travail et en même temps ne jamais chercher à savoir si cela vous apporte du renom, la célébrité ou rien du tout. Même le plus fieffé lâche devient brave lorsque le monde l'acclame. Un imbécile peut accomplir des actes héroïques lorsqu'il a l'approbation de la société, mais pour qu'un homme fasse toujours le bien sans tenir compte de l'approbation de ses semblables est effectivement le plus grand sacrifice qu'on puisse réaliser. La grande responsabilité du chef de famille est de gagner sa vie, mais il doit veiller à ne pas le faire en racontant des mensonges, en trichant ou en volant les gains des autres, il doit aussi se rappeler qu'il vit pour servir Dieu et les pauvres.

> *Sachant que père et mère sont la représentation visible de Dieu, le chef de famille doit toujours et par tous les moyens les satisfaire. Si un homme satisfait ses parents, Dieu sera satisfait de cet homme. Cet enfant est réellement un bon enfant qui n'insulte jamais ses parents.*
> *Face aux parents, on ne doit pas prononcer de plaisanteries, montrer de l'impatience, de la colère ou encore ses humeurs. Devant père et mère, un enfant doit s'incliner bas, et se lever en leur présence et ne doit pas s'asseoir jusqu'à ce qu'ils le lui ordonnent.*
> *Si le chef de famille mange, boit ou s'habille sans s'assurer au préalable que sa mère et son père, ses enfants, sa femme et le pauvre soient fournis, il commet un péché. Le père et la mère sont à l'origine de ce corps, un homme doit donc subir un millier de problèmes pour leur faire du bien.*
> *C'est la même chose pour sa femme. Aucun homme ne doit réprimander sa femme, et il doit toujours s'en occuper comme si elle était sa propre mère. Et même s'il traverse les plus grandes difficultés et problèmes, il ne doit pas être en colère contre sa femme.*
> *Celui qui pense à une autre femme que sa femme, s'il la touche ne serait-ce qu'avec son esprit, cet homme ira dans les profondeurs/abysses des enfers.*

Devant les femmes, il ne doit pas prononcer de propos inconvenants et ne doit jamais se vanter de ses pouvoirs. Il ne doit pas dire : « j'ai fait ceci, et j'ai fait cela. »

Le chef de famille doit toujours satisfaire sa femme avec de l'argent, des habits, de l'amour, de la fidélité et des mots doux, et ne jamais rien faire qui puisse la tourmenter. Cet homme qui a réussi à obtenir l'amour d'une femme chaste a réussi dans sa religion et possède toutes les vertus.

On a ensuite les obligations envers les enfants :

Un fils doit être affectueusement élevé jusqu'à sa quatrième année et être éduqué jusqu'à ses seize ans. Lorsqu'il atteint ses vingt ans, il doit intégrer un travail ; il doit alors être traité avec tendresse par son père comme son égal. La fille doit être élevée exactement de la même manière et éduquée avec le plus grand soin. Et lorsqu'elle se marie, le père a le devoir de lui offrir des bijoux et des richesses.

Puis, le devoir de l'homme est envers ses frères et sœurs, et les enfants de ces derniers, s'ils sont pauvres, et envers ses autres parents, ses amis et de ses serviteurs. Ensuite, ses devoirs sont envers les gens du même village que lui, les pauvres et n'importe quelle personne qui sollicite son aide. En ayant des moyens suffisants, si un homme ne veille pas à donner à ses parents et aux pauvres, sachez qu'il n'est qu'une brute et non un être humain.

On doit éviter l'attachement abusif à la nourriture, aux habits, aux soins corporels et capillaires. Le chef de famille doit avoir un cœur pur et une apparence soignée, être toujours actif et prêt à travailler.

Le chef de famille doit être un héros pour ses ennemis. Il doit donc résister. Tel est le devoir du chef de famille. Il ne doit pas s'asseoir dans un coin et pleurer, et dire des bêtises concernant la non-résistance. Il n'aura pas accompli son devoir s'il n'agit pas en héros face à ses ennemis. Et envers ses amis et ses parents, il doit être doux comme un agneau.

Il relève du devoir de chef de famille de ne pas adorer les méchants car en adorant les méchants de ce monde, il soutient la méchanceté. Et ce serait une grosse erreur qu'il méprise ceux dignes de respect, les gens bien. Il ne doit pas être exubérant dans ses amitiés, il ne doit pas se démener pour se faire des amis partout ; Il doit observer les actes des hommes avec qui il veut se lier d'amitié et leurs comportements avec d'autres personnes, méditer sur eux et ensuite devenir amis.

Il ne doit pas parler de ces trois choses : Il ne doit pas parler de sa propre renommée en public ; Il ne doit pas prêcher son propre nom ou ses propres capacités ; Il ne doit pas parler de sa richesse ou de n'importe quelle chose qui lui a été dite en secret.

Un homme ne doit pas dire qu'il est pauvre ou qu'il est riche, il ne doit pas se vanter de sa richesse. Qu'il le garde pour lui, ainsi est son devoir religieux. Ce n'est pas une simple sagesse humaine, si un homme ne fait pas ainsi, il sera jugé comme une personne immorale.

Le chef de famille représente la base, le soutien, de toute la société, il est la principale source de revenu. Les pauvres, les faibles, les enfants et les femmes qui ne travaillent pas vivent tous au dépend du chef de famille. Donc, il y a un certain nombre de devoirs qu'il doit accomplir et ces devoirs doivent le faire se sentir fort pour les réaliser et non pas lui faire croire qu'il effectue des choses indignes de son idéal. Par conséquent, il ne doit pas dire en public lorsqu'il a commis une faiblesse ou une erreur, et s'il est engagé dans un projet et qu'il est certain d'échouer, il ne doit pas en parler. Une telle mise à nu est non seulement déplacée, mais elle lui fait perdre ses moyens et le rend inapte à la réalisation de ses devoirs légitimes de sa vie. En même temps, il doit lutter fort pour acquérir ces choses : d'abord, le savoir et ensuite, la richesse. Ceci relève de son devoir, et s'il ne remplit pas son devoir, il n'est personne. Un chef de famille qui ne se bat pas pour la richesse est immoral. S'il est paresseux et se satisfait à vivre une vie oisive, il est immoral car des centaines de personnes dépendent de lui. S'il amasse des richesses, des centaines d'autres personnes seront par conséquent soutenues.

Si dans cette ville il n'y avait pas eu des centaines de personnes qui s'étaient débattues pour devenir riches, et qui avaient acquis de la richesse, où donc seraient toutes ces civilisations, ces hospices et ces grandes maisons ?

Chercher à devenir riche dans ce cas n'est pas mauvais, car cette richesse est ensuite distribuée. Le chef de famille est le centre de la vie et de la société. C'est une dévotion pour lui que d'acquérir et de dépenser dignement des richesses, parce que le chef de famille, qui lutte pour devenir riche par des moyens légitimes et pour de bonnes raisons, fait pratiquement la même chose pour l'obtention du salut que l'ermite quand il prie dans sa cellule . On voit en eux uniquement les différents aspects de la même vertu de don de soi et d'abnégation, suscités par le sentiment de dévotion à Dieu et à tout ce qui se rapporte à Lui.

Il doit lutter par tous les moyens pour avoir une bonne réputation. Il ne doit pas parier, il ne doit pas se ranger du côté des méchants, il ne doit pas raconter des mensonges, et ne doit pas causer d'ennui aux autres.

Les gens s'engagent souvent dans des choses qu'ils n'ont pas les moyens de réaliser, avec comme résultat de tromper les autres pour arriver à leurs fins. Puis, en toute chose, on doit tenir compte du facteur du temps : ce qui, à un moment, serait un échec, serait peut-être, à un autre moment, une très grande réussite.

Le chef de famille doit dire la vérité et parler gentiment, en utilisant des mots que les gens aiment, qui leur feront du bien. Il ne doit pas non plus parler des affaires des autres.

Le chef de famille, en creusant des réservoirs, en plantant des arbres aux bords des routes, en établissant des lieux de repos pour les hommes et les animaux, en construisant des routes et des ponts, poursuit le même objectif que le plus grand yogi.

Ceci est une partie de la doctrine des pratiques du Karma yoga, l'activité, le devoir du chef de famille. Il y a un passage plus loin qui dit : « Si le chef de famille meurt au combat, en se battant pour son pays ou pour sa religion, il atteint le même but que le yogi par méditation », montrant de ce fait que ce qui représente un devoir pour les uns ne l'est pas pour les autres. En même temps, il ne dit pas qu'un devoir est rabaissant ou qu'un autre est porteur de prestige, chaque devoir a sa propre place et nous devons accomplir nos devoirs en fonction des situations dans lesquelles nous nous trouvons.

Une idée ressort de tout ça : la condamnation de toute faiblesse. C'est une idée particulière dans tous nos enseignements que j'apprécie, soit dans la philosophie, dans la religion ou dans le travail. Si vous lisez les Vedas, vous verrez que le mot « intrépidité », qui signifie la peur de rien, revient toujours. La peur est un signe de faiblesse. Un homme doit s'acquitter de ses devoirs sans tenir compte des sarcasmes et des moqueries du monde.

Lorsqu'un homme s'isole du monde pour adorer Dieu, il ne doit pas penser que ceux qui vivent dans le monde et qui travaillent pour le bien du monde ne sont pas en train d'adorer Dieu. Et ceux qui vivent dans le monde, leurs femmes et enfants ne doivent pas penser que les gens qui ont abandonné ce monde sont des vagabonds insignifiants. Chacun est maître chez soi. Je vais illustrer cette pensée par une histoire :

Un roi demandait à tous les sannyasins qui entraient dans son pays : « Qui est le plus grand homme, celui qui a renoncé au monde et qui est devenu un sannyasin, ou celui qui vit dans le monde et qui remplit ses devoirs en tant que chef de famille ? » Nombre d'hommes sages cherchèrent à résoudre le problème. Certains affirmèrent que le sannyasin était le plus grand, affirmation que le roi leur demanda de prouver. S'ils ne le pouvaient pas, il leur ordonnait de se marier et de devenir des chefs de famille. Puis, d'autres vinrent et dirent : « Le chef de famille qui s'acquitte de ses devoirs est un grand homme. » Le roi leur demanda des preuves à eux aussi. Lorsque ces derniers ne purent l'expliquer, le roi les fit s'installer en tant que chefs de familles.

Enfin vint un jeune sannyasin et le roi lui posa la même question. Il répondit : « Chacun, Ô roi, est aussi grand chez soi. », « Prouve-le moi, » demanda le roi. « Je vous le prouverai, rétorqua le sannyasin, mais vous devez d'abord vivre comme moi pendant quelques jours, que je puisse vous prouver ce que j'avance. » Le roi accepta et suivit le sannyasin hors de son territoire et traversa beaucoup d'autres pays jusqu'à ce qu'ils atteignirent un grand royaume. Dans la capitale de ce royaume se déroulait une grande fête. Le roi et le sannyasin entendirent le bruit des tambours et de la musique, mais aussi la voix des crieurs. Les gens étaient rassemblés dans les rues, vêtus de leurs plus beaux vêtements, et une grande déclaration était entrain d'être prononcée. Les deux compagnons s'y arrêtèrent pour voir ce qui se passait. Le crieur annonçait d'une voix forte que la princesse, la fille du roi de ce pays, allait choisir un mari parmi l'assemblée présente.

C'était une vieille tradition pour les princesses indiennes de choisir leurs maris de cette manière, chacune se faisait une certaine idée de l'homme qu'elle voulait pour époux. Certaines préféraient le plus beau, tandis que d'autres préféraient seulement le plus instruit, et d'autres encore le plus riche, et ainsi de suite. Tous les princes du voisinage portèrent leurs plus beaux vêtements et se présentèrent devant elle. Parfois, ils avaient aussi leurs propres crieurs pour énumérer leurs atouts et les raisons pour lesquelles ils espéraient être choisis par la princesse. La princesse était transportée sur un trône, au beau milieu de la foule, elle les regardait et écoutait ce qu'on disait à leur sujet. Si elle n'était pas satisfaite de ce qu'elle voyait et entendait, elle disait à ses porteurs : « Suivant », et plus aucune attention n'était prêtée aux prétendants refoulés. Si, toutefois, elle était satisfaite de l'un d'entre eux, elle lui jetait une guirlande de fleurs et il devenait son mari.

La princesse du pays, dans lequel notre roi ainsi que le sannyasin étaient venus, célébrait l'une de ces curieuses cérémonies. Elle était la princesse la plus belle du monde et le mari de celle-ci deviendrait le dirigeant du royaume à la mort du père de la princesse. Cette dernière avait pour idée de marier le plus bel homme, mais elle ne trouvait personne à son goût. Cette cérémonie s'était déroulée plusieurs fois, mais la princesse ne parvenait pas à choisir de mari. Cette assemblée était la plus splendide de toutes, et rassemblait, comme jamais, un très grand nombre de personnes. La princesse arriva sur un trône, et les porteurs la transportèrent d'un endroit à un autre. Elle ne semblait s'intéresser à personne et tout le monde fut déçu que cette cérémonie fût encore un échec. A cet instant, un jeune homme vint alors, un sannyasin, beau comme si le soleil était descendu sur terre, il se tenait dans un coin de la foule et observait ce qui se passait. Le trône avec la princesse se rapprocha de lui et, dès qu'elle aperçut le beau sannyasin, elle s'arrêta et lui jeta la guirlande. Le jeune sannyasin saisit la guirlande et la jeta en proférant : « Quelle est cette absurdité ? Je suis un sannyasin. Que représente le mariage pour moi ? » Le roi de ce pays pensa que cet homme était peut-être pauvre et qu'il n'osait pas marier la princesse, il lui dit : « Plus de la moitié de mon royaume appartient maintenant à ma fille et tout le royaume lui appartiendra à ma mort ! » Et il redéposa la guirlande sur le sannyasin. Le jeune homme la retira encore une fois en disant : « Absurdité. Je ne veux pas me marier, » et il quitta précipitamment la foule.

Mais la princesse, qui était tombée tellement amoureuse de ce jeune homme, dit : « Je mourrai si je ne me marie pas avec cet homme. » Et elle le suivit pour le ramener. Alors notre autre sannyasin, qui avait conduit le roi à cet endroit, lui dit : « Roi, suivons ces deux-là. » Ils les suivirent alors, mais en gardant leur distance. Le jeune sannyasin, qui avait refusé de marier la princesse, marcha plusieurs kilomètres dans la campagne. Lorsqu'il atteignit une forêt, il y pénétra, la princesse le suivit et les deux autres aussi. Ce jeune sannyasin qui connaissait bien cette forêt ainsi que tous ces sentiers tortueux, prit soudainement l'un de ces sentiers et disparut, et la princesse ne put le retrouver. Après avoir longtemps essayé de le retrouver, elle s'assit sous un arbre et commença à pleurer, car elle ignorait le chemin du retour.

Alors notre roi et l'autre sannyasin s'approchèrent et lui dirent : « Ne pleurez pas, nous vous montrerons le chemin pour sortir de cette forêt mais il fait trop sombre pour que nous puissions le trouver maintenant. Il y a un grand arbre ici, restons là-dessous et, tôt demain, nous vous indiquerons le chemin. »

Un petit oiseau, sa femme ainsi que leurs trois petits vivaient dans cet arbre, dans un nid. Ce petit oiseau regarda en bas et vit les trois personnes sous l'arbre puis il dit à sa femme : « Ma chère, qu'allons-nous faire ? Nous avons des invités à la maison, c'est l'hiver et nous n'avons pas de feu ? » Alors il s'envola et prit un morceau de bois de chauffage dans son bec et le laissa tomber devant les hôtes, auquel ils ajoutèrent du combustible et firent un feu ardent. Mais le petit oiseau n'était pas satisfait. Il dit encore à sa femme : « Ma chère, qu'allons-nous faire ? Il n'y a rien à manger pour ces gens et ils ont faim. Nous sommes les chefs de famille, il est de notre devoir de nourrir toute personne qui vient à la maison.

Je dois faire ce qui est en mon pouvoir, je vais leur donner mon corps.» Ainsi, il plongea au milieu du feu et périt. Les hôtes en le voyant tomber essayèrent de le sauver mais il était trop rapide pour eux.

La femme du petit oiseau vit ce que son mari avait fait et dit : « Il y a là trois personnes et seulement un petit oiseau à manger pour eux. Ce n'est pas assez. Il est de mon devoir en tant qu'épouse de ne pas laisser les efforts de mon mari être vains. Qu'ils mangent mon corps aussi.» Alors elle tomba dans le feu et mourut.

Alors, les trois bébés oiseaux voyant ce que leurs parents avaient fait et qu'il n'y avait toujours pas assez de nourriture pour les trois hôtes dirent : « Nos parents ont fait ce qu'ils pouvaient et cela n'est toujours pas assez. Il est de notre devoir de poursuivre l'œuvre de nos parents. Offrons nos corps nous aussi.» Et eux aussi tombèrent dans le feu.

Ebahis par ce qu'ils avaient vu, les trois personnes ne pouvaient bien sûr manger ces oiseaux. Ils passèrent la nuit sans manger et au matin, le roi et le sannyasin montrèrent le chemin du retour à la fille et elle retourna auprès de son père.

A ce moment-là, le sannyasin dit au roi : « Roi, vous avez vu que chacun est maître chez soi. Si vous voulez vivre dans le monde, soyez comme ces oiseaux, prêts à se sacrifier à tout moment pour les autres. Si vous voulez en revanche renoncer au monde, soyez comme ce jeune homme, aux yeux de qui la plus belle des femmes, ainsi qu'un royaume ne signifient rien. Si vous voulez devenir un chef de famille, considérez votre vie comme un sacrifice pour le bien-être des autres et, si vous choisissez la vie de la renonciation, ne regardez même pas la beauté, l'argent ou le pouvoir. Chacun est maître chez soi, mais le devoir de l'un n'est pas celui de l'autre.»

Chapitre III
Le Secret du Travail

Aider matériellement les autres en supprimant leurs besoins matériels est effectivement un acte noble. Mais l'aide est plus grande selon que le besoin est plus grand et selon que l'aide est considérable. Si le vœu d'un homme peut être refoulé pendant une heure, on l'aide vraiment. Si ses désirs peuvent être refoulés pendant un an, on l'aiderait encore plus, mais si ces derniers peuvent être supprimés pour de bon, c'est sûrement la plus grande aide qu'on puisse lui apporter. La connaissance spirituelle est l'unique chose qui puisse mettre fin à nos souffrances pour toujours. Toute autre connaissance n'assouvit les désirs que pour un moment. Ce n'est qu'avec la connaissance de l'esprit que la faculté du désir est annihilée à jamais. Alors l'aide spirituelle est la plus grande aide que l'on puisse apporter à un homme. Celui qui apporte la connaissance spirituelle est le plus grand bienfaiteur de l'humanité, et à ce titre nous constatons toujours que les plus puissants des hommes étaient ceux qui aidaient leurs prochains à combler leurs besoins spirituels, car la spiritualité est la base réelle de toutes nos activités dans la vie. Un homme, spirituellement fort et sain, sera fort à tous les égards, s'il le souhaite. Alors qu'un homme, qui n'est pas doté d'une force spirituelle, ne pourra jamais complètement satisfaire ses besoins matériels. Après l'aide spirituelle, on trouve l'aide intellectuelle. Le don de la connaissance est beaucoup plus grand que celui de la nourriture et des vêtements, il est même plus grand que celui de donner la vie à un homme, car la vie réelle d'un homme est faite du savoir. L'ignorance est la mort, la connaissance est la vie. La vie n'a que peu de valeur si elle est vécue dans l'obscurité, en tâtonnant à travers l'ignorance et la souffrance.

Ce qui suit, dans l'ordre, est, bien entendu, l'aide physique à un homme. Donc, examinons la question d'aider les autres. Nous devons toujours faire notre possible pour ne pas commettre l'erreur de penser que l'aide matérielle est la seule qu'on puisse apporter, elle est non seulement la dernière à procurer, mais aussi la moindre, car elle ne peut apporter une satisfaction permanente. La souffrance que je ressens lorsque j'ai faim est remédiée en mangeant, mais la faim revient, ma souffrance ne cessera que lorsque je serai satisfait pour tout désir. Ainsi, la faim ne me rendra pas malheureux, la détresse ou le souci ne pourront plus m'atteindre.

Donc cette aide qui tend à nous rendre spirituellement fort est la plus grande, suivie de l'aide intellectuelle, et enfin de l'aide matérielle.

Les malheurs de ce monde ne peuvent être résolus par l'aide matérielle uniquement. Jusqu'à ce que la nature de l'homme soit changée, ces besoins matériels ne cesseront de se manifester, les malheurs ne cesseront d'être ressentis, et aucune quantité d'aide matérielle ne les guérira complètement. La seule solution à ce problème est de purifier l'humanité. L'ignorance est la mère de toute la misère et de tout le mal qu'on observe. Lorsque les hommes recevront la lumière, lorsqu'ils deviendront purs et spirituellement forts et cultivés, à ce moment seulement, le malheur dans le monde cessera de lui-même. Nous pouvons convertir chaque maison dans le pays en un asile de bienfaisance, nous pouvons remplir le pays d'hôpitaux, mais le malheur de l'homme continuera de régner, jusqu'à ce qu'il change sa manière d'être.

Nous lisons encore et encore, dans la Bhagavad-Gita, que nous devons travailler tout le temps. Tout travail est, par nature, fait de bien et de mal. Tout travail fera le bien quelque part, tout travail causera le mal quelque part. Tout travail doit nécessairement être un mélange de bien et de mal. Il nous est pourtant demandé de travailler sans cesse. Le bien, ainsi que le mal, auront tous deux leurs résultats et produiront leur Karma. La bonne action nous procurera toujours un bon résultat et la mauvaise action toujours du mal. Mais le bien et le mal sont, tous deux, liens de l'âme. La solution dans la Gita, concernant ce caractère obligatoire du travail, est que si nous ne nous attachons pas au travail que nous effectuons, il n'aura aucun effet contraignant sur notre âme. Nous devons essayer de comprendre ce qui est sous-entendu par le « non-attachement » au travail.

C'est l'idée principale dans la Gita, travailler sans cesse, mais ne vous y attachez pas. « Samskara » peut être presque traduit par une tendance naturelle. En utilisant la comparaison d'un lac pour l'esprit, chaque ondulation, chaque vague qui se soulève dans l'esprit, lorsqu'elle disparaît, ne s'en va pas entièrement, mais laisse une marque et une possibilité future pour que cette vague refasse surface. Cette marque, avec la possibilité pour la vague de réapparaître, est ce qu'on appelle Samskara. Chaque travail que nous faisons, chaque mouvement de notre corps, chaque pensée que nous avons, laisse comme une impression sur la substance mentale et, même lorsque de telles impressions ne sont pas évidentes à la surface, elles sont suffisamment fortes pour œuvrer sous la surface, de manière inconsciente. Ce que nous sommes à tout moment est déterminé par la somme totale de ces impressions sur l'esprit. Ce que je suis exactement à cet instant est l'effet de la somme totale de toutes les impressions de ma vie antérieure. Ceci est réellement ce qu'on entend par personnalité. La personnalité est déterminée, pour chaque homme, par la somme totale de ces impressions. Lorsque ces dernières sont bonnes, elles l'emportent, alors la personnalité devient bonne et vice-versa.

Si un homme entend tout le temps des gros mots, qu'il a de mauvaises pensées, qu'il accomplit de mauvaises actions, son esprit sera rempli d'impressions néfastes et elles influenceront sa pensée et son travail sans qu'il en soit conscient. En effet, ces mauvaises impressions travaillent toujours et leur résultat sera mauvais, et cet homme sera quelqu'un de mauvais sans qu'il n'y puisse rien. La somme totale de ces impressions engendrera en lui la grande force motrice pour commettre de mauvaises actions, il sera comme une machine entre les mains de ses impressions et elles l'obligeront à faire le mal.

De la même manière, si un homme a de bonnes pensées et accomplit de bonnes actions, l'ensemble de ces impressions sera bon et ainsi, elles l'obligeront à faire le bien, même malgré lui. Lorsqu'un homme a accompli tant de bonnes actions et qu'il a eu tant de bonnes pensées, il réside en lui une tendance irrésistible à faire le bien malgré lui, et il est complètement sous l'emprise de celles-ci. Même s'il souhaitait faire du mal, son esprit, ainsi que la somme de ses tendances ne lui permettraient pas de le faire. Elles lui feraient faire marche arrière. Lorsque c'est le cas, la bonne personnalité d'un l'homme est dite établie.

Tout comme la tortue qui rentre ses pattes et sa tête dans sa carapace, vous pouvez la tuer et la découper en morceaux, sans qu'elle ne ressorte, la personnalité de cet homme, qui a le contrôle sur ses motivations et ses organes, est tout aussi immuablement établie. Il contrôle ses propres forces intérieures et rien ne peut le forcer à les extérioriser, si c'est contre sa volonté. Par ce réflexe continu à avoir de bonnes pensées, de bonnes impressions flottant à la surface de l'esprit, la tendance à faire de bonnes choses s'accentue et, au final, on se sent capable de contrôler les Indriyas (les organes des sens, les centres nerveux). Ainsi, un homme arrivera à la vérité et sa personnalité s'établira d'elle-même. Un tel homme est sauf pour toujours, il ne peut faire aucun mal, il peut intégrer n'importe quelle société, il n'y a aucun danger pour lui. Il existe encore un plus haut état que la possession de cette bonne tendance et il s'agit du désir pour la libération. Vous devez vous rappeler que la liberté de l'âme est le but de tous les Yogas, et chacun conduit au même résultat. Par le travail seulement, l'homme pourra atteindre le même niveau que le Bouddha obtint, en grande partie par la méditation, ou le Christ par la prière. Le Bouddha était un travailleur jnani et le Christ était un bhakta, mais les deux atteignirent le même but. La difficulté est là. La libération signifie la totale liberté, la libération de l'esclavage du bien ainsi que du mal. Une chaîne en or est tout autant une chaîne qu'une autre en fer. Il y a une épine dans mon doigt, je me sers d'une autre pour enlever la première, et lorsque je l'ai enlevée, je les jette toutes les deux, je n'ai pas besoin de garder la deuxième épine car elles restent, après tout, des épines. Donc, les mauvaises tendances doivent être équilibrées par les bonnes, et les mauvaises impressions sur l'esprit doivent être effacées par les nouvelles vagues des bonnes impressions, jusqu'à ce que tout ce qui est mauvais disparaisse presque, ou soit maitrisé et sous contrôle dans un coin de l'esprit. Mais après cela, les bonnes tendances devront également être conquises. Ainsi, « l'attaché » sera « détaché ». Travaillez, mais ne laissez pas l'action ou la pensée produire une profonde impression sur l'esprit, laissez les ondulations aller et venir, laissez les grandes actions provenir des muscles et du cerveau, mais empêchez-les de laisser une profonde impression sur l'âme.

Comment y arriver ? Nous constatons que l'impression de toute action à laquelle nous nous attachons reste. Je peux rencontrer des centaines de personnes dans la journée et rencontrer parmi eux une que j'aime, et lorsque je me couche la nuit, j'essaye de me souvenir de tous les visages que j'ai vus, mais seulement ce visage me vient à l'esprit, le visage que j'ai rencontré peut-être seulement une minute et que j'ai aimé, et tous les autres visages ont disparu. Mon attachement à cette personne particulière a laissé une plus profonde impression sur mon esprit que tous les autres visages. Physiologiquement, les impressions ont toutes été les mêmes, chacun des visages vus s'est reflété sur la rétine et le cerveau a enregistré les images, et pourtant, les effets sur l'esprit n'ont pas été les mêmes. La plupart des visages étaient, peut-être, de nouveaux visages auxquels je n'avais jamais pensé auparavant, mais ce seul visage, que je n'avais entraperçu qu'un court instant, avait trouvé des associations à l'intérieur. Je l'avais peut-être imaginé dans mon esprit pendant des années, je connaissais beaucoup de choses à son sujet et la nouvelle vision de ce visage éveilla des centaines de souvenirs endormis dans mon esprit. Cette unique impression, ayant été répétée des centaines de fois, plus que celles des différents visages réunis, produisit un grand effet sur l'esprit.

Par conséquent, soyez « non-attachés », laissez faire les choses, laissez les centres du cerveau fonctionner sans cesse, mais ne laissez aucune ondulation conquérir l'esprit. Travaillez sans cesse, comme si vous étiez un étranger dans ce pays, un visiteur, mais ne vous attachez pas, la servitude est terrible. Ce monde n'est pas notre habitat, il représente uniquement l'une des nombreuses étapes à travers lesquelles nous passons. Rappelez-vous ce grand dicton extrait du Sâmkhya : « L'ensemble de la nature est pour l'âme et non l'âme pour la nature. » La véritable raison de l'existence de la nature est pour l'éducation de l'âme, elle n'a aucune autre signification. Elle est là parce que l'âme doit acquérir la connaissance et se libérer à travers celle-ci. Si nous ne l'oublions pas, nous ne serons jamais attachés à la nature. Nous devons savoir que la nature est un livre que nous sommes censés lire et que lorsque nous aurons acquis la connaissance nécessaire, le livre ne nous est plus d'aucune utilité. Au lieu de cela, toutefois, nous nous identifions à la nature en pensant que l'âme appartient à la nature et l'esprit à la chair et nous pensons que l'homme « vit pour manger » et « ne mange pas pour vivre », nous commettons sans cesse cette erreur, nous considérons la nature comme nous-mêmes, nous nous attachons à elle et dès que cet attachement s'établit, il y a une profonde impression sur l'âme qui nous immobilise et nous fait travailler, non pas de notre plein gré, mais comme des esclaves.

L'essentiel de cet enseignement est que vous devez travailler comme un maître et non comme un esclave. Travaillez sans cesse, mais ne faites pas un travail d'esclave. Ne voyez-vous pas comment tout le monde travaille ? Personne ne peut être complètement au repos, quatre-vingt-dix-neuf pour cent des êtres travaillent comme des esclaves, ce sont des travaux égoïstes et le résultat n'est que misère. Travaillez dans la liberté ! Travaillez dans l'amour ! Le mot « amour » est très difficile à comprendre, il n'y a jamais d'amour sans liberté. Il n'y a pas de vrai amour possible chez l'esclave. Si vous achetez un esclave, que vous l'enchaînez et le faites travailler pour vous, il travaillera comme une bête de somme, mais sans amour en lui. Alors, lorsque nous travaillons comme des esclaves pour les choses du monde, il ne peut y avoir d'amour en nous et notre travail n'est pas un vrai travail. Cela est vrai pour les travaux que nous effectuons pour les parents et les amis, ainsi que pour les travaux que nous réalisons pour nous-mêmes. Le travail égoïste appartient aux esclaves. Voici un test, tout acte d'amour est source de bonheur, il n'y a pas d'acte d'amour qui n'apporte paix et bénédiction comme résultat. La véritable existence, la vraie connaissance et le véritable amour sont éternellement connectés les uns aux autres, les trois en un : là où il y a l'un d'entre eux, les deux autres doivent y être aussi. Ils représentent les trois aspects de l'Élu : Existence-Connaissance-Béatitude. C'est pourquoi le véritable amour ne peut jamais réagir pour causer de la peine à un amoureux ou à un être aimé. Supposons qu'un homme aime une femme, il souhaite l'avoir pour lui tout seul et il est extrêmement jaloux de tout ce qu'elle fait. Il veut qu'elle s'asseye et se tienne près de lui, qu'elle mange et bouge à son commandement. Il est son esclave et veut qu'elle devienne le sien. Cela n'est pas de l'amour, c'est une sorte d'affection morbide de l'esclave. Il ressent de la peine si elle ne fait pas ce qu'il veut, ça devient douloureux, mais en amour, il ne doit pas y avoir de réaction douloureuse car celui-ci procure uniquement un effet de béatitude. Si ce n'est pas le cas, ce n'est pas de l'amour. C'est confondre quelque chose d'autre avec l'amour. Quand vous réussissez à aimer votre mari, votre femme, vos enfants, le monde entier, l'univers de telle sorte qu'il n'y ait aucune sensation de douleur, de jalousie ou d'égoïsme, vous êtes alors dans un état approprié pour être détaché.

Krishna dit : « Regarde-moi, Ajuna ! Si j'arrête de travailler pour un seul instant, l'univers tout entier mourra. Je n'ai rien à tirer du travail, je suis l'unique Seigneur, mais pourquoi est-ce que je travaille ? Parce que j'aime le monde. » Dieu est détaché/non-attaché parce qu'Il aime, ce véritable amour nous rend non-attachés ? Nous détache. Partout où il y a l'attachement, cet attachement aux choses du monde, nous devons savoir qu'il est physique, l'attraction entre un ensemble de particules de matière, quelque chose qui rapproche toujours davantage deux corps et qui produit de la douleur si les deux corps n'arrivent pas à se rapprocher suffisamment. Mais là où il y a le véritable amour, il ne dépend pas du tout de l'attachement physique. De tels amants peuvent être à des milliers de kilomètres l'un de l'autre, mais leur amour sera inchangé, il ne meurt pas et ne produira jamais aucun effet douloureux.

Atteindre ce non-attachement est presque le travail de toute une vie, mais dès que nous aurons atteint ce niveau, nous aurons atteint le but de l'amour et nous serons libres. Nous ne serons plus sous l'emprise de la nature et nous la verrons telle qu'elle est, elle ne forgera plus aucune chaîne pour nous. Nous serons entièrement libres et nous ne tiendrons pas compte des résultats du travail, qui se soucierait alors des résultats ?

Demandez-vous quelque chose à vos enfants en retour de tout ce que vous leur avez donné ? Il est de votre devoir de travailler pour eux, et ça s'arrête là. Dans tout ce que vous faites pour une personne particulière, une ville ou un Etat, ayez la même attitude que celle que vous avez envers vos enfants, n'attendez rien en retour. Si vous pouvez invariablement prendre la position d'un donneur, dans laquelle tout ce que vous donnez est une offrande gratuite au monde, sans aucune pensée de retour, votre travail ne vous portera alors aucun attachement. L'attachement vient seulement lorsqu'on attend un retour.

Si le fait de travailler comme des esclaves a pour conséquence l'égoïsme et l'attachement, travailler en tant que maître de notre esprit apporte la béatitude du non-attachement. Nous parlons souvent de droit et de justice mais nous voyons que dans ce monde le droit et la justice ne sont que des paroles d'enfant. Il y a deux choses qui guident la conduite des hommes : la puissance et la miséricorde. L'exercice du pouvoir est invariablement l'exercice de l'égoïsme. Hommes et femmes essaient de tirer le plus de profit de n'importe quel pouvoir ou avantage qu'ils possèdent. La miséricorde est elle-même le paradis. Pour être bon, nous devons tous être miséricordieux. Même la justice et le droit devraient reposer sur la miséricorde. Toute pensée d'obtenir un retour pour le travail que nous faisons est un obstacle à notre progrès spirituel. Au contraire, elle apportera finalement la souffrance. Il existe un autre moyen par lequel peut être appliquée cette idée de miséricorde et de charité désintéressées: en voyant le travail comme une « dévotion » dans le cas où nous avons foi en un Dieu personnel. Dans ce cas, nous laissons au Seigneur tous les fruits de notre labeur et, en L'adorant ainsi, nous n'avons pas le droit d'attendre quoi que ce soit de l'humanité en guise de retour pour le travail qu'on aura fait. Le Seigneur Lui-même travaille sans cesse et toujours sans attachement. Tout comme l'eau ne peut mouiller la feuille du lotus, le travail ne peut attacher l'homme désintéressé en provoquant l'attachement aux résultats. L'homme désintéressé et non-attaché peut vivre en plein cœur d'une ville surpeuplée et pécheresse, il se révoltera pour avoir été touché par le péché.

L'idée de totale abnégation est illustrée dans l'histoire suivante : après la bataille de Kurukshetra, les cinq frères Pandava firent un grand sacrifice et offrirent de grands cadeaux aux pauvres. Tous les gens exprimèrent leur stupeur face à la grandeur et à la valeur du sacrifice, et affirmèrent que c'était un sacrifice que le monde n'avait jamais vu jusque-là. Mais après la cérémonie, vint une petite mangouste. La moitié de son corps était en or et l'autre moitié était marron, et il commença à rouler sur le sol de la salle sacrificielle. Il dit aux gens autour : « Vous êtes tous des menteurs. Ceci n'est pas un sacrifice. » « Quoi ! S'exclamèrent les gens, tu dis que ceci n'est pas un sacrifice, ne sais-tu pas combien d'argent et de bijoux ont été versés aux pauvres et que tout le monde est devenu riche et heureux ? C'était le plus merveilleux sacrifice qu'aucun homme n'avait jamais réalisé. » Mais la mangouste ajouta : « Il était une fois un petit village, où vivait un brahman avec sa femme, son fils et la femme de son fils. Ils étaient très pauvres et vivaient des petites offrandes qu'ils recevaient pour le prêche et l'enseignement. Il y eut une famine qui dura trois années dans ce pays, et le pauvre brahman en souffrit plus que jamais. Finalement, un matin, après que la famille ait été affamée des jours durant, le père rapporta à la maison un peu de farine d'orge, qu'il avait eu la chance d'obtenir, et il la divisa en quatre parts, une pour chaque membre de la famille. Chacun la prépara pour son repas et, juste au moment où tous les quatre s'apprêtaient à manger, on frappa à leur porte. Le père ouvrit et vit là un visiteur. En Inde, un visiteur est une personne sacrée, il est comme un dieu et doit être traité comme tel. Alors le pauvre brahman dit : « Entrez monsieur, vous êtes le bienvenu. » Il déposa devant le visiteur sa propre part de nourriture, le visiteur s'empressa de la manger avant de dire : « Oh ! Vous m'avez tué monsieur, je n'avais rien mangé depuis dix jours et cette petite portion a accentué ma faim. » Alors la femme demanda à son mari de lui donner aussi sa propre part, mais le mari refusa. Toutefois, la femme insista, disant à son mari : « Nous avons là un pauvre homme et notre devoir, en tant que chefs de famille, est de le voir rassasié, il me revient, en tant qu'épouse, de lui donner ma part, car toi, tu n'as plus rien à lui donner. » Elle donna alors sa part au visiteur qui mangea, avant d'ajouter qu'il mourait toujours de faim. Alors le fils lui donna sa part aussi en disant : « Un fils a le devoir d'aider son père à remplir ses obligations. » Le visiteur mangea également cette part mais restait toujours sur sa faim, ainsi la femme du fils lui donna finalement sa part. Cela était suffisant et le visiteur s'en alla en leur faisant des bénédictions. Cette nuit-là, ces quatre personnes moururent de faim. Je me suis alors roulé sur les quelques granules de cette farine qui étaient tombées par terre et la moitié de mon corps est devenue de l'or, comme vous pouvez le constater. Depuis lors, je voyage partout dans le monde dans l'espoir de trouver un autre sacrifice de la sorte, mais je n'en ai trouvé nulle part. L'autre moitié de mon corps n'a pu se transformer en or nulle part ailleurs. C'est pourquoi je dis que ceci n'est pas un sacrifice.

Cette idée de charité tend à disparaître en Inde, les grands hommes sont de plus en plus rares. Lorsque je commençais à apprendre l'anglais, j'ai lu un livre d'histoire anglais dans lequel il y avait une histoire d'un garçon obéissant qui était parti travailler et avait donné un peu de son argent à sa vieille mère et cela était loué sur trois ou quatre pages. Pourquoi donc ? Aucun garçon hindou ne pourra jamais comprendre la morale de cette histoire. Maintenant, je la comprends lorsque j'entends le raisonnement occidental : chacun pour soi. Et certains hommes gardent tout pour eux même et les pères, mères, femmes, ou enfants sont mis au pied du mur. Cela ne devrait jamais être nulle part l'idéal du chef de famille.

Maintenant, vous voyez ce que Karma yoga signifie : Aider son prochain même lorsqu'on est sur le point de mourir, sans poser de question. Etre trompé des millions de fois sans jamais poser de question et ne jamais penser à ce qu'on est en train de faire. Ne jamais se vanter de ce qu'on donne aux pauvres ou attendre leurs remerciements, mais être plutôt reconnaissants envers eux pour vous avoir donné l'opportunité de leur faire de la charité. Il est donc clair qu'être un chef de famille exemplaire est une tâche beaucoup plus difficile que d'être un sannyasin idéal. La vraie vie de travail est effectivement aussi dure, sinon plus dure, que la vraie vie de renonciation.

Chapitre IV
Qu'est-ce que le Devoir ?

Il est important de savoir ce qu'est le devoir dans l'étude du Karma yoga. Si dois faire quelque chose, je dois d'abord savoir que c'est mon devoir, et ensuite je peux le faire. L'idée du devoir est encore différente dans différents pays. Le musulman dit que son devoir est ce qui est écrit dans son livre, le Coran ; L'hindou dit que son devoir est ce qui se trouve dans les Vedas ; Et le chrétien dit que ce qui est dans la Bible représente son devoir. On voit qu'il existe différentes idées du devoir, variant selon différentes situations de la vie, différentes périodes historiques et différentes nations. Le terme « devoir », comme tout autre terme universel abstrait, est impossible à définir clairement ; Nous ne pouvons nous en faire une idée qu'en sachant ses applications pratiques et ses résultats. Lorsqu'on voit certaines choses se déroulées, nous avons tous un reflex naturel ou conditionnel à réagir d'une certaine manière à leur égard, quand on a cette impulsion, l'esprit commence à examiner la situation. Souvent, il pense qu'il est bien d'agir d'une manière particulière étant donné les conditions, à d'autres moments, on pense qu'il est mauvais d'agir de la même manière même dans des circonstances très similaires. L'idée ordinaire qu'on se fait partout du devoir est que chaque homme bon suit ce que sa conscience lui dicte. Mais qu'est-ce qui en fait un acte obligatoire ? Si un chrétien trouve un morceau de bœuf devant lui et qu'il ne le mange pas pour sauver sa propre vie, ou ne le donne pas pour sauver la vie de quelqu'un d'autre, il est sûr de ressentir qu'il n'a pas accompli son devoir. Mais si un hindou ose manger ce morceau de bœuf, ou le donne à un autre hindou, il est également sûr de ressentir que lui non plus n'aura pas accompli son devoir ; L'enseignement et l'éducation de l'hindou le font se sentir de la sorte. Au cours du siècle dernier, il y avait une bande de voleurs célèbres en Inde qui répondait au nom de thugs ; Ils pensaient qu'il était de leur devoir de tuer tous les homme qu'ils pouvaient pour leur prendre leur argent, et plus ils tuaient d'hommes, meilleurs ils pensaient être. Normalement, lorsqu'un homme sort dans la rue et tire sur un autre homme, il est apte à éprouver de la sympathie, croyant qu'il a fait du mal. Mais si cette même personne, servant comme soldat dans son régiment, ne tue pas un, mais vingt hommes, il est certain d'être heureux et pensera avoir accompli son devoir de manière exemplaire. Ainsi, nous constatons que ce n'est pas la chose faite qui définit une obligation. Il est alors parfaitement impossible de donner une définition objective du devoir. Toutefois, il y a le coté subjectif du devoir. Toute action qui nous rapproche de Dieu est une bonne action et constitue notre devoir. Toute action qui nous égare est une mauvaise action et n'est pas un devoir pour nous. D'un point de vue subjectif, nous pouvons voir que certains actes ont une tendance à nous exalter et à nous anoblir, tandis que d'autres ont une tendance à nous dégrader et à nous et à faire de nous des brutes. Mais il est impossible de discerner avec certitude quels actes ont quels types de tendances, par rapport à toutes les personnes de tous genres et de toutes les conditions. Cependant, il y a une seule idée du devoir qui a été reconnue de tous, de tous les âges, de toutes les sectes et de tous les pays, et qui fut ainsi résumée dans un aphorisme sanskrit : « Ne blessez aucun être ; le fait de ne blesser aucun être est une vertu ; Le fait de blesser tout être est un péché. »

Le Bhagavad-Gita fait souvent allusion aux devoirs dépendant de la naissance et de la position dans la vie. La naissance et la position dans la vie et dans la société déterminent en grande partie l'attitude mentale et morale des personnes envers les différentes activités de la vie. Il relève par conséquent de notre devoir de faire ce travail qui nous exaltera et nous anoblira conformément aux idéaux et aux activités de la société au sein de laquelle nous sommes nés. Cependant, on doit particulièrement garder à l'esprit que les mêmes idéaux et activités ne prédominent pas dans toutes les sociétés et dans tous les pays ; Notre méconnaissance de cela est la principale cause de bien de haine d'une nation envers une autre. Un Américain pense que tout ce qu'il fait conformément aux coutumes de son pays est la meilleure chose à faire, et que tout homme qui n'en fait pas de même doit être très mauvais. Un Hindou pense que ses coutumes sont les seules qui sont valables et les meilleures au monde, et quiconque ne leur obéit pas doit être le plus terrible des impies qui existe. Cela est une erreur plutôt naturelle que chacun d'entre nous est susceptible de faire. Mais c'est très dangereux ; C'est la cause de la moitié du manque de charité constaté dans le monde. Quand je suis arrivé dans ce pays et que je passais par la foire de Chicago, un homme est venu par derrière et a tiré mon turban. Je me suis retourné et j'ai vu qu'il avait l'air d'un très gentilhomme, soigneusement habillé. Je lui ai parlé et lorsqu'il réalisa que je connaissais l'anglais, il était très embarrassé. A une autre occasion dans la même foire, un autre homme m'a bousculé. Lorsque je lui ai demandé pourquoi, lui aussi avait honte et il bégaya une excuse en disant : « Pourquoi vous habillez-vous de la sorte ! » Les sympathies de ces hommes n'allaient pas au-delà de leur propre langue et de leur propre style vestimentaire. Nombre des oppressions des pays puissants sur les pays faibles sont causées par ce préjudice. Ça anéantit la solidarité pour leurs semblables. Cet homme qui m'a demandé pourquoi je ne m'habillais pas comme lui et qui voulait me maltraiter à cause de ma tenue, était sans doute quelqu'un de très bien, un bon père, et un bon citoyen ; Mais la gentillesse de sa personne a disparu dès qu'il a vu un homme habillé autrement que lui. Les étrangers sont exploités dans tous les pays car ils ne savent pas comment se défendre ; Ainsi, ils retournent chez eux avec de fausses impressions des gens qu'ils ont vus. Les commerçants, les soldats ainsi que les voyageurs se comportent de manière très bizarre dans les pays étrangers, bien qu'ils ne se comporteraient jamais de la sorte dans leur propre pays. C'est peut-être pourquoi les Chinois qualifient les Européens et les Américains de « diables étrangers ». Ils ne les auraient pas surnommés ainsi s'ils avaient rencontré le bon, le gentil côté de la vie occidentale.

C'est pourquoi le seul point à garder en mémoire est que nous devons toujours essayer de voir le devoir des autres à travers leurs propres yeux, et ne jamais juger les coutumes des autres gens sur nos propres critères. Je ne suis pas la norme universelle. C'est à moi de m'adapter au monde et non le monde à moi. Nous constatons ainsi que l'environnement change la nature de nos devoirs, et accomplir le devoir qui nous est propre à n'importe quel moment particulier est la meilleure chose que nous puissions faire dans ce monde. Faisons ce devoir qui nous est inné ; et lorsque nous l'aurons fait, faisons le devoir qui est nous est assigné suivant notre position dans la vie et dans la société. Cependant, il existe un grand danger dans la nature humaine, à savoir que l'homme ne se remet jamais en question. Il pense qu'il est aussi apte à occuper le trône du roi. Même s'il l'est, il doit d'abord montrer qu'il a rempli son propre devoir ; Et ensuite, il lui sera ensuite assigné des devoirs d'un plus haut niveau. Lorsque nous commençons à travailler sincèrement dans le monde, la nature nous donne des coups de tous les côtés et nous permet de vite trouver notre position. Aucun homme ne peut occuper longtemps de manière satisfaisante une position pour laquelle il n'est pas fait. Cela ne sert à rien d'aller à l'encontre des classements de la nature. Celui qui fait le plus petit travail n'est pas pour autant le plus petit homme. Aucun homme ne doit être jugé par la simple nature de ses devoirs, mais ils doivent tous être jugés en fonction de la manière et de l'esprit dans lequel ils les accomplissent.

Plus tard, nous verrons que même cette idée de devoir subit des changements, et que la plus grande œuvre est réalisée seulement lorsqu'il n'y a pas de raison égoïste derrière. Néanmoins, c'est le travail à travers le sens du devoir qui nous conduit à travailler sans aucune idée de devoir ; Lorsque le travail deviendra une adoration, voire quelque chose de plus grand, il sera alors fait par amour du travail. Nous verrons que la philosophie du devoir, qu'elle prenne la forme des éthiques ou de l'amour, demeure la même que dans tous les autres Yogas ; L'objectif étant l'atténuation du soi inférieur, afin que le vrai Soi plus élevé puisse resplendir ; Pour amoindrir le gaspillage des énergies sur le plan inférieur de l'existence pour que l'âme puisse se manifester sur les plans supérieurs. Cela est réalisé par le refus permanent des faibles désirs, que le devoir exige précisément. Toute l'organisation de la société a ainsi été développée volontairement ou involontairement dans les domaines de l'action et de l'expérience, où, en limitant l'égoïsme, nous avons ouvert la voie à une infinie expansion de la véritable nature de l'homme.

Le devoir est rarement doux. C'est uniquement lorsque l'amour graisse ses roues qu'il roule doucement, sinon c'est une friction continue. De quelle autre manière les parents pourraient s'acquitter de leurs devoirs envers leurs enfants, les maris envers leurs épouses et vice-versa ? Ne rencontrons-nous pas des cas de friction tous les jours dans nos vies ? Le devoir n'est doux qu'à travers l'amour, et l'amour rayonne uniquement dans la liberté. Sommes-nous néanmoins libres en étant esclave des sens, de la colère, de la jalousie et une centaine d'autres choses insignifiantes qui se produisent tous les jours dans la vie humaine ? Dans toutes ces petites violences que nous rencontrons dans la vie, la plus grande expression de la liberté est de s'abstenir. Les femmes, esclaves de leur propre irritabilité, de leurs propres tempéraments jaloux ont tendance à blâmer leurs époux et affirment leur propre « liberté », comme elles le pensent, ne sachant pas qu'en faisant cela, elles ne font que prouver qu'elles sont des esclaves. C'est la même chose pour les époux qui trouvent toujours des défauts à leurs femmes.

La chasteté est la première vertu chez un homme ou une femme, et l'homme qui, quelles que soient ses erreurs, ne peut pas être remis sur le droit chemin par une femme douce, aimable et chaste, est effectivement très rare. Le monde n'est pas encore aussi mauvais que ça. Nous entendons plein de choses sur les maris brutaux partout dans le monde et sur l'impureté des hommes, mais n'est-il pas vrai qu'il existe autant de femmes brutales et impures que d'hommes ? Si toutes les femmes étaient aussi bonnes et pures que leurs affirmations constantes nous poussent à le croire, je suis parfaitement sûr qu'il n'y aurait plus aucun homme impur dans le monde. Quelle brutalité ne pourrait être conquise par la pureté et la chasteté ? Une bonne femme chaste qui voit tous les autres hommes, à l'exception de son mari, comme étant ses enfants, et qui a l'attitude d'une mère envers tous les hommes, grandira tellement dans le pouvoir de sa pureté qu'il ne pourra y avoir un seul homme, aussi brutal qu'il soit, qui ne respirera pas une ambiance de sainteté en sa présence. De la même manière, chaque homme doit voir toutes les femmes, à l'exception de sa propre femme, comme sa propre mère, sa fille ou sa sœur. Cet homme, encore, qui veut être un enseignant de la religion, doit voir toutes les femmes comme sa mère et toujours bien se comporter envers elles.

La position de la mère est la plus importante au monde, puisque c'est le seul rôle pour apprendre et exercer la plus grande générosité. L'amour de Dieu est le seul amour supérieur à celui d'une mère, tous les autres sont inférieurs. C'est le devoir de la mère de penser d'abord à ses enfants, puis à elle-même. Mais au lieu de cela, si les parents pensent toujours à eux même en premier, le résultat en est que la relation entre parents et enfants devient la même que celle entre les oiseaux et leurs progénitures qui dès qu'ils sont capables de voler de leurs propres ailes, ne reconnaissent plus leurs parents. Béni est en effet l'homme qui est capable de voir la femme comme la représentation de la maternité de Dieu. Bénie est en effet la femme aux yeux de laquelle l'homme représente la paternité de Dieu. Bénis sont les enfants qui voient en leur parents la manifestation de la Divinité sur terre.

La seule façon de s'élever est de remplir le devoir en face de nous, et d'avancer en rassemblant nos forces jusqu'à ce que nous atteignions le plus haut état. Un jeune sannyasin entra dans une forêt ; Il y médita, adora Dieu et pratiqua le Yoga pendant longtemps. Après des années de dur labeur et de pratique, il était un jour assis sous un arbre lorsque des feuilles sèches tombèrent sur sa tête. Il regarda en l'air et vit un corbeau et une grue se battre au sommet de l'arbre, ce qui le mit très en colère. Il dit : « Quoi ! Vous osez jeter ces feuilles sèches sur ma tête ! » Comme il les a méchamment regardés en prononçant ces mots, un éclair de feu sorti de sa tête, tel était le pouvoir du yogi, et réduisit les oiseaux en cendres. Il était très content, il était ravi de ce développement de pouvoir, il pouvait brûler le corbeau et la grue d'un regard. Après un temps, il dut repartir en ville pour mendier son pain. Il alla s'arrêter devant une porte et dit : « Mère, donne-moi à manger. » Une voix lui répondit de l'intérieur de la maison : « Attends un instant, mon fils. » Le jeune homme pensa : « Misérable femme, comment oses-tu me faire attendre ! Vous ne savez pas encore ce dont je suis capable. » Alors qu'il pensait ces mots, la voix revint encore : « Garçon, ne te surestime pas. Il n'y a ni corbeau ni grue ici. » Il était stupéfait, mais il devait toujours attendre. La femme vint finalement et il tomba à ses pieds en disant : « Mère, comment saviez-vous cela ? » Elle dit : « Mon garçon, je ne connais pas ton Yoga ou tes pratiques. Je suis une femme ordinaire de tous les jours. Je t'ai fait attendre car mon mari est malade et je m'occupais de lui. Toute ma vie, je me suis battue pour accomplir mon devoir. Lorsque j'étais célibataire, j'accomplissais mon devoir envers mes parents ; Maintenant, je suis mariée, j'accomplis mon devoir envers mon mari ; C'est tout le Yoga que je pratique. Mais en réalisant mon devoir, je fus éclairée ; c'est pour cette raison que j'ai pu lire tes pensées et savoir ce que tu avais fait dans la forêt. Si tu veux connaître quelque chose de plus grand que cela, rends-toi au marché de telle et telle ville où tu trouveras un vyadha qui te dira quelque chose que tu seras très heureux d'apprendre. » Le sannyasin pensait : « Pourquoi devrais-je me rendre dans cette ville et rencontrer un vyadha ! » Mais après ce qu'il avait vu, son esprit s'était un peu ouvert, donc il alla. Lorsqu'il arriva près de la ville, il trouva le marché et là-bas, il vit à une certaine distance un très gros vyadha coupant de la viande avec de gros couteaux, qui parlait et marchandait avec différentes personnes. Le jeune homme s'exclama : « Aidez-moi Seigneur ! Est-ce lui l'homme dont je vais apprendre ? Il est l'incarnation d'un démon, s'il est quelque chose. » A cet instant, cet homme leva la tête et dit : « Oh swamin, est-ce cette femme qui t'as envoyé ici ? Assieds-toi le temps que je finisse mes affaires. » Le sannyasin pensa : « Qu'est-ce qui m'arrive ici ? » Il s'installa ; L'homme continua son travail et après avoir fini, il prit son argent et dit au sannyasin de le suivre chez lui. En arrivant à la maison, le vyadha le fit s'asseoir en lui demandant d'attendre, et il entra dans la maison. Il lava ensuite son vieux père et sa vieille mère, leur donna à manger et fit tout ce qu'il pouvait pour leur faire plaisir, après quoi il revint au sannyasin et lui dit : « Maintenant que vous êtes ici pour me voir, monsieur, que puis-je faire pour vous ? » Le sannyasin lui posa quelques questions sur l'âme et sur Dieu, et le vyadha lui fit un discours qui constitue un extrait du Mahabharata, appelé le Vyadha-Gita. Il contient l'une des plus grandes batailles du Védanta. Lorsque le vyadha eût fini son enseignement, le sannyasin était abasourdi. Il demanda : « Pourquoi êtes-vous dans ce corps ? Avec des connaissances comme les vôtres, pourquoi êtes-vous dans le corps d'un vyadha, et faites-vous un aussi vilain travail ? » Le vyadha répliqua : « Mon fils, aucun travail n'est vilain, aucun travail n'est impur. Ma naissance m'a placé dans ces circonstances et ces lieux. J'ai appris le commerce dans ma jeunesse ; Je suis libre et j'essaie de m'acquitter convenablement de mon devoir. J'essaie d'accomplir mon devoir en tant que chef de famille, et j'essaie de faire tout ce qui est en mon pouvoir pour rendre mon père et ma mère heureux. Je ne connais ni ton Yoga, ni ne suis-je devenu un sannyasin et je n'ai pas abandonné le monde pour la forêt. Néanmoins, tout ce que tu as entendu et vu m'est arrivé à travers l'exercice en toute liberté du devoir qui appartient à mon rang. »

Il y a un sage en Inde, un grand yogi, l'un des hommes les plus merveilleux que je n'ai jamais vu de ma vie. C'est un homme étrange, il refuse d'enseigner à qui que ce soit. Si vous lui posez une question, il ne répondra pas. Il lui est trop difficile d'occuper la position d'enseignant, il ne veut pas le faire. Si vous posez une question et attendez quelques jours, il abordera le sujet lors d'une conversation et apportera une merveilleuse lumière là-dessus. Il m'a une fois dit le secret du travail : « Que la fin et les moyens ne fassent qu'un. » Lorsque vous faites n'importe quel travail, ne pensez à rien d'autre au-delà. Faites-le comme une adoration, comme la plus haute adoration et consacrez-y toute votre vie à cet instant-là. Ainsi, dans l'histoire, le vyadha et la femme ont rempli leur devoir avec gaieté et avec sincérité ; Et le résultat fut leur illumination, montrant clairement que le bon accomplissement des devoirs de n'importe quelle situation de la vie, sans attachement aux résultats, nous conduit à la plus grande prise de conscience du perfectionnement de l'âme.

C'est le travailleur qui est attaché aux résultats qui se plaint de la nature du devoir qu'il a hérité. Pour les travailleurs libres, tous les devoirs sont autant bons, et constituent d'efficaces outils avec lesquels l'égoïsme ainsi que la sensualité pourront être éliminés, et la liberté de l'âme préservée. Nous sommes tous susceptibles d'avoir une trop bonne opinion de nous-même. Nos devoirs sont déterminés par notre aptitude dans une plus grande mesure que nous ne voulons accorder. La compétition suscite la jalousie et elle tue la gentillesse du cœur. Pour le grincheux, tous les devoirs sont détestables ; Jamais rien ne va le satisfaire, et toute sa vie est condamnée à prouver un échec. Travaillons donc à accomplir tous nos devoirs comme ils se présenteront à nous, et en étant toujours prêt à mettre nos mains à la pâte. Alors nous verrons sûrement la Lumière !

Note :

En Inde, la caste la plus inférieure était auparavant des chasseurs et des bouchers.

Chapitre V
On s'Aide Soi-Même, pas le Monde

Avant d'étudier davantage comment la dévotion au devoir nous aide dans notre progrès spirituel, permettez-moi de vous présenter une brève étendue d'un autre aspect de ce que nous, en Inde, voulons dire par Karma. On distingue trois parties dans toutes les religions : la philosophie, la mythologie et le rituel. La philosophie est, bien entendu, l'essence de chaque religion ; La mythologie explique et illustre cela par des vies plus ou moins légendaires de grands hommes, des histoires et des fables sur des choses merveilleuses et ainsi de suite ; Le rituel donne à cette philosophie une forme encore plus réelle, afin que chaque personne puisse la comprendre. Le rite est en effet la philosophie concrétisée. Le Karma représente ce rite ; Il est nécessaire dans toute religion car nombre d'entre nous ne peuvent pas comprendre les choses spirituelles abstraites jusqu'à ce qu'on développe davantage de maturité spirituelle. Il est facile pour les hommes de penser qu'ils peuvent tout comprendre, mais lorsqu'il s'agit de l'expérience pratique, ils trouvent que les idées abstraites sont souvent très difficiles à comprendre. Les symboles sont donc d'une grande aide et nous ne pouvons nous passer de la méthode symbolique de nous expliquer les choses. Dans la nuit des temps, les symboles ont été utilisés par toutes les différentes religions. Dans un sens, nous ne pouvons penser qu'avec des symboles ; Les mots eux-mêmes sont des symboles de la pensée. Dans un autre sens, tout ce qu'il y a dans l'univers peut être vu comme un symbole. L'ensemble de l'univers est un symbole et Dieu est l'essence derrière. Ce genre de symbolisme n'est pas simplement la création de l'homme, ça ne signifie pas que certaines personnes appartenant à une religion se réunissent et réfléchissent à certains symboles, et les mettent au point et qu'ils les imaginent. Les symboles de la religion se développent naturellement. Autrement, comment se fait-il que certains symboles soient associés à certaines idées dans l'esprit de presque tout le monde ? Certains symboles sont universellement répandus. Beaucoup d'entre vous peuvent penser que la croix a d'abord été créée en tant qu'un symbole en liaison avec la religion chrétienne ; Mais en réalité, elle existait bien avant le christianisme, avant la naissance de Moïse, avant la distribution des Vedas, avant qu'il y ait une trace humaine des choses humaines. On peut voir que la croix avait existé chez les Aztèques et les Phéniciens : Chaque peuple semble avoir possédé la croix. Le symbole du Sauveur crucifié, d'un homme crucifié sur une croix, semble avoir été connu dans presque chaque nation. Le cercle fut un grand symbole à travers le monde. Ensuite, il y a le plus universel de tous les symboles, le svastika. A un moment, on pensait que les bouddhistes l'avaient porté partout autour du monde avec eux, mais il a été découvert que longtemps avant le bouddhisme, il était utilisé au sein des nations. On le trouvait dans l'ancienne Babylone et en Egypte. Qu'est-ce que cela révèle ? Tous ces symboles ne pouvaient avoir été purement conventionnels. Il doit y avoir une raison qui les explique, une sorte d'association naturelle entre eux et l'esprit humain. Le langage n'est pas le résultat de convention ; Les gens n'ont jamais convenu de représenter certaines idées par certains mots, il n'y a jamais eu une idée sans un mot associé ou un mot sans une idée correspondante, les idées et les mots sont naturellement inséparables. Les symboles pour représenter les idées peuvent être des symboles sonores ou des symboles de couleurs. Les sourds-muets doivent penser avec autre chose que des symboles sonores. Chaque pensée dans l'esprit a une forme comme son équivalent ; Cela est appelé nama-rupa (le nom et la forme) dans la philosophie sanskrit. Il est aussi impossible de créer par convention un système de symboles que de créer une langue. Dans les symboles ritualistes du monde, nous avons une expression de la pensée religieuse sur l'humanité. Il est facile de dire que les rituels, les temples et toutes ces panoplies sont inutiles ; Tout enfant dit cela dans les temps modernes. Cependant, il doit être simple pour tout le monde de voir que ceux qui adorent à l'intérieur d'un temple sont à maints égards différents de ceux qui ne veulent pas le faire là-bas. Ainsi, l'association de temples et de rituels particuliers et d'autres formes concrètes avec des religions particulières a une tendance à mettre dans l'esprit des adeptes de ces religions les pensées pour lesquelles ces choses concrètes sont des symboles ; et il n'est pas judicieux d'ignorer complètement les rituels et le symbolisme. L'étude ainsi que la pratique de ces choses constituent naturellement une partie du Karma yoga.

Il existe beaucoup d'autres aspects de cette science du travail. L'un d'entre eux est de connaître la relation entre la pensée et le mot et ce qui peut être réalisé par le pouvoir du mot. Dans chaque religion, on reconnaît le pouvoir du mot, à un tel point que dans certaines d'entre elles, la création elle-même est dite provenir du mot. L'aspect extérieur de la pensée de Dieu est le Mot, et Dieu a pensé et a voulu avant de créer, la création est venue du Mot. Dans cette tension et précipitation de notre vie matérialiste, nos nerfs perdent toute sensibilité et s'endurcissent. Plus nous vieillissons, plus nous sommes malmenés dans le monde, plus nous devenons insensibles ; Et nous sommes susceptibles de négliger les choses qui se produisent même continuellement et bien en évidence autour de nous. La nature humaine, toutefois, s'affirme parfois et nous sommes amenés à nous renseigner et à réfléchir à certains de ces faits courants. Se demander est donc le premier pas dans l'acquisition de la lumière. A l'exception des plus grandes valeurs philosophique et religieuse du Mot, nous pouvons constater que les symboles sonores jouent un rôle important dans les évènements de la vie humaine. Je m'adresse à vous. Je ne vous touche pas ; les pulsations de l'air, engendrées par mes paroles, vont dans votre oreille, elles touchent vos nerfs et produisent des effets dans vos esprits. Vous ne pouvez résister à ça. Qu'est-ce qui peut être plus merveilleux que cela ? Un homme traite un autre d'idiot, et cet autre se lève, serre les poings et le frappe en pleine figure. Admirez le pouvoir du mot ! Il y a une femme qui pleure et qui est triste ; une autre femme vient près d'elle et lui dit quelques paroles gentilles ; La femme qui s'était recroquevillée pour pleurer se redresse aussitôt, son chagrin s'est envolé et elle commence déjà à sourire. Jugez de la puissance des paroles ! Elles représentent une grande force aussi bien dans la plus haute philosophie que dans la vie de tous les jours. Nous manipulons jour et nuit cette force sans y penser ni la remettre en question. Connaître la nature de cette force et l'utiliser à bon escient fait également partie du Karma yoga.

Notre devoir envers les autres signifie aider les autre, faire du bien au monde. Pourquoi devrions-nous faire du bien au monde ? Apparemment nous aidons le monde, mais en réalité nous nous aidons nous-même. Nous devrions toujours essayer d'aider le monde, cela devrait être la plus grande motivation en nous. Mais en y réfléchissant bien, nous réalisons que le monde n'a pas du tout besoin de notre aide. Ce monde n'a pas été fait pour que vous ou moi venions à son aide. J'ai lu une fois un sermon qui disait : « Tout ce beau monde est très bon, parce qu'il nous donne le temps et la possibilité d'aider les autres. » Apparemment, ceci est un très joli sentiment, mais n'est-il pas un blasphème de dire que le monde a besoin de notre aide ? Nous ne pouvons pas nier qu'il y a beaucoup de misère dans ce monde ; Sortir et aider les autres est donc la meilleure chose que nous puissions faire, bien qu'en fin de compte, nous nous rendrons compte qu'aider les autres, c'est seulement nous aider nous-même. Lorsque j'étais un petit garçon, j'avais des souris blanches. Elles étaient gardées dans une petite boîte qui avait des petites roues faites pour elles et quand les souris tentaient de franchir les roues, celles-ci tournaient et tournaient et les souris n'allèrent jamais nulle part. Ainsi en est-il avec le monde et avec l'aide que nous lui apportons. L'unique aide est que nous obtenons l'exercice moral. Ce monde n'est ni bon ni mauvais ; Chaque homme se forge un monde pour lui-même. Si un aveugle commence à penser au monde, il est soit mou ou dur, soit chaud ou froid. Nous sommes une masse de bonheur ou de malheur ; Nous avons vu cela des centaines de fois dans nos vies. En règle générale, les jeunes sont optimistes et les vieux pessimistes. Les jeunes ont la vie devant eux et les vieux se plaignent que leur temps est fini ; Des centaines de désirs qu'ils ne peuvent satisfaire tourmentent leurs cœurs. Néanmoins, ils demeurent tous deux stupides. La vie est bonne ou mauvaise selon l'état d'esprit dans lequel nous la regardons et elle ne l'est pas non plus d'elle-même. Le feu n'est ni bon ni mauvais en lui-même. Lorsqu'il nous réchauffe, nous disons : « que le feu est beau ! » Lorsqu'il brûle nos doigts, nous le blâmons. Mais il demeure ni bon ni mauvais en lui-même. Selon notre manière de l'utiliser, il produit en nous la sensation du bien ou du mal, ainsi en est-il également avec ce monde. Il est parfait. On entend par perfection qu'il est parfaitement apte à répondre à ses fins. Nous pouvons tous être parfaitement sûr qu'il ira magnifiquement bien sans nous et nous n'avons pas besoin de nous casser la tête à vouloir l'aider.

Cependant, nous devons faire le bien. Le désir de faire le bien est le plus grand pouvoir de motivation que nous ayons, si nous savons tout le temps que c'est un privilège d'aider les autres. Ne vous tenez pas sur un haut piédestal, prenant cinq centimes dans votre main et disant : « Voilà, mon pauvre homme » mais soyez reconnaissant du fait que le pauvre homme soit là, car en lui faisant ce don, vous êtes capable de vous aider vous-même. Ce n'est pas le receveur qui est béni, mais le donateur. Soyez reconnaissant qu'on vous ait permit d'exercer votre pouvoir de bienfaisance et de miséricorde dans le monde, et ainsi, devenir purs et parfaits. Toutes les bonnes actions tendent à nous rendre purs et parfaits. Que pouvons-nous faire de mieux ? Construire un hôpital, des routes, ou ériger des asiles de charité ! Nous pouvons organiser une collecte de fonds caritatifs et collecter deux ou trois millions d'euros, construire un hôpital avec un million, faire des soirées et boire du champagne avec le deuxième, et que les membres volent la moitié du troisième et laisser finalement le reste aux pauvres ; Mais que signifie tout ça ? Un coup de vent peut raser toutes vos constructions en cinq minutes. Que ferons-nous alors ? Une éruption volcanique peut balayer toutes nos routes, nos hôpitaux, nos villes ainsi que nos bâtiments. Laissons tomber tous ces propos insensés de faire du bien au monde. Il n'attend pas votre aide ou la mienne ; Mais nous devons travailler et tout le temps faire du bien, car c'est une bénédiction pour nous-même. C'est la seule manière pour nous d'atteindre la perfection. Aucun mendiant que nous avons aidé ne nous a jamais dû un seul centime ; Nous lui devons tout, car il nous a permis d'exercer notre charité à travers lui. Il est complètement faux de penser que nous avons fait ou que nous pouvons faire du bien au monde, ou de penser que nous avons aidé telle et telle personne. C'est une pensée idiote, et toutes les pensées idiotes apportent le malheur.

Nous pensons que nous avons aidé quelqu'un et attendons de lui des remerciements, et on est mécontent s'il ne le fait pas. Pourquoi devrions-nous attendre quelque chose en retour pour ce que nous faisons ? Soyez reconnaissant envers l'homme que vous aidez, considérez-le comme Dieu. N'est-ce pas un grand privilège d'avoir l'opportunité d'adorer Dieu en aidant notre prochain ? Si nous étions vraiment libres, nous devrions fuir toute cette peine de vaine attente et pourrions allègrement faire du bon travail dans le monde. La tristesse et le malheur ne ne résulteront jamais d'un travail fait sans attachement travail fait sans attachement. Le monde continuera avec son bonheur et sa tristesse pour l'éternité.

Il était une fois un pauvre homme qui voulait un peu d'argent, il avait entendu en entendu quelque part dire que s'il réussissait à s'emparer d'un fantôme, il pourrait lui ordonner de lui apporter de l'argent ou tout ce qu'il désirait. Il était alors très impatient de se procurer un fantôme. Il alla à la recherche d'un homme qui lui en donnerait un. Il trouva finalement un sage avec de grands pouvoirs et il le supplia de l'aider. Le sage lui demanda ce qu'il ferait avec un fantôme. « Je veux un fantôme qui travaille pour moi ; Apprenez-moi comment en avoir un, monsieur, je le veux vraiment » répondit l'homme. Mais le sage lui dit : « Ne t'inquiète pas, et rentre chez toi. » Le jour suivant, l'homme retourna voir le sage et commença à pleurer et à prier : « Donnez-moi un fantôme, je dois en avoir un pour m'aider, monsieur. » Le sage, maintenant écœuré, lui dit finalement : « Prend ce sortilège et répète cette formule magique et un fantôme viendra. Il fera tout ce que tu lui demanderas de faire. Mais prudence, ce sont des êtres terribles et ils doivent constamment avoir de quoi s'occuper. Si tu ne lui donnes pas de travail, il il te tuera. » L'homme répondit : « C'est facile, je peux lui donner du travail pour toute sa vie. » Il s'en alla alors dans une forêt, et après de longues répétitions de la formule magique, un énorme fantôme apparut devant lui et dit : « Je suis un fantôme, j'ai été conquis par ta magie. Mais tu dois constamment me faire travailler ou je te tuerai dès que tu n'auras plus de travail à me donner. » L'homme dit : « Construis-moi un palais. » et le fantôme répliqua : « C'est fait, le palais est construit. » « Apporte-moi de l'argent. » dit l'homme. « Voici ton argent. » répondit le fantôme. « Déboise cette forêt et construis une ville à sa place. » « C'est fait, répondit le fantôme, autre chose ? » L'homme commençait maintenant à prendre peur et pensait qu'il ne pouvait rien lui donner de plus à faire. Le fantôme avait tout fait en un clin d'œil. Le fantôme insista : « Donne-moi quelque chose à faire ou je te dévorerai.» Le pauvre homme ne trouvait plus d'autres occupations à lui donner et il était terrifié. Alors il s'enfuit encore et encore jusqu'à finalement arriver devant le sage et le supplia : «Oh monsieur, sauvez-moi!» Le sage lui demanda ce qui n'allait pas et l'homme lui répondit : «Je n'ai plus aucune tâche à confier au fantôme. Quoique je lui demande, il le fait en un instant et il a menacé de me dévorer si je ne lui trouvais pas du travail à faire.» C'est alors que le fantôme arriva et il dit : «Je vais te dévorer.» Et il aurait avalé l'homme. L'homme se mit à trembler et implora le sage de lui sauver la vie. Le sage lui répondit : «Je vais te trouver une échappatoire. Vois ce chien à la queue enroulée. Dégaine vite ton épée et coupe-lui la queue que tu la donnes ensuite au fantôme pour qu'il la redresse.» L'homme coupa la queue du chien et la tendit au fantôme en disant : «Redresse-moi ça.» Le fantôme prit la queue et la redressa lentement et soigneusement, mais dès qu'il la lâchait, elle s'enroulait immédiatement à nouveau. Il essaya une nouvelle fois de l'étendre consciencieusement, mais la queue s'enroula encore dès qu'il la lâcha. Alors il continua ainsi des jours durant, jusqu'à ce que, tout exténué, il dit : «Je n'ai jamais été dans un tel pétrin de toute ma vie. Je suis un vieux fantôme, mais jamais je n'ai rencontré autant de difficulté auparavant. Je vais faire un compromis avec toi, dit-il à l'homme, tu me laisses partir et je te laisserai tout ce que je t'ai donné et je te promets de ne pas te faire du mal.» L'homme était très heureux et il accepta volontiers l'offre.

Ce monde est comme la queue enroulée d'un chien, et les gens luttent pour la redresser depuis des centaines d'années. Mais lorsqu'ils la laisse aller, elle s'enroule à nouveau. Comment pourrait-il en être autrement? On doit d'abord savoir comment travailler sans attachement, ensuite, on ne sera pas un fanatique. Quand on sait que ce monde est comme la queue enroulée d'un chien et qu'on ne la redressera jamais, nous ne deviendrons pas des fanatiques. S'il n'y avait aucun fanatisme dans le monde, il progresserait bien plus qu'il ne le fait actuellement. C'est une erreur de penser que le fanatisme peut contribuer au progrès de l'humanité; Au contraire, c'est un élément retardateur qui engendre la haine et la colère, et qui fait que les gens se battent entre eux, et les rend hostiles. Nous pensons que tout ce que nous faisons ou possédons est le meilleur au monde et que ce que nous ne faisons ou ne possédons n'a aucune valeur. Alors souvenez-vous de l'exemple de la queue enroulée du chien à chaque fois que vous aurez tendance à devenir un fanatique. Vous n'avez pas besoin de vous inquiéter ou de perdre le sommeil en pensant au monde; Il continuera sans vous. Lorsque vous aurez évité le fanatisme, alors vous travaillerez bien. C'est l'homme réfléchi, l'homme calme, de bon sens et serein, de grande sympathie et d'amour qui fait du bon travail et fait ainsi du bien à lui-même. Le fanatique est idiot et n'éprouve aucune compassion, il ne peut jamais redresser le monde ou devenir lui-même pur et parfait.

Pour résumer les points principaux de la conférence d'aujourd'hui :

Premièrement, nous devons avoir à l'esprit que nous sommes tous redevables envers le monde et que le monde ne nous doit rien. C'est un grand privilège pour nous tous d'avoir la permission de faire quoi que ce soit pour le monde. En aidant le monde, nous nous aidons réellement nous-même.

Le deuxième point est qu'il y a un Dieu dans cet univers. Il n'est pas vrai que cet univers est à la dérive et qu'il compte sur votre aide ou la mienne. Dieu est toujours présent ici-bas, Il est immortel, éternellement actif et infiniment vigilant. Lorsque l'ensemble de l'univers dort, Il ne dort pas, Il travaille sans cesse. Tous les changements et les manifestations du monde sont Siens.

Troisièmement, nous ne devons haïr personne. Ce monde continuera toujours à être un mélange du bien et du mal. Notre devoir est de sympathiser avec le faible et d'aimer même le malfaiteur. Le monde est un grand gymnase de la morale au sein duquel nous devons tous nous exercer pour devenir de plus en plus fort spirituellement.

Quatrièmement, nous ne devons être d'aucune manière des fanatiques, car le fanatisme est contraire à l'amour. Vous entendez les fanatiques dire aisément : « Je ne déteste pas le pécheur, je déteste le péché » mais je suis prêt à parcourir n'importe quelle distance pour voir le visage de cet homme qui peut réellement faire une distinction entre le péché et le pécheur. Il est facile de dire cela.

Si nous pouvons bien distinguer la qualité de la substance, nous pourrions devenir des hommes parfaits. Il n'est pas facile d'y parvenir. En outre, plus nous serrons calmes et moins nos nerfs s'agiteront, plus nous aimerons et mieux sera notre travail.

Chapitre VI
Le Non-Attachement est l'Abnégation Totale

Tout comme chaque action qui émane de nous revient vers nous comme une réaction, nos actes auront de la même manière des effets sur d'autres personnes et les leurs sur nous. Peut-être que vous l'avez tous observé comme un fait que lorsque des personnes font de mauvaises actions, elles deviennent de plus en plus mauvaises et lorsqu'elles commencent à faire du bien, elles deviennent de plus en plus fortes et apprennent à faire le bien à chaque instant. Cette intensification de l'influence de l'action ne peut être expliquée d'après aucune autre source que celle selon laquelle nous pouvons agir et réagir les uns sur les autres. Pour prendre un exemple de la science physique, lorsque je suis en train de réaliser une certaine action, on peut dire que mon esprit est dans un certain état de vibration ; Tous les esprits qui se trouvent dans les mêmes circonstances auront tendance à être affectés par le mien. Si dans une pièce, il y a différents instruments de musique accordés identiquement, vous remarquerez tous peut-être que lorsqu'il y en a un qui est joué, les autres ont tendance à vibrer pour donner la même note. Donc tous les esprits qui ont la même tension, pour ainsi dire, seront autant influencés par la même pensée. Bien évidemment, cette influence de la pensée sur l'esprit peut varier selon la distance et d'autres causes, mais l'esprit est toujours réceptif à l'affection. Supposons que je sois en train de faire une mauvaise action, mon esprit est dans un certain état de vibration et tous les esprits dans l'univers, qui sont dans le même état, ont la possibilité d'être affectés par les vibrations de mon esprit. Ainsi, lorsque je fais une bonne action, mon esprit se trouve dans un état différent de vibration, et tous les esprits accordés de la même façon ont la possibilité d'être affectés par mon esprit. Ce pouvoir de l'esprit sur l'esprit est plus ou moins fort selon que la force de la tension est elle plus ou moins grande.

En poussant l'exemple plus loin, il est tout à fait possible que, tout comme les ondes de lumière peuvent voyager pendant des millions d'années avant d'atteindre un objet, donc les vagues de pensées peuvent elles aussi voyager des centaines d'années avant qu'elles ne rencontrent un objet avec lequel elles vibrent à l'unisson. Il est tout à fait possible, alors, que notre atmosphère soit remplie de telles pulsations de pensées, à la fois de bien et de mal. Toute pensée, projetée à partir de chaque cerveau continue de vibrer, pour ainsi dire, jusqu'à rencontrer un objet adapté qui la recevra. Tout esprit qui est enclin à recevoir certaines de ces impulsions les prendra immédiatement. Ainsi, lorsqu'un homme fait de mauvaises actions, il a amené son esprit à un certain état de tension et toutes les vagues qui correspondent à cet état de tension, et qui peuvent déjà se trouver dans l'atmosphère, lutteront pour pénétrer dans son esprit. C'est pourquoi un malfaiteur continue généralement de faire de plus en plus de mal. Ses actions s'intensifient. Tel sera également le cas du bienfaiteur ; Il s'ouvrira à toutes les bonnes vagues qui sont dans l'atmosphère et ses bonnes actions s'intensifieront aussi. Nous encourons donc un double danger en faisant du mal : premièrement, nous nous exposons à toutes les mauvaises influences qui nous entourent. Deuxièmement, nous créons du mal qui affectera les autres peut-être dans des centaines d'années. En faisant du mal, nous nous blessons nous-même et blessons d'autres personnes aussi. En faisant du bien, nous en faisons à nous-mêmes ainsi qu'aux autres également, et comme toutes les autres forces en l'homme, ces forces du bien et du mal recueillent également la force de l'extérieur.

D'après le Karma yoga, l'action que l'on a fait ne peut être détruite jusqu'à ce qu'elle ait porté ses fruits. Aucune force dans la nature ne pourra l'empêcher de donner ses résultats. Si je fais une mauvaise action, je dois en souffrir, il n'y a aucun pouvoir dans cet univers pour l'arrêter ou la suspendre. De la même manière, lorsque j'accomplis une bonne action, il n'existe aucune force dans l'univers qui puisse l'empêcher de donner de bons résultats. La cause doit avoir son effet. Rien ne peut empêcher ou freiner cela. Il vient à présent une question très importante concernant le Karma yoga, notamment que nos actions, tant bonnes que mauvaises, sont étroitement liées les unes aux autres. Nous ne pouvons fixer une ligne de démarcation et dire que telle action est complètement bonne et que telle autre est complètement mauvaise. Il n'y a pas d'action qui ne porte pas à la fois de bons et de mauvais fruits. Prenons l'exemple le plus proche de nous : Je m'adresse à vous et certains d'entre vous pensent peut-être que je fais du bien, et en même temps, je suis peut-être en train de tuer des milliers de microbes dans l'atmosphère. Je suis donc en train de faire du mal à quelque chose d'autre. Lorsque c'est très près de nous et affecte ceux que nous connaissons, nous disons que c'est une très bonne action si cela les affecte favorablement. Par exemple, vous pouvez considérer comme étant très bien le fait que je vous parle, mais les microbes non. Vous ne voyez pas les microbes, mais vous vous voyez vous-même. La façon dont ma parole vous affecte vous est évidente, mais la manière dont elle affecte les microbes ne l'est pas autant. Et donc, si nous analysons également nos mauvaises actions, nous trouverions également que quelque part, il en résulte probablement du bien. Celui qui voit quelque chose de mauvais dans la bonne action, et voit dans le mal quelque chose de bien quelque part, connaît le secret du travail.

Mais qu'est-ce qui s'en suit ? Que quoi qu'on fasse il ne peut y avoir aucune action qui soit parfaitement pure, ou aucune ne qui soit complètement impure, en prenant la pureté et l'impureté dans le sens du préjudice et du non-préjudice. Nous ne pouvons respirer ou vivre notre vie sans porter préjudice aux autres et chaque bouchée de nourriture que nous mangeons est une de mois pour une de mois pour une de mois pour quelqu'un d'autre : Nos vies en réalité éliminent celles des autres. Cela étant le cas, il s'en suit naturellement que la perfection ne peut jamais être atteinte par le travail. Nous pourrions travailler toute l'éternité, mais il n'y aurait aucune échappatoire à ce labyrinthe ; Vous pourriez continuer à travailler, encore et encore, il n'y aurait aucune fin à cette association inéluctable du bien et du mal dans les résultats du travail.

Le deuxième point à étudier est : Quelle est la finalité du travail ? Nous voyons que la majorité des gens dans tous les pays croient qu'il y aura un temps où ce monde deviendra parfait, lorsqu'il n'y aura plus de maladie ou de mort, de tristesse ou de méchanceté. Cela est une très bonne idée, une très bonne force motrice pour inspirer et élever l'ignare. Mais si nous-y pensons un moment, nous verrions qu'à première vue il ne peut en être ainsi. Comment serait-ce possible, sachant que le bien et le mal sont l'avers et le revers de la même pièce ? Comment pouvez-vous avoir du bien sans avoir du mal en même temps ? Qu'est-ce qu'on entend par perfection ? Une vie parfaite est une contradiction en soi. La vie elle-même est un état de lutte continue entre nous-même et toute chose extérieure. A chaque instant, nous luttons en fait avec la nature extérieure, et si nous sommes battus, notre vie doit disparaître. C'est, par exemple, une lutte continue pour la nourriture et l'air. S'il y a manque de nourriture ou d'air, nous mourons. La vie n'est pas une chose simple qui se déroule en douceur, mais c'est un effet aggravant. Cette lutte complexe entre quelque chose à l'intérieur et le monde à l'extérieur est ce qu'on appelle la vie. Il est donc clair que lorsque cette lutte cesse, la vie prendra fin.

Ce qu'on veut dire par le bonheur idéal, est lorsqu'il y a cessation de cette lutte. Mais alors la vie cessera, car la lutte peut s'arrêter uniquement lorsque la vie elle-même a cessé. Nous avons déjà vu qu'en aidant le monde, nous nous aidons nous-même. Le principal effet du travail fait pour les autres est de nous purifier nous-même. Au travers de nos efforts constants à faire du bien aux autres, nous tentons de nous oublier nous-même ; Cet oubli de soi est la grande leçon que nous devons apprendre dans la vie. L'homme pense bêtement qu'il peut se rendre heureux et après des années de lutte, il découvre finalement que le vrai bonheur consiste à tuer l'égoïsme et que personne ne peut le rendre heureux à part lui-même. Chaque acte de charité, chaque pensée de sympathie, chaque aide, chaque bonne œuvre, retire tellement de suffisance de nos humbles existences et nous fait croire que nous sommes les plus faibles et les moindres ; Et par conséquent, tout est bon. Ici, nous trouvons que le Jnana, la Bhakti, et le Karma se rencontrent tous sur un point. Le plus grand idéal est l'éternelle et la complète abnégation, où il n'y a pas de « je » mais tout est « tu », et que l'homme en soit conscient ou inconscient, le Karma yoga le conduit à cette fin. Un prêcheur religieux peut être horrifié à l'idée d'un Dieu impersonnel, il insistera sur un Dieu personnel et souhaitera maintenir sa propre identité et sa propre singularité, peu importe ce qu'il signifie par là. Mais ses idées d'éthique, si elles sont vraiment bonnes, ne peuvent cependant qu'être fondées sur un optimum d'abnégation. C'est la base de toute moralité. Vous pouvez l'étendre aux hommes, aux animaux ou aux anges, c'est la même idée de base, le principe fondamental commun à tous les systèmes d'éthique.

Vous trouverez différentes classes d'hommes dans ce monde. D'abord, il y a les hommes de Dieu, dont l'abnégation est complète, et qui font uniquement du bien aux autres même au prix de leurs propres vies. Ceux-là sont les plus grands des hommes. S'il y en a une centaine dans n'importe quel pays, ce pays n'aura jamais à désespérer. Mais ils sont malheureusement trop peu. Ensuite, il y a les hommes du bien qui font du bien aux autres hommes tant que cela ne leur porte pas préjudice. Et il y a une troisième classe qui, pour se faire du bien à eux-mêmes, font du mal aux autres. Un poète sanskrit a dit qu'il existe une quatrième classe innommable de gens qui font du mal aux autres juste pour le plaisir de faire du mal. Tout comme il y a à une extrémité l'existence des plus grands bienfaiteurs, qui font du bien par amour du bien, il y a également à l'opposé d'autres qui font du mal aux autres juste pour le plaisir de faire du mal. Ils n'y gagnent rien, mais c'est dans leur nature de faire du mal.

On a là deux mots sanskrit. Le premier est « Pravritti » qui veut dire « cycle vers l'intérieur », et le deuxième est « Nivritti » qui signifie « cycle vers l'avant ». Le « cycle vers l'intérieur » est ce que nous appelons le monde, le « je et mien », il comporte toutes ces choses qui enrichissent toujours ce « moi » par la richesse, l'argent, le pouvoir, la renommée et la célébrité, ainsi que celles qui sont de nature accapareuse, toujours tendant à tout accumuler en un centre, ce centre étant

« moi-même ». Voilà le « Pravritti, » la tendance naturelle de chaque être humain, prendre tout de partout et l'accumuler autour d'un seul centre, ce centre étant la propre personne de l'homme. Lorsque cette tendance commence à s'estomper, lorsqu'elle est « Nivritti » ou en « cycle vers l'avant », alors commencent la moralité et la religion. « Pravritti » et « Nivritti » font tous deux partie de la nature du travail : Le premier est le mauvais travail et le second est le bon travail. Ce « Nivritti » est la base fondamentale de toute moralité et de toute religion, et sa réelle perfection est l'abandon total de soi, la promptitude à sacrifier corps et esprit et tout pour un autre être. Lorsqu'un homme a atteint cet état, il a atteint la perfection du Karma yoga. Cela constitue le plus grand résultat des bonnes œuvres. Bien qu'un homme n'ait pas étudié le moindre système philosophique, bien qu'il ne croie en aucun Dieu, et n'y ait jamais cru, bien qu'il n'ait jamais prié ne serait-ce qu'une seule fois dans sa vie, si le simple pouvoir des bonnes actions l'ont conduit à cet état où il est prêt à abandonner sa vie et tout autre chose pour les autres, il est arrivé au même point auquel l'homme religieux arrivera à travers ses prières, et le philosophe à travers sa connaissance. Et ainsi, vous pouvez voir que le philosophe, le travailleur et le fidèle se rencontrent tous à un point, ce seul point étant l'abandon de soi. Mais aussi différents leurs systèmes de philosophie et de religion puissent être, toute l'humanité admire et respecte l'homme qui est prêt à se sacrifier pour les autres. Dans ce cas, il n'est pas du tout question de croyance ou de doctrine, même les hommes qui sont très opposés à toutes les idées religieuses, lorsqu'ils voient un de ces actes de sacrifice total de soi, sentent qu'ils doivent le vénérer. N'avez-vous pas vu même le plus fanatique des chrétiens vénérer le Bouddha lorsqu'il lit « Les lumières d'Asie » d'Edwin Arnold, alors qu'il ne prêchait aucun Dieu, et rien d'autre que le sacrifice de soi ? La seule chose est que le fanatique ne sait pas que sa propre finalité et son propre objectif dans la vie est exactement le même que celui des gens dont il est différent. L'adorateur, en gardant constamment en lui l'idée de Dieu et un environnement du bien, arrive au même point à la fin et dit : « Que ta volonté soit faite » et ne garde rien pour lui-même. C'est l'abnégation. Le philosophe, avec sa connaissance, voit que l'apparence de soi est une illusion et l'abandonne facilement, c'est l'abandon de soi. Donc le Karma, la Bhakti et le Jnana se rencontrent tous ici, voilà ce que voulaient dire tous les grands prêcheurs des temps anciens lorsqu'ils enseignaient que Dieu n'est pas le monde. Le monde est une chose et Dieu en est une autre, et cette distinction est très réelle. Ce qu'ils veulent dire par le monde est l'égoïsme. Le désintéressement est Dieu. Quelqu'un peut vivre sur un trône, dans un palais en or et être parfaitement désintéressé, et alors il est en Dieu. Quelqu'un d'autre peut vivre dans une hutte, être en haillons, et ne rien avoir au monde, toutefois, s'il est égoïste, il est profondément ancré au monde.

Pour revenir sur l'un de nos points principaux, nous disons que nous ne pouvons pas faire du bien sans en même temps faire du mal, ou faire du mal sans faire du bien. Comment pouvons-nous travailler en sachant cela ? Il a par conséquent existé des sectes dans ce monde, qui ont prêché de manière incroyable le suicide lent comme seul moyen de sortir du monde, car, si un homme vit, il doit tuer de pauvres petites bêtes et des plantes ou faire du mal à quelque chose ou à quelqu'un. Alors, selon eux, le seul chemin de sortie de ce monde est de mourir. Les jaïns ont prêché cette doctrine comme leur plus grand idéal. Cet enseignement semble être très logique. Mais la vraie solution est trouvée dans la Gita. C'est la théorie du non-attachement, de n'être attaché à rien pendant qu'on fait notre travail de la vie. Sachez que vous êtes complètement séparés du monde, que vous êtes dans le monde et que quoi que vous puissiez être en train d'y faire, vous ne le faites pas dans votre propre intérêt. Toute action que vous faites pour vous-même portera ses effets que vous devrez assumer. Si c'est une bonne action, vous devrez prendre le bon effet, et si c'est une mauvaise, vous devrez prendre le mauvais effet, mais toute action qui n'est pas faite dans votre propre intérêt, quelle qu'elle soit, n'aura pas d'effet sur vous. Il y a une phrase très expressive dans nos textes sacrés qui incorpore cette idée : « Même s'il tue tout l'univers (ou s'il est tué) il n'est ni le tueur, ni la victime lorsqu'il sait qu'il n'agit pas du tout pour lui-même. » Donc, le Karma yoga enseigne : « N'abandonnez pas le monde, vivez dans le monde, absorbez ses influences autant que vous le pouvez, mais si c'est dans l'intérêt de votre propre plaisir, ne travaillez pas du tout. » Le plaisir ne devrait pas être le but. Tuez votre soi d'abord, puis prenez le monde entier comme vous-même. Comme disait les vieux chrétiens : « Le vieil homme doit mourir. » Ce vieil homme est l'idée égoïste que le monde entier est fait pour notre plaisir. Les parents idiots enseignent à leurs enfants la prière : « Ô Seigneur, Tu as créé ce soleil pour moi et cette lune pour moi » comme si le Seigneur n'avait rien d'autre à faire que de tout créer pour ces enfants. N'enseignez pas à vos enfants de telles absurdités. Là encore, il y a des gens qui sont idiots d'une autre manière, ils nous enseignent que tous ces animaux ont été créés pour que nous les tuions et les mangions, et que cet univers est pour le plaisir des hommes. Voilà toute une folie. Un tigre peut dire : « L'homme fut créé pour moi », et prier : « Ô Seigneur, qu'ils sont méchants ces hommes qui ne viennent pas à moi pour être mangés, ils enfreignent Ta loi. » Si le monde est créé pour nous, nous sommes aussi créés pour le monde. Que ce monde ait été créé pour notre plaisir est l'idée la plus mauvaise qui nous entrave. Ce monde n'est pas dans notre intérêt. Des millions de gens en sortent chaque année, le monde ne le sent pas, des millions d'autres les remplacent. Tout autant que le monde est pour nous, nous sommes également pour le monde.

Par conséquent, pour travailler correctement, vous devez tout d'abord abandonner l'idée d'attachement. Ensuite, ne vous jetez pas dans la mêlée, restez un témoin et continuez de travailler. Mon maître avait l'habitude de dire : « Regardez vos enfants comme une nourrice le ferait. » La nourrice prendra votre enfant, le caressera et jouera avec lui et se comportera aussi délicatement avec lui que s'il était son propre enfant. Mais dès que vous lui demandez de partir, elle est prête à partir de la maison avec ses valises. Tout ce qui a une forme d'attachement est oublié, la nourrice ordinaire ne ressentira pas le moindre pincement au cœur d'avoir quitté vos enfants et de s'occuper d'autres enfants. Vous devez agir de cette même manière avec tout ce que vous considérez comme vôtres. Vous êtes la nourrice, et si vous croyez en Dieu, croyez que toutes ces choses que vous considérez comme les vôtres sont en réalité Siens. La plus grande faiblesse s'insinue souvent comme le plus grand bien et la plus grande force. C'est une faiblesse de penser que quiconque dépend de moi, et que je peux faire du bien à un autre. Cette croyance est la mère de tout attachement, et toute notre peine provient de cet attachement. Nous devons informer nos esprits que personne dans cet univers ne dépend de nous, pas un mendiant ne dépend de notre charité, ni une âme de notre gentillesse, pas un être vivant ne dépend de notre aide. Tous sont aidés par la nature, et seront aidés de la sorte même si des millions d'entre nous ne sont pas là. Le cours de la nature ne s'arrêtera pas pour des gens comme vous et moi, c'est, comme nous l'avons déjà vu, seulement un privilège sacré pour vous et moi que nous ayons la permission, en aidant les autres, de nous éduquer nous-mêmes. Cela est une grande leçon à apprendre dans la vie, et quand nous l'avons complètement apprise, nous ne serons plus malheureux. Nous pouvons nous joindre à la société sans aucun risque nulle part. Vous pouvez avoir des femmes et des maris, et des régiments de servants, et des royaumes à diriger, si seulement vous agissez sur le principe que le monde n'est pas pour vous et n'a pas nécessairement besoin de vous, ils ne peuvent vous faire aucun mal. Cette année, certains de vos amis sont peut-être décédés. Est-ce que le monde s'est arrêté pour attendre leur retour ? Est-ce que son courant s'est interrompu ? Non, il continue. Alors ôtez de votre esprit l'idée selon laquelle vous devez faire quelque chose pour le monde ; Le monde n'a besoin d'aucune aide de votre part. C'est une pure absurdité de la part de n'importe quel homme de penser qu'il est né pour aider le monde, c'est simplement de l'orgueil, c'est de l'égoïsme qui s'insinue sous la forme de la vertu. Lorsque vous aurez entrainé votre esprit et vos nerfs à prendre conscience de cette idée de la non-dépendance du monde envers vous ou tout autre personne, il n'y aura alors aucune réaction sous forme de douleur qui résultera du travail. Lorsque vous donnez quelque chose à un homme et n'attendez rien en retour, n'attendez même pas qu'il soit reconnaissant, son ingratitude n'aura aucun effet sur vous, car vous n'attendiez rien, vous n'avez jamais pensé que vous aviez droit à quoi que ce soit en guise de récompense. Vous lui avez donné ce qu'il méritait, son propre Karma l'a reçu pour lui et votre Karma a fait de vous le porteur de celui-ci. Pourquoi seriez-vous fière d'avoir fait cadeau de quelque chose ? Vous êtes le porteur qui a transporté l'argent ou une autre sorte de cadeau et le monde le méritait par son propre Karma. Où se trouve alors la raison de votre fierté ? Il n'y a rien de très grand dans ce que vous offrez au monde. Lorsque vous obtiendrez le sentiment de non-attachement, il n'y aura alors ni de bien ni de mal pour vous. C'est uniquement l'égoïsme qui cause la différence entre le bien et le mal. C'est quelque chose de très difficile à comprendre, mais vous viendrez à apprendre avec le temps que rien dans l'univers n'a de pouvoir sur vous tant que vous refuserez son influence. Rien n'a de pouvoir sur le Soi de l'homme, jusqu'à ce que le Soi devienne un idiot et perde son indépendance. Ainsi, par le non-attachement, vous surmontez et rejetez le pouvoir de toute chose à agir sur vous. C'est très facile de dire que rien n'a le droit d'agir sur vous jusqu'à ce que vous lui permettiez de le faire, mais quel est la preuve de l'homme qui ne permet réellement que rien n'agisse sur lui, qui n'est ni heureux ni malheureux quand le monde extérieur agit sur lui ? La preuve est que le bon ou le mauvais sort n'entraîne aucun changement dans son esprit, il continue de rester le même dans toutes les conditions.

Il y avait un grand sage en Inde appelé Vyasa. Ce Vyasa est connu en tant que l'auteur des aphorismes du Védanta et il était aussi un homme saint. Son père avait essayé de devenir un homme parfait, mais il n'y était pas parvenu. Son grand-père avait aussi essayé, mais sans succès, son arrière-grand-père essaya également, mais ce fut également un échec. Lui non plus n'y parvint pas complètement, mais son fils, Shuka, était né parfait. Vyasa enseigna la sagesse à son fils, et après lui avoir enseigné lui-même le savoir de la vérité, il l'envoya à la cour du roi Janaka. Il était un grand roi et se faisait appeler Janaka Videha. Videha signifie « démuni d'un corps ». Bien qu'étant un roi, il avait entièrement oublié qu'il était un corps, il sentait qu'il était tout le temps un esprit. Ce garçon du nom de Shuka fut envoyé pour qu'il devînt son disciple. Le roi savait que le fils de Vyasa venait à lui pour apprendre la sagesse, il prit donc certaines dispositions au préalable. Lorsque le garçon se présenta aux portes du palais, les gardes ne lui prêtèrent aucune attention. Ils lui donnèrent seulement un siège, et il s'assit là pendant trois jours et nuits, sans que personne ne lui parlât, lui demandât qui il était ou d'où il venait. Il était le fils d'un très grand sage, son père était respecté dans tout le pays, et lui-même était une personne très respectable. Pourtant, les gardes du palais, insignifiants et grossiers, ne lui avaient pas prêté attention. Après cela, les ministres du roi et tous les hauts représentants vinrent soudainement et l'accueillirent avec les plus grands honneurs. Ils le conduisirent et le firent entrer dans de splendides chambres, lui donnèrent les bains les plus parfumés et de merveilleuses tenues, et ils l'y gardèrent pendant huit jours dans toutes sortes de luxe. Ce visage serein de Shuka ne changea pas pour le moindre par ce changement de traitement qu'on lui accordât, il restait le même au milieu de ce luxe comme lorsqu'il attendait à la porte. Alors, on l'amena devant le roi. Le roi était assis sur son trône, on jouait de la musique, on dansait et il y avait d'autres distractions. Le roi lui donna alors une coupe de lait, pleine à ras bord, et lui demanda de faire sept fois le tour de la grande salle sans en renverser même une goutte. Le garçon prit la coupe et s'exécuta au milieu de la musique et de l'attrait des beaux visages. Comme le voulait le roi, il fit sept fois le tour et pas une goutte du lait ne fut renversée. L'esprit du garçon ne pouvait être attiré par quoi que ce soit au monde, à moins qu'il ne le permît. Et lorsqu'il apporta la coupe au roi, ce dernier lui dit: «Ce que ton père t'a enseigné, et ce que tu as appris par toi-même, je ne pourrai que te le répéter. Tu connais la vérité. Rentre chez toi.»

Ainsi, l'homme qui s'est exercé au contrôle sur lui-même ne peut être influencé par quoi que ce soit de l'extérieur, il n'y a plus d'esclavage pour lui. Son esprit est libre, seul un tel homme est apte à bien vivre dans le monde. En général, nous trouvons que les hommes tiennent deux opinions à l'égard du monde. Certain sont pessimistes et disent: «que ce monde est horrible, qu'il est mauvais!» D'autres sont optimistes et disent: «que ce monde est beau, qu'il est merveilleux!» Pour ceux qui n'ont pas contrôlé leur propre esprit, le monde est soit rempli de mal ou au mieux un mélange du bien et du mal. Ce monde deviendra un monde optimiste pour nous, lorsque nous deviendrons maîtres de nos propres esprits. Rien n'agira alors sur nous, que ce soit du bien ou du mal, nous verrons que tout est à sa place, pour faire l'harmonie. Certains hommes, qui commencent par dire que le monde est un enfer, finissent souvent par dire le contraire lorsqu'ils réussissent dans la pratique de la maîtrise de soi. Si nous sommes de véritables Karma-yogis, et que nous souhaitons nous exercer à l'acquisition de cet état, où que nous puissions commencer, nous sommes sûrs de finir dans le parfait abandon de soi. Et dès que ce soi apparent disparaît, le monde entier, qui d'abord nous paraît être rempli de mal, nous paraîtra être le paradis même, rempli de bénédictions. Même son atmosphère sera sacrée, chaque visage humain sera bon dans ce monde. Telle est la finalité et le but du Karma yoga, et telle est sa perfection dans la vie pratique.

Nos différents Yogas ne se battent pas entre eux, chacun d'entre eux nous mène au même objectif et nous perfectionne. On ne doit en pratiquer qu'un seul avec rigueur. Tout le secret réside dans la pratique. D'abord, vous devez écouter, penser ensuite, et pratiquer après. Cela est vrai pour chaque Yoga. Vous devez d'abord écouter et comprendre ce que c'est, et beaucoup de choses que vous ne comprenez pas deviendront limpides à vos yeux par une écoute et réflexion constante. Il est difficile de tout comprendre à la fois. L'explication de toute chose est après tout en vous-même. Personne n'a jamais réellement été instruit par un autre, chacun d'entre nous doit apprendre par soi-même. L'enseignant extérieur apporte seulement les suggestions qui suscitent l'enseignant intérieur à travailler pour comprendre les choses. Ensuite, les choses seront plus claires pour nous par notre propre pouvoir de perception et de pensée, et nous en prendrons conscience dans nos propres âmes, cette réalisation deviendra le pouvoir intense de la volonté. D'abord, c'est la sensation, ensuite ça devient la volonté, et de cette volonté naît l'énorme force pour le travail qui circulera dans chaque veine, chaque nerf et chaque muscle, jusqu'à ce que toute votre masse corporelle se transforme en un instrument du généreux Yoga du travail, et le résultat souhaité de du parfait abandon de soi et le total désintéressement est dûment acquis. Cette acquisition ne dépend d'aucun dogme, d'aucune doctrine ou d'aucune croyance. Peu importe que vous soyez chrétien, juif ou gentil. Etes-vous désintéressé ? Voilà la question. Si vous l'êtes, vous serez parfait sans avoir lu aucun livre religieux, sans aller dans aucune église ou aucun temple. Chacun de nos Yogas est apte à perfectionner l'homme sans l'aide des autres, car ils ont tous le même objectif en vue. Les Yogas du travail, de la sagesse et de la dévotion peuvent tous servir de moyens directs et indirects pour l'acquisition du Moksha. « Seulement les idiots disent que le travail et la philosophie sont différents, et non les instruits. » Les instruits savent que, bien que différents en apparence, ils conduisent tous au final au même objectif qui est la perfection humaine.

Chapitre VII
La Liberté

Outre la pertinence du travail, nous avons indiqué que, psychologiquement, le mot « Karma » signifie également « causalité ». Tout travail, toute action, toute pensée qui engendra une conséquence est appelé Karma. Ainsi, la loi du Karma signifie la loi de la causalité, de la cause et de la conséquence inévitable. Peu importe où la cause se situe, il se produit un effet. Cette nécessité ne peut être opposée et la loi du Karma, d'après notre philosophie, est un principe universel. Qu'importe ce que l'on voit, ce que l'on ressent ou ce que l'on fait, qu'importe les actions produites n'importe où dans l'univers, tout cela étant à la fois l'impact de notre précédent travail d'un côté, provoque, de l'autre, une cause qui, à son tour, produit son propre effet. Il est nécessaire d'ajouter à cela ce que l'on entend par le mot « loi ». La loi exprime la prédisposition d'une série de faits à se répéter. Quand on est témoin d'un évènement qui est lui-même suivi par un autre, ou, qui parfois se produit simultanément avec un autre, on s'attend à ce que cette séquence, ou coexistence, se reproduise. Nos anciens logiciens et philosophes de l'école Nyaya donnent à cette loi le nom de Vyapti. Selon eux, toutes nos idées de lois proviennent de l'association. Une série de phénomènes est associée à des éléments de notre esprit, dans un ordre invariable, de façon à ce que peu importe ce que l'on perçoit, à n'importe quel moment, notre l'esprit l'associe immédiatement à d'autres faits. Selon notre psychologie, une quelconque idée, ou une quelconque vague produite dans la substance mentale (du sanskrit « chitta ») soulève toujours d'autres vagues similaires. C'est l'idée psychologique de l'association, et la causalité n'est seulement qu'un aspect de ce grand principe omniprésent d'association. Cette omniprésence d'association est ce qui est appelée en sanskrit « Vyapti ». Dans le monde extérieur, l'idée de loi est la même qu'à l'intérieur, c'est la perspective qu'un phénomène en particulier sera suivi par un autre, et que cette série se répètera. Il est donc vrai que la loi n'existe pas dans la nature. C'est pratiquement une erreur de dire que la gravité existe sur terre, ou bien qu'il existe une quelconque loi, d'un point de vue objectif, dans la nature. Le principe de loi est une méthode, c'est la façon dont notre esprit comprend une série de phénomènes, tout cela se passe dans l'esprit. Certains phénomènes, survenant l'un après l'autre voire au même moment, et qui sont suivis par la conviction de la régularité de leur récurrence, permettent ainsi à nos esprits de saisir la méthode de toute la série, est ce que l'on appelle la loi.

La prochaine question à prendre en considération est ce que l'on entend par loi universelle. Notre univers est cette portion d'existence qui est caractérisée par ce que les psychologues sanskrits appellent « desa-kala-nimitta », ou plus communément connue par la psychologie européenne comme : espace, temps et causalité. Cet univers est uniquement une partie de l'existence infinie, ajustée à un moule bien précis, composé d'espace, de temps et de causalité. Cela veut forcément dire que le principe de loi est uniquement possible dans cet univers conditionné, au-delà de celui-ci, il ne peut y avoir de lois. Lorsque l'on parle de l'univers, on se réfère uniquement à cette portion d'existence qui est limitée par notre esprit ; l'univers des sens que l'on voit, que l'on ressent, que l'on touche, que l'on entend, auquel on pense, que l'on imagine, lui seul est soumis aux règles de la loi, mais au-delà, l'existence ne peut y être soumise, car la causalité ne s'étend pas au-delà du monde de nos esprits. Toute chose, au-delà de la portée de notre esprit et de nos sens, n'est pas soumis à la loi de la causalité, comme il n'y a aucune association mentale des éléments dans la région qui franchit la limite des sens, et aucune causalité sans une association d'idées. Ce n'est que lorsque l'« être » ou l'existence est régie par un nom, ou une forme, qu'elle obéit à la loi de causalité et que l'on peut dire qu'elle est soumis à la loi, car toute loi prend son essence dans la causalité. Par conséquent, il apparaît aussitôt que le libre-arbitre ne peut exister. Le mot est une contradiction en lui-même, car la volonté est ce que l'on connaît et tout ce qu'on connaît se trouve dans notre univers, et tout ce qui se trouve dans notre univers est limité par les conditions d'espace, de temps et de causalité. Tout ce que l'on connaît, ou que l'on peut connaître, est soumis à la causalité, et ce qui est soumis à loi de causalité ne peut être libre. Il est influencé par d'autres agents et se transforme à son tour en une cause. Mais ce qui a été converti en volonté, et qui ne l'était pas au départ, mais qui, une fois fondue dans ce moule d'espace, de temps et de causalité, est devenue la volonté humaine, est libre. Et quand cette volonté sortira de ce moule d'espace, de temps et de causalité, elle sera à nouveau libre. Libre à son origine, elle est moulée dans cette servitude, puis elle en ressort et se retrouve à nouveau libre.

Les questions suivantes ont été soulevées : Qui a créé l'univers ? A qui incombe-t-il ? Et à qui revient-il ? La réponse qui a été donnée est qu'il naît de la liberté, il incombe à la servitude et retourne de nouveau à la liberté. Donc, quand on parle de l'homme, comme n'étant rien d'autre que cet être infini qui se manifeste, on entend par là que seulement une toute partie de celui-ci est humaine. Ce corps et cet esprit que l'on voit ne sont qu'une portion d'un tout, une partie de l'être infini. Cet univers tout entier n'est qu'un segment de l'être infini, et toutes nos lois, tous nos liens, toutes nos joies et toutes nos peines, nos bonheurs et nos attentes appartiennent uniquement à ce petit univers, toutes nos évolutions et toutes nos régressions sont comprises dans ce petit rayon. On sait donc combien il est puéril de s'attendre à une continuité de cet univers (qui est la création de nos esprits) et de s'attendre à aller au paradis, ce qui, après tout, doit simplement vouloir dire que c'est une répétition de ce monde que l'on connaît. Il nous apparaît aussitôt que c'est un désir impossible et enfantin que de rendre conforme la totalité de cette existence infinie à cette existence limitée et conditionnée que l'on connaît. Quand un homme dit qu'il aura toujours les mêmes choses qu'il possède déjà, ou, comme je le dis souvent, quand il demande une religion comfortable, il se peut que vous sachiez qu'il est devenu tellement immoral qu'il ne pense à rien d'autre pouvant surpasser ce qu'il est déjà. Il n'est plus que cet environnement présent, et rien d'autre. Il a oublié sa nature infinie, et la totalité de ses idées est confinée dans ces petits moments de joie, de peine et de jalousie du cœur. Il pense que l'aspect fini est l'infini, mais pas seulement, il s'obstinera dans cette bêtise. Il s'accroche désespérément au Trishna, la soif de vivre, ce qui est appelée par les bouddhistes «Tanha» et «Trissa». Il existe des millions de bonheurs, d'êtres, de lois, d'évolutions et de causalités différents, tous ayant un rôle en dehors de ce petit univers que l'on connaît, et après tout, leur ensemble ne comprend qu'une petite section de notre nature infinie.

Afin d'acquérir la liberté, il nous faut aller au-delà des limitations de cet univers, on ne la trouvera pas ici. L'équilibre parfait, ou ce que les chrétiens appellent «la paix qui transmet le savoir», ne peut exister dans cet univers, ni au paradis, ni dans aucun endroit où notre esprit et nos pensées peuvent allés, où les sens peuvent ressentir ou que l'imagination peut concevoir. De tels endroits ne pourront nous donner cette liberté, car ils se trouveraient dans notre univers qui est limité par l'espace, le temps et la causalité. Il existe peut-être des endroits qui sont plus éthérés que notre terre, où les jouissances sont plus passionnelles. Mais même ces endroits doivent faire partie de cet univers, et donc être soumis à la loi. Il nous faut alors aller au-delà de cela, la véritable religion commence là où ce petit univers s'arrête. Ces petites joies et ces petites peines, cette connaissance des choses s'arrêtent ici et la réalité commence. Tant que l'on n'abandonne pas la soif de vivre, notre solide attachement à cela, à notre existence conditionnée et éphémère, il y a peu d'espoir que l'on n'ait ce ne serait-ce qu'un aperçu de cette liberté infinie au-delà. Il va donc de soi qu'il n'y a qu'une seule façon d'atteindre cette liberté, qui est le but ultime de toutes les aspirations nobles du genre humain, et pour cela il faut renoncer à cette petite vie, renoncer à ce petit univers et renoncer aux limites et aux conditionnements. Si l'on renonce à notre attachement à ce petit univers des sens, ou de l'esprit, on serait immédiatement libre. La seule manière de sortir de la servitude est d'aller au-delà des limites de la loi, d'aller au-delà de la causalité.

Mais c'est une chose difficile que d'abandonner l'attachement pour cet univers, très peu y arrive. Il existe deux méthodes et elles sont mentionnées dans nos livres. L'une est appelée « neti, neti » (pas ça, pas ça), l'autre « iti » (ça), la première est négative et la seconde est positive. La manière négative est la plus difficile. Elle ne peut être réalisée que par les hommes qui possèdent les esprits les plus forts et les plus exceptionnels ainsi que des volontés immenses, qui se lèvent simplement et disent : « Non, je n'en veux pas ». L'esprit et le corps obéissent à leur volonté et ils réussissent. Mais de tels hommes sont très rares. La vaste majorité du genre humain choisit la manière positive, c'est le chemin à travers le monde qui use de toutes les servitudes afin de les briser elles-mêmes. C'est également une manière de renoncer, seulement, c'est un processus qui se fait lentement et progressivement, en amassant des connaissances, en appréciant les choses pour ainsi gagner de l'expérience, en distinguant la nature des choses jusqu'à ce que l'esprit les laisse enfin s'en aller et se détache. La première méthode pour atteindre le non-attachement se fait par la raison, la seconde se fait par le travail et l'expérience. La première est la voie du Jnana-Yoga, elle est caractérisée par le refus d'accomplir tout travail. La deuxième est la voie du Karma yoga où il n'existe pas d'interruption au travail travail. Dans l'univers, tout le monde doit travailler. Seul ceux qui sont parfaitement satisfaits du Soi, dont les désirs ne vont pas au-delà du Soi, dont l'esprit ne sort jamais du Soi et pour qui le Soi représente tout, eux et seulement eux ne travaillent pas. Les autres doivent travailler. Un courant se précipite de sa propre nature, chute dans un trou, et crée un tourbillon. Après avoir circuler un peu dans ce tourbillon, il en ressort sous la forme du courant de liberté qui ne pourra plus être contrôlé. Chaque vie humaine est comme ce courant. Elles rentrent dans le tourbillon, évoluent dans ce monde d'espace, de temps et de causalité, tournent un peu, appelant : « Mon père, mon frère, mon nom, ma gloire » et ainsi de suite, et elles finissent par en émerger et retournent à leur forme originelle de liberté. L'univers tout entier le fait. Qu'on le sache ou non, que l'on en soit conscient ou inconscient, nous travaillons tous pour sortir du rêve du monde. L'expérience de l'homme dans le monde lui permet de sortir de son tourbillon.

Qu'est-ce que le Karma yoga ? C'est le savoir du secret du travail. On voit que l'univers tout entier travaille. Dans quel but ? Pour le salut, pour la liberté, partant du plus petit atome allant jusqu'à l'être plus grand, ils doivent travailler dans l'unique but : la liberté de l'esprit, du corps, de l'âme. Toutes choses essayent en permanence d'atteindre la liberté, de se libérer des liens de servitude. Le soleil, la lune, la terre, les planètes, toutes essayent de se libérer des liens de servitude. La force centrifuge et la force centripète de la nature sont tout à fait caractéristiques de notre univers. Au lieu d'être malmené par cet univers, et ce après un long retard et une raclée, en apprenant les choses telles qu'elles sont, on apprend du Karma yoga le secret du travail, la méthode du travail, le pouvoir organisateur du travail. Une vaste masse d'énergie peut être gaspillée si on ne sait pas comment l'utiliser. Le Karma yoga fait du travail une science, on apprend grâce à lui comment tirer le meilleur de l'utilisation de tout le travail de ce monde. Travailler est inévitable, il en est ainsi, mais on doit travailler pour atteindre un objectif ultime. Le Karma yoga nous fait admettre que nous vivons dans un monde qui se limite à cinq minutes d'existence, que c'est quelque chose que l'on doit surmonter et que la liberté n'est pas ici, mais qu'elle ne peut se trouver qu'au-delà. Afin de trouver son chemin hors des liens de servitude du monde, il faut qu'on le parcourt progressivement et surement. Il se peut que ces personnes exceptionnelles dont je viens de parler, ces personnes qui peuvent s'effacer et renoncer au monde, soient comme un serpent qui mue et qui s'écarte pour admirer le résultat. Il ne fait aucun doute que ce sont des personnes exceptionnelles mais le reste de l'humanité doit parcourir le monde du travail progressivement. Le Karma yoga expose le processus, le secret et la méthode pour y parvenir de la meilleure façon qu'il soit.

Qu'est-ce que cela signifie ? « Travaillez sans relâche mais renoncez à toute attache liée au travail ». Ne vous identifiez à un rien. Gardez votre esprit libre. Toutes ces choses que vous voyez, la douleur et la misère, ne sont que des conditions nécessaires à ce monde, la pauvreté, la richesse et le bonheur ne sont que momentanés, ils n'appartiennent pas du tout à notre vraie nature. Notre nature va bien au-delà de la misère et du bonheur, bien au-delà de chaque objet des sens, bien au-delà de l'imagination et pourtant, il nous faut continuer à travailler tout le temps. « La misère naît au travers de l'attachement et non au travers du travail ». Dès que l'on s'identifie au travail que l'on fournit, on se sent misérable. Mais si on ne s'identifie pas à lui, on ne ressent pas cette misère. Si un magnifique tableau, appartenant à un autre, est brûlé, un homme n'est pas nécessairement misérable. Mais quand son propre tableau est détruit, il se sent misérable. Pourquoi ? Ce sont deux magnifiques tableaux, peut-être des copies de l'original, mais il se sent beaucoup plus misérable dans un cas que dans l'autre. C'est ce « moi et mien » qui est la cause de cette misère. Avec le sentiment de possession vient le sentiment d'égoïsme, et ce sentiment d'égoïsme crée la misère. Tout acte égoïste, ou toute pensée égoïste, crée en nous une attache à quelque chose et l'on est soudainement devenu un esclave. Toute vague du « chitta », qui dit « moi et mien », nous enchaîne immédiatement et fait de nous des esclaves, et plus on dit « moi et mien », plus l'esclavage et la misère empirent. Par conséquent, le Karma yoga nous dit d'apprécier tous les tableaux du monde mais en aucun cas devons-nous nous identifier à eux. Ne jamais dire « mien ». Quand on dit que quelque chose est nôtre, la misère apparaît immédiatement. Ne pensez même pas « mon enfant » dans votre tête. Ayez l'enfant, mais ne dites pas « mien ». Si vous le faites, alors la misère apparaîtra. Ne dites pas « ma maison », ne dites pas « mon corps ». Là est toute la difficulté. Le corps n'est pas le vôtre, ni le mien, ni celui de personne. Ces corps vont et viennent en respect des lois de la nature mais nous sommes libres, nous sommes spectateurs. Ce corps n'est pas plus libre qu'un tableau ou un mur. Pourquoi devrait-on s'attacher autant à un corps ? Si quelqu'un peint un tableau, il le peint et le lègue. Ne projetez pas ce tentacule d'égoïsme de « je dois le posséder ». Une fois fait, la misère s'installera.

Donc, ce que le Karma yoga dit est que, premièrement, vous devez détruire toute tendance à projeter ce tentacule d'égoïsme, et quand vous aurez le pouvoir de le maîtriser, retenez-le et ne laissez pas l'esprit atteindre la vague d'égoïsme. Ensuite, vous pourrez sortir, parcourir le monde et travaillez autant que vous le souhaitez. Fondez-vous dans les masses, allez où bon vous semble, vous ne serez jamais contaminés par le mal. La feuille de lotus est dans l'eau, l'eau ne peut la toucher et se colle à elle, tout comme vous dans le monde. C'est ce que l'on appelle « Vairagya », l'impartialité et le non-attachement. Il me semble vous avoir dit que sans le non-attachement, il ne peut y avoir de Yoga. Le non-attachement est la base de tous les Yogas. Il se peut que l'homme qui renonce à vivre dans une maison, à porter de beaux vêtements, à manger de la bonne nourriture et qui se retire dans le désert soit une personne très attachée. Sa seule possession, son propre corps, peut devenir son bien le plus précieux et tant qu'il vivra, il luttera uniquement pour le bien de son corps. Le non-attachement ne veut rien dire que nous puissions faire en relation avec notre corps extérieur, tout cela se passe dans l'esprit. Le lien contraignant du « moi et mien » se trouve dans l'esprit. Si nous n'avons pas ce lien avec le corps et avec les choses des sens, nous sommes non-attachés, où et quoi que l'on fasse. Un homme peut être assis sur un trône, et être tout à fait non-attaché. Un autre homme peut porter des haillons, et être toujours très attaché. Tout d'abord, il faut que l'on atteigne cet état de non-attachement et ensuite que l'on travaille sans relâche. Le Karma yoga nous donne la méthode qui nous aidera à renoncer à toute attachement, même si cela reste en effet très difficile.

Voici deux méthodes pour renoncer à tout attachement. La première est pour ceux qui ne croient pas en Dieu ou en aucune aide extérieure. Ces personnes sont livrées à elles-mêmes, elles doivent simplement travailler avec leur propre détermination, avec la force de leur esprit et de leur discernement, déclarant : « Je dois être non-attaché ». Pour ceux qui croient en Dieu, il existe une autre méthode qui est bien moins difficile. Ces personnes doivent donner les fruits de leur travail au Seigneur, elles travaillent sans jamais s'attacher aux résultats. Tout ce qu'elles voient, ce qu'elles ressentent, ce qu'elles entendent ou ce qu'elles font, est pour Lui. Pour n'importe quel bon travail que l'on fait, ne réclamons pas d'éloges ou de bénéfices. Ils appartiennent au Seigneur, renoncez aux fruits de votre travail pour Lui. Mettons-nous de côté et pensons que nous sommes seulement des serviteurs obéissants au Seigneur, notre Maître, et qu'à chaque instant, chaque perspective d'action, vient de Lui. Peu importe qui vous vénérez, peu importe ce que vous percevez, peu importe ce que vous faites, donnez-le-Lui et rassurez-vous. Soyons en paix, en paix parfaite avec nous-même et donnons notre corps et notre esprit tout entier en sacrifice éternel au Seigneur. Au lieu de sacrifier des centaines d'oblations au feu, accomplissez ce grand sacrifice jour et nuit, le sacrifice de votre petite personne. « Dans la recherche des richesses dans le monde, la seule richesse que j'ai trouvée c'est Vous, je me sacrifie à Vous. Dans la recherche d'une personne à aimer, Vous êtes le seul bien-aimé que j'ai trouvé. Je me sacrifie à Vous ». Répétons cela jour et nuit, déclarons : « Je ne veux rien. Peu importe si la chose est bonne, mauvaise ou indifférente, cela ne m'intéresse pas. Je sacrifie tout à Vous ». Jour et Nuit, renonçons à nos êtres apparents jusqu'à ce que cela devienne une habitude, jusqu'à ce que cela pénètre notre sang, nos nerfs et notre cerveau, jusqu'à ce que le corps tout entier obéisse à chaque instant à cette idée de renoncement de soi. Allez alors au milieu du champ de bataille, au canon rugissant et le fracas de la guerre, vous verrez que vous êtes libre et en paix.

Le Karma yoga nous apprend que l'idée ordinaire du devoir se retrouve au second plan, toutefois, nous devons tous remplir notre devoir. Pourtant, on peut voir que ce sens particulier du devoir est très souvent une grande cause de misère. Le devoir devient une maladie chez nous, elle nous entraîne toujours plus loin. Elle nous étreint et rend notre vie misérable. C'est le fléau de la vie humaine.

Ce devoir, cette idée de devoir est le zénith du soleil d'été qui brûle le cœur de l'âme de l'humanité. Regardez ces pauvres esclaves du devoir ! Le devoir ne leur laisse pas le temps de prier ni le temps de se nettoyer. Le devoir les accable. Ils sortent et travaillent. Le devoir les accable ! Ils rentrent chez eux et pensent au travail à faire le lendemain. Le devoir les accable ! C'est vivre une vie d'esclave, où on finit par s'effondrer dans la rue, se tuant à la tâche, comme le bétail. C'est le devoir comme on le comprend. Le seul véritable devoir est d'être détaché et de travailler en tant qu'êtres libres, de donner notre travail à Dieu. Tous nos devoirs Lui appartiennent. Bénis soit cet ordre qui nous fait travailler ici bas. On fait notre temps, qu'on le fasse bien ou mal, qui le sait ? Si on le fait correctement, on n'en récolte pas les fruits. Si on le fait mal, on ne gagne rien non plus. Soyez serein, soyez libre et travaillez. Ce genre de liberté est vraiment très dur à atteindre. Comme il est facile d'interpréter l'esclavage comme le devoir, cet attachement morbide à la chaire et confondre la chaire avec le devoir ! Les hommes parcourent le monde, luttent, se se battent pour l'argent ou toutes autres choses auxquelles ils sont attachées. Demandez-leur pourquoi est-ce qu'ils le font. « C'est un devoir » disent-il. C'est l'absurde avidité pour l'or et le gain, et ils essayent de la maquiller avec quelques fleurs.

Après tout, qu'est-ce que le devoir ? C'est véritablement l'impulsion de la chaire, de notre attachement. Quand un attachement est établi, on appelle ça le devoir. Par exemple, dans les pays où il n'y a pas de mariage, le devoir entre un mari et une femme n'existe pas. Quand on se marie, un homme et une femme vivent ensemble sur le compte de l'attachement, et ce mode de vie s'établit après des générations. Quand il devient tellement ancré, il devient un devoir. C'est, si l'on peut dire, un genre de maladie chronique. Lorsqu'elle est grave, on appelle ça une maladie, quand elle est chronique, on appelle ça la nature. C'est une maladie. Donc, quand l'attachement devient chronique, on le baptise avec le nom prétentieux de devoir. On lui jette des fleurs, on sonne le clairon, on cite les textes sacrés. Puis, le monde entier se livre bataille, les hommes se volent scrupuleusement les uns les autres au nom de ce devoir. Le devoir est bon jusqu'à ce qu'il enraye la brutalité. Pour vous, les hommes les plus mesquins, qui n'avez pas d'autres idéaux, c'est pour le mieux. Mais pour ceux qui souhaitent devenir Karma-yogi, il faut se débarrasser de cette idée de devoir. Il n'y a pas de devoir pour vous et moi. Peu importe ce que vous ayez à offrir au monde, donnez-le donc, mais pas en tant que devoir. N'y pensez même pas. Ne vous sentez pas obligé. Pourquoi devrait-on se sentir obligé ? Tout ce que vous faites sous la contrainte sert à créer ce sentiment d'attachement. Pourquoi devrait-on avoir un devoir ?

Laissez tout entre les mains de Dieu. Dans cette immense fournaise ardente, où le feu du devoir brûle tout le monde, buvez cette tasse de nectar et soyez heureux. On travaille simplement selon Sa volonté et cela n'a rien à voir avec les récompenses et les sanctions. Si vous voulez la récompense, elle s'accompagnera forcément de la sanction. La seule façon de se débarrasser de la sanction est en renonçant à la récompense. La seule façon de sortir de la misère est en renonçant à l'idée de bonheur car ces deux idées sont toutes les deux liées. D'un côté, il y a le bonheur, de l'autre, la misère. D'un côté, il y a la vie, de l'autre, la mort. La seule façon d'aller plus loin que la mort est en renonçant à notre amour pour la vie. La vie et la mort sont semblables, mais perçues sous différents angles. Donc, l'idée de bonheur sans misère, ou de vie sans mort, est assez bonne pour les écoliers et les enfants, mais le penseur s'aperçoit de la contradiction dans les termes et renonce aux deux. Ne recherchez aucune louange, aucune récompense, pour quoi que vous fassiez. A peine fait-on une bonne action, que l'on cherche à s'attribuer ses mérites. A peine donne-t-on de l'argent à une œuvre de charité, que l'on imagine déjà nos noms écrits fièrement dans les journaux. La misère doit être le résultat de ce genre de désirs. Le plus grand des hommes est mort sans laisser de traces derrière lui. Les bouddhas et les christs que nous connaissons, ne sont rien d'autres que des héros de second plan en comparaison avec le plus grand des hommes, dont le monde ne sait rien de lui. Des centaines de ces héros inconnus ont vécu dans chaque pays, travaillant en silence. En silence ils ont vécu, en silence ils sont morts. Avec le temps, leurs pensées se sont retrouvées en ces bouddhas et christs, et ce sont ces derniers que nous connaissons. Les plus grands hommes ne cherchent aucun renom, aucune gloire pour leur savoir. Ils laissent leurs idées au monde, ils ne mettent en avant aucune revendication et n'établissent ni école, ni système en leur nom. Leur nature toute entière repousse cette idée. Ils sont les vrais sattvikas qui sont incapables de perturber l'amour car ils ne font qu'un avec, mais se fondre dans l'amour. J'ai vu un de ces yogis qui vivait dans une grotte en Inde. C'est un des hommes les plus remarquables que j'ai jamais rencontré. Il perdit tellement le sens de sa propre individualité que l'on peut dire que l'homme, en lui-même, a totalement disparu, ne laissant derrière lui que le sens absolu du divin. Si un animal mord un de ses bras, il est tout aussi prêt à donner le deuxième, et il dira que c'est la volonté du Seigneur. Tout ce qui émane de lui vient du Seigneur. Il ne se montre pas aux hommes et pourtant il possède un arsenal d'amour, de vérité et de belles idées.

Ensuite, viennent les hommes avec le plus de « Rajas », ou d'activité, avec des tempéraments de combattant. Ils reprennent les idées des plus grands et les prêchent partout dans le monde. Les plus grands hommes rassemblent des idées authentiques et nobles en silence, et d'autres (les bouddhas et les christs) voyagent de villes en villes, promouvant ces idées et travaillant pour eux. Au cours de la vie de Gautama Bouddha, on note qu'il répétait sans cesse qu'il était le vingt-cinquième Bouddha. Les vingt-quatre autres avant lui ne sont pas connus de l'histoire, bien que le Bouddha connu de l'Histoire ait dû construire sur des fondations qu'ils avaient déjà établies. Les plus grands hommes sont calmes, silencieux et inconnus. Ils sont les hommes qui connaissent vraiment la valeur du pouvoir de la pensée. Ils sont persuadés que, même s'ils vont dans une cave, ferment la porte, ont simplement cinq pensées sincères puis meurent, ces cinq pensées vivront pour l'éternité. En effet, de telles pensées pénétreront les montagnes, traverseront les océans et voyageront tout autour du monde. Elles seront ancrées dans les cœurs et les esprits des hommes, elles élèveront les hommes et femmes qui leur donneront une expression concrète dans le fonctionnement de la vie humaine. Ces hommes sattvikas sont trop proches du Seigneur pour être actifs et se battre, pour travailler, lutter, prêcher et faire le bien sur terre. Les travailleurs actifs, quelque soit leur talent, ont toujours quelques restes d'ignorance en eux. Quand notre nature a toujours quelques impuretés en elle, c'est seulement ainsi que l'on peut travailler. C'est dans la nature du travail d'être communément incité par la motivation et l'attachement. En présence d'une Providence, constamment active, qui remarque ce ne serait-ce que la chute d'un moineau, comment est-ce qu'un homme peut accorder autant d'importance à son propre travail ? N'est-ce donc pas blasphématoire quand on sait qu'Il prend soin des moindres détails dans le monde ? Nous ne pouvons que l'admirer et s'agenouiller devant Lui en disant : « Que ta volonté soit faite. » Les plus grands hommes ne peuvent pas travailler, il n'y a pas d'attachement en eux. Ceux dont l'âme entière est partie dans le Soi, ceux dont les désirs sont enfermés dans le Soi, ceux qui ne font et ne feront plus qu'un avec le Soi, pour eux le travail n'existe pas. Ceci est en effet l'élite du genre humain. Mais mis à part eux, tous les autres doivent travailler. En travaillant de la sorte on ne pensera jamais que l'on peut venir en aide à ne serait-ce que la moindre petite chose dans cet univers. C'est impossible. On ne peut que s'aider soi-même dans ce grand gymnase qu'est le monde. C'est la meilleure attitude à adopter pour travailler. Si l'on travaille en ce sens, si l'on se souvient toujours que notre opportunité actuelle à travailler de la sorte est un privilège qui nous a été donné, on ne sera jamais attaché à quoi que ce soit.

Des millions de personnes, comme vous et moi, pensent que nous sommes de bonnes personnes en ce monde, mais nous mourrons tous et en cinq minutes, le monde nous aura déjà oublié. Mais la vie de Dieu est infinie. « Qui peut vivre un instant, respirer un instant, si cet Être tout puissant ne le veut pas ? » Il est la Providence constamment active. Le pouvoir entier Lui appartient et est à Son commandement. A Son commandement, le vent souffle, le soleil brille, la terre vie et la mort rode sur terre. Il est le tout dans tout, Il est tout, et Il est dans tout. On ne peut que Le vénérer. Renoncez aux fruits de votre travail, faites le bien pour le bien, et alors seulement viendra le non-attachement parfait. Les liens du cœur seront alors brisés et nous recevrons la liberté parfaite. Cette liberté est assurément le but du Karma yoga.

Chapitre VIII
L'Idéal du Karma Yoga

La grande idée de la religion du Védanta est la suivante : on peut atteindre un même objectif en utilisant des voies différentes et ces voies, je les ai regroupées en quatre parties, c'est-à-dire : le travail, l'amour, la psychologie et le savoir. Parallèlement, vous devez vous rappeler que ces parties ne sont pas vraiment distinctement séparées les unes des autres, ni mutuellement exclusives. Chacune se mélange à une autre, mais nous nommons les parties selon ce qui ressort comme étant prévalent. Ce n'est pas que vous ne pourriez pas trouver un homme qui ne possède aucune autre capacité que celle du travail, ni que vous ne pourriez trouver des hommes qui soient uniquement des fidèles dévoués, et rien d'autre, ou des hommes qui n'ont rien de plus que leur seul savoir. Ces parties sont construites en conformité avec le type ou la tendance qui peut être perçu comme étant ce qui prévaut le plus chez un homme. Nous avons trouvé que finalement ces quatre parties convergent et ne font plus qu'une. Toutes les religions, toutes les méthodes de travail et de culte nous mènent à un seul et même objectif.

J'ai déjà essayé de faire ressortir cet objectif. C'est la liberté au sens où je l'entends. Tout ce que l'on perçoit autour de nous, lutte pour la liberté ; de l'atome jusqu'à l'homme, de la plus insensible et inerte particule de matière jusqu'à la plus grande des existences sur terre, l'âme humaine. L'univers entier est en réalité le résultat de cette lutte pour la liberté. Dans toutes les combinaisons possibles, chaque particule essaye de suivre sa voie, de se détacher des autres particules, mais les autres les gardent sous contrôle. Notre terre tente de se détacher du soleil, et la lune de la terre. Tout a tendance à se diriger vers une dispersion infinie. Tout ce que l'on distingue dans l'univers a pour base cette lutte pour la liberté. C'est par l'impulsion de cette propension que le saint prie et que le voleur vole. Quand la ligne d'actions engagées n'est pas bonne, on dit que c'est le mal, quand elle se manifeste proprement et dignement, on dit que c'est le bien. Mais l'impulsion reste la même, c'est la lutte pour la liberté. Le saint est oppressé par la connaissance de sa condition de servant et il veut s'en débarrasser, alors il vénère Dieu. Le voleur est oppressé par l'idée qu'il ne possède pas certaines choses, il essaye de se débarrasser de cette envie afin de s'en libérer, alors il vole. La liberté est le but de toute nature, consciente ou inconsciente, et, volontairement ou involontairement, tout tourne autour de cet objectif. La liberté que recherche le saint est réellement différente de celle que le voleur recherche, la liberté chérie par le saint le mène vers le plaisir de l'infini, une béatitude sans nom, alors que celle que le voleur tient à cœur forge des liens supplémentaires pour son âme.

On retrouve dans chaque religion la manifestation de cette lutte pour la liberté. C'est le fondement de toute moralité, de l'altruisme, ce qui signifie se débarrasser de l'idée que les hommes sont les mêmes que leurs petits corps. Quand nous regardons un homme faire du bon travail, aider les autres, cela veut dire qu'il ne peut se retrouver enfermer dans le cercle limité du « moi et mien ». Il n'y a pas de limites quand nous sortons de l'égoïsme. Tous les grands systèmes d'éthique prêchent la générosité absolue comme étant un objectif. Considérez que cet altruisme absolu puisse être atteint par un homme, qu'advient-il alors de lui ? Il n'est plus ce petit monsieur untel, il a acquis une expansion infinie. Cette petite personnalité qu'il avait avant, il l'a maintenant perdue pour toujours, il est devenu infini et l'accomplissement de cette expansion infinie est, en effet, le but de toutes les religions et de tous les enseignements moraux et philosophiques. Le personnaliste, quand il entend cette idée exprimée d'un point de vue philosophique, prend peur. En même temps, s'il prêche la moralité, il enseigne alors lui-même cette même idée. Il ne définit aucune limite à l'altruisme de l'homme. Supposez qu'un homme devienne un parfait altruiste, régit par le système du personnalisme, comment peut-on le distinguer des autres êtres parfaits provenant d'autres systèmes ? Il ne fait plus qu'un avec l'univers et c'est l'objectif recherché. Seul le pauvre personnaliste n'a pas le courage de suivre son propre raisonnement jusqu'à sa bonne finalité. Le Karma yoga est l'obtention à cette liberté par le biais d'un travail altruiste, qui est l'objectif de toute nature humaine. Par conséquent, toute action égoïste nous freine pour atteindre ce but et toute action altruiste nous amène toujours plus près. C'est pour cela que la seule définition que l'on puisse donner à la moralité est la suivante : ce qui est égoïste est immoral et ce qui est altruiste est moral.

Mais si vous abordez les détails, la question ne serait pas perçue comme étant aussi simple. Par exemple, comme je l'ai déjà mentionné, l'environnement fait varier les détails. Une même action peut être perçue comme altruiste dans certaines circonstances, et égoïste dans d'autres. On ne peut alors que lui donner une définition générale et laisser les détails s'établir en prenant en considération les différences de temps, lieux et circonstances. Dans un pays, un comportement est considéré comme étant moral, et dans un autre pays, il est considéré comme immoral, car les circonstances diffèrent. Le but de toute nature est la liberté, et nous pouvons seulement atteindre la liberté en étant un altruiste pur. Chaque pensée, chaque mot ou chaque acte altruiste nous mène vers cet objectif, et, dans ce cas, est appelé moral. Vous remarquerez que cette définition est toujours d'actualité dans chaque religion et dans chaque système d'éthique. Dans certains systèmes de pensée, la moralité est un dérivée d'un Être Supérieur, Dieu. Si vous demandez pourquoi est-ce qu'un homme doit faire ceci et non cela, leur réponse sera : « Tel est le commandement de Dieu ». Mais qu'importe la source d'où il découle, leur code d'éthique possède aussi la même idée centrale : ne pas penser à soi mais renoncer à soi. Et pourtant, en dépit de leur haute estime de l'éthique, certaines personnes sont effrayées à l'idée d'avoir à renoncer à leur petite personnalité. Nous pouvons demander à un homme, qui s'accroche à cette idée des petites personnalités, de considérer le cas d'une personne qui est devenue parfaitement altruiste, qui n'a pas de pensée pour elle-même, qui ne commet pas d'actions pour elle-même, qui ne parle pas pour elle-même et de finir en lui demandant où, d'après lui, est son « elle-même ». Ce « elle-même », est connu d'elle seule du moment que cette personne pense, agit ou parle pour elle-même. Si elle a uniquement conscience des autres, de l'univers et du tout, où est son « elle-même » ? Il a disparu à tout jamais.

Par conséquent, le Karma yoga est un système d'éthique et de religion conçu dans le but d'atteindre la liberté grâce à l'altruisme et au travail bien fait. Le Karma-yogi n'a pas besoin de croire en une quelconque doctrine. Il se peut qu'il ne croit même pas en Dieu, qu'il ne se demande pas ce qu'est son âme, ni ne pense à aucune spéculation métaphysique. Il a son propre objectif individuel d'accomplir l'altruisme et il doit le travailler par lui-même. Chaque moment de sa vie doit tourner autour de l'accomplissement qu'il doit résoudre par le seul biais du travail, sans l'aide d'une doctrine ou d'une théorie. C'est le même problème face auquel le jnani met en application son raisonnement et son inspiration, et face auquel le bhakta applique son amour.

Vient à présent la question suivante : Qu'est-ce que ce travail ? Qu'est-ce qu'apporter du bon au monde ? Peut-on faire le bien dans le monde ? Au sens absolu du terme « non », Au sens relatif du terme « oui ». Aucun bien permanent ou infini ne peut être fait dans le monde, si cela était le cas, le monde ne serait pas le monde que l'on connaît. On peut satisfaire la faim d'un homme pour cinq minutes mais il finira par avoir faim de nouveau. Tout plaisir que l'on fournit à un homme peut être perçu comme passager. Personne ne peut guérir, de manière permanente, cette passion insatiable pour le plaisir et la douleur. Est-ce qu'un quelconque bonheur permanent peut être donné au monde ? Dans l'océan, on ne peut créer de vague sans créer une marée quelque part ailleurs. La somme globale des bonnes choses dans le monde a toujours été la même en rapport du besoin humain et de l'avidité humaine. On ne peut l'augmenter ou la diminuer. Prenez l'histoire de l'humanité comme nous la connaissons aujourd'hui. Ne retrouve-t-on pas établis les mêmes misères et le même bonheur, les mêmes plaisirs et les mêmes douleurs, les mêmes différences de position ? Certains ne sont-ils pas riches, pauvres, hauts-placés, modestes, en bonne ou en mauvaise santé ?

C'était exactement le même cas chez les Égyptiens, les Grecs et les Romains de l'ancien temps, et ça l'est aussi toujours avec les Américains d'aujourd'hui. Aussi loin que remonte l'histoire que l'on connaît, cela a toujours été pareil, pourtant, parallèlement, on voit qu'avec ces différences insatiables de plaisir et de douleur, la lutte pour s'en soulager a toujours existé. Chaque période historique a donné naissance à des milliers d'hommes et de femmes qui ont travaillés dur afin d'alléger le poids de la vie pour les générations à venir. Et jusqu'où ont-ils réussi ? Nous ne faisons que se passer la balle, les uns aux autres. Nous soustrayons la douleur sur le plan physique et elle se redirige vers le mental. C'est comme ce tableau de l'enfer de Dante dans lequel les miséreux se voyaient offrir une masse d'or à rouler jusqu'au sommet d'une colline. A chaque fois qu'ils la remontaient un tout petit peu, elle redescendait. Toutes nos discussions sur le millénaire sont aussi belles que des contes pour enfants, mais elles ne valent pas mieux. Toutes les nations qui rêve du millénaire pensent également, que de tous les peuples du monde, ce sont elles qui en tireront le meilleur parti. C'est la fabuleuse idée d'altruisme du millénaire !

On ne peut ajouter du bonheur à ce monde, tout comme on ne peut y ajouter la douleur. La somme globale des énergies du plaisir et de la douleur déployée ici sur terre, sera la même partout. On ne fait que la pousser d'un côté vers un autre, et d'un autre jusqu'ici, car il est dans sa nature de demeurer ainsi. Ce reflux et ce flux, cette montée et cette descente est dans la nature du monde, il serait tout aussi logique d'y résister que de dire qu'on peut vivre sans mourir. Ce sont des inepties, car l'idée même de la vie implique la mort, et l'idée même du plaisir implique la douleur. La lumière s'éteint constamment et c'est son cycle de vie. Si vous désirez la vie, vous devez être prêt à mourir pour elle, à chaque instant. La vie et la mort ne sont que deux représentations différentes de la même chose, vue sous un angle différent. Elles sont la montée et la descente de chaque vague et elles forment un tout. L'une se dirige vers la partie « descendante » et devient pessimiste, l'autre se dirige vers la partie « montante » et devient optimiste.

Quand un jeune garçon va à l'école et que son père et sa mère s'occupent de lui, tout lui paraît être un cadeau du ciel, ses désirs sont simples, il est un grand optimiste. Mais le vieil homme, avec ses expériences variées, devient plus calme et il est sûr de voir son entrain considérablement refroidi. Donc les anciennes nations, portant des signes de dégradations tout autour d'elles, sont susceptibles d'être moins optimistes que les nouvelles nations. Il existe un proverbe en Inde : « Un millier d'années une ville, un millier d'années une forêt ». Ce passage de la ville à la forêt, et vice versa, se ressent partout, et il rend les gens optimistes ou pessimistes selon le point de vue qu'ils arborent.

La prochaine idée que nous allons aborder est celle de l'égalité. Ces idées de millénaire ont été de vraies forces motrices pour le travail. Beaucoup de religions la prêchent comme faisant partie intégrante d'elles-mêmes, disant que Dieu viendra pour gouverner le monde, et qu'il n'y aura plus de distinctions faites en termes de conditions. Les personnes qui prêchent cette doctrine sont de purs fanatiques et les fanatiques sont, en effet, les personnes les plus sincères du genre humain. C'est de cette essence même de la fascination de ce fanatisme que la chrétienté a été prêchée et c'est ce qui la rendue si attirante aux yeux des esclaves grecs et romains. Ils crurent qu'avec cette religion millénaire il n'y aurait plus d'esclavage, qu'il y aurait énormément à manger et à boire, et donc ils accoururent vers l'idéal chrétien. Ceux qui prêchèrent en premier cette idée, étaient, évidement, des fanatiques ignorants mais vraiment sincères. Dans les temps modernes, cette aspiration millénaire prend la forme de l'égalité (la liberté, l'égalité et la fraternité). C'est également du fanatisme. Une égalité parfaite, cela n'a jamais existé et n'existera jamais sur terre. Comment pourrait-on tous être égaux ici ? Ce genre d'égalité impossible implique une mort totale. Qu'est-ce qui fait ce monde comme il est ? Un déséquilibre. A l'état primitif, appelé le chaos, il existe un équilibre parfait. D'où viennent alors toutes les forces formatives de l'univers ? De la lutte, de la compétition et du conflit.

Supposez que toutes les particules de la matière soient retenues en équilibre, y aurait-il alors un quelconque processus de création ? Nous savons de la science que cela est impossible. Perturbez une couche d'eau, et là, vous verrez chaque particule d'eau en train d'essayer de redevenir calme, l'une pressant l'autre, et de la même façon, tout ces phénomènes que l'on appelle l'univers (toutes choses qui s'y trouvent) luttent pour revenir à l'état d'équilibre parfait. De nouveau, une perturbation survient, et de nouveau on fait face à la combinaison et à la création. L'inégalité est la base même de la création. Les forces qui se battent pour obtenir l'égalité sont tout aussi nécessaires à la création que celles qui la détruise.

L'égalité absolue, qui implique un équilibre parfait de toutes les forces qui sont entrain de lutter sur tous les plans, ne pourra jamais exister dans ce monde. Avant que vous n'atteigniez cet état, le monde sera devenu un endroit qui ne sera plus adapté à toute forme de vie et plus personne ne sera là pour le voir. Par conséquent, nous voyons que toutes ces idées sur le millénaire et sur l'égalité absolue ne sont pas seulement impossibles, mais également que, si nous essayons de les réaliser, elles nous mèneront certainement jusqu'à la destruction. Qu'est-ce qui différencie un homme d'un autre homme ? La différence se trouve, en grande partie, dans le cerveau. De nos jours, seul un lunatique pourrait dire que nous naissons tous avec la même force intellectuelle. Nous naissons avec des capacités inégales, nous sommes soit des grands hommes soit des hommes inférieurs, et cette condition est prédéterminée avant notre naissance, sans qu'on puisse y échapper. Les Indiens d'Amérique avaient habité ce pays depuis des milliers d'années et quelques poignées de vos ancêtres se sont rendues sur leur terre. Quelle différence cela a eu sur la physionomie de ce pays ! Pourquoi est-ce que les Indiens n'avaient pas apporté d'améliorations ou construit des villes s'ils étaient tous égaux ? Avec l'arrivée de vos ancêtres, une nouvelle forme de force intellectuelle était apparue sur les terres, différents ensembles d'impressions passées étaient arrivées, et après avoir réfléchi, elles s'étaient manifestées. La non-différenciation absolue, c'est la mort. Tant que ce monde existera, il y aura, et il devra y avoir, des différenciations, et le millénaire d'égalité parfaite apparaîtra uniquement quand un cycle de création arrivera à sa fin. Avant cela, il ne peut y avoir d'égalité. Pourtant, cette idée de réaliser le millénaire est une très grande force motrice. Tout comme l'inégalité est nécessaire à la création elle-même, la lutte pour la limiter est tout aussi nécessaire. S'il n'y avait aucune lutte pour devenir libre et revenir à Dieu, il n'y aurait pas non plus de création. C'est la différence entre ces deux forces qui détermine la nature des motivations de l'homme. On retrouvera toujours ces motivations au travail, certaines se dirigeant vers la servitude et d'autres vers la liberté.

Les roues du monde, intriquées les une dans les autres, sont un mécanisme terrible. Si on insère notre main dedans, on disparaît à l'instant même où on se retrouve coincés. On pense tous que quand on a accompli un certain devoir, on peut se reposer, mais avant même qu'on ait accompli une partie de ce devoir, un autre est déjà en attente. Nous sommes tous entraînés par cette machine du monde, puissante et complexe. Il n'y a que deux façons d'en sortir, l'une est de renoncer à toute préoccupation de la machine, de la laisser et de s'en détacher, et de renoncer à nos désirs. C'est très facile à dire, mais presque impossible à faire. Je ne sais même pas si un homme sur vingt millions est capable de le faire. L'autre façon est de plonger dans le monde et d'apprendre le secret du travail, c'est ce que fait le Karma yoga. Ne fuyez pas les roues de la machine du monde, mais restez-y et apprenez les secrets du travail. Il est possible, au travers d'un travail proprement exécuté à l'intérieur, d'en sortir. Le chemin vers la sortie est cette machinerie elle-même.

Nous avons maintenant vu ce qu'est le travail. C'est une partie des fondations de la nature et qui ne cesse de se poursuivre. Ceux qui croient en Dieu comprennent mieux ce phénomène, car ils savent que Dieu n'est pas une personne inapte qui aurait besoin de notre aide. Bien que cet univers ira toujours de l'avant, notre but est la liberté, notre but est l'altruisme, et selon le Karma yoga, on peut atteindre cet objectif en travaillant. Toutes les idées de créer un monde parfaitement heureux peuvent être une bonne chose en tant que force motrice pour les fanatiques, mais il faut savoir que le fanatisme apporte autant de mal que de bien. Le Karma-yogi vous demande pourquoi vous avez besoin d'une quelconque motivation pour travailler, autre que l'amour inné de la liberté. Soyez au-delà des motivations dignes ou banales. «Travailler, vous en avez le droit, mais pas d'en récolter les fruits». Le Karma-yogi dit qu'un homme peut s'entraîner lui-même à le connaître et à sa pratique. Quand l'idée de faire le bien devient une partie de lui-même, alors il ne cherchera pas d'autres motivations en dehors de ça. Faisons le bien, car c'est bien de faire le bien. Le Karma-yogi dit aussi que celui qui fait du bon travail, même si c'est pour accéder au paradis, s'astreint. Tout travail qui est réalisé avec ne serait-ce qu'un peu de motivation égoïste, au lieu de nous rendre libre, resserra les chaînes autour de nos pieds.

La seule façon d'y arriver est en renonçant à tous les fruits du travail, d'être non-attaché à eux. Sachez que le monde ce n'est pas nous, et nous ne sommes pas le monde, nous ne sommes pas le corps et que nous ne travaillons pas. Nous sommes le Soi, éternellement au repos et en paix. Pourquoi devrions-nous être liés à quoi que ce soit ? Il est tout à fait bien de dire que nous devrions être totalement non-attachés, mais quelle est la manière de le faire ? Chaque travail bien exécuté que l'on fait sans aucune motivation extérieure, au lieu de forger de nouvelles chaînes, il brisera un des maillons des chaînes existantes. Chaque bonne pensée que l'on envoie au monde, sans attendre de retour, y sera conservée et brisera un des maillons de la chaîne, et nous rendra de plus en plus purs, jusqu'à ce que nous devenions les plus purs des mortels. Pourtant, tout cela peut paraître un peu chimérique et un peu trop philosophique, plus théorique que pratique. J'ai lu beaucoup d'arguments contre le Bhagavad-Gita et beaucoup dirent que sans motivations, on ne peut travailler. Ils n'ont jamais expérimenté le travail altruiste, excepté celui sous l'influence du fanatisme, et donc ils parlent en ce sens.

En guise de conclusion, laissez-moi vous parler, en ces quelques mots, d'un homme qui a vraiment appliqué cet enseignement théorique du Karma yoga. Cet homme, c'est le Bouddha. C'est le seul homme qui ait parfaitement mis en pratique cette idée. Tous les prophètes du monde, excepté le Bouddha, avaient des motivations extérieures qui les poussaient vers des actions altruistes. Les prophètes du monde, avec cette seule exception, peuvent être divisés en deux groupes, un groupe estimant qu'ils étaient des incarnations de Dieu sur terre, et l'autre, estimant qu'ils étaient seulement des messagers de Dieu. Les deux groupes tiraient leur engouement pour le travail de l'extérieur, ils s'attendaient à être récompensé de l'extérieur, quelle que soit la grandeur spirituelle de la langue qu'ils utilisaient. Mais le Bouddha est le seul prophète qui dit : « Cela ne m'intéresse pas de connaître vos diverses théories sur Dieu. Quel est l'intérêt de parler de toutes les doctrines subtiles de l'âme ? Faites le bien et soyez bon. Cela vous guidera vers la liberté et à quelque vérité qui existe ». Tout au long de sa vie, il n'eut jamais à moindre motivation personnelle, et quel homme avait plus travailler que lui ? Trouvez-moi un personnage historique qui s'était élevé bien plus haut que les autres. L'humanité toute entière n'avait donné naissance qu'à un seul, avec une telle philosophie et une si ample compassion. Ce grand philosophe, prêchant la plus grande des philosophies, avait pourtant la plus grande compassion pour le plus petit des animaux et n'avait jamais rien revendiqué. Il est le Karma-yogi idéal, agissant entièrement sans aucune motivation et l'histoire de l'humanité le montre comme ayant été le meilleur homme jamais qui soit né, au-delà de toute comparaison, la plus grande association du cœur et de l'esprit qui n'ait jamais existé, la plus grande force de l'âme à ne s'être jamais manifestée. Il est le premier grand réformateur que le monde a connu. Il était le premier à avoir osé dire : « Ne croyez pas parce que quelques vieux manuscrits existent, ne croyez pas parce que c'est votre foi nationale, parce qu'on vous a éduqué ainsi depuis votre enfance ; Mais méditer là dessus, et après l'avoir analysée, si vous pensez alors qu'elle fera le bien pour quelqu'un et pour tous, croyez-y, soyez-en digne et aidez les autres à en devenir dignes eux aussi ». Celui qui travaille mieux travaille sans motivation, ni pour l'argent, ni pour la gloire, ou pour quoi que ce soit d'autre, et quand un homme peut faire cela, il sera un bouddha, et de lui émanera la force de travailler dans une telle manière que cela transformera le monde. Cet homme représente le plus grand idéal du Karma yoga.

BHAKTI YOGA
LA VOIE DE LA DÉVOTION

Chapitre I
La Prière

स तन्मयो ह्यमृत ईशसंस्थो ज्ञः सर्वगो भुवनस्यास्य गोप्ता।
य ईशेऽस्य जगतो नित्यमेव नान्यो हेतुर्विद्यत ईशनाय॥
यो ब्रह्माणं विदधाति पूर्वं यो वै वेदांश्च प्रहिणोति तस्मै।
तं ह देवं आत्मबुध्दिप्रकाशं मुमुक्षुर्वै शरणमहं प्रपद्ये॥

« Il est l'Âme de l'Univers, Il est Immortel, Il est le Dirigeant, Il est l'Omniscient, l'Omniprésent, le gardien de l'Univers, le Souverain éternel. Nul autre que Lui ne peut gouverner éternellement le monde. Lui qui au début de la création a projeté Brahmâ (c'est-à-dire, la conscience universelle) et qui lui a remis le Véda. A la recherche de la libération, je trouve refuge en cet être rayonnant, dont la lumière dirige la compréhension vers l'Âtman. »

—*Shvetâshvatara-Upanishad, VI. 17-18.*

La Définition De Bhakti

Le Bhakti Yoga est une recherche réelle et sincère du Seigneur, une recherche qui commence, continue et se termine dans l'amour. Un seul et unique moment d'une folie amoureuse extrême envers Dieu nous apporte la liberté éternelle. Nârada déclare dans son explication des aphorismes de Bhakti : « Bhakti est l'amour intense envers Dieu. Quand un homme y parvient, il aime tout, ne déteste rien ; il devient à jamais satisfait. Cet amour ne peut être réduit à aucun avantage terrestre », car aussi longtemps que les désirs matériels perdureront, ce type d'amour ne peut apparaître. « Bhakti est meilleure que le karma, meilleure que le Yoga car ces derniers existent afin d'atteindre un but, là où Bhakti est sa propre réalisation, son propre moyen et son propre but ».

Bhakti est le thème récurrent de nos sages. Exception faite des écrivains spécialisés dans Bhakti, tels Shândilya ou Nârada, les analystes des Sûtras de Vyâsa, évidemment partisans de la connaissance (Jnana), ont également quelque chose de très éloquent à dire à propos de l'amour. Même quand l'analyste est anxieux à l'idée d'expliquer une grande partie, voire tous les textes afin d'en extirper une sorte de connaissance brute, les Sûtras en particulier dans le chapitre sur l'adoration ne se prêtent pas facilement à ce genre de manipulations.

En réalité, il n'y a pas tant de différence entre la connaissance (Jnana) et l'amour (Bhakti) comme les gens l'imaginent parfois. Nous verrons, au long de notre développement, qu'en fin de compte, ils convergent et se rencontrent en un même point. Il en est de même avec le Raja Yoga, qui nous amène au même but lorsqu'il est pratiqué comme un moyen d'atteindre la libération, et non pas (comme c'est malheureusement devenu le cas aux mains des charlatans et des faiseurs de miracles) comme un instrument pour berner les non-avertis.

L'avantage principal de Bhakti est qu'elle est le moyen le plus simple et le plus naturel d'atteindre le grand but divin souhaité ; son plus gros inconvénient est que, dans ses formes inférieures, elle dégénère souvent en un épouvantable fanatisme. Les groupes fanatiques de l'hindouisme, du mahométisme, ou du christianisme ont toujours été presque exclusivement enrôlés par ces adorateurs dans les niveaux inférieurs de Bhakti. Cette unicité de l'attachement (Nishthâ) à un objet aimé, sans lequel un amour sincère ne peut se développer, est également très souvent la cause de la dénonciation de tout ce qui n'est pas cet objet. Dans toutes les religions ou pays, tous les esprits faibles et non-développés n'ont qu'un seul moyen d'adorer leur propre idéal, c'est-à-dire, haïr tous les autres idéaux. C'est là, la raison pour laquelle un même homme, amoureusement attaché à son idéal de Dieu, totalement dévoué à son propre idéal de religion, devient un fanatique virulent dès qu'il voit ou entend quoi que ce soit d'un autre idéal. Ce type d'amour est quelque peu similaire à l'instinct d'un chien, souhaitant protéger la propriété de son maître d'une intrusion ; seulement, l'instinct du chien est meilleur que la raison de l'homme, car le chien distingue toujours son maître d'un ennemi, peu importe la tenue dans laquelle il se présente devant lui. Encore une fois, le fanatique perd tout pouvoir de jugement. Les considérations personnelles sont dans son cas d'une telle importance que pour lui, peu importe ce qu'un homme dit, que cela soit vrai ou faux, il préfère prêter une attention particulière à la personne qui le dit. Le même homme, doux, bon, honnête et aimant avec les personnes partageant ses idées, n'hésitera pas à accomplir les pires méfaits envers des personnes ne faisant pas partie de sa communauté religieuse.

Mais ce danger existe uniquement à cette étape, dite préparatoire (Gauni), de Bhakti. Une fois que Bhakti a mûri et qu'elle est passée à sa forme dite suprême (Parâ), il ne faut plus craindre aucune de ces horribles manifestations de fanatisme ; cette âme submergée par cette forme supérieure de Bhakti est trop proche du Dieu de l'Amour pour devenir un instrument de diffusion de la haine.

Il n'est pas donné à tous de construire harmonieusement notre caractère dans cette vie et pourtant nous savons que le caractère le plus noble est celui qui combine harmonieusement la connaissance, l'amour, et le Yoga. Un oiseau a besoin de trois choses pour voler : deux ailes et une queue en guise de gouvernail afin de se diriger. Le Jnana (la Connaissance) est une des ailes, Bhakti (l'Amour) l'autre, et le Yoga est la queue qui nous permet de garder l'équilibre. Pour ceux qui ne peuvent pas poursuivre ces trois formes d'adoration simultanément en harmonie et qui, par conséquent, se consacrent uniquement à Bhakti, il est nécessaire de toujours se rappeler que les formes et les cérémonies, bien qu'absolument nécessaires pour l'âme souhaitant avancer, n'ont d'autres valeurs que de nous conduire à cette étape de sentiment d'amour intense envers Dieu.

Il existe une petite différence d'opinion entre les maîtres de la connaissance et ceux de l'amour, bien que les deux reconnaissent le pouvoir de Bhakti. Les Jnanis considèrent Bhakti comme un instrument de libération, tandis que les Bhaktas la considèrent comme à la fois l'instrument et le but à atteindre. Pour ma part, cette distinction ne fait pas de grande différence. En fait, quand elle est utilisée comme un instrument, Bhakti représente réellement une forme d'adoration moindre, la forme plus haute devient inséparable de la forme inférieure de la réalisation à un stade plus avancé. Chacun semble accorder une grande importance à sa propre méthode d'adoration, en oubliant que l'amour parfait va de pair avec la connaissance véritable, même si elle n'est pas recherchée, et que la connaissance parfaite et l'amour véritable sont inséparables.

En gardant cela à l'esprit, essayons de comprendre ce que les grands analystes védantiques ont à dire sur ce sujet. En expliquant le Sûtra Âvrittirasakridupadeshât[1], Bhagavân Shankara déclare : « Les gens disent donc, « Il est dévoué au roi, il est dévoué au Gourou », ils disent ça de celui qui suit son Gourou, et qui le fait en ayant comme seul but de le suivre. De manière similaire, ils disent : « La femme aimante médite sur son mari aimant » ; ici aussi on parle d'un genre de souvenir ardent et continu ». Selon Shankara, c'est de la dévotion.

Ainsi parla Bhagavân Râmânuja dans son commentaire sur le Sûtra Athâto Brahma-jijnâsâ[2] : « La méditation est, une fois de plus, un souvenir constant (de l'objet sur lequel on a médité) s'écoulant comme un filet d'huile ininterrompu versé d'un vase à un autre. Lorsque l'on a atteint ce type de souvenir (en relation avec Dieu) toutes les chaînes se brisent. C'est ainsi qu'elle est évoquée dans les écritures concernant le souvenir constant, comme un moyen de libération. Ce souvenir est d'ailleurs de la même forme que la vision, car il a la même signification que dans ce passage : « Quand celui qui est loin ou près est vu, toutes les chaînes du cœur sont brisées, tous les doutes s'évanouissent et tous les contre-coups du travail disparaissent ». Celui qui est proche peut être vu mais celui qui est loin n'est que dans les souvenirs. Néanmoins, les écritures disent que l'on doit voir celui qui est proche aussi bien que celui qui est loin, nous rappelant donc que ce type de souvenirs a autant de valeur que la vision. Ce souvenir lorsqu'il est exalté prends la même forme que la vision… L'adoration est un souvenir constant comme il peut l'être vu dans les textes essentiels des écritures. Savoir, qui est l'équivalent de l'adoration répétée, a été décrit comme un souvenir constant… Donc, le souvenir, qui s'est élevé au niveau de ce qui équivaut à la perception directe, est considéré dans la Shruti comme un moyen de libération. » Cet Âtman ne peut être atteint au travers des différentes sciences, de l'intellect, ou d'une étude approfondie des Védas. Quiconque cet Âtman désire, c'est par lui que l'Âtman est atteint, à travers lui cet Âtman se découvre Lui-même ». Après avoir dit que le simple fait d'écouter, de penser et de méditer ne sont pas les moyens d'atteindre cet Âtman, il est dit : « Qui cet Âtman désire, par lui l'Âtman est atteint ». L'être adoré à l'extrême est désiré, grâce à l'amour extrême de quiconque envers l'Âtman, il devient le plus aimé de l'Âtman. Afin que cet être aimé puisse atteindre l'Âtman, le Seigneur Lui-même l'aide. Il a été dit par le Seigneur : « A ceux qui sont continuellement attachés à Moi et Me vénèrent avec amour, je donne cette direction à leur volonté par laquelle ils viennent à Moi ». Par conséquent, il est dit que pour quiconque ce souvenir, de la même forme que la perception directe, est très cher, car il est cher à l'Objet d'une perception de souvenir, il est désiré par l'Âtman Suprême, par lui l'Âtman Suprême est atteint. Ce souvenir continu est dénoté par le mot *Bhakti*. »

Dans son commentaire du Sûtra de Pantajali, Ishvara pranidhânâdvâ c'est-à-dire, « Ou par la vénération du Seigneur Suprême », Bhoja dit : « Pranidhâna est cette sorte de Bhakti dans laquelle, sans chercher de résultat comme le plaisir des sens etc., tous les travaux sont dédiés au Maître des maîtres. ». Dans son commentaire du même Sûtra, Bhagavan Vyâsa aussi définit Pranidhâna comme : « la forme de Bhakti par laquelle la miséricorde du Seigneur suprême vient au Yogi, et le bénit en lui accordant ses désirs ». D'après Shândilya : « Bhakti est l'amour intense envers Dieu ». La meilleure définition reste, cependant, celle donnée par le roi des Bhaktas, Prahlâda :

या प्रीतिरविवेकानां विषयेष्वनपायिनी।त्वामनुस्मरतः सा मे हृदयान्मापसर्पतु॥

« Cet amour sans fin que l'ignorant a pour les objets fugitifs des sens, tant que je continue de méditer sur Toi, puisse cet amour ne jamais disparaître de mon cœur ! »

De l'amour ! Pour qui ? Pour le Seigneur Suprême Ishvara. De l'amour pour tout autre être, si grand soit-il, ne peut pas être Bhakti, car, comme Râmânuja le dit dans son Shrî Bhâshya, en citant un ancien Âcârya, c'est-à-dire, un grand professeur :

आब्रह्मस्तम्बपर्यन्ताः जगदन्तर्व्यवस्थिताः। प्राणिनः
कर्मजनितसंसारवश्वर्तिनः॥यतस्ततो न ते ध्याने ध्याननिमुपकारकाः।
अविद्यान्तर्गतास्सर्वे ते हि संसारगोचराः॥

« De Brahmâ à une touffe d'herbe, toutes les choses qui vivent en ce monde sont esclaves de la naissance et de la mort causées par le Karma ; elles ne peuvent donc être utiles en tant qu'objets de méditation, car elles sont toutes dans l'ignorance et sujettes au changement. »

En commentant le mot « Anurakti » employé par Shândilya, l'analyste Svapneshvara dit qu'il signifie « après » (Anu) et « attachement » (Rakti). Cet attachement qui vient après la connaissance de la nature et de la gloire de Dieu, sinon tout attachement aveugle pour quiconque, par exemple pour son épouse ou ses enfants, serait de Bhakti. Nous voyons donc clairement que Bhakti est une succession d'efforts mentaux pour atteindre la réalisation religieuse, qui commence par une adoration ordinaire et se termine dans une intensité suprême d'amour envers Ishvara.

Notes:

1- La méditation est nécessaire, cela a été souvent conseillé.
2- Il s'en suit donc une dissertation sur le Brahman.

Chapitre II
La Philosophie d'Ishvara

Qui est Ishvara? Janmâdyasya yatah, « De qui provient la naissance, la continuation et la dissolution de l'univers, » Il est Ishvara, « l'Éternel, le Pur, le Toujours-libre, le Tout-Puissant, l'Omniscient, le Tout-Miséricordieux, le Maître des maîtres » ; et par-dessus tout, Sa Ishvarah anirvachaniya-premasvarupah, « Lui le Seigneur est, par sa nature propre, l'amour ineffable. » Ce sont certainement les définitions d'un Dieu Personnel. Existe-t-il donc deux Dieux, le « pas ça, pas ça » le Sat-chit-ânanda, l'Existence-Connaissance-Félicité du philosophe et ce Dieu de l'Amour du Bhakta? Non, c'est le même Sat-chit-ânanda qui est à la fois le Dieu de l'Amour, l'impersonnel et le personnel. Il doit être toujours entendu que le Dieu Personnel adoré par le Bhakta n'est pas séparé ou différent du Brahman. Tout est Brahman, Celui sans second, seulement, le Brahman en tant qu'unité ou absolu est trop abstrait pour être aimé et adoré ; donc le Bhakta choisit l'aspect relatif du Brahman qui est Ishvara, le Souverain Suprême. Pour utiliser une comparaison : le Brahman est comme l'argile ou la matière utilisée pour façonner une infinité de choses. En tant qu'argile, elles ne font qu'un ; mais les formes et les manifestations les différencient.

Avant qu'elles soient créées, elles existent toutes potentiellement dans l'argile, et bien sûr, elles sont toutes identiques substantiellement. Mais une fois créées et tant qu'elles gardent leur forme, elles sont séparées et différentes. La souris d'argile ne pourra jamais devenir un éléphant d'argile car, comme les manifestations, la forme seule définit ce qu'ils sont même si en tant qu'argile non formée, ils ne font qu'un. Ishvara est la plus haute manifestation de la Réalité absolue, ou en d'autres mots, la plus haute lecture possible de l'Absolu par l'esprit humain. La Création est éternelle et donc Ishvara l'est aussi.

Dans le quatrième Pâda du quatrième chapitre de ses Sûtras, après avoir déclaré que la connaissance et le pouvoir presque infini viendront à l'âme libérée après l'atteinte du Moksha, Vyâsa fait la remarque dans un aphorisme que nul, en revanche, n'obtiendra le pouvoir de créer, de diriger, et de dissoudre l'univers, car cela appartient à Dieu seul. En expliquant le Sûtra, il est aisé pour les analystes dualistes de montrer en quoi il est à jamais impossible pour une âme subordonnée, Jiva, d'accéder à un pouvoir infini et une indépendance totale de Dieu. Madhvâchârya, le très minutieux analyste dualiste, traite de ce passage dans son commentaire habituel en citant un vers du Varâha Purâna.

En expliquant cet aphorisme, l'analyste Ramanuja déclare : « Ce doute étant soulevé, soit ce pouvoir unique de l'Être Suprême qui est celui de la création de l'univers et même de la Souveraineté de tous, est inclus parmi les pouvoirs des âmes libérées, soit sans cela, la gloire des libérés réside uniquement dans la perception de l'Être Suprême. On peut utiliser l'argument suivant : il est raisonnable que les libérés obtiennent la Souveraineté de l'univers puisqu'il est dit dans les écritures : « Il atteint une ressemblance parfaite avec l'Être Suprême et tous ses désirs sont réalisés ». La ressemblance extrême et la réalisation de tous les désirs ne peuvent être atteintes sans le pouvoir unique du Seigneur Suprême, à savoir, celui de gouverner l'univers. Par conséquent, pour atteindre à la réalisation de tous les désirs et à la ressemblance extrême avec le Suprême, nous devons tous admettre que les libérés obtiennent le pouvoir de diriger l'univers entier. À cela, nous répondons que les libérés reçoivent tous les pouvoirs, sauf celui de régir l'univers. Régir l'univers, c'est guider la forme, la vie et les désirs de tous les êtres, doués de raison ou non. Les libérés pour qui ce voile, Sa vraie nature, a été levé, jouissent uniquement de la vision non obstruée du Brahman, mais ils ne possèdent pas le pouvoir de régir l'univers. Cela est prouvé par le texte scriptural : « Par celui dont toutes ces choses sont nées, par qui tout ce qui est né vit, et en qui tout retourne ; enquiert toi de cela. C'est le Brahman. » Si cette faculté de diriger l'univers était une qualité commune même aux libérés, alors ce texte ne serait pas une définition du Brahman, Le définissant à travers Sa souveraineté de l'univers. Les attributs peu habituels définissent à eux seuls une chose ; par conséquent, dans des textes comme : « Mon garçon bien-aimé, seul, au commencement existait l'Être sans second. Il voyait et ressentait. « Je donnerai naissance à un grand nombre. » Il projeta la chaleur. » ; « En effet, seul Le Brahman existait au commencement. Celui-là évolua. Il projeta une forme bénie, le Kshatra. Tous ces dieux sont Kshatras : Varuna, Soma, Rudra, Parjanya, Yama, Mrityu, Ishâna. » ; « En effet, seul l'Âtman existait au commencement ; rien d'autre ne vibrait ; Il pensa à projeter le monde ; il projeta ensuite le monde. » ; « Seul, Nârâyana existait ; sans Brahmâ, ni Ishana, ni le Dyâvâ-Prithivi, ni les étoiles, ni l'eau, ni le feu, ni Soma, ni le soleil. Il ne prenait pas de plaisir seul. Après Sa médiation Il eut une fille, les dix organes, etc. » Et dans d'autres tels que : « Qui, vivant dans la terre est séparé de la terre ; qui, vivant dans l'Âtman, etc. » Les Shrutis parlent de l'Être Suprême comme du sujet du travail de régence de l'univers... Dans ces descriptions du contrôle de l'univers, il n'y a pas de place pour l'âme libérée, par laquelle une telle âme pourrait avoir le pouvoir de contrôler l'univers.»

Dans son explication du prochain Sûtra, Ramanuja dit : « Si vous dîtes que ce n'est pas le cas car il y a des textes explicites dans les Védas qui mettent en évidence le contraire, ces textes se réfèrent à la gloire des libérés en rapport aux déités subordonnées.» C'est également une résolution simple de la difficulté. Même si le système de Ramanuja admet l'unité du tout, à l'intérieur de cette totalité de l'existence il y a, selon lui, des différences éternelles. Par conséquent, à toutes fins pratiques, ce système étant également dualiste, il était simple pour Ramanuja de conserver la distinction entre l'âme personnelle et le Dieu Personnel tout à fait claire.

Nous allons maintenant essayer de comprendre ce que le grand représentant de l'école Advaita a à dire sur ce point. Nous verrons comment le système Advaita maintient tous les espoirs et les aspirations du dualiste intactes et dans le même temps, propose sa propre solution du problème en écho avec la haute destinée de la divinité humaine. Ceux qui aspirent à préserver leur esprit individuel même après la libération, et à rester distincts, auront amplement l'opportunité de réaliser leurs aspirations et de jouir de la bénédiction du Brahman qualifié. Ce sont ceux dont il était question dans le Bhâgavata Purâna : « Ô roi, telles sont les glorieuses qualités du Seigneur que les sages, dont le seul plaisir est dans le Soi et dont toutes les entraves sont tombées, ils aiment même l'Omniprésent avec l'amour qui est son propre but.» Ce sont ceux qui, selon les dires de la philosophie Sânkhya, se fondent dans la nature dans ce cycle de sorte que, après avoir atteint la perfection, ils puissent émerger dans le cycle suivant comme seigneurs de différents univers. Mais aucun ne deviendra jamais l'égal de Dieu (Ishvara). Ceux qui parviennent à cet état où il n'y a ni création, ni créé, ni créateur, où il n'y a ni connaisseur, ni connaissable, ni connaissance, ou il n'y a plus de «je», de «tu», de «il», où il n'y a ni sujet, ni objet, ni relation, là, qui est vu par qui ? De telles personnes sont allées au-delà de tout, là «où les mots et l'esprit ne peuvent aller», cet endroit que les Shrutis appellent « Pas ça, pas ça » ; mais pour ceux qui ne peuvent pas, ou n'atteindrons pas cet état, il restera inévitablement la vision triple du Brahman non différencié : la nature, l'âme et Ishvara, qui maintient les deux autres en s'y entremêlant. Donc, quand Prahlâda s'est oublié lui-même, il ne trouva ni l'univers ni sa cause ; tout n'était pour lui qu'un Infini, indifférencié par le nom et la forme ; mais dès qu'il se souvint qu'il était Prahlâda, l'univers se tenait devant lui avec le Seigneur de l'univers: « Le réceptacle d'un nombre infini de qualités bénies ». Ce fût la même situation pour les gopis bénis. Tant qu'ils avaient perdu le sens de leur propre identité et de leur individualité, ils étaient tous des Krishnas, et quand ils commencèrent à penser à Lui comme Celui devant être vénéré, alors ils redevinrent immédiatement gopis :

तासामाविरभूच्छौरिः स्मयमानमुखाम्बुजः।पीताम्बरधरः स्त्रग्वी साखान्मन्मथमन्मथः॥ (Bhagavata)

« Krishna leur apparut, un sourire sur Son visage de lotus, drapé d'une toge jaune, portant des guirlandes, le conquérant personnifié (en beauté) du dieu de l'amour. »

Retournons maintenant à notre Acharya Shankara : « Ceux, dit-il, qui par l'adoration du Brahman qualifié, atteignent la fusion avec le Maître Suprême, en préservant leur esprit propre ; leur gloire est-elle limitée ou illimitée ? Ce doute faisant son apparition, nous avons comme argument la phrase suivante : Leur gloire devrait être illimitée, en raison des textes scripturaux : « Ils atteignent leur propres royaume » ; « Pour lui, tous les dieux offrent de l'adoration » ; « Leurs désirs sont comblés dans tous les mondes ». Comme réponse, Vyâsa écrit : « Sans le pouvoir de diriger l'univers. » A l'exception du pouvoir de la création etc. de l'univers, les autres pouvoirs tels qu'Anîma etc., sont acquis par les libérés. Quant au contrôle de l'univers, il appartient à l'éternellement parfait Ishvara. Et pourquoi ? Car Il est le sujet de toutes les écritures scripturales traitant de la création etc., et les âmes libérées n'y sont pas mentionnées dans aucune connexion quelle qu'elle soit. Le Seigneur Suprême est en effet seul à régir l'univers. Les textes relatifs à la création etc. Le désigne tous. De plus, il lui est donné l'adjectif de « toujours parfait ». Les écritures stipulent également que les pouvoirs Anima etc. des autres proviennent de la recherche et de l'adoration de Dieu. Par conséquent, les âmes libérées n'ont pas leur place dans le contrôle de l'univers. De plus, puisqu'elles possèdent leur propre esprit, il est possible que leurs volontés diffèrent et que, par conséquent, l'une puisse souhaiter la création alors que l'autre souhaite la destruction. Le seul moyen d'éviter ce conflit est de rendre toutes les volontés subordonnées à une volonté supérieure. Nous pouvons donc en conclure que les volontés des esprits libérés sont dépendantes de la volonté du Maître Suprême. »

Le Bhakti peut ainsi être dirigé directement vers le Brahman Bhakti uniquement dans Son aspect personnel.

क्लेशोऽधिकितरस्तेषामव्यक्तासक्तचेतसाम्

« Le chemin est plus tortueux pour ceux dont l'esprit est attaché à l'Absolu. »

Bhakti doit se laisser porter paisiblement par le courant de notre nature. Il est vrai que nous ne pouvons nous représenter l'idée du Brahman qui n'est pas anthropomorphique, mais n'est-ce pas également vrai de tout ce que nous connaissons ? Il y a des siècles, Bhagava Kapila, le plus grand psychologue que le monde ait jamais connu avait démontré que la conscience humaine est un des éléments de la représentation de tous les objets de notre perception et de notre conception, aussi bien interne qu'externe. En commençant par nos corps et en remontant jusqu'à Ishvara, nous pourrions voir que tous les objets de notre perception sont cette conscience, plus quelque chose d'autre, quoi que cela puisse être ; et ce mélange inévitable est ce que nous considérons ordinairement comme la réalité. En effet il s'agit, et s'agira toujours, de toute la réalité qu'il est possible pour l'esprit humain de connaître. Par conséquent, dire qu'Ishvara n'est pas réel car Il est anthropomorphique est une absurdité sans nom. Cela ressemble beaucoup à la querelle des occidentaux à propos de l'idéalisme et du réalisme, cette querelle d'apparence effrayante qui repose finalement sur une divergence d'opinion autour du mot « réel ». L'idée d'Ishvara couvre tout le terrain dénoté ou connoté par le mot réel, et Ishvara est aussi réel que n'importe quelle autre chose dans cet univers ; et après tout, le mot réel ne veut rien dire de plus que ce qui a maintenant été démontré. Telle est notre conception philosophique d'Ishvara.

Chapitre III
La Réalisation Spirituelle, le But du Bhakti Yoga

Pour le Bhakta, ces détails rébarbatifs ne sont nécessaires que pour renforcer sa volonté : au-delà de cela, ils ne lui sont d'aucune utilité. Il emprunte un chemin susceptible de le mener très rapidement au-delà des régions floues et tumultueuses de la raison, le guidant au royaume de la réalisation. Il atteindra bientôt, grâce à la miséricorde du Seigneur, un plan où la raison pédante et impuissante est complètement délaissée. Où le tâtonnement intellectuel dans les ténèbres fait place à la lumière de la perception directe. Il n'est plus raison ou croyance, il perçoit presque. Il ne discute plus, il ressent. Et n'est-ce pas que voir Dieu, Le ressentir et S'en réjouir plus haut que de tout autre chose ? Non, les Bhaktas ont soutenu que cela était même supérieur au Moksha, la libération. Et n'est-ce pas également la plus grande utilité ? Il existe des personnes, beaucoup même, dans le monde qui sont convaincues que seul ce qui apporte du confort matériel est utile. Même la religion, Dieu, l'éternité et l'âme ne sont pour eux d'aucune utilité puisqu'ils ne leur apportent ni richesse, ni confort physique. Pour de telles personnes, toutes ces choses qui ne satisfont pas les sens et n'apaisent pas l'appétit, ne sont d'aucune utilité. En revanche, dans chaque esprit, l'utilité est conditionnée par ses propres désirs. Par conséquent, pour les hommes, qui n'aspirent à rien d'autre que de manger, boire, engendrer sa descendance et mourir, le seul gain possible est dans la jouissance des sens. Ils doivent attendre et vivre beaucoup plus de naissances et de réincarnations pour apprendre à ressentir ne serait-ce que la moindre nécessité pour quelque chose de plus élevé. Mais pour ceux dont les intérêts éternels de l'âme sont bien plus prononcés que les intérêts éphémères de cette vie mondaine, ceux pour qui la gratification des sens est comme le jeu innocent du nourrisson, pour eux, Dieu et l'amour de Dieu sont les choses les plus importantes et vraiment utiles à l'existence humaine. Dieu merci, il existe encore des êtres de la sorte dans ce monde perverti.

Comme expliqué précédemment, le Bhakti Yoga se compose de deux étapes : le Gauni, ou l'étape préparatoire et le Parâ, ou les formes suprêmes. Nous verrons, au fur et à mesure, pourquoi nous avons inévitablement besoin d'aides concrètes durant l'étape préparatoire afin de nous permettre de continuer. En effet, la mythologie et la symbologie sont, dans toutes les religions, des développements naturels créant rapidement un milieu pour l'âme aspirante, et l'aidant dans son élévation vers Dieu. C'est également un fait significatif que les géants spirituels proviennent uniquement de ces systèmes de religion avec une croissance exubérante de mythologie riche et de ritualisme. Les formes de religions fanatiques et insipides quitentent d'éradiquer tout ce qui est poétique, magnifique et sublime, tout ce qui peut fournir à l'esprit juvénile un point d'appui solide pour ses premiers pas hésitants sur la route qui mène à Dieu. Les formes qui tentent d'abattre les clés de voûtes de cet abri spirituel, et qui, dans leurs ignorantes et superstitieuses conceptions de la vérité tentent d'écarter tout ce qui est donneur de vie, tout ce qui fournit le matériel permettant de cultiver la plante qui grandit dans l'esprit humain ; de telles formes de religion découvrent bien vite qu'ils ne leur restent plus qu'une coquille vide, un cadre de mots et de sophismes sans contenu, avec peut-être une légère note d'un genre de recyclage social ou d'un soi-disant esprit de réforme.

La plupart de ceux pratiquant ces religions sont, consciemment ou non, des matérialistes. Que ce soit ici et dans l'au-delà, le but et l'objet de leur vie sont la jouissance, qui est, pour eux l'alpha et l'oméga de la vie humaine, appelés «Ishtâpurta». Laver les rues et faire les poubelles sont des travaux destinés au confort matériel de l'homme et sont, selon eux, le but de l'existence humaine. Plus vite les adeptes de ce curieux mélange d'ignorance et de fanatisme se montreront sous leur vrai visage et rejoindront, comme ils méritent de le faire, les rangs des athéistes et des matérialistes, le mieux ce sera pour ce monde. Une once de pratique de la vertu et de la réalisation spirituelle du Soi vaut plus qu'un pléthore de discours stériles et de sentiments absurdes. Nommez un géant spirituel, un seul, qui soit sorti de toute cette poussière desséchée d'ignorance et de fanatisme. Si vous en êtes incapable, ne dites plus un mot, ouvrez votre cœur à la lumière pure de la vérité et asseyez-vous, comme des enfants aux pieds de ceux qui savent ce dont ils parlent : les sages de l'Inde. Écoutons donc attentivement ce qu'ils nous disent.

Chapitre IV
La Nécessité d'un Gourou

Chaque âme est destinée à être parfaite, et chaque être finira par atteindre l'état de perfection. Ce que nous sommes maintenant est le résultat de nos actes et de nos pensées passés ; et ce que nous serons à l'avenir sera le résultat de ce que nous faisons et pensons maintenant. Mais cela, la formation de nos destinées propres, ne nous empêche pas de recevoir de l'aide de l'extérieur ; en effet, dans la majorité des cas, elle est absolument nécessaire. Lorsqu'elle se présente, l'accès aux pouvoirs supérieurs et aux possibilités de l'âme est stimulé, la vie spirituelle est éveillée, la croissance est en route, et l'homme finit par devenir parfait et sacré.

Cette rapide stimulation ne peut provenir des livres. L'âme ne peut recevoir de stimulation que de la part d'une autre âme et de rien d'autre. Nous pouvons étudier les livres toute notre vie, nous pouvons devenir de grands intellectuels, mais au final nous nous apercevrons que nous n'avons pas du tout évolué spirituellement. Il n'est pas vrai qu'un haut niveau de développement intellectuel s'accompagne toujours d'un développement proportionnel du côté spirituel de l'Homme. Étudier des livres peut parfois nous leurrer en nous faisant croire que cela nous apporte une aide spirituelle. Mais en analysant l'effet de l'étude des livres sur nous-mêmes, nous nous apercevons qu'au mieux, seul notre intellect tire profit de ces études, et non notre esprit intérieur. Cette incapacité des livres à stimuler la croissance spirituelle est la raison pour laquelle, même si chacun de nous peut merveilleusement bien s'exprimer sur des sujets spirituels, quand il s'agit de mettre en place une vie vraiment spirituelle, nous nous en retrouvons terriblement incapables. Pour stimuler l'esprit, l'impulsion doit venir d'une autre âme.

La personne dont l'âme provoque une telle impulsion est appelée le Gourou, le maître ; et la personne dont l'âme reçoit l'impulsion est appelée le Shishya, le disciple. Pour transmettre une telle impulsion à n'importe quelle âme, il faut d'abord que celle qui l'émane soit capable de la transmettre à autrui et, dans un second temps, l'âme à laquelle elle est transmise doit être apte à la recevoir. La graine doit être une graine vivante et le champ doit avoir été labouré ; et quand ces deux conditions sont réunies, une magnifique culture de religion véritable prend forme. « Le véritable prêcheur de religion doit être très doué, et son auditeur intelligent » आश्चर्यो वक्ता कुशलोऽस्य लब्धा et lorsque ces deux personnes sont vraiment merveilleuses et extraordinaires, et seulement alors, il en résulte un splendide éveil spirituel. Seuls ceux-là sont les vrais maîtres, et seuls ceux-là sont les vrais disciples, les vrais aspirants. Tous les autres se contentent de jouer avec la spiritualité. Ils ont juste un peu de curiosité et d'aspiration intellectuelle éveillées en eux, mais ne sont qu'à une frontière lointaine de l'horizon de la religion. Cela a sans doute quelque valeur car il peut en résulter au cours du temps une vraie soif de religion. Et c'est une mystérieuse loi de la nature qui fait qu'aussitôt que le champ est prêt, la graine doit venir, et, vient. Dès l'instant où l'âme désire sincèrement la religion, le transmetteur de la force religieuse apparaît pour aider cette âme. Lorsque le pouvoir qui attire la lumière de la religion dans l'âme réceptrice est complet et puissant, le pouvoir qui répond à cette attraction et diffuse la lumière vient de lui-même.

Cependant, il existe de grands risques sur ce chemin. Par exemple, le risque pour l'âme réceptrice de confondre des émotions momentanées avec une vraie aspiration à la religion. Nous pouvons étudier cela en notre fort intérieur. Il arrive plusieurs fois dans nos vies que quelqu'un que nous aimons meure ; nous sommes accablés, nous avons l'impression que le monde nous glisse entre les doigts, que nous désirons quelque chose de supérieur et de plus sûr et que nous devons devenir religieux. Quelques jours plus tard, cette vague de sentiments a disparu, et nous nous retrouvons exactement là où nous étions auparavant. Chacun de nous confond souvent de telles impulsions avec une réelle soif de religion ; mais aussi longtemps que ces émotions momentanées seront mal interprétées, cette sollicitation continue de l'âme pour la religion ne pourra être satisfaite et le vrai transmetteur de la spiritualité dans notre nature propre ne pourra être trouvé. Ainsi, lorsque nous sommes tentés de nous plaindre de notre recherche de la vérité que nous désirons tant et qui s'avère être vaine, au lieu de nous plaindre, notre premier devoir est d'observer nos propres âmes et de déterminer si ce désir du cœur est réel. Alors, dans la plupart des cas, nous nous apercevrions que nous n'étions pas préparés à recevoir la vérité, qu'il n'y avait pas de véritable soif de spiritualité.

Il existe des risques encore plus grands concernant le transmetteur, le Gourou. Nombreux sont ceux qui, bien que bercés dans l'ignorance, croient tout savoir par fierté et qui non seulement ne s'arrêtent pas là, mais proposent aux autres de les prendre sous leur aile ; et ainsi, l'aveugle guidant l'aveugle, les deux finissent par tomber dans le fossé.

अविद्यायामन्तरे वर्तमानाः स्वयं धीराः पण्डितिम्मन्यमानाः । दन्द्रम्यमाणाः
परियन्ति मूढा अन्धेनैव नीयमाना यथान्धाः ॥

« Les sots demeurant dans les ténèbres, sages dans leur propre suffisance
et gonflés de connaissances vaines, tournent en rond dans un va et vient
chancelant comme des aveugles guidés par un aveugle. » — (Katha Up., I. ii. 5)

Le monde est rempli de tels hommes. Tout le monde veut devenir maître, tous les mendiants veulent faire don de milliers de dollars ! Ces mendiants sont ridicules au même titre que ces maîtres.

Chapitre V
Les Qualifications du Disciple et du Maître

Comment alors reconnaître un maître ? Le soleil n'a pas besoin de torche pour être visible, nous n'avons pas besoin d'allumer une bougie pour le voir. Lorsque le soleil se lève, on en est instinctivement conscient, et lorsqu'un maître vient nous aider, l'âme saura instinctivement que la vérité a déjà commencé à l'éclairer. La vérité repose sur ses propres preuves, elle ne requiert aucun témoignage pour être prouvée, elle est sa propre lumière. Elle pénètre dans les moindres recoins de notre nature, et en sa présence, l'univers entier se dresse et déclare : « C'est cela la vérité ». Les maîtres dont la sagesse et la vérité brillent comme le soleil sont les plus grands que le monde ait connus et ils sont adorés au même titre que Dieu par la majeure partie de l'humanité. Mais nous pouvons obtenir de l'aide de la part d'autres, relativement moins grands. Seulement, nous ne possédons pas assez d'intuition pour juger correctement l'homme dont nous recevons l'éducation et les conseils. Il faut donc que le maître, tout comme le disciple, remplissent certains tests et certaines conditions.

Les conditions nécessaires pour le disciple sont la pureté, une vraie soif de connaissance et la persévérance. Une âme impure ne peut être vraiment religieuse. La pureté des pensées, des discours et des actes est essentielle pour quiconque souhaite être religieux. En ce qui concerne la soif de connaissance, une vieille loi dit que nous aurons tous ce que nous souhaitons. Aucun de nous ne peut avoir autre chose que ce sur quoi il a fixé son cœur. Rechercher la religion est une véritable épreuve, loin d'être aussi simple que ce qu'on imagine généralement. Entendre des discours religieux ou lire des livres n'est pas encore la preuve du ressenti d'un désir sincère ; il doit exister une lutte continue, un combat constant, une confrontation ininterrompue avec notre nature la plus inférieure jusqu'à ce que le souhait supérieur soit ressenti et la victoire entérinée. Ce n'est pas une question de deux ou trois jours, d'années ou de vies ; cette lutte peut se poursuivre pendant des centaines de vies. Parfois, le succès peut venir immédiatement, mais nous devons être prêts à attendre patiemment, même pour une durée qui peut sembler infinie. Le disciple qui conçoit cette idée avec un tel esprit de persévérance, finira très certainement par trouver le succès et la réalisation.

Quant au maître, nous devons nous assurer qu'il comprend l'esprit des écritures. Le monde entier lit la Bible, les Védas et le Coran ; mais ce ne sont que des mots, de la syntaxe, de l'étymologie et de la philologie, le squelette desséché des religions. Le maître qui accorde trop d'importance aux mots et qui permet à l'esprit d'être emporté par leur force fini par perdre ce dernier. C'est la connaissance de l'esprit des écritures seul qui constitue le vrai maître religieux. Le réseau des mots des écritures est comme une gigantesque forêt dans laquelle l'esprit humain se perd souvent lui-même et ne retrouve pas la sortie.

शब्दजालं महारण्यं चित्तभ्रमणकारणम्।

« Le réseau des mots est une grande forêt ; c'est la cause d'une curieuse errance de l'esprit ». Les différentes manières de joindre les mots, les différentes manières de parler avec un magnifique phrasé, les différentes manières d'expliquer la diction des écritures ne sont que les discussions et la jouissance de l'érudit, elles ne conduisent pas au développement de la perception spirituelle.

वाग्वैखरी शब्दझरी शास्त्रव्याख्यानकौशलम्। वैदुष्यं विदुषां तद्वद् भुक्तये न तु मुक्तये॥

« Ceux qui emploient de telles méthodes pour inculquer la religion aux autres sont seulement désireux d'exhiber leur érudition afin que le monde les louent en tant que grands érudits. »

Vous verrez qu'aucun des grands maîtres de ce monde ne s'aventurera dans ces diverses explications du texte. Avec eux, il n'y a pas de tentative de « torture de texte », pas de jeu éternel sur la signification des mots et de leurs racines. Pourtant, ils ont noblement enseigné, pendant que d'autres qui n'ont rien à transmettre ont étudié un mot et écrit une trilogie sur ses origines, sur l'homme l'ayant utilisé en premier, sur ce qu'il avait l'habitude de manger, combien de temps il dormait et ainsi de suite.

Bhagavân Ramakrishna avait pour habitude de raconter l'histoire de plusieurs hommes qui allèrent dans un verger de manguiers et s'occupèrent en comptant les feuilles, les rameaux et les branches. Ils examinèrent leur couleur, comparèrent leur taille et notèrent le tout avec la plus grande application, puis ils eurent une discussion érudite sur chacun de ces sujets, qui étaient indubitablement passionnants pour eux. Mais l'un d'entre eux, plus sensé que les autres, ne se souciant pas de toutes ces choses, commença plutôt à manger une mangue. N'était-il pas sage ? Laissez donc ce recensement de feuilles et de branches ainsi que cette prise de notes aux autres. Ce genre de travail a sa place, mais pas ici dans le domaine spirituel. Un homme spirituel fort ne se trouve jamais parmi ces « compteurs de feuilles ». La religion, le but le plus élevé, la gloire la plus haute de l'homme, ne requiert pas tant de labeur. Si vous souhaitez être un Bakhta, il n'est pas du tout nécessaire pour vous de savoir si Krishna est né à Mathurâ ou à Vraja, ce qu'il faisait, ou même la date exacte à laquelle il prononça les enseignements de la Gita. Vous avez seulement besoin de ressentir ce désir insatiable de magnifiques leçons de devoir et d'amour de la Gita. Tous les autres détails à son propos et celui de son auteur sont destinés à la jouissance des érudits. Laissez-les avoir ce qu'ils désirent. Répondez « Shântih, Shântih » à leurs controverses savantes et « mangez les mangues ».

La deuxième condition nécessaire pour le maître est la pureté. Cette question est souvent posée : « Pourquoi devrions-nous chercher dans le caractère et la personnalité d'un maître ? Nous avons juste à prendre ce qu'il dit et l'étudier ». Ce n'est pas exact. Si un homme souhaite m'enseigner quelque chose sur la physique ou la chimie ou toute autre science physique, il peut être tout ce qu'il aime, puisque tout ce que les sciences physiques requièrent est un équipement intellectuel. Mais dans les sciences spirituelles, il est impossible, tout du long, de voir une étincelle de lumière spirituelle dans l'âme impure. Quelle religion un homme impur pourrait-il enseigner ? La pureté de l'âme est la condition *sine qua non* pour qu'un être puisse acquérir la vérité spirituelle ou pour qu'il la transmette à autrui. Une vision de Dieu ou un aperçu de l'au-delà n'arrive jamais avant que l'âme soit pure. C'est pourquoi avec le maître de religion, il faut d'abord voir ce qu'il est et ensuite prêter attention à ce qu'il dit. Il doit être parfaitement pur et ensuite seulement vient la valeur de ses mots, car il est dans ce cas le seul véritable « transmetteur ». Que peut-il transmettre s'il ne possède pas de pouvoir spirituel en lui ? La digne vibration de la spiritualité doit être présente dans l'esprit du maître afin qu'elle puisse être transmise sans heurt à l'esprit du disciple. Le rôle du maître est en vérité dans la transmission de quelque chose et non pas dans la simple stimulation de l'intellect existant ou d'autres facultés existantes chez l'élève. Quelque chose de réel et d'appréciable comme une influence se transmet du maître (devant par conséquent être pur) vers le disciple.

La troisième condition concerne les mobiles du maître. Il ne doit pas enseigner en ayant un motif égoïste ultérieur, que ce soit pour l'argent, le renom, ou la célébrité ; son travail doit être guidé par l'amour, l'amour pur pour l'humain en général. Le seul moyen par lequel la force spirituelle peut être transmise est l'amour. Quelque motif égoïste que ce soit, comme l'appât du gain ou du renom, il détruira immédiatement ce moyen de transmission. Dieu est amour et seul celui qui a connu Dieu en tant qu'amour peut enseigner la dévotion et Dieu à l'homme.

Si votre maître remplit toutes ces conditions, vous pouvez être rassuré ; si tel n'est pas le cas, il n'est pas sûr de laisser cette personne vous enseigner, car il y a un grand risque que, si elle ne peut amener la bonté dans votre cœur, elle puisse y introduire la méchanceté. Il faut se protéger de ce danger par tous les moyens.

श्रोत्रियोऽवृजिनोऽकामहतो यो ब्रह्मवित्तमः

« Celui qui est versé dans les écritures, innocent, que la luxure n'a pas corrompu et qui est le plus grand connaisseur du Brahman est le véritable maître. »

De ce qui a été dit, il en découle naturellement qu'on ne peut apprendre, apprécier et assimiler la religion n'importe où et de n'importe qui. Les « livres dans les ruisseaux s'écoulant, les sermons dans la pierre, et le bon en toute chose » est une figure poétique très juste. Mais rien ne peut conférer ne serait-ce qu'un grain de vérité à l'homme à moins qu'il ne porte en lui son germe non développé. A qui les pierres et le ruisseau prêchent-ils des sermons ? À l'âme humaine, le lotus de ceux dont le sanctuaire sacré intérieur est déjà plein de vie. Et la lumière causant cette magnifique éclosion du lotus vient toujours du maître bon et sage. Lorsque le cœur a été ainsi ouvert, il devient capable de recevoir l'enseignement des pierres, des ruisseaux, des étoiles, du soleil, de la lune ou de toute chose existante dans notre univers ; mais le cœur fermé n'y verra rien d'autre que de simples pierres ou de simples ruisseaux. Un homme aveugle peut aller visiter un musée mais il ne profitera aucunement de l'expérience ; ses yeux doivent d'abord être ouverts et ensuite seulement il sera capable d'apprendre ce que les choses du musée ont à transmettre.

C'est le maître qui ouvre les yeux de l'aspirant à la religion. Par conséquent, la relation avec le maître est, la même que celle d'un ancêtre avec son descendant. Sans la foi, l'humilité, la soumission et la vénération envers notre mentor dans nos cœurs, la religion ne peut croître en nous. De plus, il est important de préciser que ce n'est que lorsque ce type de relation entre le maître et le disciple prévaut, qu'il en ressort des géants spirituels ; alors que dans ces pays qui ont négligé de maintenir ce genre de relations, le maître religieux est devenu un simple conférencier, attendant de toucher son argent et où l'élève attend que son esprit se remplisse des mots de son professeur et chacun rentre chez lui après cela. Dans de telles circonstances la spiritualité devient presque une quantité inconnue. Il n'y a personne pour la transmettre et personne pour la recevoir. La religion avec de telles personnes devient du commerce ; ils pensent qu'ils peuvent l'obtenir avec leur argent. Plût à Dieu que la religion pût s'obtenir si facilement ! Mais malheureusement, ce n'est pas le cas.

La religion, qui est la plus haute connaissance et sagesse ne peut être achetée, pas plus qu'elle ne peut être acquise par les livres. Vous pouvez enfoncer votre tête dans tous les recoins du monde, explorer l'Himalaya, les Alpes et le Caucase, vous pouvez sonder le fond des océans et inspecter tous les coins du Tibet et du désert de Gobi, vous ne la trouverez nulle part tant que votre cœur ne sera pas prêt à la recevoir et tant que votre maître ne sera pas venu. Et lorsque ce dernier, désigné par Dieu, se présente, servez-le avec la confiance et la simplicité de l'enfant, ouvrez pleinement votre cœur à son influence et voyez en lui la manifestation de Dieu. A ceux qui viennent à la recherche de la vérité avec un tel esprit d'amour et de vénération, le Seigneur de la Vérité leur apporte les plus belles révélations concernant la vérité, la bonté et la beauté.

Chapitre VI
Les Maîtres Incarnés et l'Incarnation

Où que Son nom soit prononcé, ce lieu précis est sacré. A quel point l'est l'homme qui Le prononce, et comment devrions-nous vénérer celui dont nous vient la vérité spirituelle ? De tels maîtres de la vérité spirituelle sont, en effet, très rares en ce monde, mais le monde n'est jamais complètement exempt de leur présence. Ils incarnent toujours les fleurs les plus justes de la vie humaine — अहेतुकदयासिन्धुः — « l'océan de la miséricorde sans aucun motif. »

आचार्यं मां वजानीयात्

« Sache que le Gourou est Moi », dit Shri Krishna dans la Bhagavata.
« Le moment où le monde sera dénué de ces maîtres, il deviendra un enfer horrible et courra à sa propre perte. »

Il existe un autre ensemble de maîtres plus hauts et plus nobles que tous les autres ordinaires, les Avatars d'Ishvara. Ils peuvent transmettre la spiritualité d'un simple contact ou même d'un simple souhait. Les personnages les plus bas et les plus dégradés deviennent en une seconde des saints à leur commande. Ils sont les Maîtres de tous les maîtres, la plus haute manifestation de Dieu à travers l'homme. Nous ne pouvons pas voir Dieu excepté à travers eux. Nous ne pouvons nous empêcher de les vénérer ; et en vérité, ils sont les seuls êtres que nous sommes destinés à adorer.

Nul homme ne peut vraiment voir Dieu excepté grâce à ces manifestations humaines. Si nous essayons de voir Dieu d'une autre manière, nous nous créons une hideuse caricature de Lui et nous pensons que la caricature n'est pas pire que l'original. Il existe une histoire d'un ignorant à qui l'on a demandé de représenter l'image du Dieu Shiva, et qui, après plusieurs jours de dur labeur produisit seulement l'image d'un singe. Ainsi, dès que nous essayons de penser à Dieu tel qu'Il est dans Son absolue perfection, il en résulte invariablement le plus pitoyable des échecs, car aussi longtemps que nous serons des hommes, nous ne pourrons Le concevoir comme quelque chose de supérieur à l'homme. Ce temps viendra où nous devrons tous transcender notre nature humaine et Le reconnaître tel qu'Il est ; mais aussi longtemps que nous serons des hommes, nous devrons L'adorer dans l'homme et en tant qu'homme. Parlez autant que vous le souhaitez, essayez tant que vous le souhaitez, vous ne pouvez penser à Dieu autrement que comme un homme. Vous pouvez prononcer de grands discours intellectuels sur Dieu et sur toutes les choses en dessous du soleil, devenir un grand rationaliste et prouver, pour votre satisfaction personnelle, que tous ces récits des Avatars de Dieu représenté en tant qu'homme sont des fables. Mais laissez-nous faire appel un moment à notre bon sens pratique. Qu'y a-t-il derrière cette intelligence remarquable ? Rien, que du vent. La prochaine fois que vous entendrez un homme prononcer un discours intellectuel remarquable contre l'adoration des Avatars de Dieu, allez lui parler et demandez-lui qu'elle est son idée de Dieu, ce qu'il comprend par « omnipotence », « omniprésence » et tous les termes similaires au-delà de l'épellation de ces mots. Il ne veut rien dire par eux ; il ne peut formuler, comme leur signification, une idée qui ne soit pas affectée par sa propre nature humaine. Sur cette question, il ne vaut pas mieux que l'homme dans la rue qui n'a jamais lu un seul livre. Néanmoins, cet homme dans la rue est silencieux et ne perturbe pas la paix du monde, alors que ce beau parleur crée des perturbations et la misère au sein de l'humanité. La religion est, après tout, réalisation, et nous devons absolument faire la distinction entre la parole et l'expérience intuitive. Ce que nous ressentons dans les profondeurs de nos âmes est la réalisation. En effet, rien n'est aussi peu commun que le bon sens au regard de ce sujet.

Par notre constitution actuelle, nous sommes limités et destinés à voir Dieu en tant qu'homme. Si, par exemple, les buffles souhaitent adorer Dieu, ils le feront tout en conservant leur nature, Le voyant comme un buffle ; si un poisson souhaite adorer Dieu, il se représentera son idée de Lui comme un gros poisson, et l'homme doit penser à Lui en tant qu'homme. Ces différentes conceptions ne sont pas dues à une imagination débordante morbide. L'homme, le buffle et le poisson peuvent, pour ainsi dire, tous être considérés comme autant de vases différents. Tous ces vases vont à l'océan de Dieu afin d'être remplis d'eau chacun selon sa forme et sa contenance. Dans l'homme, l'eau prend la forme de l'homme, dans le buffle, la forme du buffle et dans le poisson, la forme du poisson. Dans chacun de ces vases se trouve la même eau de l'océan de Dieu. Quand les hommes Le voient, ils Le voient comme un homme et les animaux, s'ils ont une conception de Dieu, doivent Le voir comme un animal chacun en accord avec son propre idéal. Nous ne pouvons donc nous empêcher de concevoir Dieu comme un homme et c'est pourquoi nous sommes destinés à Le vénérer comme un homme. Il n'en est pas autrement.

Deux types d'hommes ne vénèrent pas Dieu en tant qu'homme : la brute humaine qui n'a pas de religion et le Paramahamsa qui s'est élevé au-dessus de toutes les faiblesses de l'humanité et a transcendé les limites de sa propre nature humaine. Pour lui toute la nature est devenue son propre Soi. Lui seul peut vénérer Dieu tel qu'Il est. Ici aussi, comme dans tous les autres cas, les deux extrêmes se rencontrent. L'extrême de l'ignorance et l'autre extrême de la connaissance, aucun de ces deux ne pratiquent les actes d'adoration. La brute humaine ne Le vénère pas à cause de son ignorance et les Jivanmuktas (les âmes libres) ne Le vénèrent pas car ils ont pris conscience de Dieu en leur for intérieur. Étant entre ces deux extrémités de l'existence, si quelqu'un vous dit qu'il ne vénérera pas Dieu en tant qu'homme, méfiez-vous sincèrement de cet homme ; il est, pour ne pas utiliser un terme plus dur, un parleur irresponsable ; sa religion est destinée aux esprits vides et instables.

Dieu comprend les échecs humains et devient homme pour ramener le bien à l'humanité :

यदा यदा हि धर्मस्य ग्लानिर्भवति भारत। अभ्युत्थानमधर्मस्य तदात्मानं सृजाम्यहम्॥ परित्राणाय साधूनां विनाशाय च दुष्कृताम्। धर्मसंस्थापनार्थाय सम्भवामि युगे युगे॥

« A chaque fois que la vertu s'affaiblit et que la méchanceté prévaut, je Me manifeste. Afin de rétablir la vertu, de détruire le mal, pour sauver le bien, je viens de Yuga (âge) en Yuga. »

अवजानन्ति मां मूढा मानुषीं तनुमाश्रितम्। परं भावमजानन्तो मम भूतमहेश्वरम्॥

« Les sots Me bafouent, Moi qui ai pris forme humaine, sans savoir Ma vraie nature en tant que Seigneur de l'univers. »

Telle est la déclaration de Shri Krishna dans la Gita sur l'Incarnation. « Lorsqu'un raz de marée vient, dit Bhagavan Shri Ramakrishna, tous les petits ruisseaux et les fossés se remplissent à ras-bord sans le moindre effort ou prise de conscience de leur part ; ainsi lorsqu'une Incarnation vient, un raz de marée de spiritualité se répand sur le monde, et les gens ressentent presque la spiritualité dans l'air ».

Chapitre VII
Le Mantra : ÔM, Mot et Sagesse

Nous prenons maintenant en compte, non pas ces Mahâ-purushas, les grandes Incarnations, mais seulement les Siddha-Gourous (les maîtres qui ont atteint le but) ; généralement, ils doivent transmettre les gemmes de la sagesse spirituelle au disciple au moyen de mots (Mantras) qui doivent être médités. Que sont ces Mantras ? L'ensemble de cet univers a, d'après la philosophie indienne, à la fois le nom et la forme (Nâma-Rupa) comme conditions de manifestation. Dans le microcosme humain, il ne peut y avoir de vague dans la substance mentale (Chittavritti) qui ne soit pas conditionnée par le nom et la forme. S'il est vrai que la nature est construite dans son intégralité sur le même plan, ce type de conditionnement par le nom et la forme doit également être le plan de la construction de l'ensemble du cosmos.

यथा एकेन मृत्पिण्डेन सर्वं मृन्मयं विज्ञातं स्यात्
« Une motte d'argile étant alors connue, toutes les choses d'argile sont connues »,

par conséquent, la connaissance du microcosme doit conduire à la connaissance du macrocosme. La forme est la croûte extérieure, dont le nom ou l'idée est l'essence intérieure ou le noyau. Le corps est la forme ; et l'esprit ou l'Antahkarana est le nom. Les symboles sonores sont universellement associés avec le Nâma (nom) dans tous les êtres ayant la capacité de parole. Pour l'homme individuel, les vagues de pensées s'élevant dans le Mahat ou Chitta limité (substance mentale) doivent se manifester elles-mêmes, tout d'abord en tant que mots et ensuite comme les formes les plus concrètes.

Dans l'univers, le Brahmâ, le Hiranyagarbha ou le Mahat cosmique, s'est d'abord manifesté en tant que nom et ensuite en tant que forme c'est-à-dire, la forme de cet univers. Tout cet univers sensible exprimé est la forme derrière laquelle se tient l'éternel ineffable Sphota, le manifesteur en tant que Logos ou Mot. Ce Sphota éternel, ce matériau essentiel éternel de toutes les idées ou noms, est le pouvoir grâce auquel le Seigneur crée l'univers. En effet, le Seigneur, une fois conditionné en tant que le Sphota, évolue ensuite par Lui-même comme l'univers sensible plus concret.

Ce Sphota n'a qu'un seul mot comme unique symbole possible qui est : ॐ (Om).

Et, comme aucun moyen d'analyse ne permet de séparer le mot de cette idée, ce Ôm et le Sphota éternel sont inséparables ; par conséquent, c'est par le plus sacré des mots sacrés, la mère de tous les noms et de toutes les formes, le Ôm éternel, que l'on suppose que l'univers entier a été créé. Mais même si la pensée et le mot sont indissociables, et comme il peut exister plusieurs symboles pour une même pensée, il serait possible de dire que le mot Ôm n'est pas nécessairement l'unique représentant de la pensée par laquelle l'univers s'est manifesté. Notre réponse à cette objection est que ce Ôm est le seul et unique symbole possible qui couvre l'intégralité de cette pensée, il n'en existe pas d'autre. Le Sphota est le matériau de tous les mots, bien qu'il ne soit pas lui-même un mot défini lorsqu'il est dans son état complètement formé. Cela signifie que si on retire toutes les particularités qui distinguent un mot d'un autre, alors il ne resterait que le Sphota. Ce Sphota est donc appelé le Nâda-Brahma, le Son-Brahman.

Maintenant, comme tous les mots-symboles, prévus pour exprimer l'ineffable Sphota, vont tellement le spécifier qu'il ne sera plus le Sphota, le symbole qui le particularise le moins et en même temps qui se rapproche le plus de sa nature sera le symbole le plus fidèle pour le qualifier. Et ce symbole est le Ôm, et uniquement le Ôm, car ces trois lettres अ उ म (A U M), prononcées à la suite comme Ôm, peuvent bien être le symbole généralisé de tous les sons possibles. La lettre A est la moins différenciée de tous les sons, aussi Krishna dit dans la Gita :

अक्षराणां अकारोऽस्मि
« Je suis le A parmi les lettres »

Encore une fois, tous les sons articulés sont produits dans l'espace intérieur de la bouche, commençant à la racine de la langue et finissant aux lèvres : la voyelle est le A, le M est la dernière consonne labiale et le U représente exactement le roulement en avant du mouvement qui démarre à la racine de la langue jusqu'à ce qu'il se finisse sur les lèvres. Prononcé correctement, ce Ôm représente l'ensemble du phénomène de la production des sons, et aucun autre mot n'en est capable. Par conséquent, il est le symbole le plus approprié du Sphota, qui est le vrai sens du Ôm. Et comme le symbole ne peut jamais être séparé de la chose signifiée, le Ôm et le Sphota ne font qu'un. Le Sphota étant l'aspect le plus subtil de l'univers manifesté, il est plus proche de Dieu et est réellement la première manifestation de la sagesse divine, cet Ôm est alors vraiment représentatif de Dieu. Tout comme le « Seul et Unique » Brahman, le Akhanda-Sachchidânanda, l'Existence-Connaissance-Félicité inséparable, ne peut être conçu par l'esprit imparfait de l'homme qu'avec certains points de vue et ne peut être associé qu'à des qualités particulières. Par conséquent cet univers, Son corps, doit aussi être envisagé selon l'esprit du penseur.

La direction de l'esprit de l'adorateur est guidée par ses principes essentiels ou Tattvas. Le résultat est que le même Dieu sera perçu par des manifestations diverses comme étant possesseur de diverses qualités prédominantes, et que le même univers apparaîtra rempli de formes multiples. Semblable au symbole le moins différencié et le plus universel, Ôm, où la pensée et le symbole sonore sont considérés comme étant inséparablement associés l'un à l'autre, cette loi s'applique également aux multiples vues de Dieu et de l'univers : chacun doit, par conséquent, posséder un mot-symbole pour l'exprimer. Ces mots-symboles, provenant des perceptions spirituelles les plus profondes des sages, symbolisent et expriment aussi fidèlement que possible la vision particulière de Dieu et de l'univers. Comme le Ôm représente l'Akhanda, le Brahman indifférencié, les autres représentent le Khanda ou les visions différenciées du même Être ; et tous aident à la méditation divine et à l'acquisition de la vraie connaissance.

Chapitre VIII
Adoration des Substituts et des Images

Les prochains points à étudier sont l'adoration des Pratikas, des choses plus ou moins acceptables en tant que substituts de Dieu, et l'adoration des Pratimâs, des images. Quelle est l'adoration de Dieu à travers un Pratika ?

Bhagavân Râmânuja dit qu'il s'agit de :

अब्रह्मणा ब्रह्मदृष्ट्यनुसन्धानम्
« Joindre l'esprit avec dévotion à ce qui n'est pas Brahman, en le prenant pour Brahman »

dit Bhagavân Râmânuja. D'après Shankara : « Adorer l'esprit comme Brahman, est intérieur, et adorer l'Âkâsha comme Brahman, concerne les Dévas ». L'esprit est un Pratika interne et l'Akasha en est un externe, les deux doivent être adorés comme substituts de Dieu. Shankara poursuit en disant : « De la même manière, « le Soleil est Brahman, tel est le commandement », « Lui qui adore le Nom comme Brahman », tous les passages de la sorte suscitent des doutes quant à l'adoration des Pratikas ». Le mot Pratika signifie « aller vers » ; et adorer un Pratika, c'est adorer un substitut qui est, dans une certaine mesure, de plus en plus semblable au Brahman, sans l'être réellement. Outre les Pratikas mentionnés dans les Shrutis, il y en a d'autres dans les Purânas et les Tantras. On peut inclure toutes les différentes formes d'adoration des Pitris et des Dévas dans l'adoration des Pratikas.

Adorer Ishvara et Lui seul, c'est cela Bhakti ; l'adoration de quoi que ce soit d'autre, Déva, Pitri, ou un autre être, ne peut être Bhakti. Les différents types d'adoration des différents Dévas doivent toutes être inclues dans le Karma ritualiste. Il donne à l'adorateur seulement un résultat précis sous forme d'une jouissance céleste, mais ne peut ni provoquer Bhakti ni mener à Mukti. Par conséquent, une chose doit être absolument gardée à l'esprit : si, comme cela peut arriver dans certains cas, l'idéal hautement philosophique, le Brahman suprême, est dévalorisé au niveau des Pratikas par leur adoration et que le Pratika lui-même est considéré comme étant l'Âtman de l'adorateur ou son Antaryâmin (Souverain Intérieur), l'adorateur sera complètement induit en erreur puisqu'aucun Pratika ne peut vraiment être l'Âtman de l'adorateur.

Cependant, lorsque le Brahman Lui-même est l'objet de l'adoration et que le Pratika est uniquement un substitut ou une suggestion de celui-ci, cela signifie que là, à travers le Pratika, le Brahman omniprésent est adoré; le Pratika étant idéalisé comme la cause de tout, le Brahman, l'adoration est réellement bénéfique, ou plutôt elle est indispensable à l'humanité tant qu'elle n'aura pas dépassé le stade primaire ou préparatoire de l'esprit concernant l'adoration. Par conséquent, quand des dieux ou d'autres êtres sont adorés pour ce qu'ils sont, une telle adoration ne serait qu'un Karma ritualiste; et en tant que Vidyâ (science) elle nous donne seulement le fruit appartenant à ce Vidyâ particulier. Mais quand les Dévas ou tout autre être sont considérés comme Brahman et adorés, le résultat obtenu est le même qu'en adorant Ishvara. Ceci explique comment, dans beaucoup de cas, à la fois dans les Shrutis et la Smriti, un dieu, un sage ou un autre être extraordinaire est désigné et transcendé, au-delà de sa propre nature, idéalisé comme Brahman puis adoré par la suite. Les Advaitins déclarent: « Tout n'est-il pas Brahman lorsque le nom et la forme en ont été retiré? », et les Vishishtâdvaitins répondent: « N'est-ce pas Lui, le Seigneur, le Soi le plus profond de tout un chacun? ».

फलम् आदित्याद्युपासनेषु ब्रह्मैव दास्यति सर्वाध्यक्षत्वात्

Dans son Brahma-Sutra-Bhâsya, Shankara dit: « C'est Brahman Lui-même qui fait fructifier l'adoration même des Adityas, car Il est le Maître de tout ».

ईदृशं चात्र ब्रह्मणा उपास्यत्वं यतः प्रतीकेषु तद्दृष्ट्याध्यारोपणं प्रतिमादिषु इव विष्णुवादीनाम्।

« De cette façon, Brahman devient l'objet de l'adoration car, en tant que Brahman, Il se superpose aux Prâtikas tout comme Vishnou, etc., se superposent aux images etc. »

Tout comme les Pratikas, les mêmes idées s'appliquent à l'adoration des Pratimas; c'est-à-dire, si l'image représente un dieu ou un saint, l'adoration n'est pas le résultat de Bhakti et ne mène pas à la libération; mais si elle représente le seul Dieu, son adoration apportera à la fois Bhakti et Mukti. Parmi les principales religions du monde, le védantisme, le bouddhisme et certaines formes de christianisme utilisent librement les images; mais seules deux religions, le mahométisme et le protestantisme, refusent une telle aide. Pourtant, les mahométistes utilisent les tombes de leurs saints et de leurs martyrs presqu'au même titre que les images. Les protestants, en rejetant toute aide concrète à la religion, s'éloignent chaque année davantage de la spiritualité, si bien que, de nos jours, il n'existe presque aucune différence entre les protestants les plus avancés et les disciples d'Auguste Comte, ou les agnostiques qui prêchent uniquement l'éthique. D'ailleurs, dans le christianisme et le mahométisme, toute adoration d'images entre dans la catégorie dans laquelle le Pratika (ou le Pratima) est adoré pour ce qu'il est, et non comme une « aide à la vision » (Drishtisaukaryam) de Dieu. Par conséquent, il s'agit d'au mieux d'un genre de Karma ritualiste et ne peut pas conduire à Bhakti ou à Mukti. Dans cette forme d'adoration d'images, l'allégeance de l'âme est faite à d'autres choses qu'à Ishvara ; et donc un tel emploi des images, des tombes, des temples ou des tombeaux est une véritable idolâtrie ; ce n'est pas en soi ni un péché, ni une perversité, elle est un rite, un Karma dont les adorateurs doivent et en recevront le fruit.

Chapitre IX
L'Idéal Choisi

La prochaine chose à étudier est ce que nous connaissons sous le nom de Ishta-Nishtâ. Celui qui aspire à devenir un Bhakta doit savoir qu'il y existe «autant d'opinions que de chemins». Il doit savoir que toutes les différentes sectes de toutes les religions sont les différentes manifestations de la gloire du même Seigneur. «Ils T'appellent par tant de noms différents, ils Te divisent, peut-on dire, par ces différents noms et pourtant, dans chacun d'entre eux on peut trouver Ton omnipotence. …Tu atteins l'adorateur à travers tous ceux-ci, il n'existe pas de moment spécial tant que l'âme éprouve un amour intense pour Toi. Tu es si facile à approcher; c'est mon malheur que je ne puisse T'aimer». En outre, le Bakhta doit prendre garde à ne pas haïr, à ne pas même critiquer ces radieux fils de lumière qui ont fondé diverses sectes; il ne doit pas même en écouter dire du mal. En effet, rares sont ceux qui possèdent à la fois une grande sympathie et une faculté d'appréciation ainsi qu'un amour intense. Nous voyons, en règle générale, que les sectes libérales et compatissante perdent l'intensité de leur sentiment religieux, et que, dans leurs mains, la religion risque de s'abaisser au rôle d'un club de vie socio-politique. D'un autre côté, on voit que les membres de sectes très étroits d'esprit, tout en manifestant un amour très louable pour leurs propres idéaux, ont acquis chaque particule de cet amour en haïssant tous ceux qui ne partagent pas les mêmes opinions qu'eux. Plût à Dieu que ce monde fût rempli d'hommes aussi intense dans leur amour qu'universels dans leur compassion! Mais ces hommes sont rares. Nous savons pourtant qu'il est possible d'éduquer un grand nombre d'êtres humains dans l'idéal d'une union merveilleuse de ces deux qualités: la portée et l'intensité de l'amour. Le moyen d'y parvenir est donné par la voie de l'Istha-Nishthâ ou «la dévotion constante envers l'idéal choisi». Chaque secte de chaque religion présente son propre unique idéal à l'humanité mais l'éternelle religion védantique ouvre aux hommes une infinité de portes pour pénétrer dans le sanctuaire intérieur de la divinité et lui présente une pléiade presqu'infini d'idéaux ayant en chacun d'eux une manifestation de l'Être Éternel. Avec la sollicitude la plus bienveillante, le Vedanta montre aux hommes et aux femmes aspirants les nombreuses routes tracées dans la solide roche des réalités de la vie humaine dans le passé et dans le présent par les glorieux fils, ou les manifestations humaines, de Dieu. Elle se tient les bras ouverts pour tous les accueillir, même ceux qui ne sont pas encore là, dans cette Maison de la Vérité et cet Océan de Félicité présents dans l'âme humaine, libérée de la toile de Mâyâ, qui peut alors se transporter avec une liberté parfaite ainsi qu'une joie éternelle.

Par conséquent, le Bhakti Yoga nous impose le commandement impératif de ne pas haïr ou de ne pas rejeter un seul des différents chemins menant au salut. Pourtant, la plante qui pousse doit être entourée d'une haie pour la protéger jusqu'à ce qu'elle devienne un arbre. La fragile plante de la spiritualité mourra si elle est exposée trop tôt à un changement constant d'idées et d'idéaux. Beaucoup de personnes, au nom de ce qui pourrait être appelé le libéralisme religieux, peuvent être vues nourrissant leur vaine curiosité avec une succession continue de différents idéaux. Avec elles, entendre de nouvelles choses devient une sorte de maladie, une sorte d'alcoolisme religieux. Elles veulent entendre de nouvelles choses uniquement pour ressentir une excitation nerveuse temporaire et une fois ces effets passés, ils sont prêt à passer à une autre. Chez ces personnes, la religion se limite à une sorte de prise d'opium intellectuelle. D'après Bhagavan Ramakrishna : « Il existe une autre sorte d'homme qui est comme l'huître perlière de cette histoire. L'huître quitte son lit au fond de l'océan, et remonte à la surface afin d'attraper l'eau de pluie lorsque l'étoile Svâti est ascendante. Elle dérive à la surface de l'océan, sa coquille grande ouverte, jusqu'à ce qu'elle ait réussi à attraper une goutte de cette pluie, et ensuite elle replonge dans les profondeurs et y reste jusqu'à ce qu'elle ait créé une magnifique perle à partir de cette goutte de pluie. »

C'est en vérité la plus poétique et la plus saisissante des métaphores utilisées pour décrire la théorie d'Ishta-Nishta. Cet Eka-Nishtha, ou la dévotion à un seul idéal, est indispensable à celui qui débute dans la pratique de la dévotion religieuse. Il doit répéter avec Hanuman, dans le Râmâyana : « Je sais que le Seigneur de Shrî et le Seigneur de Jânaki sont tous deux des manifestations du même Être Suprême, pourtant mon absolu est Râma aux yeux de lotus », ou, comme l'a dit le sage Tulasidâsa, il doit répéter : « Recueille la douceur de tous, assieds-toi avec chacun, accueille le nom de chacun. Dis : Ainsi soit-il, mais reste inébranlable. » Ensuite, si le disciple est sincère, cette petite graine grandira en un arbre aussi gigantesque que le banian des Indes, s'étendant de tous les côtés branche après branche, racine après racine, jusqu'à ce qu'il recouvre l'ensemble du champ religieux. Et ainsi le vrai dévot comprendra que Celui qui était l'idéal de sa vie est adoré dans tous les idéaux de toutes les sectes, sous tous les noms, et dans toutes les formes.

Chapitre X
La Méthode et les Moyens

Nous pouvons lire dans le commentaire de Bhagavan Ramanuja sur les Vedanta-Sutras un passage concernant la méthode et les moyens du Bhakti Yoga : « L'atteinte de Cela vient à travers le discernement, le contrôle des passions, la pratique, le travail d'abnégation, la pureté, la force et la suppression de la joie excessive. » D'après Ramanuja, le Viveka, ou le discernement, consiste à discerner, entre autre, la nourriture pure de celle qui ne l'est pas. Selon lui, la nourriture devient impure pour trois raisons : (1) la nature de la nourriture elle-même, comme pour l'ail etc. ; (2) sa provenance, en venant de personnes mauvaises ou maudites ; (3) les impuretés physiques telles que la poussière, les cheveux etc. Les Shrutis disent : « Quand la nourriture est pure, l'élément Sattva est alors purifié, et la mémoire devient inébranlable » et Ramanuja cite cela de la Chhândogya Upanishad.

La nourriture a toujours été l'un des points les plus importants chez les Bhaktas. En dehors de l'extravagance à laquelle certaines sectes de la Bakhti se sont laissées aller, il existe une grande vérité sous cette question de la nourriture. Nous devons nous souvenir que, d'après la philosophie du Sâmkhya, les Sattva, Rajas et Tamas qui, lorsqu'ils sont dans un état d'équilibre harmonieux forment la Prakriti, et lorsqu'ils sont dans un état hétérogène perturbé forment l'univers, constituent à la fois la substance et la qualité de la Prakriti. Ainsi, ils constituent la matière grâce à laquelle toute forme humaine est façonnée et la prédominance de l'élément Sattva est absolument nécessaire au développement spirituel. Les substances que nous recevons en mangeant et qui entrent la structure de notre corps contribuent grandement à déterminer notre constitution mentale ; nous devons donc porter une attention toute particulière à la nourriture que nous mangeons. Néanmoins, sur ce sujet comme dans d'autres, le fanatisme dans lequel les disciples tombent invariablement ne doit pas être considéré comme étant la faute des maîtres.

Ce discernement de la nourriture n'a, après tout, qu'une importance secondaire. Le même passage cité ci-dessus est expliqué différemment par Shankarâ dans son Bhâshya sur les Upanishads, il donne une signification entièrement différente au mot Âhâra qui est généralement traduit par « nourriture ». D'après lui : « Tout ce qui est recueilli est Âhâra. La connaissance des sensations comme le son, etc., est recueillie pour la jouissance de celui qui en jouit (le soi) ; la purification de la connaissance qui s'accumule dans la perception des sens est la purification de la nourriture (Âhâra). L'expression « purification de la nourriture » désigne l'acquisition de la connaissance des sensations inaltérées par les vices de l'attachement, de l'aversion et des fantasmes ; tel en est le sens. De cette façon, si une telle connaissance ou Âhâra est purifiée, l'élément Sattva de son possesseur, l'organe interne, sera donc purifié, et si le Sattva est purifié, il en résultera un souvenir intact de l'Être Infini dont la vraie nature a été révélée par les écritures. » Ces deux explications peuvent paraître contradictoires et pourtant, elles sont toutes les deux vraies et nécessaires. La manipulation et le contrôle de ce qui peut être appelé le corps subtil, c'est-à-dire, l'humeur, sont sans doute des fonctions supérieures à la maîtrise du corps charnel, plus brut. Mais le contrôle du brut est absolument nécessaire pour permettre à quelqu'un d'arriver au contrôle du subtil. Le débutant doit donc particulièrement prêter attention à toutes les règles diététiques qui lui ont été transmises par une grande lignée de maîtres agréés. Le fanatisme extravagant et dépourvu de sens, qui a entièrement relégué la religion à la cuisine, comme on peut le constater dans beaucoup de nos sectes, sans aucun espoir que la noble vérité de cette religion ne soit jamais révélée par la spiritualité, n'est qu'une étrange sorte de matérialisme, pur et simple. Ce n'est ni le Jnana, ni Bhakti, ni le Karma, mais une démence particulière, et ceux qui s'y adonnent ont plus de chances de se retrouver dans un asile psychiatrique qu'au Brahmaloka. Il est raisonnable de penser que le discernement dans le choix de la nourriture est nécessaire pour atteindre cet état supérieur de composition mentale qui est difficile à atteindre autrement.

Contrôler les passions est la prochaine étape dont il faut s'occuper. Restreindre les Indriyas (organes des sens) pour les contrôler et les amener à être guidés par la volonté, est la vertu essentielle de la culture religieuse. Puis vient ensuite la pratique de la retenue et de l'abnégation. Les multiples possibilités d'une prise de conscience divine de l'âme ne se réalise pas sans lutte et sans une telle pratique de la part de l'adepte aspirant. « L'esprit doit toujours penser au Seigneur ». Il est très dur au début de contraindre l'esprit à toujours penser au Seigneur, mais à force d'efforts, notre capacité intérieure pour y parvenir en devient d'autant plus grande. Dans la Gita, Shri Krishna dit : « C'est par la pratique, Ô fils de Kunti, et par le détachement qu'il est atteint ». Et concernant le travail d'abnégation, il est entendu que les cinq grands sacrifices[1] (Panchamahâyajna) doivent être pratiqués comme d'habitude.

La pureté est véritablement le travail de base, la fondation sur laquelle repose toute la construction de Bhakti. Purifier le corps extérieur et discerner la nourriture sont deux choses faciles, mais sans purification interne ces observances externes n'ont aucune valeur. Ramanuja énumère une liste des qualités menant à la pureté, il cite : Satya, l'honnêteté ; Ârjava, la sincérité ; Dayâ, faire le bien autour de soi sans aucun gain personnel ; Ahimsâ, ne pas blesser autrui par la pensée, la parole ou par l'action ; Anabhidhyâ, ne pas convoiter les biens d'autrui, ne pas avoir de pensées vaines, ne pas ressasser les blessures infligées par autrui. Dans cette liste, l'idée qui mérite une attention particulière est Ahimsâ, ne pas blesser les autres. Ce devoir de pacifisme nous est, pour ainsi dire, obligatoire envers tous les êtres. Comme pour certains, cela ne signifie pas simplement de ne pas blesser les êtres humains et de manquer de pitié envers les animaux inférieurs ; pas plus que, comme pour d'autres encore, de protéger les chats et les chiens et de nourrir les fourmis avec du sucre, et de blesser librement son voisin humain de la pire des manières possible ! Il est remarquable de voir que presque toutes les bonnes idées en ce monde puissent être conduites à un extrême révoltant. Une bonne pratique conduite à l'extrême et adaptée en accord avec la loi devient un mal positif. Les moines puants de certaines sectes religieuses qui ne se lavent pas de peur de tuer la vermine sur leur corps, ne pensent jamais à l'inconfort et aux maladies qu'ils transmettent à leurs semblables. Ils n'appartiennent cependant pas à la religion des Védas !

Le test d'Ahimsa est l'absence de jalousie. N'importe quel homme peut effectuer un geste noble ou faire un cadeau sous l'impulsion du moment ou sous la pression d'une quelconque superstition ou prêtrise ; mais le vrai amoureux de l'humanité est celui qui n'est jaloux de personne. Les soi-disant grands hommes de ce monde peuvent tous devenir jaloux les uns des autres pour un peu de renom, un peu de célébrité, ou quelques pièces d'or. Aussi longtemps que cette jalousie existe dans un cœur, il restera très éloigné de la perfection de l'Ahimsa. La vache ne mange pas de viande, pas plus que le mouton. Sont-ils de grands yogis, de grands pacifistes (Ahimsakas) ? N'importe quel sot peut s'abstenir de manger ceci ou cela, cette abstinence ne lui donne pas plus de distinction que les animaux herbivores. L'homme qui, sans pitié, trompera veuves et orphelins et commettra les pires méfaits pour de l'argent est pire que n'importe quelle brute même s'il se nourrit exclusivement d'herbe. L'homme dont le cœur n'a jamais chéri l'idée de blesser qui que ce soit, qui se réjouit même du bien être de son pire ennemi, cet homme est le Bakhta, il est le Yogi, il est le Gourou de tous, et ce, même si chaque jour de sa vie il se nourrit de viande de porc. Par conséquent, nous devons toujours nous rappeler que les pratiques externes n'ont de valeur que si elles aident au développement de la pureté intérieure. Il est préférable d'avoir seulement la pureté interne lorsque le respect constant des observances externes n'est pas réalisable. Mais malheur à l'homme et malheur à la nation qui oublie les essentiels réels, internes et spirituels de la religion et qui s'obstinent à s'accrocher mécaniquement à toutes les formes extérieures sans jamais s'en défaire. Les formes ont de la valeur tant qu'elles sont l'expression de la vie interne. Si elles ont cessé de représenter la vie, détruisez-les sans pitié.

Le prochain moyen d'atteindre le Bhakti Yoga est la force (Anavasâda). Le Shruti dit : « Cet Âtman ne peut être atteint par le faible ». La faiblesse à la fois physique et mentale sont visées ici. « Le fort, le hardi » sont les seuls disciples aptes. Que peuvent faire des personnes chétives, fragiles et décrépites ? Elles seront réduites en pièces dès lors que les mystérieuses forces du corps et de l'esprit seront ne serait-ce même que légèrement éveillées par la pratique de l'un des Yogas. C'est « le jeune, le sain, le fort » qui peut réussir. La force physique est donc, indispensable. C'est uniquement le corps solide qui peut supporter le choc de la réaction résultant de la tentative de contrôle des organes. Celui qui veut devenir un Bhakta doit être fort, doit être sain. Quand des personnes lamentablement faibles s'essaient à l'un des Yogas, ils risquent de contracter une maladie incurable ou d'affaiblir leurs esprits. L'affaiblissement volontaire du corps n'est absolument pas indiqué pour l'éveil spirituel.

Celui qui est faible mentalement ne peut également pas réussir à atteindre l'Âtman. La personne qui aspire à être un Bhakta doit être jovial. En occident, l'idée qu'on se fait de l'homme religieux est qu'il ne sourit jamais, qu'il doit toujours avoir un air morose, dont le visage doit encore être tiré avec les mâchoires entrouvertes. Les personnes avec des corps minces et un visage tiré sont des sujets parfaits pour les docteurs, mais ils ne sont pas Yogis. C'est l'esprit joyeux qui persévère. C'est l'esprit fort qui se fraie un chemin à travers les milliers de difficultés. Et la tâche la plus difficile de toute, de couper les liens qui nous retiennent au filet du Maya est la tâche réservée uniquement aux très grandes volontés.

Pourtant, l'excès de gaieté devrait aussi être évité (Anuddharsa). L'excès de joie nous rend inapte aux pensées sérieuses. Cela gâche également les énergies de l'esprit. Plus la volonté sera forte, plus faible sera l'emprise des émotions. L'hilarité excessive est presque aussi répréhensible que trop de sérieux triste, et toute prise de conscience religieuse n'est possible que lorsque l'esprit est dans un état stable et apaisé d'équilibre harmonieux.

C'est ainsi qu'un être peut commencer à apprendre comment aimer le Seigneur.

Note :

1 : Aux dieux, sages, mânes, hôtes et toutes créatures.

LE PARA-BHAKTI, OU LA DÉVOTION SUPRÊME

Chapitre I
La Renonciation Préparatoire

Maintenant que nous en avons terminé avec l'analyse de ce qu'on pourrait appeler le Bhakti préparatoire, nous allons aborder l'étude du Parâ-Bhakti ou « la dévotion suprême ». Il nous faut traiter d'une préparation à la pratique de ce Parâ-Bhakti. Ce type de préparation est destiné uniquement à la purification de l'âme. La répétition des noms, des rituels, des formes, et des symboles, toutes ces diverses choses servent à la purification de l'âme. Parmi elles, le plus grand purificateur, celui sans lequel personne ne peut entrer les régions de cette dévotion supérieure (Parâ-Bhakti), est la renonciation. Cela en effraie plus d'un et pourtant, sans elle, le développement spirituel est impossible. Dans tous nos Yogas cette renonciation est nécessaire. La renonciation est la pierre fondatrice, le véritable centre et la véritable essence de toute culture spirituelle. La religion est la renonciation.

Quand l'âme humaine se retire des affaires du monde et essaie de se diriger vers des choses plus profondes ; quand l'homme, l'esprit qui s'est alors d'une manière ou d'une autre concrétisé et matérialisé, comprend qu'en tant que tel il est prédestiné à être détruit et à ne devenir que simple matière, et qu'il se détourne de celle-ci, alors commence un véritable développement spirituel, la renonciation. La renonciation du Karma-Yogi consiste à abandonner le fruit de toutes ses actions : il ne s'attache pas aux produits de son travail, il n'éprouve aucun intérêt pour les récompenses qui lui seront données ici ou dans l'au-delà. Le Raja-Yogi sait que la nature est conçue pour apporter de l'expérience à l'âme, et que le résultat de toutes ces expériences est destiné à lui faire prendre conscience de sa séparation éternelle avec la nature. L'âme humaine doit comprendre et réaliser qu'elle a toujours été esprit, et non matière, et que sa fusion avec celle-ci ne peut donc être que temporaire. Le Raja-Yogi médite la leçon de la renonciation au travers de sa propre expérience de la nature. Le Jnana-Yogi doit quant à lui traverser la plus dure de toutes les renonciations, car il doit réaliser avant tout que la nature, d'apparence pourtant solide, n'est qu'illusion. Il doit comprendre que toute manifestation de pouvoir de la nature appartient à l'âme, et non à la nature. Il doit savoir depuis le début que toutes les connaissances et toutes les expériences se trouvent dans l'âme et non dans la nature. Il doit donc immédiatement, et par la seule force de sa conviction rationnelle, se séparer de tout lien avec la nature. Il se sépare de la nature et de tout ce qui lui appartient, les laisse disparaître et essaye d'être indépendant!

La renonciation la plus naturelle, si l'on peut ainsi dire, est celle du Bhakti-Yogi. Il n'y a là aucune violence, aucun abandon, aucun arrachement, en nous-mêmes, rien dont nous devrions violemment nous détacher. La renonciation du Bhakta est simple, harmonieuse et aussi naturelle que les choses qui nous entourent. Bien qu'elles soient plus ou moins caricaturales, nous voyons les manifestations de ce type de renonciation chaque jour autour de nous. Un homme tombe amoureux d'une femme ; après un moment, il en aime une autre, et se sépare de la première. Celle-ci lâche doucement prise sur son esprit, calmement, et son envie d'elle disparaît totalement. Une femme aime un homme, puis commence à en aimer un autre, et le premier disparaît de son esprit plutôt naturellement. Un homme aime sa propre ville, puis commence à aimer son pays, et l'amour intense qu'il ressentait pour sa petite ville tombe doucement dans l'oubli, naturellement. Puis cet homme apprend à aimer le monde entier, et l'amour pour son pays, son patriotisme intense et fanatique disparaît sans lui porter atteinte, sans aucune manifestation de violence. Un homme non éduqué aime intensément les plaisirs des sens ; puis, alors qu'il devient une personne cultivée, il commence à aimer les plaisirs intellectuels, et son appréciation des expériences sensuelles diminue peu à peu. Aucun homme ne peut apprécier un repas avec le même enthousiasme qu'un chien ou un loup, mais ce chien ne pourra jamais apprécier les plaisirs que l'homme tire des expériences et des prouesses intellectuelles. Au début, le plaisir est associé aux sens les plus basiques, mais dès qu'un animal atteint un plan supérieur de l'existence, les plaisirs inférieurs deviennent moins intenses. Dans la société humaine, plus l'homme est proche de l'animal, plus son plaisir des sens est fort. À l'inverse, plus l'homme est élevé et cultivé, plus il prend du plaisir lors d'activités intellectuelles et d'autres recherches de ce genre. Ainsi, quand un homme va bien au-delà du plan de l'intellect, plus loin que la pensée simple, quand il atteint le plan de la spiritualité et de l'inspiration divine, il y trouve un état de béatitude, à côté duquel tous les plaisirs sensuels, ou même intellectuels, ne sont rien. Quand la lune brille avec éclat, la lumière des étoiles devient plus faible ; et quand le soleil brille, la lune elle-même s'assombrit. La renonciation nécessaire pour atteindre le Bhakti n'est pas obtenue en tuant quelque chose, mais survient aussi naturellement que ce phénomène où plus une lumière est brillante, plus les lumières faibles diminuent petit à petit avant de disparaitre complètement. De telle sorte que l'amour des plaisirs sensuels et intellectuels, s'affaiblit de plus en plus pour finalement disparaître, éclipsé par l'amour de Dieu Lui-même.

Cet amour de Dieu grandit et prend une forme appelée Para-Bhakti, ou la dévotion suprême. Les formes s'effacent, les rituels disparaissent, les livres sont dépassés : les images, les églises, les religions et les sectes, les pays et les nationalités : toutes ces petites entraves et limitations se détachent d'elles-mêmes de celui qui connait cet amour de Dieu. Rien ne reste pour le contraindre ou pour restreindre sa liberté. Un vaisseau, tout d'un coup, passe près d'un rocher magnétique et ses boulons et barres de fer sont tous attirés et entraînés, et les planches se détachent pour flotter librement sur l'eau. La grâce divine desserre ainsi les boulons et les barreaux qui enferment l'âme, et celle-ci est libérée. Par conséquent, dans cette renonciation auxiliaire à la dévotion, il n'y a ni dureté, ni austérité, ni lutte, pas plus qu'il n'y a de répression ou de suppression. Le Bhakta n'a pas à supprimer ses émotions, il doit seulement faire son possible pour les intensifier et les diriger vers Dieu.

Chapitre II
La Renonciation du Bhakta est Issue de l'Amour

L'amour est visible partout dans la nature. Tout ce qui est bon, grand et sublime dans la société est issu de cet amour, et tout ce qui y est très mauvais, voire maléfique, est également issu d'une mauvaise utilisation de cet amour. C'est cette même émotion qui constitue l'amour conjugal, pur et saint, qui existe entre mari et femme ainsi que cet amour qui se produit pour satisfaire les passions animales les plus primaires. L'émotion est la même, donc, mais sa manifestation diffère selon les cas. Il s'agit du même sentiment d'amour, bien ou mal dirigé, qui incite un homme à faire le bien et à donner tout ce qu'il possède aux pauvres, alors qu'il pousse un autre homme à trancher les gorges de ses frères et à piller tous leurs biens. Le premier aime les autres autant que le second s'aime lui-même. Pour lui, la direction prise par l'amour est mauvaise, alors que pour le premier, elle est bonne et juste. Le même feu sur lequel on prépare un repas peut brûler un enfant, sans que ce soit la faute du feu. La différence réside dans son utilisation. Ainsi, l'amour, ce désir intense d'association, cette forte volonté de la part de deux choses à ne faire plus qu'un (et peut être, après tout, d'un tout ne devenant qu'un), se manifeste partout sous différentes formes plus ou moins élevées selon le cas.

Le Bhakti Yoga est la science de l'amour supérieur. Il nous apprend comment le diriger, le contrôler le gérer, l'utiliser, lui donner un nouveau but, pour ainsi dire, et en obtenir les plus grands et plus glorieux des résultats. Autrement dit, il nous apprend comment le laisser nous guider vers la béatitude spirituelle. Le Bhakti Yoga ne dit pas « abandonne », il dit seulement « aime, aime le Très Haut ! », et celui qui aime le Très Haut se débarrasse ainsi naturellement de tout ce qui est inférieur.

« Je ne peux rien dire de Vous, si ce n'est que Vous êtes mon amour. Vous êtes beau, Ô, Vous êtes beau ! Vous êtes la beauté même. » Après tout, tout ce qui est réellement attendu dans ce Yoga est que notre soif de beauté soit dirigée vers Dieu. Qu'est-ce que la beauté du visage humain, du ciel, des étoiles, et de la Lune ? Ce n'est qu'une perception partielle de la réelle Beauté Divine universelle. « Quand Il brille, tout brille. C'est au travers de Sa lumière que toutes les choses brillent. »

Prenez cette position élevée du Bhakti qui vous permet d'oublier toutes vos petites individualités. Éloignez-vous de toutes les petites attaches égoïstes du monde. Ne regardez pas l'humanité comme le centre de vos intérêts humains ou supérieurs. Posez-vous en tant que témoin, qu'élève, et observez les phénomènes de la nature. Ressentez ce sentiment de non-attachement personnel envers l'homme, et voyez comme ce puissant sentiment d'amour œuvre dans le monde. Parfois, il en résulte une petite friction, mais ce n'est qu'un effet de la lutte pour atteindre l'amour supérieur véritable. Parfois, il a un petit combat, ou une petite chute, mais ce n'est qu'accessoire. Restez à l'écart, et laissez librement venir ces frictions. On ne les ressent que lorsqu'on suit le courant du monde, mais quand on se tient à l'extérieur, en témoin et en élève, on peut alors voir que Dieu utilise des milliers et des milliers de manières pour Se manifester en tant qu'Amour.

« Partout où il y a du bonheur, même s'il s'agit de la plus sensuelle des choses, on trouve un éclat de ce Bonheur Éternel, qui n'est autre que le Seigneur Lui-même. » Même dans les attirances les plus basses se trouve l'embryon de l'amour divin. Un des noms donnés au Seigneur en Sanskrit est « Hari », qui signifie qu'Il attire toute chose vers Lui. Son attraction, en fait, est la seule qui mérite d'être suivie par le cœur humain. Qui, en réalité, peut attirer une âme ? Lui, et Lui seul ! Pensez-vous que la matière inerte peut réellement attirer l'âme ? Ce n'a jamais été le cas, et ça ne le sera jamais. Quand vous voyez un homme courir après un beau visage, pensez-vous que c'est la poignée de molécules matérielles organisées qui l'attire vraiment ? Pas du tout. Derrière ces particules matérielles doit se cacher, et il s'y cache l'influence divine, l'amour divin. L'homme ignorant ne s'en rend pas compte, et pourtant, que ce soit consciemment ou non, il est attiré par cela, et uniquement par cela. Ainsi, même les plus basses formes d'attractions tirent leur puissance de Dieu Lui-même. « Personne, Ô bien-aimé, n'a jamais aimé le mari pour le mari en lui-même, c'est l'Âtman, le Seigneur qui l'habite, qui est la raison de l'amour que l'on porte au mari. » Les femmes aimantes peuvent le savoir ou non, mais cela est vrai dans tous les cas. « Personne, Ô bien-aimé, n'a jamais aimé la femme pour la femme en elle-même, c'est le Soi dans la femme, qui est aimé. » De la même manière, personne n'aime un enfant, ou quoi ce que ce soit d'autre dans le monde, si ce n'est pour Lui, présent à l'intérieur. Le Seigneur est le grand aimant, et nous sommes tous comme de la limaille de fer : nous sommes constamment attirés par Lui, et nous luttons tous pour L'atteindre. Cette lutte que nous menons tous dans ce monde n'est sûrement pas destinée à des fins égoïstes. Les idiots ne savent pas ce qu'ils font : l'œuvre de leur vie est, après tout, d'approcher le grand aimant. Toutes les rudes épreuves et tous les durs combats de la vie sont destinés à nous pousser vers Lui, et à finalement nous unifier à Lui.

Cependant, le Bhakti-Yogi, connaît et comprend la signification des luttes de la vie. Il a traversé un bon nombre de ces épreuves, sait ce qu'elles signifient, et désire sincèrement se libérer des frictions qu'elles entrainent. Il veut éviter l'affrontement pour aller directement vers le centre de toute attraction, vers le grand Hari. C'est là, la renonciation du Bhakta. Cette puissante attraction vers Dieu fait disparaitre toutes les autres à ses yeux. Cet amour puissant et infini pour Dieu qui habite son cœur ne laisse aucune place pour tout autre amour. Comment pourrait-il en être autrement ? Bhakti remplit son cœur des flots divins de l'océan de l'amour, qui n'est autre que Dieu Lui-même, il ne reste pas de place pour les petits amours. Autrement dit, la renonciation du Bhakta est ce Vairâgya, ou le non-attachement pour toutes les choses qui ne sont pas Dieu qui résulte de l'Anurâga, ou le grand attachement à Dieu.

Il s'agit de la préparation idéale pour atteindre le Bhakti suprême.

Quand arrive cette renonciation, les portes s'ouvrent pour laisser passer l'âme qui atteint les régions nobles de la dévotion suprême, ou le Para-Bhakti. C'est alors que nous commençons à comprendre ce qu'est le Para-Bhakti, et seul l'homme qui est entré dans le sanctuaire intérieur du Para-Bhakti a le droit de dire les formes et les symboles lui sont inutiles pour l'aider dans sa réalisation religieuse. Lui seul a atteint ce stade suprême d'amour, communément appelé la fraternité de l'homme. Le reste n'est que paroles. Il ne voit aucune distinction : l'immense océan de l'amour est entré en lui, et il ne voit pas l'homme en l'homme, mais retrouve l'image de son Bien-aimé en toute chose. Son Hari resplendit au travers de tous les visages. Les lumières du soleil et de la lune sont toutes Ses manifestations. Partout où se trouve la beauté ou la sublimité, à ses yeux apparait Sa marque. De tels Bhakta vivent encore aujourd'hui, ils ont toujours fait partie de ce monde. Ceux-là bien que mordus par un serpent, diraient simplement qu'un messager de leur Bien-aimé est venu à eux. Seuls de tels hommes ont le droit de parler de fraternité universelle. Ils ne sont pas sujet au ressentiment : leur esprit ne répond jamais par de la haine ou de la jalousie. Tout ce qui est externe, sensuel, a pour eux disparu à jamais. Comment pourraient-ils ressentir de la colère quand, grâce à leur amour, ils sont toujours capables de percevoir la Réalité en arrière-plan ?

Chapitre III
Le Caractère Naturel du Bhakti Yoga
Et son Secret Central

« Parmi ceux qui te vénèrent toujours avec une constante attention, et ceux qui vénèrent l'Indifférencié, l'Absolu, lesquels sont les meilleurs Yogis ? » demanda Arjuna à Shri Krishna. Sa réponse fut ainsi : « Ceux qui concentrent leur esprit sur Moi pour M'adorer avec une éternelle constance, ceux qui sont dotés de la plus grande foi : ceux-là sont mes plus grands adorateurs, ceux-là sont les meilleurs Yogis. Ceux qui adorent l'Absolu, l'Indéfinissable, l'Indifférencié, l'Omniprésent, l'Omniscient, l'Immuable et l'Eternel, en contrôlant les actions de leurs organes et en reconnaissant la similitude en toutes choses, ceux-là aussi, qui se dédient à agir pour le bien de tous les êtres, viennent à Moi seul. Mais ceux dont l'esprit a été dévoué à l'Absolu non manifesté doivent affronter de plus grandes difficultés sur leur voie, puisqu'en effet, ce n'est qu'avec de grandes difficultés qu'un être incarné peut arpenter la voie de l'Absolu non manifesté. Ceux qui, après M'avoir offert en Me faisant pleinement confiance, tout leur travail, méditent sur Moi et Me vénèrent, sans manifester d'attachement envers quoi que ce soit d'autre : ceux-là, je les élèverai bientôt au-dessus de l'océan du cycle perpétuel des naissances et des morts, puisque leur esprit m'est totalement attaché. » (Gita, XII).

Le passage ci-dessus fait référence à la fois au Bhakti Yoga et au Jnana Yoga qui y sont également définit. Le Jnana Yoga est grandiose, il consiste en une philosophie réfléchie, et presque chaque être humain pense, plutôt curieusement, qu'il est certainement capable de faire tout ce que cette philosophie exige de lui : mais en réalité, il est extrêmement difficile de vivre vraiment selon elle. Nous sommes souvent enclins à encourir les pires dangers en essayant de se laisser guider par la philosophie. On pourrait dire de ce monde qu'il est divisé entre des créatures de nature démoniaque, qui pensent que l'entretient du corps est la raison et le but de l'existence, et des personnes de nature divine, qui comprennent que le corps n'est que le moyen d'exécuter ce but, un instrument dédié à la culture de l'âme. L'être maléfique peut citer, et cite d'ailleurs, les écritures sacrées pour servir ses propres buts, et la voie de la connaissance semble ainsi apporter une justification aux actions de l'homme mauvais, autant qu'elle encourage celles de l'homme bon.

C'est là le grand danger du Jnana Yoga. A l'inverse, le Bhakti Yoga est naturel, doux, et agréable. Il ne vise pas aussi haut que le Jnana-Yogi, et est donc moins enclin à entrainer des retombées aussi graves. Mais quelque soit la nature du chemin emprunté par l'homme religieux, l'âme ne peut être libérée qu'une fois débarrassée de ses attaches.

Voici un extrait montrant comment, dans le cas de la bénie Gopis, les chaines qui entravent l'âme issues à la fois du mérite et du démérite, furent brisées : « Le plaisir intense tiré de la méditation sur Dieu fit disparaître les contraintes créés par ses bonnes actions. Puis sa détresse intense, née de son incapacité à Le servir, lava son âme de toutes inclinaisons pécheresses. Alors, elle devint libre. »

तच्चिन्तावपुलाह्लादक्षीणपुण्यचया तथा। तदप्राप्तिमहद्दुःखविलीनाशेषपातका॥
निरुच्छ्वासतया मुक्तिं गतान्या गोपकन्यका॥ (Vishnu-Purâna)

Le secret central du Bhakti Yoga est donc de savoir que les différents sentiments, passions et émotions présents dans le cœur humain ne sont pas en eux-mêmes mauvais, mais doivent faire l'objet d'un contrôle prudent, et être dirigés de plus en plus haut jusqu'à ce qu'ils atteignent le niveau d'excellence le plus élevé. Cette voie supérieure est celle qui nous mène vers Dieu, toute autre direction est inférieure. Le plaisir et la peine sont des émotions courantes, récurrentes, dans nos vies. Quand un homme est peiné parce qu'il n'a pas d'argent, ou pour une autre raison matérielle, il donne une mauvaise direction à ce sentiment. Pourtant, la peine peut être utile. Qu'un homme ressente de la peine parce qu'il n'a pas réussi à trouver le Plus Haut, Dieu : alors, cette peine sera son salut. Quand on ressent de la gaieté pour avoir obtenu une poignée de pièces, on donne une mauvaise direction au sentiment de joie auquel il faudrait réserver une orientation plus haute, pour servir l'Idéal Supérieur. Diriger notre plaisir vers cet idéal devrait être notre plus grande joie. Cela est aussi valable pour tous nos autres sentiments. Pour le Bhakta, aucun d'eux n'est mauvais : il les contrôle et les dirige tous infailliblement vers Dieu.

Chapitre IV
Les Formes de L'amour : les Manifestations

Nous allons parler ici des différentes formes de manifestation de l'amour. Il y a tout d'abord la révérence. Pourquoi vénère-t-on les temples et les lieux saints ? Parce qu'Il y est adoré et que Sa présence est associée à ces endroits. Pourquoi dans chaque pays respecte-t-on les professeurs de religion ? Le cœur humain le fait naturellement parce que tous ces professeurs prêchent le Seigneur. Au fond, la révérence est engendrée par l'amour, personne ne peut révérer ce qu'il n'aime pas. Puis, il y a la Priti, l'association du plaisir à Dieu. Les objets des sens procurent d'immenses plaisirs aux hommes. Ils vont n'importe où, encourent n'importe quel danger pour obtenir la chose qu'ils aiment, la chose que désirent leurs sens. Ce qui est attendu du Bhakta est justement ce type d'amour intense qui doit cependant être dirigé vers Dieu. Ensuite, il y a la plus agréable des douleurs, Viraha, la misère intense née de l'absence de l'être aimé. Quand un homme ressent une misère intense parce qu'il n'a pas servi Dieu, n'a pas connu la seule chose méritant d'être connue, et par conséquent est, insatisfait et en devient presque fou : alors on parle de Viraha. Cet état d'esprit le fait se sentir dérangé par la présence de tout ce qui n'est pas l'être aimé (Ekarativichikitsâ). On trouve beaucoup d'exemples de ce Viraha dans l'amour terrestre. Quand un homme est réellement et intensément amoureux d'une femme (ou une femme d'un homme), il ressent cet agacement naturel en présence d'autres personnes pour lesquelles il n'éprouve pas cet amour. C'est exactement cet état d'impatience envers les choses non aimées qui étreint l'esprit sous l'emprise du Para-Bhakti. Le simple fait de parler d'autre chose que Dieu devient alors déplaisant. « Pense à Lui, uniquement à Lui, et abandonne les mots vains » (तदर्थप्राणसंस्थानं). Ceux qui ne parlent que de Lui sont amicaux envers le Bhakta, et ceux qui parlent d'autres choses lui semblent inamicaux. On atteint un niveau encore plus grand d'amour quand on entretient sa vie que pour l'Idéal de l'Amour, quand la vie n'est considérée belle et digne d'être vécue uniquement pour cet Amour (तदर्थप्राणसंस्थानं). Sans cet Amour, une telle vie ne durerait pas un instant de plus. La vie est douce car elle pense au Bien-aimé. Le Tadiyatâ (l'appartenance à Dieu) se réalise quand un homme devient parfait selon les critères du Bhakti : quand il est devenu béni, quand il a servi Dieu, quand il a touché Ses pieds, pour ainsi dire. Alors, sa nature même se trouve entièrement changée et purifiée. Alors, tous les buts qu'il s'était fixés dans sa vie sont atteints. Pourtant, nombre de ces Bhaktas ne continuent à vivre que pour L'adorer. C'est là la béatitude, le seul plaisir de la vie qu'ils refusent d'abandonner. « Ô roi, la nature bénie de Hari est telle que même ceux qui sont déjà satisfaits de tout, dont les nœuds des cœurs ont été tous coupés, même eux aiment le Seigneur au nom de l'amour », ce Seigneur « qui est vénéré par tous les dieux, par tous ceux qui aiment la libération, tous ceux qui connaissent le Brahman » यं सर्वे देवा नमन्ति मुमुक्षवो ब्रह्मवादनिश्चेताि. Telle est la puissance de l'amour. Quand un homme s'oublie entièrement, et ne pense rien posséder, alors il entre dans l'état de Tadiyatâ : tout est sacré pour lui, car tout appartient au Bien-aimé. Il en va ainsi dans le cas de l'amour terrestre, l'amant considère sacré et précieux tout ce qui appartient à sa bien-aimée. Il aime même un simple morceau de tissus qui appartient à l'élu de son cœur. De la même manière, quand une personne aime le Seigneur, l'univers tout entier devient cher à son cœur car il Lui appartient.

Chapitre V
Comment l'Amour Universel Conduit au Renoncement de Soi

Comment peut-on aimer le Vyashti, le particulier, sans d'abord aimer le Samashti, l'universel ? Dieu est le Samashti, le généralisé et le tout abstrait et universel; et l'univers que nous voyons est le Vyashti, le détail. Aimer l'univers en son entier n'est possible qu'en passant par l'amour du Samashti, l'universel, qui est, pour ainsi dire, l'unité qui rassemble des milliers et des milliers de plus petites unités. Les philosophes indiens ne s'apesantissent pas sur les détails, ils leurs jettent un regard rapide et commencent immédiatement à trouver les formes généralisées qui les engloberont tous. La recherche de l'universel est la seule préoccupation de la philosophie et de la religion indiennes. Le Jnâni vise l'intégralité des choses, il vise cet Être absolu et généralisé, sachant qu'il possède toutes les connaissances. Le Bhakta souhaite comprendre cette Personne abstraite et généralisée au travers de laquelle il aime tout l'univers. Le Yogi espère posséder cette forme généralisée de pouvoir, avec laquelle il pourrait contrôler cet univers entier. La pensée indienne, au travers de l'histoire, a été dirigée vers cette forme de recherche singulière de l'universel en toute chose : sciences, psychologie, amour, philosophie. La conclusion à laquelle parvient le Bhakta est donc que si on continue à aimer une personne après l'autre, on peut continuer à les aimer à l'infini, cela ne nous permettra pas pour autant d'aimer le monde en son ensemble. Mais lorsque, enfin, on arrive à la conclusion que la somme de tout amour est Dieu, que la somme des aspirations de toutes les âmes de l'univers, qu'elles soient libres, entravées, ou qu'elles luttent pour leur liberté, est Dieu, alors seulement il devient possible pour quelqu'un de mettre en avant l'amour universel. Dieu est le Samashti, et l'univers visible est Dieu différencié, manifesté. Si on aime cette somme totale, on aime alors tout. Aimer le monde en y faisant de bonnes actions vient alors naturellement. L'obtention de ce pouvoir nécessite que l'on aime d'abord Dieu, sans quoi il n'est pas facile de faire le bien dans le monde. Le Bhakta dit : « Tout Lui appartient, Il est mon Bien-aimé, je L'aime ». De cette manière, tout devient sacré pour le Bhakta, car tout Lui appartient. Tout est Son corps, Ses enfants, Sa manifestation. Comment alors blesser quelqu'un ? Comment alors ne pas aimer tout le monde ? Avec l'amour de Dieu vient systématiquement l'amour de tout le monde dans l'univers. Plus on s'approche de Dieu, plus on commence à voir que toutes les choses sont en Lui. Quand l'âme réussi à s'approprier le bonheur de cet amour suprême, elle commence aussi à Le voir en toute chose. Le cœur devient à ce moment une éternelle fontaine d'amour. Et quand on atteint les niveaux encore plus élevés de cet amour, toutes les petites différences entre les choses du monde disparaissent complètement. L'homme n'est plus vu comme un homme, mais comme Dieu, l'animal n'est plus vu comme un animal, mais comme Dieu ; même le tigre n'est plus un tigre, mais une manifestation de Dieu. Ainsi, dans cet état intense de Bhakti, le dévouement est dirigé vers tout le monde, vers chaque vie, et vers chaque être.

एवं सर्वेषु भूतेषु भक्तिरिव्यभिचारिणी। कर्तव्या पण्डितिर्ज्ञात्वा सर्वभूतमयं हरिम्॥

« Sachant que Hari, le Seigneur, est en tout être, le sage doit donc manifester un amour indéfectible pour tous les êtres. »

De cet amour intense qui absorbe tout résulte un sentiment de parfait abandon de soi, la conviction que rien de ce qui arrive n'est dirigé contre nous : Aprâtikulya. Alors, l'âme aimante est capable de dire, si la douleur vient : « Bienvenue, douleur ». Si la misère se présente, elle dira : « Bienvenue, misère, tu viens aussi du Bien-aimé. » Si un serpent vient, elle dira : « Bienvenue, serpent. » Lorsque la mort se présente, un tel Bhakta l'accueillera avec un sourire. « Je suis heureux qu'ils viennent tous à moi. Ils sont tous bienvenus ». Le Bhakta qui est dans cet état de résignation parfaite découlant de l'intense amour pour Dieu et pour tout ce qui est Sien, cesse de faire la distinction entre le plaisir et la douleur quand ils l'affectent. Il ne pense pas à se plaindre de la douleur ou de la misère, et cette sorte de résignation impassible à la volonté de Dieu, qui n'est qu'amour, est en effet une acquisition plus méritoire que toute la gloire des actions héroïques et grandioses.

Pour la grande majorité de l'espèce humaine, le corps est tout, il représente l'univers entier. Les plaisirs corporels sont tout ce qui importe pour ces êtres. Ce démon poussant à vénérer le corps et les choses qui s'y attachent nous a tous possédé. Nous pouvons faire de grands discours et de grandes envolées, nous n'en restons pas moins des vautours : notre esprit reste dirigé vers la charogne au sol. Pourquoi notre corps devrait-il être sauvé, disons, du tigre ? Pourquoi ne pourrions-nous pas le lui abandonner ? Cela lui ferait plaisir, et après tout, cela ne serait pas très loin des notions de sacrifice de soi et de dévouement. Pouvez-vous concevoir un tel état où toute conscience de soi a complètement disparu ? Il se trouve au sommet de la religion de l'amour, à une hauteur vertigineuse, et en ce monde, peu sont ceux qui ont fait l'ascension jusqu'à lui. Mais tant qu'un homme n'a pas atteint ce stade où il est toujours prêt à sacrifier sa personne, il ne peut pas devenir un parfait Bhakta. Nous pouvons tous réussir à entretenir nos corps de manière plus ou moins satisfaisante, pour un temps plus ou moins long. Néanmoins, nos corps doivent disparaitre, leur nature n'a rien de permanent. Bénis sont ceux dont les corps sont détruits pour le bien des autres. « Le sage tient toujours sa richesse, et même sa vie elle-même, prêtes pour le bien des autres. Dans ce monde, il y a une chose certaine : la mort. Il est largement préférable que ce corps meure pour une bonne cause que pour une mauvaise. » Nous pouvons étirer nos vies sur cinquante ou cent ans, mais après cela, la même chose arrive toujours. Tout ce qui est résultat d'une combinaison doit se dissoudre et mourir. Il doit se décomposer à son heure, et le fera toujours. Jésus, Bouddha et Mohammed sont tous morts, tous les grands prophètes et guides de ce monde le sont.

Le Bhakta dit : « Dans ce monde évanescent, où tout tombe en morceaux, nous devons faire le meilleur usage du temps qui nous est imparti », et le meilleur usage que l'on puisse faire de ce temps est de le mettre au service des autres. C'est l'horrible concept du corps qui est à l'origine de tout l'égoïsme de ce monde, cette illusion d'être uniquement le corps que nous possédons, et de devoir faire tout ce qui est en notre pouvoir pour le préserver et le contenter. Si on sait que l'on est indéniablement autre chose que notre corps, on n'a alors personne à affronter ou contre qui lutter : les idées égoïstes n'ont plus d'emprise sur nous. Le Bhakta déclare donc que nous devons nous comporter comme si nous étions morts pour toutes les choses du monde, et cela est vraiment l'abnégation de soi. Laissez venir les choses telles qu'elles sont. C'est là le sens de « que ta volonté soit faite » : ne pas lutter ou se battre, mais penser tout le temps que Dieu a souhaité toutes nos faiblesses et ambitions terrestres. Il se pourrait que du bien ressorte même de nos luttes égoïstes, cependant, c'est à Dieu d'en décider. Le Bhakta parfait ne doit jamais envisager de travailler pour lui-même, ou de désirer quelque chose pour lui-même. « Seigneur, ils construisent de grands temples en Ton nom, ils font de grandes offrandes en Ton nom ; je suis pauvre, je ne possède rien, et je prends donc ce corps qui est mien et je le place à Tes pieds. Ne m'abandonne pas, Ô Seigneur. » Telle est la prière qui réside au fond du cœur du Bhakta. Pour celui qui en a déjà fait l'expérience, ce sacrifice éternel de sa personne pour le Seigneur

Bien-aimé est de loin préférable à toute richesse ou pouvoir, supérieur même aux entêtantes idées de renommée et de plaisir. La paix que l'on trouve dans la calme renonciation du Bhakta est une paix qui surpasse toute compréhension, une paix d'une valeur incomparable. Son Apratikulya est un état d'esprit dans lequel il n'éprouve aucune curiosité, dans lequel rien ne vient s'y opposer. Dans cet état de résignation sublime, tout ce qui ressemble à de l'attachement disparait complètement, à l'exception de cet amour absolu pour Lui en qui toutes les choses vivent et bougent et existent. En effet, l'amour de Dieu est un attachement qui ne retient pas l'âme prisonnière, mais en fait brise tous ses liens.

Chapitre VI
La Connaissance Supérieure et l'Amour Supérieur Ne Font qu'Un pour le Réel Adorateur

Les Upanishads font la distinction entre la connaissance supérieure et la connaissance inférieure. Pour le Bhakta, il n'existe pas de différence réelle entre cette connaissance supérieure et son amour suprême (Parâ-Bhakti). La Mundaka Upanishad dit :

वदे विद्ये वेदितव्ये इति ह स्म यद्ब्रह्मविदो वदन्ति। परा चैवापरा च॥ तत्रापरा ऋग्वेदो यजुर्वदः सामवेदोऽथर्ववेदः शिक्षा कल्पो व्याकरणं निरुक्तं छन्दो ज्योतिषमिति। अथ परा यया तदक्षरमधिगम्यते॥

« Ceux qui connaissent le Brahman déclarent qu'il existe deux types de connaissances qui méritent d'être connues : la supérieure (Parâ) et l'inférieure (Aparâ). Ces connaissances inférieures comprennent le Rig-Veda, le Yajur-Veda, le Sâma-Veda, le Atharva-Veda, le Shikshâ (ou la science relative à la prononciation et à l'accentuation), le Kalpa (ou la liturgie sacrificielle), la grammaire, le Nirukta (ou la science relative à l'étymologie et au sens des mots), la prosodie, et l'astronomie. La connaissance supérieure est celle par laquelle on connaît cet Immuable. »

La connaissance supérieure est donc clairement établie comme étant celle du Brahman ; et le Devi-Bhâgavata nous donne la définition suivante de l'amour suprême (Para-Bhakti) : « Quand l'esprit pense dans un flux ininterrompu au Seigneur, de manière continue, comme un filet d'huile coulant d'un récipient à un autre, alors on parle de Para-Bhakti, ou amour suprême. » Ce type d'orientation de l'esprit et du cœur, vers Dieu dans un attachement dévoué, est en effet la plus grande manifestation de l'amour de l'homme pour Dieu. Toutes les autres formes de Bhakti ne font que préparer à l'atteinte de cette forme supérieure, c'est-à-dire le Para-Bhakti, qui est aussi connue comme l'amour qui vient après l'attachement (Râgânugâ). Une fois que cet amour suprême entre dans le cœur d'un homme, son esprit pensera constamment à Dieu et ne se souviendra de rien d'autre. Il ne laissera aucune place en lui pour d'autres pensées que celles concernant Dieu, et son âme sera irrévocablement pure et brisera à elle seule les attaches de l'esprit et de la matière, pour atteindre une liberté sereine. Lui seul peut vénérer le Seigneur dans son propre cœur. Pour lui, les formes, symboles, livres et doctrines sont inutiles, inaptes à lui servir à quoi que ce soit. Il n'est pas facile d'aimer ainsi le Seigneur. D'ordinaire, l'amour humain ne s'épanouit que dans les occasions où il est réciproque. Là où l'amour n'est pas rendu, l'indifférence froide s'installe. Il y a cependant quelques rares cas dans lesquels on peut remarquer l'existence de l'amour dans un cas où il n'est pas réciproque. On peut comparer, à titre d'exemple, ce genre d'amour à l'attirance du papillon de nuit pour le feu : l'insecte aime le feu, tombe dedans et meurt. C'est dans la nature de l'insecte d'aimer de la sorte. Aimer car c'est la nature de l'amour d'aimer est indéniablement la manifestation la plus noble et la plus désintéressée de l'amour qui puisse être vue dans le monde. Un tel amour, se manifestant de lui-même sur le plan de la spiritualité, conduit nécessairement à l'atteinte du Para-Bhakti.

Chapitre VII
Le Triangle de l'Amour

On peut représenter l'amour comme un triangle, dont chaque angle correspond à l'une de ses caractéristiques indivisibles. Il ne peut y avoir de triangle sans ses trois angles ; et il ne peut y avoir d'amour sans les trois caractéristiques suivantes : le premier angle de notre triangle de l'amour définit que l'amour ne connaît aucun marchandage. Tant que l'on cherche quelque chose en retour, il ne peut y avoir de véritable amour, c'en devient une simple affaire de commerce. Tant qu'il y aura en nous une quelconque idée selon laquelle nous tirerions telle ou telle faveur de la part de Dieu en guise de récompense pour notre respect et notre allégeance, aucun amour véritable ne pourra grandir dans nos cœurs. Il est certain que ceux qui vénèrent Dieu car ils désirent qu'Il leur accorde des faveurs ne Le vénèreront plus s'ils ne les obtiennent pas. Le Bhakta aime Dieu car Il peut être aimé, il n'y a aucune autre motivation dirigeant ou étant à l'origine de ce sentiment divin du véritable dévot.

Selon la légende, un grand roi alla un jour dans une forêt et y rencontra un sage. Il parla un peu avec lui et apprécia beaucoup sa pureté et sa sagesse. Le roi voulut alors que le sage lui fît la faveur d'accepter un cadeau de sa part. Le sage refusa en disant : « Les fruits de la forêt me suffisent comme nourriture, les courants d'eau cristalline qui s'écoulent depuis la montagne me donnent suffisamment à boire, les écorces d'arbre me suffisent pour me couvrir et les grottes des montagnes constituent ma demeure. Pourquoi devrais-je donc accepter un présent de votre part ou de n'importe qui d'autre ? » Le roi répondit : « Simplement pour me faire plaisir, monsieur, acceptez quelque chose de ma part et venez avec moi en ville dans mon palais ». À force de persuasion, le sage consentit enfin à faire ce que le roi désirait et alla au palais en sa compagnie. Avant d'offrir son présent au sage, le roi répéta ses prières : « Seigneur, donne-moi plus d'enfants. Seigneur, donne-moi plus de richesses. Seigneur, donne-moi plus de terres. Seigneur, garde mon corps en meilleure santé », et ainsi de suite. Avant que le roi n'eût terminé sa prière, le sage s'était levé et avait quitté la pièce silencieusement. Ce comportement rendit le roi perplexe et celui-ci commença à le suivre, en criant : « Monsieur, vous partez, mais vous n'avez pas reçu mes présents ». Le sage se retourna face à lui et dit : « Je ne quémande pas aux mendiants. Vous-mêmes n'êtes qu'un mendiant et comment pourriez-vous me donner quoi que ce soit ? Je ne suis pas fou au point de penser à prendre quoi que ce soit à un mendiant de votre acabit. Allez-vous-en, ne me suivez pas ».

Il y a bel et bien une distinction entre les simples mendiants et les vrais adorateurs de Dieu. La supplication ne constitue pas le langage de l'amour. Il en va de même si l'on vénère Dieu pour le salut ou pour toute autre récompense. L'amour ne connaît pas de récompense. Le but de l'amour est toujours l'amour. Le Bhakta aime car il ne peut s'en empêcher. Quand vous voyez un beau paysage et que vous en tombez amoureux, vous ne demandez aucune sorte de faveurs en retour, et le paysage ne vous demande rien non plus. Pourtant, sa vision vous rend bienheureux, elle adoucit les tensions de votre âme, elle vous calme et vous élève presque, pendant un court instant, au-delà de votre statut de mortel pour vous amener dans un état d'extase quasi-divine. La nature du véritable amour constitue le premier angle de notre triangle. Ne demandez rien en contrepartie de votre amour, soyez toujours dans la position du donneur, donnez votre amour à Dieu, mais même à Lui, ne demandez rien en retour.

Le second angle du triangle de l'amour définit que l'amour ne connaît pas la peur. Ceux qui aiment Dieu par peur sont les êtres humains les plus médiocres, des hommes quelque peu sous-développés. Ils vénèrent Dieu par crainte du châtiment. Il est un Être puissant pour eux, doté d'un fouet dans une main et d'un sceptre dans l'autre. S'ils ne Lui obéissent pas, ils craignent d'être fouettés. Vénérer Dieu par peur du châtiment est une dégradation, un tel culte, si tant est qu'on puisse le considérer comme un culte, constitue la forme la plus rudimentaire du culte de l'amour. Tant qu'il y a de la peur dans le cœur, comment peut-il y avoir de l'amour ? L'amour vainc naturellement toutes peurs. Pensez à une jeune mère dans la rue et à un chien qui lui aboie dessus, elle est effrayée et court se réfugier dans la maison la plus proche. Mais supposez que, le jour suivant, elle marche dans la rue accompagnée de son enfant et qu'un lion se jette sur lui. Où se trouvera-t-elle cette fois ? Bien sûr, elle sera dans la gueule du lion, pour protéger son enfant. L'amour vainc toutes peurs. La peur vient de l'idée égoïste de s'isoler de l'univers. Plus je me rends petit et égoïste, plus grande sera ma peur. Si un homme se considère comme peu de chose, la peur le submergera sans doute. Et moins vous vous considérez comme une personne insignifiante, moins vous connaîtrez la peur. Tant qu'il y aura ne serait-ce la plus petite once de peur en vous, il ne pourra y avoir d'amour. L'amour et la peur ne sont pas compatibles, Dieu ne doit jamais être craint par ses adorateurs. Le véritable adorateur de

Dieu rit quand il entend le commandement suivant : « Tu n'invoqueras point le nom de l'Eternel, ton Dieu, en vain ». Comment pourrait-il y avoir blasphème dans la religion de l'amour ? Plus vous invoquez le nom du Seigneur, meilleur ce sera, quelle que soit votre méthode. Vous répétez simplement Son nom car vous L'aimez.

Le troisième angle du triangle de l'amour définit que l'amour ne connaît pas de rival, car il incarne toujours l'idéal le plus noble de celui qui aime. Le véritable amour ne se manifeste jamais tant que l'objet de notre amour ne devient pas notre idéal le plus noble. Il est possible que, dans de nombreux cas, l'amour humain soit inapproprié et déplacé, mais pour la personne qui aime, ce qu'elle aime représente toujours sa propre idée la plus noble. Une personne peut trouver son idéal dans le plus vil des êtres, et une autre dans le plus noble, néanmoins, dans tous les cas, seul l'idéal peut être véritablement et intensément aimé. L'idéal le plus noble de chaque homme est nommé Dieu. Ignorant ou savant, saint ou pécheur, homme ou femme, instruit ou non-instruit, cultivé ou inculte, Dieu représente l'idéal le plus noble pour tous. La synthèse de tous les idéaux les plus nobles de la beauté, de la sublimation et du pouvoir nous donne la conception la plus complète de Dieu, qui aime et qui peut être aimé.

C'est naturellement que ces idéaux existent sous une forme ou une autre dans chaque esprit, ils font partie intégrante de nos esprits. Toutes les manifestations actives de la nature humaine sont des combats menés par ces idéaux pour devenir réalité dans la vie pratique. L'ensemble des différents mouvements que nous observons autour de nous, dans la société, est causé par les différents idéaux de différentes âmes, qui essaient de sortir et de se concrétiser. Ce qui se trouve à l'intérieur fait pression pour sortir. Cette influence perpétuellement dominante de l'idéal est bien la force, la seule force de motivation que l'on peut considérer comme celle qui a cours en permanence au sein de l'humanité. Peut-être faut-il des centaines de naissances, des centaines d'années de batailles pour que l'homme réalise qu'il est vain d'essayer de faire correspondre complètement l'idéal intérieur avec les conditions extérieures et de l'aligner parfaitement sur elles. Après avoir réalisé cela, il n'essaie plus de projeter son propre idéal vers le monde extérieur, mais il vénère l'idéal lui-même en le considérant comme la plus haute la position la plus élevée de l'amour de l'amour. Cet idéal parfait englobe tous les idéaux moins nobles. Tout un chacun reconnaît la vérité de l'affirmation selon laquelle « une personne qui aime voit la beauté d'Hélène sur un front égyptien ». L'homme qui se tient à distance, en spectateur, se rend compte que l'amour est mal placé dans ce cas, mais la personne qui aime voit son Hélène de la même façon et ne distingue pas du tout l'égyptienne. Hélène ou l'égyptienne, les objets de notre amour constituent les centres autour desquels nos idéaux se cristallisent. Que vénère donc le monde de manière commune ? Certainement pas cet idéal universel idéalement parfait du dévot suprême et de l'amoureux. Cet idéal que les hommes et les femmes vénèrent de manière générale se trouvent en eux, chaque personne projette son propre idéal vers le monde extérieur et s'agenouille devant lui. C'est pourquoi nous voyons que les hommes cruels et assoiffés de sang conçoivent un Dieu assoiffé de sang, car ils ne peuvent aimer que l'idéal le plus noble pour eux-mêmes. C'est la raison pour laquelle les hommes bons ont une idée très noble de Dieu et leur idéal est, en effet, bien différent de celui des autres.

Chapitre VIII
Le Dieu de l'Amour Est Sa Propre Preuve

Quel est l'idéal de l'amoureux qui est passé au-delà de l'idée d'égoïsme, de marchandage et de négociation et qui ne connaît pas la peur ? Un tel homme dira même au grand Dieu : « Je Te donnerai tout ce que je possède, et je n'attendrai rien de Toi. Il n'y a, en effet, rien que je puisse considérer comme mien ». Quand un homme a acquis cette conviction, son idéal devient celui de l'amour parfait, celui de l'intrépidité de l'amour. L'idéal le plus noble d'une telle personne ne connaît aucune étroitesse de particularité à ce propos, c'est l'amour universel, l'amour sans limites ni attaches, l'amour lui-même, l'amour absolu. On vénère ce grand idéal de la religion de l'amour et on l'aime absolument en tant que tel, sans l'aide d'aucun symbole ou suggestion. C'est la forme la plus noble de Para-Bhakti, l'adoration, en tant qu'idéal, de cet idéal qui englobe tout. Toutes les autres formes de Bhakti ne sont que des étapes pour l'atteindre.

Tous nos échecs et tous nos succès pour suivre la religion de l'amour font partie du cheminement vers la réalisation de cet unique idéal. On prend objet après objet, et l'idéal intérieur est successivement projeté sur chacun d'eux. Et tous ces objets extérieurs s'avèrent inadaptés en tant que représentants de l'idéal intérieur, qui ne cesse de s'étendre, et sont simplement rejetés les uns après les autres. Enfin l'aspirant commence-t-il à penser qu'il est vain d'essayer de réaliser l'idéal dans les objets extérieurs, que tous les objets extérieurs ne sont rien quand on les compare à l'idéal lui-même. Et au fil du temps, il acquiert le pouvoir de réaliser l'idéal abstrait le plus noble et le plus généralisé en tant qu'abstraction qui est pour lui bien vivante et réelle. Lorsque le dévot a atteint ce stade, il n'est plus obligé de demander si l'existence de Dieu peut être démontrée ou non, s'Il est omnipotent et omniscient ou non. Pour lui, Il n'est que le Dieu de l'Amour. Il est l'idéal le plus noble de l'amour, et c'est suffisant pour tous ses desseins. En tant qu'amour, Il est indubitable. Il n'est besoin d'aucune preuve pour démontrer l'existence de l'être aimé à l'amoureux. Les Dieux-magistrats des autres formes de religion ont peut-être besoin d'un certain nombre de preuves afin d'attester Leur existence, mais le Bhakta ne pense, ni ne peut penser à de tels Dieux. Pour lui, Dieu existe entièrement en tant qu'amour. « Nul, Ô bien-aimé, n'aime l'époux pour l'époux, mais c'est pour le Soi qui se trouve en lui que l'époux est aimé. Nul, Ô bien-aimé, n'aime l'épouse pour l'épouse, mais c'est pour le Soi qui se trouve en elle que l'épouse est aimée ».

Certains disent que toutes les activités humaines n'ont que l'égoïsme pour pouvoir de motivation. Que l'amour est également rabaissé en étant particularisé. Quand je me considère comme faisant partie de l'Universel, je ne peux être égoïste, mais quand, par erreur, je me considère comme peu de chose, mon amour se particularise et se restreint. L'erreur est de rétrécir et de comprimer la sphère de l'amour. Toutes choses dans l'univers ont des origines divines et méritent d'être aimées, mais il faut cependant garder à l'esprit que l'amour du tout comprend aussi l'amour des parties. Ce tout représente le Dieu des Bhaktas, et tous les autres Dieux, Pères au Paradis, Souverains ou Créateurs ainsi que toutes les théories, doctrines et tous les livres n'ont aucun but, ni aucun sens pour eux étant donné que grâce à leur amour et dévotion suprêmes, ils se sont élevés au-delà de toutes ces choses. Quand le cœur est purifié, purgé et rempli à ras bord du divin nectar de l'amour, toutes les autres conceptions de Dieu n'en deviennent que puériles et sont rejetées car inadéquates ou indignes. Tel est, en effet, le pouvoir du Para-Bhakti, ou l'Amour Suprême, et le Bhakta arrivé à la perfection, ne va plus voir Dieu dans les temples ou les églises, il ne connaît nul endroit où il ne pourrait Le trouver. Il Le trouve aussi bien dans le temple qu'en dehors du temple, il Le trouve aussi bien dans la sainteté du saint que dans la méchanceté de l'homme mauvais, car Il siège déjà dans toute sa gloire au fond de son cœur, en tant que la seule Suprême Lumière éternelle et de l'Amour, brillant à jamais et éternellement présente.

Chapitre IX
Les Représentations Humaines De l'Idéal Divin de l'Amour

Il est impossible d'exprimer la nature de cet idéal suprême et absolu de l'amour dans le langage humain. Même la plus créative des imaginations humaines n'est pas en mesure de le comprendre dans son infinie perfection et son infinie beauté. Néanmoins, dans tous les pays, les adeptes de la religion de l'amour, tant dans ses formes les plus nobles que celles qui le sont moins, ont tous toujours dû utiliser le langage humain inadapté afin de comprendre et de définir leur propre idéal de l'amour. Même plus encore, l'amour humain lui-même, dans son éventail de formes, a été façonné pour être un exemple de cet ineffable amour divin. L'homme ne peut penser aux choses divines que dans sa propre manière humaine. Pour nous, l'Absolu ne peut être évoqué que grâce à notre langage relatif. Pour nous, l'univers tout entier est la transcription de l'Infini au fini. C'est pourquoi les Bhaktas ont recours à tous les termes courants qui sont associés à l'amour commun de l'humanité concernant Dieu et à Son adoration à travers l'amour.

Certains des grands auteurs qui ont traité du Para-Bhakti ont essayé de comprendre et de faire l'expérience de cet amour divin, et ce dans tellement de différentes manières. La forme la moins noble de cet amour est ce qu'on appelle le pacifique : le Shânta. Lorsqu'un homme vénère Dieu sans ressentir l'ardeur de l'amour en lui, sans sa folie dans son cerveau, quand son amour n'est qu'un amour calme et banal, à peine plus noble que les triviales formes, cérémonies et symboles, mais en rien caractérisé par la folie de l'amour intensément actif, voilà ce qu'on appelle Shânta. Dans le monde, nous voyons des personnes qui aiment avancer doucement, et d'autres qui vont et viennent tel un ouragan. Le Shânta-Bahkta est calme, paisible et doux.

La forme au-dessus est Dâsya, c'est-à-dire la servitude : elle apparaît lorsqu'un homme pense qu'il est le serviteur du Seigneur. Son idéal est l'attachement du fidèle serviteur à son maître.

La forme suivante de l'amour est Sakhya, l'amitié : « Tu es notre ami bien-aimé ». De la même manière qu'un homme ouvre son cœur à son ami, et qu'il sait que cet ami ne lui reprochera jamais ses fautes mais essaiera toujours de l'aider, de la même manière qu'il existe l'idée d'égalité entre lui et son ami, c'est avec autant d'égalité que rentre et sort l'amour entre l'adorateur et son Dieu amical. Ainsi, Dieu devient notre ami, un ami proche, à qui nous pouvons en toute liberté raconter les contes de notre vie. Devant Lui, nous pouvons dévoiler les secrets les plus enfouis de nos cœurs, tout en ayant l'assurance merveilleuse de la sécurité et du soutien. Il est l'ami que le dévot accepte comme un égal. Dieu est considéré comme notre camarade de jeu. On pourrait bien dire que nous sommes tous entrain de jouer dans cet univers. De même que les enfants jouent à leurs jeux, de même que les rois et empereurs les plus glorieux jouent à leurs propres jeux, de même le Seigneur Bien-Aimé Lui-même joue avec l'univers. Il est parfait, Il ne veut rien. Pourquoi devrait-Il créer ? L'activité ne nous accompagne que dans le but d'assouvir un certain besoin, et le besoin présuppose l'imperfection. Dieu est parfait, Il ne connait nul besoin. Pourquoi devrait-Il poursuivre ce travail d'une création toujours active ? Quel est Son dessein ? Les histoires, selon lesquelles Dieu créa ce monde pour une raison ou une autre que nous imaginons, sont de bonnes histoires, mais rien d'autre. Tout fait partie du jeu. L'univers constitue Son jeu, qui est toujours en cours. Après tout, l'univers tout entier doit constituer une grande partie de Son amusement. Si vous êtes pauvres, appréciez la pauvreté comme un amusement. Si vous êtes riche, appréciez le plaisir d'être riche. Si des dangers surviennent, c'est de l'amusement, et si le bonheur survient, alors il y a plus d'amusement encore. Le monde n'est qu'un terrain de jeu, et nous y prenons plaisir, nous y jouons. Dieu est avec nous, jouant tout autant, et nous, nous jouons avec Lui. Dieu est notre éternel camarade de jeu. Il joue si magnifiquement ! Le jeu s'achève quand le cycle touche à sa fin. Le repos dure un temps plus ou moins long, puis tous sortent et jouent. Ce n'est que lorsque vous oubliez que tout ceci n'est qu'un jeu, et que vous aidez également durant la partie, que la souffrance et la tristesse surgissent. Alors le cœur s'alourdit, puis le monde pèse sur vous avec une force énorme. Mais dès que vous abandonnez l'idée préoccupante de la réalité, comme étant la caractéristique des incidents changeants des trois minutes de la vie, et que vous savez qu'il ne s'agit de rien d'autre qu'une scène sur laquelle nous jouons, L'aidant à jouer, alors vous êtes aussitôt libéré de la souffrance. Il joue dans chaque atome. Il joue lorsqu'Il construit des planètes, des soleils et des lunes. Il joue avec le cœur des hommes, avec les animaux et les plantes. Nous sommes Ses pièces d'échiquier, Il dispose Ses pièces sur l'échiquier et les bouleverse. Il nous dispose d'abord de telle manière, puis d'une autre. Et nous L'aidons à jouer, de manière consciente ou inconsciente. Et, Ô joie divine ! Nous sommes ses compagnons de jeu !

La forme suivante est connue sous le nom de Vâtsalya, Dieu d'amour tel notre Enfant, non pas tel notre Père. Cela peut paraître étrange mais cette discipline nous permet de dissocier toute idée de puissance du concept de Dieu. L'idée de puissance apporte la crainte. L'amour ne devrait pas connaître de crainte. Les concepts de révérence et d'obéissance sont nécessaires dans la formation du caractère. Mais quand le caractère est façonné, quand l'amoureux a goûté au calme et à la tranquillité de l'amour, et également un peu à sa folie intense, alors il ne doit plus être question d'éthique ni de discipline. Concevoir Dieu comme puissant, majestueux et glorieux, comme le Seigneur de l'univers, ou comme le Dieu des dieux, l'amoureux répond qu'il ne s'en soucie guère. Vénérer Dieu comme son propre enfant a pour but d'éviter d'associer Dieu avec la notion de puissance, qui engendre la peur. La crainte ne régit pas la relation entre la mère, le père et leur enfant. Ils ne peuvent faire preuve de révérence face à leur enfant. Ils ne peuvent envisager de demander une quelconque faveur à leur enfant. L'enfant est toujours à la place de celui qui reçoit et, par amour pour leur enfant, les parents abandonneraient leur corps plus d'une centaine de fois. Ils sacrifieraient des milliers de vies pour un seul de leurs enfants et, par conséquent, Dieu est aimé tel un enfant. Cette idée d'aimer Dieu tel un enfant prend naissance et grandit naturellement parmi ces sectes religieuses qui croient en l'incarnation de Dieu. Pour les mahométans, une telle représentation de Dieu est impossible, ils s'en détourneraient avec une certaine horreur. Mais les chrétiens et les hindous peuvent l'imaginer facilement, parce qu'ils ont l'enfant Jésus et l'enfant Krishna. Les femmes indiennes se considèrent souvent comme les mères de Krishna. Les mères chrétiennes peuvent également reprendre cette idée d'être la mère du Christ et cela apporterait enOccident cette connaissance de la Divine Maternité de Dieu, dont ils ont tant besoin. Les superstitions de crainte et de révérence vis-à-vis de Dieu sont profondément ancrées au fonds de nos cœurs et il faut de longues années pour faire entièrement entrer dans l'amour nos concepts de révérence et d'adoration, de crainte, de majesté et de gloire au regard de Dieu.

Il reste une dernière représentation humaine de l'idéal divin de l'amour. On l'appelle Madhura, la douceur, et est la plus haute de toutes les représentations. Elle est en effet basée sur la plus noble manifestation de l'amour dans ce monde, et cet amour est également le plus fort qu'un homme puisse connaître. Que l'amour bouleverse toute la nature de l'homme, que l'amour traverse chaque atome de son être, le rend fou, le fait oublier sa propre nature, le transforme, soit en un Dieu soit en un démon, comme l'amour entre un homme et une femme. Dans cette douce représentation de l'amour divin, Dieu est notre mari. Nous sommes tous des femmes. Il n'y a pas d'hommes dans ce monde, mais il n'y en a qu'Un, et c'est Lui, notre Bien-Aimé. Tout cet amour qu'un homme donne à une femme, ou qu'une femme donne à un homme, doit être laissé au Seigneur.

L'ensemble des différentes formes d'amour que nous observons dans le monde et avec lesquelles nous jouons plus ou moins simplement, ont Dieu pour unique but. Mais malheureusement, l'homme ne connaît pas l'océan infini dans lequel se jette constamment cette puissante rivière de l'amour et ainsi, bêtement, il essaie souvent de diriger son amour vers de petites poupées que sont les êtres humains. L'amour incroyable pour son enfant, qui est dans la nature humaine, n'est pas pour la petite poupée qu'est un enfant. Si vous lui accordez aveuglement et exclusivement votre amour, vous souffrirez en conséquence. Mais cette souffrance apporte également l'éveil qui vous assure de découvrir que votre amour, pour peu qu'il soit offert à un être humain, aura tôt ou tard pour conséquences la souffrance et la tristesse. Par conséquent, notre amour doit être offert au Très Haut, qui ne meurt ni ne change jamais, à Lui dans l'océan d'amour duquel il n'y a ni hauts ni bas. L'amour doit atteindre la bonne destination, il doit aller vers Lui, qui est vraiment l'océan infini de l'amour. Toutes les rivières se jettent dans l'océan. Même une goutte d'eau, en coulant du versant de la montagne, ne peut arrêter sa course après avoir atteint un ruisseau ou une rivière, aussi grand qu'il puisse être. Au final, même cette goutte trouve sa voie vers l'océan, d'une manière ou d'une autre. C'est Dieu qui est le but de toutes nos passions et émotions. Si vous voulez vous mettre en colère, mettez-vous en colère contre Lui. Blâmez votre Bien-Aimé, blâmer votre Ami. Qui d'autre pouvez-vous blâmer en toute sécurité ? Un mortel ne supportera pas patiemment votre colère, il réagira. Si vous vous mettez en colère contre moi, il est certain que je réagirai tout de suite, car je ne pourrai supporter patiemment votre colère. Dites au Bien-Aimé : « Pourquoi ne viens-Tu pas à moi ? Pourquoi me laisses-Tu ainsi seul ? » Où peut-on trouver quelconque plaisir, si ce n'est en Lui. Quel plaisir peut-il exister sur de petites mottes de terre ? C'est l'essence cristallisée du plaisir infini qu'il nous faut chercher, et celui-ci se trouve en Dieu. Laissons nos passions et émotions s'élever vers Lui. Elles Lui sont destinées, car si elles n'atteignent pas leur but mais arrivent plus bas, elles s'avilissent, et quand elles vont droit au but, jusqu'au Seigneur, même la plus triviale d'entre elles se transformera. Peu importe comment elles peuvent s'exprimer, toutes les énergies du corps et de l'esprit humain, ont Dieu pour unique objectif, comme leur Ekâyana. Tous les amours et toutes les passions du cœur humain doivent être dirigés vers Dieu. Il est le Bien-Aimé. Ce cœur, qui d'autre peut-il aimer ? Il est le plus beau, le plus sublime. Il incarne la beauté elle-même, la sublimation même. Qui dans cet univers est plus beau que Lui ? Qui dans cet univers est-il plus à même de devenir l'époux que Lui ? Qui dans cet univers est plus à même d'être aimé que Lui ? Qu'il soit donc l'époux, qu'Il soit le Bien-Aimé.

Il arrive souvent que les amoureux divins, qui chantent cet amour divin, considèrent que le langage de l'amour humain (dans tous ses aspects) comme étant adéquat pour le décrire. Les imbéciles ne comprennent pas cela, ils ne le comprendront jamais. Ils le regardent seulement avec l'œil physique. Ils ne comprennent pas les douleurs folles de l'amour spirituel. Comment le pourraient-ils ? « Pour un seul baiser sur Tes lèvres, Ô Bien-Aimé ! Celui que Tu as embrassé connaîtra une soif toujours grandissante de Toi, tous ses maux disparaissent et il oublie toutes choses, Toi seul excepté ». Aspirez à ce baiser du Bien-Aimé, aspirez au toucher de Ses lèvres qui rend le Bhakta fou, qui transforme un homme en dieu. Pour lui, qui a été béni par un tel baiser, la nature toute entière change, les mondes disparaissent, les soleils et les lunes s'éteignent, et l'univers lui-même se fond dans cet océan infini d'amour. C'est là la perfection de la folie de l'amour.

Oui, le véritable amoureux spirituel n'en reste pas là, même l'amour de l'époux et de l'épouse n'est pas assez fou pour lui. Les Bhaktas reprennent aussi l'idée de l'amour illégitime parce qu'il est si fort. Son indécence n'est pas du tout ce qu'ils ont en perspective. La nature de cet amour est telle que plus il y a d'obstacles à son libre cours, plus il sera passionnel. L'amour entre époux est doux, il n'y a aucun obstacle. Ainsi, les Bhaktas adoptent l'idée qu'une fille soit amoureuse de son propre bien-aimé, et sa mère, son père ou son époux s'opposent à un tel amour. Et plus il y a d'opposants à son amour, plus son amour aura tendance à s'intensifier. Le langage humain ne peut pas décrire à quel point Krishna fut follement aimé dans les vergers de Vrindâ, comment au son de sa voix, les Gopis à jamais bénies accoururent vers lui, oubliant tout, oubliant ce monde et ses attaches, ses devoirs, ses joies et ses peines. Homme, Ô homme, tu parles de l'amour divin et en même temps, tu assistes à toutes les vanités de ce monde. Es-tu sincère ? « Là où Rama se trouve, il n'y a pas de place pour le désir, là où le désir se trouve, il n'y a pas de place pour Rama. Ils ne coexistent jamais, comme la lumière et les ténèbres, ils ne sont jamais ensemble ».

Chapitre X
Conclusion

Lorsque le plus noble idéal de l'amour est atteint, on se débarrasse de la philosophie. Qui s'en souciera alors ? La Liberté, le Salut, le Nirvâna, tous sont abandonnés. Qui se soucie de la liberté alors qu'il est étreint par le plaisir de l'amour divin ? « Seigneur, je ne veux pas la richesse, ni des amis, ni la beauté, ni le savoir, ni même la liberté. Que je naisse et renaisse encore, et Toi, sois à jamais mon Amour. Sois pour toujours mon Amour ». « Qui se soucie de devenir du sucre ? » déclare le Bhakta, « Je veux goûter au sucre ». Qui désirera alors devenir libre et ne faire qu'un avec Dieu ? « J'ai beau savoir que je suis Lui, pourtant, je me détacherai de Lui et M'en différencierai, afin que je puisse profiter du Bien-Aimé ». Voilà ce que dit le Bhakta. Aimer pour aimer, c'est là son plaisir le plus intense. Qui refusera d'être des milliers de fois pieds et poings liés dans le but de profiter du Bien-Aimé ? Nul Bhakta ne s'intéresse à autre chose qu'à l'amour, que d'aimer et d'être aimé. Son amour surnaturel est telle la marée qui inonde la rivière, et cet amoureux remonte la rivière à contre-courant. Les gens le traitent de fou. Je connais quelqu'un que les gens traitaient de fou et voici sa réponse : « Mes amis, le monde entier est un asile de fous. Certains recherchent frénétiquement l'amour terrestre, d'autres le renom, d'autres la célébrité, d'autres l'argent, et d'autres encore le salut et leur place au paradis. Dans ce grand asile d'aliénés, je suis également fou, c'est Dieu que je recherche frénétiquement. Si c'est l'argent que vous cherchez avec frénésie, de mon côté, c'est Dieu que je recherche avec folie. Vous êtes fous, je le suis également. Je pense qu'après tout, ma folie est la meilleure ». L'amour du vrai Bhakta correspond à cette folie ardente face à laquelle tout disparaît à ses yeux. Pour lui, l'univers entier est rempli d'amour, et d'amour seulement. C'est ainsi qu'il apparaît à l'amoureux. En conséquence, quand un homme ressent cet amour en lui, il se trouve éternellement béni, éternellement heureux. Seule cette folie bénite de l'amour divin peut guérir pour toujours la maladie du monde dont nous sommes atteints. A l'apparition du désir, l'égoïsme a disparu. Il s'est approché de Dieu, il a rejeté tous ces désirs vains dont il était rempli auparavant.

Dans la religion de l'amour, nous devons tous commencer en tant que dualistes.

Pour nous, Dieu est un Être séparé et nous nous sentons aussi comme des êtres séparés. L'amour vient alors au milieu, et l'homme commence à se rapprocher de Dieu, et Dieu commence également à se rapprocher de plus en plus de l'homme. L'homme reprend l'ensemble des diverses relations de la vie : la figure du père, de la mère, du fils, de l'ami, du maître, de l'amoureux, et les projette vers son idéal d'amour, vers son Dieu. Pour lui, l'existence de Dieu reprend toutes ces figures, et il atteint la dernière étape de son parcours quand il sent qu'il a entièrement fusionné avec l'objet de son adoration. Nous commençons tous par aimer pour nous-mêmes, et même l'amour est rendu égoïste par les revendications injustes du petit soi. Cependant arrive enfin l'éclat intense de la lumière, dans lequel il semble que ce petit soi ne forme plus qu'un avec l'Infini. L'homme lui-même est transformé en présence de cette Lumière de l'Amour et il réalise enfin la belle et inspirante vérité : l'Amour, l'Amoureux et le Bien-Aimé ne forment qu'Un.

Discovery Publisher is a multimedia publisher whose mission is to inspire and support personal transformation, spiritual growth and awakening. We strive with every title to preserve the essential wisdom of the author, spiritual teacher, thinker, healer, and visionary artist.

www.ingramcontent.com/pod-product-compliance
Lightning Source LLC
Chambersburg PA
CBHW030237170426
43202CB00007B/31